最新奔驰汽车结构原理与经典案例

陈宏昌　赵锦鹏　董玉江　主编

辽宁科学技术出版社
沈　阳

图书在版编目（CIP）数据

最新奔驰汽车结构原理与经典案例 ／ 陈宏昌，赵锦鹏，董玉江主编． — 沈阳 ：辽宁科学技术出版社，2023.10
ISBN 978-7-5591-3197-3

Ⅰ．①最… Ⅱ．①陈… ②赵… ③董… Ⅲ．①轿车－结构 ②轿车－车辆修理 Ⅳ．①U469.11

中国国家版本馆CIP数据核字(2023)第155768号

出版发行：辽宁科学技术出版社
　　　　　（地址：沈阳市和平区十一纬路25号　邮编：110003）
印 刷 者：辽宁新华印务有限公司
经 销 者：各地新华书店
幅面尺寸：210mm×285mm
印　　张：52.5
字　　数：1000千字
出版时间：2023年10月第1版
印刷时间：2023年10月第1次印刷
责任编辑：高　鹏
封面设计：谷玉杰
责任校对：张　永
书　　号：ISBN 978-7-5591-3197-3
定　　价：238.00元

联系电话：024-23284373
邮购热线：024-23284626

前　言

随着国内经济的快速发展，中国市场逐渐成为全球重要的汽车市场之一。对于奔驰汽车来说，中国市场成为其全球战略的重要组成部分。为了符合国内环保要求，奔驰车系开始装备新款发动机，同时搭载了48V车载电气系统，可以实现动态能量回收、发动机快速启动、发动机辅助牵引动力等功能，从而提高车辆的燃油经济性，降低尾气排放。随着车辆功能性的增强，E/E架构对于电流和信号的分配以及连接的传感器系统/促动器控制系统的重要性提升。标准STAR3架构提供扩展后的技术组合，包括CAN FD（CAN可变数据率）、汽车以太网、高速视频链接（HSVL）和高速数据传输（HSV），这可以满足各部件和各功能的高带宽和可扩展性要求，尤其在车载智能信息系统和驾驶员辅助系统方面。本书对奔驰新款发动机、新款电气架构、新车型、新技术和新特点进行了详细介绍，并对奔驰新车型的典型故障案例进行剖析。

本书具有如下特点：

（1）内容新。本书汇集了最新款奔驰车型，包括奔驰A级（W177）、CLA级（W118）、C级（W206）、S级（W223）、GLA级（H247）、GLE级（X167）、SL AMG（W232）和AMG GT（W190），详细介绍了最新款奔驰车型的驱动系统、底盘系统、舒适系统、信息娱乐系统的结构和工作原理。

（2）实用性和指导性强。书中介绍了很多典型故障案例，维修人员在实际维修工作中遇到类似故障时可参考本书。

（3）可读性。本书内容新颖，图文并茂，通俗易懂，是一本价值很高的奔驰汽车维修图书。

本书由陈宏昌、赵锦鹏、董玉江主编，参加编写的人员还有吴一沛、张伟、鲁子南、钱树贵、艾明、付建、艾玉华、刘殊访、徐东静、黄志强、李海港、刘芳、李红敏、李彩侠、徐爱侠、李贵荣、胡凤、丁红梅、胡秀寒、李园园、刘金、李秀梅、徐畅、孙宗旺、鲁晶、梁维波、张丽、梁楠等。

由于编者水平有限，书中不当之处在所难免，真诚希望广大热心读者及时指正。

编　者

目　录

第一章　发动机系统

第一节　M264发动机

一、W238车系M264发动机左前视图

如图1-1-1所示。

图1-1-1

M264发动机技术数据，如表1-1-1所示。

表1-1-1

M264 E20 DEH LA G2 BSA，220kW（+12kW，带皮带驱动式启动发电机）		
结构/气缸	—	直列式/4缸
气缸间距	mm	90
缸径/行程	mm	83/92
行程缸径比	—	1.11
活塞排量	cm^3	1991
皮带驱动启动发电机输出功率	kW	12
压缩比	—	10
额定功率	kW	220（5800~6100r/min）
单位功率	kW/L	110.5

最大扭矩	N·m	400（3000~4000r/min）
发动机质量	kg	145.1
排放标准	—	欧6标准

二、概述

2017年底，从W238车系E级轿跑车型开始，梅赛德斯-奔驰推出新一代4缸火花点火式发动机——M264发动机。其为2L排量的直列式发动机，其110.5kW/L的高单位功率使其在输出功率方面独树一帜，之前只有6缸发动机可做到。该发动机系统性地精简机构，同时与可变气门升程系统（CAMTRONIC）结合改善了发动机摩擦状况，装备的带皮带驱动式启动发电机（BSA）的48V车载电气系统减少了20%以上的油耗。经实践验证的Blue DIRECT燃烧系统与汽油微粒滤清器配套使用有助于确保低水平排放。采用启动发电机以及多种噪声、振动和声振粗糙度（NVH）措施进行舒适型启动，实现高端品牌汽车所必需的极佳噪声和振动舒适性。启动发电机还执行混合动力功能，可达到节省燃油的目的。双涡流技术是一种用于对发动机增压，以获得较高的动力输出和自发响应特性的技术。双涡流涡轮增压器将每两个气缸的排气管组合在一个流动性优化的歧管中。该增压与气缸的系统涌流分离相结合，可以在低转速范围以及高比输出的情况下产生高扭矩。该发动机采用的有效措施和部件如下：

①减小摩擦的成型珩磨。
②NVH舒适性组件。
③带环形支架和冷却管的活塞。
④居中式压电式喷油器。
⑤可变气门升程系统（CAMTRONIC）。
⑥汽油微粒滤清器。
⑦带皮带驱动式启动发电机（BSA）的48V车载电气系统。
⑧高效冷却液增压空气冷却系统。
⑨48V电动冷却液泵。

三、曲轴箱

曲轴箱以及曲轴总成由铸铁铝制成，具备12000kPa峰值压力下的抗疲劳强度，驱动单元摩擦显著降低。为通过更高的结构刚度实现更佳的噪声、振动和声振粗糙度（NVH）舒适水平，与之前车型的曲轴箱相比进一步优化了刚性结构。与之前车型发动机类似，套管的表面精密几何结构或精密珩磨与称之为筒形珩磨的成型珩磨相结合。气缸直径在活塞下止点处的锥形扩张提供了较大的活塞间隙，从而大大减少了套管和活塞之间的摩擦力。在活塞的上止点处，保持较小的活塞间隙，以确保满足噪声、振动和声振粗糙度（NVH）要求。采用低黏度发动机油，以进一步降低发动机的平均摩擦水平。成型珩磨结构图，如图1-1-2所示。

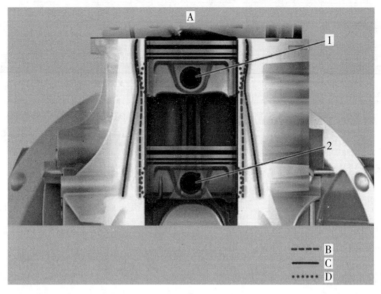

1.活塞上止点（TDC） 2.活塞下止点（BDC） A.发动机运转（热态）
B.圆柱形珩磨 C.筒形珩磨 D.活塞裙的热膨胀

图1-1-2

四、曲轴总成

曲轴包括8个轻量级平衡锤。通过采用现代的系统性方法，可在单位功率为110.5kW/L的增压发动机中使用带冷却管和环形支架的铸造活塞。活塞冷却为降低活塞顶部温度创造了条件，在保持稳定燃烧的同时降低发动机排放。优化了活塞环的剪应力，与成型珩磨相结合减小了摩擦力，减少了耗油量、重量和漏油量。在减小环应力的同时，通过大幅度减小不对称活塞裙轴承表面（炭涂层已优化）以及对活塞间隙进行微调，连同机油喷射冷却一起对减小摩擦起到了决定性作用。金银丝锻造连杆的设计实现了轻量化，小连杆环眼处为梯形，并配有薄壁全铜轴承套。

五、活塞

活塞结构，如图1-1-3所示。

1.冷却管 2.环形支架 3.摩擦减小的活塞环 4.加硬活塞销子

图1-1-3

六、链条传动机构

为产生更大的输出功率并经受住更频繁的曲轴启用，研发出了带过压阀的新型链条张紧器。即使处于极端条件下，也有助于确保链条磨损延伸小于0.2%。采用了之前车型发动机控制驱动的齿形链条。精准成型凸耳和高光泽度形成极光滑的功能性表面，与改善后的滑轨几何结构相结合，在摩擦方面提供明显优越性。

七、机油回路和通风装置

在M264发动机中，根据叶片式传输原则通过机油泵供给机油。阀门集成在机油泵壳体中，可促动两个压缩级，以匹配发动机负荷和转速度特性图，尤其可减少部分负荷范围内的驱动输出。用于控制机油温度的可更换机油过滤器滤芯和节温器安装在正时箱盖罩中，同时与热交换器相连。从气缸盖罩处集中吸收漏出气体。护盖几何结构和防飞溅系统配有分支点，可作为简易的油气分离器。漏出气体通过回流管流入部分集成装置，然后流入曲轴箱机油分离器，设计为一个挡板分离器进行简易分离和精确分离。根据工作状态和产生的压力比，气体流入部分负荷或全负荷通道，然后直接流入增压空气分配器和涡轮增压器中的相关进口处。M264发动机还具有通风功能，可在低负荷操作时使曲轴箱通风。电动转换阀集成在部分负荷通气管中，有多个节气门等级，同时还可调节通风量。即使在极端使用条件下，较大的横截面、部分集成式气体传输以及接口的设计均可提供稳定的机油分离，同时还可确保满足国家制定的排放标准。

八、噪声、振动和声振粗糙度（NVH）舒适性组件

在火花点火式发动机中，作为带有纵向安装的传动系统的三点式支承概念的一部分，首次在两侧安装塑料发动机支架。与铝制发动机支架相比，该发动机支架在大频谱范围内显著改善了传输特性，这意味着明显改善了发动机结构噪声传播的主要导入路径之一，从而在各种操作条件下调和车内的发动机声音类型。

九、燃油喷射系统

燃油喷射过程中的高水平动态性能以及小于100μs的最小打开时间，可产生高脉冲保持性能，并对噪声、振动和声振粗糙度（NVH）特性产生影响。以下因素会改善喷射区域的噪声特性：

①喷射脉冲次数。

②喷油器行程。

③开启梯度。

④喷射压力。

通过引入行程减少约20%部分行程以及更平顺的开启梯度，根据噪声、振动和声振粗糙度（NVH）要求，可在重要工作范围内从混合物形成方面支持多点喷射转换为单点喷射。处于低速范围时，喷射压力也会降低。在燃油高压泵的流量控制阀（可控制流入高压泵的燃油量）中，对移动零部件进行了定量减重。除此之外，在其对喷射阀底座产生影响前立即采用引导控制逻辑性延迟流量控制阀的浮子针阀。双重措施可使来自脉冲阀底座区域的脉冲力减小。整个组件均磨光且通过所谓的硬度较低的多孔盘加强了喷射器接触面在气缸盖上的退耦。提高了减震性能，有助于减少脉冲转为结构传播声音。基本要求是在

发动机的整个使用寿命中压电式喷油器保持在燃烧室中的精准位置。与之前车型发动机相比，多孔盘的硬度降低了近一半。

十、可变气门升程系统（CAMTRONIC）

一般情况下，M264发动机配有可变气门升程系统（CAMTRONIC）。低开启度阀门行程（提前进气关闭）时的操作等同于米勒燃烧系统。凸轮升程转换、相关的提前进气关闭以及摩擦减少均可实现燃烧优势：在相关测试中，每千米减少约1g二氧化碳（CO_2）。同时，可变气门升程系统（CAMTRONIC）及其全行程凸轮，确保了M264发动机的高输出功率。采用2L排量的可变气门升程系统（CAMTRONIC）意味着在实际驾驶条件下增大了可用操作范围，从而对燃油消耗产生有利影响。可实现车速为120km/h时的小气门行程下操作。

1.发动机左前视图

如图1-1-4所示。

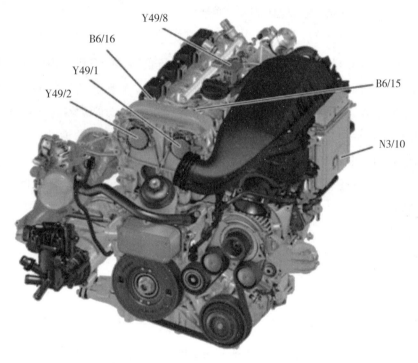

B6/15.进气凸轮轴霍尔传感器　B6/16.排气凸轮轴霍尔传感器　N3/10.电控多端
顺序燃料喷射/点火系统［ME-SFI（ME）］控制单元　Y49/1.进气凸轮轴电磁阀
Y49/2.排气凸轮轴电磁阀　Y49/8.进气凸轮轴气门升程切换促动器

图1-1-4

进气凸轮轴气门升程切换促动器位于气缸盖上，与发动机油加注口相邻。进气凸轮轴气门升程切换促动器控制进气凸轮轴上凸轮套筒的轴向移动，从而在进气门的小凸轮行程和大凸轮行程之间进行切换。

2.促动器

如图1-1-5所示。

促动器包括两个提升电磁阀，一个提升电磁阀促动一个气门挺杆。提升电磁阀线圈通电时，气门挺杆展开。根据凸轮轴上曲线轨道的位置和形状，仅一个气门挺杆可展开。相应的气门挺杆通过曲线轨道

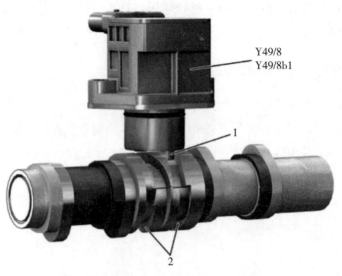

1.柱塞　2.曲线轨道　Y49/8.进气凸轮轴气门升程切换促动器
Y49/8b1.进气凸轮轴气门升程切换霍尔传感器
图1-1-5

的形状以机械方式复位。两个气门挺杆的当前位置由进气凸轮轴气门升程切换霍尔传感器进行检测。两个气门挺杆在初始位置收回，通过进气门的长行程启动发动机，在暖机阶段结束时首次切换至短行程。电控多端顺序燃料喷射/点火系统［ME-SFI（ME）］控制单元促动促动器时使促动器中的线圈通电，且两个气门挺杆中的一个移至相关曲线轨道。由于设计为曲线轨道，凸轮轴进行轴向移动，并切换为较小的凸轮行程。通过评估曲线轨道以机械方式复位气门挺杆。通过对线圈进行再通电复位凸轮轴。此时另一个气门挺杆展开且在大行程的作用下凸轮轴朝与凸轮相反的位置移动。促动器由电控多端顺序燃料喷射/点火系统［ME-SFI（ME）］控制单元在1000~4000r/min转速范围内通过1kHz的脉冲宽度调制信号促动。

3.发动机前视图

如图1-1-6所示。

十一、喷油器

喷油器位于气缸盖处的中央位置。喷油器在特定的时间点按计算的数量将雾化的燃油喷射到相关气缸的燃烧室中。

十二、通风气道插入件

与之前车型发动机相比，输出功率显著提高的主要原因是重新设计了在空气进入燃烧室前传输空气的部件。在没有破坏性偏差的情况下，位于"冷态"发动机侧和压力侧的消声滤清器增加了进气装置的横截面积，与全新设计的发动机上游冷却液-空气增压空气冷却液结合使压力损失最小化。与之前车型相比，大大提高了空气流率，通过进行大量的细化工作和精确模拟降低了4%的压力损失。与同样的空气流率相比，实际上提高了40%以上。

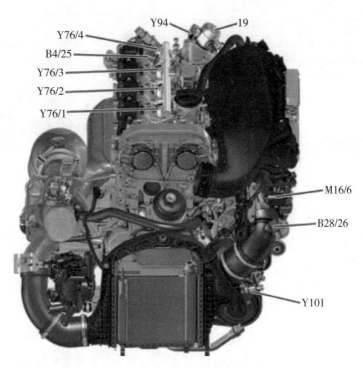

19.燃油泵（FP）　B4/25.燃油压力和温度传感器　B28/26.节气门上游压力和温度传感器
M16/6.节气门促动器　Y76/1.1号气缸喷油器　Y76/2.2号气缸喷油器　Y76/3.3号气缸喷油
器　Y76/4.4号气缸喷油器　Y94.油量控制阀　Y101.空气分流转换阀

图1-1-6

十三、充气

为实现高额定功率以及极佳瞬时特性的规定性能目标。根据性能、启动特性、组件和重量，采用双
涡流涡轮增压器，达到最佳效果。在W176车系（AMG A45）的4缸火花点火式发动机中，该技术发挥先驱
作用。为了充分发挥双涡流涡轮增压器的潜在性能，还对增压压力控制系统进行了重新设计。将之前的
真空操作促动器替换为电动精密促动器，后者通过其位置反馈和较高的定位率大大提高了增压压力控制
以及诊断性能。

1.增压系统

如图1-1-7所示。

2.通过双涡流系统增压

M264发动机装配双涡流涡轮增压器。排气系统下游的废气流分离可以向涡轮传输更多能量（脉冲能
量和动能）。为最大化利用这些能量，需要根据双涡流涡轮增压器调节歧管集气管的直径和歧管集气管
的长度，如图1-1-8所示。通过这些方法，实现了相对较低的废气背压并改善了换气。

3.增压压力控制的功能顺序

通过增压压力控制风门促动器实现增压压力控制。电控多端顺序燃料喷射/点火系统［ME-SFI
（ME）］控制单元以特性图和负荷控制方式促动促动器，以进行增压压力控制。电控多端顺序燃料喷射/
点火系统［ME-SFI（ME）］控制单元评估来自以下传感器的信号和发动机管理系统的功能：

①节气门上游压力和温度传感器，增压压力以及增压空气温度。

②节气门下游压力和温度传感器，增压压力和增压空气温度。

③空气滤清器下游压力传感器，进气压力。

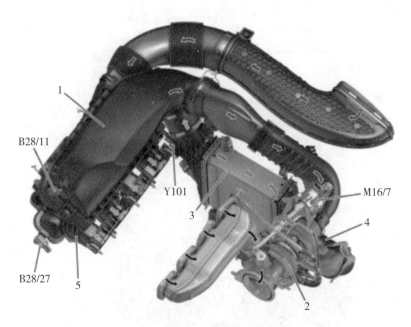

1.空气滤清器外壳　2.双涡流涡轮增压器　3.增压空气冷却器　4.增压空气管　5.增压空气分配器　B28/11.空气滤清器下游压力传感器　B28/27.节气门下游压力和温度传感器　M16/7.增压压力控制阀促动器　Y101.空气分流转换阀

图1-1-7

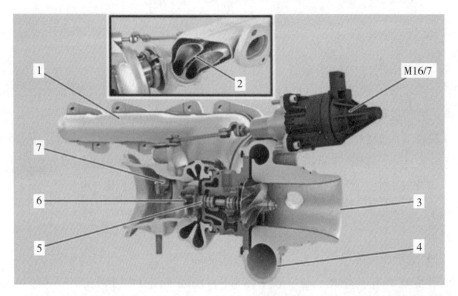

1.空气间隙隔热排气歧管　2.涌流分离　3.优化空气流率的压缩机进口几何结构　4.压缩机出气口　5.优化噪声的支架　6.双涡流涡轮　7.增压压力控制阀　M16/7.增压压力控制阀促动器

图1-1-8

④加速踏板传感器，驾驶员的载荷请求。

⑤曲轴霍尔传感器，发动机转速。

⑥爆震控制、变速器过载保护、过热保护。

为减小增压压力，通过打开增压压力控制阀，用于驱动涡轮的废气流通过旁路被转移。增压压力控制风门促动器通过连杆促动增压压力控制风门，后者关闭旁路。一部分废气流通过旁路被引导至涡轮，由此可调节增压压力并限制涡轮转速。通过这种方式，可根据发动机的当前负荷需求调节增压压力。为监测由涡轮增压器到增压空气分配器的增压空气管路中的当前压力和温度情况，电控多端顺序燃料喷射/点火系统［ME-SFI（ME）］控制单元评估来自压力和温度传感器的信号，并将增压压力调节至发动机相关请求压力。

4.排气歧管

为了提高废气能量的利用率，优化了脉冲涡轮增压效应，因此空气间隙隔热排气歧管的流道设计为较小的横截面，提高了涡轮处的废气热含量，涡轮输出最大化，从而对电荷变化产生有利影响。高热载荷意味着滑动配合装置之间存在泄漏的危险。通过校正滑动配合装置和优化涡轮外壳的进口横截面来优化间隙宽度，从而减小两个涌流设备的压力损失以及相似的排气质量流率。

5.涡轮外壳

对涌流设备进口的几何结构以及将废气能量输送至涡轮外壳流道的角位移进行了修改，导致压力下降。高流率涡轮以及较低转速范围下的系统涌流分离实现了高效脉冲涡轮增压，从而在较低的发动机转速下也可达到高扭矩。优化流量可对两个废气旁通阀特性产生有利影响，并最小化双涡流涡轮增压器的发动机相关基础增压压力。

6.压缩机进口和压缩机出口

还对压缩机进口和压缩机出口进行了优化，以达到相对一致的压力分配。

十四、排气系统和废气清洁系统

E级轿跑车型M264发动机排气系统是实现规定排放和外部噪声的基础。对排气系统进行设计，达到了发动机的目标全负荷数值。为了借助适当音响设计体验到改进的动感效果，采用带风门控制的排气系统。风门打开且废气背压降低时，确保达到额定输出功率。促动电机由传动系统控制单元通过线性控制进行促动。其持续操作排气风门，以使各开启位置在0%~100%之间变化。存储多种特性图，以匹配所选驾驶模式。促动电机可进行诊断，若排气风门无法开启，则会将反馈信号传送至传动系统控制单元，后者随之向电控多端顺序燃料喷射/点火系统［ME-SFI（ME）］控制单元发出减少发动机输出的请求。

排气系统结构图，如图1-1-9所示。

十五、汽油微粒滤清器

该滤清器的工作原理与柴油车辆中采用的技术原理相匹配。废气流穿过微粒滤清器系统，该系统位于车辆底部。该滤清器为蜂房式结构，可交替关闭进气和排气通道，以此推动废气流入多孔式滤清器壁中。由此分离炭黑，从而使滤清器可通过相应的行驶条件持续再生。采用依赖耐热堇青石的汽油微粒滤清器。采用优化背压的汽油微粒滤清器，具有高过滤效果，且免保养，还可自动调节。

十六、制冷和热量管理

1.电动冷却液泵

M264发动机装配了48V电动冷却液泵，输出功率为950W。M264发动机的泵集成为一个模块。相关行驶循环中每千米消耗约2g CO_2，一方面在停用机械冷却液泵后改善皮带驱动中的摩擦力，另一方面可按需促动冷却液泵。日常操作中可用和实际的平均发动机输出利用率之间的范围大幅度增加，意味着在很长一段时间内，通过其与曲轴的刚性连接，比采用机械冷却液泵时可用的冷却液明显减少。这对燃油消耗产生了有利影响。电动冷却液泵，如图1-1-10所示。

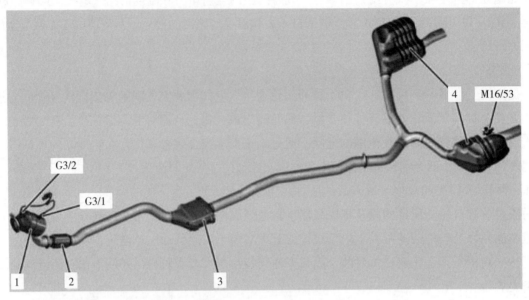

1.催化转换器　2.挠性元件　3.汽油微粒滤清器　4.后消音器　G3/1.催化转换器下游氧传感器
G3/2.催化转换器上游氧传感器　M16/53.左侧排气风门促动电机

图1-1-9

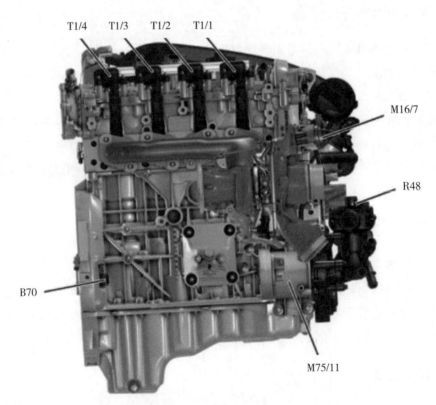

M75/11.电动冷却液泵　R48.冷却液节温器加热元件

图1-1-10（部分图注省略）

2.冷却

与之前车型发动机相比，M264发动机提高了发动机输出功率，从而发挥了新概念的作用，分散冷却
液、增压空气和机油中的废热。主要目的是将来自变速器油和皮带驱动式启动发电机（BSA）的废热从低

温回路中分散并传送至发动机高温回路中。而后，一部分气流穿过下游冷却装置，进一步冷却中段，以达到所需温度水平。这意味着低温回路专用于来自增压空气冷却器的废热，即使在极端行驶条件和状况下，利用潜在输出时可在产生相对较小爆震的情况下运转发动机。对发动机、变速器和皮带驱动式启动发电机采用精心调谐的热量管理，确保达到动态驾驶和高燃油效率，这是之前4缸火花点火式发动机无法达到的。

3.优化冷却性能的排气门

在新的M264发动机中，首次在高增压发动机中采用中空盘版本的排气门。中空盘的内侧轮廓通过极其复杂的重塑步骤进行了改良，如图1-1-11所示。无须关键性的焊接过程或其他复杂的生产过程来形成空腔，这就是以环保方式生产该气门的原因。进一步改善了导热性能，可使用镍含量较低的低价材质，明显降低了高负载阀颈的温度。改善后的散热性能也大大降低了盘下侧的温度，从而也降低了燃烧室中的温度。在改善燃烧中心位置的同时减少爆震的可能性，且对燃油消耗产生有利影响。

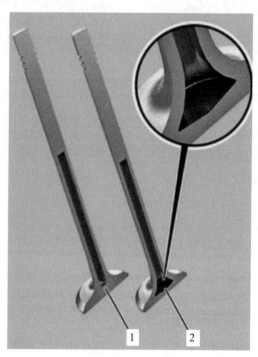

1.中空气门杆　2.中空盘

图1-1-11

4.热量管理功能

热量管理功能要求：

①电路87M（发动机管理系统）"开启"。

②发动机运转。

（1）热量管理概述。

发动机冷却液温度由电控多端顺序燃料喷射/点火系统［ME-SFI（ME）］控制单元控制的热量管理系统进行调节，具有以下优点：

①快速达到最佳工作温度。

②减少废气排放。

③节约燃油。

④快速加热车厢内部。

装配自动变速器的冷却回路，如图1-1-12所示。

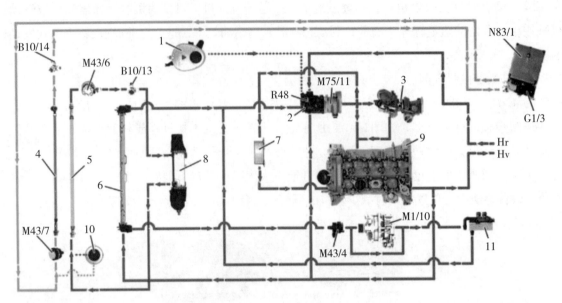

1.高温回路膨胀容器　2.冷却液节温器　3.双涡流涡轮增压器　4.低温冷却器2　5.低温冷却器1　6.散热器　7.发动机油热交换器　8.增压空气冷却器　9.曲轴箱　10.低温回路1和2膨胀容器　11.变速器油热交换器　B10/13.低温回路温度传感器1　B10/14.低温回路温度传感器2　G1/3.48V车载电气系统蓄电池　M1/10.启动发电机　M43/4.启动发电机冷却液泵　M43/6.低温回路循环泵1　M43/7.低温回路循环泵2　M75/11.电动冷却液泵　N83/1.直流直流转换器控制单元　R48.冷却液节温器加热元件　Hr.自加热器芯的回流管　Hv.至加热器芯的供给管

图1-1-12

（2）热量管理的功能顺序。

在装配电动冷却液泵的启动后阶段，通过关闭电动冷却液泵中断冷却液循环。冷却液流失导致发动机加热加速，且废气排放减少。若满足以下条件，则冷启动时电动冷却液泵会关闭：

①冷却液温度低于75℃。

②智能气候控制系统控制单元未发出"加热"请求。

针对该"加热"请求，电动冷却液泵启用。以此方式对FIR快速加热。若关闭电动冷却液泵的条件无法满足，则电控多端顺序燃料喷射/点火系统［ME-SFI（ME）］控制单元会终止促动电动冷却液泵，再次实现冷却液循环。

（3）冷却液节温器闭环控制。

冷却液节温器中的环形滑阀由受温度影响的弹性蜡元件（膨胀或收缩）打开或关闭，温度范围为102~118℃。

①目标温度约为105℃。

②环形滑阀在118℃时完全打开。

还可通过促动冷却液节温器加热元件以电子方式打开和关闭冷却液节温器，如图1-1-13所示。根据发动机要求，该过程完全可变。冷却液节温器中的环形滑阀可能具有以下状态：

①环形滑阀关闭。

②环形滑阀正在打开（混合燃油模式）。

③环形滑阀打开（冷却器模式）。

1）环形滑阀关闭。

R48.冷却液节温器加热元件　A.自散热器的回流管　B.自旁通管路的回流管　C.膨胀容器连接　D.至冷却液泵的供给管

图1-1-13

如果满足以下条件，则环形滑阀关闭：

①冷却液温度低于约102℃。

②冷却液节温器加热元件断电。

③无全负荷请求。

在该位置，冷却液流过发动机回路和加热器热交换器以及双涡流涡轮增压器，根据需要，还会流过乘客舱加热器的热交换器。发动机散热器未集成在冷却液回路中，因此冷却液可快速加热。通过此快速加热过程，发动机可更快达到其工作温度，在某种程度上对燃油消耗产生有利影响。

冷却液节温器：环形滑阀关闭，如图1-1-14所示。

2）环形滑阀正在打开（混合燃油模式）。

若满足下列条件之一，则环形滑阀开始开启：

①首次启动后（无全负荷请求）冷却液温度达到约102℃时。

②冷却液节温器加热元件通电。

冷却液温度为102~118℃时，或根据冷却液节温器加热元件的通电水平，弹性蜡元件展开并促动环形滑阀，这会打开到散热器的连接。环形滑阀的开口横截面积与弹性蜡元件的温度或冷却液温度成正比，这有助于改变流向散热器的流量，以匹配所需要求。

3）环形滑阀打开（冷却器模式）。

冷却液温度达到约118℃时，环形滑阀完全打开且冷却液可无限制地流入散热器中。冷却液节温器：环形滑阀打开，如图1-1-15所示。

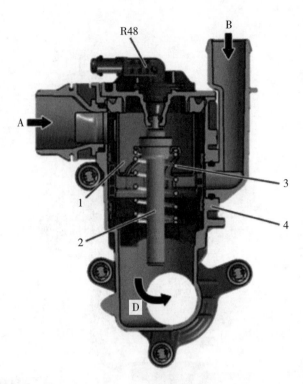

1.环形滑阀　2.弹性蜡元件　3.螺旋压缩弹簧　4.冷却液节温器外壳　R48.冷却液节温器加热元件　A.自散热器的回流管　B.自旁通管路的回流管　D.至冷却液泵的供给管

图1-1-14

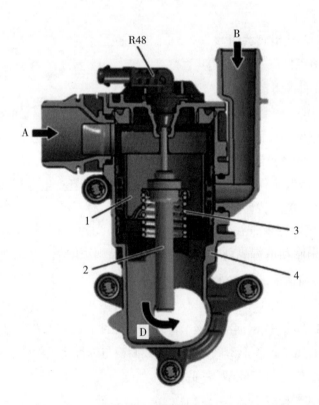

1.环形滑阀　2.弹性蜡元件　3.螺旋压缩弹簧　4.冷却液节温器外壳　R48.冷却液节温器加热元件　A.自散热器的回流管　B.自旁通管路的回流管　D.至冷却液泵的供给管

图1-1-15

（4）电子调节。

通过电控多端顺序燃料喷射/点火系统［ME-SFI（ME）］控制单元促动冷却液节温器加热元件以匹配驾驶条件时，可在低温条件下全开。以下数据由电控多端顺序燃料喷射/点火系统［ME-SFI（ME）］控制单元读入：

①进气温度。

②车外温度。

③发动机转速。

④发动机负荷。

接地信号用于促动。通过电路87M供电。根据发动机要求，规定的冷却液温度可能设置为较低或较高。对于较高的规定冷却液温度（105℃），由弹性蜡元件的辅助加热支持从106℃开始调节。温度为110℃时，加热元件完全通电，随后完全打开环形滑阀。增加的冷却液温度在部分负载范围内产生良好的性能水平，对燃油消耗有积极影响。对于较低的规定冷却液温度（约为85℃），此时对加热元件进行引导控制，从而根据现有环境状况不断调节。在夏季室外温度较高的情况下，加热元件可在80℃时全通电，以避免超出临界温度范围。在冬季和室外温度较低的情况下，加热元件在最大输出为30%~50%的情况下通电。在低冷却液温度下进行全负荷操作对发动机输出产生有利影响，因为进气加热不足。

（5）冷却启动发电机的功能顺序。

对于采用48V技术的车辆，将直流直流转换器控制单元和48V车载电网蓄电池集成在独立的低温回路2中。低温回路循环泵2将加热的冷却液通过集成在车辆前方的冷却模块中的低温冷却器2输送。在低温冷却器2的下游，低温回路温度传感器2检测当前冷却液温度并将信号传送至传动系统控制单元。根据需要相应地促动低温回路循环泵2并在超过特定的温度时才会启用。随后经冷却的冷却液流经48V车载电网蓄电池和直流直流转换器控制单元（二者组成一个总成），吸收该处产生的废热并传递至低温冷却器2。

（6）过热保护的功能顺序。

传动系统控制单元促动风扇电机。通过传动系统控制器局域网（LIN C3）进行促动且可在0%~100%的范围内设置所有转速。若促动发生故障，则风扇电机会以最高转速转动（风扇应急模式）。空调系统控制单元将空调系统的状态通过车内控制器局域网（CAN B）、电子点火开关控制单元、悬挂FlexRay、传动系统控制单元和传动系统控制器局域网（CAN C1）传送至电控多端顺序燃料喷射/点火系统［ME-SFI（ME）］控制单元。

（7）风扇关闭延迟。

"点火关闭"后，如果冷却液温度或发动机油温度超过规定的最大值，则风扇电机最多继续运转6min。若蓄电池电压下降过多，则会抑制延迟风扇关闭。

十七、皮带驱动式启动发电机（BSA）

操作发动机时提供新选择：

①轻松启动：几乎察觉不到发动机启动。

②高达2500r/min转速范围的增压效果。

③回收功率高达12kW。

④负载点移动：可在更有利的特性图下操作。

⑤发动机关闭时的滑行模式。

M264发动机装备皮带驱动式启动发电机（BSA）。除发电机功能外，皮带驱动式启动发电机（BSA）还会利用48V车载电网蓄电池的电能产生扭矩，从而为内燃机提供支持。该扭矩既可是有利的，也可是不利的。这意味着可有效操作发动机且任何多余的能量都会存储在48V车载电网蓄电池中。通过产生的正向额外扭矩，在发动机转速较低甚至排量很小时传动系统也能产生较大的扭矩。通过内燃机和48V车载电网的配合实现了有效运转，从而降低油耗和二氧化碳（CO_2）的排放量，同时明显改善了车辆的响应性。此外，发动机的启动速度和舒适性也明显提高。刚性皮带轮使皮带驱动式启动发电机集成在皮带驱动装置中。皮带驱动式启动发电机通过壳内的两个风扇叶轮进行冷却。电力电子装置直接安装在皮带驱动式启动发电机外壳上。用于促动皮带驱动式启动发电机的变压器集成在电力电子装置中。电力电子装置仅设计用作交直流转换器。当传动系统控制单元发出请求时，电力电子装置通过5相交流电压促动皮带驱动式启动发电机。电力电子装置监测皮带驱动式启动发电机和电力电子装置的温度，同时还监测皮带驱动式启动发电机转子的位置并提供故障诊断，并将有关可用扭矩的诊断和预测提供给传动系统控制单元。电力电子装置通过皮带驱动式启动发电机的独立式启动发电机冷却液泵，利用冷却液进行冷却。

1.发动机左视图

如图1-1-16所示。

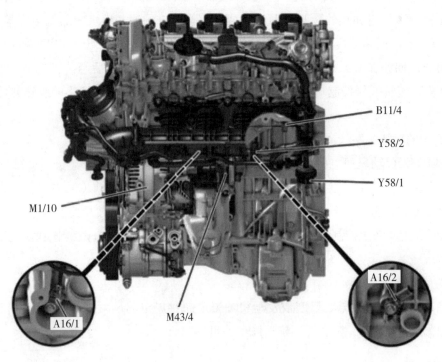

M1/10.启动发电机　M43/4.启动发电机冷却液泵

图1-1-16（部分图注省略）

2.回转皮带张紧器的功能

如图1-1-17所示。

3.皮带驱动

在皮带驱动式启动发电机（BSA）中，通过专门优化的多楔皮带和皮带驱动式启动发电机的7根加强

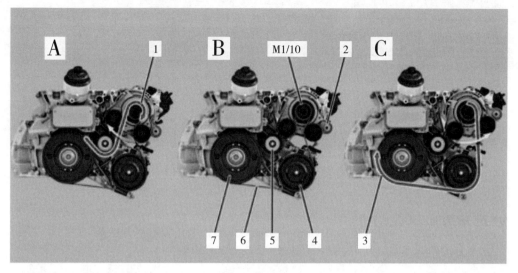

1.驱动半轴（皮带驱动启动发电机拉动）　2.转动的安全带张紧器　3.驱动半轴（发动机拉动）　4.制冷剂压缩机　5.导轮　6.V形皮带　7.皮带轮解耦　M1/10.启动发电机　A.启动/增压效果功能　B.正常位置　C.发电机模式/回收功能

图1-1-17

筋实现启动机/增压效应和发电机模式/再生功能，可保持当前目视检查的保养策略。钣金型转动安全带张紧器拉紧多楔皮带的各负荷释放零件，以匹配两个操作模式再生（增压模式）或增压效果。为了确保舒适性并延长系统的使用寿命，曲轴侧的激励通过曲轴上的机械式解耦皮带轮几乎完全独立于皮带驱动。曲轴的扭转减震装置集成在该零部件中。

十八、保养

当前梅赛德斯-奔驰保养策略适用于M264发动机，不同国家可能存在偏差：

①欧洲：固定保养间隔为"每25000km/12个月"。

②中国：固定保养间隔为"每10000km/12个月"。

③美国：固定保养间隔为"每10000km/12个月"。

④可始终选择A类保养或B类保养。

在间隔期间执行附加操作（以欧洲为例）：

①更换空气滤清器滤芯：每75000km/3年。

②更换火花塞：每75000km/3年。

③更换燃油滤清器（火花点火式发动机）：200000km/10年。

1.排放发动机油

M264发动机不再装配吸油管，因此也不再配有机油尺。通过油底壳中的放油螺塞排放发动机油。通过油底壳中的传感器和仪表盘上的显示屏检查发动机油位。这通过方向盘按钮调用。可在奔驰车间维修资料系统文档AP18.00-P-1812MKI中找到测量发动机油位/更换发动机油的步骤（以W213车系OM654发动机为例）。

2.发动机油

该款发动机采用汽油微粒滤清器（OPF），在更换机油时，与装配柴油微粒滤清器（DPF）的发动机一样，需要使用低灰分发动机油。以下是根据梅赛德斯-奔驰工作液规格表允许用于保养目的的发动机油：

　①229.51。

　②229.52。

　③229.61。

　④229.71。

第二节　M260发动机

一、W177车系M260发动机

1.发动机右前视图

如图1-2-1所示。

2.发动机右后视图

如图1-2-2所示。

图1-2-1

图1-2-2

3.M260 DEH LA发动机技术数据

如表1-2-1所示。

表1-2-1

M260 DEH LA		140kW	165kW
结构/气缸	—	直列式/4缸	直列式/4缸
气门数量	—	4	4
活塞排量	cm^3	1991	1991
气缸间距	mm	90	90
单缸容积	cm^3	498	498

M260 DEH LA		140kW	165kW
缸径	mm	83	83
行程	mm	92	92
行程缸径比	—	1.1	1.1
连杆长度	mm	1387	1387
缸壁厚度	mm	7	7
额定功率	kW	140（5800~6100r/min）	165（5800~6100r/min）
最大扭矩	N·m	300（1800~4000r/min）	350（1800~4000r/min）
单位功率	kW/L	72.8	82.8
压缩比	—	10.5	10.5
排放标准	—	欧6标准	欧6标准

二、概述

始自2018年，从W177车系A级车型开始，梅赛德斯-奔驰推出了一款新的4缸火花点火式发动机，型号为M260。横向安装的直列式4缸火花点火式发动机，采用直接喷射，装配增压装置。2.0L排量的直列式发动机M260有两个输出等级：140kW和165kW。经实践验证的Blue DIRECT燃烧系统与汽油微粒滤清器配套使用所带来的改进有助于确保较低的排放。改装的气缸盖、优化的燃烧以及通过带摩擦优化环组件的冷却道活塞减少了摩擦，改善了热力。高档汽车所需的良好抗噪和振动舒适性通过全面的NVH（噪声、振动、声振粗糙度）措施获取。

新特性概述：
①减小摩擦的成型珩磨。
②带环形支架的冷却管活塞。
③居中式压电式喷油器。
④进气侧的可变气门升程系统（CAMTRONIC）。
⑤带传感器系统的汽油微粒滤清器。
⑥压缩比增大。

三、曲轴箱

曲轴箱以及曲轴总成由铸铁铝制成，具备12000kPa峰值压力下的抗疲劳强度，驱动单元摩擦显著降低。曲轴箱包括铸铁铝和铸铁气缸套。为通过更高的结构刚度实现更佳的NVH舒适水平，与之前车型的曲轴箱相比，进一步优化了刚性结构。带有耐磨铸铁套的圆柱管由气缸中央和边缘上的双出口阀冷却孔进行冷却。与之前车型发动机类似，套管的表面精密几何结构或精密珩磨与称之为筒形珩磨的成型珩磨相结合，如图1-2-3所示。气缸直径在活塞下止点处的锥形扩张提供了较大的活塞间隙，从而大大减少了套管和活塞之间的摩擦力。在活塞的上止点处，保持较小的活塞间隙，以确保满足NVH要求。此外，优化活塞环还有助于减少摩擦损失。同时还采用低黏度发动机油，以进一步降低发动机的平均摩擦水平。

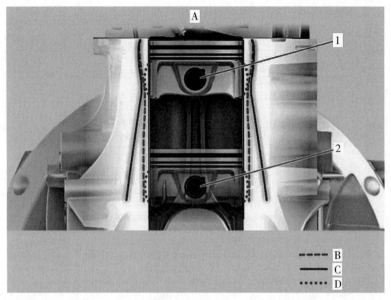

1.活塞上止点（TDC）　2.活塞下止点（BDC）　A.发动机运转（热态）　B.圆柱形珩磨　C.筒形珩磨　D.活塞裙的热膨胀

图1-2-3

四、曲轴总成

曲轴经锻造制成并有8个平衡锤，其布置形式确保曲轴低挠度和低总高度。由于现代方式的持续使用，其可在增压式发动机中使用带冷却道的铸铁活塞。铸铁活塞的凹槽已根据燃烧系统和喷油器排列进行了调整。活塞冷却为降低活塞顶部温度创造了条件，在保持稳定燃烧的同时降低发动机排放。优化了活塞环的剪应力，与成型珩磨相结合减小了摩擦力，减少了耗油量、重量和漏油量。在减小环应力的同时，通过大幅度减小不对称活塞裙轴承表面（炭涂层已优化）以及对活塞间隙进行微调，连同机油喷射冷却一起对减小摩擦起到了决定性作用。金银丝锻造连杆的设计实现了轻量化，小连杆环眼处为梯形，并配有薄壁全铜轴承套。

五、活塞

活塞结构，如图1-2-4所示。

六、链条传动机构

为产生更大的输出功率并经受住更频繁的曲轴启用，研发出了带过压阀的新型链条张紧器。即使处于极端条件下，也有助于确保链条磨损延伸小于0.2%。采用了之前车型发动机控制驱动的齿形链条。精准成型凸耳和高光泽度形成极光滑的功能性表面，与改善后的滑轨几何结构相结合，在摩擦方面提供明显优越性。

七、机油回路和通风装置

M260发动机根据旋转叶片原理，通过机油泵进行供油。阀门集成在机油泵壳体中，可促动两个压缩级，以匹配发动机负荷和转速特性图，尤其可减少部分负荷范围内的驱动输出。可更换的机油滤清器安装在固定至曲轴箱的机油滤清器模块或机油冷却器模块上。使用机油冷却液热交换器进行机油冷却，其

1.冷却道　2.环形支架　3.摩擦减小的活塞环　4.加硬活塞销子

图1-2-4

是牢固的模块附属部件。从气缸盖罩处集中吸收漏出气体。护盖几何结构和防飞溅系统配有分支点，可作为简易的油气分离器。漏出气体通过回流管流入部分集成装置，然后流入曲轴箱机油分离器，设计为一个挡板分离器进行简易分离和精确分离。根据工作状态和产生的压力比，气体流入部分负荷或全负荷通道，然后直接流入增压空气分配器和涡轮增压器中的相关进口处。M260发动机还具有通风功能，可在低负荷操作时使曲轴箱通风。电动转换阀集成在部分负荷通气管中，有多个节气门等级，同时还可调节通风量。即使在极端使用条件下，较大的横截面、部分集成式气体传输以及接口的设计均可提供稳定的机油分离，同时还可确保满足国家制定的排放标准。

八、优化冷却性能的排气门

在新的M260发动机中，首次在高增压发动机中采用中空盘版本的排气门。中空盘的内侧轮廓通过极其复杂的步骤进行了改良，如图1-2-5所示。无须关键性的焊接过程或其他复杂的生产过程来形成空腔，这就是以环保方式生产该气门的原因。进一步改善了导热性能，可使用镍含量较低的低价材质，明显降低了高负载阀颈的温度。改善后的散热性能也大大降低了盘下侧的温度，从而也降低了燃烧室中的温度。在改善燃烧中心位置的同时减少爆震的可能性，且对燃油消耗产生有利影响。

九、NVH舒适水平

装备带离心摆的双质量飞轮。离心摆平衡了发动机和变速器之间产生的多余的扭转振动。摆动的质量部件与发动机的扭转振动相反。驱动装置的输出潜力完全释放。模块化构造的扭转摩擦平衡器位

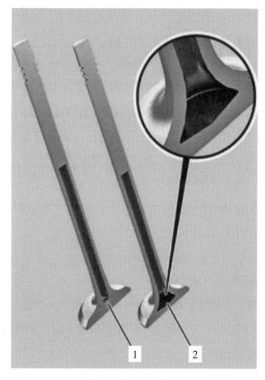

1.中空气门杆　2.中空盘

图1-2-5

于曲轴箱的较低部位，如图1-2-6所示。该动态平衡器补偿了4缸直列式发动机产生的第二阶段自由惯性力。为平衡惯性力，两个平衡轴沿着与双曲轴转动相反的方向转动。平衡锤分别位于两个位置。

1.曲轴　2.平衡轴

图1-2-6

十、可变气门升程系统（CAMTRONIC）

一般情况下，M260发动机配有可变气门升程系统（CAMTRONIC）。通过可变气门升程调节，在部分负荷范围内，较小的气门升程可将较少的空气导入燃烧室中。这意味着增压变化损失将更小。在较高负荷范围内，为实现主总成的全部性能会切换至大气门升程。1号和2号气缸以及3号和4号气缸的连接器分别位于一个凸轮轴上，意味着所有4个气缸的气门升程的进气凸轮轴可利用气门升程切换促动器在凸轮轴旋转范围内进行调节。除了热力优势外，减小的摩擦力会改善较小凸轮冲程中的摩擦力。即使气门升程较小，为确保最佳燃烧，在部分负荷范围下，燃油被多次喷射且燃油空气混合物被多次点燃。因此，燃烧室中火花塞周围的燃油空气混合物扰流减少。凸轮冲程转换，相关的提前进气关闭以及摩擦减少均可实现燃烧优势：在相关测试中，每千米减少约1g二氧化碳（CO_2）。同时，可变气门升程系统（CAMTRONIC）及其全行程凸轮，确保了M260发动机的高输出功率。采用2L排量的可变气门升程系统（CAMTRONIC）意味着在实际驾驶条件下增大了可用操作范围，从而对燃油消耗产生有利影响。M260发动机在较小气门升程时的车速可达120km/h。

1.发动机俯视图

如图1-2-7所示。

2.气门升程切换部件

如图1-2-8所示。

进气凸轮轴气门升程切换促动器位于气缸盖上，与发动机油加注口相邻，如图1-2-9所示。进气凸轮轴气门升程切换促动器控制进气凸轮轴上凸轮套筒的轴向移动，从而在进气门的小凸轮行程和大凸轮行程之间进行切换。

进气凸轮轴气门升程包括两个提升电磁阀，一个提升电磁阀促动一个气门挺杆。提升电磁阀线圈通电时，气门挺杆展开。根据凸轮轴上曲线轨道的位置和形状，仅一个气门挺杆可展开。相应的气门挺杆

1.进气凸轮轴气门升程切换促动器　2.电控多端顺序燃料喷射/点火系统［ME-SFI（ME）］控制单元　3.点火线圈　4.进气凸轮轴霍尔传感器　5.排气凸轮轴霍尔传感器

图1-2-7

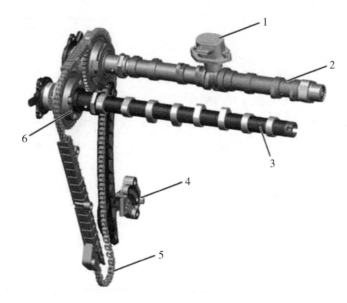

1.进气凸轮轴气门升程切换促动器　2.进气凸轮轴　3.排气凸轮轴　4.链条张紧器
5.正时链　6.凸轮轴调节器

图1-2-8

通过曲线轨道的形状以机械方式复位。两个气门挺杆的当前位置由进气凸轮轴气门行程切换霍尔传感器进行检测。两个气门挺杆在初始位置收回，通过进气门的长行程启动发动机，在暖机阶段结束时首次切换至短行程。电控多端顺序燃料喷射/点火系统［ME-SFI（ME）］控制单元促动进气凸轮轴气门升程切换促动器时，促动器中相应的线圈通电，且两个气门挺杆中的一个移至相关曲线轨道。由于设计为曲线轨道，凸轮轴进行轴向移动，并切换为较小的凸轮行程。通过评估曲线轨道以机械方式复位气门挺杆。通过对线圈进行再通电复位凸轮轴。此时另一个气门挺杆展开且在大行程的作用下凸轮轴朝与凸轮相反的位置移动。电控多端顺序燃料喷射/点火系统［ME-SFI（ME）］控制单元利用1kHz的脉冲宽度调制信

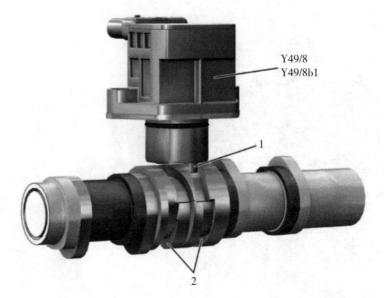

1.柱塞　2.曲线轨道　Y49/8.进气凸轮轴气门升程切换促动器　Y49/8b1.进气凸轮轴气门升程切换霍尔传感器

图1-2-9

号，在1000~4000r/min的转速范围内促动促动器。

十一、燃油喷射系统

燃油喷射压力高达20000kPa。作为高压泵，单活塞泵和集成在泵模块中的流量控制阀一起使用。燃油经高压油轨输送至喷油器（位于燃烧室的中央位置）并导入燃烧室中。喷油器采用多孔压电式控制阀。M260发动机采用均匀燃烧系统设计。喷射过程中设计的高水平动态性能以及最小开启时间会产生高脉冲保持能力，并对NVH特性产生影响。以下因素会改善喷射区域中的噪声特性：

①喷射脉冲次数。

②喷油器行程。

③开启梯度。

④喷射压力。

通过引入冲程减少20%的部分冲程和平稳开启梯度，根据NVH要求，可在重要工作范围内从混合物形成方面支持多点喷射转换为单点喷射。处于低速范围时，喷射压力也会降低。在燃油高压泵的流量控制阀（可控制流入高压泵的燃油量）中，对移动零部件进行了定量减重。除此之外，在其对喷射阀底座产生影响前立即采用引导控制逻辑性延迟流量控制阀的浮子针阀。双重措施可使来自脉冲阀底座区域的脉冲力减小。整个组件均磨光且通过所谓的硬度较低的多孔盘加强了喷射器接触面在气缸盖上的退耦。提高了减震性能，有助于减少脉冲转为结构传播声音。基本要求是在发动机的整个使用寿命中压电式喷油器保持在燃烧室中的精准位置。与之前车型发动机相比，多孔盘的硬度降低了近一半。

1.发动机俯视图

如图1-2-10所示。

2.原理图（低压和高压燃油回路）

如图1-2-11所示。

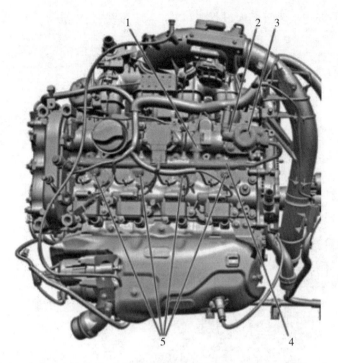

1.燃油压力和温度传感器　2.流量控制阀　3.燃油泵（FP）　4.油轨　5.喷油器（1～4号气缸）

图1-2-10

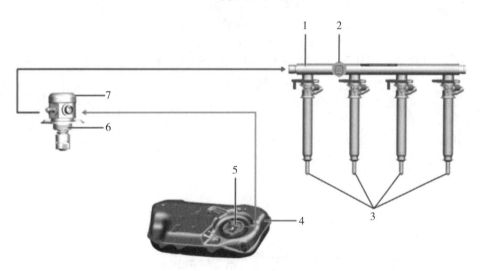

1.燃油分配器　2.燃油分配器压力和温度传感器　3.喷油器　4.燃油箱　5.供油模块　6.燃油系统高压泵　7.流量控制阀

图1-2-11

十二、增压系统

1.空气导管

与之前车型发动机相比，输出功率显著提高的主要原因是重新设计了在空气进入燃烧室前传输空气的部件。空气滤清器和进气格栅被重新设计并适用于发动机舱中的新的可用空间。在设计过程中，还应考虑行人保护相关要求。设计空气导管，使流通阻力尽可能小，从而在现有条件下获得低成本的流动条件。空气滤清器外壳中的空气导管将流通阻力最小化。将进气歧管设计为双壳进气歧管。通过气缸盖相应设计产生高湍流，这可进一步改善燃烧过程。

2.增压系统

如图1-2-12所示。

1.空气滤清器外壳　2.涡轮增压器　3.增压空气冷却器　4.节气门

图1-2-12

3.涡轮增压器

如图1-2-13所示。

1.增压压力控制风门促动器　2.带排气歧管的涡轮增压器

图1-2-13

4.增压

增压的核心装置是带集成式气隙绝缘排气歧管的单管涡轮增压器，其可承受的最高温度为1050℃。

5.增压压力控制的功能顺序

为了充分发挥涡轮增压器的潜在性能，对增压压力控制系统进行了重新设计。之前为真空操作的促动器，现在更换为增压压力控制风门促动器。由于其位置反馈和定位率更好，增压压力控制和诊断明显改善。增压压力控制通过增压压力控制风门促动器实现。电控多端顺序燃料喷射/点火系统［ME-SFI（ME）］控制单元以特性图和负荷控制方式促动增压压力控制风门促动器，以进行增压压力控制。电控多端顺序燃料喷射/点火系统［ME-SFI（ME）］控制单元评估来自以下传感器的信号和发动机管理系统的功能：

①节气门上游的压力和温度传感器：增压压力以及增压空气温度。

②节气门下游的压力和温度传感器：增压压力以及增压空气温度。

③空气滤清器下游的压力传感器：进气压力。

④加速踏板传感器：驾驶员发出的负荷请求。

⑤曲轴霍尔传感器：发动机转速。

⑥爆震控制、变速器过载保护、过热保护。

为减小增压压力，打开增压压力控制阀，用于驱动涡轮的废气通过旁路被转移。增压压力控制风门促动器通过连杆促动增压压力控制风门，后者关闭旁路。一部分废气通过旁路被引导至涡轮，由此可调节增压压力并限制涡轮转速。通过这种方式，可根据发动机的当前负荷需求调节增压压力。为监测由涡轮增压器到增压空气分配器的增压空气管路中的当前压力和温度情况，电控多端顺序燃料喷射/点火系统［ME-SFI（ME）］控制单元评估来自压力和温度传感器的信号，并根据发动机相关请求调节增压压力。

6.压缩机进口和压缩机出口

对压缩机进口和压缩机出口进行了优化，以达到相对一致的压力分配。

十三、排气系统和废气清洁系统

W177车系M260发动机的排气系统为满足排气和外部噪声的要求奠定了基础。对排气系统进行相应设计，达到了发动机的全负荷目标数值，如图1-2-14所示。

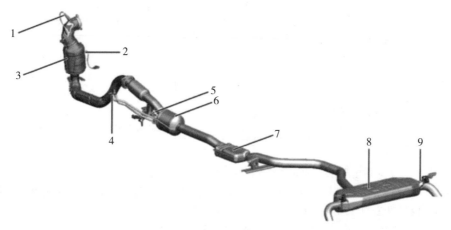

1.三元催化转换器上游的氧传感器　2.三元催化转换器下游的氧传感器　3.三元催化转换器　4.汽油微粒滤清器压差传感器　5.排气系统温度传感器　6.汽油微粒滤清器　7.前消音器　8.后消音器　9.排气阀门控制器

图1-2-14

十四、汽油微粒滤清器

汽油微粒滤清器的工作原理与柴油车辆中采用的技术原理相匹配。废气穿过微粒滤清器系统，该系统位于车辆底部。该滤清器为蜂房式结构，可交替关闭进气和排气通道，以此推动废气流入多孔式滤清器壁中。由此分离炭黑，从而使滤清器可通过相应的行驶条件持续再生。采用依赖于耐热堇青石的汽油微粒滤清器。采用优化背压的汽油微粒滤清器，具有高过滤效果，且免保养，还可自动调节。汽油微粒滤清器再生（炭烟燃烧），同时车辆在常规驾驶模式下运行，主要是超速运转模式下。一旦汽油微粒滤清器中可提供氧气，炭烟燃烧。1150℃的最高温度出现在汽油微粒滤清器的中后部。在超速运转模式下，汽油微粒滤清器的热负荷主要取决于炭黑含量和汽油微粒滤清器上游的排气温度。若炭烟燃烧过程中温度过高，则会对整个汽油微粒滤清器造成损坏。排气温度由相应的汽油微粒滤清器上游的温度传感器进行检测。炭黑含量通过汽油微粒滤清器压差传感器确定。控制单元直接读取传感器信号并对其进行评估。如果测量值超过规定值，控制单元对发动机正时进行适当的干预并将故障记录在控制单元中。

十五、冷却

热量管理系统调节冷却回路，如图1-2-15所示。电动控制节温器提供地图控制式预热控制。由于采用该闭环控制，预热阶段可快速对燃烧室进行预热。根据驾驶模式和环境条件自由调节冷却液温度。重新设计冷却液回路，使车内尽可能快速变暖。

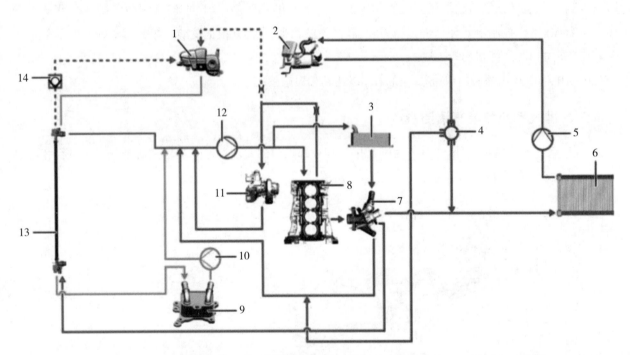

1.冷却液膨胀容器　2.驻车加热器　3.发动机油热交换器　4.转换阀　5.冷却液循环泵（发动机冷却回路）　6.加热系统热交换器　7.冷却液节温器　8.曲轴箱　9.变速器油热交换器　10.变速器冷却系统低温回路冷却液循环泵　11.涡轮增压器　12.发动机冷却回路冷却液泵　13.散热器　14.止回阀

图1-2-15

十六、保养

当前梅赛德斯–奔驰保养策略适用于M260发动机，不同国家可能存在偏差：

①欧洲：固定保养间隔"每25000km/12个月"。

②中国：固定保养间隔"每10000km/12个月"。

③美国：固定保养间隔"每10000mi/12个月"（1mi=1.609km）。

④可始终选择A类保养或B类保养。

在间隔期间执行附加操作（以欧洲为例）：

①更换空气滤清器滤芯：每75000km/3年。

②更换火花塞：每75000km/3年。

③更换燃油滤清器：200000km/10年。

1.排放发动机油

M260发动机不再装配吸油管，因此也不再配有机油尺。通过油底壳中的放油螺塞排放发动机油。通过油底壳中的传感器和仪表盘上的显示屏检查发动机油位。这通过方向盘按钮调用。

2.发动机油

该款发动机采用汽油微粒滤清器（OPF），在更换机油时，与装配柴油微粒滤清器（DPF）的发动机一样，需要使用低灰分发动机油。以下是根据梅赛德斯–奔驰工作液规格表允许用于保养目的的发动机油：

①229.51。

②229.52。

③229.61。

④229.71。

第三节　M282发动机

一、W177车系M282发动机

1.发动机右后视图

如图1-3-1所示。

2.发动机左前视图

如图1-3-2所示。

3.M282 DEH LA发动机技术数据

如表1-3-1所示。

图1-3-1

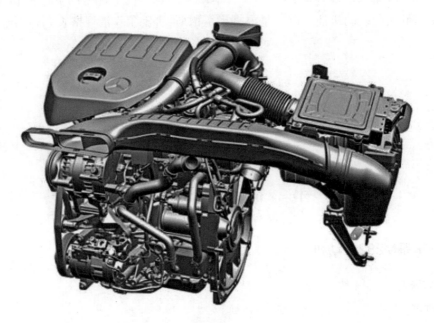

图1-3-2

表1-3-1

M282 DEH LA		80kW	100kW	120kW
结构/气缸	—	直列式/4缸	直列式/4缸	直列式/4缸
气门数量	—	4	4	4
活塞排量	cm³	1332	1332	1332
气缸间距	mm	85	85	85
单缸容积	cm³	333	333	333

30

M282 DEH LA		80kW	100kW	120kW
缸径	mm	72.2	72.2	72.2
行程	mm	81.3	81.3	81.3
行程缸径比	—	1.13	1.13	1.13
连杆长度	mm	128	128	128
额定功率	kW	80（5500r/min）	100（5500r/min）	120（5500r/min）
额定扭矩	N·m	180（1375~3500r/min）	200（1460~4000r/min）	250（1620~4000r/min）
单位功率	kW/L	60	75	90
最高转速（持续运转）	r/min	6300	6300	6300
最高转速（短期）	r/min	6500	6500	6500
压缩比	—	10.6	10.6	10.6
排放标准	—	欧6标准	欧6标准	欧6标准

二、概述

始自2018年5月，从W177车系A级车型开始，梅赛德斯-奔驰推出了一款新的4缸火花点火式发动机，型号为M282。横向安装的直列式4缸火花点火式发动机，采用直接喷射，装配增压装置。前部横向支架上安装的"小型4缸发动机"采用排量为1.4L的新款4缸火花点火式发动机。由于气缸行程（85mm）较短，排量较小，小型4缸发动机占据了越来越重要的地位。在驾乘舒适性、油耗和品质方面设立新的标准。在纵向动态方面，与排量较大的M270发动机相比，有明显的改善。该发动机有3个输出等级：80kW、100kW和120kW。在发动机的概念中，降低耗油量是主要关注点。新的微粒排放指令和高负荷驾驶循环要求整体改善发动机总成、燃烧室和喷射。120kW的M282发动机使用梅赛德斯-奔驰直列式4缸火花点火式发动机的停缸技术，2号和3号气缸在低负荷和转速范围内关闭。总体来说，该发动机具有尺寸非常紧凑、重量轻以及动态刚性高的特点。

重要特性概述：

①压铸铝曲轴箱、紧凑型气缸盖在降低车辆重量方面起关键作用，增强了车辆动态性能。

②三角形气缸盖。

③均匀燃烧系统。

④排气歧管部分集成在气缸盖中。

⑤涡轮增压器更灵活、更快且更精确地对增压压力进行电动调节，特别是在部分负荷范围情况下。

⑥位于中央位置的电磁阀喷油器。

⑦风冷式增压空气冷却器，增加空气密度并因此增加输出量。

⑧采用NANOSLIDE®技术的复合涂层系统（铁-炭），润滑为理想状态，减少摩擦并作为低磨损的基础。

⑨带"类钻碳"（DLC）的活塞环，类钻碳非常耐磨且是一种优良的导热体。

⑩通过由石墨/碳纤维构成的抗磨涂层保护活塞，并降低消耗。

⑪曲轴和连杆由锻钢构成，在高负荷区域更具稳定性。

⑫120kW发动机采用气缸停用（CSO）技术。

⑬汽油微粒滤清器。

⑭空气管道-谐振器和减震器用于减少噪声。

三、NVH措施

采用全面的NVH（噪声、振动和声振粗糙度）措施，与M270发动机相比，噪声和振动舒适性均有提高，如图1-3-3所示。

图1-3-3

四、曲轴箱

曲轴箱采用"缸顶外露"结构，采用压铸铝工艺制造，如图1-3-4所示。M282发动机连续减阻的部件是基于双丝电弧喷涂涂层（TWAS）工艺的气缸涂层。除了摩擦小，重量较轻也是创新气缸套技术的优势。因为该原因以及排量减小了约16%，与M270发动机相比，曲轴箱的重量优势共约5kg。

五、曲轴总成

曲轴和连杆由锻钢制成。缩小至直径42mm的主轴承和40mm的连杆轴承的轴承点和超精细加工有助于改善摩擦，如图1-3-5所示。轴承点中的轴瓦聚合物涂层确保发动机的停止-启动能力。活塞用铝铸造工艺制成。活塞环的DLC涂层会使摩擦系数非常小。此外，活塞裙已调节且活塞有减摩涂层。由于输出提高，活塞顶部的热负荷和机械负荷增加。为减少热负荷并降低活塞顶的温度，使用喷油器冷却活塞。活塞冷却为降低活塞顶部温度创造了条件，在保持稳定燃烧的同时降低发动机排放。活塞冷却装置集成在机油回路的热量管理系统中。

图1-3-4

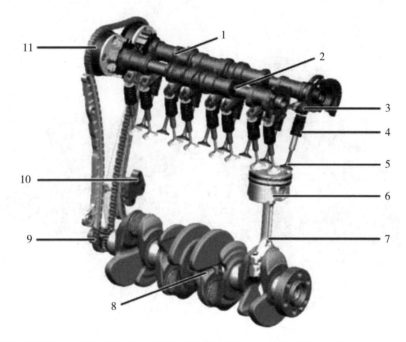

1.排气凸轮轴　2.进气凸轮轴　3.滚子型凸轮随动件　4.气门弹簧　5.排气门　6.活塞
7.连杆　8.曲轴　9.正时链　10.链条张紧器　11.凸轮轴调节器

图1-3-5

六、机油回路和通风装置

　　M282发动机通过体积流量控制式叶轮泵分两个压缩级供油。泵位于发动机的油底壳中并通过齿形链驱动。通过控制单元利用包括发动机转速和发动机负荷的特性曲线图进行两个压缩阶段的控制。由于低转速/负荷范围内油压降低，泵驱动输出降低且节省燃油。选择性打开和关闭喷油器的压力装置，使其在低压缩阶段关闭。因此，发动机进一步降低机油流率并节省燃油。在气缸盖罩中集成有检测发动机"漏气"的机油分离系统。在油分离器的下游使用用于协调曲轴箱压力的调压阀。采用内部结构非常紧凑的隔板，包括止回阀，大大减少外部管路。

七、气缸盖和气门机构

全新的三角形气缸盖体现了特殊设计的特点。此处的关键是轻量化和极紧凑型结构，其凸缘表面斜度大，降低凸轮轴距离，从进气口到涡轮增压器采用气体路线设计、部分集成式排气歧管和高效冷却喷射器设计在中央位置。由于气缸盖采用特殊形式，省略了经典型气缸盖罩，并因此启用紧凑型和高度集成的子系统，例如进气模块。特别是在装配横向安装发动机的车辆中，发动机宽度对前端的整体研发起着决定性的作用，前端机构主要受碰撞要求的控制。由于气缸盖上倾斜度大的凸缘轴承的概念和典型气缸盖罩的省略，车辆集成有明显优势。与长方体气缸盖相比，其具有自由碰撞纵向空间、废气再处理装置的安装空间和盖轮廓方面的优势。与长方体气缸盖相比，其除了具有功能和安装空间的优势外，特别是其可以在三角形气缸盖的气缸中央使用较高刚度，以提高气缸盖刚度和强度，还可显著降低重量。对于未加工部分，与常规气缸盖相比，其可减重3kg。

1.三角形气缸盖的紧凑型结构

如图1-3-6所示。

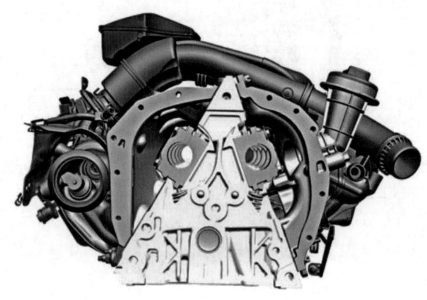

图1-3-6

2.三角形气缸盖的俯视图

如图1-3-7所示。

3.三角形气缸盖

如图1-3-8所示。

八、气缸停用（CSO）

120kW的M282发动机具有气缸停用功能，从而实现"动态缩小"。在低负荷和转速条件下可关闭4个气缸中的2个，而继续提供充足的工作能量输入。根据实际的发动机转速和发动机扭矩，2号和3号气缸由停用的喷射和点火装置以及通过进气和排气门上"气门升程"在打开和关闭行程之间的切换关闭。通过增加规定气缸负荷降低耗油量。与多缸发动机相比，相等的工作能量输入期间停用两个气缸具有将主动式气缸的负荷点移动到较高负荷点的效果。主动式气缸的节流效应和停用气缸的增压变化损失的降

图1-3-7

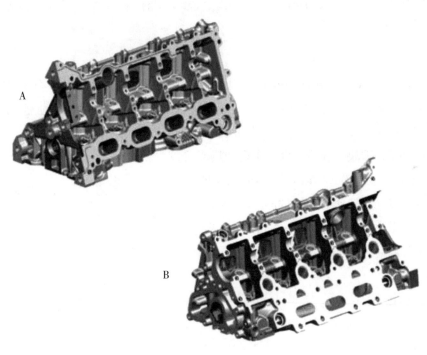

A.进气侧　B.排气侧

图1-3-8

低与提高效率和降低规定耗油量相关。使用气门升程切换装置停用2号和3号气缸。对于各进气凸轮轴和排气凸轮轴，通过可以轴向移动的凸轮衬套使2个内部气缸的2个不同凸轮进行行程切换。对于气缸停用（CSO）工作，切换至"零升程"凸轮。滚子摇臂在此位置通过360°基圆运行且气门保持关闭。第二个升程位置是常规的"全升程"凸轮位置，工作情况与多缸发动机类似，如1号和4号气缸的工作情况。停用和启用气缸停用（CSO）功能时，各促动器销移至凸轮衬套的换挡槽中。凸轮轴旋转期间，在各气门凸轮的基圆区域中逐渐进行换挡。换挡槽位于可移动的凸轮衬套之间的中央位置，这使得每个凸轮轴上仅

35

有一个促动器可以促动气缸停用（CSO），如图1-3-9所示。

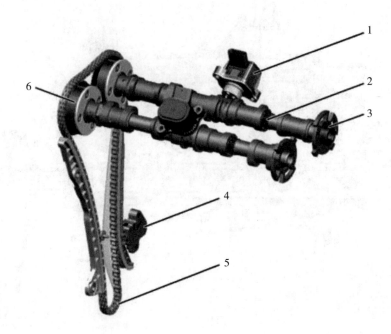

1.可变气门升程系统（CAMTRONIC）促动器　2.可移动凸轮衬套　3.转子　4.链条张紧器
5.正时链　6.凸轮轴调节器

图1-3-9

发动机的气缸停用（CSO）可用区域受几个因素的影响。考虑热力学要求、车辆动态、NVH要求和部件负荷，实现最大可能使用的气缸停用（CSO）区域。在以下情况下可使用气缸停用（CSO）功能：

①ECO启动停止系统启用，无法通过启动/停止按钮停用。

②冷却液温度>46℃，取决于环境温度和车内加热请求。

③舒适性驾驶模式或节能模式（ECO），在2挡起步。

④车速>18km/h，发动机转速<1600r/min（DCT）。

⑤车速>45km/h，取决于舒适性要求（NVH）。

⑥三元催化转换器温度>320℃。

⑦进气温度>–30℃。

⑧蓄电池电压>10V。

在以下情况下不可使用气缸停用（CSO）功能：

①冷却液温度>110℃。

②驾驶模式、运动模式、手动模式以及手动换挡操作期间。

③车速>170km/h或发动机转速>3800r/min。

气缸停用（CSO）部件，如图1-3-10所示。

九、燃烧系统

三角形气缸盖形成了燃烧系统的基础。一方面改善燃烧室冷却，另一方面快速燃烧确保较高抗爆震能力。通过对进气道进行精细调节缩短火花持续时间。在通道的高电荷移动和低压力损失之间进行折中选择。即使压缩比高达10.6（M270发动机为9.8），在较高的部分负荷范围内还可优化调节点火开关，持

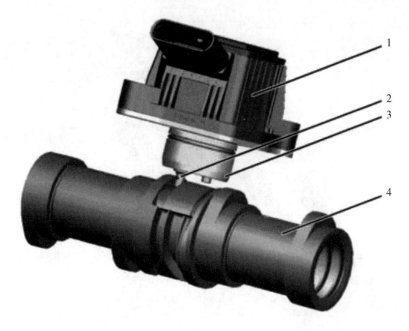

1.可变气门升程系统（CAMTRONIC）促动器装置（气门升程切换装置）　2.促动销
3.促动器　4.可移动凸轮衬套

图1-3-10

续改善油耗。此外，燃烧中心的早期位置和形成的冷却废气温度（最高950℃）能够扩大最佳工作范围，
空燃比（λ）=1。部分集成式排气歧管可使气缸盖上的涡轮增压器布置非常紧凑。与经典结构相比，这
会减少气体体积。这对涡轮增压器上的能量产生有积极效果，并确保快速产生扭矩，特别是在动态操作
下。此外，由于采用气缸盖中的集成式歧管，可实现废气冷却，从而扩大工作范围。

十、燃油喷射

使用带电力控制进气阀的单活塞高压泵，可产生高达25000kPa的燃油压力。其允许调节流率，从而
适用于泵活塞的各个行程。通过排气凸轮轴上的4个折叠凸轮驱动高压泵。滚轮式挺杆将行程传送至连接
在进气侧的高压泵活塞上。因此，每个工作循环产生一个高压泵行程。因为燃油压力高达25000kPa，必
须通过控制喷油器的喷油时间精确控制喷油量。喷油器位于燃烧室的中央。在喷油器中，电动控制提升
电磁阀启用带6个喷射口的多孔阀中的滚针。对准燃油喷嘴，使阀和火花塞都不会直接碰撞。通过控制功
能确保喷油量的高精确度。对于各喷油器，其根据测量喷油器的电子信号单独识别浮针的闭合，确定促
动结束和喷射结束之间的时间偏差。进行相应控制，从而设置所需的喷射持续时间。

十一、燃油箱通风

通过活性炭过滤器实现燃油箱通风。在多灰尘国家，将滤尘器安装到活性炭过滤器周围的空气管路
上。

燃油高压系统，如图1-3-11所示。

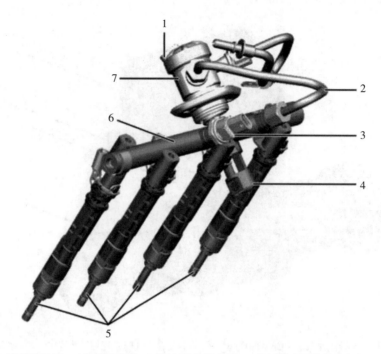

1.油量控制阀　2.高压燃油管　3.燃油压力传感器　4.高压燃油泵滚轮式挺杆
5.喷油器　6.燃油分配器　7.燃油系统高压泵

图1-3-11

十二、增压系统

1.空气导管

M282发动机的空气导管等部件组成进气模块，适用于奔驰其他车型。进气模块将增压空气分配装置、气缸盖罩和机油分离系统集成在一个紧凑型部件中。通过弹性密封件实现对机油的密封。进气道和增压空气分配器包括两个塑料半壳，其通过热气焊接方法连接到气缸盖罩上。半壳还包括节气门凸缘，后者在所有车型中通用。在气缸盖罩中集成有检测发动机"漏气"的机油分离系统。在机油分离器的下游使用用于协调曲轴箱压力的调压阀。内部结构非常紧凑的隔板（包括止回阀），大大减少外部管路，如图1-3-12所示。

2.增压

M282发动机具有"单涡管"涡轮增压器和电动控制增压限制阀，如图1-3-13所示。在速度和闭环控制的精度方面，电动促动器的闭环控制比气动闭环控制更有优势。为减小增压压力，打开增压压力控制阀，用于驱动涡轮的废气通过旁路被转移。利用夹子连接装置将涡轮增压器用螺栓拧紧到气缸盖上。歧管和涡轮外壳设计为一片式铸钢件。部分集成歧管的结构设计非常紧凑并且具有废气管较短的特性，改善了废气流量，从而在响应时间和组件上产生了优势。因为采用该结构，所以可以省略附加支架和支承。涡轮增压器的废气温度设计为950℃。电动旁通阀集成在压缩机叶轮外壳中。

十三、排气处理

M282发动机安装的排气系统包括"两块式"系统。空燃比控制通过三元催化转换器上游的直列式氧传感器和位于两个三元催化转换器之间的平面式传感器进行。陶瓷载体是有数千个细小通道的陶瓷体。废气流经这些通道。陶瓷由耐高温的硅酸镁铝制成。对应力极度敏感的载体嵌在由高合金钢丝制成的弹

1.带电控多端顺序燃料喷射/点火系统（ME-SFI）控制单元的空气滤清器外壳　2.涡轮增压器　3.增压空气冷却器　4.进气口

图1-3-12

1.用于增压压力控制风门促动的电动促动器　2.带集成式排气歧管的涡轮外壳

图1-3-13

性钢丝网中，并安装在双层不锈钢外壳中。陶瓷载体需要由铝氧化物（Al_2O_3）制成的基层（中间层），以将三元催化转换器的活性表面积增加约7000倍。用在载体上的活性催化基底涂层中主要包括铂和铑，用于三元催化转换器，如图1-3-14所示。铂加速碳氢化合物和一氧化碳（CO）的氧化，而铑加速氮氧化合物（NO_x）的还原。

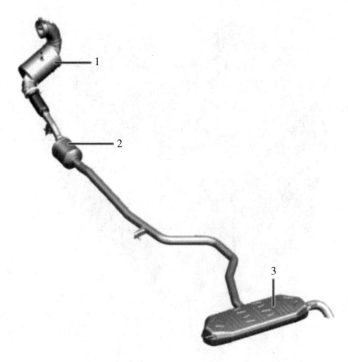

1.三元催化转换器　2.汽油微粒滤清器　3.后消音器

图1-3-14

十四、汽油微粒滤清器

汽油微粒滤清器的工作原理与柴油车辆中采用的技术原理相匹配。废气穿过微粒滤清器系统,该系统位于车辆底部。该滤清器为蜂房式结构,可交替关闭进气和排气通道,以此推动废气流入多孔式滤清器壁中。由此分离炭黑,从而使滤清器可通过相应的行驶条件持续再生。采用依赖于耐热堇青石的汽油微粒滤清器技术相比。采用优化背压的汽油微粒滤清器,具有高过滤效果,且免保养,还可自动调节。汽油微粒滤清器再生(炭烟燃烧),同时车辆在常规驾驶模式下运行,主要是超速运转模式下。一旦汽油微粒滤清器中可提供氧气,炭烟燃烧。1150℃的最高温度出现在汽油微粒滤清器的中后部。在超速运转模式下,汽油微粒滤清器的热负荷主要取决于炭黑含量和汽油微粒滤清器上游的排气温度。若炭烟燃烧过程中温度过高,则会对整个汽油微粒滤清器造成损坏。排气温度由相应的汽油微粒滤清器上游的温度传感器进行检测。炭黑含量通过汽油微粒滤清器压差传感器确定。控制单元直接读取传感器信号并对其进行评估。如果测量值超过规定值,控制单元对发动机正时进行适当的干预并将故障条目记录在控制单元中。

十五、冷却

冷却回路按照燃烧、排放、摩擦和安全工作要求进行设计。冷却液通过冷却回路中的冷却泵进行传送,其通过皮带驱动装置进行机械驱动,如图1-3-15所示。为了降低泵的工作能量输入,规定了冷却要求,进行了各部件的布置,从而对消耗有积极影响。使用带弹性元件的电动加热双盘节温器,用于调节冷却液。其根据温度特性曲线图进行控制。

发动机关闭时,后加热阶段中的涡轮增压器进行的冷却液循环由热对流系统进行有效保证,从而不再需要电气部件。具有以下优点:

①快速达到最佳工作温度。

②减少废气排放。

③节约燃油。

④快速加热车厢内部。

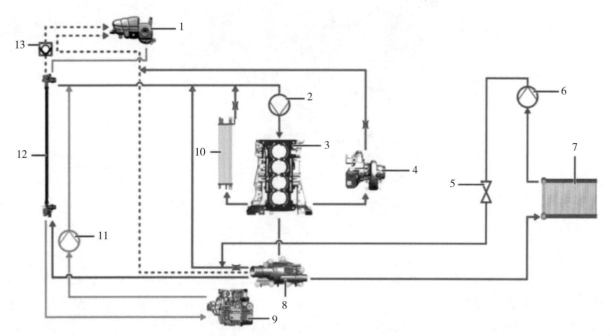

1.冷却液膨胀容器　2.发动机冷却回路冷却液泵　3.曲轴箱　4.涡轮增压器　5.转换阀　6.冷却液循环泵　7.加热系统
热交换器　8.冷却液节温器　9.双离合器变速器　10.发动机油热交换器　11.变速器冷却系统低温回路冷却液循环泵
12.散热器　13.止回阀

图1-3-15

　　使用扭转减震器的可分离的皮带轮驱动皮带驱动装置，如图1-3-16所示，这可使皮带具有低预紧力，从而有助于使摩擦力最小化。利用新的皮带张紧器概念，将皮带张紧器安装到发电机上，有助于减小装配空间。皮带驱动装置驱动机械冷却液泵，制冷剂压缩机和发电机。扭转减震器包括一个扭转减震器和一个弹性退耦，可明显减小皮带拉力。使用带聚酯拉绳的"V形皮带"。

十六、保养

当前梅赛德斯-奔驰保养策略适用于M282发动机，不同国家可能存在偏差：

①欧洲：固定保养间隔"每25000km/12个月"。

②中国：固定保养间隔"每10000km/12个月"。

③美国：固定保养间隔"每10000mi/12个月"（1mi=1.609km）。

④可始终选择A类保养或B类保养

在间隔期间执行附加操作（以欧洲为例）：

①更换空气滤清器滤芯：每75000km/3年。

②更换火花塞：每75000km/3年。

③更换燃油滤清器：200000km/10年。

1.扭转减震器 2.冷却液泵 3.张紧轮 4.皮带张紧器 5.导轮 6.制冷剂压缩机

图1-3-16

1.排放发动机油

M282发动机不再装配吸油管,因此也不再配有机油尺。通过油底壳中的放油螺塞排放发动机油。通过油底壳中的传感器和仪表盘上的显示屏检查发动机油位。这通过方向盘按钮调用。对于测量发动机油位/换油的方法,请参见奔驰车间维修资料系统(WIS)文档AP18.00-P-1812MFA。

2.发动机油

该款发动机采用汽油微粒滤清器(OPF),在更换机油时,与装配柴油微粒滤清器(DPF)的发动机一样。发动机油服务,如图1-3-17所示。以下是根据梅赛德斯-奔驰工作液规格表允许用于保养目的的发

1.发动机油位传感器 2.油底壳 3.发动机机油滤清器

图1-3-17

动机油：

①229.51。

②229.52。

③229.61。

④229.71。

第四节　M256发动机

一、概述

M256发动机为火花点火式6缸直列发动机，带48V电气化装置，代表了梅赛德斯–奔驰新的直列式发动机系列的开始，替代了之前的M276发动机。

48V电气化装置是发动机设计过程的一部分，从一开始就伴随着一系列创新措施，其可实现消耗水平的明显降低。带集成式启动发电机（ISA）的无带式发动机，在整个转速范围内表现出出色的响应特性。这可通过使用电动辅助压缩机、高性能涡轮增压器来实现，且可通过集成式启动发电机产生助力效果。

随着48V部件的安装启用，创新驱动机构中的技术范围包括其他模块，例如可变控制机油回路、智能加热管理系统、汽油微粒滤清器和减少摩擦的措施。与之前发动机相比，二氧化碳（CO_2）减少约20%且输出功率增加15%以上。

1.发动机左前视图

如图1-4-1所示。

图1-4-1

2.发动机左后视图

如图1-4-2所示。

图1-4-2

3.市场投放的W222车系M256发动机的排量、输出功率和扭矩

如表1-4-1所示。

表1-4-1

M256	排量（L）	输出功率（不带ISA）（kW）	扭矩（不带ISA）（N·m）
M256 E30 DEH LA R	3.0	270	500
M256 E30 DEH LA G	3.0	320	520

4.M256发动机技术数据

如表1-4-2所示。

表1-4-2

发动机	M256 E30 DEH LA R（输出功率减小）	M256 E30 DEH LA G（输出功率增大）
结构/气缸	直列式/6缸	直列式/6缸
气缸间距（mm）	90	90
缸径×行程（mm×mm）	83×92	83×92
行程缸径比	1.1	1.1
活塞排量（cm^3）	2999	2999
压缩比	10.5	10.5
额定功率（kW）	270（5500~6100r/min）	320（5900~6100r/min）
单位输出功率（kW/L）	90	106.7
最大扭矩（N·m）	500（1800~4500r/min）	520（1800~5500r/min）
排放标准	欧6标准2	欧6标准2

二、新特性

①偏置发动机（与曲轴轴线相对的缸孔向冷侧偏置）。

②摩擦优化。

③变速器侧的正时总成。

④曲轴箱和气缸盖由铝制成，其与锆石铸成合金，能更有效地消散热量。

⑤气缸套采用NANOSLIDE®技术（铁碳）。

⑥专为12000kPa的最高燃烧室压力而设计，在其使用寿命期间可为进一步增加输出功率进行充足的储备。

⑦发动机支架由塑料制成。

⑧安装在发动机旁边的未来兼容的排气系统模块。

⑨集成式启动发电机（ISA）。

⑩电动辅助压缩机。

⑪无带式发动机。

⑫电动冷却液泵。

⑬电动制冷剂压缩机。

经过试验和测试：

①每个气缸有4个气门。

②进气侧的可变气门升程系统（CAMTRONIC）。

③进气侧和排气侧各安装了两个凸轮轴调节器，以优化发动机扭矩，改善排气特性。

④带无声链条的低噪声链条驾驶系统。

⑤带需求感应式流量控制的紧凑型叶片式机油泵。

⑥第3代汽油直接喷射系统（20000kPa燃油压力，压电式喷油器和喷射导向型多点喷射系统）。

⑦点火和燃烧得到优化的多火花点火系统（多火花式点火）。

M256发动机，如图1-4-3所示。

三、特点

长缸体发动机的许多基本技术模块的设计标准为二氧化碳（CO_2）效率。其核心是减少摩擦，通过"Split Oiling概念"，优化燃烧和使用带高级进气阀关闭装置的可变气门升程系统（CAMTRONIC）进一步优化机油回路。

四、摩擦优化

许多具体措施执行的目标是进一步减轻由发动机移动部件造成的摩擦损坏，包括：

①直列式发动机，12mm偏置。

②通过使用集成式启动发电机（ISA）对所有辅助工具进行系统电气化，从而停用皮带驱动。

③减少摩擦，使链条传动更快。

④曲轴轴承和两个曲轴销的连杆供油装置各由基本轴承中的新月形供给槽组成。

⑤带优化活塞环的活塞。

1.带可变气门升程系统（CAMTRONIC）的进气凸轮轴　2.压电式喷油器　3.冷却管活塞
5.无带式发动机　6.带NANOSLIDE®套管的曲轴箱　7.安装在发动机附近的催化转换器
A9/5.电动制冷剂压缩机　M75/11.电动冷却液泵

图1-4-3

⑥通过最新一代NANOSLIDE®技术进行气缸涂层。

⑦通过压力控制式双回路系统优化机油回路并降低机油流率。

⑧使用低黏度机油。

五、曲轴箱和曲轴总成

曲轴箱由压铸铝制成。气缸接触面用梅赛德斯-奔驰专利双丝电弧喷涂方法加工而成。与铸铁衬套相比，内部开发的NANOSLIDE®技术可明显降低摩擦损失。双丝电弧喷涂方法将一层铁喷涂到预加工的曲轴箱上。随后的精密加工创造了极光滑条件，摩擦优化套管，其显著降低了磨损并保证了对冷却液保护套的最佳热传递。曲轴和连杆由锻钢制成。较高的规定输出功率增加了活塞顶部的热负荷和机械负荷。为降低这些负荷以及降低活塞顶部的温度，活塞装备了冷却管。借助于活塞冷却装置获得的活塞顶部温度，有助于确保稳定的燃烧，同时还降低发动机内的排放水平。活塞冷却装置集成在机油回路的热量管理系统中，如图1-4-4所示。

六、机油回路"Split Oiling概念"

机油回路的重要开发目标是凸轮轴的高调节性能，这主要是为了减少排放并实现更高的动态驾驶标准。目标是提供带所需水平油压的液压凸轮轴调节器，以便在怠速时可实现所需速度的调节。在6缸直列式发动机中，主要操作范围内产生的抑制性平均凸轮轴载荷力矩，对油压水平有较高要求。这是首次使用所谓的"Split Oiling概念"的地方，如图1-4-5所示。为节省空间，低压管理系统的硬件集成在机油滤清器模块中。电磁阀用于促动引导控制活塞，后者打开高压和低压之间所需的横截面。压力和主润滑油道中的温度传感器关闭闭环控制电路。新系统还有所需的控制软件的变化。这基本上适用于"Split Oiling概念"并借助于进一步的特性形成智能热量管理系统的一部分。采用按需传输的活塞冷却装置，其无须附加管道和电气促动器。低压侧已改进用电设备供给确保最低的机油流率，同时其还是热量管理系统的

1.冷却管　2.活塞　3.摩擦减少的活塞环　4.活塞销

图1-4-4

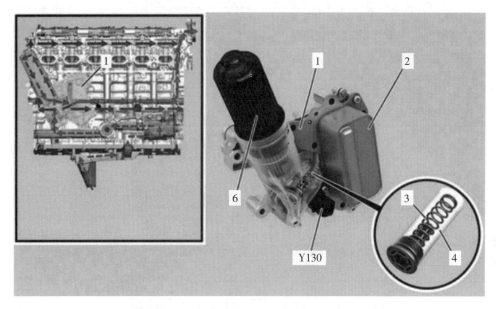

1.机油滤清器模块　2.热交换器　3.回位弹簧　4.控制柱塞　6.机油滤清器滤芯　Y130.发动机油泵阀

图1-4-5

一部分。在暖机过程中，微粒排放明显减少。

　　1.发动机顶部前视图

　　如图1-4-6所示。

　　2.发动机左视图

　　如图1-4-7所示。

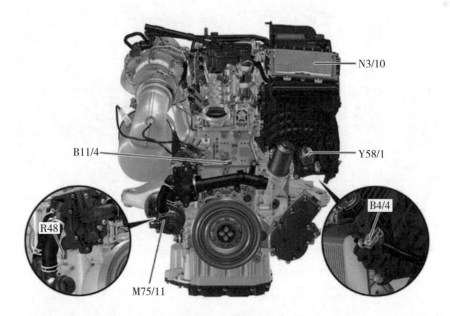

B4/4.净化压力传感器　B11/4.冷却液温度传感器　M75/11.电动冷却液泵　N3/10.电控多端顺序燃料喷射/点火系统［ME-SFI（ME）］控制单元　R48.冷却液节温器加热元件　Y58/1.净化控制阀

图1-4-6

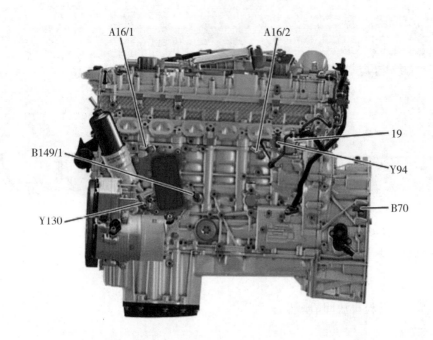

19.燃油系统高压泵　A16/1.爆震传感器1　A16/2.爆震传感器2　B70.曲轴霍尔传感器　B149/1.发动机油压力和温度传感器　Y94.油量控制阀　Y130.发动机油泵阀

图1-4-7

3.发动机右视图

如图1-4-8所示。

七、气缸盖和燃烧

106.7kW/L的高功率排量比以及紧凑型设计（气缸间隔为90mm，缸径为83mm）会造成气缸盖中的高

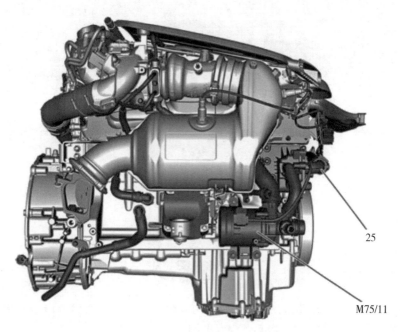

25.冷却液节温器　M75/11.电动冷却液泵

图1-4-8

热负荷。相关的高度增压可获得对压缩空气很好的冷却。安装专用排气门可降低热负荷。钠冷却式排气门还用作空心平座阀，与之前的空心阀相比（带钠填充的阀杆），其优点在于散热水平显著提高。较小的排气门和较高热传导性的火花塞以及较小的直径（螺纹M10）可在拉杆头处获得较好的冷却，从而减少爆震的倾向。

　　1.空心平座阀

　　如图1-4-9所示。

　　2.发动机后视图

　　如图1-4-10所示。

　　3.发动机俯视图

　　如图1-4-11所示。

八、气门机构和可变气门升程系统（CAMTRONIC）

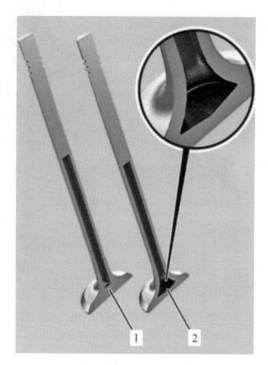

1.空心杆阀　2.空心平座阀

图1-4-9

　　为获得更好的正时，进气凸轮轴的调节范围已增加至70°曲轴转角（CKA）。除此之外，M256发动机还装配有梅赛德斯-奔驰可变气门升程系统（CAMTRONIC），即可变发动机正时，可实现进气侧的两级行程转换。可变气门升程系统（CAMTRONIC）和带较大调节范围的可变凸轮轴调节器组合，可实现较低负荷范围内增压变化损失的明显降低，阿特金森（Atkinson）正时策略适用于较大气门升程以及较小气门升程。在较小气门升程下操作需要燃烧稳定措施。为满足由明显减少的增压运动以及点火正时处的较低混合温度所导致的火焰发展条

Y49/1　　　　　　　　　　　　　　Y49/2

B28/26　　　　　　　　　　　　　　B28/17

A79

A79.集成式启动发电机　　B28/17.涡轮增压器下游的压力和温度传感器　　B28/26.节气门上游的压力和温度传感器　　Y49/1.进气凸轮轴电磁阀　　Y49/2.排气凸轮轴电磁阀

图1-4-10

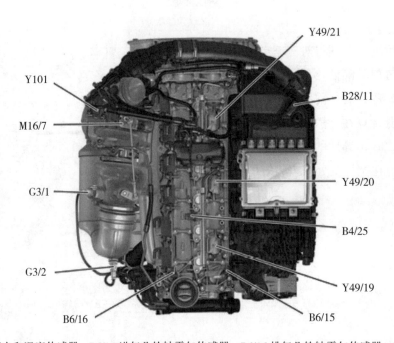

Y49/21

Y101

M16/7

B28/11

G3/1

Y49/20

B4/25

G3/2

Y49/19

B6/16　　　　　　　　　　　　　　B6/15

B4/25.燃油压力和温度传感器　　B6/15.进气凸轮轴霍尔传感器　　B6/16.排气凸轮轴霍尔传感器　　B28/11.空气滤清器下游的压力传感器　　G3/1.催化转换器下游的氧传感器　　G3/2.催化转换器上游的氧传感器　　M16/7.增压压力控制阀促动器　　Y49/19.1号气缸和2号气缸进气可变气门升程系统（CAMTRONIC）促动器　　Y49/20.3号气缸和4号气缸进气可变气门升程系统（CAMTRONIC）促动器　　Y49/21.5号气缸和6号气缸进气可变气门升程系统（CAMTRONIC）促动器　　Y101.空气分流转换阀

图1-4-11

件，将燃油通过多次喷射导入燃烧室中。若有必要，则通过多火花点火支持火焰发展。设计为不对称凸轮轮廓，以通过增加的增压运动进行进一步稳定燃烧。由此产生的覆盖在燃油/空气混合物上的涡流仍在运动，并由此确保在最低负荷下更加稳定的发动机运转。

在可变气门升程系统（CAMTRONIC）气门升程调节的情况下，对进气凸轮轴中的进气门进行低升程和高升程凸轮轮廓之间的图像控制转换。基本输入因素为发动机转速、载荷和温度。在部分负荷范围内，进气门通过低升程凸轮轮廓促动。因此其尚未打开且关闭较早。短暂的打开时间与宽打开范围的节气门会消除部分负荷范围内对气流的阻碍，有助于提高燃油经济性。根据驾驶员负荷请求，通过以下部件进行转换：

①1号气缸和2号气缸进气可变气门升程系统（CAMTRONIC）促动器。

②3号气缸和4号气缸进气可变气门升程系统（CAMTRONIC）促动器。

③5号气缸和6号气缸进气可变气门升程系统（CAMTRONIC）促动器。

促动器通过来自电控多端顺序燃料喷射/点火系统［ME-SFI（ME）］控制单元的脉冲宽度调制信号促动。进气凸轮轴由以下部件组成：6个凸轮件（安装在支撑架轴上）。一个凸轮件控制一个气缸的进气门。一个可变气门升程系统（CAMTRONIC）促动器同时促动2个凸轮件。凸轮本身是每个气门都带两个曲面的双凸轮形式。若较陡的凸轮部分启用，则气门升程增加且气门打开时间较长。若切换至凸轮较平坦的部分，则气门升程缩短且气门快速关闭。若发动机转速升高或负载请求增加，则进气凸轮轴上的凸轮件切换至高升程凸轮轮廓。为此，相应促动器中的线圈通电，且气门挺杆沿凸轮件上的相应曲线轨道移动。通过凸轮轴的转动和曲线轨道的形状，凸轮件沿轴向运动，且高升程凸轮轮廓作用于进气门。曲线轨道的倾斜导致气门挺杆返回启动位置。为将凸轮轴重新设置到低升程，将第二个气门挺杆移入邻近曲线轨道并相应地重新设置。气门挺杆的位置确定由促动器中的集成式霍尔传感器实现。

1.进气凸轮轴左视图

如图1-4-12所示。

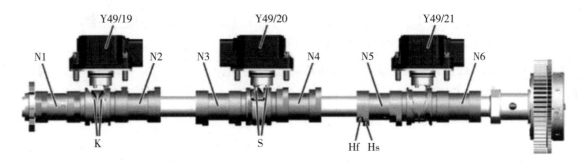

Hf.凸轮的平坦部分　Hs.凸轮的较陡部分　K.曲线轨道　N1.1号气缸凸轮件　N2.2号气缸凸轮件　N3.3号气缸凸轮件　N4.4号气缸凸轮件　N5.5号气缸凸轮件　N6.6号气缸凸轮件　S.柱塞　Y49/19.1号气缸和2号气缸进气可变气门升程系统（CAMTRONIC）促动器　Y49/20.3号气缸和4号气缸进气可变气门升程系统（CAMTRONIC）促动器　Y49/21.5号气缸和6号气缸进气可变气门升程系统（CAMTRONIC）促动器

图1-4-12

2.发动机俯视图

如图1-4-13所示。

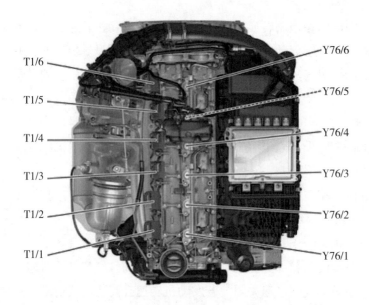

T1/1.1号气缸点火线圈　T1/2.2号气缸点火线圈　T1/3.3号气缸点火线圈　T1/4.4号气缸点火线圈　T1/5.5号气缸点火线圈　T1/6.6号气缸点火线圈　Y76/1.1号气缸喷油器　Y76/2.2号气缸喷油器　Y76/3.3号气缸喷油器　Y76/4.4号气缸喷油器　Y76/5.5号气缸喷油器　Y76/6.6号气缸喷油器

图1-4-13

九、集成式启动发电机（如图1-4-14所示）

　　M256发动机采用48V车载电气系统，使用的能量存储装置是48V锂离子蓄电池。该蓄电池可非常紧凑地与按需供应的冷却和加热系统集成在一起。在"P1布局"中，集成式启动发电机通过螺栓刚性连接至曲轴，并安装在发动机和9速自动变速器（9G-TRONIC）之间。电力电子装置位于锥形齿轮启动机（不再安装使用）的安装位置。集成式启动发电机的任务是交换驱动轴和48V车载电气系统之间的能量，通过两种不同的方式操作。在发动机模式中，通过提供发动机扭矩可启动固定式内燃机（启动机）以及对已转

A79.集成式启动发电机　N129.启动发电机控制单元

图1-4-14

动的驱动轴进行加速。在发电机模式中，其可产生电能（发电机）并供给48V车载电气系统以及为48V车载电气系统蓄电池充电。集成式设计指扭矩在集成式启动发电机和曲轴之间传送，不通过任何集成式传送元件。内置于集成式启动发电机的是一个带永久励磁的三相线圈、一个获取角度位置的解析器和两个温度传感器。

发动机仰视图，如图1-4-15所示。

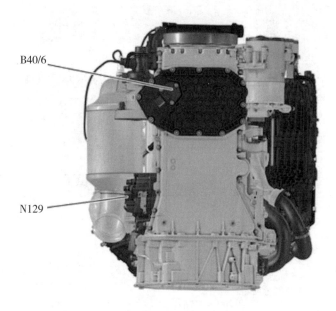

B40/6.发动机油位传感器　N129.启动发电机控制单元

图1-4-15

十、增压系统

1.充气

增压目的是为了获得最好的响应特性以及高发动机输出功率。所需的安装空间条件通过位于发动机舱中的废气排放控制部件实现，同时希望获得发动机系列中元件的高通用化水平，其是选择单一涡轮概念的决定性因素。为在低速范围内通过320kW的大功率发动机获得明显的响应，使用了较大的涡轮增压器，还使用了辅助压缩机，后者集成在48V车载电气系统中。安装在M256发动机中的涡轮增压器是带气隙绝缘排气歧管的"双涡流技术"涡轮增压器，包括1～3号气缸和4～6号气缸的涌流分离装置。高水平的垂直整合可使特殊高品质低镍合金钢与涡轮外壳的专用低压铸件配套使用。该设计有助于显著减少增压变化损失，同时还在废气流最小时提供极好的涡轮增压器响应特性。另一个优点在于低内部泄漏率和歧管气隙隔热层的连接，这有助于明显降低排气歧管的表面温度，从而消除发动机"热面"的热情况，特别是在高动态驱动或后加热阶段。为快速达到催化转换器中废气清洁所需的温度，电控废气旁通阀为模拟的最佳均等分配进行优化，如图1-4-16所示。

2.增压的功能顺序

（1）增压压力控制的功能顺序。

通过增压压力控制风门促动器进行增压压力控制。电控多端顺序燃料喷射/点火系统［ME-SFI（ME）］控制单元以特性图和负荷控制方式促动促动器，以进行增压压力控制。电控多端顺序燃料喷射/点火系统［ME-SFI（ME）］控制单元评估来自以下传感器的信号和发动机管理系统的功能：

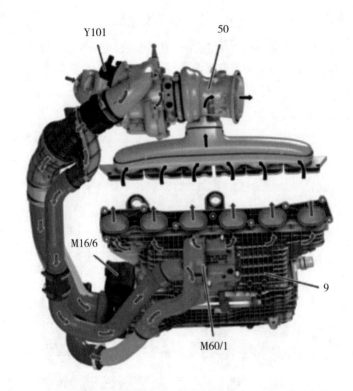

9.增压空气冷却器　50.涡轮增压器　M16/6.节气门促动器　M60/1.电动辅助压缩机　Y101.空气分流转换阀

图1-4-16

①增压空气压力和温度传感器：增压压力以及增压空气温度。

②节气门上游的压力和温度传感器：增压压力以及增压空气温度。

③涡轮增压器下游的压力和温度传感器：增压压力以及增压空气温度。

④空气滤清器下游的压力传感器：进气压力。

⑤加速踏板传感器：驾驶员的载荷请求。

⑥曲轴霍尔传感器：发动机转速。

⑦爆震控制、变速器过载保护、过热保护。

在全负荷操作时，产生最大增压压力。为减小增压压力，打开增压压力控制阀，用于驱动涡轮的废气通过旁路被转移。增压压力控制风门促动器通过连杆促动增压压力控制风门，后者关闭旁路。一部分废气通过旁路被引导至涡轮，由此可调节增压压力并限制涡轮转速。通过这种方式，可根据发动机的当前负荷需求调节增压压力。为监测由涡轮增压器到增压空气分配器的增压空气管路中的当前压力和温度情况，电控多端顺序燃料喷射/点火系统［ME-SFI（ME）］控制单元评估压力和温度传感器的信号，并根据发动机相关请求调节增压压力。

（2）旁通空气的功能顺序。

在车辆处于减速模式时，由于轴、压缩机和涡轮的惯性，废气涡轮增压器会继续转动一段时间。因此，如果快速关闭节气门，一股增压压力波会传回增压器叶轮。该增压压力波会产生一种具有较低输送量的状态并在压缩机叶轮处形成高压状态，如此会引起增压器泵动（短促的咆哮声和机械应力）。打开旁通空气转换阀，通过涡轮增压器进气侧的旁通管路快速减压，从而防止此情况发生，如图1-4-17所示。

发动机在负荷下工作时，增压压力被施加至膜片，然后保持旁通关闭。如果发动机关闭，就会通过集成在减速空气转换阀中的弹簧将膜片压入基座中。若电控多端顺序燃料喷射/点火系统〔ME-SFI（ME）〕控制单元通过实际数值电位计检测到节气门关闭而启用减速模式，则会促动旁通空气转换阀。膜片克服弹簧作用力和增压压力被拉开，打开通向进气侧的旁通管路，释放过多的增压压力。

如果发动机从减速模式切换至负荷工作状态，旁通空气转换阀将不再被促动。弹簧将膜片压向底座方向。膜片被现有增压压力拉入底座，从而再次关闭旁通管路，如图1-4-18所示。

（3）电动辅助增压的功能顺序。

增压压力直接取决于涡轮增压器的转速，后者由废气流驱动。因此在较低转速范围内涡轮增压器产生的增压压力相当低，且仅在发动机转速升高时增加。当驾驶员要求较大的动力时，建立增压压力需要一定时间，以使发动机可全部输出。这种情况在增压发动机中被称为涡轮迟滞。为抵消涡轮迟滞并在整个转速范围内形成均匀的高增压压力，在较低转速范围内通过电动辅助压缩机生成部分增压压力。可用增压压力最高可达45kPa。在任何发动机转速下，发动机管理系统根据发动机的负荷请求和工作状态以及环境条件计算目标增压压力，如图1-4-19所示。由于涡轮增压器在低转速范围内无法生成目标增

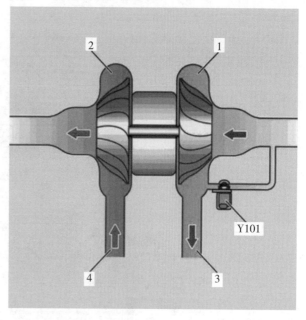

1.泵轮　2.涡轮　3.至节气门　4.自排气歧管　Y101.空气分流转换阀

图1-4-17

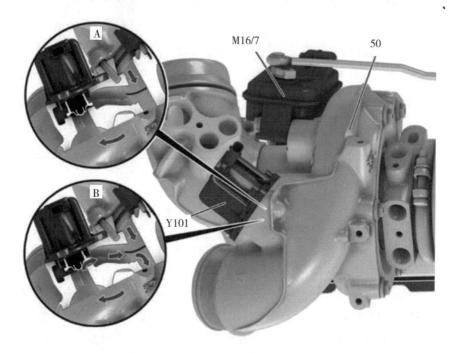

50.涡轮增压器　M16/7.增压压力控制阀促动器　Y101.空气分流转换阀　A.状态：已关闭　B.状态：已打开

图1-4-18

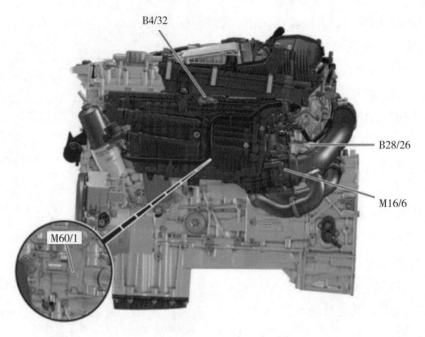

B4/32.增压空气压力和温度传感器　B28/26.节气门上游的压力和温度传感器　M16/6.节气门促动器　M60/1.电动辅助压缩机

图1-4-19

压压力，因此通过促动电动辅助压缩机补偿实际增压压力和目标增压压力之间的压差。为此，发动机管理系统计算电动辅助压缩机转速，后者根据所需增压压力计量。在转速达到3000r/min时，电动辅助压缩机通过内部控制器局域网（CAN）总线由电控多端顺序燃料喷射/点火系统［ME-SFI（ME）］控制单元促动。在输出功率大于5kW时，使用冷却液已冷却的电动辅助压缩机提供更多自发的增压压力。其位于发动机冷侧，在快速进入增压空气冷却器之前，在300ms范围内，达到最高转速70000r/min和最大压力比1.45。在电动辅助压缩机促动过程中，记录节气门下游的压力和温度传感器信号，以监测增压压力。当涡轮增压器继续自行运行时，压力测量通过涡轮增压器下游的压力和温度传感器执行。电动辅助压缩机位于发动机左侧，涡轮增压器和节气门之间增压空气冷却器的后面。发生的所有故障均传送至电控多端顺序燃料喷射/点火系统［ME-SFI（ME）］控制单元并记录为故障。标称速度可借助于XENTRY Diagnostics手动规定。

十一、排气处理

M256发动机装配最先进的汽油微粒滤清器（OPF）。使用的催化涂层是新开发的，还对背压进行了优化。空燃比控制通过催化转换器上游的直列式氧传感器和位于两个催化转换器之间的平面式传感器进行。完整的催化转换器箱完全绝缘并具有模块设计，以便符合相应的排放标准。汽油微粒滤清器（OPF）位于车辆底部中第一膨胀阶段，显著减少微粒数量。汽油微粒滤清器（OPF）的工作原理基于柴油微粒滤清器。汽油微粒滤清器（OPF）实现最佳过滤效果，当里程增加时为汽油微粒滤清器（OPF）容积中的油灰沉积提供足够的容积。总之，模块设计概念提供高性能、背压优化排放控制系统，适用于新的M256发动机在现实驾驶条件下（高输出功率密度排放）处理排放。

1.排气处理

如图1-4-20所示。

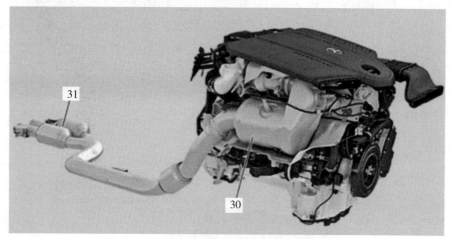

30.催化转换器箱　31.汽油微粒滤清器

图1-4-20

2.排气系统部件

如图1-4-21所示。

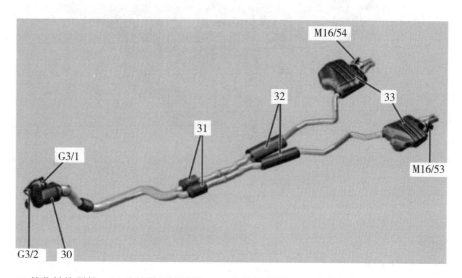

30.催化转换器箱　31.汽油微粒滤清器　32.中部消音器　33.后消音器　G3/1.催化转换器
下游的氧传感器　G3/2.催化转换器上游的氧传感器　M16/53.左侧排气风门促动电机
M16/54.右侧排气风门促动电机

图1-4-21

3.排气系统

排气系统主要任务:

①清洁燃烧气体。

②对车辆的燃烧排放进行释放。

③压力波动的阻尼由燃烧室中的激增性燃烧产生。

④减少噪声排放。

排气系统的设计对发动机的可用转速范围内的可用扭矩产生了显著的影响。排气系统被动参与增压变化，系统的形状影响位于其中的废气振动。这些振动在排气门打开时支持燃烧室中燃烧气体的释放。最好结果借助于可变正时和风门控制排气系统实现。排气风门促动电机在各排气尾管中操作排气风门，以将排气系统中的噪声水平最小化。排气风门促动电机由传动系统控制单元通过程序控制促动。此时，排气风门可完全关闭或打开或根据使用的特性图持续在存储的中间位置进行调节。可诊断排气风门促动电机，并且如果排气风门没有打开，其将反馈信号传送至传动系统控制单元，然后降低发动机输出功率。根据设定的驾驶模式，将特性图存储在控制单元的排气风门打开的特性中。

十二、冷却系统

1.发动机右前视图

如图1-4-22所示。

M75/11   25

25.冷却液节温器   M75/11.电动冷却液泵

图1-4-22

2.电动冷却液泵

电动冷却液泵位于发动机右前部，排气系统下方。电动冷却液泵可确保冷却液在发动机的高温回路中按需循环。电动冷却液泵由电控多端顺序燃料喷射/点火系统［ME-SFI（ME）］控制单元通过局域网（LIN）信号促动。其在评估以下信号后进行调节：

①冷却液温度。

②加热器请求。

③发动机转速。

④发动机扭矩。

冷却液温度低于75℃时，电动冷却液泵停用，除非智能气候控制系统控制单元要求来自电动冷却液泵的泵送量，如图1-4-23所示。

3.低温回路1和2

低温回路部件，如图1-4-24所示。

58

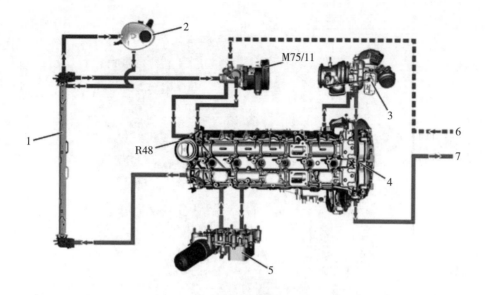

1.散热器　2.膨胀容器　3.涡轮增压器　4.内燃机　5.带发动机油冷却器的机油模块　6.加热器回流管
7.加热器供给　M75/11.电动冷却液泵　R48.冷却液节温器加热元件

图1-4-23

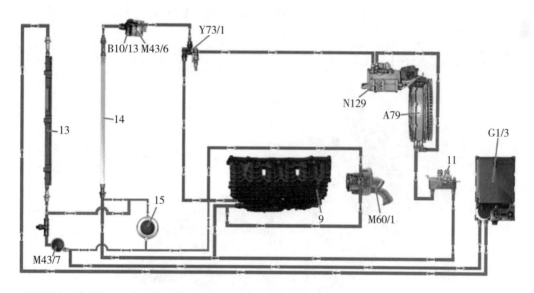

9.增压空气冷却器　11.变速器油冷却器　13.低温回路2冷却器　14.低温回路1冷却器　15.低温回路1和2的
冷却液膨胀容器　A79.集成式启动发电机　B10/13.低温回路温度传感器　G1/3.48V车载电气系统蓄电池
M43/6.低温回路循环泵1　M43/7.低温回路循环泵2　M60/1.电动辅助压缩机　N129.启动发电机控制单元
Y73/1.低温回路转换阀

图1-4-24

4.电动制冷剂压缩机

电动制冷剂压缩机位于发动机左侧。电动制冷剂压缩机负责吸入和压缩制冷剂。电动制冷剂压缩机持续进行速度控制，以符合700~9000r/min的要求。电动制冷剂压缩机根据车外温度和高压蓄电池的温度进行控制并在事故后关闭。若车外温度低于2℃，则电动制冷剂压缩机通常关闭。智能气候控制系统控制单元通过智能气候控制局域网2（LIN B8-2）促动电动制冷剂压缩机。

①发动机左前视图，如图1-4-25所示。

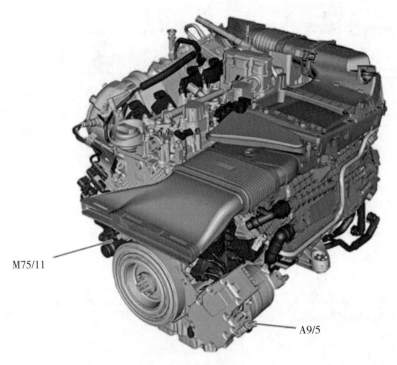

M75/11

A9/5

A9/5.电动制冷剂压缩机　M75/11.电动冷却液泵

图1-4-25

②电动制冷剂压缩机，如图1-4-26所示。

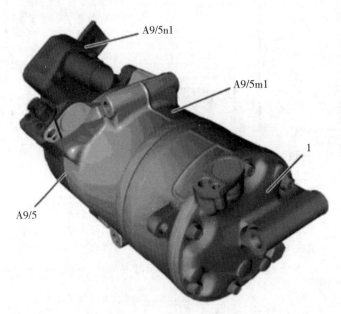

A9/5n1

A9/5m1

1

A9/5

1.螺旋压缩机　A9/5.电动制冷剂压缩机　A9/5m1.电动制冷剂压缩机电机
A9/5n1.电动制冷剂压缩机控制单元和电力电子装置

图1-4-26

③结构。

电动制冷压缩机控制单元调节电机的转速和制冷剂数量。电机驱动螺旋压缩机，它由两个相互缠绕的螺旋组成，其中一个与外壳永久连接，另一个在第一个螺旋的圆周内旋转。此时螺旋在线圈内构成几个逐渐变小的室。在这些小室内，压缩的制冷剂以这种方式到达中央位置，然后在此压缩后排出。

十三、保养

当前梅赛德斯-奔驰保养策略适用于M256发动机，不同国家可能存在偏差：

①欧洲：固定式保养间隔为"每25000km/12个月"。

②中国：固定式保养间隔为"每10000km/12个月"。

③美国：固定式保养间隔为"每10000mi/12个月"（1mi=1.609km）。

④可始终选择A类保养或B类保养。

在这些间隔期间执行附加操作（以欧洲为例）：

①更换空气滤清器滤芯：每75000km/3年。

②更换火花塞：每75000km/3年。

③更换燃油滤清器（火花点火式发动机）：200000km/10年。

1.排放发动机油

M256发动机不再有吸油管，因此没有机油尺。通过油底壳中的放油螺塞排放发动机油。通过油底壳中的传感器和仪表盘上的显示屏检查发动机油位。这通过方向盘按钮调用。发动机油位测量/机油更换的步骤可在奔驰车间维修资料系统（WIS）文件AP18.00-P-1812MKI（以W213车系OM654发动机为例）中找到。

2.发动机油

使用汽油微粒滤清器（OPF），在更换机油时，使用低灰分发动机油。以下发动机油被梅赛德斯-奔驰公司认可：

①229.51。

②229.52。

③229.61。

④229.71。

第五节　M254发动机

一、介绍

1.概述

随着W206车系C级车型在2021年6月上市，梅赛德斯-奔驰引入新款4缸直列式火花点火式发动机，型号为M254，取代M264和M274发动机。排量为1.5L/2.0L的新款4缸直列式火花点火式发动机有4种输出功率等级：

①125kW/250N·m。

②150kW/300N·m。

③150kW/320N·m。

④190kW/400N·m。

第二代集成式启动发电机（48V）可短时间额外提供15kW的输出功率和200N·m的扭矩。在W206车系C级混合动力车型中，集成式电机与150kW发动机配合使用可以额外提供95kW的输出功率和最大440N·m的扭矩。发动机进行涡轮增压时，带可切换流量接口的涡轮增压器可确保整个车速范围内的最佳动力传输。通过M254发动机（190kW）的高动力涡轮增压理念可额外增大发动机输出约30s，最大20kW。超增压功能可增加主动驾驶安全性，包括额外加速（如超车或并入高速公路时）。除48V部件外，新款M254发动机还新增了智能温度管理系统。排气系统装配了2箱催化转换器和新的带第3氧传感器的带涂层的汽油微粒滤清器。带变矩器（725.1）的最新一代SPEEDSHIFT-TCT 9G变速器和集成式第二代启动发电机是新增的技术亮点。

奔驰C300轿车（装配M254发动机），如图1-5-1所示。

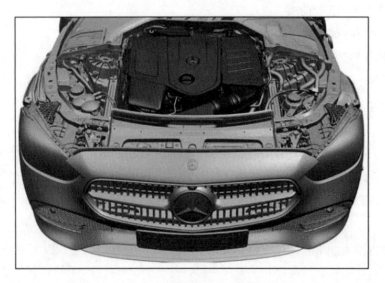

图1-5-1

2.型号和总成

如表1-5-1所示。

表1-5-1

车型	型号	投放市场	发动机	输出功率（kW）	扭矩（N·m）	变速器
C180	206.041	06/2021 ECE版	254.915	125+15	250+200	725.113
		08/2021 中国版				
		11/2021 日本版				
C200	206.042	06/2021 ECE版	254.915	150+15	300+200	725.113
		08/2021 中国版				
		11/2021 日本版				
C200 4MATIC	206.043	06/2021 ECE版	254.915	150+15	300+200	725.173
C300	206.046	06/2021 ECE版	254.920	190+15	400+200	725.111
		08/2021 中国版				
		11/2021 日本版				
C300 4MATIC	206.047	06/2021 ECE版	254.920	190+15	400+200	725.171
C300e	206.054	09/2021 ECE版	254.920	150+95	320+440	725.121
C350e		11/2021 中国版				

车型	型号	投放市场	发动机	输出功率（kW）	扭矩（N·m）	变速器
C200（长轴距）	206.141	09/2021 中国版	254.915	125+15	250+200	725.113
C260（长轴距）	206.142	09/2021 中国版	254.915	150+15	300+200	725.113
C260 4MATIC（长轴距）	206.143	12/2021 中国版	254.915	150+15	300+200	725.173
C180T	206.241	09/2021 ECE版	254.915	125+15	250+200	725.113
C200T	206.242	06/2021 ECE版 09/2021 中国版	254.915	150+15	300+200	725.113
C200 4MATIC T	206.243	12/2021 ECE版	254.915	150+15	300+200	725.173
C200 4MATIC T	206.245	12/2021 ECE版	254.915	150+15	300+200	725.173
C300T	206.246	12/2021 ECE版	254.920	190+15	400+200	725.111
C300 4MATIC T	206.247	12/2021 ECE版	254.920	190+15	400+200	725.171
C300eT	206.254	12/2021 ECE版	254.920	150+95	320+440	725.121

二、技术数据

1.M254 E15 DEH LA发动机的扭矩和动力曲线

如图1-5-2所示。

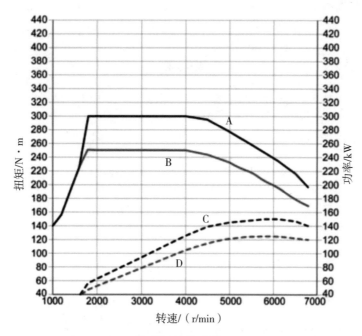

A.M254 E15 DEH LA 150kW发动机的扭矩曲线　B.M254 E15 DEH LA 125kW
发动机的扭矩曲线　C.M254 E15 DEH LA 150kW发动机的动力曲线
D.M254 E15 DEH LA 125kW发动机的动力曲线

图1-5-2

2.M254 E20 DEH LA发动机的扭矩和动力曲线

如图1-5-3所示。

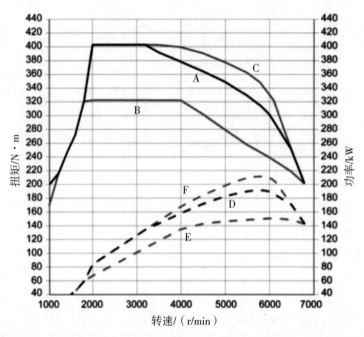

A.M254 E20 DEH LA 190kW发动机的扭矩曲线   B.M254 E20 DEH LA 150kW发动机的扭矩曲线   C.M254 E20 DEH LA 190+20kW发动机的超增压扭矩曲线   D.M254 E20 DEH LA 190kW发动机的动力曲线   E.M254 E20 DEH LA 150kW发动机的动力曲线   F.M254 E20 DEH LA 190+20kW发动机的超增压动力曲线

图1-5-3

3.M254发动机技术数据

如表1-5-2所示。

表1-5-2

项目	单位	M254 E15 DEH LA 125kW	M254 E15 DEH LA 150kW	M254 E20 DEH LA 150kW	M254 E20 DEH LA 190kW
结构/气缸	—	直列式/4缸	直列式/4缸	直列式/4缸	直列式/4缸
气门数量	—	4	4	4	4
排量	cm³	1496	1496	1999	1999
气缸间距	mm	90	90	90	90
单缸容积	cm³	374	374	500	500
缸径	mm	78.0	78.0	83	83
行程	mm	78.3	78.3	92.4	92.4
额定功率	kW	125（5500r/min）	150（5800r/min）	150（6100r/min）	190（5800r/min，无超增压） 210（5800r/min，超增压）
最大扭矩	N·m	250（1800~4000r/min）	300（1800~4000r/min）	320（1800~4000r/min）	400（2000~3200r/min，无超增压） 400（2000~3200r/min，超增压）
行程缸径比	—	1.0	1.0	1.11	1.11

项目	单位	M254 E15 DEH LA 125kW	M254 E15 DEH LA 150kW	M254 E20 DEH LA 150kW	M254 E20 DEH LA 190kW
连杆长度	mm	140.5	140.5	140.5	140.5
单位功率	kW/L	83.3	100	75	95
压缩比	—	10.5	10.5	10.0	10.0
排放标准	—	欧6d	欧6d	欧6d	欧6d

三、保养信息

M254和M256发动机的正时链在外观上几乎相同。为防止在不同的发动机上安装错误的正时链，链节上带有激光制作的二维码（DMC）。可通过扫描仪读取二维码，从而清晰识别正时链。为快速定位二维码（尺寸为3.3mm×3.3mm），相邻的链节上有附加彩色标记。DMC表面的装配机油不会影响扫描时间，如图1-5-4所示。

1.DMC　2.彩色标记

图1-5-4

四、驱动系统

（一）发动机

M254发动机右前视图，如图1-5-5所示。

M254 E20 DEH发动机前部和后部视图（不带护盖），如图1-5-6所示。

M254发动机左前和右前视图（不带护盖），如图1-5-7所示。

（二）概述

新款M254发动机为纵向安装的四缸直列式火花点火式直喷发动机。发动机通过带可切换流量接口的涡轮增压器实现增压。第二代集成式启动发电机（ISA）可通过助力效果短时间产生额外的20kW输出功率。机械式制冷剂压缩机通过皮带驱动装置驱动。新一代润滑油的使用有助于确保发动机的摩擦得到优化。

图1-5-5

图1-5-6

图1-5-7

（三）新特性

①偏置发动机（即与曲轴轴线相对的缸孔向冷侧偏置）。

②铝制曲轴箱和气缸盖。

③采用NANOSLIDE®技术的气缸套。

④无皮带发动机（仅混合动力）。

⑤进气侧的可变气门升程系统（CAMTRONIC）。

⑥带电磁喷油器的汽油直接喷射（燃油压力35000kPa）。

⑦带分段涡轮和可切换流量接口的涡轮增压器。

⑧带2箱催化转换器的邻近发动机的排气系统。

⑨电动冷却液泵。

⑩变速器侧第二代集成式启动发电机（48V）。

（四）长缸体发动机

为满足不同的客户需求，梅赛德斯–奔驰不断追求三轨道的技术方法，以实现持续方便出行：EQ Boost（电气化内燃机）、EQ Power（插电式混合动力驱动）和EQ（全蓄电池电驱动）。带4缸和6缸汽油和柴油发动机的新发动机家族有自身的模块结构（经过电气化系统设计）。其关键特点包括90mm的标准化气缸间距和相同的车辆接口。M254发动机是第一款将全部模块发动机家族的创新点用于一个主总成的发动机，其中包括NANOSLIDE®气缸涂层，CONIC SHAPE®气缸珩磨（喇叭状）和直接位于发动机上的废气再处理系统。

（五）发动机管理

1.进气侧可变气门升程系统（CAMTRONIC）

M254发动机的凸轮轴和进气阀/排气阀通过正时链控制。M254发动机装配了进气侧可变气门升程系统（CAMTRONIC），可根据发动机工作情况和驾驶员请求设定最佳凸轮轮廓。有两种不同的配置情况。由凸轮扇形盘进行切换，扇形盘可轴向移动，可通过电子促动器进行节能切换。促动器仅在切换操作期间需要能量，随后会断电，由此产生了以下的优点：

①在动态低部分负荷运行模式下增压压力增大更快。

②涡轮增压器的响应时间优化。

③降低负载变化损失。

④静态低部分负荷运行模式中舒适性提高且消耗量降低。

2.进气和排气的阶段设置装置

进气和排气凸轮轴的正时可通过设置装置单独分阶段进行调节。凸轮轴相对于曲轴发生扭转，排气的关闭状态和进气的开启状态改变。气门重叠情况不断变化。气门重叠量较大时，排气关闭较晚且进气打开较早。在部分负荷情况下，较多的气门重叠量会使燃烧温度降低，氮氧化物（NO_x）的形成减少。在排气侧，再次吸入废气可实现内部废气再循环。气门重叠量较小时，排气关闭较早且进气打开较晚。较小的气门重叠量可防止怠速时空气过量流入排气口以及排气过量流入进气口。在全负荷运行期间，空气的后续流动可在扭矩较大时达到增压效果。

①进气凸轮轴视图，如图1-5-8所示。

②M254发动机正时部件，如图1-5-9所示。

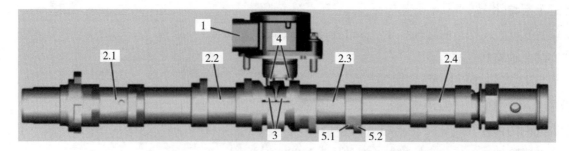

1.可变气门升程系统（CAMTRONIC）促动器　2.1.1号气缸凸轮件　2.2.2号气缸凸轮件　2.3.3号气缸凸轮件
2.4.4号气缸凸轮件　3.曲线轨道　4.柱塞　5.1.凸轮的平坦部分　5.2.凸轮的较陡部分

图1-5-8

1.正时链　2.上部链条滑轨　3.张紧轨　4.底部链条滑轨　5.曲轴齿轮　6.机油泵齿轮　7.正时链换向齿轮　8.凸轮
轴调节器（进气凸轮轴）　9.凸轮轴调节器（排气凸轮轴）

图1-5-9

（六）直接喷射

新款M254发动机的喷射通过第三代汽油直接喷射系统执行。燃油喷射压力高达35000kPa。作为单活塞泵，高压泵装配了集成在泵模块中的油量控制阀。喷油器采用电磁喷油器。M254发动机采用均匀燃烧系统设计。喷射过程中涉及的高水平动态以及最小开启时间会产生高脉冲保持能力，并对NVH特性产生正面影响。通过以下参数可优化喷射期间的噪声情况：

①喷射脉冲次数。

②喷油器行程。

③开启梯度。

④喷射压力。

在燃油高压泵的流量控制阀（可控制流入高压泵的燃油量）中，对移动部件进行了定量减重。整个组件均磨光且通过所谓的硬度较低的多孔盘加强了喷射器接触面在气缸盖上的退耦。提高了减震性能，有助于减少脉冲转为结构传播声音。基本要求是在发动机的整个使用寿命中电磁喷油器保持在燃烧室中的精准位置。总而言之，与之前车型发动机相比，多孔盘的硬度降低了近一半。M254发动机的喷油器的油轨，如图1-5-10所示。

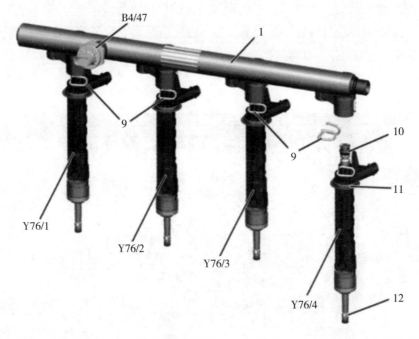

1.油轨　9.止动弹簧　10.密封圈　11.密封圈　12.密封圈　B4/47.燃油压力和温度传感器　Y76/1.1号气缸喷油器　Y76/2.2号气缸喷油器　Y76/3.3号气缸喷油器　Y76/4.4号气缸喷油器

图1-5-10

（七）通过带可切换流量接口的涡轮增压器增压

在整个车速范围内实现最佳动力传输的关键前提是对燃烧室上游的空气传输部件进行整体大修。增压系统的核心部件是双管路涡轮增压器可切换流量接口，可承受高达980℃的高温。与双涡流涡轮增压器相比，有以下优势：

①效率更高。

②改善了残留气体效用。

③通过流量接口提高了气体流量。

④空燃比操作（包括全负荷时）。

（八）增压压力控制的功能顺序

增压压力控制通过增压压力控制风门促动器实现。电控多端顺序燃料喷射/点火系统［ME-SFI（ME）］控制单元以特性图和负荷控制方式促动促动器，以进行增压压力控制。电控多端顺序燃料喷射/点火系统［ME-SFI（ME）］控制单元评估来自以下传感器的信号和发动机管理系统的功能：

①节气门上游的压力和温度传感器：增压压力以及增压空气温度。

②节气门下游的压力和温度传感器：进气歧管压力和进气歧管温度。

③空气滤清器下游的压力传感器：进气压力。

④加速踏板传感器：驾驶员发出的负荷请求。

⑤曲轴霍尔传感器：发动机转速。

⑥爆震控制、变速器过载保护、过热保护。

为减小增压压力，打开增压压力控制阀，用于驱动涡轮的废气通过旁路被转移。增压压力控制风门促动器通过连杆促动增压压力控制风门，后者实现旁路。一部分废气通过旁路被引导至涡轮，由此可调节增压压力并限制涡轮转速。通过这种方式，可根据发动机的当前负荷需求调节增压压力。为监测由涡轮增压器到增压空气分配器的增压空气管路中的当前压力和温度情况，电控多端顺序燃料喷射/点火系统〔ME-SFI（ME）〕控制单元评估来自压力和温度传感器的信号，并根据发动机相关请求调节增压压力。

M254发动机的涡轮增压器，如图1-5-11所示。

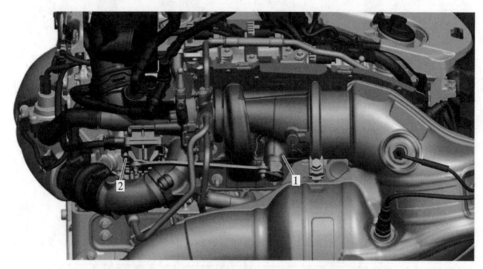

1.带可切换流量接口的涡轮增压器　2.增压压力控制阀促动器

图1-5-11

（九）排气系统

为确保催化转换器快速升温，M254发动机的排气系统也直接安装在发动机上。催化转换器采用2箱式设计，直接安装在涡轮增压器后方。新款带涂层的汽油微粒滤清器（COPF）集成在2箱催化转换器中。为监测汽油微粒滤清器的催化剂涂层并实现汽油微粒滤清器再生，下游的氧传感器3安装在汽油微粒滤清器下游。废气净化期间，汽油微粒滤清器捕获排放的炭烟颗粒。排气温度由汽油微粒滤清器上游的温度传感器进行检测。炭黑含量由汽油微粒滤清器压差传感器确定。通过氧传感器3，发动机工作，使用于所收集微粒氧化的氧气以目标方式供给至带涂层的炭烟微粒滤清器。车辆在传统驾驶方式下行驶时（主要是在超速运转模式下），汽油微粒滤清器进行再生（炭烟燃烧）。在汽油微粒滤清器中的氧气量充足且温度超过550℃时会立即进行炭烟燃烧。

1.M254发动机，装配带氧传感器3的排气系统/代码964

如图1-5-12所示。

2.M254发动机的2箱催化转换器

如图1-5-13所示。

3.M254 E20 DEH发动机的排气系统

如图1-5-14所示。

（十）冷却装置

由于M254发动机的输出功率增大至210kW（190+20kW），需要对发动机冷却系统采取其他措施。通过采取降耗措施实现最大输出时的最佳冷却效果。M254发动机的冷却回路包括发动机冷却回路以及变速器和增压空气冷却系统的低温回路。传动系统控制单元对所有冷却回路进行调节，其评估温度传感器的数据并在必要时促动发动机冷却回路中的电动冷却液泵和调节阀。发动机冷却回路对曲轴箱和发动机油

1.氧传感器3　2.氧传感器2　3.氧传感器1　4.三元催化转换器（TWC）下游的温度传感器　5.催化转换器（CAT）上游的温度传感器

图1-5-12

1.氧传感器1　2.前部废气排放软管的连接（自汽油微粒滤清器压差传感器）
3.后部废气排放软管的连接（自汽油微粒滤清器压差传感器）

图1-5-13

冷却器进行冷却。发动机冷却系统中的冷却液通过电动冷却液泵进行循环。发动机冷却回路中安装有一个机械节温器。需要较大功率输出时其会打开并将发动机冷却回路中的温度降至85℃。低温回路为两段式回路，工作温度介于50~70℃。冷却液通过电动冷却液泵循环。旋转滑阀将低温回路分成两部分，一部分用于冷却增压空气，另一部分用于冷却部件。

①电机。

②电力电子装置。

71

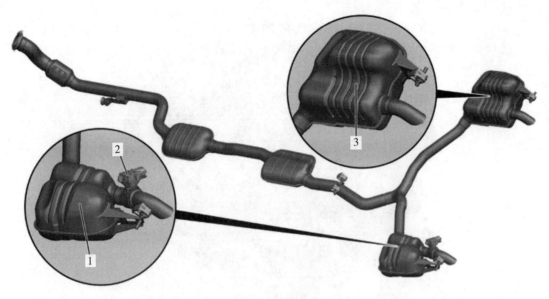

1.左后消音器　2.左侧排气风门促动电机　3.右后消音器

图1-5-14

③变速器油热交换器。

如果发动机冷却回路需要维修或修理，必须排空回路并再次抽真空。装配驻车加热器和热水加热辅助器的M254 125/150/190kW+15kW ISG2发动机的原理图，如图1-5-15所示。

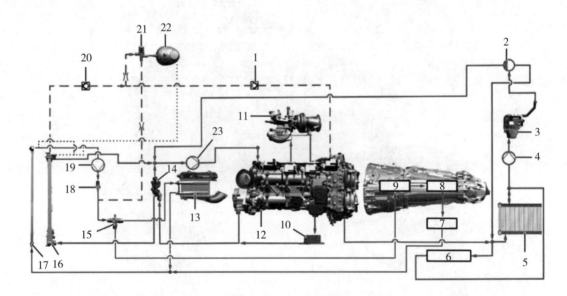

1.止回阀　2.加热转换阀　3.驻车加热器　4.冷却液泵　5.加热系统热交换器　6.热水加热辅助器　7.变速器油热交换器　8.电机　9.电力电子装置　10.发动机油冷却器　11.涡轮增压器　12.气缸盖和曲轴箱　13.增压空气冷却器　14.冷却液节温器　15.回转滑阀　16.散热器　17.低压冷却器　18.冷却液温度传感器　19.冷却液泵　20.止回阀　21.热量切断阀　22.冷却液膨胀容器　23.冷却液泵

图1-5-15

五、变速器

（一）集成式启动发电机

随着W206车系新款C级车型的上市，新款M254发动机装配了第二代集成式启动发电机。电机不再是发动机的一部分，而是变速器的一部分。对9G-TRONIC自动变速器进行了相应的改进和提升，将最先搭载4缸发动机使用的电机、电力电子装置和变速器冷却器现在安装在变速器上，这样就不需要之前所需的线路，在安装空间和重量方面占优势。此外，提高了变速器的效率。改善了与电动辅助机油泵的相互作用，从而使机油泵供给量降低了30%。新一代全集成化变速器采用多核处理器和新的结构设计以及连接技术，进一步提高了效率。在提高计算效率的同时，还大大减少了电气接口的数量且变速器控制系统的重量减少了30%。

1.装配第二代集成式启动发电机的M254发动机

如图1-5-16所示。

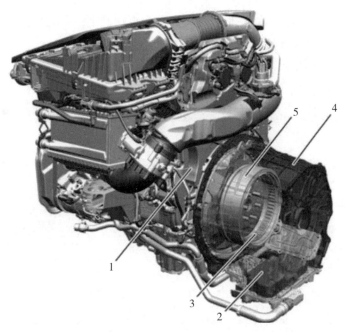

1.发动机　2.集成式启动发电机控制单元　3.转子　4.集成式启动发电机的外壳　5.定子

图1-5-16

2.第一代集成式启动发电机和第二代集成式启动发电机比较

如表1-5-3所示。

表1-5-3

项目	单位	第一代集成式启动发电机	第二代集成式启动发电机
电压	V	48	48
输出功率	kW	16（临时），10（永久）	15（临时），8（永久）
扭矩	N·m	250	200（柴油发动机）
			200（火花点火式发动机）
发动机转速	r/min	最高7200	最高7200（火花点火式发动机）
			最高5500（柴油发动机）
安装位置	—	正时箱中发动机侧的电机； 启动机安装空间中的电力电子装置	（变速器侧）牵引头中曲轴上的带适配器的电机； 牵引头中的电力电子装置

项目	单位	第一代集成式启动发电机	第二代集成式启动发电机
发动机	—	M256、M176（AMG）	M177、M254、OM654.8

（二）9G-TRONIC自动变速器

W206车系新款C级车型装配了新款M254发动机，采用最新一代的带变矩器的SPEEDSHIFT-TCT 9G自动变速器（725.1）。主要特点如下：

①优化泵系统（液压油）。

②优化换挡元件。

③采用了新的摩擦衬垫，使摩擦系数在整个使用过程中更加稳定，同时提高了耐热性。

④高速运行的换挡元件已替换为波纹板条，因此不再需要接触弹簧。

⑤新一代全集成化变速器控制系统，集成式辅助油泵的输出功率由400W增加至800W。

⑥第二代集成式启动发电机。

搭载变矩器的第二代9G-TRONIC自动变速器的技术数据，如表1-5-4所示。

表1-5-4

项目	数值	单位
最大可传输扭矩	550（ISA 2.0）	N·m
	750（混合动力）	
最高转速	7000	r/min
前进挡/倒挡数量	9/1	
转向轴倾斜度	8.902	
重量（含油），ISA 2.0，4×2	120	kg
重量（含油），ISA 2.0，4×4	140	
重量（含油），HYBRID，4×2	132	
重量（含油），HYBRID，4×4	152	
加注容积（自动变速器油）	约10	L

六、专用工具概览

1.装配工具

MB编号：254 586 00 43 00，如图1-5-17所示。

应用：用于安装和校准密封圈的装配工具。

2.套筒扳手

MB编号：254 589 00 09 00 20，如图1-5-18所示。

应用：用于松开电动冷却液泵的退耦元件的套筒扳手。

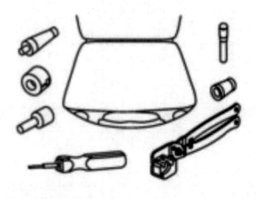

图1-5-17

3.定位工具

MB编号：254 589 00 23 00 05，如图1-5-19所示。

应用：用于设定凸轮轴基本位置以及在分解和装配凸轮轴调节器时进行反向固定的定位工具。

4.拔取工具

MB编号：254 589 00 33 00，如图1-5-20所示。

应用：用于将组合泵从曲轴箱上拆下的拔取工具。

5.适配器

MB编号：254 589 00 39 00，如图1-5-21所示。

应用：用于断开和铆接安装状态的正时链的适配器。注意事项：与铆接冲压工具W256 589 00 39 00和支架W254 589 00 40 00配套使用。

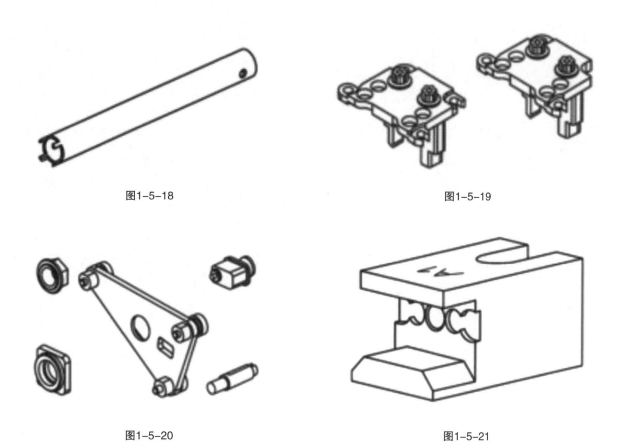

图1-5-18　　　　　　　　　　　　　图1-5-19

图1-5-20　　　　　　　　　　　　　图1-5-21

6.拔叉

MB编号：254 589 00 63 00，如图1-5-22所示。

应用：用于将平衡轴在平衡轴壳体上固定入位的叉状设备。

7.拔取工具

MB编号：254 589 01 33 00，如图1-5-23所示。

应用：用于拆卸喷油器的拔取工具。

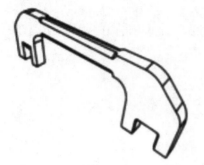

图1-5-22

图1-5-23

第二章　奔驰48V车载电气系统

第一节　奔驰48V车载电气系统

一、48V应用背景

梅赛德斯-奔驰最新的新能源战略，未来将在EQ的基础上衍生出3个分支，分别为EQ Boost、EQ Power以及EQ，这三大分支分别对应48V轻混、插电式混动以及纯电动车型。此外，氢燃料电池车以及充电/氢站建设也在同步全力推进中，如图2-1-1所示。

图2-1-1

1.为什么要使用48V车载电气系统

法规：至2020年，欧盟成员国必须将二氧化碳平均排放降低到95g/km，要求越来越大的电功率。

①12V车载电气系统已经到了极限：在最大电流为250A的时候，最多提供3kW的功率。在充放电平衡的情况下自动断开充电器。

②48V车载电气系统可以提供12kW的电功率，如图2-1-2所示。

能量回收：车辆的动能转化为机械能。在12V电气系统中应用非常有限。

EQ Boost：借助电动辅助结构，转换成驱动能量。内燃机更小，节省燃油，减少排放。

2.为什么刚好是48V

为什么正好是48V？因为在所有工作情况下与60V之间具有足够的安全距离。法律规定，超过60V的工作电压必须安装接触保护装置，如图2-1-3所示。

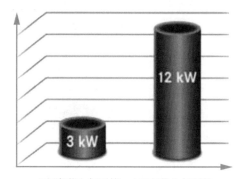

12V车载电气系统　　48V车载电气系统

图2-1-2

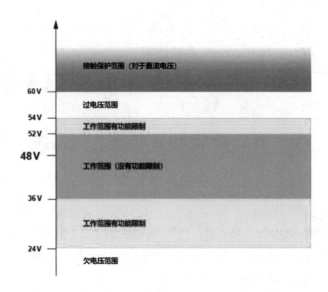

图2-1-3

二、48V车载电气系统结构

1.ISG与BSG

（1）ISG。

①集成式启动发电机。

②P1布局：ISG用螺栓刚性连接到曲轴上，如图2-1-4所示。

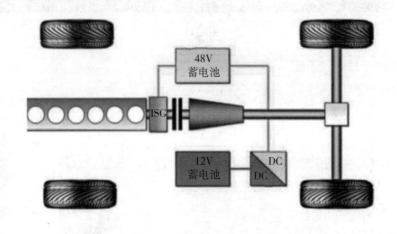

图2-1-4

（2）BSG。

①皮带驱动式启动发电机。

②P0布局：BSA取代了传统的发电机，如图2-1-5所示。

2.48V车载电气系统布置形式（集成式启动发电机）

如图2-1-6所示。

3.48V车载电气系统ISG部件

（1）M256发动机左侧，如图2-1-7所示。

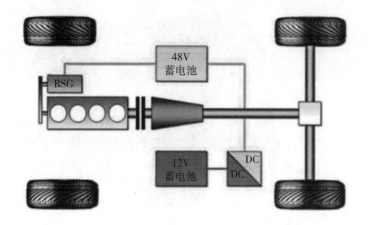

图2-1-5

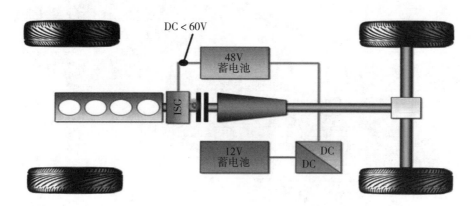

图2-1-6

图2-1-7

（2）M256发动机右侧，如图2-1-8和图2-1-9所示。

（3）集成式启动发电机A79，如图2-1-10所示。

（4）功率电子装置N129，如图2-1-11所示。

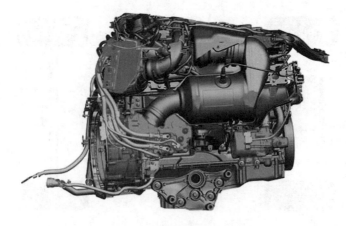

图2-1-8

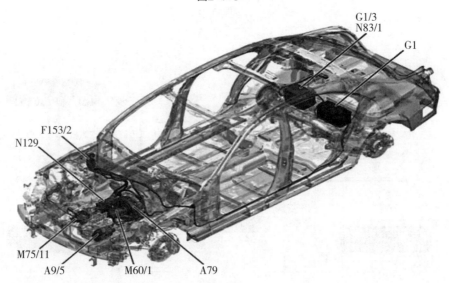

G1.12V蓄电池　G1/3.48V蓄电池　N83/1.DC/DC转换器　A79.集成式启动发电机　M60/1.电动辅
助压缩机　A9/5.电动空调压缩机　M75/11.电动冷却液泵　N129.功率电子装置　F153/2.48V保
险丝盒

图2-1-9

图2-1-10

图2-1-11

（5）电动辅助压缩机M60/1，如图2-1-12所示。

（6）电动冷却液泵M75/11，如图2-1-13所示。

图2-1-12

图2-1-13

（7）电动空调压缩机A9/5，如图2-1-14所示。

（8）48V保险丝盒F153/2，如图2-1-15所示。

图2-1-14

图2-1-15

4.W222车系M256发动机48V电气系统结构Code B01

如图2-1-16所示。

5.M256发动机48V供电简图

如图2-1-17所示。

注意：ISG的供电只是经过保险丝盒F153/2，并无保险丝。

6.48V车载电气系统布置形式（皮带驱动式启动发电机）

如图2-1-18所示。

7.48V车载电气系统RSG部件

（1）48V车载电气系统RSG部件布置图，如图2-1-19所示。

（2）48V蓄电池G1/3，如图2-1-20所示。

（3）皮带驱动式启动发电机M1/10，如图2-1-21所示。

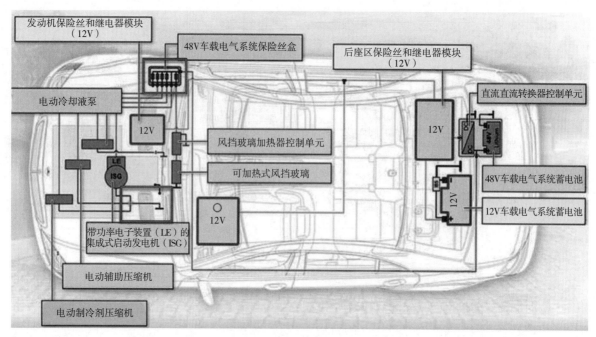

图2-1-16

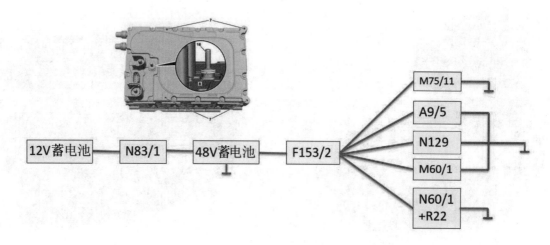

图2-1-17（图注省略）

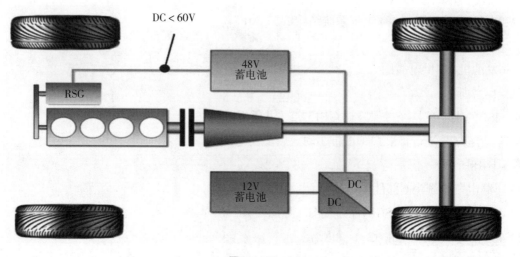

图2-1-18

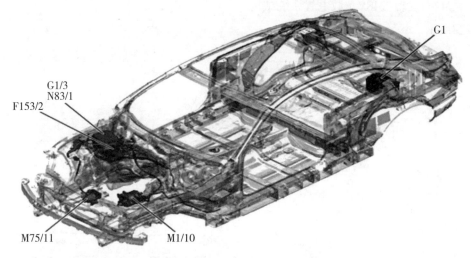

图2-1-19

G1.12V蓄电池　M1/10.皮带驱动式启动发电机　M75/11.电动冷却液泵　F153/2.48V保险丝盒
G1/3.48V蓄电池　N83/1.DC/DC转换器

图2-1-20

图2-1-21

（4）48V保险丝盒F153/2，如图2-1-22所示。

（5）电动冷却液泵M75/11，如图2-1-23所示。

图2-1-22

图2-1-23

8.W238车系M264发动机48V车载电气系统结构

如图2-1-24所示。

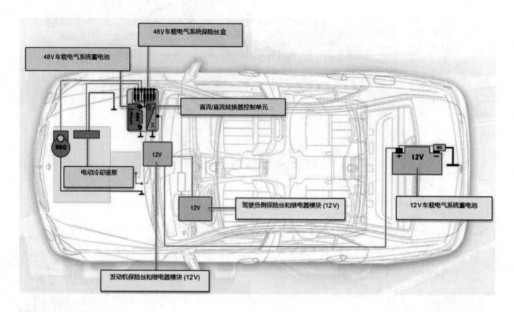

图2-1-24

9.W238车系M264发动机48V供电简图

如图2-1-25所示。

注意：BSG的供电只是经过保险丝盒F153/2，并无保险丝。

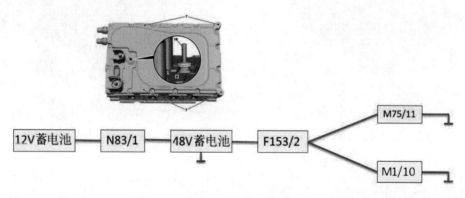

图2-1-25（图注省略）

10.W205车系M264发动机2018年改款的48V车载电气系统结构

如图2-1-26所示。

11.W205车系M264发动机48V供电简图

如图2-1-27所示。

12.总结

W222车系，2017年改款：

①M256发动机是为48V系统而开发的。

②带ISG。

③所有辅助总成均借助48V组件实现了电气化。

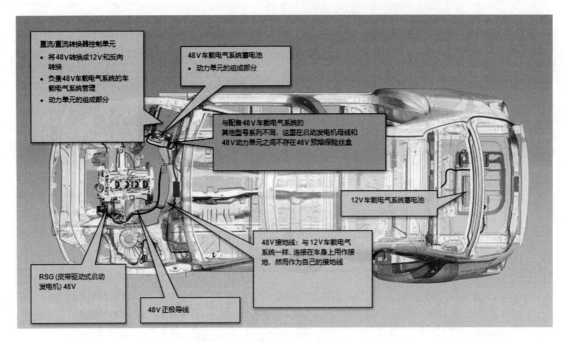

图2-1-26

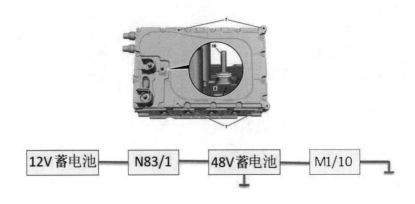

图2-1-27

W205/W213和W238车系，2018年改款：

①M264发动机搭载48V车载电气系统。

②带BSG。

③在W238发动机上水泵借助48V实现电气化。

三、48V车载电气系统部件

1.48V蓄电池外观

如图2-1-28所示。

蓄电池管理系统（BMS）可以监测电流、电压、冷却液的温度，负责12个锂离子电池之间的电荷平衡，预充电与充放电控制。预充电是为了防止切换到端子40的时候产生电弧，导致材料损坏，如图2-1-29和图2-1-30所示。

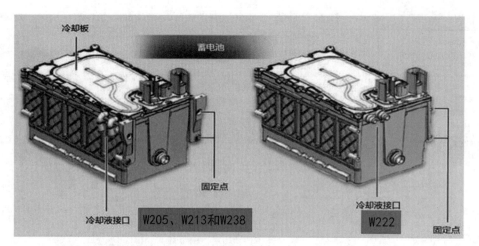

图2-1-28

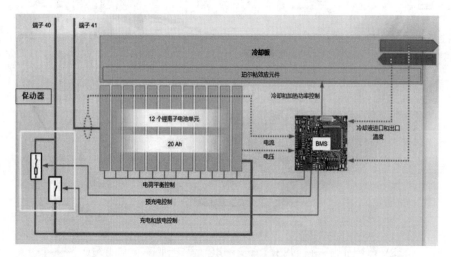

图2-1-29

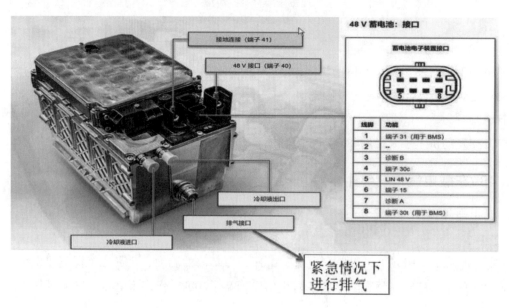

图2-1-30

2.48V蓄电池针脚分析（W222）

如图2-1-31所示。

86

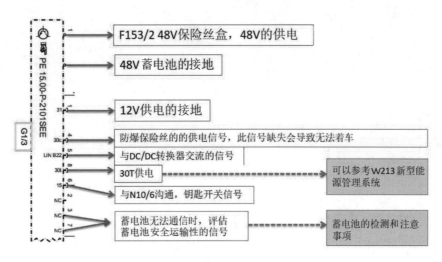

图2-1-31

3.48V蓄电池的实际值

如图2-1-32所示。

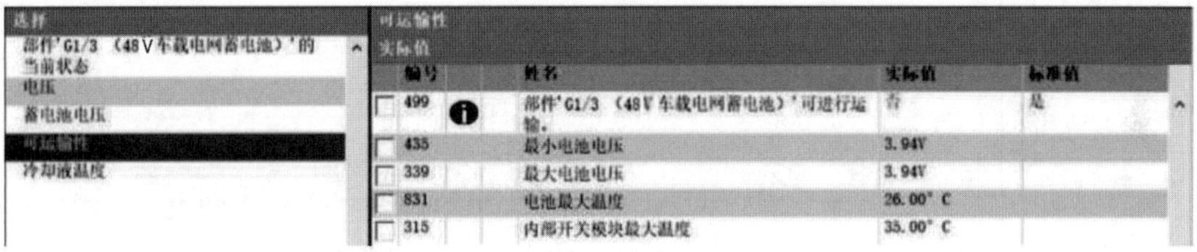

图2-1-32

诊断的时候必须打印安全运输性的实际值。

4.直流直流转换器控制单元

如图2-1-33所示。

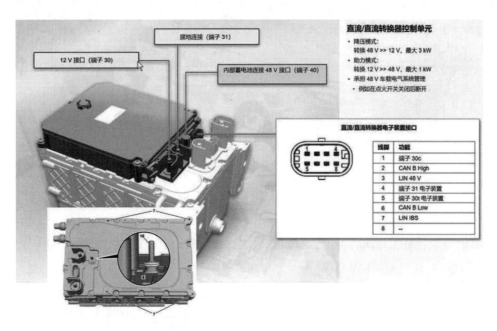

图2-1-33

5.直流直流转换器电路图（W222车系）

如图2-1-34所示。

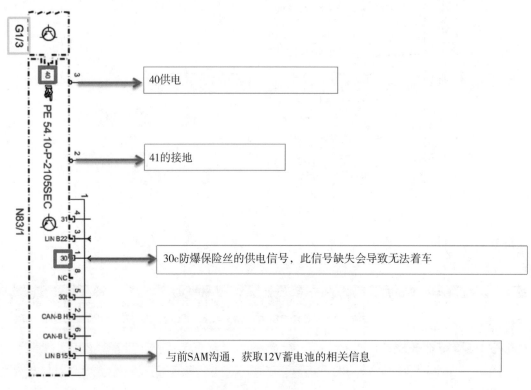

图2-1-34（图注省略）

6.直流直流转换器实际值

如图2-1-35所示。

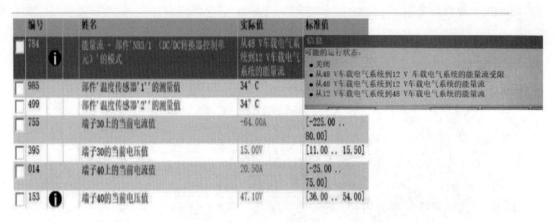

图2-1-35

7.直流直流转换器

更换48V蓄电池或者直流直流转换器的时候必须涂抹导热胶，有一小时的处理时间（导热胶的有效期为10个月）。更换时必须严格按照WIS执行。

8.电动冷却液泵M75/11（如图2-1-36所示）

①由ME通过LIN促动。

②冷却液温度低于75℃的时候，冷却液泵不工作，除非空调要求工作。

③温度被控制在-10~125℃之间。

④若通信缺失，则会进入应急模式，确保发动机的冷却。

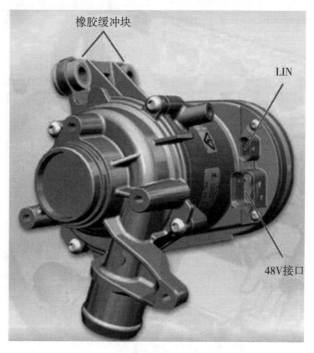

图2-1-36

9.电动冷却液泵M75/11 Xentry诊断

通过促动确认电动冷却液泵是否正常工作，如图2-1-37所示。

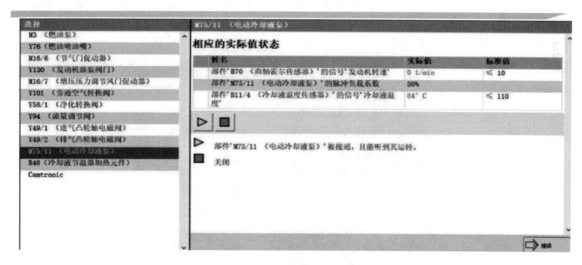

图2-1-37

10.电动冷却液泵M75/11电路图

如图2-1-38所示。

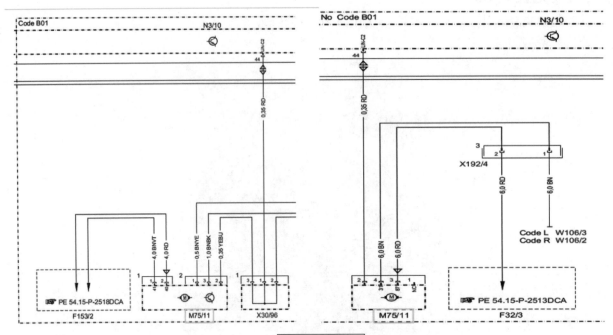

W238车系

图2-1-38（图注省略）

11.集成式启动发电机（如图2-1-39所示）

（1）48V启动发电机。

①48V启动机。

②48V发电机。

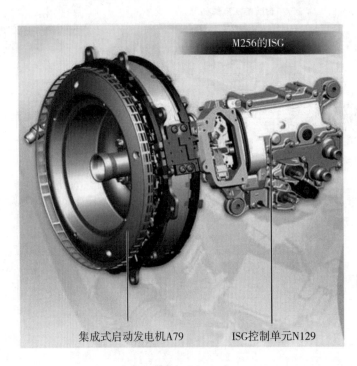

集成式启动发电机A79　　　　　ISG控制单元N129

图2-1-39

（2）ISG控制单元N129。

①辅助电动驱动结构。

②直接安装在曲轴上。

更换时必须严格按照WIS执行。

12.集成式启动发电机电路图

如图2-1-40所示。

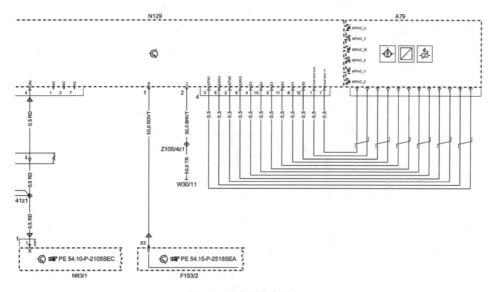

图2-1-40（图注省略）

N129无保险丝，因为电流由N129监控与保护。30c一旦被促发，电机会被制动并在2s内降到30V以下。

13.皮带驱动式启动发电机（如图2-1-41所示）

图2-1-41

皮带驱动式启动发电机：

①用作启动机，发电机也用作辅助驱动机构。

②借助专用的绝缘螺栓进行固定。

③只能整体进行更换。

④发电机模式下最大功率为12kW。

⑤电动机模式下最大功率为10kW。

⑥发电机最大扭矩为55N·m，通过皮带转换后最大扭矩为160N·m。

⑦皮带张紧器替换为回转皮带张紧器。

14.皮带驱动式启动发电机电路图（如图2-1-42所示）和皮带驱动式启动发电机电路图（混合动力 CAN L，如图2-1-43所示）。

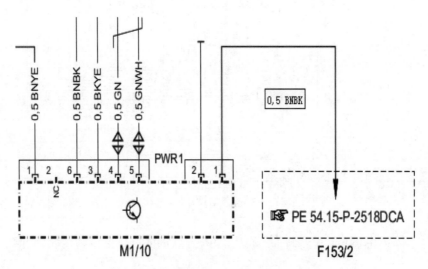

M1/10.启动发电机　F153/2.保险丝盒

图2-1-42（部分图注省略）

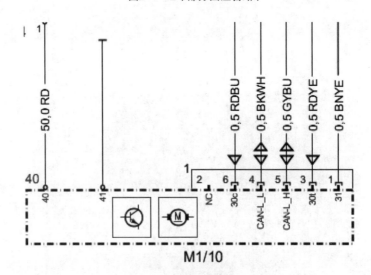

M1/10.启动发电机

图2-1-43（部分图注省略）

15.48V保险丝盒F153/2位置（W238）

如图2-1-44所示。

92

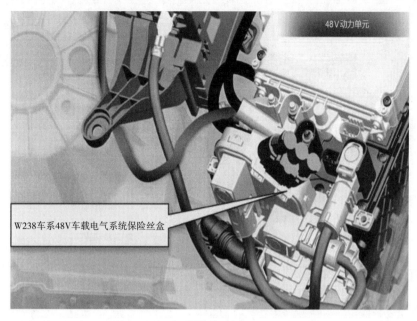

图2-1-44

16.48V保险丝盒F153/2位置（W222）

如图2-1-45所示。

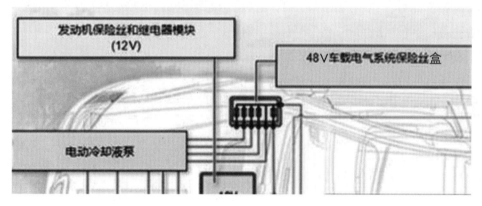

图2-1-45

17.48V保险丝盒F153/2（如图2-1-46所示）

①将来自48V蓄电池的电能分配给用电设备。

②如果出现故障，必须更换整个部件，不允许打开保险丝盒。

③ISG与BSG直接通过母线连接，直接由48V电源装置监控。

18.48V制冷剂压缩机

①约5.2kW功率（48V和108A）。

②电流消耗可达118A。

③在36V时可提供约80%功率。

④重量约7.3kg。

⑤通过LIN促动。

⑥转速范围800~8500r/min。

⑦R134a和R1234yf螺栓式制冷剂压缩机。

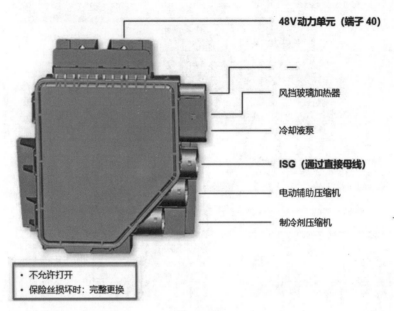

48V动力单元（端子40）

风挡玻璃加热器

冷却液泵

ISG（通过直接母线）

电动辅助压缩机

制冷剂压缩机

• 不允许打开
• 保险丝损坏时：完整更换

图2-1-46

M256发动机侧视图（左侧），如图2-1-47所示。

19.48V制冷剂压缩机更换后的学习

如图2-1-48所示。

20.48V制冷剂压缩机促动的实际值

如图2-1-49所示。

21.电动辅助压缩机M60/1（如图2-1-50所示）

①改善发动机低转速涡轮迟滞的现象。

②高负荷时的辅助增压。

③故障由ME储存记录。

④通过CAN I（传动系统传感器CAN）传递信息。

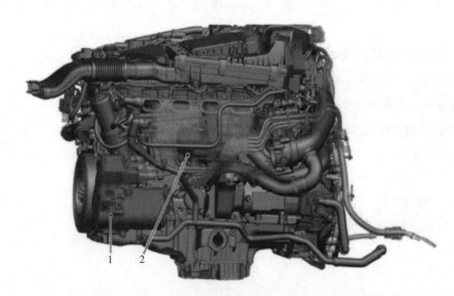

1.48V制冷剂压缩机　2.48V电动辅助压缩机（在增压空气冷却器后）

图2-1-47

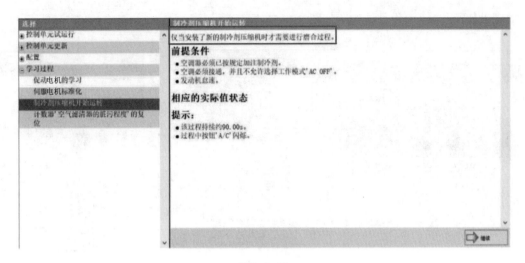

图2-1-48

前提条件

● 内燃机启动。

相应的实际值状态

姓名	实际值	标准值
部件'A9/5（电动制冷剂压缩机）'状态	接通	
关闭制冷剂压缩机的原因	制冷剂压缩机接通	
制冷剂压缩机的标准转速	18%	[0 .. 100]
制冷剂压缩机的实际转速	18%	[0 .. 100]
部件'A9/5（电动制冷剂压缩机）'的耗电量	9.0A	[0.0 .. 125.0]
部件'A9/5（电动制冷剂压缩机）'的功率消耗	440W	[0 .. 6400]
B10/6（蒸发器温度传感器）	8.3°C	
B12（制冷剂压力传感器）	770kPa	[0.0 .. 35.0]

30.0	
-	+

提示

● 一旦调节器或两个按钮之一被操作，促动即被激活。
● 数值范围：0.00% - 100.00%
● 如果存在转速限制，可能无法达到通过诊断控制规定的转速。

图2-1-49

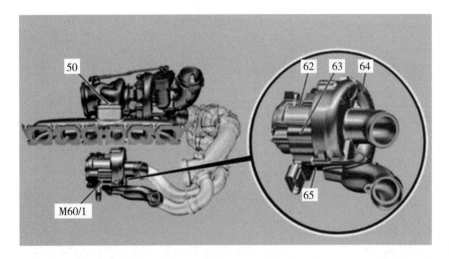

50.涡轮增压器（双涡流涡轮增压器）　62.电机　63.电力电子装置　64.压缩机叶轮壳体
65.集成式EMC滤清器　M60/1.电动辅助压缩机

图2-1-50

22.电动辅助压缩机M60/1内部结构（如图2-1-51所示）

图2-1-51

水淹车一定要检查该部件是否进水。

23.电动辅助压缩机M60/1电路图（如图2-1-52所示）

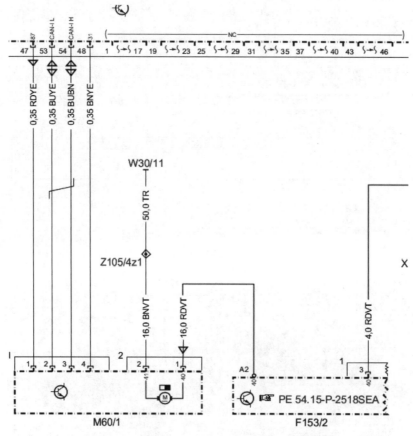

M60/1.电动辅助压缩机　F153/2.保险丝盒

图2-1-52（部分图注省略）

24.前风挡玻璃加热器（如图2-1-53所示）

①防止车窗结冰、起雾。

②将之前的12V供电提升至48V供电。

③自行运转8min或者车外温度超过10℃时关闭。

96

④以10%的增量在10%~100%之间调整，最大功率为1.6kW。

⑤电源开关具有过载保护作用。

R22/2.前风挡玻璃加热器

图2-1-53

25.前风挡玻璃加热器电路图（如图2-1-54所示）

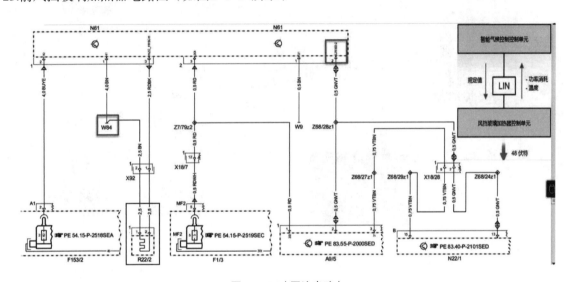

图2-1-54（图注省略）

26.48V车载电气系统部件

如表2-1-1所示。

表2-1-1

部件	48V蓄电池	直流直流转换器	电动冷却液泵	电动制冷剂压缩机	集成式启动发电机	功率电子装置控制单元	电动辅助压缩机	前风挡玻璃加热器	皮带驱动式启动发电机	48V保险丝盒
代号	G1/13	N83/1	M75/11	A9/5	A79	N129	M60/1	R22	M1/10	F153/2
供电	30c	30c		30c	30c	30c			30c	
W205 M264	√	√							√	
W238 M264	√	√	√						√	√
W222 M256	√	√	√	√	√	√	√	√	√	√

97

部件	48V蓄电池	直流直流转换器	电动冷却液泵	电动制冷剂压缩机	集成式启动发电机	功率电子装置控制单元	电动辅助压缩机	前风挡玻璃加热器	皮带驱动式启动发电机	48V保险丝盒
X167 M256	√	√	√	√	√	√				√
说明	组成48V动力单元，可单独更换		注意别与M274发动机冷却液泵混合		组成功率电子装置，可单独更换		只有320kW的才有		只能整体更换	不允许打开

注意：以上只是代表车型而已，实际上W205、W238车系也会配置M256发动机，W222、X167车系也会配置M264发动机，而且并不是所有M264发动机都采用48V系统。

27.48V车载电气程序网络结构

48V车载电气程序网络结构，如图2-1-55和图2-1-56所示。

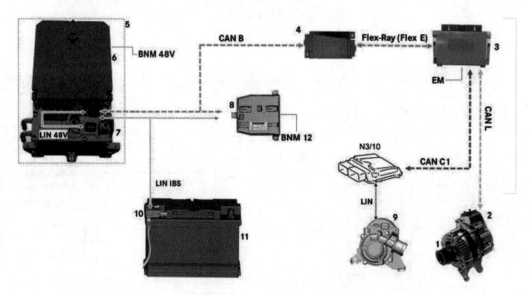

图2-1-55（图注省略）

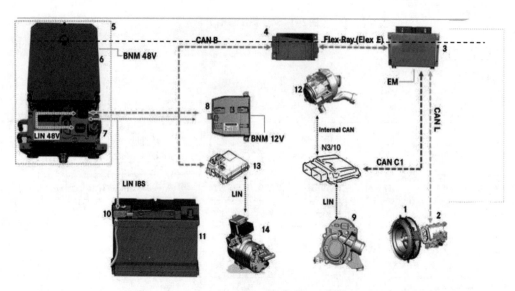

图2-1-56（图注省略）

通过触发燃爆保险丝不可逆的断开48V车载电气系统，如图2-1-57和图2-1-58所示。

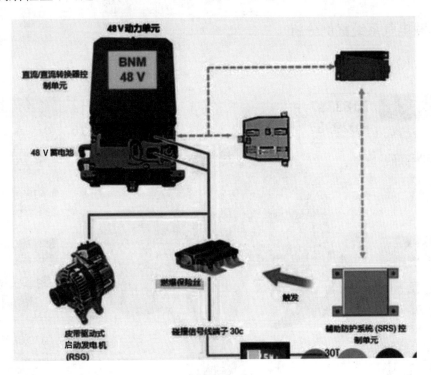

图2-1-57

注意：燃爆保险丝上游/下游配有一个5A/7.5A的保险丝（S500L在下游，C260L在上游）。

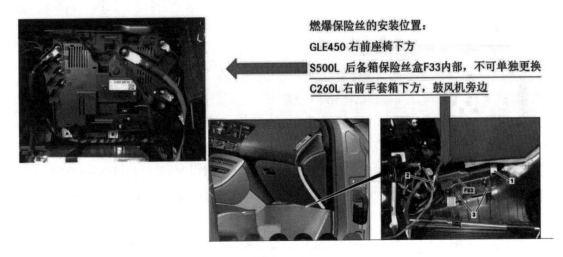

图2-1-58

28.维修注意事项

①只有先断开12V蓄电池的接地点10s以上，才能断开48V蓄电池供电或接地。

②禁止直接用8V充电器对48V蓄电池进行充电。

③事故车或长时间维修的车辆，必须保证12V蓄电池的电量，以维持48V蓄电池的电荷平衡。

④一次性螺母应按要求更换，例如48V蓄电池固定螺母。

⑤N129为防盗件。

⑥更换48V蓄电池时必须打印安全运输性的实际值。

⑦必须严格按照WIS步骤进行，特别是冷却液的排空。

四、48V车载电气系统案例分析

1.故障类型（如图2-1-59所示）

图2-1-59

2.短路类故障

故障现象：仪表提示48V蓄电池故障。

故障码：B193319（48V车载电气系统蓄电池存在功能故障，超出电流极限值）和B183371（48V车载电气系统蓄电池存在功能故障，促动器已抱死）。

解决方案：检查48V蓄电池促动器的开关状态。

如果存在短路，依次断开48V系统各个部件，以是否还存在超过电流极限值为依据确认故障。

48V蓄电池促动器：当BMS检测到电流过高的时候，由于保护作用，蓄电池促动器会断开，因此故障码会提示促动器抱死。出现短路：蓄电池内部或蓄电池外部，结构原理图如图2-1-60所示。

如何检查促动器的状态：

①关闭点火开关，断开N83/1的端子40，测量G1/3端子40的电压，标准值为0~2V。

②接通点火开关，测量电压，标准值为36~52V。如果此时没有电压输出，证明短路出现在蓄电池内部，如图2-1-61所示。

排查48V外部用电器是否存在故障：依次断开48V系统部件，看是否存在电流值过高的故障码。若没有（或者车辆可以着车），则证明断开的部件为故障部件，如图2-1-62所示。

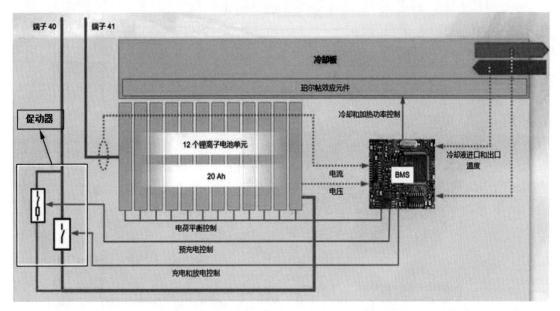

图2-1-60

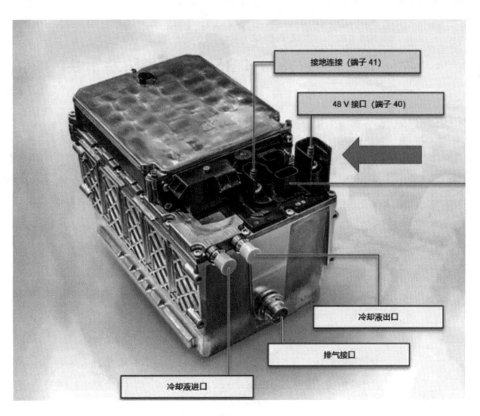

图2-1-61

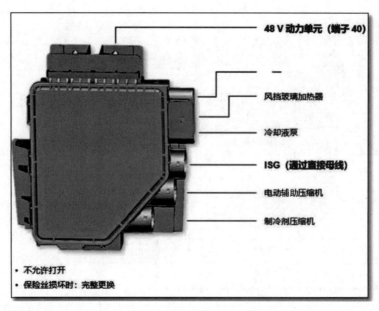

图2-1-62

第二节　ISA/ISG和BSA/RSG功能介绍

一、ISA和BSA的概念

ISA/ISG是（Integrated Starter Alternator/Integrated Starter Generator）集成式启动发电机A79（在装配M256发动机的W222车系中）；BSA/RSG是（Belt-driven Starter Alternator/Belt-driven Starter Generator）皮带驱动式启动发电机M1/10（在装配M264发动机的W238车系中）。

二、ISA和BSA的主要区别

1.基本结构部件区别

如图2-2-1和图2-2-2所示。

ISA/ISG

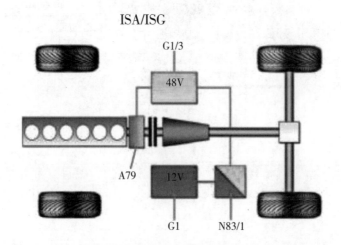

G1/3.48V蓄电池　N83/1.直流直流转换器　G1.12V蓄电池　A79.集成式启动发电机

图2-2-1

102

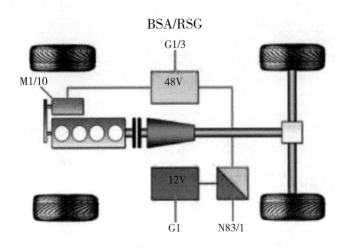

BSA/RSG

G1/3.48V蓄电池　N83/1.直流直流转换器　G1.12V蓄电池　M1/10.集成式启动发电机

图2-2-2

2.启动发电机区别

ISA：发动机和变速器之间已安装的电机，输出功率为16kW。BSA：皮带驱动装置上已安装电机，输出功率为12kW。

3.制冷压缩机不一样

ISG空调压缩机采用48V电压驱动，智能气候控制与发动机转速无关。RSG空调压缩机和传统一样，由发动机皮带驱动。

4.电动辅助增压器

ISG在传统的废气涡轮增压的基础上采用48V驱动辅助电机进行增压，增压压力与发动机转速无关，在低速下响应更多。RSG只有废气涡轮增压，没有电动辅助增压。

5.可加热风挡玻璃

ISG直接采用48V给加热风挡玻璃供电。RSG采用传统的12V/42V变压器给可加热风挡玻璃供电。

6.启动和停止

ISG带有扭矩变化补偿，启动停止期间压缩阶段平衡使驱动机构积极达到目标转速。ISG带有舒适启动的曲轴位置，可多次舒适启动。

7.发动机控制

由于采用了曲轴刚性耦合安装，ISG可实现分段同步扭矩控制。

8.滑行模式

RSG发动机运行时及在N位置或变矩器锁止离合器脱开时，发动机怠速时无电源滑行。

三、ISA和BSA启动/停止和滑行功能

1.发动机启动

发动机启动由ISA或BSA执行，不同类型的启动都不会产生震动，因此驾驶员几乎不会感知到启动情况。ISA还会使曲轴移至便于内燃机启动的有利位置（可多次舒适启动）。通过定位，可在启动期间执行带动态控制的扭矩补偿：起初ISA便知道下次压缩的具体时间并可通过动态控制功能相应调节所需的扭矩，从而补偿压缩阶段由于发动机启动困难造成的转速波动。

2.启动/停止

现在车辆能辨别出长时停车还是短时停车。

长时停车，如图2-2-3所示。

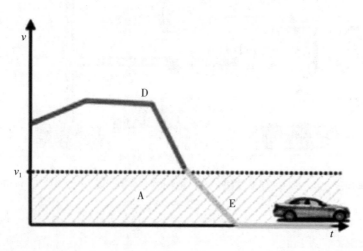

A.关闭范围　D.发动机运转　E.发动机关闭　v.车速　v_1.20km/h　t.时间

图2-2-3

短时停车，如图2-2-4所示。

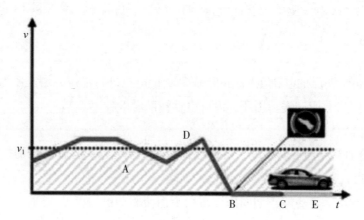

A.关闭范围　B.发动机仍在运转　C.再次踩下制动器　D.发动机运转
E.发动机关闭　v.车速　v_1.20km/h　t.时间

图2-2-4

3.滑行模式

滑行模式是在内燃机和电机从传动系统上退耦时，车辆继续行驶的一项功能。在滑行模式下变矩器锁止离合器通常处于断开状态。车速较高时还会断开变速器中的另一离合器。M256发动机的滑行模式在发动机关闭时启用。在M264发动机上无论发动机关闭还是运行都可启用滑行模式。

如果满足以下条件，车辆会转变为滑行模式：

（1）滑行模式时的车辆必要条件。

①车速值可能会因驾驶类型和车型系列的不同而存在差异。

②横向加速度值不得超过具体车型规定的横向加速度值。

③自车辆上次退出滑行模式后已经过2s。

④发动机必须允许滑行模式，即不得正处于发动机诊断过程中等。

⑤电控车辆稳定行驶系统（ESP®）必须允许滑行模式。

⑥必须发出启动/停止功能允许启用信号［M256发动机（M264发动机在运转时也可滑行）］。

⑦未接合挂车（通过插入挂车模块的连接器检测）。

（2）根据道路和交通状况采用滑行模式时的必要条件。

①下坡坡度低于限值：滑行模式期间也必须满足这些必要条件。由于"ECO辅助"功能，滑行的启用和停用可能存在差异。

②上坡坡度低于限值：滑行模式期间也必须满足这些必要条件。由于"ECO辅助"功能，滑行的启用和停用可能存在差异。

③智能能量回收功能必须允许滑行模式。

④前方未检测到车辆或本车不太可能会接近检测到的车辆。

（3）启用驾驶员相关的滑行时的必要条件。

①必须选择驾驶模式E。

②未操作加速踏板。

③方向盘转角低于限值。

（4）变速器相关的必要条件。

①接合挡位D。

②越野挡传动比未启用。

③必须有来自自动变速器的允许启用信号。

4.增压模式

增压能够改善车辆的响应/加速特性。

在装配电动辅助压缩机的M256发动机上可以进行第二次增压。若48V车载电气系统的电源充足，则电动辅助压缩机会在转速较低时提供增压，以增强响应性。在增压过程中，除内燃机的扭矩外，ISA或BSA也会提供驱动扭矩。电动辅助增压取决于48V/12V蓄电池的状况和驾驶员的驾驶风格。

5.驾驶滑行模式（如图2-2-5所示）

四、ISA和BSA能量管理

1.能量回收

能量回收用于将车辆动能转化为电能存储。在超速运转模式下，ISA或BSA会用电扭矩覆盖内燃机的减速扭矩。48V车载电气系统蓄电池开始充电，节省制动片。

2.发动机启动

钥匙启动：冷态发动机状态下高速启动（0~40℃之间），ISA和BSA使发动机运转至目标转速。仅在进气歧管中的压力降至55kPa以下时喷射燃油，从而使发动机启动时不会产生震动。发动机暖机时，ISA使怠速转速变为约520r/min，如图2-2-6所示。

（1）钥匙启动：传统发动机启动。

若室外温度低于-10℃，则执行传统发动机启动，ISA或BSA使发动机加速至约400r/min，然后喷油点火，使发动机达到目标转速，如图2-2-7所示。

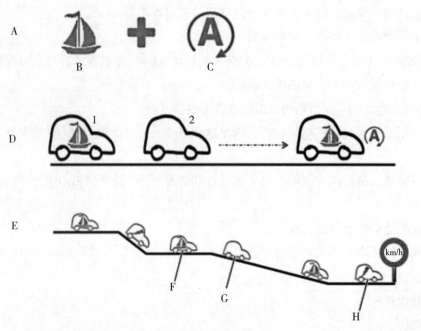

1.车辆处于滑行模式　2.距离缩短，接近车辆　A.状态：滑行模式　B.滑行模式符号　C.操作ECO启动/
停止功能按钮　D.前方行驶车辆　E.适用于具体情况的驾驶模式　F.滑行模式　G.推力　H.能量回收

图2-2-5

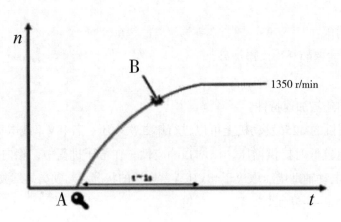

A.钥匙启动　B.喷射开始　n.转速　t.时间

图2-2-6

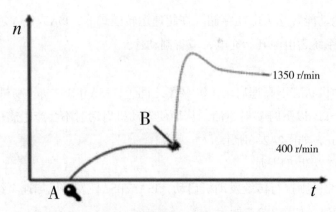

A.钥匙启动　B.喷射开始　n.转速　t.时间

图2-2-7

106

（2）爬行启动，启动/停止启动。

在启动/停止状况下发动机关闭且驾驶员在未立即踩下加速踏板的情况下松开制动踏板时进行爬行启动。ISA或BSA使发动机怠速转速变为约520r/min，仅在进气歧管压力降至55kPa以下时再次喷射，如图2-2-8所示。

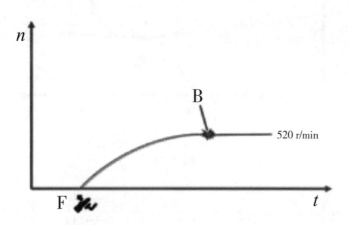

B.喷射开始　F.松开制动踏板　*n*.转速　*t*.时间

图2-2-8

（3）通过踩下加速踏板进行启动/停止启动。

如果驾驶员立即踩下加速踏板，同时喷射燃油，ISA或BSA根据踏板值使发动机加速，直到达到目标转速，如图2-2-9所示。

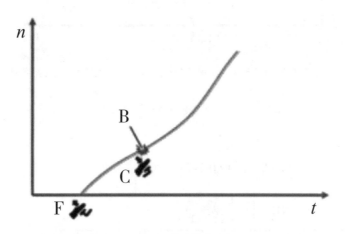

B.喷射开始　C.踩下加速踏板　F.松开制动踏板　*n*.转速　*t*.时间

图2-2-9

（4）滑行启动。

车辆在超速运转模式下滑行时的发动机转速和输出转速通过ISA或BSA同步，如图2-2-10所示。

3.滑行模式下启动，以进行能量回收

在滑行模式下施加制动时（或下坡坡度过大而无法达到规定转速时），为了将制动能量转换为电能，发动机启动。发动机转速和输出转速通过ISA或BSA同步，且变矩器锁止离合器接合。发动机转速控制结束，不进行燃油喷射，如图2-2-11所示。

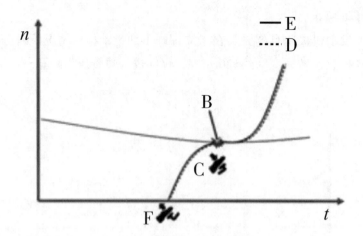

B.喷射开始　C.踩下加速踏板　D.实际发动机转速　E.目标发动机转速　F.松开制动器　*n*.转速　*t*.时间

图2-2-10

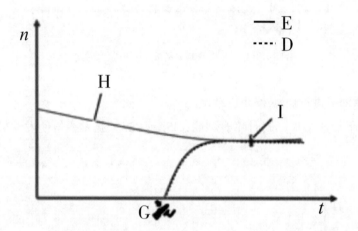

D.实际发动机转速　E.目标发动机转速　G.踩下制动踏板　H.输入转速　I.变矩器锁止离合器接合
n.转速　*t*.时间

图2-2-11

4.48V车载电气系统能量维持再充电功能

48V车载电气系统网络拓扑图如图2-2-12和2-2-13所示。

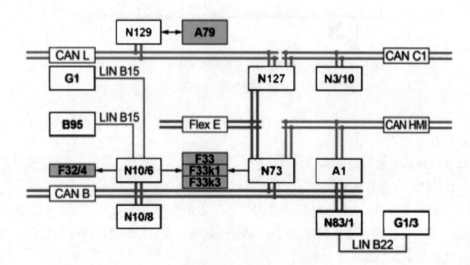

图2-2-12（图注省略）

108

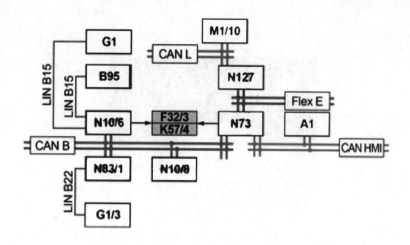

图2-2-13（图注省略）

给12V车载电气系统蓄电池再充电，驾驶时必须保持48V车载电气系统蓄电池电量，再给12V蓄电池充电。若48V车载电气系统蓄电池电量不足，则无法给12V蓄电池充电。若两个车载电气系统蓄电池都已充满电，则两个车载电气系统蓄电池之间不会起任何反应，如图2-2-14所示。

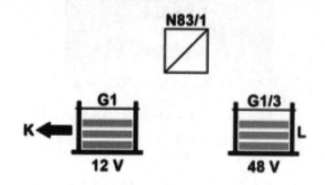

G1.12V车载电气系统蓄电池　G1/3.48V车载电气系统蓄电池　K.车辆未行驶时供电　L.车辆未行驶时不供电（后续运行结束）　N83/1.直流直流转换器控制单元

图2-2-14

车辆未行驶时供电，给12V车载电气系统蓄电池再充电，如图2-2-15所示。

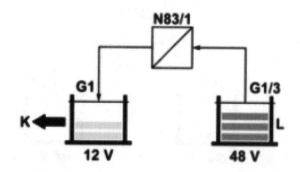

G1.12V车载电气系统蓄电池　G1/3.48V车载电气系统蓄电池　K.车辆未行驶时供电　L.车辆未行驶时不供电（后续运行结束）　N83/1.直流直流转换器控制单元

图2-2-15

5.仪表显示发动机启动状况

显示消息，如图2-2-16所示。

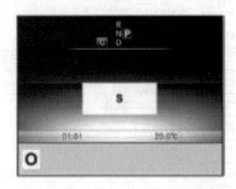

O.显示：无法启动发动机　S.文本：无法启动发动机

图2-2-16

显示消息，如图2-2-17所示。

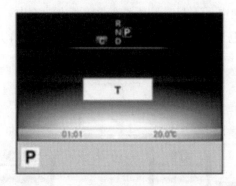

T.显示：可启动发动机　P.文本：可启动发动机

图2-2-17

与传统车辆一样，必须连接一个强电流12V充电器（充电电流>10A）或将一辆发动机运转的车辆连接到12V跨接启动连接点上。12V车载电气系统识别外部充电并告知48V车载电气系统启用48V/12V直流直流转换器并通过来自12V车载电气系统的能量给48V车载电气系统蓄电池充电。外部充电的必要条件，如图2-2-18所示。

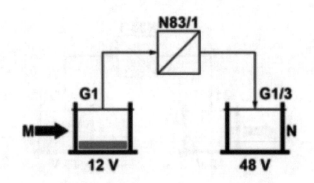

G1.12V车载电气系统蓄电池　G1/3.48V车载电气系统蓄电池　M.外部
充电已连接　N.发动机无法启动　N83/1.直流直流转换器控制单元

图2-2-18

注意：不可使用48V充电器对48V蓄电池直接充电，否则会损坏48V蓄电池。

6.M256发动机车载电气系统结构（W222车系）（如图2-2-19所示）

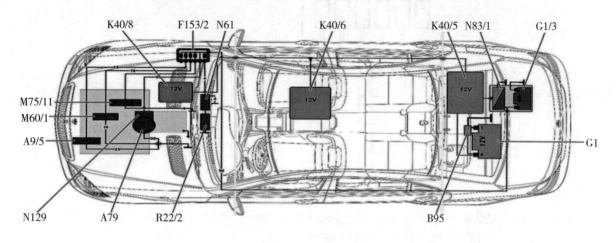

图2-2-19（图注省略）

7.M264发动机车载电气系统结构（W238车系）（如图2-2-20所示）

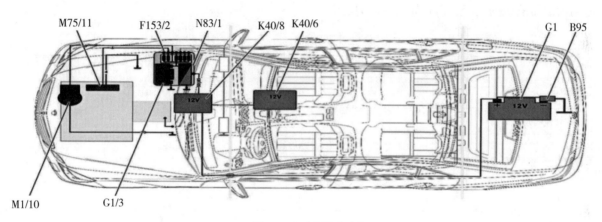

图2-2-20（图注省略）

五、ISA和BSA扭矩控制增压冷却功能

1.ISA扭矩控制及干预

在分段同步控制情况下，一段代表一个气缸的一个工作循环，ISA补偿超出的扭矩。这是因为ISA刚性连接至发动机曲轴，因此与发动机同步转动。为确定ISA的规定扭矩，先确定进行预充电，其会在最佳点火角下产生预计的最佳扭矩。预计扭矩与驾驶员请求之间的偏差值产生ISA的分段同步规定扭矩。为了抵消信号从发动机传送至ISA的传递时间，必须进行预测，以便ISA在相关燃烧过程进行的同时提供所需扭矩。ISA可提供的最大和最小扭矩取决于ISA的操作点和蓄电池的充电量。若待补偿的扭矩大于该促动范围，则剩余扭矩通过之前提到的点火角干预进行补偿。为提高发动机燃油经济性并因此与工作循环同步减小扭矩，ISA还可产生正扭矩。发动机的扭矩输出仍然基于发动机控制系统中的型号值，这取决于特定型号偏差和生产公差。利用ISA可以更加精确地设定所需扭矩，从而增强舒适性。具有以下优点：发动机在干预期间仍然可以在几乎最佳工况下运转，超出的扭矩可回收，从而减少二氧化碳（CO_2）排放。功能示意图，如图2-2-21所示。

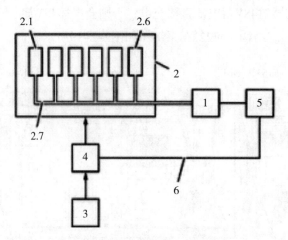

1.集成式启动发电机　2.内燃机　2.1.1号气缸　2.6.6号气缸　2.7.曲轴　3.加
速踏板　4.电控多端顺序燃料喷射/点火系统［ME-SF（ME）］控制单元
5.启动发电机　6.控制器局域网（CAN）总线

图2-2-21

2.电动辅助压缩机

电动辅助压缩机的生产规格，如表2-2-1所示。

表2-2-1

项目	规格
最大电流	104A（持续），130A（峰值，上升时）
上升至额定转速的90%	<300ms
额定转速	70000r/min
压力比	1.45
空气质量流量	最大 500kg/h
使用寿命内的接通时间	1360h
最长增压持续时间	21s
最长接通时间	每分钟最多35%

能量消耗/电动辅助压缩机的功能，如表2-2-2所示。

表2-2-2

运转状态	48V时的标准功耗	备注
自由轮	≈0.2W	—
保持	≈36W	—
怠速转速	≈2.8W	—
全负荷	高达 5000W	6250W峰值

3.电动辅助压缩机M60/1（W222车系M256发动机）

即使在低发动机转速下，电动辅助压缩机也可提供足够的高增压压力，明显减少了低速下的涡轮延迟。电动辅助压缩机最大功率为5kW，最大增压压力高达45kPa，在发动机转速不超过3000r/min时，由ME控制单元控制通过CAN总线促动电动辅助压缩机。在静态时，也可通过Xentry单独促动。排气/进气/增压空气流动模式，如图2-2-22所示。

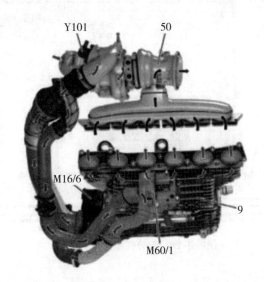

9.增压空气冷却器　50.涡轮增压器（双涡流涡轮增压器）　M16/6.节气门促动器　M60/1.电动辅助压缩机　Y101.空气分流转换阀

图2-2-22

4.发动机冷却，48V电动冷却液泵M75/11（M256/M264发动机）

由发动机控制单元通过LIN总线促动，冷却液温度低于75℃时，电动冷却液泵停用，除非空调系统介入。正常情况下在室外温度为-40~150℃时，最长工作30min。在冷却液温度120℃时连续工作，确保冷却液温度介于-10~125℃之间。若信号缺失，则进入应急模式。

5.M256发动机冷却回路

安装了3个独立工作的冷却回路：1个发动机冷却回路和2个低温回路，如图2-2-23所示。

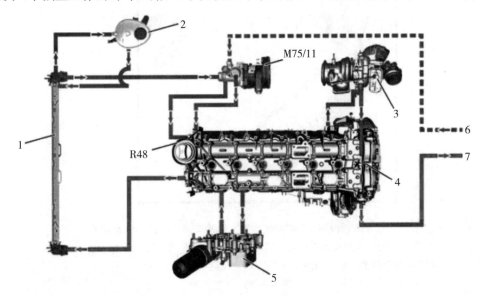

图2-2-23（图注省略）

6.M256发动机低温回路1和2

48V蓄电池冷却回路及变速器油、增压空气、48V执行部件冷却回路，如图2-2-24所示。注意：48V电动空调压缩机无冷却。

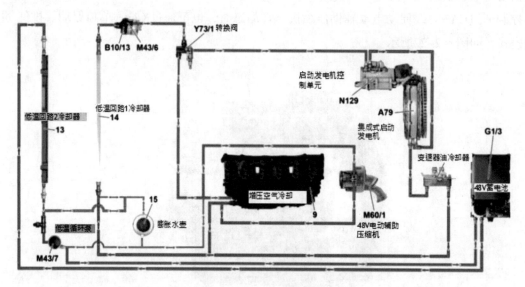

图2-2-24（部分图注省略）

7.W238车系M264发动机冷却回路

48V车载电气系统低温回路2部件的布置，如图2-2-25所示。

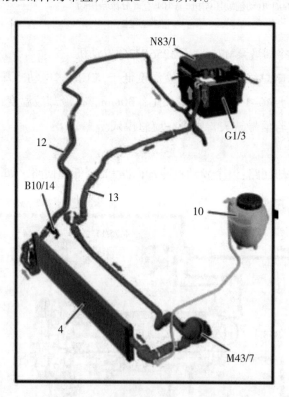

4.低温冷却器2　10.低温回路1和2膨胀容器　12.冷却液供应管　13.冷却液
回流装置　B10/14.低温回路温度传感器2　G1/3.48V车载电气系统蓄电池
M43/7.低温回路循环泵2　N83/1.直流直流转换器控制单元

图2-2-25

8.W238车系M264发动机涡轮增压空气低温冷却回路

W238车系M264发动机涡轮增压空气低温冷却回路1、48V蓄电池低温冷却回路2和发动机空调、变速器油、48V执行部件冷却回路3，如图2-2-26所示。

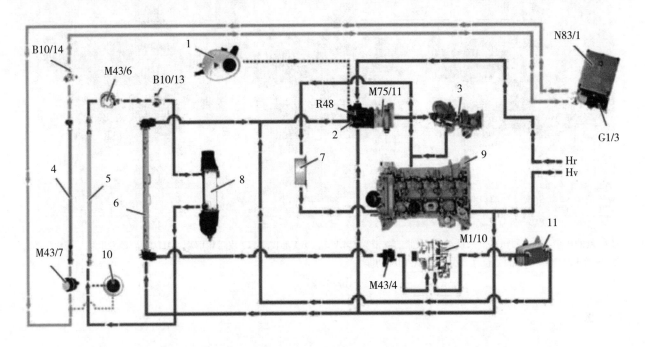

4.低温冷却器2　5.低温冷却器1　6.散热器　7.发动机油冷却器　8.增压空气冷却器　9.内燃机　10.低温回路1和2膨胀容器　B10/13.低温回路温度传感器1　B10/14.低温回路温度传感器2　G1/3.48V车载电气系统蓄电池　M1/10.启动发电机　M43/4.启动发电机冷却液泵　M43/6.低温回路循环泵1　M43/7.低温回路循环泵2　M75/11.电动冷却液泵　N83/1.直流直流转换器控制单元　R48.冷却液节温器加热元件

图2-2-26（部分图注省略）

9.M264发动机回转皮带张紧器的功能

根据皮带驱动启动发电机处的负载情况和由此产生的皮带张紧力，金属片回转皮带张紧器会张紧相应松弛的皮带箍。版本7PK的V形皮带在发电机模式/回收或启动/增压效果操作模式下由此双张紧装置牢固张紧。解耦皮带轮也会为曲轴执行扭转振动缓冲功能，如图2-2-27所示。

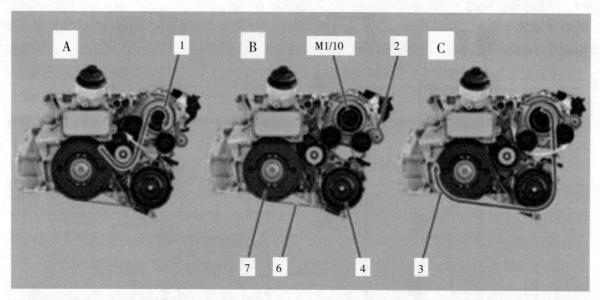

1.张紧的皮带箍　2.回转皮带张紧器　3.张紧的皮带箍　4.导轮　6.V形皮带　7.皮带轮解耦　M1/10.启动发电机　A.启动/增压效果功能　B.正常位置　C.发电机模式/回收功能

图2-2-27

第三章 奔驰最新总线系统

第一节 奔驰STAR3电子电气架构

一、介绍

随着车辆功能性的增强，E/E架构对于电流和信号的分配以及连接的传感器系统/促动器控制系统的重要性提升。标准STAR3架构提供扩展后的技术组合，包括CAN FD（CAN可变数据率），汽车以太网，高速视频链接（HSVL）和高速数据传输（HSV）。这可满足各部件和各功能的高带宽和可扩展性要求，尤其在车载智能信息系统和驾驶员辅助系统方面。全面的汽车IT安全措施确保车辆得到适当的保护，并可使很多系统简单快速地进行无线软件更新。在高端市场中，用户对电源的要求和电源的技术可能性正进入一个新的维度。除了可用性提高和驱动混合化增强，如局部网络操作在内的功能以集成式车载电气系统为特征。该技术指南适用于授权服务中心内经过培训的专业人员，可单独负责执行机动车辆的所有保养和修理作业。该内容中尚未编写 AMG类型。STAR3 E/架构的示意图，车型W223如图3-1-1所示。

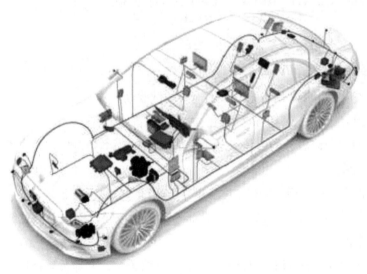

图3-1-1

二、通用

1.概述

各种外部驱动因素，如市场需求、立法，社会趋势和E/E系统的持续功能开发，带来对E/E架构未来的进一步要求。尤其是四个"CASE"大趋势（互联、自主、共享和服务、电动）正在推动发展并提出新的要求，不仅对车辆内部和后端的传输带宽，还特别涉及E/E架构整个生命周期的适应性和可扩展性。由于车辆越来越多地与"物联网"（loT）联网，以及用电设备电子领域的新技术的使用，也出现了新的挑战，需要从概念和技术方面应对，包括 IT安全方面。STAR3，梅赛德斯–奔驰的新一代E/E架构，已应用于新款S级（梅赛德斯–奔驰品牌的技术旗舰），如图3-1-2所示。首先，将众多功能创新与E/E元素集成是当务之急。但是，E/E架构也将在未来推广到更多车型系列。STAR3-E/E 架构不仅满足了现代功能的诸多要求，还为未来的扩展提供了充足的储备和灵活性。这对于实现在各种车型系列的生命周期后期才出现的新功能是必要的。

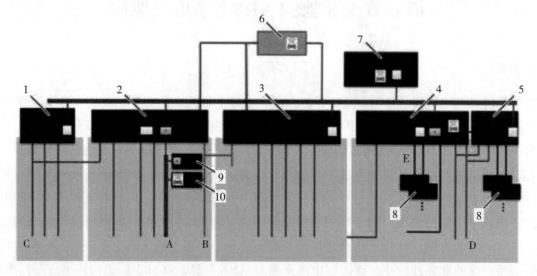

1.域计算机　2.底盘网关　3.传动系统控制单元　4.HU（主机）　5.仪表盘　6.OBD（车载诊断）
7.车载智能信息服务通信模块　8.显示屏　9.FAS（驾驶员辅助系统）　10.驻车辅助系统　A.以太网　B.FlexRay BF　C.CAN FD　D.CAN 2.0　E.HSVL（高速视频链接）

图3-1-2

2.STAR3 架构

STAR3架构的亮点包括：

①带域计算机或网关以及用于解耦域的以太网连接的域驱动架构。

②引入CAN FD和汽车以太网，以具有竞争力的成本创建备用带宽。

③在汽车以太网上使用面向服务的通信概念（例如SOME/IP，客户端/服务器通信），以便在不同的开发周期中更灵活地解耦域。

④引入梅赛德斯远程服务：车辆中50多个电子部件与无线（OTA）更新兼容。

⑤用于骨干数据连接的多级安全概念，通过验证外部车辆访问以保护车辆总线上的车载通信以及在控制单元中使用硬件安全模块。

许多机电控制单元在其域内通过LIN、CAN和FlexRay网络连接，并通过域计算机或域网关与其他域分离。目标不仅是解耦物理网络，而且尽可能实现域之间通信的逻辑解耦。在机电层面，E/E架构的使用侧重于优化各个域的成本、重量和功能。为了通过大量的传感器和促动器，以及通过软件和功能，使上述不同设备类型的挑战及其相关的比例可视化，除了模块化和可扩展的硬件概念之外，还使用了促进功能的添加和特定于客户的功能激活（包括交付后）的软件技术。

3.电子签名

未来，汽车创新更加倾向于电动。通过STAR3，车载电气系统架构进行了系统优化。因此，可以根据情况为客户提供所有现代电子用电设备的最大可用性。梅赛德斯–奔驰为某些车型配备了48V车载电气系统，从而在更大范围推出一种新级别的供电模式。独特的高度集成使供电更强劲，同时也更高效。

4.48V车载电气系统的能源效率

STAR3架构标志着梅赛德斯-奔驰48V车载电气系统发展的下一阶段。12V和48V车载电气系统的完全集成尤其增强了舒适性和便利性以及底盘系统的电源供应，通过结合EQ混合动力功能，降低了消耗。

5.车载电气系统架构

12V车载电气系统不再能够满足现代车辆驾驶辅助和舒适便利系统所需的不断增加的功耗。因此，开发出48V车载电气系统。该系统为12V车载电气系统补充了更大的电力。车辆中的大部分部件将继续在12V电压下运行。随着混合动力技术的引入，特别是电动汽车的日益普及，需要使用新的车载电气系统架构。

6.12V车载电气系统

①通过12V蓄电池启动发动机。

②由12V发电机供电（通过皮带驱动）。

③用电设备：全部12V。

7.48V车载电气系统

①通过48V蓄电池启动发动机。

②供电：12V来自48 V蓄电池，通过直流直流转换器。

③用电设备：12V和48V。

8.混合动力车辆的车载电气系统

①通过高压蓄电池启动发动机，或如果适用，通过带有集成隔离器模块的12V蓄电池（仅适用于车型223 PHEV）启动。

②供电：12V，来自高压车载电气系统，通过直流直流转换器。

③用电设备：12V和高压。

9.高压车载电气系统

①供电：12V，来自高压车载电气系统，通过直流直流转换器。

②用电设备：12V和高压。

三、车载电气系统

（一）12V车载电气系统

1.12V车载电气系统的结构

12V车载电气系统主要由12V蓄电池构成，辅助蓄电池作为选装装备提供。

①12V蓄电池执行以下工作：对于仅采用12V的车型名称（装配发动机OM656或发动机M279的车型223），12V蓄电池为启动程序提供所需能量。

②对于所有型号系列和车型名称，在以下情况下12V蓄电池向部件供电：

处于静止阶段时；

电路15R和电路15接通时；

驾驶操作期间超载时；

发生事故后。

如果是多电压车载电气系统（12V&48V或12V&高压），在适用的情况下，将根据12V蓄电池的充电量和48V或高压蓄电池的充电量对12V蓄电池再次进行充电。此外，这可延长舒适型系统（例如，Mercedes me）的使用寿命和有效性。

辅助蓄电池通过12V直流直流转换器与12V主车载电气系统连接，其负责在12V车载电气系统出现故障或供电不足的情况下确保制动系统和转向系统的辅助供电，直至车辆安全停车。

如果12V蓄电池的充电量降至45%以下，则仪表盘上会显示黄色信息"12V车载电气系统：打开发动机"。根据要求，如果12V蓄电池达到临界充电量，则可选择通过Mercedes Me应用程序或电子邮件告知客户。打开发动机后该信息仅显示很短的时间，直至充电量达到50%以上。

2.蓄电池断开开关的状态

蓄电池断开开关（BTS）是蓄电池附近主保险丝盒中的开关，用于在出现故障时或在部分车辆（不适用于电动汽车）中将大多数用电设备从12V蓄电池上断开。在以下情况下会触发蓄电池断开开关：

①如果静态电流偏高，将执行最多三次BTS重置以消除静态电流的增加。

②如果出现总线保持唤醒事件，将执行最多三次BTS重置以消除总线保持唤醒事件。

③如果12V充电量降至40%以下，则蓄电池断开开关将一直打开以保证车辆的启动性能，将继续向电子点火开关，车辆的进入系统和防盗警报系统提供电能。

为防止启动机蓄电池在持续的非作业时间（例如，假期或季节性非作业时间）里放电，应客户要求可在车辆设置中启用怠速状态。启用时，12V蓄电池的充电量必须>70%，如表3-1-1所示。

表3-1-1

文件名称	有效性	文档编号
检查12V车载电气系统蓄电池的状况	车型206；车型223	AR54.10-P-1131S
给12V车载电网蓄电池充电	车型206；车型223	AR54.10-P-1133S
拆卸/安装12V车载电气系统蓄电池传感器	车型206	AR54.10-P-0062WT
	车型223，不带代码ME10	AR54.10-P-0062S
拆卸/安装12V车载电气系统蓄电池	车型206，带代码B01	AR54.10-P-1134WT
	车型206，带代码ME10	AR54.10-P-1134WTC
	车型223，不带代码ME10	AR54.10-P-1134S
	车型223，带代码ME10	AR54.10-P-1134SA
拆卸/安装辅助12V车载电气系统蓄电池	车型223，带代码200或代码503	AR54.10 P 0061S
服务信息通报：通过XENTRY Diagnostics测试12V蓄电池	—	S154.10-P-0074A
服务信息通报：避免蓄电池损坏	—	S154.10-P-0007A

（二）12V车载电气系统的结构和部件

W223车型12V车载电气系统如图3-1-3所示。

（三）48V车载电气系统

车载电气系统架构，如图3-1-4所示。

车载电气系统包括传统 12V车载电气系统（如图3-1-4中1）和 48V车载电气系统（如图3-1-4中2）。之前的12V小齿轮发电机和启动机完全替换为集成在传动系统中的启动发电机（ISA）（如图3-1-4中3）。为利用全部系统电位，48V车载电气系统采用 ISA且可提供比之前12V发电机高出约四倍的充电量，有效的直流直流转换器为12V车载电气系统提供电能。两个从属的车载电气系统各配备一个蓄电池，这样即使在内燃机关闭时也可确保电源的可用性。48V蓄电池的设计可满足锂离子电池的性能和充电要

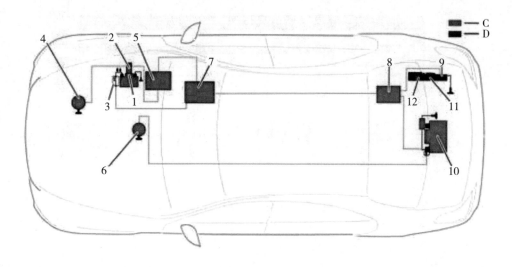

1.车载电气系统蓄电池（仅适用于插电式混合动力车型223）　2.辅助蓄电池（仅适用于发动机M279）
3.耦合继电器（仅适用于插电式混合动力车型223）　4.发电机　5.12V车载电气系统发动机预熔保险丝盒
6.启动机　7.12V车载电气系统预熔保险丝盒　8.后部预熔保险丝盒　9.直流直流转换器（不适用于插电式
混合动力车型223）　10.12V蓄电池　11.次级12V车载电气系统辅助蓄电池，驻车止动爪电容器（C8）
12.次级电路预熔保险丝盒　C.12V车载电气系统　D.次级12V车载电气系统

图3-1-3

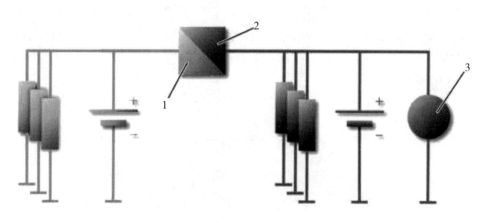

1.12V车载电气系统　2.48V车载电气系统　3.集成式启动发电机（ISA）

图3-1-4

求。由于48V ISA通过该蓄电池启动内燃机，因此缩小了12V铅蓄电池的尺寸并通过优化过度放电保护装置提高整车的储能量。同时，传动系统的高载荷用电设备和舒适性范围从12V转换为48V车载电气系统或增加。这两个措施提高了电源的效率并减轻了车辆重量。

48V车载电气系统的电荷平衡，如图3-1-5所示。

（四）48V车载电气系统的结构和部件

1.结构

车载电气系统集成装置位于梅赛德斯-奔驰48V电源装置（如图3-1-6中A）的中央，其与传统12V蓄电池的尺寸相同，但重量约为5kg。电源装置的下部是48V蓄电池（如图3-1-6中2）。其由12个串联的锂离子电池组成，最大输出功率为16kW，容量为20Ah。蓄电池有自身的控制电子装置，包括蓄电池管理系统（BMS），用于12V和48V侧的可变连接的双向直流直流转换器（如图3-1-6中1）集成在电源装置顶部。直流直流转换器既能以3kW的输出功率持续为12V车载电气系统提供能量，也能以1kW的输出功率通

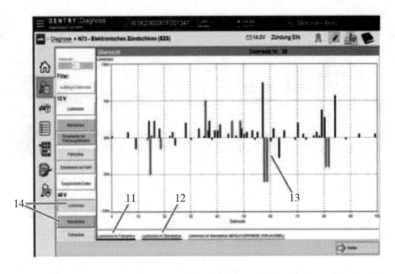

11.驾驶循环中的电荷平衡　12.驻车循环中的电荷平衡　13.行驶过程中的负向充
放电　14.可选：显示发动机关闭循环和驾驶循环的特殊视图

图3-1-5

过12V车载电气系统为48V车载电气系统充电。直流直流转换器还用作传动系统能源管理，整车能源管理和大功率48V蓄电池的信号接口。此外，48V蓄电池中还集成了带水管接头的散热器（如图3-1-6中3）和快速热处理冷却和加热元件。蓄电池温度低时，冷却和加热元件起到蓄电池加热器的作用；蓄电池温度高时，其可改善冷却性能，这样即使在极端温度下也可保证48V车载电气系统的最佳节能性能。采用多种类型的电源装置，48V蓄电池和直流直流转换器之间无区别，在这些情况下，会对电源装置采用被动冷却。如需更换，则更换整个电源装置。

1.直流直流转换器1　2.48V蓄电池　3.带水管接头的散热器　A.48V电源装置

图3-1-6

装配发动机M256的车型223的48V车载电气系统，如图3-1-7所示。

W206车型的48V车载电气系统，如图3-1-8所示。

2.48V车载电气系统中的部件

48V电子主动车身控制（ABC）（eABC）悬架在STAR3型号系列中作为选装件提供。实际上，该类型的主动式悬架因所需能源和较高的电流而无法通过现有12V技术完成。48V悬架用电设备的重要电能仅用

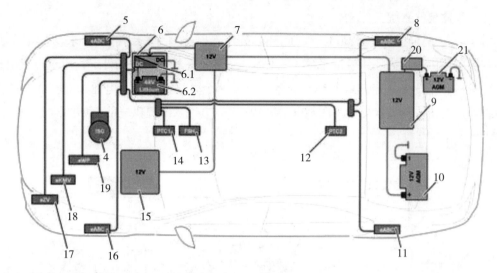

4.集成式启动发电机（ISA）　5.右前发动机泵单元（3.2kW，eABC悬架）　6.48V电源　6.1.直流直流转换器　6.2.48V蓄电池　7.12V车载电气系统预熔保险丝盒　8.右后发动机泵单元（3.2kW，eABC悬架）　9.装配蓄电池断开开关的后部预熔保险丝盒　10.装配智能蓄电池传感器（IBS）的12V铅酸启动机蓄电池（吸水玻璃垫）　11.左后发动机泵单元（3.2kW，eABC悬架）　12.电动增压加热器2（2kW）　13.风挡玻璃加热器　14.电动增压加热器1（2kW）　15.12V车载电气系统预熔保险丝盒　16.左前发动机泵单元（3.2kW，eABC悬架）　17.电动辅助压缩机　18.电动制冷剂压缩机　19.电动冷却液泵　20.辅助车载电气系统直流直流转换器　21.辅助蓄电池［装配智能蓄电池传感器（IBS）］

图3-1-7

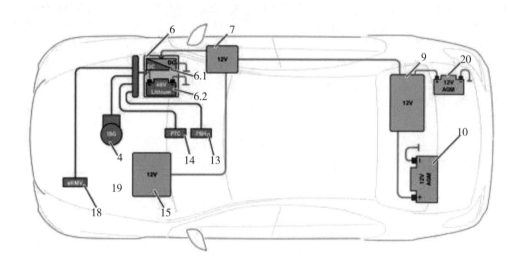

4.集成式启动发电机（ISA）　6.48V电源装置　6.1.直流直流转换器　6.2.48V电池　7.12V车载电气系统预熔保险丝盒　9.后部预熔保险丝盒　10.装配智能蓄电池传感器（IBS）的12V铅酸启动机蓄电池（吸水玻璃垫）　13.风挡玻璃加热器　14.电动增压加热器（2kW）　15.12V车载电气系统预熔保险丝盒　18.电动制冷剂压缩机　20.辅助蓄电池［装配智能蓄电池传感器（IBS）］

图3-1-8

于动态干预，以补偿俯仰、翻滚和倾斜。车身进行反向运动期间，其将充电要求反馈至48V电源装置。因此，不仅在制动和滑行期间执行能源回收，悬架本身也会执行。此外还有新功能，如两个快速强劲的48V电动加热器可在寒冷的天气时为车内提供更宜人的温度。将加热器从12V切换至48V不仅可提供更高的舒适性，还可减少在相同输出功率下因电流低而导致的能量传输损失。

（五）高压车载电气系统

高压车载电气系统可操作电驱动电机。此外，高压车载电气系统为能源需求高的用电设备提供电能，如电动制冷剂压缩机或高压正温度系数（PTC）加热器。在特定行驶条件下，电机在发电机模式下用于产生电能（能量回收）。一辆电动车辆可装配一个或两个电机。高压蓄电池起到蓄能器的作用。高压车载电气系统通过直流直流转换器由高压蓄电池向12V车载电气系统提供电能，如图3-1-9所示。

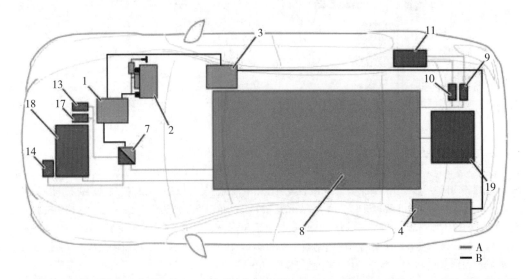

1.保险丝和继电器模块（发动机舱）　2.车载电气系统蓄电池（12V车载电气系统）　3.保险丝和继电器模块（前排乘客）　4.保险丝和继电器模块（后座区）　7.直流直流转换器控制单元（能源传输至12V车载电气系统）　8.带蓄电池管理系统控制单元（能源管理）的高压蓄电池（节约并提供能量）　9.直流充电连接装置（直流电充电管理）　10.高压蓄电池交流充电器（交流电充电管理）　11.直流交流充电车辆插座（连接至外部充电站）　13.高压正温度系数（PTC）加热器（车内）　14.电动制冷剂压缩机（高压）　17.高压正温度系数（PTC）加热器（高压蓄电池）　18.电机（前）　19.电机（后）　A.高压车载电气系统　B.低压车载电气系统

图3-1-9

（六）高电压车载电气系统的结构和部件

W223车型高压部件概述，如图3-1-10所示。

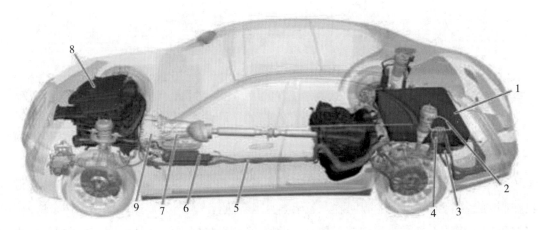

1.高压蓄电池　2.交流电充电器　3.直流电充电器　4.车辆插座　5.电力电子装置　6.直流直流转换器　7.9G-TRONIC自动变速器　8.六缸火花点火型发动机M256　9.电机

图3-1-10

W206车型的高压部件概述，如图3-1-11所示。

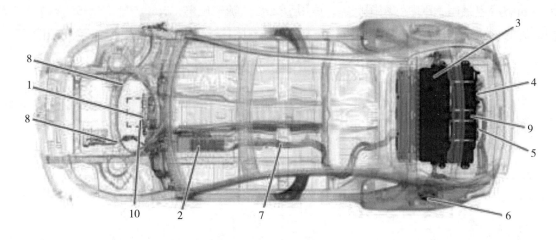

1.整流器　2.直流直流电压转换器　3.高压蓄电池　4.车载充电器　5.直流接触器箱　6.带车辆插座的高压充电线束　7.用于直流电和交流电的高压充电线束　8.连接至电动制冷剂压缩机的高压直流线　9.电力电子装置（发动机M139）　10.电力电子装置（发动机M254或OM654）

图3-1-11

（七）给高电压车载电气系统充电

1.充电系统概述

新型STAR3型号系列为客户给高压蓄电池充电提供更多的选择，可用范围基于各充电场景（例如，在家充电、公路快速充电以及使用不同充电服务）。新型STAR3型号系列提供交流和交流/直流充电选项。为此，为用户提供了多种充电模式［标准、家庭、工作、节能（仅直流），基于驶离时间进行充电］进行选择。此外，其中的一些模式可通过基于位置的检测自动进行选择，充电接口采用CCS标准（不同的本地标准GB/T和CHAdeMO，分别适用于中国和日本）。根据配置，充电接口设计为仅交流充电或与直流充电相结合。

（1）交流充电。

如果采用交流充电，提供最大输出功率为11kW的三相充电器。采用每相最大电流为16A的交流充电器，高压蓄电池仅需约两个小时即可充满电。充电时间取决于充电基础设施，例如，连接至家用插座时，仅可进行单相充电，从而大大延长了充电时间，交流充电的效率约为90%。

（2）交流/直流充电。

根据型号系列，可选择直流充电，输出功率高达200kW。可用少于半小时的充电时间从10%充至80%。为减少锂电池老化，建议保持30%至70%的中等充电量（SOC）。为了实现该目标，建议非作业时间较长和修理时，仅在使用前将锂电池充满电。

2.充电设备

插入式混合动力可通过直流或交流电源充电，这可通过车载充电器和直流充电连接装置实现，直流电的充电容量可达60kW，交流电可达11kW。充电系统确保在车辆静止时通过外部电源为高压蓄电池充电以及附加车辆功能提供电能，如为车载电气系统的低压部件和车内的预热系统提供电能。充电系统以优化时间和能源的充电策略为中心，即在充电期间尽可能地使车辆功能所需的传输电能保持较低的比例。计划以后在日本市场采用双向充电（向/通过高压蓄电池供电）。

（1）车载充电器。

11kW车载充电器用于交流充电并通过公共电网为高压蓄电池充电。车载充电器有助于通过来自交流充电站和模式2充电电缆的脉冲宽度调制信号调节充电电流。车载充电器以两种配置进行安装：

装配 Combo 充电插座（ECE 和美国市场，适用于交流/直流充电）；

装配交流电车辆插座。

①适用于高压蓄电池的充电选项（模式2、3或4）。

a.在车辆工作过程中通过能量回收进行充电。

b.固定交流充电。

c.使用供电插座（模式2）。

d.在壁挂式充电站或传统充电站（模式3）时。

e.固定直流充电（带 Combo 车辆插座的车辆）。

f.在快速充电站（模式4）时。

②充电时间。

以下充电时间仅为大概的参考：

使用家用插座充电时。模式2，输出功率为1.8kW时：约 15h。

在壁挂式充电站充电时。模式3，输出功率为11kW 时：约2h。

在快速充电站充电时。模式4，输出功率高达60kW，直流充电时：少于0.5 h（10%~80% SOC（充电量））

（2）车辆插座。

根据车辆设备和国家版本，插电式混合动力型号可能会配备以下插座：

①交流充电类型 1（模式2/3）。

②交流充电类型 1 Combo 1（模式 2/3）和直流充电（模式4）。

③交流充电类型2（模式2/3）。

④交流充电类型 2 Combo 2（模式 2/3）和直流充电（模式4）。

相应的车辆插座位于后翼子板上单独的插座盖板后方，行驶方向的左侧。根据市场，可能会在后保险杠，行驶方向的右侧提供一个附加车辆插座。多个状态显示屏安装在相应车辆插座周围。例如显示：

充电过程状态；

锁止状态。

插座盖板与车辆一起锁止或解锁。

（3）充电电缆和充电电缆连接器。

提供多种充电电缆和充电电缆连接器。例如，充电电缆控制单元显示充电过程的当前状态：

①电源显示：栅极电压。

②充电显示：充电过程。

③温度显示：温度监测。

④故障显示：保护和监测设备。

插入充电电缆时，无法启动驱动系统且无法移动车辆。

（4）充电模式。

采用插电式混合动力的 STAR3型号系列现配备新的或先进的充电功能，如：

可选择最大充电量（SOC）；

"标准""家庭""工作"充电模式；

可选择启用快速充电。

采用插电式混合动力的 STAR3 型号系列的新充电功能和模式基于客户的需求，因此提高了整个充电过程的便利性，从而仅需将客户的个人充电参数输入一次。提供标准、家庭和工作充电模式，可手动选择或通过检测当前定位而自动选择。例如，该功能包括在进入工作和家庭模式时，在达到客户所需的充电量时就会解锁充电电缆连接器。该功能还有一个好处就是可以让其他用户识别可用的充电站。如果是计划的交流充电，客户可设置所需离开时间，需将充电过程考虑在内。无论何种充电模式都可选择定时器。这样就可以在未充电期间在24小时内选择最多四个时间段。这可延迟至低价格电价或低电量需求的时间段进行充电。通过"第3方"功能（遥控功能，Mercedes me），用户可解锁插座盖板以通过外部充电服务进行充电。采用热管理对采用直流电进行快速充电时的充电时间有良好的效果。前往授权服务中心期间进行的直流充电功能检测更换某些充电系统部件（车辆插座、高压线束、接触器箱）以及客户投诉有关直流充电的问题时，可能需要暂时将车辆与直流充电器连接以执行功能检测（发生概率低）。依靠市售充电器也是一种选择。如果使用此方式，必须遵照以下基本要求：

①电压范围（直流输出）：200~500V。

②电流范围（电流输出）：1~200A，符合DIN70121，ISO15118，CHAdeMO版本1.1，GB/T–27930–2015的标准（根据不同国家类型和车辆充电插头类型）。

③注意具体国家的充电电缆连接器〔CCS1，CCS2，CHAdeMO，GB/T（DC）〕。

从2021年3月19日开始，在欧洲新注册的电动车辆和插电式混合动力车辆采用 EN 17186：2019标准。EN 17186：2019 要求标签上说明充电类型。这些标签粘贴在充电电缆和充电插座盖板上，且用户手册中也进行了说明。

（八）用于自动驾驶/驻车的次级车载电气系统

对于装配特殊装备高度自动化驾驶（代码200），驻车引导装置（代码 27U）或多向遥控泊车（代码503，适用于车型223或 297）的车辆，必须确保电子制动功能和转向功能的安全操作。为确保在主车载电气系统（如图3-1-12中B）出现故障时车辆可随时安全停车。采用带辅助蓄电池的辅助车载电气系统（如图3-1-12中A）作为车载电气系统的辅助装置。例如，该次级总线网络还会干扰多向遥控泊车。主车载电气系统（如图3-1-12中B）通过直流直流转换器（如图3-1-12中8）从辅助车载电气系统（如图3-1-12中A）上解耦。

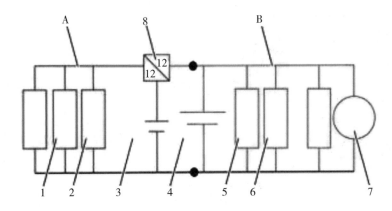

1.电动转向机构　2.电控车辆稳定行驶系统（ESP®）　3.辅助蓄电池　4.车载电网蓄电池　5.电动转向机构1　6.电子制动助力器　7.12V电源（例如，发电机）　8.直流直流转换器　A.辅助车载电气系统　B.主车载电气系统

图3-1-12

1.可靠性

（1）驾驶员辅助系统概述。

在自动驾驶操作过程中，梅赛德斯-奔驰凭借现已建立的驾驶员辅助系统（例如，自适应定速巡航控制，盲点辅助系统和车道保持辅助系统）取得了进展。接下来是高度自动化行驶，因其可靠的技术可使驾驶员在规定的路线行驶时坐在驾驶员座椅上而无须控制车辆，并利用这些时间做其他事情。之前的车辆车载电气系统由一个蓄能器（通常为铅酸蓄电池）、电源或其他能量供应，适用于混合动力或电动车辆的发电机或直流电压转换器构成，以向所有用电设备供电。由于未来采用部分或高度自动化行驶，驾驶员辅助系统将接管更多驾驶员的驾驶操作。对于适用于所需电能供应的安全性和可用性要求将会越来越高，因为不允许出现简单故障，否则会导致无法控制的系统故障。为达到这一目标，将在主车载电气系统中增加车载电气系统支路中的辅助电源，可综合或有选择地通过两种不同的渠道使用对驾驶安全很重要的电气部件电源电压。

（2）辅助车载电气系统。

如果主车载电气系统出现错误或故障，则辅助车载电气系统将在规定的时间段内负责这些系统部件的供电。这意味着车辆可进入安全状况，例如，制动和驻车——自动或通过驾驶员干预。充电电路（如图3-1-13中6）要求辅助车载电气系统（如图3-1-13中B）包括一个12V直流直流转换器和并联的隔离器。充电转换器和隔离器集成在一个部件中：

①12V直流直流转换器确保带附加智能蓄电池传感器（IBS）的辅助蓄电池（如图3-1-13中5）的充电保持能力，并保证正常驾驶状况下辅助车载电气系统上用电设备的电源供应。

②隔离器采用旁路设计，这样可根据要求分离主车载电气系统至辅助车载电气系统的电流。

在正常操作下，通过此方式促动变矩器锁止装置以允许电流从主车载电气系统（如图3-1-13中A）流至辅助车载电气系统（如图3-1-13中B），但阻止另一方向的电流，因为在行驶过程中辅助车载电气系统从属于主车载电气系统。发动机运行且辅助车载电气系统直接连接至主车载电气系统时，隔离器关闭。发动机静止时隔离器开启。充电器已连接或打开点火开关时，充电转换器连接主车载电气系统和辅助车载电气系统。点火开关打开或充电器已连接时，主车载电气系统和辅助车载电气系统通过充电转换器连

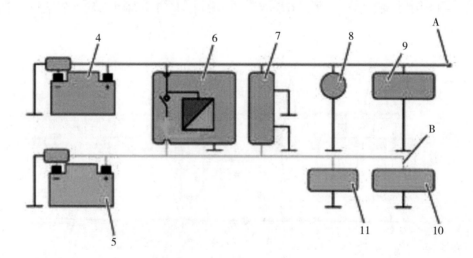

4.主蓄电池［装配智能蓄电池传感器（IBS）］　5.辅助蓄电池［装配智能蓄电池车传感器（IBS）］　6.12V直流直流转换器　7.转向机构　8.发电机　9.制动助力器　10.传感器
11.电控车辆稳定行驶系统（ESP®）　A.主车载电气系统　B.辅助车载电气系统

图3-1-13

128

接，后者用于监测电流。如果主要或辅助车载电气系统出现低电压或过电压，则会由隔离器中断12V车载电气系统的连接，以保护较高优先级的驾驶功能。在极端驾驶条件下，如果辅助车载电气系统的能源要求超过12V直流直流转换器的容量，将不再绕开12V直流直流转换器且辅助车载电气系统从主车载电气系统上断开。如果主要或辅助车载电气系统因故障出现低电压或过电压，则会由隔离器中断12V车载电气系统的连接，以保护较高优先级的驾驶功能。凭借12V直流直流转换器和辅助蓄电池，STAR3型号系列采用合适的附加设备完成典型的梅赛德斯-奔驰失效保护操作，并使其在未来驾驶状况中脱颖而出。

辅助车载电气系统的部件如图3-1-14所示。

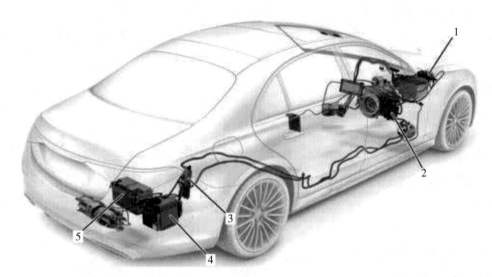

1.预熔保险线盒　2.预熔保险丝盒　3.预熔保险丝盒　4.辅助蓄电池　5.主蓄电池

图3-1-14

PAD/HAD蓄电池（W223），如图3-1-15所示。

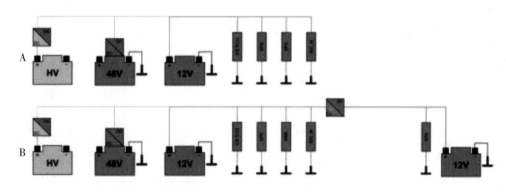

A.主车载电气系统　　B.主要和辅助车载电气系统

图3-1-15

（九）车载电气系统控制

车载电气管理系统持续监测车辆和相关车载电气系统部件（例如，蓄电池）的状态并分配可用的能源。如果检测到充电量下降（例如，通过启用所有舒适性和便捷性设备），用电器的输出请求将逐渐减少（切断阶段）。随着充电量降低，遥控功能也将在静止阶段逐渐停用（例如，驻车加热器控制器，车辆状态查询）。但是，如果是多电压车载电气系统（48V车载电气系统或高压车载电气系统），可能对12V蓄电池进行再充电。对此的前提是48V或高压蓄电池的充电量适当。当达到规定的充电状态阈值时，将自动终止该充电以保护48V或高压蓄电池。如果48V或高压蓄电池的充电量降至规定水平以下，则这些蓄能器将打开内部开关（接触器）以防止由于进一步放电而损坏 48V 或高压蓄电池。接触器关闭要求车辆解锁或电路15（点火开启）接通。如果12V蓄电池也放电则必须通过跨接启动连接点使用外部电源为车辆供电。对于外部充电过程，如果是48V车辆，则首先为 48V 蓄电池充电，然后是 12V蓄电池。这有助于通过 48V集成式启动发电机（ISA）确保保持启动性能。48V蓄电池还可通过12V充电器进行充电，但充电过程需要大约四倍的时长。如果发动机罩和/或行李箱盖打开，则基于安全原因 12V/48V蓄电池或高压蓄电池的接触器也将打开。

（十）Mercedes me 互联技术

如果客户通过Mercedes me账户与车辆连接，则必要时会向客户的智能手机发送信息和主蓄电池推送通知（根据充电量）。

四、网络连接

（一）STAR2 E/E架构和STAR3 E/E架构的不同

STAR2结构受限于以下总线系统：

①局域互联网（LIN）总线。

②CAN 2.0。

③FlexRay。

④多媒体传输系统（MOST）总线。

⑤高速视频链接（HSVL）。

STAR3拓扑结构对更严格的要求进行响应并通过附加总线系统执行，以下是STAR3 总线系统的列表：

①局域互联网（LIN）总线。

②CAN 2.0。

③FlexRay。

④多媒体传输系统（MOST）总线。

⑤CAN FD。

⑥汽车以太网。

⑦HSVL 2.0。

STAR2和STAR3之间的主要差异在于新的CAN FD总线、汽车以太网和HSVL 2.0，后者可安全传送更大的数据量。对于CAN FD不仅是数据传输的净速率，包含最多八倍于有效数据量的数据包的大小也起到了作用。CAN FD以最高2Mbit/s 的可变数据传输率工作，而传统CAN总线系统以最高1Mbit/s的传输率工作，且具有固定的数据传输率，如250kbit/s、500kbit/s 或 1Mbit/s。汽车以太网以极高的带宽用于数据传输。汽车以太网以100Mbit/s的数据传输率（如果是100BASE-T1）工作。为提供充分的抗干扰能力，以太网线路采用双绞护套线。连接的各控制单元均通过唯一的MAC地址识别，并可同时发送和接收数据。由于显示屏尺寸和分辨率的提升，视频传输的带宽要求总是越来越高。由于采用了STAR3E/E架构，因此将HSVL 2.0引入网络。

（二）技术

1.新网络系统

车辆中建立的网络系统LIN、CAN、FlexRay、MOST（多媒体传输系统）和HSVL（高速视频链接），已添加到包括CAN FD，汽车以太网（100BASE-T1）和 HSVL 2.0的STAR3 架构中，如图3-1-16所示。MOST150用于在主机（HU）和音响系统放大器之间传输同步音频数据。150 Mbit/s 的带宽足够以最高质量传输所有音响系统的音频频道，无须等待。

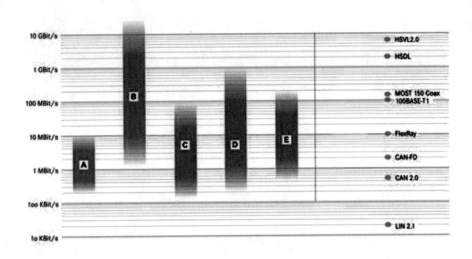

A.系统网络　B.视频　C.音频　D.驾驶员辅助系统传感器　E.Flashware

图3-1-16

2.HSVL 2.0

由于显示屏尺寸和分辨率的提升，视频传输的带宽要求总是越来越高。因此，STAR3采用HSVL 2.0因其采用多千兆带宽，HSVL 2.0 可满足所有当前的显示屏要求。例如，连接后视摄像头时，无须为摄像头配置单独的电源。除了传输摄像头和显示屏连接的视频数据，HSVL 2.0还可在相同物理行（称之为边带通道）使用更多的数据格式，例如，千兆位以太网边带通道用于在主机和仪表盘之间快速传输信息，是将触摸屏连接至主机和以太网边带通道以进行触觉反馈的"I2C通道"。此外，HSVL 2.0为视频传输的端对端验证提供机制，例如用于后视摄像头图像。

（三）高速数据传输（HSDL）

1.概述

高速数据链路（HSDL）代表了信息娱乐网络领域的新发展，HSDL网络如图3-1-17所示。由于对车载智能信息系统带宽的严格要求，STAR3架构中使用了用于联网车载智能信息系统部件的快速高性能数据通道，由此增加了在车辆中的使用情况。例如不同控制单元之间的内容共享，通过移动电话网络以高达1Gbit/s的速度进行在线流媒体传输，以及为礼宾呼叫提供出色的音频质量，并可选择通过车辆的音响系统进行输出。

2.HDBaseT技术

HSDL目前使用HDBaseT技术，该技术代表一种对称连接，带宽为2GHz，经认证可用于汽车。其用作千兆以太网，USB2.0和I2S（音频总线）等接口的通道，低响应时间t<30μs。如此可实现信息以一种抗电磁干扰的方式进行传输并且具有足够的线路长度。该技术的另一个好处是通道只需要一个非屏蔽线对来传输指定的接口。内部集成了 HDBaseT 路由的诊断，这将监控电缆断裂和短路以及连接状态。如有必要，这些接口会从HDBaseT链路路由到各个控制单元，并且可以连接到标准芯片组，例如SoC（片上系统）或USB集线器。由于架构中的这种灵活性，该技术具有高度可扩展性，新的控制单元可以轻松集成到现有链中，从而连接到主干数据链路。

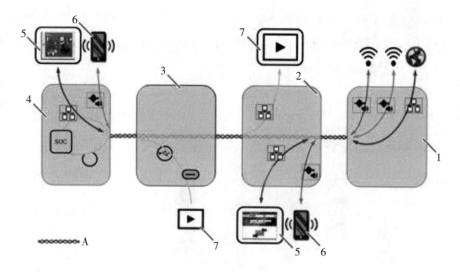

1.车载智能信息服务通信模块　2.后排座椅单元　3.USB分配器　4.主机　5.在线服务　6.电话　7.音频/视频　A.HSDL

图3-1-17

（四）以太网和通信

以太网和新通信方法：

尤其是关于车载智能信息系统和驾驶员辅助系统以及提高软件范围的新功能，根据车辆集成度上对带宽的要求越来越高。汽车以太网满足了高带宽的要求，由于需要传输更高的数据量，因此采用了现代化的通信方法。基于以下条件这是必不可少的：

①关于电磁兼容性（EMC）的要求。

②与车辆中已有的通信方法连接。

通过汽车以太网，面向服务的高速通信方法正融入汽车网络。这可更有效地执行功能且具有更大的灵活性。在未来，可满足进一步增长的数据量以及附加车辆和服务功能。

STAR3架构概述，如图3-1-18所示。

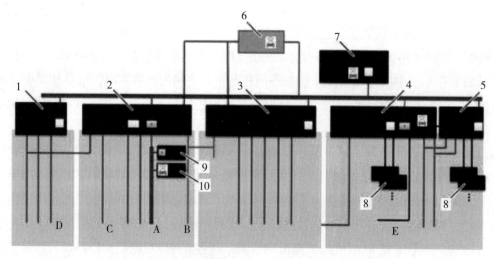

1.域计算机　2.底盘网关　3.传动系统控制单元　4.主机（HU）　5.仪表盘　6.车载诊断系统（OBD）　7.车载智能信息服务通信模块　8.显示屏　9.驾驶员辅助系统（FAS）　10.驻车辅助系统　A.以太网　B.FlexRay　C.CAN FD　D.CAN 2.0　E.高速视频链接（HSVL）

图3-1-18

（五）车辆中的网络

1.联网

梅赛德斯-奔驰的新一代E/E（电气/电子）架构正在以STAR3形式引入，该架构具有分层结构并使用以下总线系统：

①CAN FD。

②CAN 2.0。

③FlexRay。

④多媒体传输系统（MOST）。

⑤局域互联网（LIN）。

⑥汽车以太网（100BASE-T1）。

2.CAN FD（灵活的数据传输速率）

车辆中的大量数据和惊人的诊断通信速度是汽车行业的关键特征。几十年来，CAN一直是一种可靠的总线系统，已成为标准。然而，经典CAN总线的性能已不足以满足当前的数据传输速率要求。CAN FD提高CAN总线在数据传输率方面的限值。根据网络拓扑的不同，CAN FD在实践中可以实现的数据吞吐量是经典CAN总线的6倍左右。这种提高的效率是通过将数据字段从8字节扩大到多达64字节以及在传输有用数据期间将数据传输速率提高高达2 Mbit/s来实现的。因此，CAN FD能够满足处理大量数据的要求，从而节省时间和金钱。优点：

①数据字段中的波特率更高。

②每条消息的有效负载更大（最多64字节）。

③故障保护已改进。

对于CAN FD，可以使用与传统CAN总线系统相同的波特率（CAN FD"慢"），或在数据字段中使用加速的数据传输率（CAN FD"快"）。

3.CAN 2.0

CAN 2.0是一种用于通过两条电缆传输数据的电动总线系统。CAN 2.0由一条双绞线数据线组成，将所有CAN用户并行连接在一起。STAR3型号系列中仅使用具有29位标识符的CAN 2.0 B，与分配了11位标识符的前代CAN版本不同。

4.FlexRay

悬架FlexRay是一种快速、确定和容错的总线系统。信号传输不是基于事件，而是基于永久定义的时间窗口。结果，总线负载在某个特定的框架内运行，与其他总线系统相比，可以避免过多的总线负载。时间窗口分为静态和动态部分。为了提高抗干扰性，悬架系统FlexRay由一条绞合双芯数据线组成。连接的每个控制单元都能够传输或接收数据。

5.多媒体传输系统（MOST）

MOST150总线（多媒体传输系统）用于在主机和放大器之间传输同步音频数据。150 Mbit/s 的带宽足以无延迟地以非常高的质量传输音响系统的所有音频通道。

6.局域互联网（LIN）

局域互联网（LIN），也称为LIN总线，是用于传感器和促动器联网的串行通信系统。LIN用于不需要CAN的带宽和多功能性的地方。典型应用的示例包括在汽车的舒适性和便利性电气系统内联网。STAR3型号系列中使用了数据传输速率为19.2kbit/s的LIN。

7.汽车以太网

以太网越来越多地被用作快速总线系统，用于车辆中的驾驶员辅助和信息娱乐系统等应用。作为"交换"网络，它由各个控制单元和集成在其中的开关元件之间的物理点对点连接（P2P）组成。在100Mbit/s时，数据传输速率明显高于CAN总线等传统汽车总线。这项技术使驾驶员辅助系统的开发成为可能，在该系统中，大量数据（例如来自摄像头或雷达信号的数据）可以可靠地传输，并且具有足够短的延迟。

（六）以服务为导向的通信

面向信号通信和面向服务通信的对比，如图3-1-19所示。

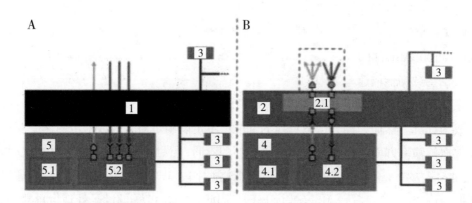

1.网关　2.控制单元　2.1.控制协调器　3.控制单元　4.控制单元　4.1.功能　4.2.便捷功能　5.控制单元　5.1功能　5.2便捷功能　A.面向信号通信　B.带控制协调的面向服务通信

图3-1-19

1.面向信号通信

通过各交互界面（如按钮、触摸板、触摸屏、语音控制、手势控制和遥控装置以及其他协调功能）大大增加了操作选项，这意味着面向信号通信的机制达到了极限。该传统型通信要求定制的点对点接口来启用各促动器。

2.面向服务通信

通过汽车以太网，面向服务通信方法正融入汽车网络，这样可以更灵活的方式管理越来越多的需求。客户/服务器通信允许所有列出的控制接口通过单独的促动器请求由单一接口控制。为此，每个客户将请求发送至已知的控制协调器（见图3-1-19中2.1），其为14个系统提供支持，尤其是车内区域的系统。控制协调器根据服务器接收请求并对其按优先顺序进行安排，从而通过单独的CAN接口执行最高级请求并传输至实际促动器，促动器依次将通过以太网作为事件传送至所有客户的新状态发出信号。舒适性功能的方法和事件组合为一个服务，所有通过以太网一起提供的全部服务称之为"车载车辆API"。以这种方式将控制协调器软件与多个元件结合起来有多种益处，可节约网络资源，其占用带宽很少，因为仅向促动器发送一条信息。此外，解耦两个网络上的接口可使其进一步发展并互相独立进行版本控制，有助于可扩展性和稳定性。另一个好处就是可以提高以太网接口的功能品质。

3.要求

其他通信设计的特点是要求相互冲突。从协议效率的意义上来说，新的CAN FD和以太网技术可尽可能高效地容纳更多必须使用的有用数据。备注：以1~2MB的可变数据传输率，CAN FD具有64字节的数据单元，而CAN则为8字节。同时，软件部件通信（软件部件-SWCs）要在变速器侧分开，在有些情况下会导致更小的数据单位（协议数据单位-PDUs）。但是，在必要时只有这样才可使软件部件轻松移至其他控制单元。解决方法就是采用带有清晰标识符和长度信息（传输字节的数量）的PDU数据头，多个数据单位现可集中在一个容器中并以一个CAN数据单位进行传输。除了引入采用SOME/IP协议，服务发现和客户/服务器通信的面向服务系统，以太网要求数据通过以太网从子网络传输至其他域名，而无须在网关中进行处理。在此情况下，不得排除服务发现的益处。这是通过借助于AUTOSAR基本软件接收传统PDU的虚拟服务实现的，并通过以太网提供。凭借SOME/IP协议和AUTOSAR基本软件通过以太网执行数据单位的通信和传输。SOME/IP是在AUTOSAR中使用的众多应用程序中的一款自动通信软件。AUTOSAR（汽车开放系统架构）是一款标准的开源软件架构，用于在电子控制单元中进行通信。

（七）选择性网络

全网络操作和部分网络操作之间的比较，如图3-1-20所示。

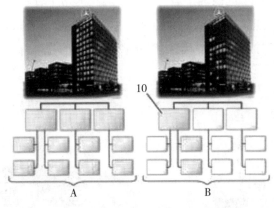

10.部件　A.全网络操作　B.部分网络操作

图3-1-20

部分网络操作：

为在静止阶段节约能源，可通过新梅赛德斯-奔驰架构中可选择的网络关闭用电设备或独立控制单元或网络字符串。为此，采用AUTOSAR标准以及本地要求的针对可选择功能的各部分网络集群的规定网络管理信息。这样可提高再充电功能的效率，例如由于仅将所需控制单元和部件输入到该部分网络配置并激活。此外，传输充电量时整车网络不会保持唤醒。如果客户仅使用"活跃"车辆状态中的信息娱乐系统，例如，仅向该域的网络区域供电。如有必要，其他部分网络集群将自动启用。车辆以有效优化的方式配备了采用车载电气系统技术的模块系统。

五、舒适系统

（一）梅赛德斯远程服务

1.无线软件更新

随着新STAR3型号系列的上市，梅赛德斯-奔驰正在增强与Mercedes me connect通信模块，导航系统的地图数据和整个MBUX（梅赛德斯-奔驰用户体验）信息娱乐系统的无线（OTA）软件更新的兼容性，增加了对其他重要控制单元进行便捷的无线软件更新的选项。这需要车主或适当授权用户的事先同意。为此，现有流程和后端系统环境得到了扩展，同时还对所需的车载范围进行了细化，以确保车辆软件更新具有与梅赛德斯-奔驰授权服务中心相同的标准质量。除了全面的汽车IT安全措施和针对软件更新全过程提供的易于理解的用户指南外，还必须对整个系统链进行调整，并对软件更新活动进行相应的管理。通过对活动进行有针对性的生产断点控制，可以将软件更新分配给单独的车辆，车辆组和车队，并适当地交错部署。在更新活动期间，会检查更新率和现场反馈，以确保客户更新体验的质量，特别是针对车队，需要考虑市场特定特征或类型带来的各种挑战，并在后端系统中提前进行模拟和验证。在与客户联系时，会提供有关更新可用性的信息。以及有关更新内容的具体细节，根据需要更新的部件（车窗关闭，安全驻车位置等）。一旦通过适当的用户指南确定了车辆上满足可能需要的特定先决条件，即可开始更新。

2.更新过程

梅赛德斯-奔驰 OTA 软件更新基于两个阶段的过程，如图3-1-21所示。

第一步是通过安装在车辆上的通信模块下载软件。在该过程的此步骤中，下载可以随时中断和恢复，因此不易受到中断下载或连接问题的影响。

只有在第二步中，当软件在车辆中完全缓冲后，新软件才实际安装在车辆中。

客户可以通过Mercedes me connect前端（应用程序，门户网站）查看所有更新，其中包括未完成的更新和已完成的更新，以及其他信息，如安装完成的时间。除了质量和汽车IT安全软件更新外，还可以在车辆的整个使用寿命内为客户提供新功能，以确保车辆即使在交付后也能保持最新状态。

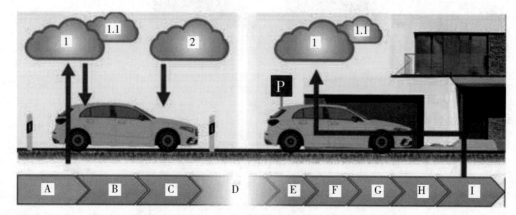

1.远程更新平台　1.1.售后系统　2.内容分发网络（CDN）

图3-1-21

无线软件更新工作流程，如表3-1-2所示。

表3-1-2

A	新更新后持续检查，接收到更新
B	信息："可用更新"。自动或手动开始更新
C	后台更新-如果可以
D	等到旅程结束
E	检查蓄电池状态
F	询问：在安全的环境中开始更新-是/否?
G	在安全的环境中更新
H	显示更新结果，更新状态
I	查看更新进度和文档

（二）运行状态

1.高级舒适性功能

不采用点火开关而开发无钥匙进入舒适组件（KEYLESS-GO），其基本原理在于朝着以顾客为中心的自动化方向提高行驶状态的操作性和可定制性。点火开关替换为启动/停止按钮，作为在"功能关闭"和"功能启用"操作状态之间切换的控制装置。由于采用最新一代STAR3E/E架构的集成式，48V和高压车载电气系统以及有益于12V车载电气系统的再充电策略，可通过局部网络工作进行能源优化，从而可在行程开始前和静止时提供更多的舒适性功能。

2.车辆状态

根据客户的特定需要对行驶状态进行了改进，从传统端子名称开始，其最初与点火开关或启动/停止按钮的操作关联。

"驻车"定义停放车辆的状态，依照该情况下的既有边界条件优化非作业时间。

通过客户的钥匙出现在车辆周围识别到客户时就会启动"欢迎"状态。在该状态下可启用车内设置和功能以在合适的时间欢迎客户并准备附加功能，从而增加用户在车内的时间。

检测到客户在车内时，就会启用"活跃"状态，会自动提供一些个性化的功能。

或者还可启用"静止"设置以为客户提供可能的最长供电范围，或在特别长的时间内为各功能供电时车辆的启动性能处于危险状态时启用。

"行驶"建立车辆准备行驶的场景。

"再见"状态用于对客户进行告别并通过功能顺序关闭车辆。

特别是行驶前或行驶后的新车状态在"行驶"状态中以与车载电气系统设计相关的多种动力和能源需求为特征，其中"驻车""欢迎""活跃"和"再见"状态中的选择性促动由12V车载电气系统管理进行操作。

六、限制远程功能

（一）概述

为确保车辆在服务中心期间无故障作业维修人员必须能够防止无意中，远程或自动触发车辆功能。为此，全面实施所需的措施集中在限制遥控功能，以便遥控功能的车辆侧限制足以确保车辆无故障作业。同时，状态信息使维修人员能够随时识别遥控功能是否受限。

开启/关闭限制遥控功能和状态显示：

在车辆检验期间，在仪表盘上通过授权服务中心菜单下的"遥控功能"启用限制遥控功能，并在将车辆交给客户前再次停用，无法通过 XENTRY Diagnostics 操作。遥控功能受限后，驾驶员显示屏上将弹出一个确认信息，一个点火周期后，如果遥控功能尚未关闭，则会再次显示该消息。遥控功能受限时，中央显示屏右上角的 Mercedes me 标识将消失。并非所有车辆都可以限制遥控功能。

（二）功能概述

在目前首次推广阶段，限制遥控功能会严重限制车载智能信息服务的功能且无法从外部提供促动。这表示，尤其是以下功能无法使用，如：

遥控车门锁止和遥控车门解锁；

远程发动机启动；

驻车加热器/辅助通风编程；

预进入智能气候控制（插电式混合动力和电动车辆）；

充电设置（插电式混合动力和电动车辆）；

检索远程状态（显示限制遥控功能前的最后状态）；

车辆定位（显示限制遥控功能前的最后定位）；

遥控驻车；

主机遥控装置；

基于地理信息的车辆监控；

车辆目视检测和声响检测；

防盗通知；

信息和服务呼叫；

礼宾服务。

此外，限制遥控功能时以下功能可用：

自动紧急呼叫（包括传输全球定位系统坐标）；

手动紧急呼叫；

车辆远程诊断（请求快速测试）；

远程更新；

互联网访问。

（三）优点

限制遥控功能具有以下优势：

①在前往授权服务中心期间客户无法在线追踪车辆。

②防止从外侧意外促动功能，如锁止车辆或关闭车窗。

③由于停用远程诊断功能，无法检测到可在测试和维修工作期间设定的故障码，这意味着不会向客户发送保养或远程诊断通知或信函。

④仍可通过车辆远程诊断请求快速测试，但该请求将包括遥控功能受限前的信息。

七、补充信息

（一）诊断

必须使用XENTRY Diagnosis Kit 3或XENTRY Diagnosis Kit 4在STAR3型号系列上进行诊断。

STAR3 型号系列的所有诊断范围仅对经过身份验证的用户可用。与BR 223车型系列的2021年2月年款上市相关的最终XENTRY Diagnostics数据将于2021年 10月开始提供。它将通过2021年9月版XENTRY的add-on分发，因为2021年12月版XENTRY的在线和add-on供应在 2021年12月1日之后才开始。与上市相关的最终XENTRY Diagnostics数据将在2021年5月中旬用于BR 206车型系列，它将通过2021年3月版XENTRY的add-on分发，因为2021年6月版XENTRY的在线和add-on 供应在2021年6月6日之后才开始。建议Wi-Fi连接容易出错的授权服务中旬通过USB线将XENTRY Diagnostics VCI连接到XENTRY Diagnostics Pad 或XENTRY Diagnostics Pad 2（如适用），尤其是在进行控制单元编程时。

XENTRY Diagnostics Kit 4是XENTRY Diagnostics Kit 3的后续产品，在2020年9月1日后已可以订购。通常，XENTRY Diagnostics Kit 4由两部分组成：

①XENTRY Diagnostics Pad 2。

②XENTRY Diagnostics VCI。

设备设计与之前的XENTRY Diagnostics Kit 3类似，但具备更多优势。

（二）诊断

通过XENTRY Diagnosis对12V蓄电池进行测试–功能和使用。通过XENTRY Diagnosis对12 V蓄电池进行的测试是根据车辆中蓄电池的行为对蓄电池状况进行的一种测试。为此，使用车载数据，该车载数据包含最近的 100个驻车和行驶周期。记录各周期的不同数据，包括蓄电池的充电量（SOC）（%），蓄电池的内部电阻和通过能源管理系统执行的 ECO启动/停止过程。

通过XENTRY Diagnosis对12 V蓄电池进行测试要求至少60个完整的周期以进行评估。这些可参考周期日志。周期日志采用FIFO（先进先出）法，即始终删除最旧的数据并替换为最新的数据。因此，仅可在周期日志中查看最新周期的时间段。为此，重要的是使用客户使用的数据执行测试，因为路试和授权服务中心测试可能会影响结果。由于支持不足，充电量在授权服务中心比在客户处时明显变差。控制单元闪烁时将删除周期日志。

由于数据存储在中央控制单元（STAR3中的EIS）上，可通过闪存编程快速删除数据。因此在执行其他测试和软件更新前务必执行蓄电池测试。如果可用周期充足，运算法则采用3种不同的标准：

（1）SOC标准。

蓄电池的理想充电量应约为80%，该数值由能源管理系统控制。

可以两种等级评估该标准：

①充电量水平存在轻微问题和充电量水平存在严重问题。为此，评估所有可用周期（介于60和100个周期之间），以确定是否超过充电量水平存在轻微或严重问题的限度。

（2）如果大多数周期均超过了该限度，根据已超过两个等级限度的状况，则满足该标准。

关于整车评估得出以下结论：

短期放电，例如1至5个周期时，考虑 100个周期时切勿承载任何重量。因此，总线横醒控制单元或较长的静止阶段始终被评估为正常。

在这两种情况下，查明原因仍很重要，如有必要，根据相关损坏代码（损坏代码列表）更换蓄电池。单次短时间内的放电不会对蓄电池产生不利影响，但多次出现此类事件时可能会损坏蓄电池。对蓄电池产生的永久损坏最好通过确定内部电阻（RDI）来进行评估。如果由于长时间怠速导致该状况明显增加，则可认定为蓄电池已损坏。充电量低时内部电阻（RDI）就会升高，因此在为蓄电池充电时务必要考虑这一点。尽管已正确连接至充电器或蓄电池并联，也可认定蓄电池因损坏无法再进行充电（部分充电设备不会识别蓄电池深度放电，因此不会释放充电电流）。

②RDI标准。

RDI标准评估蓄电池的内部电阻。蓄电池的内部电阻取决于多种因素。主要包括充电量、蓄电池的温度和蓄电池尺寸。为此，将在12V蓄电池测试中记录的各周期RDI值与相应的特性图进行比较，如果与理想数值存在偏差.则对所有周期进行评估。如果蓄电池的内部电阻在周期充足时升高（内部电阻升高表明蓄电池老化），以与SOC标准相同的方式，可评估为轻微或严重符合标准。

③ECO标准。

ECO标准评估由车载电气系统禁止的ECO启动/停止过程的周期数。如果在周期充足的情况下禁止，则满足该标准。在这种情况下，就不存在从轻微到严重的标准级别。然后，所有三个标准结合最终产生一个结果，通过XENTRY Diagnosis进行的12V蓄电池测试的三个结果为：

①"蓄电池正常，切勿更换蓄电池。"

②"蓄电池正常，重新为蓄电池充电。"

③"蓄电池异常，更换蓄电池。"

通过XENTRY Diagnosis对12V蓄电池执行的测试操作与维修信息：通过XENTRY Diagnosis对 12V蓄电池进行测试SI54.10–P–0074A中的说明相似。

（三）车载电气系统诊断数据的解释

1.通过XENTRY分析

XENTRY 用于分析48V车载电气系统中的数据并将其详细可视化。该数据包含在最新的100个行驶阶段和静止阶段期间48V车载电气系统状态的信息。在此过程中，48V车载电气系统的发动机关闭和驾驶循环的时间和日期信息与12V车载电气系统之间存在差异。因此，该数据基于12V分析的周期进行分析。此外，以下详细说明了关于载荷和温度管理的故障和信息。此时，还应指出在Xentry Diagnostics内12V和48V之间可能会转换，以便在12V和48V车载电气系统中分析相关数据。

2.XENTRY中48V车载电气系统的发动机关闭循环概述

以下为48V车载电气系统数据记录中的发动机关闭循环。首先，标题中的发动机关闭循环包含静止阶段的时间以及车辆的里程数。接下来，车载电气系统参数以相应的术语列出，带最小、最大和平均值以及车辆启停时的数值。与"周期日志"和"附加周期日志"不同，在左侧显示故障信息。如果出现故障，则相应的故障会以红色标识进行标记。

（1）充电状态。

SOC指与蓄电池的充电量，与其容量相关。 SOC规定采用百分比表示（例如，0%=电量耗尽，100%=充满电）。

（2）蓄电池电压。

充电量：

最小电压：36V。

额定电压：44V。

最大电压：52V。

（3）蓄电池电流。

为 48V蓄电池充电和放电的蓄电池电流限制为–400A和334A。

（4）电荷平衡。

电荷平衡指示蓄电池在循环期间是放电或充电。由于48V车载电气系统与12V车载电气系统关联，如果相应充电量降至临界值以下（约50%），可能从48V换至12V进行再充电，反之亦然。

（5）蓄电池温度。

温度对蓄电池的影响非常大。可通过XENTRY中的图示查看48V蓄电池的温度。

（6）直流直流转换器的状态。

直流直流转换器控制单元在48V车载电气系统中是能源管理的中央控制单元。直流直流转换器具有如下二种不同的模式：

首先，降压模式，用于电流增加时从其输入（供应）至其输出（载荷）时降低电压。这意味着在降压模式下，降低输入电压驱动要求低电压（48V→12V）的载荷。

其次是增压模式。通过此模式，电压可在电流减少时从其输入至其输出时升高。更具体地说，增压模式将输入电压（蓄电池电压）升高至足以将载荷驱动至所需电流水平（12V→48V）的程度。

第三，待机模式表示在两个车载电气系统之间无交换。

（6）发动机关闭循环中的故障。

由于车载电气系统故障导致的控制单元故障通常很难恢复。XENTRY 提供在出现故障时，可使相应故障以红色显示的选项。

（7）过载电流/短路。

锂电池（LIB）检测过载电流并断开48V车载电气系统的电路。

（8）集体故障1。

LIB48 集体故障1在驻车循环中启用并由直流直流转换器检测。在该显示后有多个故障。

（9）通信故障。

如果直流直流转换器与蓄电池之间的局域互联网（LIN）通信中断，则会记录该故障。

（10）开关故障。

如果开关模块故障且开关无法再打开，则会记录该故障。

（11）12V蓄电池断开开关断开。

作为安全措施，蓄电池断开开关用作紧急开关。为此，在事故后会完全断开48V蓄电池，以使存在的短路和起火风险最小化。但是，在这种情况下12V车载电气系统将保持通电，例如用于危险警告闪光灯（碰撞后要求）。

（12）阻止12V再充电。

如果12V车载电气系统模块确定蓄电池的充电量低于25%，将会向48V车载电气系统模块发送信号。然后，48V车载电气系统模块切换至"仅直流直流转换器采用48V供电"模式。因此，会通过直流直流转换器由48V车载电气系统对12V蓄电池进行再充电。当48V车载电气系统模块命令直流直流转换器进入"关闭"模式时，再充电将停止。如果该程序不工作，则将阻止 12V 再充电。

（13）48V过度放电保护系统。

过度放电会对蓄电池造成不可逆的损坏。过度放电保护系统旨在防止蓄电池在怠速阶段大量放电，该功能的目的在于保护车辆的启动性能较长的时间。

3.XENTRY中48V车载电气系统的驾驶循环概述

箭头按钮可用于检查驾驶循环数据记录的详细视图，标题显示车辆的时间和里程数，与发动机关闭循环一样。车载电气系统参数以图表显示，相应周期中的故障以红色显示在右侧的窗口中。与在发动机关闭循环中一样，充电量、蓄电池电压和蓄电池电流在驾驶循环期间显示相同的属性。

（1）蓄电池的内阻。

对于48V蓄电池内阻来说目前没有规定的限制，因为该数值不是恒定的，而是取决于蓄电池的材料、温度、充电/放电状态以及载荷。

（2）功率限制。

必须通过选择车载电气系统用电设备确保平稳的电荷平衡。但是，这在特定情况下是无法完成的。如果集成式启动发电机无法再提供所需电力输出，通过关闭 48V 车载电气系统中的用电设备降低车载电气系统载荷。这可避免48V蓄电池出现明显负向充放电的情形，继而可以保持发动机的启动性能。当能够再次提供稳定车载电气系统电压所需的电量输出时，用电设备重新启用。

（3）温度管理。

因为48V蓄电池的性能很大程度上取决于蓄电池温度，所以必须度量48V系统的冷却，这样部件就不会超过规定的温度范围（工作温度）。为确保48V车载电气系统尽快达到较好的性能水平，在驾驶期间温度较低时，48V车载电气系统蓄电池会由冷却和加热元件进行加热，直到达到足够高的温度。蓄电池和直流直流转换器首先将当前温度传送至48V车载电气系统模块。此时，48V车载电气系统模块将水温、蓄电池温度和直流直流转换器的温度以及冷却和加热元件的当前促动程度传送至温度管理系统。接下来，一接收到来自温度管理系统的"最大冷却"信号。车载电气系统模块就会传送信号以启用冷却和加热元件（冷却方向）。

此外，温度较低影响性能时，48V车载电气系统模块传送信号以启用蓄电池内的冷却和加热元件（加热方向）。

（4）驾驶循环故障。

由于车载电气系统故障导致的控制单元故障通常很难恢复。XENTRY提供在出现故障时，可使相应故障以红色显示的选项。可通过XENTRY检测相应的故障。应注意，发动机关闭循环和驾驶循环会出现短路、过流、蓄电池故障1和通信故障。发生故障时，显示屏上出现以红色显示的蓄电池警告信息，如图3-1-22所示。该故障被视为严重的故障信息，一个可能的原因是48V蓄电池中的最小电池电压过低。在上次行程中48V蓄电池可能也打开了该开关，从而对下次发动机启动造成危害。

图3-1-22

48V蓄电池导致显示屏上显示黄色的警告信息，如图3-1-23所示。对此可能有多个原因，如下：

首先，48V蓄电池中的最小电池电压可能过低。

其次，在上次行程中48V蓄电池可能也打开了该开关，从而对下次发动机启动造成危害。

再次，直流直流转换器可能故障或其输出可能受限。这样可能会使12V电源在未来处于危险中。

（四）扩展过度放电保护装置

带蓄电池断开开关（BTS）（如图3-1-24中6）的高级过度放电保护装置以STAR3E/E架构的形式引入。为此，将车载电气管理系统（如图3-1-24中10）移至电子点火开关控制单元。车载电气管理系统与智能蓄电池传感器（IBS）（如图3-1-24中11）结合，持续监测车载电气系统蓄电池的当前充电量。如果蓄电池的充电量降至40%以下，则能源管理系统将通过蓄电池断开开关（BTS）（如图3-1-24中6）将附

图3-1-23

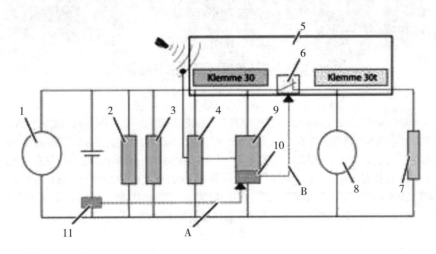

1.启动机　2.防盗警报系统传感器模块　3.警报器　4.无线电信号接收器　5.预熔保险丝盒　6.蓄电池断开开关（BTS）　7.用电设备　8.发电机　9.电子点火开关（EZS）控制单元　10.车载电气管理系统　11.智能蓄电池传感器（IBS）　A.蓄电池状态　B.打开/关闭

图3-1-24

加用电设备从电源上断开，例如，空调系统。

仅在以下情况下断开用电设备：

①客户无操作。

②未启用危险警告灯。

③未通过防盗警报系统（ATA）发出警报。

④点火开关未开启。

⑤电控车辆稳定行驶系统（ESPQ）无法明确检测到车辆静止时处于安全状态。

⑥高压蓄电池未充电部。

⑦12V蓄电池未充电。

⑧热机运行停止。

这样可确保继续为重要部件，如警报器（如图3-1-24中3）或无线电信号接收器（如图3-1-24中4）供电且正常工作。蓄电池断开开关集成在后部预熔保险丝盒中。每个静止阶段的静态电流将升高最多三倍，从而导致蓄电池断开开关重置，包括打开开关10s，然后再次关闭。可通过仪表盘菜单上的设置启用怠速状态至下一次点火循环，在驾驶员下车后导致过度放电保护装置开关立即打开，从而通过减少静态电流延长最大静止时间。

（五）保险丝和继电器模块

保险丝和继电器模块安装位置，如图3-1-25所示。

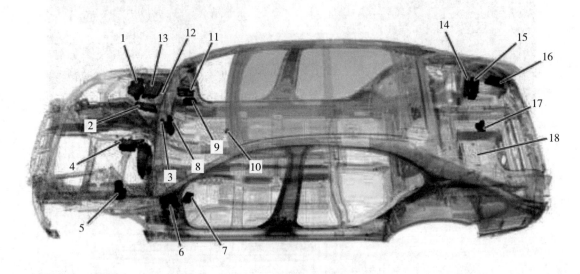

1.发动机舱右侧预熔保险丝盒　2.发动机舱右侧48V车载电气系统保险丝盒　3.前排乘客脚部位置48V车载电气系统保险丝盒　4.集成式启动发电机控制单元　5.发动机舱左侧保险丝和继电器模块　6.前部信号采集及促动控制模组（SAM）　7.驾驶员侧保险丝和继电器模块（仪表板）　8.前排乘客脚部位置车内预熔保险丝盒　9.前排乘客侧保险丝和继电器模块　10.燃爆保险丝（电路30c）　11.电子点火开关控制单元　12.48V车载电气系统蓄电池　13.48V直流直流转换器控制单元　14.后部预熔保险丝盒　15.后部保险丝和继电器模块（行李箱）　16.后部信号采集及促动控制模组（SAM）　17.行李箱右侧48V车载电气系统保险丝盒　18.12V蓄电池

图3-1-25

第二节　奔驰S级（W223）总线系统

一、前言

从新款的奔驰S（W223）级轿车开始，奔驰的网络构架发生了革命性的变化，这种新型网络构架承载了更多的控制单元，在配置完全的情况下，其控制单元的数量甚至超过了150块。本节包含的车载网络总线有CAN、CAN FD、LIN、eMOST、FlexRay、Ethernet。希望大家通过本节内容，能够熟练地掌握奔驰新S（223）车载网络系统各类网络总线的缘由、通信方式、波形、构架组成、部件安装位置以及各类总线故障的诊断方法等。车身网络系统，如图3-2-1所示。

二、CAN与CAN FD

CAN-controller area network控制器区域网络，CAN的传输速率如图3-2-2所示。

CAN的物理结构为双绞线，两条线分别为CAN H与CAN L，如图3-2-3所示。

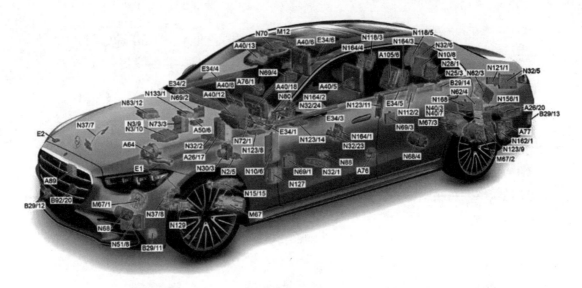

图3-2-1（图注省略）

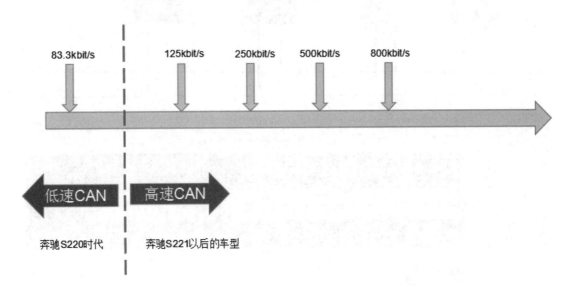

图3-2-2

图3-2-3

抗干扰能力强，双绞线，差分信号，CAN的波形视图如图3-2-4所示。

CAN的通信方式为电话会议方式，每条CAN总线上并没有中控单元，它们是通过事件的优先级来确定发送信息的先后次序的。事件传输如图3-2-5所示。

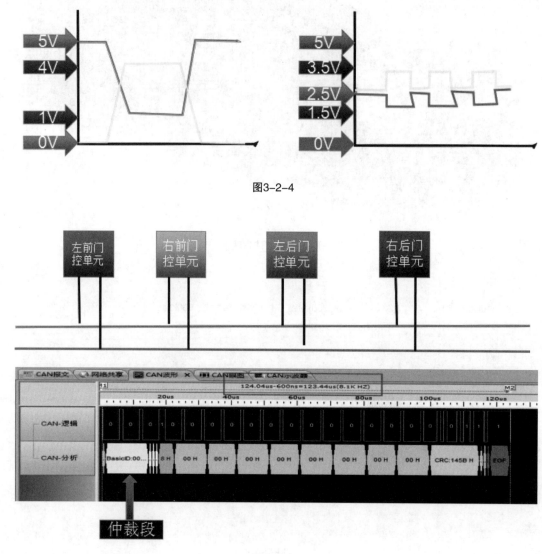

图3-2-4

图3-2-5

1.CAN2.0a 与 CAN2.0b

近年自动驾驶，电动汽车技术的不断突破，CAN也迎来了升级，奔驰汽车从W223为契机，CAN总线技术由原来的CAN2.0a升级成为CAN2.0b。升级后的CAN通信不仅安全性更高，同时也实现了更高的灵活性，从而实现了CAN与CAN FD 的有机结合，如图3-2-6所示。

2.CAN FD

我们通过上几个图示已经了解，基本CAN的传播速率基本在1Mbit/s，在通用的奔驰车载领域我们的CAN传播速率最高在800kbit/s，显然已经无法满足我们对智能驾驶等更高的要求，并且随着人们对车辆的更高要求，无论是舒适娱乐，或者是主动与被动安全，使得车辆上随带的控制单元越来越多，总线上的通信会越来越拥堵，这也就是我们曾尝试FlexRay的原因，但是FlexRay无论是安全性、灵活性、工业成本等都稍逊于CAN，因此CAN FD横空诞生了。CAN FD-controller area network with flexible data-rate传输格式如图3-2-7所示。

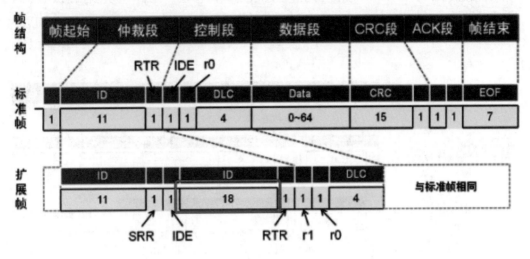

图3-2-6

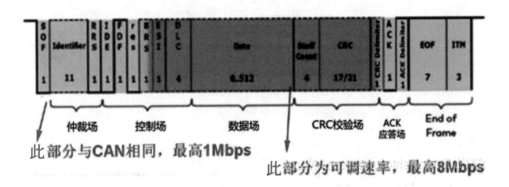

图3-2-7

CAN FD其传输速率几乎接近了10Mbit/s。CAN FD 的传输速率如图3-2-8所示。

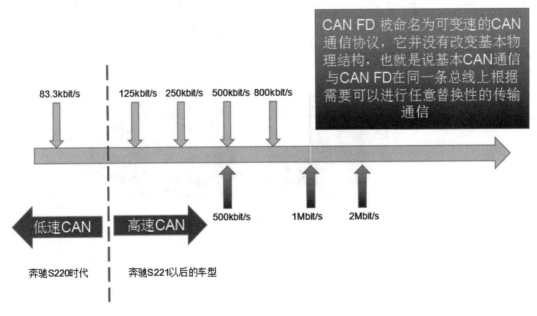

图3-2-8

147

CAN FD通信怎么样与基本CAN通信在同一条总线上共同存在？控制单元中存在识别CAN FD标识的处理器，从而实现了CAN协议与CAN FD协议的互不干扰，这就是可以共用一条总线的本质，如图3-2-9所示。

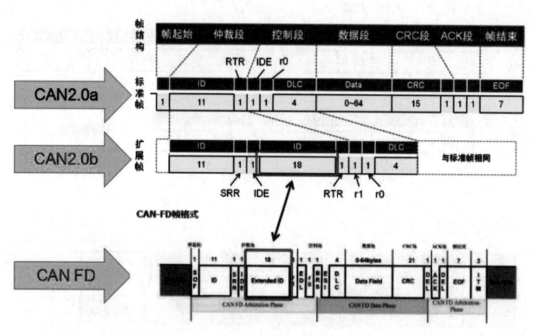

图3-2-9（图注省略）

3.CAN/CAN FD构架

（1）CAN C发动机CAN。

CAN C传输速度500kbit/s，控制单元连接如图3-2-10所示。

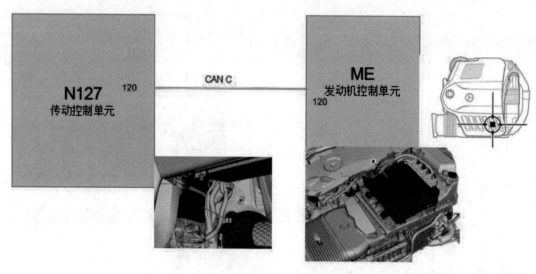

图3-2-10

控制单元连接，如表3-2-1所示。

表3-2-1

发动机控制器区域网络（CAN C）		
	控制单元	附加信息
N3/10	发动机控制单元	汽油发动机
N3/9	发动机控制单元	柴油发动机
N127	传动控制单元	–

CAN C1驱动机构 CAN 1，CAN C1传输速度500kbit/s，驾驶员地毯下部白色CAN分配插如图3-2-11所示。

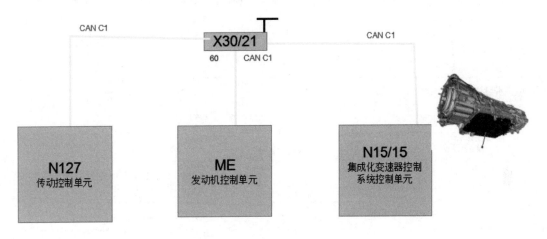

图3-2-11（图注省略）

CAN C1 驱动机构 CAN 1控制单元连接，如表3-2-2所示。

表3-2-2

驱动控制器区域网络1（CAN C1）		
	控制单元	附加信息
N3/10	发动机控制单元	汽油发动机
N3/9	发动机控制单元	柴油发动机
N15/15	集成化变速器控制系统控制单元	–
N127	传动控制单元	–

（2）CAN T传动系统。

CAN T传输速度500kbit/s，CAN T传动系统控制单元连接如图3-2-12所示。

CAN T传动系统控制单元连接，如表3-2-3所示。

（3）CAN ED2能源管理CAN2。

CAN ED2传输速度500kbit/s，CAN ED2能源管理CAN2控制单元如图3-2-13所示。

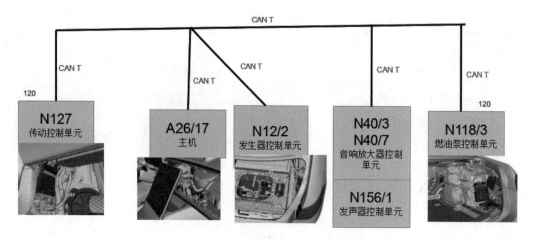

图3-2-12

表3-2-3

传动系统的控制器区域网络（CAN T）

	控制单元	附加信息
A26/17	主机	–
N12/2	发声器控制单元	装配混合动力车辆和电动车辆外部噪声发声器/代码B53（此处未示出）
N40/3	音响放大器控制单元	装配高级音响系统/代码810
N40/7	音响放大器控制单元	装配高端音响系统/代码811
N118/3	燃油泵控制单元	–
N127	传动控制单元	–
N156/1	发声器控制单元	装配通过扬声器降低驾驶噪声（RNC）技术/代码96B或通过扬声器降低发动机噪声（EOC）技术/代码97B，但未装配发动机279
N156/2	发声器控制单元	装配发动机279（此处未示出）

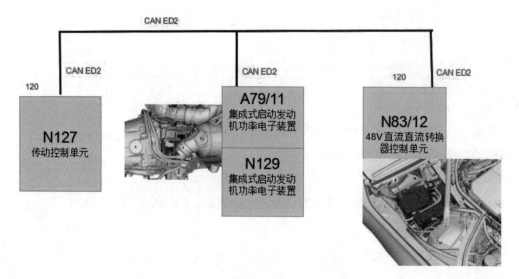

图3-2-13

CAN ED2能源管理CAN2控制单元，如表3-2-4所示。

表3-2-4

能源管理控制器区域网络（CAN ED2）		
	控制单元	附加信息
N127	传动控制单元	—
A79/8	集成式启动发电机功率电子装置	装配48V技术/代码B01和发动机176
A79/11	集成式启动发电机功率电子装置	装配48V技术/代码B01和发动机256
N82/2	蓄电池管理控制单元	装配混合动力车辆/代码（ME10）和发动机256 （此处未示出）
N83	高电压蓄电池交流充电器	装配混合动力车辆/代码（ME10） （此处未示出）
N83/1	直流直流转换器控制单元	装配混合动力车辆/代码（ME10） （此处未示出）
N83/12	直流直流转换器控制单元	装配48V技术/代码B01 （此处未示出）
N116/5	直流充电连接单元	装配混合动力车辆/代码ME10和直流充电功能/代码83B （此处未示出）

（4）CAN A1车载信息智能系统CAN1。

CAN A1传输速度500kbit/s，N123/14控制单元安装位置如图3-2-14所示，CAN A1车载信息智能系统CAN1控制单元连接如图3-2-15所示。

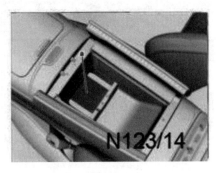

图3-2-14

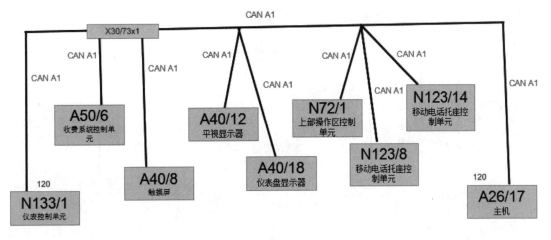

图3-2-15

CAN A1车载信息智能系统CAN1控制单元连接如表3-2-5所示。

车载智能信息系统控制器区域网络1（CAN A1）

	控制单元	附加信息
A26/17	主机	–
A40/8	触摸屏	–
A40/12	平视显示器	装配经典平视显示器/代码438或具备增强现实功能的平视显示器/代码445
A40/18	仪表盘显示器	–
A50/6	收费系统控制单元	装配养路费支付系统/代码943
N72/1	上部控制区控制单元	–
N123/8	移动电话托座控制单元	装配前部无线电话充电装置/代码897或前部无线电话充电装置和天线/代码899
N123/14	移动电话托座控制单元	装配前部无线电话充电装置/代码897
N133/1	仪表控制单元	–

（5）CAN A2车载信息智能系统CAN2。

驾驶员地毯下部白色CAN分配插如图3-2-16所示。CAN A2车载信息智能系统CAN2控制单元连接如图3-2-17所示。

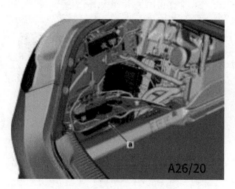

图3-2-16（图注省略）

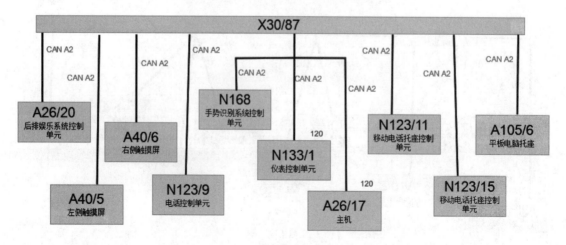

图3-2-17

152

CAN A2车载信息智能系统CAN2控制单元连接，如表3-2-6所示。

表3-2-6

车载智能信息系统控制器区域网络2（CAN A2）

	控制单元	附加信息
A26/17	主机	–
A26/20	后排娱乐系统控制单元	装配后排娱乐系统/代码854
A40/5	左侧显示屏	装配后排娱乐系统/代码854
A40/6	右侧显示屏	装配后排娱乐系统/代码854
A105/6	平板电脑托座	装配后座区触摸屏（后部触摸屏）/代码447
N123/9	电话控制单元	–
N123/11	移动电话托座控制单元	装配后座区无线充电装置/代码898
N133/1	仪表控制单元	–
N168	手势识别系统控制单元	装配前部非接触式手势控制器/代码77B或后部非接触式手势控制器/代码78B

（6）CAN B1车内CAN 1。

CAN B1传输速度250/500kbit/s，N10/8控制单元安装位置如图3-2-18，CAN B1车内CAN 1控制单元连接如图3-2-19所示。

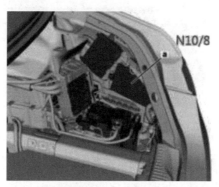

图3-2-18（图注省略）

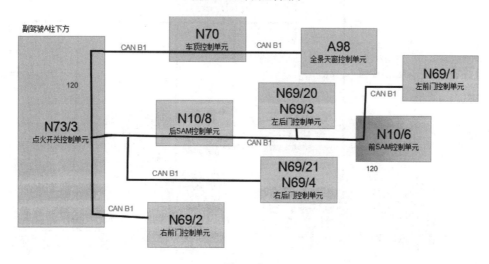

图3-2-19

CAN B1车内CAN 1控制单元连接，如表3-2-7所示。

表3-2-7

车内控制器区域网络1（CAN B1）

	控制单元	附加信息
A98	全景天窗控制单元	装配全景滑动天窗/全景天窗/代码413
N10/6	前SAM控制单元	—
N10/8	后SAM控制单元	—
N28/1	挂车识别控制单元	装配挂车装置/代码550（此处未标出）
N69/1	左前门控制单元	—
N69/2	右前门控制单元	—
N69/3	左后门控制单元	—
N69/4	右后门控制单元	—
N70	车顶控制单元	—
N73/3	点火开关控制单元	—

（7）CAN B2车内CAN 2。CAN B2传输速度250kbit/s，右前乘客处地毯下的黑色插头，如图3-2-20所示。CAN B2车内CAN 2控制单元连接如图3-2-21所示。

图3-2-20（图注省略）

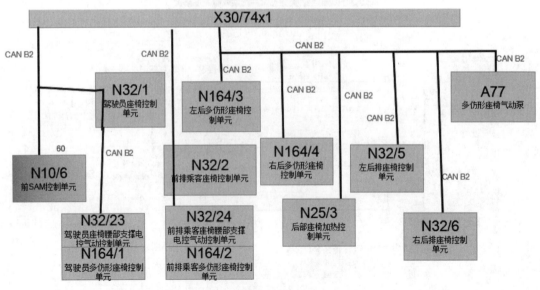

图3-2-21

CAN B2车内CAN 2控制单元连接，如表3-2-8所示。

表3-2-8

车内控制器区域网络2（CAN B2）

	控制单元	附加信息
A77	多仿形座椅气动泵	装配左侧和右侧脉动功能座椅/代码432或乘客车厢多仿形座椅/代码406
N10/6	前SAM控制单元	–
N25/3	后排座椅加热控制单元	装配左侧和右侧后排座椅加热系统/代码872
N32/1	驾驶员座椅控制单元	–
N32/2	前排乘客座椅控制单元	–
N32/5	左后排座椅控制单元	装配电动后排座椅靠背调节和头枕/代码223
N32/6	右后排座椅控制单元	装配电动后排座椅靠背调节和头枕/代码223
N32/23	驾驶员座椅腰部支撑电控气动控制器单元	装配腰部支撑调节系统/代码U22
N32/24	前排乘客座椅腰部支撑电控气动控制器单元	装配腰部支撑调节系统/代码U22
N164/1	驾驶员多仿形座椅控制单元	装配左侧和右侧脉动功能座椅/代码432
N164/2	前排乘客多仿形座椅控制单元	装配左侧和右侧脉动功能座椅/代码432
N164/3	左后多仿形座椅控制单元	装配后座区多仿形座椅/代码406
N164/4	右后多仿形座椅控制单元	装配后座区多仿形座椅/代码406

（8）CAN B3车内 CAN 3。

CAN B3传输速度250kbit/s，驾驶员地毯下部白色CAN分配插，如图3-2-22所示。CAN B3车内 CAN 3控制单元连接如图3-2-23所示。

CAN B3车内 CAN 3控制单元连接，如表3-2-9所示。

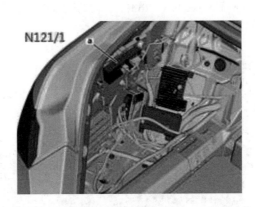

图3-2-22（图注省略）

155

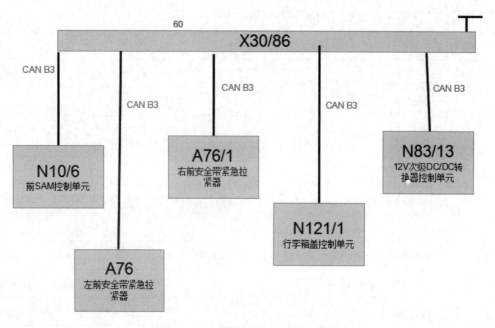

图3-2-23

表3-2-9

车内控制器区域网络3（CAN B3）

	控制单元	附加信息
A76	左前安全带紧急拉紧器	—
A76/1	右前安全带紧急拉紧器	—
N10/6	前SAM控制单元	—
N83/13	DC/DC转换器控制单元	装配遥控驻车装置/代码503
N121/1	行李箱盖控制单元	—

（9）CAN PER外围CAN。

CAN PER外围CAN传输速度500/1000kbit/s，N88位于副驾驶A杜下方，如图3-2-24所示。CAN PER外围CAN控制单元连接如图3-2-25所示。

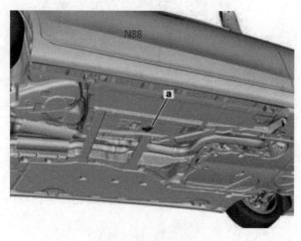

图3-2-24（图注省略）

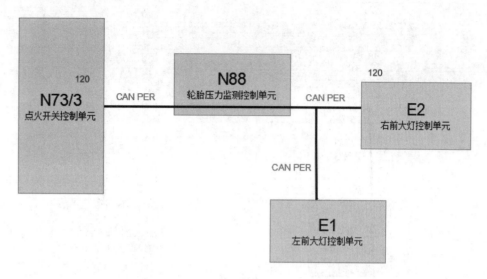

图3-2-25

CAN PER外围CAN控制单元连接，如表3-2-10所示。

表3-2-10

外围设备控制器区域网络（CAN PER）

	控制单元	附加信息
E1	左前大灯控制单元	–
E2	右前大灯控制单元	–
N73/3	点火开关控制单元	–
N88	轮胎压力监测控制单元	–

（10）CAN S1前部雷达CAN。

CAN S1前部雷达CAN传输速度500/2000kbit/s，B29/12控制单元位于副驾驶A柱下方，如图3-2-26所示，CAN S1前部雷达CAN控制单元连接如图3-2-27所示。

CAN S1前部雷达CAN控制单元连接，如表3-2-11所示。

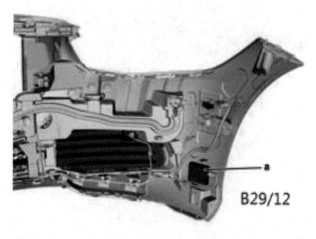

图3-2-26（图注省略）

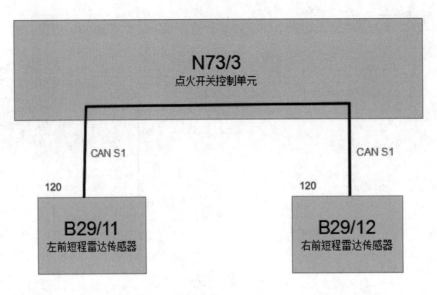

图3-2-27

表3-2-11

前部雷达控制器区域网络（CAN S1）

	控制单元	附加信息
B29/11	左前短程雷达传感器	装配驾驶辅助组件增强版/代码P20或高级遥控驻车装置/代码507
B29/12	右前短程雷达传感器	装配驾驶辅助组件增强版/代码P20或高级遥控驻车装置/代码507
N73/3	点火开关控制单元	–

（11）CAN S2后部雷达CAN。

CAN S2后部雷达CAN 传输速度500/2000kbit/s，B29/14位于副驾驶A柱下方，如图3-2-28所示。CAN S2后部雷达CAN控制单元连接如图3-2-29所示。

CAN S2后部雷达CAN控制单元连接，如表3-2-12所示。

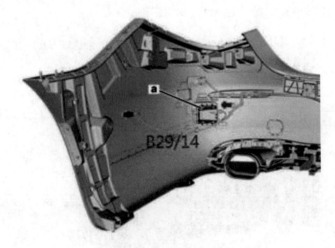

图3-2-28（图注省略）

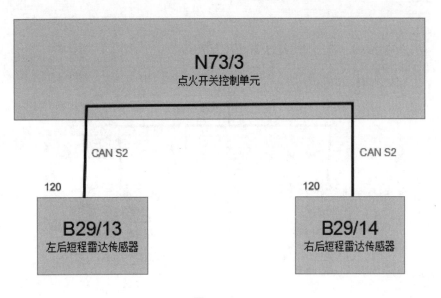

N73/3
点火开关控制单元

CAN S2   CAN S2

120   120

B29/13   **B29/14**
左后短程雷达传感器   右后短程雷达传感器

图3-2-29

表3-2-12

后部雷达控制器区域网络（CAN S2）

	控制单元	附加信息
B29/13	左后短程雷达传感器	装配自适应定速巡航控制系统增强版（限距控制系统增强版）/代码233或盲点辅助系统/代码234或高级遥控驻车装置/代码507
B29/14	右后短程雷达传感器	装配自适应定速巡航控制系统增强版（限距控制系统增强版）/代码233或盲点辅助系统/代码234或高级遥控驻车装置/代码507
N73/3	点火开关控制单元	—

（12）CAN AAMB1前部主动氛围灯 CAN。

CAN AAMB1前部主动氛围灯 CAN传输速度500/1000kbit/s，N162/1控制单元位置行李箱左下角黑色的四方形模块，如图3-2-30所示。CAN AAMB1前部主动氛围灯 CAN控制单元连接如图3-2-31所示。

CAN AAMB1前部主动氛围灯 CAN控制单元连接，如表3-2-13所示。

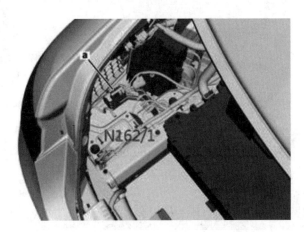

图3-2-30（图注省略）

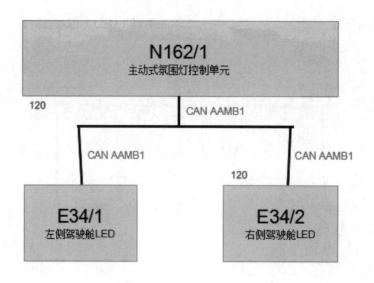

图3-2-31

表3-2-13

前部主动式环境氛围照明系统控制器区域网络（CAN AAMB 1）

	控制单元	附加信息
E34/1	左侧驾驶舱LED	装配连体光环境氛围照明系统/代码878
E34/2	右侧驾驶舱LED	装配连体光环境氛围照明系统/代码878
N162/1	主动式氛围灯控制单元	装配连体光环境氛围照明系统/代码878

（13）CAN AAMB2前部主动氛围灯 CAN。

CAN AAMB2前部主动氛围灯 CAN 传输速度500/1000kbit/s，E34/5位于行李箱左下角黑色的四方形模块，如图3-2-32所示。CAN AAMB2前部主动氛围灯 CAN 控制单元连接如图3-2-33所示。

CAN AAMB2前部主动氛围灯 CAN 控制单元连接，如表3-2-14所示。

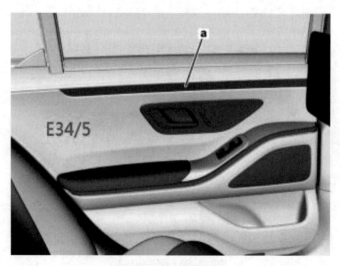

图3-2-32（图注省略）

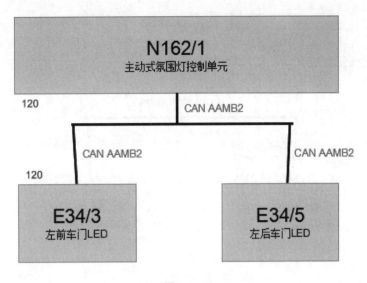

图3-2-33

表3-2-14

左侧主动式环境氛围照明系统控制器区域网络（CAN AAMB2）

	控制单元	附加信息
E34/3	左前车门LED	装配连体光环境氛围照明系统/代码878
E34/5	左后车门LED	装配连体光环境氛围照明系统/代码878
N162/1	主动式氛围灯控制单元	装配连体光环境氛围照明系统/代码878

（14）CAN AAMB3右侧主动氛围灯 CAN。

CAN AAMB3右侧主动氛围灯 CAN 传输速度500/1000kbit/s，N162/1位于行李箱左下角黑色的四方形模块，如图3-2-34所示。CAN AAMB3右侧主动氛围灯 CAN控制单元连接如图3-2-35所示。

CAN AAMB3右侧主动氛围灯 CAN控制单元连接，如表3-2-15所示。

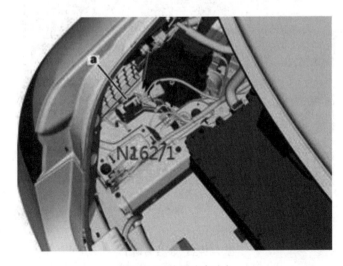

图3-2-34（图注省略）

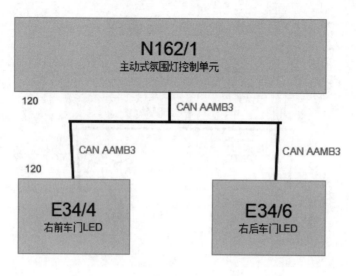

图3-2-35

表3-2-15

右侧主动式环境氛围照明系统控制器区域网络（CAN AAMB3）

	控制单元	附加信息
E34/4	右前车门LED	装配连体光环境氛围照明系统/代码878
E34/6	右后车门LED	装配连体光环境氛围照明系统/代码878
N162/1	主动式氛围灯控制单元	装配连体光环境氛围照明系统/代码878

（15）CAN PER E1前部悬架外围CAN。

CAN PER E1传输速度$x$kbit/s，M67/1控制单元安装位置如图3-2-36所示。CAN PER E1前部悬架外围CAN控制单元连接如图3-2-37所示。

CAN PER E1前部悬架外围CAN控制单元连接，如表3-2-16所示。

图3-2-36（图注省略）

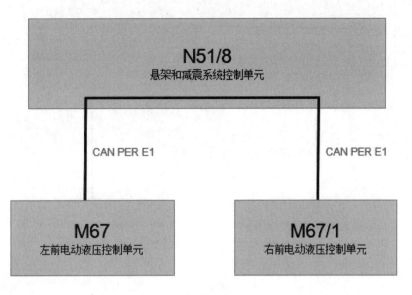

図3-2-37

表3-2-16

外围设备（前部悬架）控制器区域网络（CAN PER E1）

	控制单元	附加信息
M67	左前电动液压控制单元	装配电动液压悬架/代码490
M67/1	右前电动液压控制单元	装配电动液压悬架/代码490
N51/8	悬架和减震系统控制单元	装配电动液压悬架/代码490

（16）CAN PER E2后部悬架外围CAN。

CAN PER E2后部悬架外围CAN 传输速度$x$kbit/s，M67/2控制单元安装位置如图3-2-38所示。CAN PER E2后部悬架外围CAN控制单元连接如图3-2-39所示。

CAN PER E2后部悬架外围CAN控制单元连接，如表3-2-17所示。

图3-2-38（图注省略）

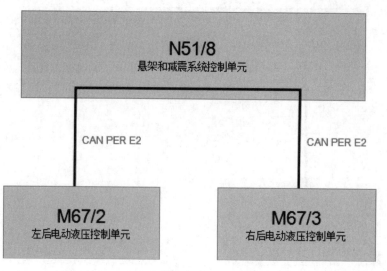

图3-2-39

表3-2-17

外围设备（后部悬架）控制器区域网络（CAN PER E2）

	控制单元	附加信息
M67/2	左后电动液压控制单元	装配电动液压悬架/代码490
M67/3	右后电动液压控制单元	装配电动液压悬架/代码490
N51/8	悬架和减震系统控制单元	装配电动液压悬架/代码490

（17）CAN LR方向盘控制器区域CAN。

CAN LR方向盘控制器区域CAN传输速度250/500kbit/s，N179控制单元安装位置如图3-2-40所示。CAN LR方向盘控制器区域CAN控制单元连接如图3-2-41所示。

CAN LR方向盘控制器区域CAN控制单元连接，如表3-2-18所示。

图3-2-40（图注省略）

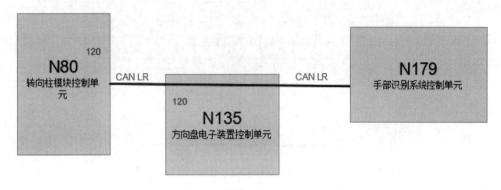

图3-2-41

表3-2-18

	控制单元	附加信息
N80	转向柱模块控制单元	–
N135	方向盘电子装置控制单元	–
N179	手部识别系统控制单元	–

（18）CAN LR1方向盘换挡按钮CAN。

CAN LR1方向盘换挡按钮CAN传输速度250/500kbit/s，S163/1和S163/2安装位置如图3-2-42所示。CAN LR1方向盘换挡按钮CAN控制单元连接如图3-2-43所示。

CAN LR1方向盘换挡按钮CAN控制单元连接，如表3-2-19所示。

（19）CAN R1冗余CAN。

CAN R1冗余CAN传输速度$x$kbit/s，N30/10控制单元安装位置如图3-2-44所示。CAN R1冗余CAN控制单元连接如图3-2-45所示。

在实车查询的时候并没有发现CAN R1，或许在代码ME 10的车辆上会有此类CAN。

图3-2-42（图注省略）

165

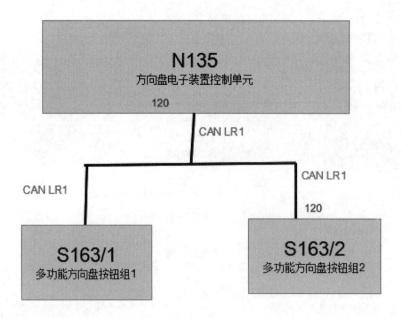

图3-2-43

表3-2-19

N135	方向盘电子装置控制单元
S163/1	多功能方向盘按钮组1
S163/2	多功能方向盘按钮组2

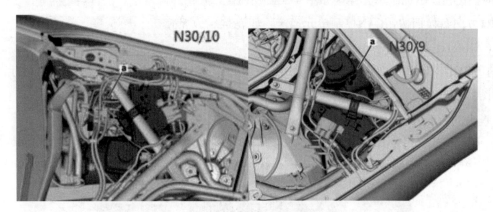

图3-2-44（图注省略）

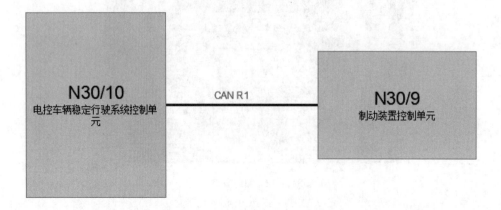

图3-2-45

（20）CAN D。

CAN D传输速度500kbit/s，N73/3控制单元安装位置如图3-2-46所示，CAN D控制单元连接如图3-2-47所示。

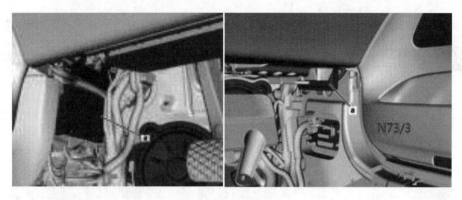

图3-2-46（图注省略）

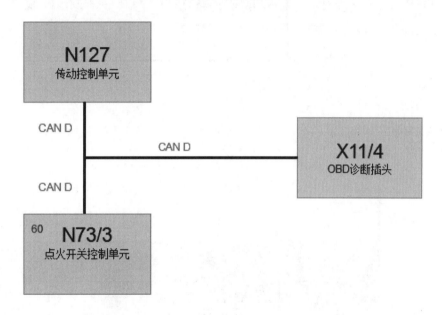

图3-2-47

CAN D控制单元连接，如表3-2-20所示。

表3-2-20

车辆诊断系统控制器区域网络（CAN D）

	控制单元	附加信息
N73/3	点火开关控制单元	–
N127	传动控制单元	–

4.CAN/CAN FD的诊断

波形检测法；

电阻测量法；

电压测量法。

（1）波形检测法。

①正常波形，如图3-2-48所示。

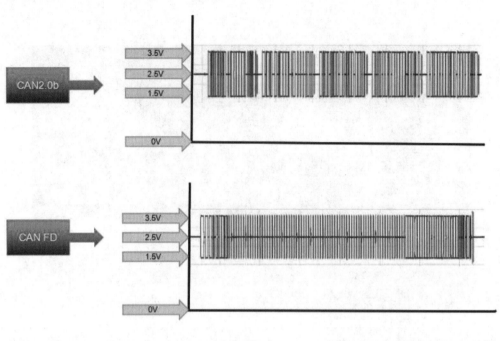

图3-2-48

②CAN L与CAN H短路，如图3-2-49所示。

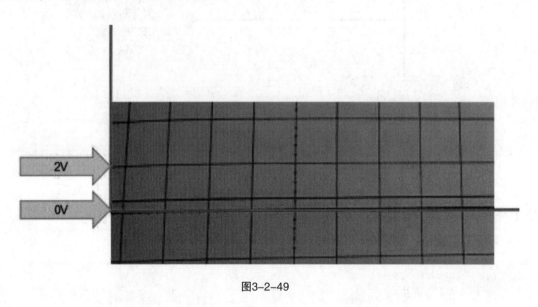

图3-2-49

③CAN L对地短路，测CAN H。

传输速率高于等于500kbit/s的CAN，如图3-2-50所示。

④CAN L对地短路，测CAN H。

传输速率250kbit/s的CAN B，如图3-2-51所示。

⑤CAN L对地短路，测CAN L，如图3-2-52所示。

⑥CAN H对地短路，测CAN H/ CAN L，如图3-2-53所示。

⑦某一个控制单元的CAN L与CAN H线束在CAN分配插中互换，如图3-2-54所示。

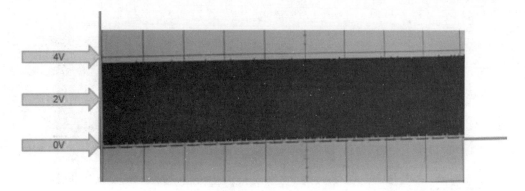

图3-2-50

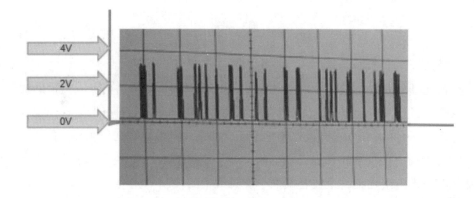

图3-2-51

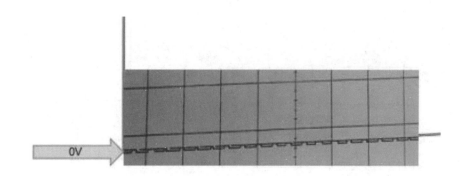

图3-2-52

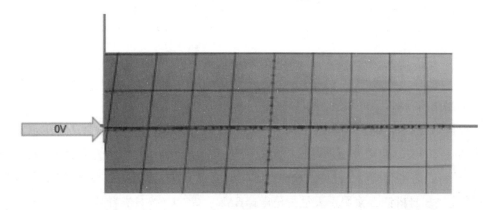

图3-2-53

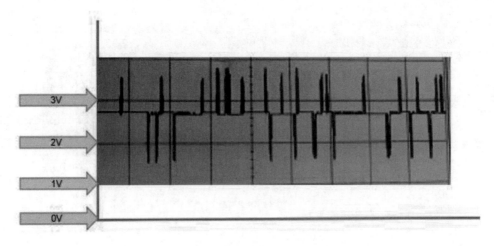

图3-2-54

（2）电阻测量法。

低速CAN不存在终端电阻，因此其具有单线模式。在车辆休眠/切断蓄电池负极的情况下，任意一类完整的CAN总线中，它的CAN L与CAN H之间有一个终端电阻的阻值，即60Ω。CAN总线上为了实现更好的抗干扰性能，在CAN H与CAN L之间设计了一个60Ω的终端电阻。存在三角插头的（三根角中有一根是车身搭铁）CAN分配插中自身带60Ω的终端电阻，如果一类CAN总线中不存在三角CAN分配插或者没有CAN分配插那么其终端电阻在某一个或者某两个此总线上的控制单元中。为了减少高传输速率通信信号的杂波与干扰，使得波形更具稳定性因此这类通信总线上取消了分配插，使用Z结点的形式，如CAN FD等，如图3-2-55所示。

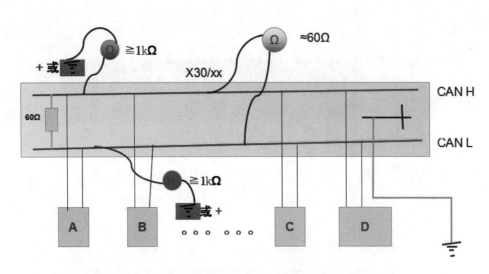

图3-2-55（图注省略）

（3）电压测量法。

低速CAN除外。CAN通信的载波电压2.5V，波幅为+1V与-1V，车辆休眠时CAN H与CAN L均无电压（≈0V）。并启点火开关，使用万用表电压挡负极表笔连车身搭铁，正极表笔触碰CAN总线的CAN H测得电压约2.7V，再将正表笔触碰CAN总线的CAN L测得电压约2.3V。在车辆休眠的情况下，使用万用表的电压挡，负表笔连接车身搭铁，使用正表笔无论触碰CAN总线的CAN H或者是CAN L均会测得约0V的电压，如图3-2-56所示。

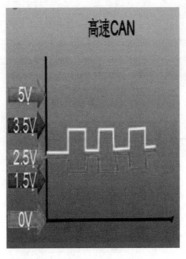

图3-2-56

将车辆的点火开关开启，低速CAN除外，如图3-2-57所示。

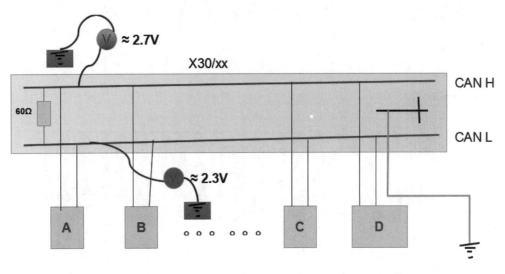

图3-2-57

二、LIN

LIN——Local interconnect network（本地局域网），LIN总线的传输速率，如图3-2-58所示。

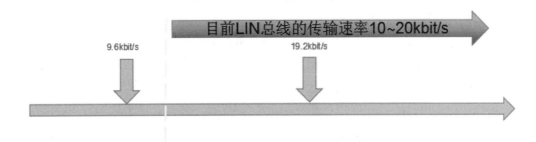

图3-2-58

LIN总线实现的是控制单元（主控单元）与执行器/传感器或者附属控制单元之间的信息传输。LIN总线的物理结构是单线串联的线性结构，如图3-2-59所示。

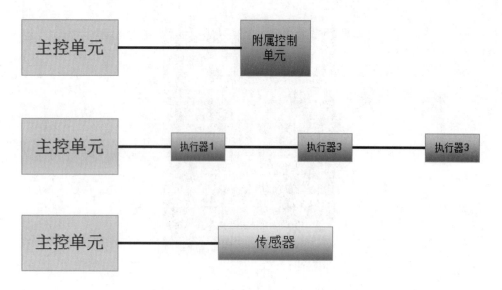

图3-2-59

LIN总线的传输波形为数字信号波形，LIN总线的载波电压为接近于蓄电池电压（≈12V），振幅为12V。LIN总线的波形图示，如图3-2-60所示。

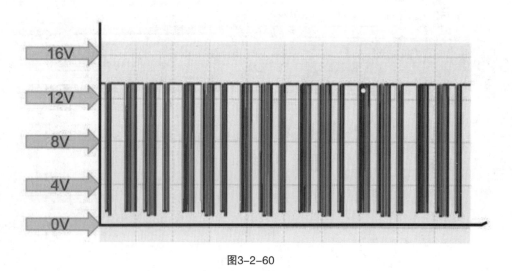

图3-2-60

1.LIN构架

（1）N106/6 LIN 1空调部分，安装位置如图3-2-61所示。

（2）N10/6 LIN 2空调部分。

N10/6安装位置左前A柱下方，如图3-2-62所示。N10/6 LIN 2空调部分如图3-2-63所示。

（3）N10/6 LIN 3空调部分。

N10/6 LIN3空调部分，如图3-2-64所示。

（4）N10/6 LIN 4空调部分。

N10/6 LIN 4空调部分，如图3-2-65所示。

（5）N10/6 LIN 5空调部分。

N10/6 LIN 5空调部分，如图3-2-66所示。

（6）N10/6 LIN 6空调部分。

N10/6 LIN 6空调部分，如图3-2-67所示。

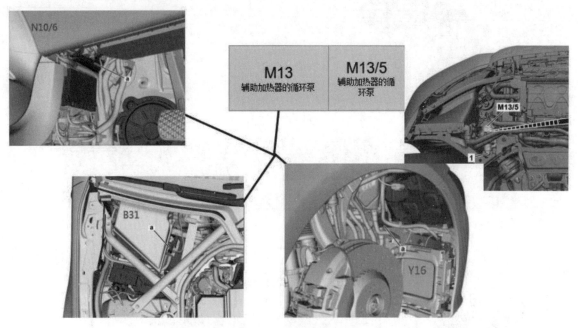

图3-2-61（图注省略）

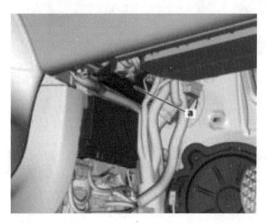

图3-2-62（图注省略）

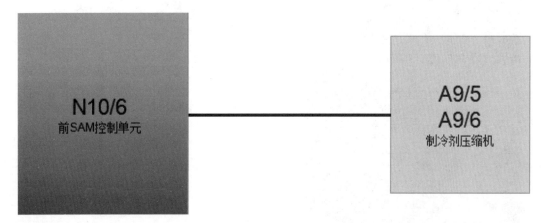

图3-2-63

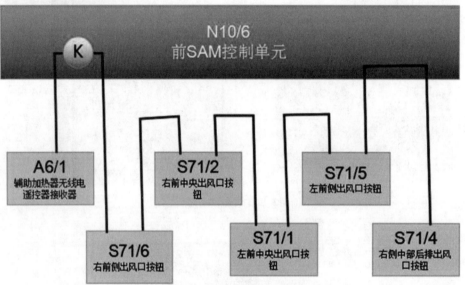

图3-2-64

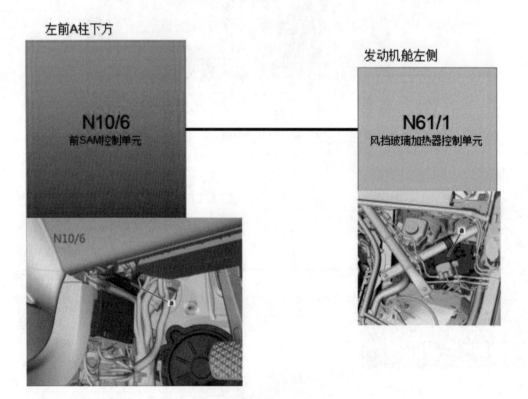

图3-2-65

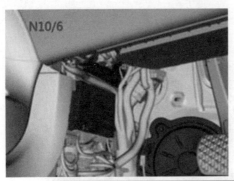

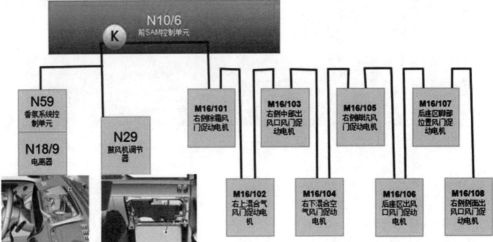

图3-2-66

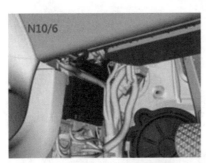

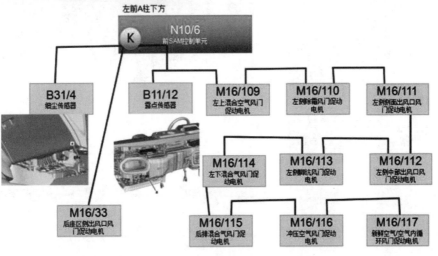

图3-2-67

（7）N10/6 LIN 7风挡清洁系统。

N10/6 LIN 7风挡清洁系统，如图3-2-68所示。

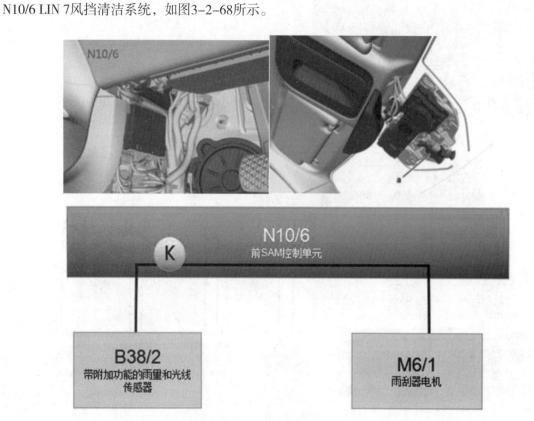

图3-2-68（图注省略）

（8）N10/6 LIN 8车顶照明灯。

N10/6 LIN 8车顶照明灯，如图3-2-69所示。

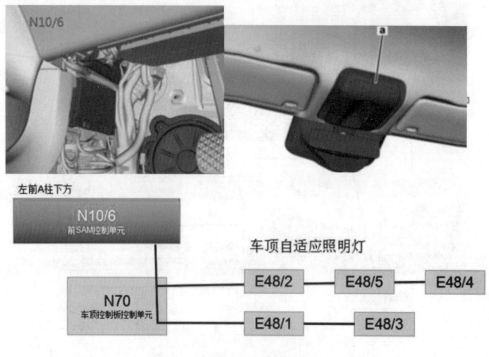

图3-2-69（图注省略）

（9）N10/6 LIN 9室内氛围灯。

N10/6 LIN 9室内氛围灯，如图3-2-70所示。

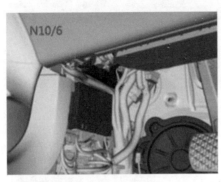

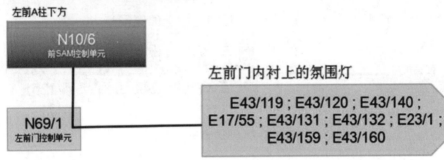

图3-2-70（图注省略）

（10）N10/6 LIN 10室内氛围灯。

N10/6 LIN 10室内氛围灯，如图3-2-71所示。

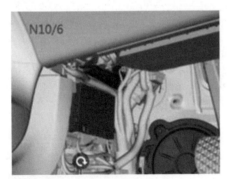

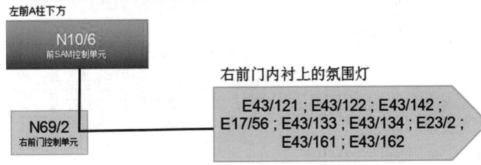

图3-2-71（图注省略）

（11）N10/6 LIN 11室内氛围灯。

N10/6 LIN 11室内氛围灯，如图3-2-72所示。

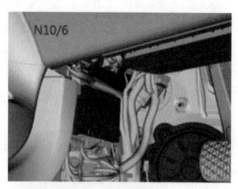

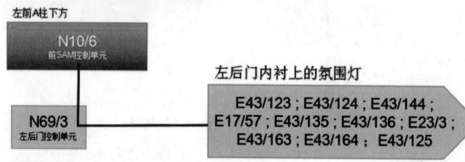

图3-2-72（图注省略）

（12）N10/6 LIN 12室内氛围灯。

右后门内衬上的N10/6 LIN 12室内氛围灯，如图3-2-73所示。

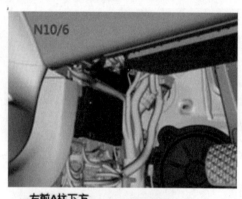

图3-2-73（图注省略）

（13）N10/6 LIN 13室内氛围灯。

左前A柱下方，布置在中央部分的N10/6 LIN 13室内氛围灯，如图3-2-74所示。

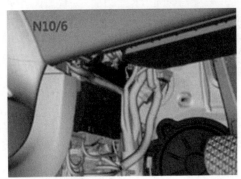

左前A柱下方

N10/6
前部SAM控制单元

布置在中央部分的氛围灯

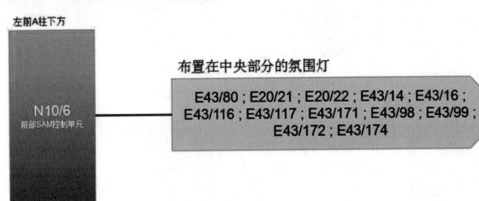

E43/80；E20/21；E20/22；E43/14；E43/16；
E43/116；E43/117；E43/171；E43/98；E43/99；
E43/172；E43/174

图3-2-74（图注省略）

（14）N10/6 LIN 14室内氛围灯。

左前A柱下方，布置在左右脚部空间以及前部仪表台的N10/6 LIN 14室内氛围灯，如图3-2-75所示。

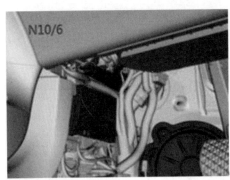

左前A柱下方

N10/6
前部SAM控制单元

布置在左右脚部空间以及前
部仪表台的氛围灯

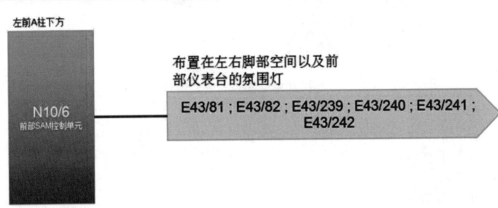

E43/81；E43/82；E43/239；E43/240；E43/241；
E43/242

图3-2-75（图注省略）

（15）N10/6 LIN 15室内氛围灯。

左前A柱下方，车顶中部N10/6 LIN 15室内氛围灯，如图3-2-76所示。

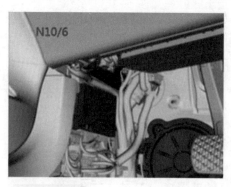

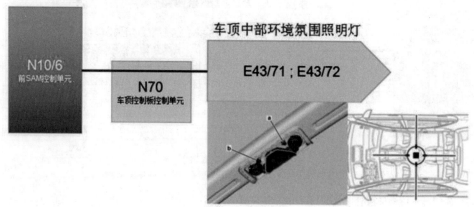

图3-2-76（图注省略）

（16）N10/6 LIN 16室内氛围灯。

左前A柱下方，后排座椅后部空间的N10/6 LIN 16室内氛围灯，如图3-2-77所示。

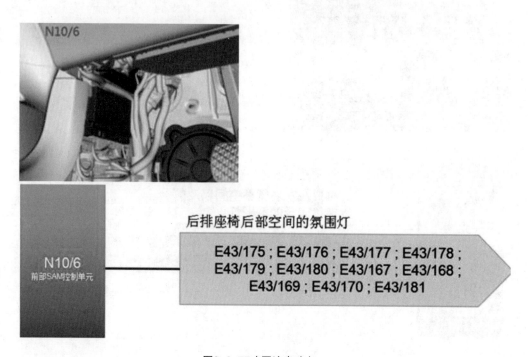

图3-2-77（图注省略）

（17）N10/6 LIN 17室内氛围灯。

左前A柱下方，布置在两前座椅靠背后部以及前部座椅下部的氛围照明单元，如图3-2-78所示。

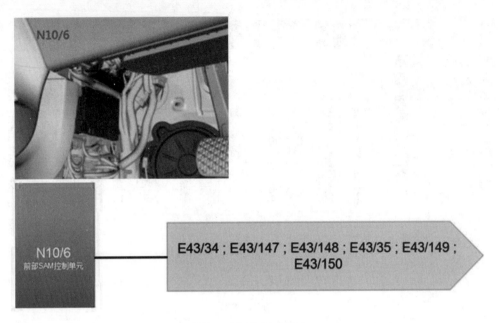

图3-2-78（图注省略）

2.LIN总线的诊断

波形检查法；

电阻检测法；

电压检测法。

LIN电路图如图3-2-79所示。

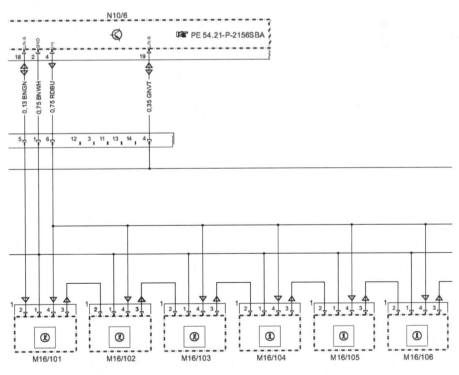

图3-2-79（图注省略）

181

（1）波形检测法。

①正常LIN波形，如图3-2-80所示。

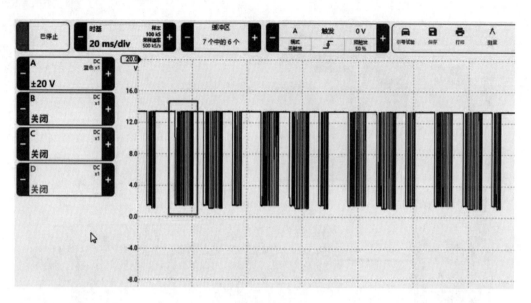

图3-2-80

②正常LIN波形，如图3-2-81所示。

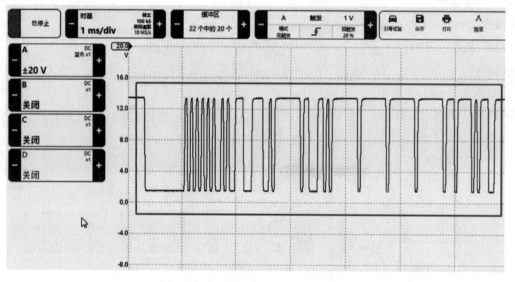

图3-2-81

③LIN总线从主控单元处断路（如图3-2-82所示），主控单元端的LIN波形，如图3-2-83所示。

④LIN总线从主控单元处断路（如图3-2-84所示），执行器端的LIN波形，如图3-2-85所示。

⑤LIN总线对负极短路（如图3-2-86所示）后的LIN波形，如图3-2-87所示。

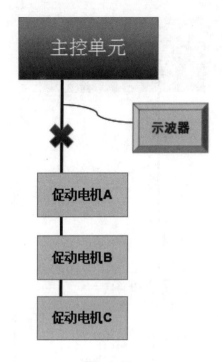

图3-2-82

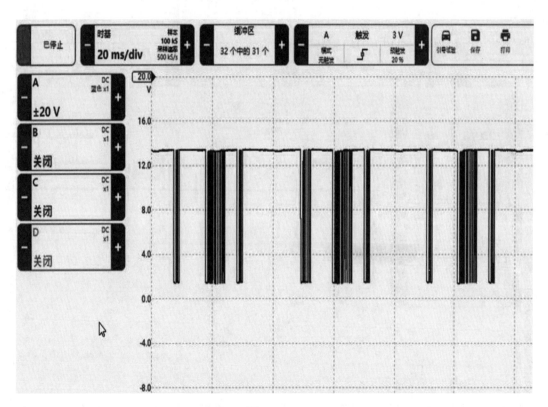

图3-2-83

183

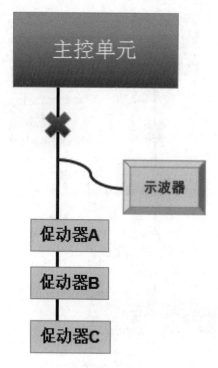

图3-2-84

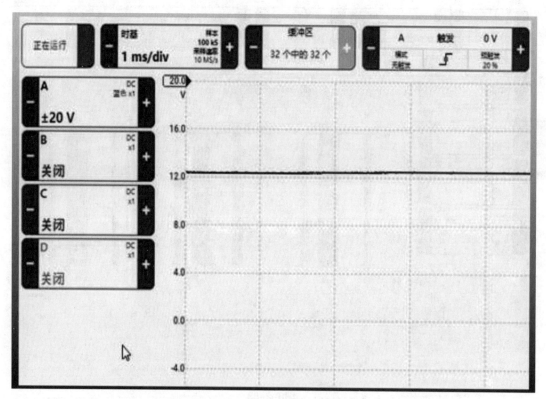

图3-2-85

184

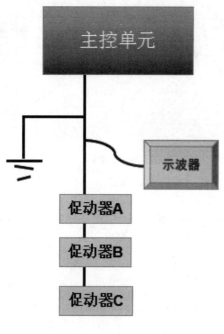

图3-2-86

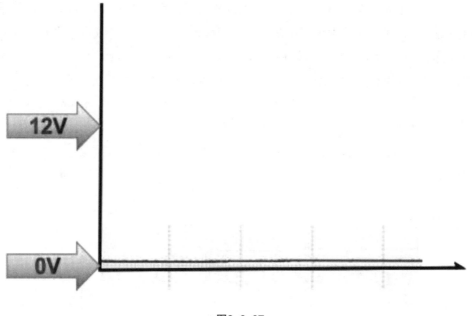

图3-2-87

（2）电阻检测法。

LIN总线上串联的步进促动电机是有一个约1Ω的阻值的，如W223空调风门促动电机中两个LIN端脚之间的阻值为1.6Ω，我们可以利用这一物理现象作为诊断手段，辅助测量，如图3-2-88所示。

（3）电压检测法。

根据LIN总线在波形上显现的特征，我们可以借助万用表做一个简单的预估检测。在正常情况下LIN总线的任意一点所测得的电压约10V，并且在LIN总线断路后的执行器端会测得12V的信号电压。注意LIN总线上的12V为信号电压，因此LIN总线禁止与12V线路短路，否则会损坏总线上的元件，如图3-2-89所示。

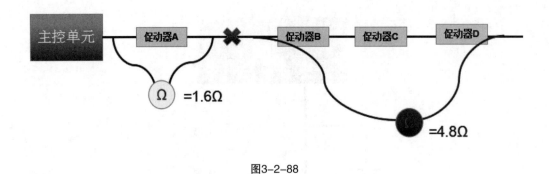

图3-2-88

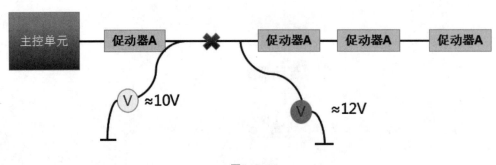

图3-2-89

对LIN总线排故后，更换或者互换LIN总线链路上的执行元件后需要对LIN总线系统进行重新编址。因为在LIN总线通信协议中，主控单元对链路中多个执行元件控制，其通信协议中包含有地址信息，这个特定地址，被特定的执行元件获得，从而执行相应的指令。地址在各个执行元件中存储。因此我们在更换或者互换LIN总线链路上的执行元件后需要对相应的LIN总线系统，在主控单元中做定址学习。

三、eMOST

eMOST——electric Media oriented system transport电子媒体导向信息传输系统，MOST/eMOST的传输速率，如图3-2-90所示。

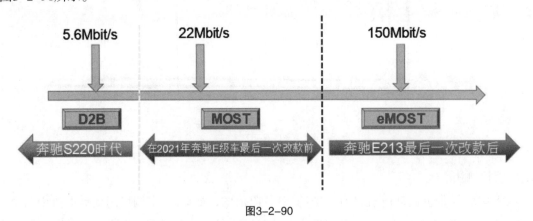

图3-2-90

1.MOST总线回顾

MOST：在2021年前的奔驰车辆上，我们车载娱乐系统一直应用的是这种总线传输，它采用光脉冲传播数据，并且是环形的物理结构，信息在环形总线上只能从一个方向传输，也是因为这样的特点，在链路上的任意一点出现断路，其整体MOST环形总线就失去了通信。在环形光纤上顺时针为传输信息的方向，逆时针是在发生故障后的报故方向，如图3-2-91所示。

186

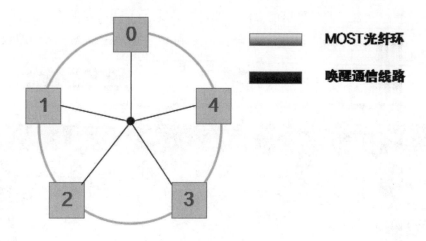

图3-2-91

2.eMOST

eMOST：它抛弃了原的物理结构，采用同轴电缆的方式连接两个控制单元，它在信息传输上不再是单向传输，是双向的，并且由原来的环形光纤通信改为使用同轴电缆线性连接的电信号传输，由于目前主机的高度集成化，减少了原有的MOST组建，传输速率也由原来的22Mbit/s，提高到150Mbit/s。

3.eMOST构架

CODE 810 高级音响系统，CODE 811 高端音响系统如图3-2-92所示。

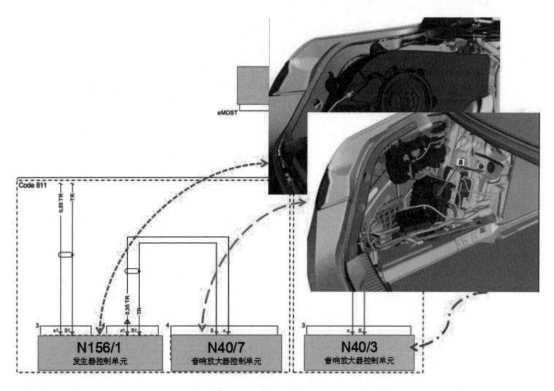

图3-2-92

四、FlexRay

FlexRay成立于2000年，组员成员有博世、宝马、戴姆勒、通用汽车等并且最早应用于宝马X5中。

FlexRay是一种快速，可确定性并兼具容错能力的总线传输系统。FlexRay通信速率传输为10Mbit/s，在双绞线上传输差动信号，两条数据线分别为BUS PLUS（BP）和 BUS MINUS（BM），如图3-2-93所示。

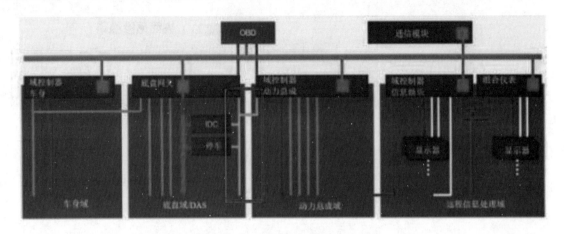

图3-2-93

1. FlexRay波形

FlexRay的波形传播速率为10Mbit/s，两条双绞线中所传输波形的载波电压为2.5V，低谷电压为1.5V，峰值电压为3.5V。FlexRay基于双绞线上形成的压差信号来传输信息，如图3-2-94所示。

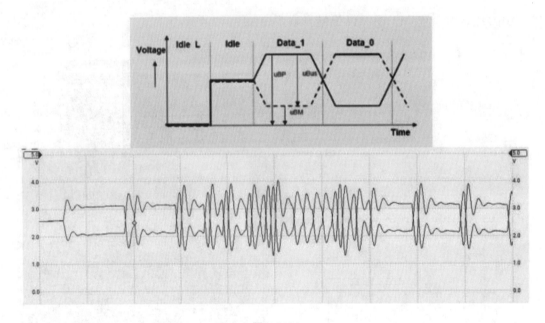

图3-2-94

2.FlexRay中控制单元的构成

如图3-2-95所示。

3. FlexRay构架中知识点

FlexRay中的控制单元根据位置的不同形成了通用节点、中间节点与终端节点。三类节点端脚都有固定的阻值，通用节点102Ω，中间节点24~26Ω，终端节点102Ω。每条支路的总电阻为50Ω，如图3-2-96~图3-2-98所示。

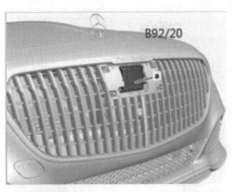

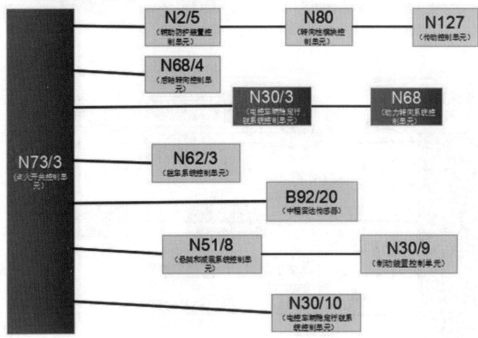

图3-2-95（图注省略）

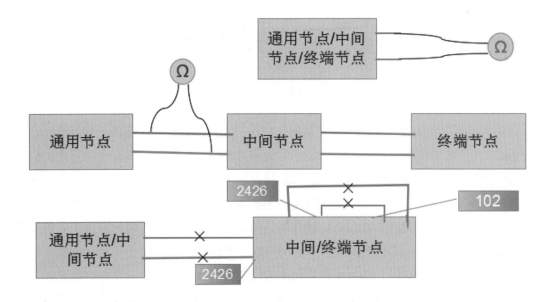

图3-2-96

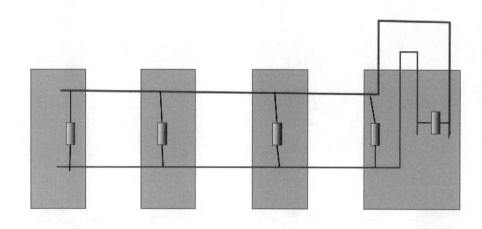

图3-2-97

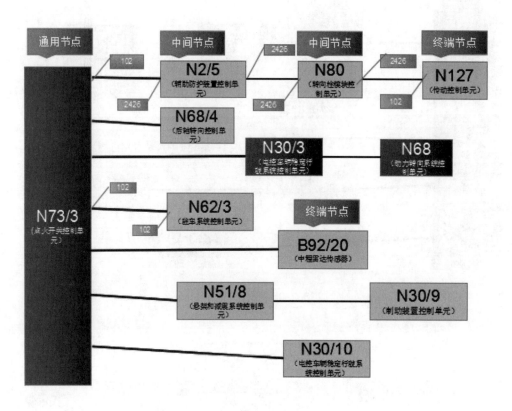

图3-2-98

　　FlexRay构架的控制单元中有三个特殊的控制单元，这三个控制单元称为冷启动控制单元，只有至少两个冷启动控制单元正常工作的前提下，FlexRay总线通信才能正常工作。奔驰车上的三个冷启动控制单元分别为点火开关控制单元（N73/3）、电控车辆稳定行驶系统控制单元（N30/3或N30/10）、助力转向系统控制单元（N68）。冷启动控制单元：被授权传输"唤醒信息"，从而实现同步时间的控制单元。之所以会用到同步时间（对表），是因为其信息传播并不是向CAN信息传输那样通过事件优先级进行顺序传输的（事件传输），而是通过一定的时间顺序有序的传输（时间传输），由于是时间传输，所以需要各部控制单元在工作前必须统一时间，又为了整体网络的安全性，故而设计了三个控制单元作为"起跑裁判"，这就是冷启动控制单元。FlexRay并不是单纯的时间传输系统，在一段时间内，如果传输的信息量很短，那么剩余的空闲时间，便可以通过事件的优先次序进行传输，因此严格地来说它属于时间传输与事件传输，如图3-2-99所示。

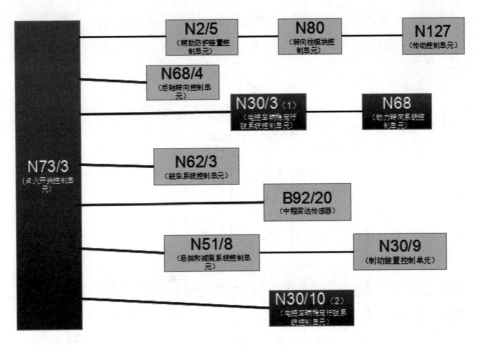

图3-2-99

不带车辆配置代码CODE 503（远程控制驻车），如图3-2-100所示。

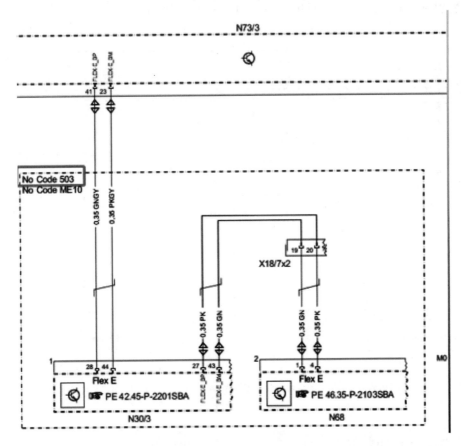

N30/3.电控车辆稳定行驶系统控制单元　N68.助力转向系统控制单元　N73/3.点火开关控制单元

图3-2-100（图注部分省略）

不带车辆配置代码CODE 503（远程控制驻车），如图3-2-101所示。

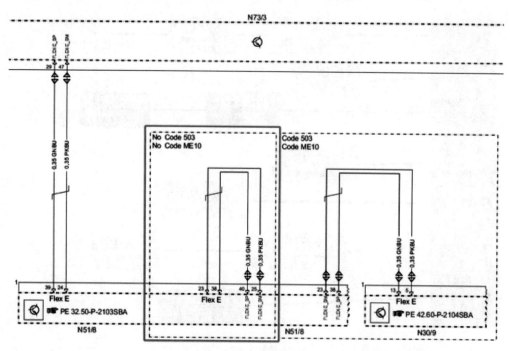

N73/3.点火开关控制单元　N51/8.悬架和减震系统控制单元　N30/9.制动装置控制单元

图3-2-101

带车辆配置代码CODE 503（远程控制驻车），如图3-2-102所示。

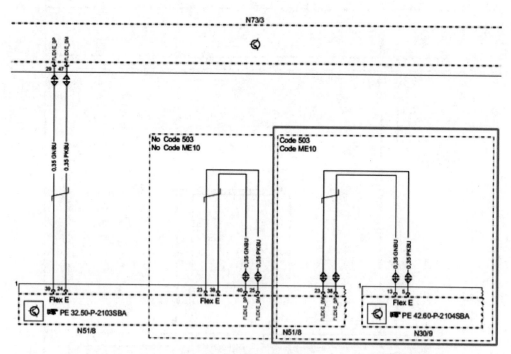

N73/3.点火开关控制单元　N51/8.悬架和减震系统控制单元　N30/9.制动装置控制单元

图3-2-102

带车辆配置代码CODE 503（远程控制驻车），如图3-2-103所示。

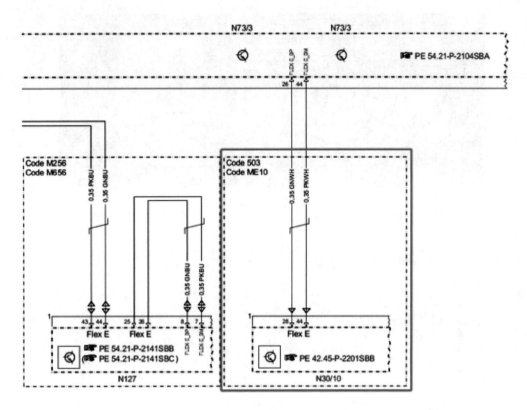

N73/3.点火开关控制单元　N127.传动控制单元　N30/10.电控车辆稳定行驶系统控制单元

图3-2-103

4.FlexRay系统的检测方法

阻值测量法；

波形观察法；

去除/替代法。

（1）阻值测量法。

并联电阻的总电阻（R）1/R=1/R1+1/R2，如图3-2-104所示。

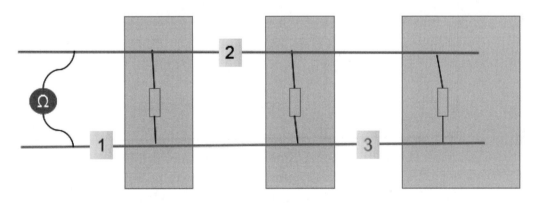

1.阻值无穷大（断路）　2.24~26Ω　3.12~13Ω

图3-2-104

（2）波形观察法，如图3-2-105和图3-2-106所示。

①BP/BM对正极短路，如图3-2-107所示。

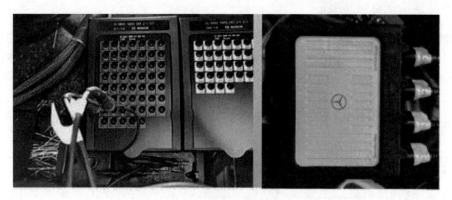

图3-2-105

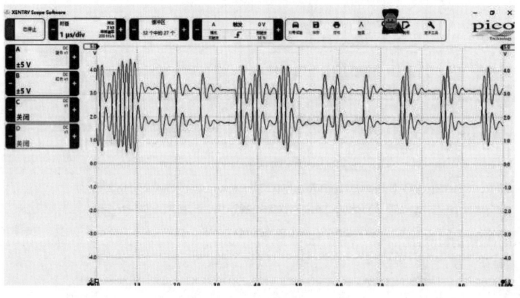

图3-2-106

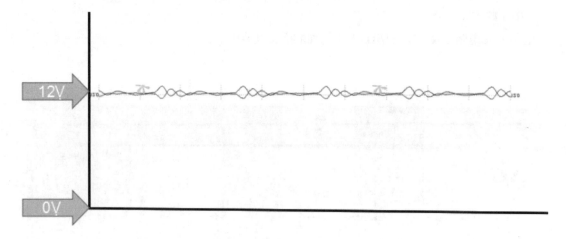

图3-2-107

②BP/BM对地（负极）短路，如图3-2-108所示。

③BP与BM互短并且对负极短路，如图3-2-109所示。

④BP与BM互短路，如图3-2-110所示。

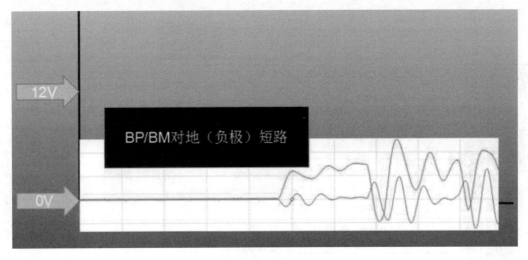

图3-2-108

图3-2-109

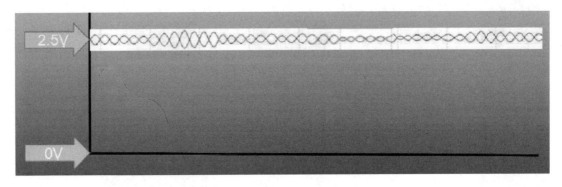

图3-2-110

（3）去除/替代法。

①第一种情况，去除，N80故障，如图3-2-111所示。

②第一种情况，去除并替代，N30/9故障，如图3-2-112所示。

③第三种情况，替代，用正常的同款车辆做替换测试，如图3-2-113所示。

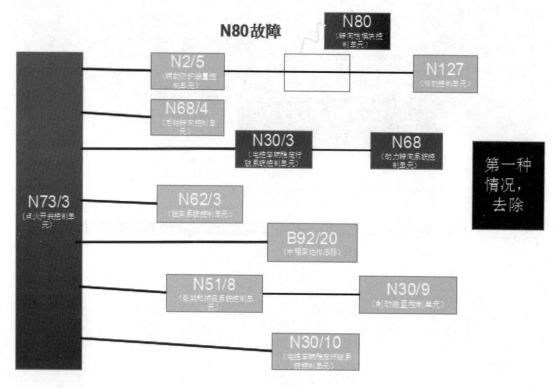

图3-2-111

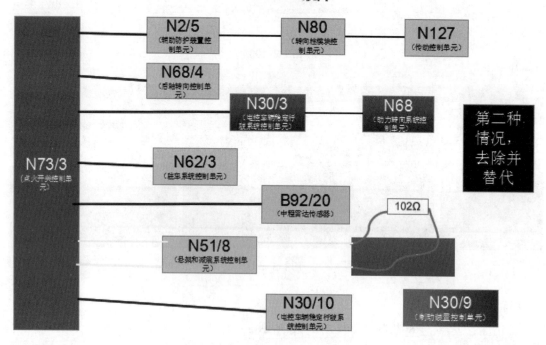

图3-2-112

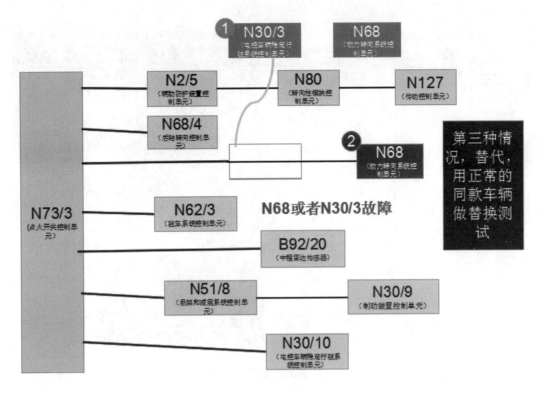

图3-2-113

五、以太网（Ethernet）

在W223系列中，我们采用的标准以太网100BASE-T1。100：传播速度100Mbit/s；BASE：采用基带传输（基带传输即数字传输，是指把要传输的数据转换成数字信号，使用固定的频率在信道上传输。）相对应的是模拟传输；T：表示传输介质为双绞线；T1：一对全双工数据传输的双绞线，如图3-2-114所示。

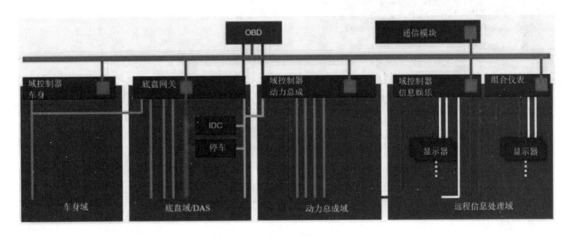

图3-2-114

1.点火控制单元位置图

如图3-2-115所示。

2.点火控制单元电路图

如图3-2-116所示。

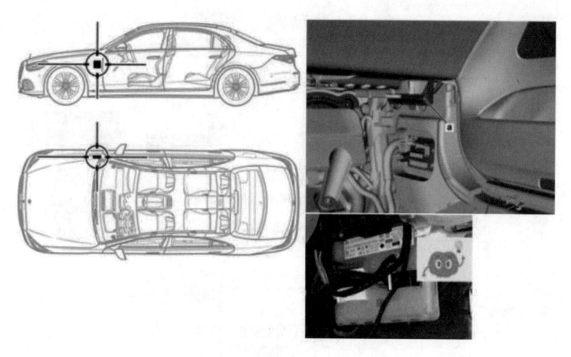

图3-2-115

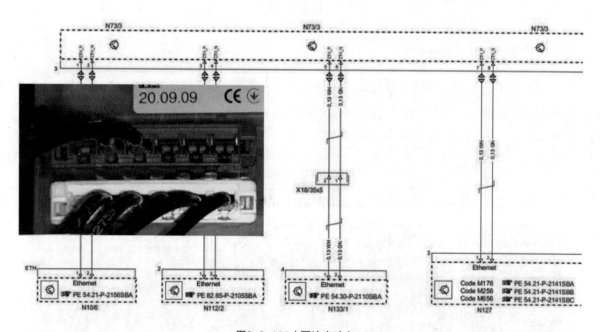

图3-2-116（图注省略）

3.以太网的构架图

如图3-2-117所示。

4.以太网的单线传输波形

差分信号波形介于1，0，-1之间，如图3-2-118所示。

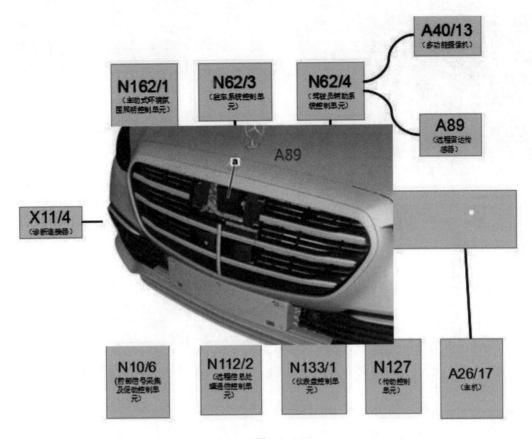

图3-2-117

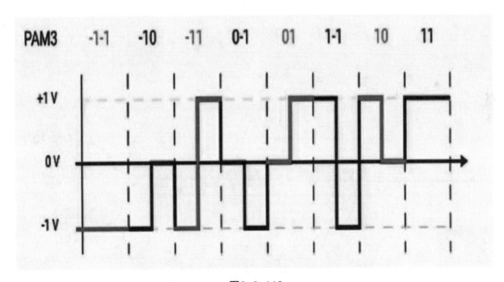

图3-2-118

5.以太网的检测

以太网的波形形态，如图3-2-119所示。

6.全双工通信

见图3-2-119，我们发现以太网的波形形式较CAN与LIN甚至是FlexRay，显得杂乱无章。原因在于奔驰车载以太网采用的是全双工通信，这种通信方式就是在一对双绞线上同时实现发送与接收信息，这样发送的信号与接收的信号相互叠加造成了这种特殊的现象。

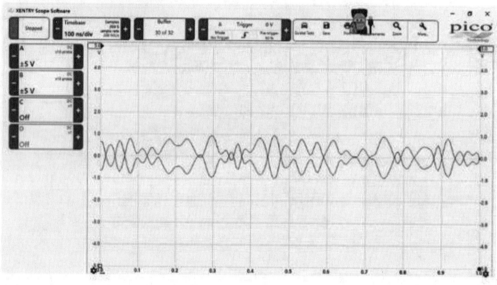

图3-2-119

7.半双工通信

半双工通信如图3-2-120所示。

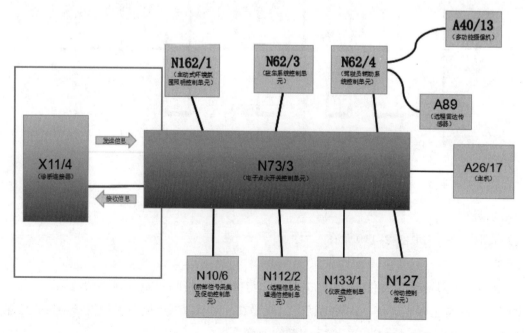

图3-2-120

8.以太网的阻值特点

以太网除了波形检测还可以进行怎样的测量呢？以太网构架中的每个控制单元端角之间的阻值为2000Ω，如图3-2-121所示。

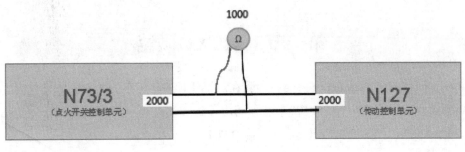

图3-2-121

第四章　奔驰电气系统

第一节　MBXU概览

MBUX：Mercedes-Benz User Experience。奔驰在2018年CES上发布的全新多媒体交互系统MBUX将搭载NTG6平台并率先应用于全新一代A级177车型，随后还将陆续应用在后续的新款车型包括全新一代GLE级167车型，B级247车型，GLB级247.6车型，GLA级247.7车型，CLA级118车型。

和大家一起初步探索一下MBUX华丽外表下面的一些技术细节，如图4-1-1所示。

图4-1-1

NTG6第6代多媒体与远程信息处理系统主要控制单元对比，如表4-1-1所示。

表4-1-1

	NTG6（177）	NTG5.5（213）
配置代码及称谓	544（Connect 5 USB） 545（Connect 5） 547（Connect 20 Entry）as of 09/2019 548（Connect 20 Mid） 549（Connect 20 High）	506（Audio 20） 531（COMAND online）
主机	供应商：Harman Becker（connect20） 主机软件数量：12（connect20） SW更新：OTA+Xentry 独立的视频处理芯片NVIDIA Parker128	供应商：三菱电子 主机软件数量：6/7 SW更新：Xentry 集成于CPU的视频处理芯片
中央显示屏	供应商：LG电子 操作方式：触屏+Tpad 尺寸：10.25″/7″	供应商：三菱电子 操作方式：Tpad+旋钮 尺寸：12.3″
仪表	仪表控制单元（N133/1）（connect20）与显示屏分离	仪表控制单元（A1）与显示屏一体

主机安装位置N166主机及仪表控制单元（Connect 5 code 544 545），主机和仪表控制单元集成于一体，如图4-1-2所示。

图4-1-2

主机插头连接——N166（Connect 5 code 544 545），如图4-1-3所示。

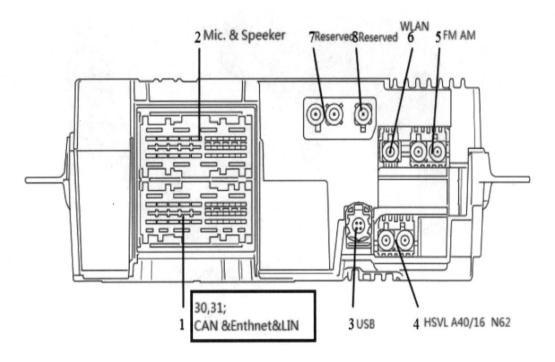

图4-1-3（图注省略）

（一）MBUX Connect 5（code 544 545）配置

1.基础配置

①2×7″显示屏，960×540解析度；

②通过智能手机语音控制；

③4通道音响；

④蓝牙音频；

⑤双电话模式；

2.支持的选装配置

①智能手机互联。

14U+：15U（MirrorLink）；

16U（Apple CP）；

17U（Google Auto Link）；

18U（Baidu Carlife）。

②倒车影像code 218。

③NFC无线充电code 897。

④5通道音响code 853。

⑤多功能座椅code 275 274。

⑥氛围灯code 877。

⑦Hermes互连code 362。

3.主机安装位置A26/17（Connect 20 code 547 548 549）

如图4-1-4所示。

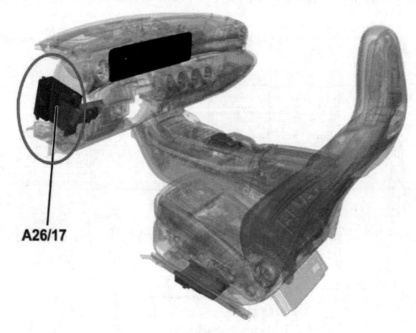

A26/17

图4-1-4

4.主机插头连接A26/17（Connect 20 code 547 548 549）

如图4-1-5所示。

（二）MBUX Connect 20 Mid（code 548）配置

1.基础配置

①7″仪表显示屏+7″中央触摸屏。

②硬盘式导航预安装。

③集成媒体接口。

④Hermes互连含基础服务。

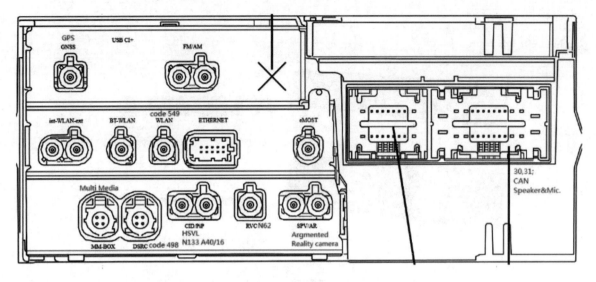

图4-1-5

⑤双电话模式。

⑥人机交互（个性化，预测）。

2.支持的选装配置

①硬盘导航（code 365），实时交通，Car-to-X。

②10.25″中央触屏code 859。

③10.25″仪表显示屏code 458。

④AR（Argument Reality增强现实）视频影像code U19。

⑤平视显示code 463。

⑥Burmester环绕音响code 810。

（三）MBUX Connect 20 High（code 549）配置

1.基础配置

①7″仪表显示屏。

②10.25″中央触屏。

③硬盘式导航预安装。

④集成媒体接口。

⑤Hermes互连含基础服务。

⑥双电话模式。

⑦人机交互（个性化，预测）。

2.支持的选装配置

①硬盘导航（code 365），实时交通，Car-to-X。

②10.25″仪表显示屏code 458。

③AR视频影像code U19。

④平视显示code 463。

⑤Burmester环绕音响code 810。

⑥交通标志辅助系统code 513。

3.显示屏（A40/16）

如图4-1-6所示。

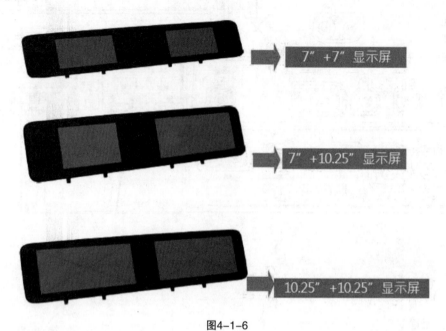

图4-1-6

4.中央显示屏插头连接（A40/16）

如图4-1-7所示。

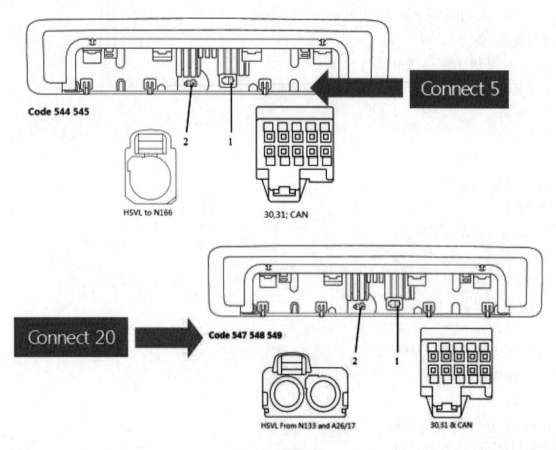

图4-1-7（图注省略）

206

5.仪表控制单元安装位置（N133/1）（code547、548、549）

如图4-1-8所示。

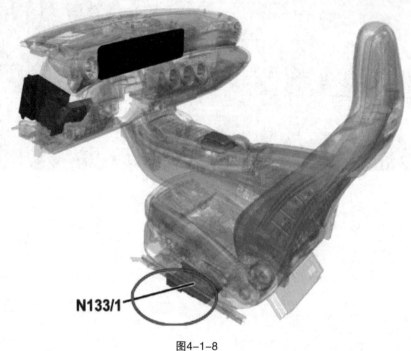

图4-1-8

6.仪表控制单元插头连接（N133/1）（code547、548、549）

如图4-1-9所示。

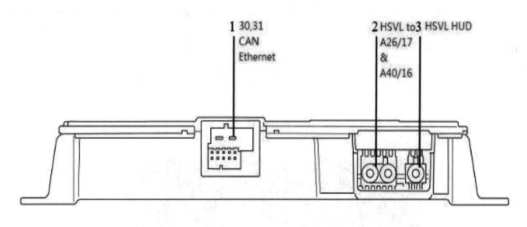

图4-1-9（图注省略）

7.Argument Reality Camera增强现实摄像头（B84/14）（codeU19）

AR摄像头可识别交通信号灯，街道名称并动态地显示在中央显示屏上，如图4-1-10和4-1-11所示。

MB与NVIDIA合作背景，如图4-1-12所示。

CES 2017上第一次展示了合作的成果，EQ概念车的人机交互系统，并宣称会在2018年就发布首款量产AI汽车。按计划，NV的AI汽车基于ARM架构的处理器+Volta GPU，功耗30W，可实现人机交互、深度学习、自动驾驶等功能，如图4-1-13所示。

图4-1-10

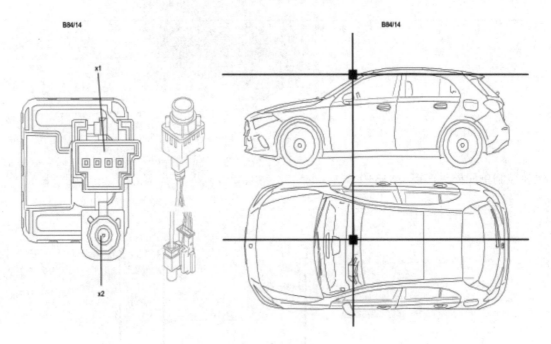

图4-1-11

图4-1-12

图4-1-13

第二节　Mercedes me互联

一、智能手机互联系统（14U）

借助Apple® CarPlay®车载和百度Carlife®，智能手机互联系统可将手机与媒体系统顺畅连接，让您便捷访问智能手机上重要的应用程序。您还可以快速轻松地使用QQ音乐等第三方应用程序。

①支持百度Carlife®和Apple CarPlay™车载。

②显示所选的第三方应用程序。

③可访问最新的软件和数据，例如导航、路况、联系人、短信、电话、媒体和IP广播。

④优化的用户界面设计有助于轻松驾驶。

⑤可通过语音控制智能手机。

二、Apple CarPlay（16U）

1.主要卖点

借助Apple®CarPlay®车载，智能手机互联系统可将手机与媒体系统顺畅连接，让您便捷访问智能手机上重要的应用程序。您还可以快速轻松地使用Spotify等第三方应用程序。

2.组件

①支持Apple CarPlay™车载。

②显示选定的第三方应用程序。

③可访问最新的软件和数据，例如导航、路况、联系人、短信、电话、媒体和IP广播。

④优化的用户界面设计有助于轻松驾驶。

⑤可通过语音控制智能手机的功能。

三、Baidu CarLife（18U）

借助百度Carlife®，智能手机互联系统可将手机与媒体系统顺畅连接，让您便捷访问智能手机上重要的应用程序。您还可以快速轻松地使用Spotify等第三方应用程序。

①支持百度Carlife®。

②显示选定的第三方应用程序。

③可访问最新的软件和数据，例如导航、路况、联系人、短信、电话、媒体和IP广播。

④优化的用户界面设计有助于轻松驾驶。

⑤可通过语音控制智能手机的功能。

四、810-Burmester® 环绕立体声音响系统

更能触动心弦的听觉体验，由Burmester传奇音质为您呈现。高性能扬声器营造出类拔萃的立体声音响效果，前排和后排乘客还可以分别优化微调，进一步提升听觉体验。此外，精致的Burmester字样也为车内空间再添一抹品质之感。

1.组件

①13个高性能扬声器。

②前后车门中各配备1个高音扬声器。

③前后车门中各配备1个中音扬声器。

④仪表板中设有1个中音扬声器，为车辆中置扬声器。

⑤D柱饰件中设有2个中音扬声器，与环绕立体声扬声器和谐搭配驾驶员和前排乘客脚部位置各有1个Frontbass扬声器。

⑥9声道数字信号处理器（DSP）放大器，总功率590W（7×50W和2×120W）。

⑦带重低音扬声器的Frontbass扬声器系统，集成于白车身车辆噪声补偿（VNC）。

2.音响预设

①环绕立体声功能营造出虚拟环绕立体声效果对前排和后排座椅进行声音优化。

②支持多声道格式，打造真正的环绕立体声效果。

五、72B-USB接口

对智能手机或平板电脑进行快速充电——共有7个USB接口，可供您在途中轻松为移动设备充电。此外，您可以通过这些接口将设备与车辆相连，从而轻松进行操控。

①储物盘中设有1个具有数据功能的USB接口，第二排座椅中设有2个USB充电接口（5V）。

②第三排座椅中设有4个USB充电接口（5V），所有USB接口均为C型接口。

六、897前排用于移动设备的无线充电功能

驾驶时间变充电时间，仅需一步简单的操作，即可将您的智能手机固定在中央控制台中进行无线充电。无论您的手机是什么型号和品牌，只要它符合Qi标准，就能畅享无线充电的便利。

①可对支持或升级后能够支持Qi标准的移动电话进行充电。

②可通过近距离无线通信技术（NFC）在多媒体系统和移动电话之间快速建立连接，以进行移动设备识别。

③移动电话充电区域，位于前排中央控制台的储物盘内。

④仅搭配：USB接口（72B）。

七、447后排中央触控屏

①后排触摸屏可用于调节"座椅""媒体""空调"以及"车辆"等设置。

②仅搭配：后排尊享套装（P11）。

八、898后排移动电话无线充电功能

①便捷地进行移动电话充电，无须使用数据线，在后排也可方便使用：座椅之间的储物箱也可用作感应充电区域。所有采用Qi标准的移动电话均受支持。

②仅搭配：USB接口（72B），后排尊享套装（P11）。

③不搭配：用于移动设备的无线充电功能（897），可加热前排座椅（873）。

九、365硬盘导航

借助快速硬盘导航，可通过触控键或语音方式灵活输入，显著节省时间。在连接状态下，系统能够对兴趣点进行3D显示，让人眼前一亮。这一智能系统可使用本地数据以及最新的在线数据，可靠地带您抵达目的地。

①梅赛德斯—奔驰的标志性导航体验，所有地图数据均存储在硬盘中。

②快速硬盘导航。

③通过触控功能或语音控制输入目的地。

④包括途经点的路径计算。

⑤多种路径选择（环保、拖车、最快、距离最短、自动等选择）以及回避方案（高速公路、轮渡、隧道、收费道路、未加固道路、汽车载运、列车以及需要显示收费站标志的道路）。

⑥3D图像显示即时挪车和车道建议。

⑦简单便捷的2D/3D模式切换。

⑧指南针。

⑨路径记录功能（前提：USB设备必须连接至多媒体系统）。

十、26U远程发动机启动

①使用Mercedes me应用即可启动发动机。车内温度可按需升高或降低，直至达到上次设定的温度。

③车辆将运行10min后自动关闭，或运行至用户手动关闭。

④车辆启动后，仅需在Mercedes me应用中单击"取消"按钮，即可取消远程启动请求。

⑤基于安全原因，客户只可连续使用两次远程发动机启动功能。如果客户进行第三次尝试，将会收到一条消息，提示客户使用钥匙进行启动。

⑥如果远程发动机启动请求失败，则会出现一条消息，显示可能的原因。

第三节　智能手机数字钥匙系统功能简介

一、智能手机数字钥匙应用

新E级车213（自2016年6月起，代码896），装备了数字钥匙功能。通过智能手机数字钥匙可以替代车钥匙，实现车辆进入和启动的功能。

应用概述：

①通过驾驶员侧车门把手解锁和锁止车辆。

②通过启动按钮启动车辆。

③智能手机和车辆物理钥匙都可以独立使用。

二、智能手机数字钥匙功能条件

对装备智能手机数字钥匙系统的车辆，数字钥匙功能主要通过NFC（Near Field Communication），即近距离无线通信技术来实现。

功能条件：

①用户手机具有NFC功能。

②智能手机数字钥匙车辆锁定和解锁授权功能已通过服务中心激活。

③智能手机中的安全加密芯片上已传输进入和启动授权数据。

三、NFC技术简介

NFC（Near Field Communication）技术是一种短距高频的无线电数据传输技术。它工作在13.56MHz的频率范围内，在短距离（约几厘米）可以达到最大为424kbit/s的传输速度。NFC提供各种设备间轻松、安全、迅速而自动的通信。目的是使两设备之间在近距离情况下实现短时间内的各种数据交换，如电话号码、照片、MP3文件或数字授权等。如在奔驰车型213（代码896）车辆中，就是通过该技术实现智能手机数字钥匙操作中控系统和车辆启动。

四、数字密匙的订购与激活

要实现智能手机数字钥匙功能，用户必须通过网站进行订购和激活。

1.订购

用户须登陆奔驰网站www.mercedes-benz.com中Mercedes me用户账户，检查是否已开通数字钥匙功能，并确认移动终端是否符合Mercedes-benz数字钥匙功能要求。如果符合，把智能手机与用户账号绑定，同时进行智能手机兼容性检查。这样，就可以开始订购数字钥匙。

2.激活

通过Mercedes me客户账号进行激活。在首次使用时，为了能够启动汽车，车辆物理钥匙必须放在汽车钥匙舱内。激活后，手机虚拟密钥的数据通过无线形式一次性传输到手机上。

五、数字钥匙功能相关部件

W213数字钥匙功能相关部件，如图4-3-1所示。

六、数字钥匙功能网络图

W213数字钥匙功能网络图，如图4-3-2所示。

七、数字钥匙系统描述

1.访问授权

驾驶员通过智能手机数字钥匙可以对车辆进行锁止和解锁。数字钥匙的NFC天线在驾驶员侧车门把手

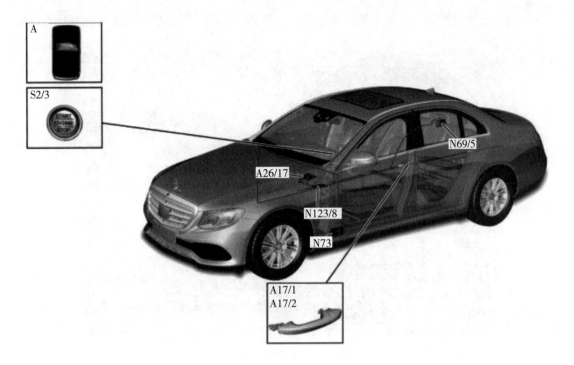

A.智能手机　N73.电子点火开关　A17/1.驾驶侧门把手　N123/8.移动电话托座控制单元　A26/17.主机　S2/3.无钥匙启动按钮　N69/5.无钥匙启动控制单元

图4-3-1

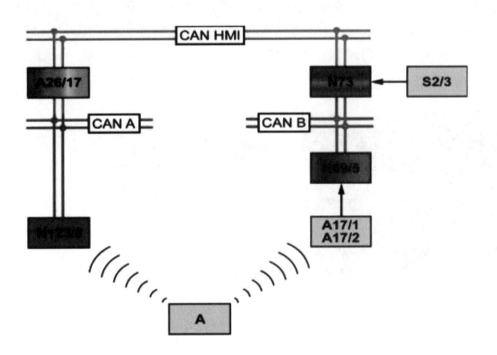

A.智能手机　S2/3.无钥匙启动按钮　A17/1.驾驶侧门把手　A17/2.乘客侧门把手　A26/17.主机　N69/5.无钥匙启动控制单元　N73.电子点火开关　N123/8.移动电话托座控制单元　CAN A.Telematics CAN CAN B.Interior CAN　HMI CAN.User interface CAN

图4-3-2

前端。因此，为了操作中控锁，智能手机必须紧靠在驾驶员侧门把手的前端，如图4-3-3所示。

1.驾驶员侧前车门把手NFC面板

图4-3-3

2.驾驶授权

如果需要启动车辆，手机必须在放置在移动电话托座制单元上。移动电话托座控制单元（N123/8）位于仪表台的上控制面板（N72/1）下方。它包含一个无线数据交换NFC界面和一个电容式通信NFC天线。托座控制单元主要接收来自手机的驾驶授权钥匙码，并通过CAN-A发送到主机控制单元（A26/17），如图4-3-4所示。

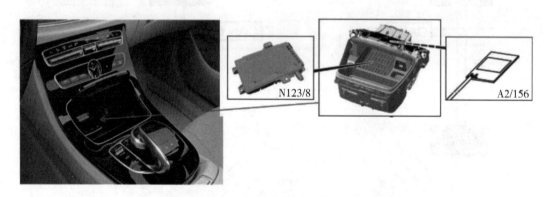

A2/156.NFC天线　N123/8.移动电话托座控制单元

图4-3-4

3.手机充电

为了使智能手机能够进行无线充电，移动电话托座控制单元中还安装了一个电磁感应线圈。这样就可以对智能手机电池进行感应充电。智能手机须支持Qi无线充电标准。

八、数字钥匙系统功能NFC测试卡

数字钥匙系统检查可以通过NFC测试卡W003 589 07 22 00进行：

①使用NFC测试卡紧靠智能手机的NFC天线，智能手机会自动切换到www.mercedes-benz.com。

③使用NFC测试卡紧靠车门把手，仪表显示钥匙不能识别。

④使用NFC测试卡放在移动电话托座上并按下启动按钮，仪表显示钥匙不能识别，如图4-3-5和4-3-6所示。

图4-3-5

图4-3-6

九、XENTRY Diagnostics

如果车辆智能手机数字钥匙启用成功，可以通过XENTRY Diagnostics识别到钥匙第5轨道已被占用。对数字钥匙轨道的禁用或重新启用，可以参考XENTRY Diagnostics关于DAS 4 车钥匙的操作方法，如图4-3-7所示。

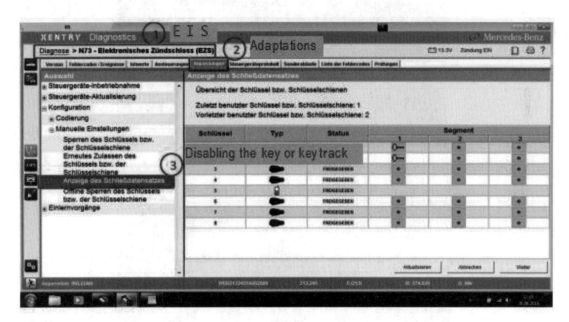
图4-3-7

十、数字车辆钥匙卡片

对于无NFC功能的手机或NFC安全标准无法达到奔驰要求的手机，取而代之的方案是使用数字车辆钥匙卡片，可通过Mercedes me网站订购，如图4-3-8所示。

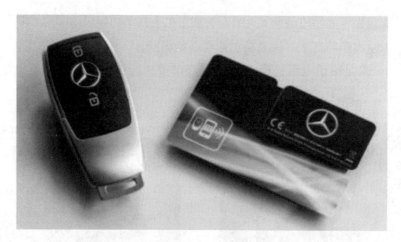

图4-3-8

十一、iphone——数字车辆钥匙卡片

因数字车辆钥匙卡片内部集成NFC控制器芯片，可单独使用，不再需要手机，如图4-3-9和图4-3-10所示。

图4-3-9

图4-3-10

第四节　无线充电及NFC蓝牙快速连接

一、手机无线充电

将支持Qi标准的手机放在中央控制台前部的便捷储物盘的充电表面上，手机将自动开始充电，如图4-4-1所示。

图4-4-1

充电开始后将在多媒体系统的显示屏上显示充电的符号，如图4-4-2所示。

图4-4-2

移动电话托座控制单元，如图4-4-3所示。

二、NFC蓝牙快速连接

NFC蓝牙快速连接操作步骤：

仅需使用支持NFC技术的手机轻触"NFC"徽标，系统即可通过近距离无线通信技术（NFC）在主机和移动电话之间快速建立连接。之后，即可通过蓝牙®免提系统拨打电话。iPhone手机目前不能通过NFC与车辆进行蓝牙快速连接，因为苹果公司未对外开放NFC功能。

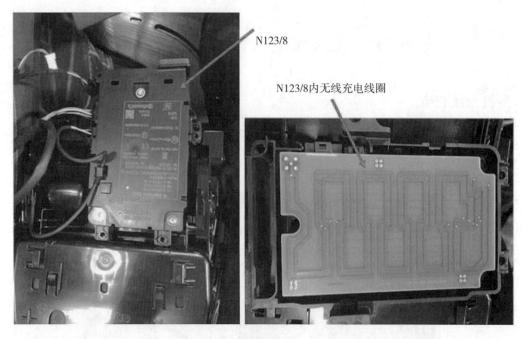

N123/8

N123/8内无线充电线圈

图4-4-3

第一步：开启手机的蓝牙和NFC功能，如图4-4-4所示。

第二步：将手机靠近前排储物箱铰接盖中"NFC"徽标处，如图4-4-5所示。

第三步：在手机上确定蓝牙配对请求，NFC蓝牙快速连接已完成，如图4-4-6所示。

图4-4-4

图4-4-5

图4-4-6

三、NFC近场通信技术

NFC技术基于智能卡片和无线连接技术的结合。其工作频率范围为13.56MHz，可提供的最大数据传输速率为424kbit/s，工作范围仅为几厘米。NFC的目的是能够在短时间内在配对的两个设备之间实现各种数据交换，例如电话号码、图片、MP3文件或数字授权，而无须进行专门的注册。方法是将两个设备靠得很近，而且在两个设备相互进行数据交换时不会出现任何错误。

四、NFC蓝牙快速连接系统组件

N123/8移动电话托座控制单元安装位置：中央控制台前部的便捷储物盘背后。其作用：作为NFC近场通信的控制单元安装有感应回路，用于给支持Qi标准的手机无线充电，如图4-4-7~图4-4-9所示。

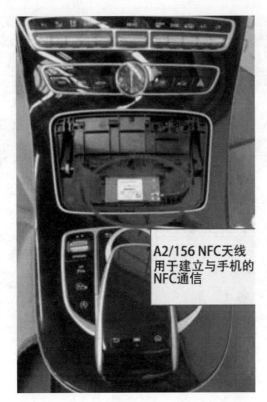

图4-4-7

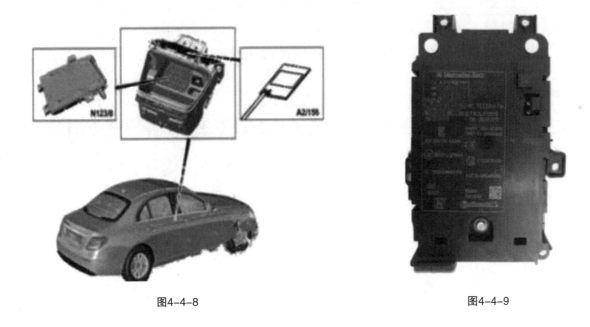

图4-4-8   图4-4-9

实车N123/8移动电话托座控制单元线束布置及作用，如图4-4-10所示。

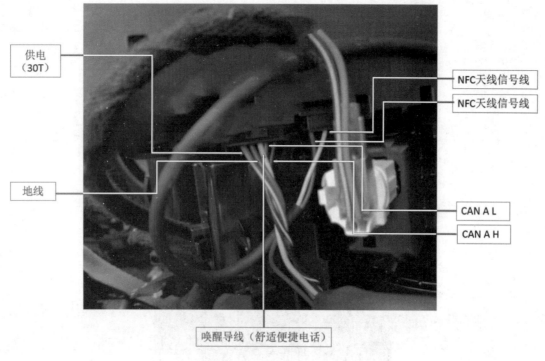

图4-4-10

五、检测与维修工作

1.前排无线充电功能的Xentry选项

（1）可通过N123/8移动电话托座控制单元操纵选项进行激活无线充电功能，如图4-4-11所示。

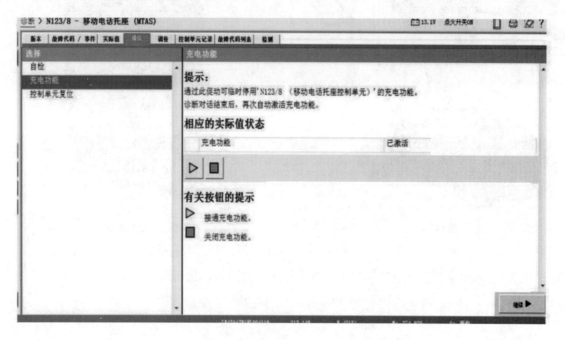

图4-4-11

（2）N123/8移动电话托座控制单元无线充电功能的实际值，如图4-4-12所示。

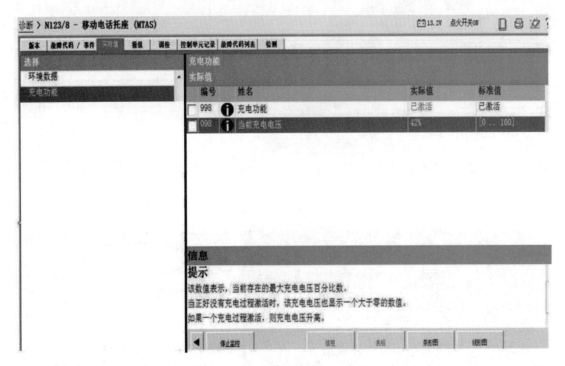

图4-4-12

2.Xentry Diagnostics中有关NFC连接问题维修指引

Xentry引导测试给出的NFC连接时可能出现的故障以及维修提示，如图4-4-13所示。

当遇到NFC连接遇到问题的时候，需要使用专用工具NFC测试卡。具体功能如4-4-14和图4-4-15所示。

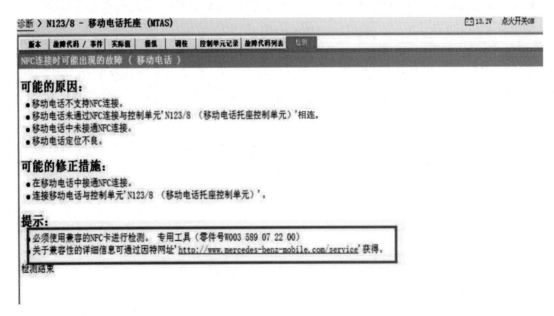

图4-4-13

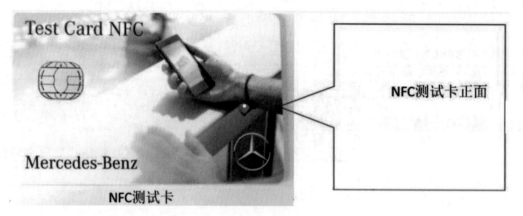

图4-4-14

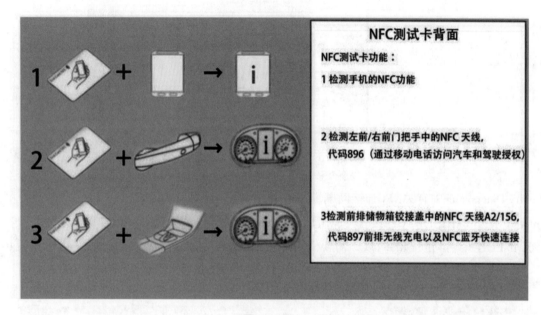

图4-4-15

NFC测试卡的具体使用方法（针对代码897前排无线充电以及NFC蓝牙快速连接）。

①使用NFC测试卡检测车辆的NFC功能将测试卡放在前排储物箱铰接盖中"NFC"徽标处，如果系统正常，多媒体显示屏会显示打开一个预设的网址，如图4-4-16和图4-4-17所示。

②使用NFC测试卡检测手机的NFC功能开启手机的NFC功能，将测试卡放在该款手机NFC芯片卡的位置，如果手机NFC功能正常，手机会自动连接到预设的网址。

222

图4-4-16

如果系统正常多媒体显示屏
会显示打开一个预设的网址

图4-4-17

第五章　奔驰A级（W177）车系

第一节　新技术剖析

一、导言

A级车型W177是具有5门掀背和5个座椅的紧凑型跑车；其前身是A级车型W176。其是新梅赛德斯–奔驰前轮驱动平台的第一款车型，2018年5月投入市场。

A级车型W177产品概念的焦点是：

①具有高实用价值的现代信息娱乐系统。

②安全和驾驶员辅助系统。

③改善的用户友好性。

④更好的全方位视野。

⑤进入的明显改善和行李箱的实用价值。

⑥更好的进入后座区。

⑦后座区肩部空间和活动空间的车内宽度扩大。

⑧具有较大水杯储物选项的车门饰板。

⑨前排座椅乘客的头部空间增大。

二、整车

1. 外饰（如图5-1-1所示）

基于以下内容，全新A级车的外饰设计呈现动感，活力之美且极富情感：

图5-1-1

①醒目的散热器格栅和低重心的发动机罩，展现前卫的前端设计。

②清晰的架构和车表面突显高科技，唤醒情感。

③清晰的侧方视野，平静视觉设计，还原本质。

④车门外侧板上的车外后视镜赋予车辆更动感的外观。

⑤变窄的两片式尾灯。

2. 内饰（如图5-1-2所示）

A级车的内饰设计结合了动感与史无前例的宽敞感，同时还通过高品质材质的选择以及工艺加以辅助。

内饰设计的主要特征：

①高品质工艺。

②设计前卫的仪表板。

③独立的宽屏幕驾驶室。

④带集成式功能照明的涡轮状出风口。

⑤采用现代无边框设计的车内后视镜。

⑥新座椅设计。

⑦黑色高光表面的中央控制台。

图 5-1-2

三、车型一览

投入市场的车型概述，如表5-1-1所示。

表5-1-1

车型	车辆	发动机	输出功率（kW）	扭矩（N·m）	双离合器变速器	手动变速器
A180d	177.003	608.915	85	260	700.422	—
A200	177.087	282.914	120	250	700.423	711.636
A250	177.046	260.920	165	350	724.033	—

四、保养策略

1. 保养类别

根据新保养逻辑，全新A级车要进行保养。保养范围，特别是A类保养和B类保养，根据相关过程和车辆相关标准进行重新编译。因此，将明显减少年度保养成本波动。但是，仍保留了规定的保养间隔25000km或12个月［欧洲经济委员会（ECE）］以及具体国家可能不同的里程间隔。此外，保养A和保养B继续按顺序应用且客户可自由选择"附加服务"。成本效益和可规划性：乘用车梅赛德斯-奔驰服务协议利用车辆相关服务合同，客户可用定制方式保护自己并从不同产品类型中选择最适合他/她的产品。可购买的延长保修作为初级产品，面向趋向安全的对价格敏感的客户。从长远角度看来以及制造商保修到期后，可使客户免于承受不可预计的修理成本。在保养合同中，成本透明和计划性至关重要，在协议时间内承担所有的保养成本。

车辆规定的附加保养作业的间隔如下：

①更换制动液，每2年。

②更换空气滤清器滤芯，每75000km或3年。

③更换火花塞（M260，M282），每75000km或3年。

④更换柴油燃料滤清器（OM608），每75000km或3年。

⑤更换自动变速器油（变速器700.4），每75000km或3年。

⑥更换自动变速器油和变速器油滤清器（变速器724），每125000km。

⑦更换汽油燃料滤清器（M260，M282），每200000km或10年。

⑧更换冷却液，每200000km或10年。

⑨更换齿形皮带（OM608），每200000km或10年。

2. 保持附加保养间隔

全套保养合同作为高级产品，除了上述的保养和修理作业，还包括所有与磨损相关的作业。有了全方位的保护，客户可以坚信其梅赛德斯-奔驰车辆在很长时间内都会保持良好的状态。梅赛德斯-奔驰保养合同的有效性和产品名称按照国家规定的方式确定。如果保养待定，会通过短信通知客户。如果系统中保存了梅赛德斯服务合作伙伴，车主会收到一份定制的服务报价，保养管理将所有计算服务报价的相关数据发送给服务合作伙伴。

五、技术数据

由于较大的轴距，新A级与前辈车型存在差异，车内的空间感和舒适性得到了明显改善。为了更大的行李箱体积，行李箱尺寸明显增大，如表5-1-2所示。车辆长度和较大的轴距拉长了车辆，展现了更强的运动感并改善了后座区进车。

表5-1-2

特性	数值（取决于车型和配置）	单位
车辆长度	4419	mm
车外后视镜展开时的车辆宽度	1992	mm
车辆高度（驾驶就绪状态）	1440至1445	mm

特性	数值（取决于车型和配置）	单位
轴距	2729	mm
前轴轮距	1567	mm
后轴轮距	1547至1567	mm
空车重量	1355至1455	kg
最大负载	490至515	kg
转向循环（墙到墙）	11.0	L
牵引系数 Cw	0.27	—
油箱容积	43	L
最大车顶载荷	75	kg

六、驱动机构

1. 已安装的发动机类型

新A级将在投入市场时提供三款发动机。根据不同的市场，火花点火型发动机装配废气再处理的汽油微粒滤清器，柴油发动机装配有废气再处理 AdBlue® 系统，如表5-1-3所示。

表5-1-3

发动机	名称	排量	输出功率
4缸柴油发动机	OM608	1.5L	85kW
4缸火花点火型发动机	M282	1.4L	80kW、100kW、120kW
4缸火花点火型发动机	M260	2.0L	140kW、165kW

2. 变速器

新A级将在投入市场时根据发动机提供三款变速器类型。

（1）6速手动变速器"FSG310"（变速器711.6）。

6速手动变速器已进一步发展，从而在新A级中的使用更为必要，其与1.4L火花点火型发动机M282配套提供6速手动变速器的基本特性包括：

①3轴正齿轮系统。

②驱动轴和两个带固定式/浮式轴承的输出轴。

③齿轮副的多种用途。

④四个重量优化的铸铝换挡拨叉。

⑤外壳和齿轮组材料减少。

⑥所有齿轮的齿轮识别。

⑦设计扭矩最高为350N·m。

⑧变速器油量减少。

⑨变速器重量减少。

⑩阻力损失降低。

（2）7速双离合器变速器"7F-DCT"（变速器724）。

7速双离合器变速器进一步发展，以便在新A级中使用，其2.0L火花点火型发动机M260在新A级中配套提供。

7速双离合器变速器的基本特性包括：

①紧凑式变速器外壳。

②"湿式"启动离合器。

③由拉线驻车的驻车止动爪。

④完全集成式控制单元。

⑤通过油泵电动支持的电动液压控制单元。

⑥启动-停止适用。

⑦4MATIC全轮驱动系统适用。

7速双离合器变速器已适应新A级的安装范围。双离合器已明显提高了相关牵引和换挡性能。

（3）7速双离合器变速器"7DCT-300"（变速器700.4）。

对于在新A级中的使用，7速双离合器变速器已适应了梅赛德斯-奔驰要求。其与1.4L火花点火型发动机M282和1.5L柴油发动机OM608配套提供。

7速双离合器变速器的基本特性包括：

①发动机阻力矩优化的齿轮组，带输出轴的固定-松动轴承。

②嵌套湿式双离合器。

③浸入润滑。

④通过两个换挡鼓的机电挡位接合。

⑤通过泵促动器的电液离合器促动。

⑥软件控制的离合器操作（有利于不同的换挡行为）。

⑦冷却离合器的电动油泵。

⑧集成式变速器冷却器。

⑨由拉线驻车的驻车止动爪。

⑩启动-停止适用。

⑪较低的干重约67kg。

七、底盘

1. 前轴

新A级具有麦弗逊式前悬架，由于以下特性，该前轴设计尤其适合在装配驱动前轮的紧凑型车辆中使用：

①非悬架部分质量低。

②支撑基座大。

③行驶稳定性高。

④空间要求低。

在新A级的前轴模块中，在不同情况下，车轮轴承单元被拧到铸造铝制转向节上，如图5-1-3所示。车轮控制系统控制车轮中心下方的每个横向控制臂，一个悬架减震柱和一个转向横拉杆，横向控制臂是新A级中的铝锻件。因此，重量减少且非悬架部分质量保持低水平。从驾驶动态角度来看，由于相应的设计和人造橡胶轴承的布局使进一步发展的前轴提供了高车辆响应、高乘坐舒适性和高驾驶安全性。确定车轴几何形状期间，尽可能降低加速期间的转向拉力尤为重要。由于A级的前端总成和新发动机，沿行驶方向观看时，齿轮齿条式转向机构已移动到车轮中心的后方。

图 5-1-3

2. 后轴

根据发动机，车辆装备和相关车辆重量，将一个四连杆后悬架或一个扭力梁后悬架安装到新A级中。

3. 四连杆后悬架

如果是四连杆后悬架，则每个后轴具有三个横向控制臂和一个纵臂，用于接收产生的力和扭矩，如图5-1-4所示。因此，可通过指定的方式调节车辆的纵向动力和横向动力，并且其几乎彼此独立，因此可获取最大行驶稳定性和乘坐舒适性。车轮支架和弹簧连杆是铝制的，用于调节响应性和乘坐舒适性方面的行驶特性。悬架部件使用的铝比例是该车辆类别已知悬架系统最高的一项。较低的非悬架部分质量可以特别精确地感知道路表面，从而获得高乘坐舒适性。为减少声音上的和可感知的振动，新A级装配有后轴托架，后者通过人造橡胶轴承与车身外壳进行脱离。

图 5-1-4

4.扭力梁后悬架

耦合的U形部分应形成所需尺寸，以使其在单侧压缩和反弹时扭转并用作稳定杆，如图5-1-5所示。由于焊接装配和人造橡胶轴承的相应设计，可获得无故障的自动转向行为以及良好的舒适特性。将扭力梁后悬架连同其两个轴承一起安装到车身上，并在该连接中使用与四连杆后悬架纵臂连接至车身外壳的相同连接点。

图 5-1-5

5.悬架和减震

新A级的悬架包括前轴上的麦弗逊式弹簧柱和双管减震器以及位于后轴上的单管减震器和独立弹簧，稳定杆还安装在前轴和四连杆后悬架上。以下悬架型号可用：

带钢制弹簧的舒适性悬架（标准装备）；

带钢制弹簧和下部件的舒适性悬架［装配敏捷操控（AGILITY CONTROL）悬架/代码677］；

带钢制弹簧和更高离地间隙的悬架（市场特定，装配更高离地间隙的悬架/代码482）；

带主动式减震控制的悬架（装配带减震控制的钢制悬架/代码459）。

（1）带钢制弹簧的舒适性悬架（标准装备）。

传统减震系统是标准悬架的一部分。选择双管减震器的设置，以使前轴处的牵引力/压缩力相互成比例，从而减少动态车轮载荷，从而使车辆动态和行驶安全都进一步改善。需要足够大的弹簧行程，带有相应支撑长度的摩擦优化减震器和横向力补偿，从而实现更舒适的悬架特性。

（2）带钢制弹簧和下部件的舒适性悬架［装配敏捷操控（AGILITY CONTROL）悬架/代码677］。

较硬的前轴和后轴弹簧以及前轴和后轴处已调节的减震器是带下部件的舒适性悬架的一部分，与标准悬架相比，前轴和后轴处的车辆水平高度约降低15mm。

（3）带钢制弹簧和更高离地间隙的悬架（市场特定，装配更高离地间隙的悬架/代码482）。

前轴处带可调节管长度的减震器和带更高扭转长度的扭杆是更高离地间隙悬架的一部分。加长型弹簧和已调节的减震器安装在后轴处，与标准悬架相比，前轴和后轴处的车辆水平高度升高约15mm。

（4）带主动式减震控制的悬架（装配带减震控制的钢制悬架/代码459）。

主动式减震控制可作为新A级的一个选择。结合动态操控选择（DYNAMIC SELECT）选择的驾驶模式，可在舒适型或运动型减震器行为之间进行选择。根据所选择的模式，使减震器适应于道路状况和驾驶员的驾驶风格。驾驶员不再受限于单一的减震器设计，还能享受舒适型和运动型之间的最佳组合。为减少车身的俯仰和滚动运动并优化车轮载荷和轮胎附着力，加速，制动或转向操作过程中，进一步将减震调硬。通过主动式减震控制，创建突显车辆动态的要求，而无须妥协于行驶安全性或乘坐舒适性。

（5）动态操控选择（DYNAMIC SELECT）。

动态操控选择（DYNAMIC SELECT）及其驾驶模式是一个组件，集成了多个系统和功能［转向系统，传动系统和可选悬架，电控车辆稳定行驶系统（ESP®）］。为驾驶员提供专用驾驶风格。驾驶员可以选择特定的舒适型驾驶模式，运动型驾驶模式或确保最佳燃油消耗的驾驶模式。根据已安装的装备，驾驶员可在不同预设驾驶模式和可在很大程度上驾驶员可自己设置的驾驶模式之间进行选择。

（6）变速器模式。

①自定义。根据车辆装备可在"自定义"驾驶模式下更改设置，例如转向系统、驱动系统、电控车辆稳定行驶系统（ESP®）和悬架。

②运动增强型。"运动增强型"驾驶模式具有一个非常运动风格的设置，配备有强大的驱动系统和坚固的悬架调校装置。

③运动型。"运动型"驾驶模式支持高舒适性的运动型驾驶风格。

④舒适型。"舒适型"驾驶模式是良好平衡性的驾驶模式，配备有相应悬架调校装置和燃油消耗量传动系统优化调校装置。重启点火开关时，"舒适型"驾驶模式自动设置。

⑤经济型。在"经济型"驾驶模式下，优化车辆以实现最低燃油消耗量。

6. 转向机构

在新A级中使用齿轮齿条式转向机，其位于车轮中心的后面。电动机产生标准速度辅助转向力，将辅助转向力通过减速传动装置传送至齿轮齿条式转向机。电动机和控制单元的集成允许紧凑型设计。

7. 制动系统

在新A级中，所谓的X配置中的液压双回路制动系统与标准制动功能自适应制动（ADAPTIVE BRAKE）配套使用，该制动系统在梅赛德斯–奔驰车辆中提供以下标准高品质内容：

①制动距离。

②响应时间。

③滑行强度。

④制动内衬的使用寿命。

⑤制动时的方向稳定性。

因此，应考虑车辆特定情况，例如车轴载荷分配、重量和性能。

8. 电动驻车制动器

电动驻车制动器是标准装备的部件并作用于后轮。制动部件通过自锁机械作用以断电状态保持在制动位置，装配手动变速器车辆中的自动驻车制动是A级中的新功能。车辆静止的情况下，点火开关关闭或驾驶员侧车门打开，则自动施加电动驻车制动。如果未施加驻车制动且驾驶员侧车门打开，则仪表盘上显示红色警告信息"车辆溜车风险–未施加驻车制动"（Risk of vehicle rolling–Parking brake not applied）。利用车内照明灯开关旁边，仪表板中驻车制动器的控制元件操作电动驻车制动器。

9. 轮胎压力监测器

轮胎温度监测功能是A级中的新功能。如果出现由于过载导致的轮胎温度明显升高，则仪表盘中出现警告信息"轮胎过热"。在信息中显示轮胎温度并以颜色突出显示相关轮胎，如果驾驶员不顾上述警告继续以相同高速行驶，则出现警告信息"轮胎过热，降低车速"。用于所有轮胎压力损失警告，在仪表盘中点亮的黄色警告灯是辅助新特性。在仪表盘的显示屏中，以颜色突出显示相关轮胎并显示当前轮胎压力。

八、网络连接

1. 联网

如图5-1-6所示。

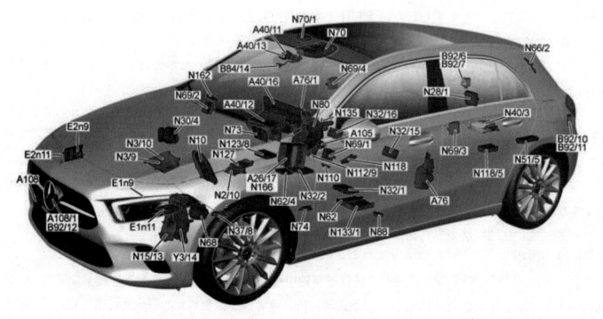

图 5-1-6

传动系统控制器区域网络（CAN）（CAN C1），如表5-1-4所示。

表5-1-4

	控制单元	附加信息
A26/17	主机	装配连接20MID/代码548（NTG6） 或装配连接20HIGH/代码549（NTG6）
N3/9	共轨喷射系统柴油机（CDI）控制单元	装配柴油发动机
N3/10	电控多端顺序燃料喷射/点火系统（ME-SFI）（ME）控制单元	装配汽油发动机
N15/13	双离合器变速器控制单元	装配变速器700.4，发动机282，608
N40/3	音响系统放大器控制单元	装配音响系统/代码810
N118	燃油泵控制单元	—
N127	传动系统控制单元	—
Y3/14	双离合器变速器完全集成式变速器控制系统电动液压控制单元	装配变速器724

传动系统传感器控制器区域网络（CAN）[控制器区域网络总线I级（CAN I）]，如表5-1-5所示。

表5-1-5

	控制单元	附加信息
N3/9	共轨喷射系统柴油机（CDI）控制单元	装配柴油发动机
N37/8	选择性催化还原（SCR）催化转换器下游的氮氧化物（NOx）传感器控制单元	装配柴油发动机
N74	炭烟颗粒传感器控制单元	装配柴油发动机
N118/5	AdBlue®雾状尿素水溶液控制单元	装配柴油发动机

用户界面控制器区域网络（CAN HMI），如表5-1-6所示。

表5-1-6

	控制单元	附加信息
A26/17	主机	装配连接20MID/代码548（NTG6）或装配连接20HIGH/代码549（NTG6）
A40/12	平视显示屏	装配平视显示系统/代码463
A76	左前可逆式安全带紧急拉紧器	装配预防性安全系统（PRE-SAF®）/代码299
A76/1	右前可逆式安全带紧急拉紧器	装配预防性安全系统（PRE-SAF®）/代码299
B84/14	增强现实摄像头	装配增强现实/代码U19
N2/10	辅助防护系统控制单元	—
N66/2	后视摄像头控制单元	装配后视摄像头/代码218，带驻车定位系统（PARKTRONIC）的主动式驻车辅助/代码235除外
N73	电子点火开关控制单元	—
N88	轮胎压力监测器控制单元	装配轮胎压力监测器/代码475
N133/1	仪表盘控制单元	装配连接20MID/代码548（NTG6）或装配连接20HIGH/代码549（NTG6）
N166	主机/仪表盘控制单元	装配连接5/代码545（NTG6）

诊断控制器区域网络（CAN D），如表5-1-7所示。

表5-1-7

	控制单元	附加信息
N73	电子点火开关控制单元	—
N112/9	HERMES控制单元	装配HERMES LTE/代码362

动态行驶控制器区域网络（CAN H），如表5-1-8所示。

表5-1-8

	控制单元	附加信息
N2/10	辅助防护系统控制单元	—
N30/4	电控车辆稳定行驶系统（ESP）控制单元	—

车内控制器区域网络（CAN B），如表5-1-9所示。

表5-1-9

	控制单元	附加信息
N10	SAM控制单元（中央控制单元）	–
N28/1	挂车识别控制单元	装配挂车挂钩/代码550
N32/1	驾驶员座椅控制单元	装配带记忆功能的电动调节式驾驶员座椅/代码275
N32/2	前排乘客座椅控制单元	装配左侧电动可调前排座椅的记忆开关/代码241或装配带记忆功能的电动调节式前排乘客座椅/代码242
N32/15	驾驶员多仿形座椅控制单元	装配前排左侧/右侧多仿形座椅/代码409
N32/16	前排乘客侧多仿形座椅控制单元	装配前排左侧/右侧多仿形座椅/代码409
N69/1	驾驶员车门控制单元	–
N69/2	前排乘客侧车门控制单元	–
N70	车顶控制面板控制单元	装配内部监控/代码882
N70/1	全景式滑动天窗控制单元	装配全景式滑动天窗/代码413
N73	电子点火开关控制单元	–
N162	环境照明灯控制单元	装配环境照明灯/代码877

方向盘控制器区域网络（CAN）（CAN LR），如表5-1-10所示。

表5-1-10

	控制单元	附加信息
N80	转向柱模块控制单元	–
N135	方向盘电子设备	–

发动机控制器区域网络（CAN）［控制器区域网络总线C级（CAN C）］，如表5-1-11所示。

表5-1-11

	控制单元	附加信息
N3/9	共轨喷射系统柴油机（CDI）控制单元	装配柴油发动机
N3/10	电控多端顺序燃料喷射/点火系统（ME SFI）（ME）控制单元	装配汽油发动机
N127	传动系统控制单元	–

外围设备控制器区域网络（CAN PER），如表5-1-12所示。

表5-1-12

	控制单元	附加信息
A40/11	平面探测多功能摄像头	装配主动式路线保持辅助系统/代码243 交通标志辅助系统/代码513 自适应远光灯辅助系统/代码608 或自适应远光灯辅助系统增强版/代码628 代码51B（Euro NCAP）除外 未装配驾驶辅助组件/代码23P
B92/6	外部右后集成式雷达传感器	装配盲点辅助系统/代码234
B92/11	外部左后集成式雷达传感器	装配盲点辅助系统/代码234

	控制单元	附加信息
E1n9	左侧大灯控制单元	装配左舵驾驶车辆静态LED大灯/代码631 或右舵驾驶车辆静态LED 大灯/代码632 或右舵驾驶车辆动态LED大灯，SAE版/代码640 或左舵驾驶动态LED 大灯/代码641 或右舵驾驶动态LED大灯/代码642
E1n11	左前LED矩阵灯组控制单元	装配右舵驾驶车辆动态LED大灯，SAE版/代码640 或左舵驾驶动态LED大灯/代码641 或右舵驾驶动态LED大灯/代码642
E2n9	右侧大灯控制单元	装配左舵驾驶车辆静态 LED大灯/代码631 或右舵驾驶车辆静态LED大灯/代码632 或右舵驾驶车辆动态LED大灯，SAE 版/代码640 或左舵驾驶动态LED大灯/代码641 或右舵驾驶动态LED大灯/代码642
E2n11	右前LED矩阵灯组控制单元	装配右舵驾驶车辆动态LED大灯，SAE版/代码640 或左舵驾驶动态LED大灯/代码641 或右舵驾驶动态LED大灯/代码642
N73	电子点火开关控制单元	–
N127	传动系统控制单元	–

后部雷达控制器区域网络（CAN）（CAN S2），如表5-1-13所示。

表5-1-13

	控制单元	附加信息
B92/7	外部右后雷达传感器	装配驾驶辅助组件/代码23P
B92/10	外部左后雷达传感器	装配驾驶辅助组件/代码23P
N62/4	梅赛德斯-奔驰智能行驶控制单元	装配驾驶辅助组件/代码23P

车载智能信息系统控制器区域网络（CAN A），如表5-1-14所示。

表5-1-14

	控制单元	附加信息
A26/17	主机	装配连接20MID/代码548（NTG6） 或装配连接20HIGH/代码549（NTG6）
A40/16	主机/仪表盘显示屏组	–
A105	触摸板	仅装配触摸板/代码446
N123/8	移动电话托座控制单元	装配无线移动电话充电/代码897 或多功能电话/代码899
N166	主机/仪表盘控制单元	装配连接5/代码545（NTG6）

底盘FlexRay（Flex E），如表5-1-15所示。

表5-1-15

	控制单元	附加信息
A40/11	平面探测多功能摄像头	代码51B（Euro NCAP）
A40/13	立体探测多功能摄像头	装配驾驶辅助组件/代码23P

	控制单元	附加信息
A108	主动式制动辅助系统控制单元	装配主动式制动辅助系统/代码258
A108/1	限距控制系统（DISTRONIC）接近控制辅助控制单元	装配DISTRONIC主动式车距辅助系统/代码239
B92/12	近距离和远距离雷达传感器	装配驾驶辅助组件/代码23P
N30/4	电控车辆稳定行驶系统（ESP）控制单元	—
N51/5	自适应减震系统（ADS）控制单元	装配带可调减震功能的钢制悬挂/代码459
N62	驻车系统控制单元	装配带驻车定位系统（PARKTRONIC）的主动式驻车辅助系统/代码235
N62/4	梅赛德斯-奔驰智能行驶控制单元	装配驾驶辅助组件/代码23P
N68	电动动力转向机构控制单元	—
N73	电子点火开关控制单元	—
N80	转向柱模块控制单元	—
N127	传动系统控制单元	—

多媒体传输系统（MOST），如表5-1-16所示。

表5-1-16

	控制单元	附加信息
A26/17	主机	装配连接20MID/代码548（NTG6）或装配连接20HIGH/代码549（NTG6）
N40/3	音响系统放大器控制单元	装配音响系统/代码810

座椅承载识别局域互联网（LIN E2），如表5-1-17所示。

表5-1-17

	控制单元	附加信息
N2/10	辅助防护系统控制单元	—
N110	重量传感系统控制单元	装配前排乘客前置气囊自动关闭功能/代码U10
N112/9	HERMES控制单元	装配HERMES LTE/代码362或装配俄罗斯版HERMES UMTS通信模块/代码364
N166	主机/仪表盘控制单元	装配连接5/代码545（NTG6）

左后车门局域互联网（LIN B9），如表5-1-18所示。

表5-1-18

	控制单元	附加信息
N69/1	驾驶员车门控制单元	—
N69/3	左后车门控制单元	—

右后车门局域互联网（LIN B10），如表5-1-19所示。

表5-1-19

	控制单元	附加信息
N69/2	前排乘客侧车门控制单元	–
N69/4	右后车门控制单元	–

与前辈车型系列相比，新款中装配了FlexRay™总线系统，其数据传输速率显著提高。组网结构的基本特征如下：

通过不同的子网络进行控制器区域网络（CAN）通信；

底盘FlexRay™总线系统；

多媒体定向系统传输（MOST）总线；

以太网；

多个子集系统设计为单线总线系统（LIN）。

（1）子网络通过网关进行连接。

①电子点火开关控制单元。

②主机。

③共轨喷射系统柴油机（CDI）控制单元或电控多端顺序燃料喷射/点火系统［ME-SFI（ME）］。

（2）控制单元。

传动系统控制单元。

2.车载电气系统

后部插座［装配115V插座/代码U80或车内230V插座/代码U67］。在后部中央控制台的下部区域中，装配有储物箱，用于固定后部插座。除标准双USB接口之外，还提供115V插座或230V插座作为选装装备。

九、驾驶员辅助系统

由于增强了驾驶员辅助功能，驾驶员辅助系统提供更佳的安全性和舒适性。主动式制动辅助在新A级中作为标准提供，其通过有效方式降低后端碰撞的严重程度或完全防止，主动式制动辅助可对前方缓慢、停止和静止车辆甚至穿行行人和自行车骑行者做出反应。如果安全距离明显缩短，则系统会在视觉上警告驾驶员。如果其检测到紧急碰撞风险，还会在听觉上警告驾驶员。同时，其计算理想情况下仍要防止碰撞所需的制动力。如果受到警告的驾驶员随后踩下制动器，则系统以合适的方式放大过弱的驾驶员制动干预。因此，其尽可能地利用可用的剩余距离为后续制动交通提供空间。如果驾驶员未做出反应，则在持续碰撞危险的情况下，可进一步施加主动式制动辅助并启用自动制动干预。根据情况，可因此降低事故严重程度且在最好的情况下可完全防止。带可调节灵敏度的注意力辅助系统（ATTENTION ASSIST）作为标准提供，即使警告驾驶员注意力不集中和睡意。在跨系统概念的基础上，区域整体安全性和梅赛德斯-奔驰智能驾驶的相互作用和协同合作增加，新A级还具有最新一代的驾驶辅助组件（DAP4.5）。A级具有模块化的驾驶员辅助系统，除标准装备之外，选装装备在驾驶员辅助的相关方面提供了自定义构建车辆的可能性，最重要的驾驶员辅助系统被编译为组件。以下驾驶员辅助系统可作为自定义系统提供：

盲点辅助系统（装配盲点辅助系统/代码234）：盲点辅助系统可在视觉上警告驾驶员，并且在转向信号启用的情况下还可以在听觉上警告驾驶员与其他车辆，以及自行车的侧面碰撞。车辆静止时，盲点辅助系统还会警告下车时的碰撞，例如和自行车骑行者。

主动式车道保持辅助系统（装配主动式车道保持辅助系统/代码243）［欧洲新车评估计划（欧洲NCAP）国家标准］：主动式车道保持辅助系统通过脉冲方向盘振动警告驾驶员意外的车道偏离。行驶过白色实线的情况下，系统通过单侧车辆制动干预使车辆返回车道中。如果是虚线，则仅在相邻车道上存在碰撞风险的情况下施加此干预（还取决于迎面而来的交通状况）。

DISTRONIC主动式车距辅助系统（装配DISTRONIC主动式车距辅助系统/代码239）。

速度限制辅助系统（装配速度限制辅助系统/代码504）（欧洲NCAP国家标准）：速度限制辅助系统检测显示屏和标志上的速度限制，在主动式定速巡航控制的情况下，可手动处理速度限制。

交通标志辅助系统（装配交通标志辅助系统/代码513）。

1. 驾驶辅助组件

车道引导（装配车道追踪组件/代码22P）：

主动式车道保持辅助系统（国家相关标准装备）；

盲点辅助系统。

驾驶辅助组件（装配驾驶辅助组件/代码23P）：

装配转向辅助的DISTRONIC主动式车距辅助系统；

基于路线的速度调整；

堵车跟随；

主动式车道保持辅助系统；

主动式紧急停止辅助系统；

对速度限制变化做出预测性反应的主动式速度限制辅助系统（国家相关）；

带交叉行车功能的主动式制动辅助系统；

避让转向辅助系统；

主动式车道保持辅助系统；

主动式盲点辅助系统；

预防性安全系统增强版（PRE-SAFE®PLUS）。

（1）带主动式转向辅助系统的DISTRONIC主动式车距辅助系统（装配驾驶辅助组件/代码23P）。

系统不仅可以自动对前方车辆保持正确距离，转向时还会明显的辅助驾驶员，即使在弯道上。最高速度为130km/h，主动式转向辅助系统无须依赖清晰可见的车道标记。在车线不清晰或没有车线的情况下，其仍可像在车群中一样进行积极干预。因此，其使驾驶员放松并对驾驶员进行支持，在车队行驶和停止交通的情况下尤其有效。

（2）基于路线的速度调整。

在弯道、十字路口、环岛或收费站之前，可根据路线以预期方式降低预选速度，随后车辆再次加速。如果通过导航指定路线，则新A级对其进行反应：例如车辆在右侧车道行驶，则车辆在相关高速路口出口之前减速。必须根据导航路线启动车辆或驾驶员必须启用转向信号指示灯，以及未启用路线引导的情况下同样适用于十字路口。因此根据所选的驾驶模式，速度以明显不同的速率降低。DISTRONIC主动式车距辅助系统基本上调节与前方车辆的距离并使车辆保持在车道内，车速范围为0和210km/h，也可将滑行过程考虑在内，例如下坡的情况下。

（3）堵车跟随。

在高速公路和类似高速公路上时走时停的交通状况下，当前可最长停止30s。在此期间，新A级可再次自动启动并跟随前方交通。

（4）主动式车道保持辅助系统。

如果驾驶员要在多车道道路上更改车道（通过地图数据检测），车速范围介于80~180km/h之间，则当前只需触摸转向信号指示灯。在下一个10s内，除驾驶员之外，传感器系统还检查来自车前方，周围和后方的邻近车道是否有空闲。因此，还要考虑其他车辆的速度。如果相关安全区域没有其他车辆，则辅助驾驶员更改车道，并且向驾驶员显示开始的车道变化，根据所选国家的认证能量提供该系统。

（5）主动式紧急停止辅助系统。

如果检测到驾驶员不再积极驾驶车辆，则主动式紧急停车辅助系统将车辆在自身车道上制动为静止状态。如果驾驶员没有将双手长时间放在方向盘上，则系统在视觉和听觉上警告驾驶员，驾驶员被提示将双手放到方向盘上。如果多重视觉和听觉提示后驾驶员仍未做出反应，则车辆减速，直至车辆在检测到的车道上静止。在车辆行驶期间，系统将操作干预，例如转向、加速、制动或操作方向盘按钮检测为干预。低于60km/h，通过危险警告灯警告以下交通状况。如果车辆静止，则驻车制动器和梅赛德斯-奔驰紧急呼叫系统自动启用。车辆还被解锁，以便急救人员进入车辆。一旦驾驶员在驾驶事件中再次干预，则该功能被取消。

（6）主动式速度限制辅助系统。

与Mercedes-Benz User Experience（MBUX）（连接20）配套使用，主动式速度限制辅助系统，可接收交通标志辅助系统的部分功能，可检测速度限制以及标志门架和施工现场标志。此外，通过地图数据获知速度限制，例如要将在建筑密集区域为50km/h或城市道路上为100km/h考虑在内，DISTRONIC主动式车距辅助系统独立地设定检测到的速度限制。因此，可根据地图数据以预期方式在特定情况下调节车速。在没有速度限制的道路上，例如在德国高速公路路段上，则将推荐的车速作为设定速度，驾驶员可对其进行调节。如果取消速度限制，则在里程期间，还接收最大所选巡航车速。其保持预设，直至退出高速公路或关闭发动机。

（7）避让转向辅助系统。

如果他/她想要在驾驶员辅助系统检测到的危险情况下避让行人，则避让转向辅助系统可辅助驾驶员。如果驾驶员通过转向开始规避操作，则该系统通过为转向系统提供精确计算的附加转向扭矩对该规避请求进行辅助，其通过可控制的方式辅助规避行人，然后使车辆返回直线行驶。规避转向辅助系统的理念是要明显支持驾驶员，必须由他执行避让碰撞操作。

（8）主动式盲点辅助系统。

主动式盲点辅助系统可在视觉上警告驾驶员，并且在转向信号启用的情况下还可以在听觉上警告驾驶员与其他车辆，以及自行车的侧面碰撞。车辆静止时，主动式盲点辅助系统还会警告下车时的碰撞，例如和自行车骑行者，超过30km/h时，则自动单侧制动可在最后情况下辅助避免碰撞。

（9）预防性安全系统增强版（PRE-SAFE®PLUS）。

由于以下交通状况，预防性安全系统增强版（PRE-SAFE®PLUS）在危险情况下有效。要求雷达传感器系统检测后方的跟随交通，以检测即将来临的后端碰撞。检测到危险状况时，系统通过快速闪烁危险警告灯（非美国/加拿大版）来警告驾驶员以下车辆。此外，其预防性地触发预防性安全系统（PRESAFE®）乘客保护措施，特别是可逆式安全带收紧器。如果自身车辆静止，则预防性安全系统增强版（PRE–SAFE®PLUS）还紧急制动车辆，前向振动可因此减少。这可明显减少乘员负荷，包括扭伤风险。此外，紧急制动车辆可防止二次碰撞，例如在与行人或前方车辆交叉的情况下。

2. 驻车辅助系统

以下装备作为驻车辅助系统提供：

后视摄像头（装配后视摄像头/代码218）；

主动式驻车辅助系统［装配带驻车定位系统（PARKTRONIC）的主动式驻车辅助系统/代码235］；

带后视摄像头的驻车组件（装配驻车组件/代码P44）；

带360°摄像头的驻车组件（装配带360°摄像头的驻车组件/代码P47）。

（1）主动式驻车辅助系统［装配带驻车定位系统（PARKTRONIC）的主动式驻车辅助系统/代码235］。

主动式驻车辅助系统有助于搜索停车位以及驻车并驶出停车位，其操作车辆进入所选的停车位并再次驶出。在装配双离合器变速器的车辆中，还自动更换行驶挡位。在装配盲点辅助系统的车辆中，倒出停车位时系统可警告驾驶员交叉行车，如有必要，则自动制动。

（2）带后视摄像头的驻车组件（装配驻车组件/代码P44）。

带后视摄像头的驻车组件在掀开式尾门处组合了主动式驻车辅助系统和后视摄像头，多媒体系统显示屏显示其图像并提供引导路线。

（3）带360°摄像头的驻车组件（装配带360°摄像头的驻车组件/代码P47）。

在每种情况下，带360°摄像头的驻车组件在车辆前方，两侧和后方组合了摄像头。然后，多媒体系统显示屏中以不同的视图清晰地显示摄像头图像。

3. 方向盘

A级提供了新一代方向盘，驾驶员辅助系统定速巡航控制/限速器和DISTRONIC车距辅助系统的控制元件位于多功能方向盘上。在标准情况下的多功能方向盘，如图5-1-7所示。

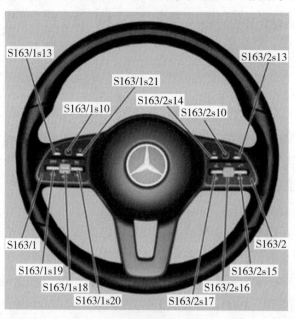

S163/1. 仪表盘多功能方向盘按钮组　S163/1s10. 仪表盘手指导航触键　S163/1s13. "返回"按钮　S163/1s18. 定速巡航控制开关　S163/1s19. 定速巡航控制恢复开关　S163/1s20. 定速巡航控制和可变限速装置开关　S163/1s21. 主页按钮　S163/2. 主机多功能方向盘按钮组　S163/2s10. 主机手指导航触键　S163/2s13. "返回"按钮　S163/2s14. 主页按钮　S163/2s15. 接听/挂断电话开关　S163/2s16. 音量调节器开关　S163/2s17. 语音控制开关和收藏夹开关

图 5-1-7

多功能方向盘，装配DISTRONIC主动式车距辅助系统/代码239或驾驶辅助组件/代码23P，如图5-1-8所示。

S110/1.方向盘降挡按钮　S111/1.方向盘升挡按钮　S163/1.仪表盘多功能方向盘按钮组　S163/1s10.仪表盘手指导航触键　S163/1s14.主页和返回按钮　S163/1s15.可变限速装置和接近控制辅助系统按钮　S163/1s17.接近控制辅助系统开关　S163/1s18.定速巡航控制开关　S163/1s19.定速巡航控制恢复开关　S163/2.主机多功能方向盘按钮组　S163/2s10.主机手指导航触键　S163/2s13."返回"按钮　S163/2s14.主页按钮　S163/2s15.接听/挂断电话开关　S163/2s16.音量调节器开关　S163/2s17.语音控制开关和收藏夹开关

图 5-1-8

十、信息、多媒体和通信系统

全新A级车是首款采用全新第6代车载智能信息系统的车型，如图5-1-9所示。由于人工智能技术，该系统拥有学习的能力，且用户可进行个性化设置。根据安装的设备，其额外的优势包括带触摸屏操作的高分辨率宽屏幕驾驶室，带自然语音识别的智能语音控制也是全新的功能，如表5-1-20所示。

图 5-1-9

表5-1-20

特性	说明
个性化主题显示［装配Connect20MID（NTG6）/代码548或Connect20HIGH（NTG6）/代码549］	不同的设置可保存在八个用户配置文件下
增强现实（装配增强现实/代码U19）	导航期间，在多媒体系统显示屏的路线即视影像中会显示如导航指示，街道名称和门牌号等信息
声控系统	自然语音识别可用便捷式语音控制，用户无须学习任何语音命令，也可通过语音控制操作多个车辆功能
服务激活/启用	在线服务的激活和启用已通过软件开关标准化
汽车共享	多媒体系统通过car2go服务提供更多选择

1. 型号

与传统不同，不可再选择主机，根据选装装备自动添加。根据所选选装装备，例如导航或显示屏尺寸，以下设备系列之间存在差异：

CONNECT 5［装配Connect 5（NTG6）/代码545］。

CONNECT 20［装配Connect 20 MID（NTG6）/代码548或Connect 20 HIGH（NTG6）/代码549］。

基于所选设备系列，客户可选择附加选装装备。根据所选选装装备，设备系列CONNECT 20分为"MID"或"HIGH"类型。

（1）个性化设置［装配Connect 20 MID（NTG6）/代码548或Connect 20 HIGH（NTG6）/代码549］。

个性化设置允许创建并管理最多七个不同的驾驶员配置文件和一个宾客配置文件，根据车辆设备，以下设置可保存在一个配置文件中。

智能气候控制；

多媒体系统的显示风格；

收藏夹，主题显示和建议；

收音机（包括电台列表）；

驾驶员座椅和后视镜设置（装配带记忆功能的电动调节式驾驶员座椅/代码275）；

最后的目的地［装配Connect 20 MID（NTG6）/代码548）或Connect 20 HIGH（NTG6）/代码549］；

环境照明灯［装配环境照明灯（代码877）］；

动态操控选择（DYNAMIC SELECT）/（个性化）（装配变速器700.4，724.0）。

对于经常出现的驾驶状况，例如高速公路上的长途旅程，可合并常用设置并保存。在这种情况下，可设置如导航地图、转速表、旅程计算机和常用收音机电台以及优先驾驶模式的显示。创建所需名称（"长途旅程"）下的主题显示时，会保存这些设置。在下一高速公路旅程中，无须重新了解各个性化设置，可直接选择该主题显示。

根据车辆设备，以下设置可保存在一个主题显示中：

仪表盘中的显示设置；

平视显示系统的设置（装配平视显示系统/代码463）；

仪表盘和多媒体系统显示屏中的视觉风格；

用于多媒体系统显示屏的主菜单；

内置音频源（如收音机或 USB）；

ECO启动/停止功能设置；

导航设置［装配Connect 20 MID（NTG6）/代码548或Connect 20 HIGH（NTG6）/代码549］；

环境照明灯（装配环境照明灯/代码877）；

动态操控选择（DYNAMIC SELECT）驾驶模式（装配变速器700.4，724.0）。

（2）增强现实（装配增强现实/代码U19）。

由摄像头记录车辆前方的风景并显示在多媒体系统显示屏中，随之图像中显示虚拟物体和标记。例如，会显示街道名称、门牌号和导航指示。

（3）宽屏幕驾驶室。

全新A级车辆的创新在于装配有集仪表盘和多媒体系统显示为一体的独立式宽屏幕驾驶室，可通过方向盘上的左侧手指导航垫控制仪表盘中的设置。仪表盘的特点在于具有三个直接可选区域的直观操作。装配设备系列CONNECT 5的情况下，必须设计为7in（1in=2.54cm）的仪表盘和多媒体系统显示屏，通过公用控制单元促动仪表盘和多媒体系统显示屏。装配设备系列CONNECT 20的情况下，根据选装装备，提供有7in或10.25in的仪表盘和多媒体系统显示屏。在不同情况下，通过单独的控制单元促动仪表盘和多媒体系统显示屏。如果多媒体系统显示屏设计为至少10.25in的类型，则仪表盘和多媒体系统显示屏要合并在一个玻璃罩内。

2.平视显示系统（装配平视显示系统/代码463）

平视显示屏将驾驶相关信息（如车速、导航信息）投射到风挡玻璃上驾驶员方便看见的区域。此时，仪表盘中仅显示剩余的信息，显示该信息意味着驾驶员无须从当前驾驶操作中转移注意力。

3.控制可能性

（1）方向盘上的手指导航垫。

全新A级车的方向盘上提供有手指导航垫，可通过手指导航垫操作仪表盘和多媒体系统显示屏中的所有功能。

（2）中央控制台中的触摸板（仅装配触摸板/代码446）。

A级车中央控制台中的触摸板也是全新的功能，使用该触摸板，可通过手势（与使用智能手机和平板电脑时的手势相同）操作仪表盘和多媒体系统显示屏中的所有功能。此外，触摸板还可通过手写识别功能输入导航的目的地地址。

（3）多媒体系统显示屏（触摸屏）。

多媒体系统显示屏首次设计为触摸屏的形式。除了通过方向盘和触摸板上手指导航垫的经实践验证的交互式操作，还可通过多媒体系统显示屏操作多媒体和通信系统。

（4）声控系统（LINGUATRONIC）［装配Connect 20 MID（NTG6）/代码548或Connect 20 HIGH（NTG6）/代码549］。

通过声控系统（LINGUATRONIC），不同系统的操作变得简单且更方便。声控系统（LINGUATRONIC）可识别自然语音，且用户无须学习语音指令，可自由制定请求。此外，声控系统（LINGUATRONIC）通过单个语音输入，如"驶向斯图加特Mercedesstraβe 100"帮助完成所需操作。通过关键词"你好，梅赛德斯"启用语音控制也是全新的功能。除了方向盘上的语音控制开关，还可使用此方法。

4.梅赛德斯智能互联

对于欧洲市场（马斯特里赫特的客户帮助中心支持15个国家），梅赛德斯智能互联将作为设备组件提供。此外，梅赛德斯智能互联提供以下服务：

①事故和故障管理（Mercedes me按钮和/或自动事故或故障检测）。

②礼宾服务（如以启用该服务），售后预约或类似请求（Mercedes me按钮）。

③梅赛德斯-奔驰紧急呼叫系统（SOS按钮）。

Mercedes me的使用要求就是激活用户账户，梅赛德斯智能互联通过数字世界将车辆与车主和车辆使用者相连。梅赛德斯智能互联包括标准服务，梅赛德斯-奔驰紧急呼叫系统以及可选的远程在线服务。远程在线服务可使用户了解特定的车辆指定信息和功能，技术根据为带集成式SIM卡的车载智能信息服务控制单元，信息通过移动电话连接在车辆与戴姆勒汽车后台之间交换。熟知的上方控制面板中的按钮（服务和信息）集成在全新A级车辆的Mercedes me按钮中。

5. 电话

（1）免提功能。

具有免提功能的话筒不再置于车内后视镜外壳中，而是位于车顶内衬的前方。集成式智能电话（装配智能手机集成式组件/代码14U）支持以下智能手机集成技术：

①Apple CarPlay。

②Android Auto。

集成式智能电话可使驾驶员进入智能手机中的应用程序。智能手机提供人机界面（HMI），在驾驶过程中也可使用。对于所有的技术，需要相应设备已开发并发布的指定应用程序。智能手机上可预先安装基本的应用程序。

6. 感应充电（装配无线移动电话充电器/代码897）

感应充电垫允许适合的智能手机在车内进行无线充电，充电垫置于中央控制台前方区域的一个储物箱内。设想两种类型的感应充电：

①未与车辆外部天线连接时的感应充电（多功能电话/代码899除外）。

②与车辆外部天线连接时的感应充电（装配多功能电话/代码899）。

如果与车辆外部天线连接时进行感应充电，智能手机一放到充电垫上时就会与车辆配对。此外，可通过将智能手机放到充电垫上来设置车辆Wi-Fi热点。两种类型均包括近场通信（NFC）功能，近场通信（NFC）是短距离内无线数据交换的国际传输标准。优点在于大大减少了操作步骤和配对过程的规范化，无须再输入或对比代码。NFC芯片和相关天线位于感应充电垫的外壳中。

7. 音响系统

（1）全新A级车提供以下音响系统。

①标准音响系统（标准）。

②6个扬声器。

③最大总功率：100W。

（2）高级音响系统（装配"中端型"音响系统/代码853）。

①9个扬声器。

②1个重低音扬声器。

③1个外置辅助放大器。

④最大总功率：225W。

（3）Burmester®环绕立体声音响系统（装配音响系统/代码810）。

①11个高级音响扬声器。

②1个重低音扬声器。

③1个外置D级放大器。

④Burmester®印字。

⑤优化的声音模式。

⑥最大总功率：590W。

8. 数字用户手册

已将车辆的用户手册的数字化，可在车内通过多媒体系统显示屏中的多个控制元件直接调用所包含的信息。还提供包含关于使用车辆基本操作步骤的小型打印版手册作为数字用户手册的补充。

十一、外车灯

1. 卤素大灯

如图5-1-10所示。

图 5-1-10

静态LED大灯，如图5-1-11所示。

图 5-1-11

动态LED大灯（MULTIBEAM LED），如图5-1-12所示。

图 5-1-12

2. 动态LED大灯（MULTIBEAM LED）

新A级新增了带MULTIBEAM LED照明系统的大灯，有助于在持续的远光灯下进行无炫目驾驶，MULTIBEAM LED照明系统有助于在不同驾驶条件和天气状况下优化道路照明。多种照明功能通过增加灯光输出和调节灯光分布实现。MULTIBEAM LED照明系统通过每个大灯的18个LED水平调节光锥，通过选择性地促动单独的LED，从而生成不同的灯光分布。所有措施的目的是进一步改善灯光输出，灯光分布和光程范围并使夜间驾驶更安全。由于照明系统的控制选项，有助于促进以下附加功能：

主动式远光灯辅助系统增强版；

城市照明灯；

高速公路照明；

转向照明。

（1）主动式远光灯辅助系统增强版。

主动式远光灯辅助系统增强版以基于摄像头的方式并通过图像检测算法检测对面来车或前方车辆。远光灯模块的LED部分停用，以便不会对对面来车或前方车辆造成眩目，所有其他道路区域保持最佳照明状态，由此引起的遮光区域除外。远关灯的可用寿命增加，驾驶员可专注于道路交通状况，不需要在近光灯和远光灯之间持续切换。此外，驾驶员不会接触到不断变化的发光强度。LED的目标调暗会检测并防止远关灯和强反射路标可能引起的眩目。

（2）城市照明。

与传统灯光分布相比，城市照明模式对于驾驶员侧的道路边缘的照明更加明亮且区域更广。因此驾驶员可以更好地适应黑暗环境，且如果其他道路使用者横穿道路时可以更迅速地反应。

（3）高速公路照明。

当系统通过车速或导航系统检测到车辆在高速公路上行驶时，启动高速公路模式，增加的大灯光程调节确保驾驶员可以看到比传统近光灯远50米。如果是主动式远光灯，可通过诸如有针对性地降低迎面而来载重车的眩目风险优化高速公路情况（高速公路远光）灯光分布。当前方有车辆时，高速公路模式部分远光功能启动。因此，可能造成其他道路使用者炫目的光锥将被停用。

（4）转向照明。

转角照明灯功能会改善夜间道路照明情况，特别是其他照明关闭的情况下和急转弯的情况。其他照明关闭时，弯道内侧的转角照明灯功能作为附加静态灯光功能自动启用。用于启用功能的触发因素除了车速外，还包括组合开关的位置和/或方向盘转角。与之相反，带交叉行车和/或迂回功能的转角照明功能通过来自导航系统的信息启用。大灯将获取路线上十字路口和环岛的位置。因此，道路两侧被大范围照亮，约在十字路口前40米和/或环岛前70米。

3.尾灯

新A级的尾灯采用两件式设计。根据大灯版本，自动新增两个尾部灯类型，两种类型在其设计和使用的光源方面均不同。"转向信号灯"和"倒车灯"照明功能在装配卤素大灯灯泡的车辆上采用。装配LED大灯车辆的尾灯使用所有LED照明功能。根据驾驶状况和环境亮度（日间/夜间）在不同光照条件下操作制动灯和转向信号灯。尾灯，装配卤素大灯的车辆，如图5-1-13所示。

图 5-1-13

尾灯，装配LED大灯的车辆，如图5-1-14所示。

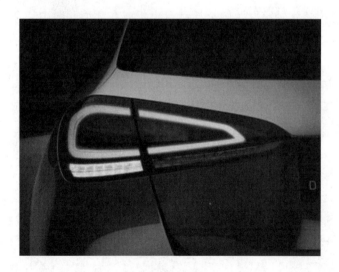

图 5-1-14

十二、车内照明

新A级的车内照明分为标准装备和不同选装装备，标准装备包括以下灯具：

上方控制面板中的照明灯；

车顶内衬中的后排区域照明灯；

行李箱照明灯；

手套箱照明灯。

选装装备提供不同的照明概念，其中车内照明可自定义设计。色彩和光线会唤醒情绪并创造令人愉悦的氛围，仅节能LED作为灯具使用。

1. 装配照明和视觉组件/代码U62

除标准范围外，照明和视觉组件包括以下灯具：

①前门和后门的车门把手的间接照明灯。

②前部脚部位置照明灯。

③驾驶员和前排乘客带照明的梳妆镜。

④带无炫目阅读灯的车内后视镜。

⑤中央控制台中存放盒/杯座的照明灯。

⑥驾驶员和前排乘客侧车门中的下车和警告灯。

⑦掀开式尾门上的信号和环境照明灯。

2. 装配环境照明灯/代码（877）

利用环境氛围照明系统，可提供通过混合原色红色、绿色和蓝色创造的64种灯光颜色。为此，所使用的LED提供有三款芯片，后者会相应地促动。除64种灯光颜色之外，还提供了10种所谓的色彩世界，车内通过多种协调的灯光颜色进行照明。色彩世界可以与可用的显示屏样式相结合，从而创造和谐的整体印象，还可增加灯光效果，可自定义启用。这些包括调节智能气候控制装置时出风口的灯光效果，迎宾效果和动态操控选择（DYNAMIC SELECT）效果，亮度可以在0到10的三个亮度区域中进行配置。这里特别值得注意的是车内环境照明的进一步发展和布局。由于间接照明和直接照明的接合，这种新型环境照明尤其可在仪表板上部和下部之间的过渡区域中体验。其中一个亮点是出风口内部的照明，给人以喷气发动机的印象，独立式宽屏幕驾驶室以及中央控制台也集成在环境照明中。环境照明灯［装配环境照明灯（代码877）］，如图5-1-15所示。

图 5-1-15

十三、座椅

新A级提供三种不同的座椅类型（基本、舒适和运动）。对座椅的布线、组件和选装装备组合选项进行了重组。座椅通过其轮廓，接缝方式和护罩材料以及头枕类型进行区分。诸如座椅加热器，座椅通风装置或多仿形座椅的选装装备会增加车辆驾驶员及乘客的驾乘舒适度。

1.前排座椅

（1）空调座椅（装配驾驶员和前排乘客空调座椅/代码401）。

空调座椅包括座椅加热器和座椅通风装置。对于座椅通风装置，在不同情况下，有一个径向风扇位于坐垫和靠背装饰中，其通过座椅结构供气。进气通过座椅结构流动并通过风扇向下和向后传送，车辆驾驶员及乘客被宜人的气流包围，车内特别热的情况下也是如此，冷却器环境空气的进气会使较热的座椅表面非常快速地冷却至皮肤温度。由于通风阶段，座椅表面具有宜人的温度且水分消散，通风水平（风扇转速和空气速度）有三个阶段。

（2）多仿形座椅（装配左前/右前多仿形座椅/代码409）。

由于电动驱动气动泵，驾驶员和前排乘客的座椅侧面支撑和腰部支撑可进行自定义设置。由于可调节的座椅侧面支撑，通过改变靠背宽度可获得更好的侧面支撑。腰部支撑的脉动和/或波浪形充气和紧缩为腰部区域提供了按摩效果。多仿形座椅功能通过多媒体系统显示屏（触摸屏）操作。

2.后排座椅

新A级的后排座椅靠背使车内变化性更大，为此，座椅靠背作为标准分为60/40（驾驶员侧/前排乘客侧）并且座椅靠背可根据该比例进行自定义折叠。已作为标准装备，解锁座椅靠背锁后可将座椅靠背折叠到座椅表面上，以便提供几乎为平面的货物区。对于更大的可变性，分为40/20/40的后排座椅靠背可与折叠式后排座椅靠背/代码287一起订购。座椅靠背中央20%元件会再次显著改善车辆的装载舒适性，例如滑雪板或其他运动装备。与便捷装载（EASY-PACK）安全装载组件载物舱管理装置/代码942配套使用，可手动调节座椅靠背使其更垂直，例如可因此存放纸箱。由于中央头枕下侧的形状，尽可能将其靠近座椅靠背的肩部安装。此外，中央头枕的左侧和右侧区域降低。因此，将后视影响降到最小，同时确保中间座椅上车辆乘员头部的有效保护。

十四、恒温控制

新A级的车内智能气候控制提供两种不同的系统：

①1分区空调系统"THERMATIC"（装配空调系统/代码58）。

②2分区空调系统"THERMOTRONIC"（装配自动空调控制/代码581）。

根据相应市场和发动机提供为标准或选装装备。智能气候控制是一种以满足许多客户舒适性要求为目标的自动模式，这种智能气候控制舒适性通过完美协调的控制曲线实现。为根据需要冷却或加热空气，多个传感器测量车内温度和车外温度。为防止车窗起雾，检测风挡玻璃处的空气湿度，某些传感器，例如蒸发器温度传感器、出风口温度传感器以及制冷剂的压力传感器直接与中央控制单元相连。此外，例如促动器电机或鼓风机调节器连接至局域互联网（LIN）总线。智能气候控制的调节装置集成在中央控制单元中，不存在独立的智能气候控制单元。中央控制单元的软件升级后，智能气候控制必须重新编码。

（1）工作。

智能气候控制的基本功能可通过仪表板下部的空调控制面板进行选择。通过多媒体系统显示屏中空调菜单，通过动画辅助，可以用清晰地布置方式显示和操作附加功能。

（2）个性化设置。

智能气候设置可分别保存为八种不同的用户配置文件。七个配置文件为用户文件，一个为客人配置文件。这些配置文件创建并保存在多媒体系统中，通过按下按钮，可恢复保存在相应配置文件下的设置，无须单独实现每个设置。

十五、关闭和安全

1.无钥匙启动（KEYLESS-GO）启动功能

新A级标配有无钥匙启动（KEYLESS-GO）功能。无钥匙启动（KEYLESS-GO）功能是一种便捷的电子驾驶认可系统，驾驶员无须拿钥匙启动发动机，只需将钥匙放在车内，例如储物盘中或驾驶员夹克口袋中。无钥匙启动（KEYLESS-GO）控制单元功能已集成在新A级的电子点火开关控制单元中，因此，已省去无钥匙启动（KEYLESS-GO）控制单元。

2.无钥匙启动（KEYLESS-GO）［装配无钥匙启动（KEYLESS-GO）/代码889］

覆盖车门区域的无钥匙启动（KEYLESS-GO）天线没有位于车门处而是底板处。

3.数字钥匙（通过移动电话获取车辆的进入和驾驶认可/代码896）

智能手机同时也是车辆钥匙。配备该技术的智能手机必须单独置于车门触摸点处以解锁/锁止车辆，为确保可靠的车辆解锁/锁止，只在触摸点附近检测智能手机。为启动发动机，必须将智能手机放到中央控制台的前部，相应储物盘中。数字钥匙通过近场通信（NFC）技术工作，为使用数字钥匙，客户必须遵照以下要求：

①通过梅赛德斯智能互联注册并安装；为此，还要确认车主的手机号码。

②近场通信（NFC）智能手机。

例如，除了可使用近场通信（NFC）的智能手机，还可使用贴到智能手机上的数字钥匙装饰膜。像之前说明的一样，数字钥匙的所有功能也可通过数字钥匙装饰膜使用。

十六、乘客保护系统

新A级的被动安全性基于智能设计的车身，以及极具刚性的乘客车厢和特殊的可变形碰撞结构。车身结构中的这些变形区被开发出来，以在碰撞测试和驾驶员及乘客的安全性方面获得出色结果。安全概念还包括预防性的预防性安全系统（PRE-SAFE®）驾驶员及乘客保护系统［装配预防性安全系统（PRE-SAFE®）/代码299］和防护系统。新A级首次使用应急导向，为车辆驾驶员及乘客在事故后提供重要安全信息。预防性安全系统（PRE-SAFE®）驾驶员及乘客保护系统［装配预防性安全系统（PRE-SAFE®）/代码299］对预防性驾驶员及乘客保护系统预防性安全系统（PRESAFE®）进行了扩展，包括以下功能性：

①触发预防性安全系统（PRE-SAFE®）措施。

②从加速踏板到制动踏板快速切换时。

③通过侧风稳定控制辅助系统进行明显路径校正时。

④以及低速时进行临界转向操作时。

驾驶员可预先调节预防性安全系统（PRE-SAFE®）听力保护功能。事故中可能会出现高声压级的噪音，如果系统检测到确定的危险状况，会通过音响系统在车里发出简短的噪音信号以进行预警。由于镫骨肌的自然反射机制，内耳可迅速自我保护免受高声音压力的损害。预防性安全系统增强版（PRE-SAFE®PLUS）后方碰撞警告系统是预防性驾驶员及乘客保护系统的扩展，同时还将以下车辆导致的危险状况（后方碰撞）考虑在内。预防性安全系统增强版（PRE-SAFE®PLUS）是驾驶员辅助组件的部件（驾驶辅助组件/代码23P），以基于雷达的方式监测车辆后方的交通状况。后方碰撞警告系统分析雷达传感器系统信息，并计算以下车辆的接近速度以及与本车的距离。即将发生后方碰撞时，该系统警告以下车辆并执行不同的预防性乘客保护措施，因此对于车辆驾驶员及乘客来说，可减少可能发生的事故后果。

（1）防护系统。

①能量吸收式转向柱。

②装配烟火安全带张紧器和安全带收紧力限制器的前排和后排外侧座椅安全带，以及装配预防性安全系统（PRESAFE®）/代码299的驾驶员和前排乘客可逆式安全带收紧器。

③驾驶员和前排乘客前置气囊。

④前排乘客前置气囊自动关闭功能（装配前排乘客前置气囊自动关闭功能/代码U10）。

一旦检测到后向儿童座椅或检测到前排乘客座椅无人，则该系统自动停用前排乘客前置气囊，不再需要在儿童座椅中安装发送应答器。一旦检测到成人坐于此处，前排乘客前置气囊自动启用，这会降低不正确操作的风险。

⑤驾驶员侧的膝部气囊（装配膝部气囊/代码294）。

⑥前排侧部气囊。

⑦坐垫中的后排侧部气囊（装配后排侧部气囊/代码293）。

⑧车窗气囊。

（2）行人保护装置。

与车辆发生前端碰撞的情况下，车辆中的不同措施有助于降低行人受伤的风险。例如，前端具有柔软设计，可在行人碰撞的情况下吸收大量能量。如果保护性发动机罩触发，可增大与发动机舱中主总成的距离。因此，在某些事故情况下会降低行人受伤的风险。

第二节　经典案例

一、奔驰A200L显示屏时间不准

车型：177.987。

故障现象：客户反映屏幕时间老不准，一会好一会不好。客户描述停过夜或停一段时间，显示屏时间和仪表时间不一致，会有几分钟时差。车间测试故障现象存在，显示屏时间会慢20秒左右。过几分钟后，时间正常。手机连接CarPlay，故障现象会更加频繁。

故障诊断：

近期无相关维修历史，对N112/9进行升级处理。车辆无任何改装或加装。故障是否可以被重现，是否影响到了车辆的使用性能。故障现象有时出现，出现频率很高，不影响车辆正常使用。此车型有相关的TIPS文件。对N73、A40/16、A26/17、N133/1和N112/9进行升级和设码处理。查找TIPS文件，该车与文件Ll82.85-P-070213描述相符。N112/9软件版本号E522.3，以为最新软件。该车代码为547与文件描述548

不同。

故障排除：更换EIS。

二、奔驰A200L娱乐显示屏黑屏但收音机娱乐音乐有声音

车型：177.987。

故障现象：娱乐显示屏黑屏（如图5-2-1所示）但收音机娱乐音乐有声音。

图 5-2-1

故障诊断：功能检查如客户投诉，按娱乐开关键主机能正常启动，收音机、倒车提示音都正常，主机显示屏不显示，仪表侧显示正常。该车为25km新车，此车无加装，无改装，客户自用车，此故障一直重现不影响正常使用。查询无相关TIPS文件。

可能故障原因：

（1）主机故障（软件，硬件）。

（2）显示屏故障。

（3）线束故障（供电，搭铁，CAN线）。

快速测试A26/17有当前相关故障码，B19C531主机显示屏存在功能故障，信号不存在；U014787与主机控制单元的通信存在功能故障，信号缺失；U015587与仪表盘通信存在故障，信号缺失；U104088与远程信息处理控制器区域网络（CAN）总线的通信存在故障，总线关闭。

对主机执行断电复位测试故障依旧，对A26/17与A40/16软件更新，SCN后故障依旧。测量A26/17的14号针脚为13.21V，1号与W34为0.3Ω，均为正常。测量7号针脚2.31V，20号针脚2.72V正常；测量8号针脚为2.72V有时为3.85V，21号针脚为1.84V不正常。测量A40/16的1号针脚CAN H为2.47V和3.85V，不正常。测量5号针脚CAN L为1.84V，不正常。拆下X30/35、A26/17与A40/16的CAN插头，测量线束为0.3Ω，正常，测量互短路为OL，正常。拆下主机插头，测量X30/35为2.31V和2.72V，正常。插上主机插头，CAN电压有时为3.85V，不正常。

故障原因：

拆下主机检查发现主机8号针脚弯曲与9号扬声器喇叭线束短路，导致CAN总线关闭。

故障排除：更换主机，功能测试正常。

三、奔驰A200L打开主驾门显示屏不关闭

车型：177.987。

故障现象：客户反映车辆熄火后，打开主驾门，中控系统不会关闭。娱乐系统开着的情况下，车子熄火下车，但是门打开后显示屏还在工作。

故障诊断：无相关维修记录。车辆无相关的改装或加装。测试功能，在启动状态挡位在P时，打开左前车门时不会自动回P挡，环境灯也不会被点亮（打开右前车门则可以）。车辆熄火后，在娱乐系统工作的情况下，打开左前车门显示屏不会熄灭，环境灯同样不会点亮。SAM（N10）报故障码B25A664驾驶侧车门触点存在功能故障。存在一个不可信的信号。无相关的技术文件。

可能引起本故障所有的可能原因：

（1）左前门锁。

（2）左前门模块N69/1。

（3）SAM线路。

故障码引导提示未安装或需要对N10编码。但是软件更新后故障依旧。N69/1中的翻转锁销在门锁打开状态时实际值仍是"已关闭"，而正常应该是在打开状态是"已打开"，在关闭时是"已关闭"。测量门锁打开状态时，门锁开关阻值无穷大，关闭门锁时也是无穷大，不正常。标准应该是关闭时无穷大，打开时电阻阻值0.2Ω（即关闭状态）。模拟操作，发现直接短接门锁开关后显示屏关闭，环境灯点亮，也即功能恢复正常。检查确认门模块到门锁的插头、线路无松动、腐蚀等异常现象。

故障原因：左前门锁的翻转锁销故障。

故障排除：更换左前门锁。

四、奔驰A200L加满油停放一晚，早上启动车辆，发动机故障灯亮起

车型：177.987。

故障现象：前一天加满油，停放一晚，早上启动车辆，发动机故障灯亮起，发动机怠速不抖，原地踩加速踏板没有异常。

故障诊断：是否有与本故障相关的维修历史和服务措施？车辆有无加装或改装？故障是否可以被重现，是否影响到了车辆的使用性能？

ME中有存储故障码：P04F000活性炭罐的满负荷再生存在故障；P049600燃油挥发排放控制装置的清洗流过大和P049700燃油挥发排放控制装置的清洗流过小。发动机故障灯持续亮起，影响客户使用。无技术通报。

引起故障所有的可能原因：

（1）燃油挥发排放系统管路。

（2）V58/1。

（3）活性炭罐。

（4）燃油箱。

依据故障码指引检查燃油挥发系统的相关管路。检查发现从炭罐到Y58/1的管路中有汽油，且Y58/1内也有汽油。初步判断燃油挥发系统中存在汽油，不正常。检查活性炭罐，检查结果为活性炭罐内也有大量的汽油，不正常。

检查燃油箱通风管：

（1）按照原理，在油箱满油的情况下，燃油箱通风阀会在汽油浮力的作用下关闭，这时候油箱和炭罐之间的管路不通，随着汽油的慢慢消耗，油箱内的通风阀就会打开，这时候油箱和炭罐之间的管路畅通，燃油蒸汽会从油箱到达炭罐。

（2）此车在油箱满油的情况下，通风阀关闭不良，油箱和炭罐之间的管路仍然能通气（对比了其他

同款车）。

故障原因：燃油箱通风阀在满油的情况下密封不良，导致在油箱满油时，汽油从通风管进入到炭罐和Y58/1。

故障排除：需要更换燃油箱，活性炭罐。

五、A200L倒车影像偶尔黑屏

车型：177.987。

故障现象：客户抱怨车辆挂倒挡时倒车影像偶尔黑屏。车辆最近一个月左右出现倒影黑屏3次，每次故障出现时持续的准确时间不确定，有时候几秒钟，有时故障现象直到倒车结束消失，出现故障时主机显示黑屏并且屏幕显示系统停止运作红色字样，如图5-2-2所示。

图 5-2-2

故障诊断：此前车辆来过两次维修同样的故障现象，历史维修如下：

（1）主机软件+SCN。

（2）N62软件+SCN。

（3）对调B84/3。

（4）排除加装行车记录仪。

（5）B84/3 LVDS+供电线路。

车辆加装了隐藏的行车记录仪（已经确认和加装无关系）。车辆每次来的时候故障现象都没有重现，没有相关的故障码。2020年8月21日客户打电话反映故障现象再次出现而且一直存在，车辆大约30分钟左右来能到维修厂检查。进行功能测试，发现倒车影像黑屏，故障现象确实存在并且显示红色字样系统功能受限。当我们插VCI对车辆检测时发现故障现象再次消失，诊断仪读取快速测试发现主机内有一个故障码B1E7B00，如图5-2-3所示。无相关的技术通报。

诊断标识		00A134	控制单元型号		H06_Entry_FreshUp3_4
事件	文本				状态
B1E7B00	后视摄像头或驻车引导装置的图像缺失或有错误。				S
	姓名			首次出现	最后一次出现
	频率计数器				68
	总行驶里程			1776km	1984km
	自上次出现故障以来的点火周期数				16

05 - 触摸垫（TPAD）

图 5-2-3

254

可能故障原因：

（1）主机。

（2）N62。

（3）N62到主机的HSVL。

由于前几次相关的电脑都已经做了升级，也做了一些相关维修检查，所以我们这次想检查主机到N62之间的HSVL视频线，与客户沟通需要一定的维修时间。拆下主驾驶座椅，检查N62外表未发现有损坏迹象。这时我们想模拟一下故障现象，所以我们先拔掉B84/3与N62之间的LVDS线，观察发现与客户所述的不太一样，虽然都是倒影和黑屏，但是上面没有提示系统停止运作的红色字样。再次尝试拔掉N62到A26/17之间的HSVL视频线（如图5-2-4和图5-2-5所示），发现故障现象与客户所抱怨的一样，但是这并不能排除N62和主机没有问题，我们首先怀疑可能HSVL线有接触不良或损坏现象。

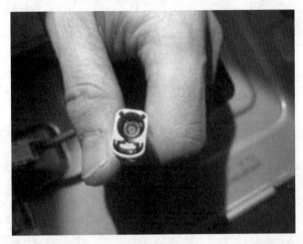

图 5-2-4

图 5-2-5

拆除主驾驶地毯，检查HSVL，没有发现有损坏的迹象，这时我们启用倒车影像，挂入N挡，让倒车影像一直工作，晃动主机下面的视频线，发现倒车影像界面出现黑屏和系统停止运作的现象与客户抱怨的故障现象一样。找到主机后面的倒影HSVL（RVC）视频线来回晃动，发现正常的倒影界面与黑屏界面来回闪烁。用万用表检查N62到主机后的HSVL线的电阻，发现在晃动主机侧的插头时，阻值会在导通和无穷大来回变换，已确定此视频线内部存在虚接现象，如图5-2-6所示。

图 5-2-6

故障原因：由于出厂时此视频线在装配到主机上时，长时间受到拉力太大，折成很大的角度导致插头附近内的信号线虚接，如图5-2-7所示。

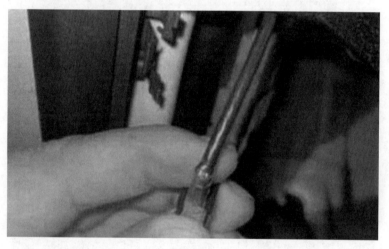

图 5-2-7

故障排除：用WIS的维修标准更换此视频线，重新布置视频线以免再次损坏。

六、奔驰A200L车辆无法启动

车型：W177.987。

故障现象：奔驰A200L车辆无法启动。

故障诊断：该车辆事故撞击了右前部，大灯和保险杠损坏，气囊没有爆，启动时可以听到电机有响声，但无法启动。检查ME中事故启动触发未激活，正常。启动瞬间，测量R62后端经过燃爆保险丝的线路对地电压7V，说明R62和燃爆保险丝没有熔断。测量启动机30和50端子在启动时均有电压，拆下启动机，直接搭电，启动机正常转动。正向转动曲轴皮带盘，无法转动。反向可以。拆下三角皮带，再次转动曲轴皮带盘，可以转动。检查三角皮带驱动所有的轮子，发现发电机轮正向可以转动，反向不可以转动，由此判断由于发电机损坏导致启动阻力过大，进而无法启动。对蓄电池进行充电后，拆下三角皮带测试发动机是否可以启动，发现仍然不可以启动，此时陷入僵局。

启动时，测量启动机30电的电流为44A，正常应该60A左右，考虑导线或者R62有烧蚀或者虚接。检查导线正常，包括转换桩柱都正常，因此判断R62也损坏，但没有完全烧蚀，更换R62可以正常启动。

故障总结：由于发电机抱死导致启动阻力过大进而烧蚀R62，造成该故障。

七、奔驰A180仪表盘上的故障灯点亮

车型：177.984。

故障现象：仪表上无任何信息提示只有仪表盘右侧显示器显示气囊故障灯亮起。

故障诊断：连接诊断仪进行快速测试，气囊控制单元无任何相关的故障码，但在N166内报B211A01（仪表盘和显示组之间的HSVL导线存在功能故障，存在一个一般电气故障）。对于该故障现象，仪表上无任何信息提示只有仪表盘右侧的气囊灯点亮。我们断电后试车故障现象依旧存在。我们又对N166进行升级发现没有新的版本，对N166进行设码后故障现象依旧存在。试运行N10并SCN coding EIS并对车辆进行断电后故障消失。

故障总结：对于新款A177车型仪表出现车辆启动后气囊故障灯点亮，仪表又没有出现仪表"气囊故障，请去特需服务中心"的字样，而且气囊控制单元没有任何故障码时，可以试运行N10并SCN coding EIS并对车辆进行断电，处理该故障现象。

八、奔驰A200亮发动机故障灯

车型：177.087。

故障现象：奔驰A200亮发动机故障灯。

故障诊断：最近遇到有多辆进口的A级或者B级出现中央控制阀卡滞的，对于这种故障大家应该都不会陌生，但是查询配件时发现配件全国无货（或者是新件安装后故障依旧存在），这对于客户来说要等上一个多月才能够处理是不能接受的，所以经过研究分析后就有如下的应急处理方法。

（1）新件或者故障件的中央控制阀中心组件测量的直径为10.95~10.96mm，快接近10.96mm，如图5-2-8所示。

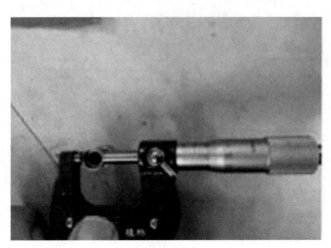

图 5-2-8

（2）处理中心组件，分两种情况。

情况一、全新件或者内部组件容易拉出的，处理打磨到10.95mm就可以了。

情况二、如果内部组件很紧不容易拉出来的，需要处理打磨到10.94mm。

（3）使用热风枪加热中央控制阀，同时测量中央控制阀温度，当温度达到105℃左右时操作中心阀体，检查是否卡滞，如图5-2-9所示。如果卡滞则继续打磨处理。操作时需要使用机油润滑阀体。

图 5-2-9

（4）处理测试完成后重新安装到车上。

九、奔驰A200L发动机怠速时开空调有"铛铛"异响

车型：177.987。

故障现象：原地发动机怠速（变速器N挡位）开空调A/C制冷功能时，发动机和变速器交接处发出"铛铛"异响，关闭空调A/C后，异响消失。

故障诊断：

故障测试方法一：如果异响时将挡位切换至D挡或R挡，异响消失。

故障测试方法二：如果异响时提升发动机转速，异响消失，如图5-2-10所示。

图 5-2-10

拆检变速器，检查发现双质量飞轮润滑脂泄漏，安装螺丝孔偏移；对比正常车辆的双质量飞轮，安装螺丝孔应该位于安装孔中心。

故障排除：更换双质量飞轮，故障排除。

十、奔驰A200L行驶一段时间后无法正常急加速

车型：177.987。

故障现象：奔驰A200L行驶一段时间后无法正常急加速。

故障诊断：驾驶车辆正常行驶约60km/h左右，挡位6挡时急加速变速器降挡至3挡、发动机转速提升至3000r/min以上，实际车速非常缓慢地提升。诊断仪检测发动机变速器没有相关故障码，没有新的软件版本更新。我们在同样的车速使用试驾车进行路试，急加速时车辆能正常降挡。发动机转速能提升，车速也迅速地提高，通过变速器的实际值检查均为正常。车辆没有发现托底现象，在车辆出现故障时，可以听到车辆出现"咣当"一声。当出现故障时，通过实际值检查发现高压油泵的压力变成450kPa正常为23000~2700kPa，之后排除了高压油油压传感器。最终确认为高压油泵的问题，更换后故障解决。

故障总结：该车的故障为偶发故障，前几次出现在车辆行驶60km/h之后，并且当出现故障时可以听到车辆出现"咣当"一声，因此我们以为该车的故障为变速器的故障，所以一直徘徊在变速器处，而忽略了发动机的实际值，走了弯路，通过这次的维修再遇到不论是变速器或发动机（驱动部分）的问题应该多看一下各部件的实际值是否存在异常。避免再次走弯路的情况。

十一、奔驰A200L定速巡航功能不可用

车型：177.987。

故障现象：奔驰A200L定速巡航功能不可用。

故障诊断：询问客户得知，车辆买回去就发现定速巡航功能不能用，在低速和高速上都无法使用。由于此功能一般只有高速上开的时候用到，因此直到现在才来店里检查。车辆行驶里程1333km，无相关维修历史，车辆无加装和改装。

车间技师试车确认，发现打开定速巡航，利用"+、-"速度按键调整速度时，显示速度一直是三条杠显示，无法输入速度。但是，打开限速功能，就可以利用速度"+、-"按键上下调速度，除定速巡航功能不能使用，其他功能均可以正常使用，仪表无故障提示或故障灯出现。诊断仪检测有以下故障码，但不知跟此功能是否相关。P1D0D01至"直接换挡（DIRECT SELECT）"控制单元的信号线存在功能故障。P094904变速器挡位的示教不完整。查看车籍卡，显示该车辆配备定速巡航功能。对车辆断电10分钟后试车故障依旧。N73内有存储故障P1D0D01，故障引导是N15/13至N73的信号线，但检测结果正常。N15/13内的存储故障P094904删除故障后未再出现，同时定速巡航功能还是不能使用。

结合试车，限速功能可以使用，定速巡航功能不能使用，因此认为以上的两个存储故障应该不会影响定速巡航功能。通过查看"速度控制功能图"，对N135、N73、N10进行编程。对N30/4、N80、N3/10和N15/13进行设码或试运行。完成以上编程和设码后试车，故障依旧。查看速度控制功能图，我们将同款车型的整个方向盘（包括N135），N80分别调换测试，结果还是限速功能可以使用，定速巡航功能依旧不能使用；查看ESP内制动灯开关的实际值，一直显示打开状态，不正常。

故障原因：经过检测制动灯开关的间隙不对，导致巡航功能不可用。

故障排除：调整制动灯开关间隙，试车故障消失。

故障总结：此车经过好几天的测试，一开始没有头绪，对调N127、清洗节气门、最后使用CAN TOOL S工具查看实际值，才发现制动开关一直在打开状态。如检查时，关注下高位制动灯的情况，估计会快点找出问题。这也说明了车间技师在检查问题时，如留意下车身外观的功能例如灯光，我们也不会

走很多弯路。

十二、奔驰A200L发动机故障灯亮

车型：177.987。

故障现象：客户抱怨行车踩加速踏板加速无法升挡。

故障诊断：试车发现与客户抱怨一致，发动机转速3000~4000r/min时无法升挡，感觉发动机扭矩输出低。诊断仪检测报故障码P209700转换器后氧传感器混合气过浓，如图5-2-11所示。

号		零件号	供货商	
型号		282 901 30 00	Continental	
硬件		282 902 28 00	Continental	
软件		282 903 75 00	Continental	
引导程序软件		282 904 18 00	Continental	
断标识		004314	控制单元型号	
故障	文本			
P209700	催化转换器后的混合气（气缸列1）过浓。		首次出现	
	姓名		0.00	
	研发数据（CamLft St）		0.00	
	研发数据（ctr stop fsd）		******** Da	
	研发数据（Data Record 2 First Occurrence）		1 **********	
	研发数据（Data Record 3 Last Occurrence）			
	接通"故障显示（MIL）"指示灯后的行驶里程（dist act mil sac）		0.00km	
	研发数据（eff cat diag osc 0）		0.08	
			2.00	

图 5-2-11

看实际值氧传感器都在标准值范围内，与试驾车相比较，发现故障车氧传感器表面积炭较多，可以判定汽油残留物进入排气燃烧，确实存在混合气浓现象，并非传感器误报。怀疑增压压力不足，导致进气量少，与同款试驾车互换涡轮增压器后试车故障依旧。怠速时查看燃油高压实际值正常，试车加速时发现燃油高压下降，互换高压油泵后试车正常。

十三、A200L（177.987）M282更换连杆注意事项

该车配件上显示连杆数量1为一套4根，如图5-2-12所示。

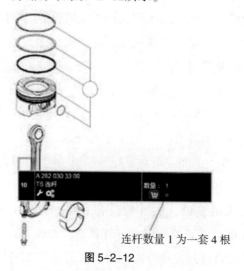

连杆数量 1 为一套 4 根

图 5-2-12

更换连杆需要重新更换连杆瓦，且需要先订回连杆后再通过曲轴下部字母串与连杆字母配合确定连杆瓦颜色，注意记录订购时所使用连杆和曲轴的字母配合组合，在安装时按照字母组合确定安装气缸，如图5-2-13所示。

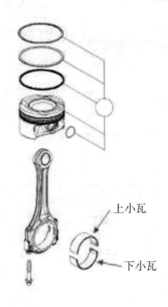

上小瓦

下小瓦

图 5-2-13

分配连杆轴承。读取曲轴和连杆的级别并记录。曲轴级别可见凸缘处的外侧，如图5-2-14所示。下部四个字母表示从连杆轴颈1（控制侧）到连杆轮颈5（输出侧）的代码字母。最后一个字母是检验位且与分配无关。连杆级别位于大型连杆的小头侧，如图5-2-15所示。

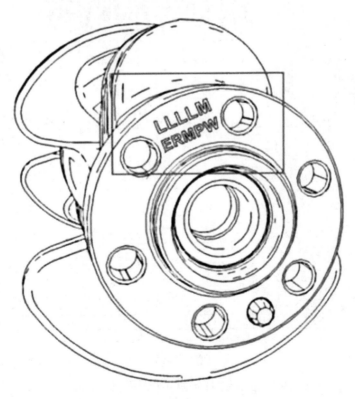

图 5-2-14

261

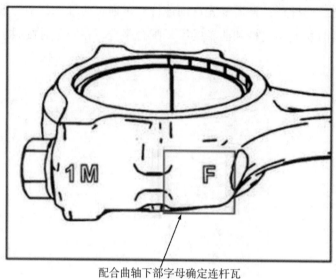

配合曲轴下部字母确定连杆瓦

图 5-2-15

通过连杆轴承级别（如图5-2-16中a）和曲轴级别（如图5-2-16中b）的字母（如图5-2-16中a.1和b.1）确定连杆轴承的分配编码（如图5-2-16中c1）。示例：连杆轴承1的曲轴级别（E水平）和连杆级别（F垂直）构成分配编码01。

连杆字母 →（a.1 / a.2）

曲轴字母 →（b.1 / b.2）

b.1	b.2 (Φ)	A 43,677<Φ≤43,678	B 43,678<Φ≤43,679	C 43,679<Φ≤43,680	D 43,680<Φ≤43,681	E 43,681<Φ≤43,682	F 43,682<Φ≤43,683	G 43,683<Φ≤43,684	H 43,684<Φ≤43,685	J 43,685<Φ≤43,686	K 43,686<Φ≤43,687	L 43,687<Φ≤43,688	M 43,688<Φ≤43,689	N 43,688<Φ≤43,690
A	40,009 ≤ Φ ≤ 40,010	0	0	0	0	0	0	0	01	01	01	1	1	1
B	40,008 ≤ Φ < 40,009	0	0	0	0	0	0	01	01	01	1	1	1	12
C	40,007 ≤ Φ < 40,008	0	0	0	0	0	01	01	01	1	1	1	12	12
D	40,006 ≤ Φ < 40,007	0	0	0	0	01	01	01	1	1	1	12	12	12
E	40,005 ≤ Φ < 40,006	0	0	0	01	01	01	1	1	1	12	12	12	2
F	40,004 ≤ Φ < 40,005	0	0	01	01	01	1	1	1	12	12	12	2	2
G	40,003 ≤ Φ < 40,004	01	01	01	01	1	1	1	12	12	12	2	2	2
H	40,002 ≤ Φ < 40,003	01	01	01	1	1	1	12	12	12	2	2	2	23
J	40,001 ≤ Φ < 40,002	01	01	1	1	1	12	12	12	2	2	2	23	23
K	40,000 ≤ Φ < 40,001	1	1	1	1	12	12	12	2	2	2	23	23	23
L	39,999 ≤ Φ < 40,000	1	1	1	12	12	12	2	2	2	23	23	23	3
M	39,998 ≤ Φ < 39,999	1	1	12	12	12	2	2	2	23	23	23	3	3
N	39,997 ≤ Φ < 39,998	12	12	12	12	2	2	2	23	23	23	3	3	3
P	39,996 ≤ Φ < 39,997	12	12	12	2	2	2	23	23	23	3	3	3	34
R	39,995 ≤ Φ < 39,996	12	12	2	2	2	23	23	23	3	3	3	34	34
S	39,994 ≤ Φ < 39,995	2	2	2	23	23	23	3	3	3	34	34	34	4
T	39,993 ≤ Φ < 39,994	2	2	23	23	23	3	3	3	34	34	34	4	4
U	39,992 ≤ Φ < 39,993	2	23	23	23	3	3	3	34	34	34	4	4	4
V	39,991 ≤ Φ < 39,992	23	23	23	3	3	3	34	34	34	4	4	4	4
W	39,990 ≤ Φ < 39,991	23	23	23	3	3	3	34	34	34	4	4	4	4

图 5-2-16

通过分配编码（如图5-2-17中c1）分配连杆轴承（如图5-2-17中c2）的上半部（如图5-2-17中c3）和下半部（如图5-2-17中c4）。示例：上一示例的连杆轴承的分配编码01构成了上半部（如图5-2-17中

c3）的黄色轴瓦（如图5-2-17中d0）和下半部（如图5-2-17中c4）的黑色轴瓦（如图5-2-17中d1）。d0黄色轴瓦，d1黑色轴瓦，d2蓝色轴瓦，d3红色轴瓦，d4绿色轴瓦。

C		
c1	c2	
	c3	c4
0	d0	d0
1	d1	d1
2	d2	d2
3	d3	d3
4	d4	d4
01	d0	d1
12	d1	d2
23	d2	d3
34	d3	d4

图 5-2-17

263

第六章　奔驰CLA级（W118）车系

第一节　新技术剖析

一、导言

投入市场的CLA级车型W118.3是轿跑车，与前辈车型类似，新CLA级车辆非常重视运动性和优雅性。其通过各种新的装备系列，设计组件以及有吸引力的材料和颜色着重突显了该主张。与新A级车型W177类似，新CLA级车辆基于新梅赛德斯-奔驰前轮驱动平台，于2019年5月投入市场。

新CLA级车辆的产品概念主题是：

①扩展安全性和驾驶员辅助系统增强版。

②突出运动性。

③具有高实用价值的现代信息娱乐系统。

④更广泛的个性化选择。

⑤车内使用高质量材料。

⑥前部和后部具有更大的头部空间、肩部空间和肘部空间。

⑦上车改善和行李箱的使用价值。

二、车型一览

车型和主总成，如表6-1-1所示。

表6-1-1

车型	车辆	投放市场	发动机	输出功率（kW）	扭矩（N·m）	自动变速器	手动变速器
CLA 180 d轿跑车	118.303	05/2019	608.915	85	260	700.422	711.634
CLA 200 d轿跑车	118.312	08/2019	654.920	110	320	–	711.634
CLA 220 d轿跑车	118.314	08/2019	654.920	140	400	–	711.634
CLA 180轿跑车	118.384	05/2019	282.914	100	200	700.423	711.636
CLA 200轿跑车	118.387	05/2019	282.914	120	250	700.423	711.636
CLA 220轿跑车	118.344	05/2019	260.920	140	300	724.103	–
CLA 220 4MATIC轿跑车	118.345	05/2019	260.920	140	300	724.114	–
CLA 250轿跑车	118.346	05/2019	260.920	165	350	724.103	–
CLA 250 4MATIC轿跑车	118.347	05/2019	260.920	165	350	724.114	–
CLA 35 AMG 4MATIC	118.351	08/2019	260.920	225	400	724.045	–

三、设计

1. 外饰

在不对车辆基本设计形式进行重大改变的情况下，新CLA级车辆的运动型潮流设置和动态设计使车型系列更为夺目，更具魅力：

①渐进式前端设计，采用银点状散热器格栅和新的较窄大灯。

②侧视图，在视觉上采用了无门框车门的沉稳设计。

③改装的后部具有较窄的，两件式尾灯。

④后保险杠采用了保险杠护盖中安装排气尾管饰件和车辆牌照板的形式。

CLA200侧视图，如图6-1-1所示。

图 6-1-1

CLA200前视图，如图6-1-2所示。

图 6-1-2

CLA180后视图，如图6-1-3所示。

图6-1-3

2. 内饰

CLA级车的内饰设计结合了动感与史无前例的宽敞感，内饰设计的主要特征：

①高品质的材料选择和做工。

②设计前卫的仪表板。

③独立的宽屏幕驾驶室。

④带集成式功能照明的涡轮状出风口。

⑤采用现代无边框设计的车内后视镜。

⑥新座椅设计。

⑦黑色高光表面的中央控制台。

内饰设计CLA级，如图6-1-4所示。

图6-1-4

前部内饰CLA级，如图6-1-5所示。

图 6-1-5

后排长座椅CLA级，如图6-1-6所示。

图 6-1-6

四、技术数据

1.尺寸图（如表6-1-2所示）

与前辈车型相比，新CLA级车辆的长度和轴距更大，这提高了车内宽敞度和舒适度并且行李箱容量更大。与前辈车型相比，在新CLA级车辆中，特别是长度、宽度、高度和轴距均有所增加；与前辈系列相比，增大了前部和后部的轴距，从而提升新CLA级的车辆动态。较大的车辆长度和轴距拉长了车辆，展现了更强的运动感并且更便于后座区上下车。

表6-1-2

特性	数值（取决于车型和配置）	单位
车辆长度	4688	mm
车外后视镜展开时的车辆宽度	1999	mm
车辆高度[1]	1439	mm
轴距	2729	mm
前轴轮距	1612	mm
后轴轮距	1602	mm
空车重量	1320~1485	kg
最大负载	505~535	kg
转弯半径（墙到墙）	11.1	m
牵引系数c_w	0.23	—
油箱容积	43，储备容积5L，未装配全轮驱动车辆的标配	L
	51，储备容积5L，装配全轮驱动车辆的标配	
SCR箱容积	23.8	L

注：1. FF DIN=位置，驾驶就绪（无驾驶员）ECE：M1（汽车许可）悬架（量产）。

五、保养策略

根据新保养逻辑，全新CLA级车辆要进行保养。保养范围，特别是A类保养和B类保养，根据相关流程和车辆相关标准进行重新编译。因此，将明显减少年度保养成本波动。但是，仍保留了规定的保养间隔25000km或12个月［欧洲经济委员会（ECE）］以及具体国家可能不同的里程间隔。此外，保养A和保养B继续按顺序应用且客户可自由选择"附加服务"。

1. 发动机

车型系列W118在投入市场时可提供以下发动机型号：

①M260，4缸直列式火花点火型发动机，排量2.0L。

②M282，4缸直列式火花点火型发动机，排量1.4L和气缸切断装置。

③OM608，4缸直列式柴油发动机，排量1.5L。

④OM654，4缸直列式柴油发动机，排量2.0L。

更换发动机油和机油滤清器期间，通过油底壳中的放泄塞排放发动机油，可通过仪表盘调用发动机油液位。

2. 变速器

除了进一步开发的手动变速器FSG310，车型系列还采用双离合器变速器7F-DCT以及双离合器变速器新开发版7G-DCT（7速）和8G-DCT（8速）。

3. 附加保养作业

268

车辆规定的附加保养作业的间隔如下：

①更换制动液，每2年。

②更换空气滤清器滤芯，每75000km或3年。

③更换火花塞（M260，M282），每75000km或3年。

④后轴换油［全时四轮驱动（4MATIC）和代码809］，每75000km或3年。

⑤安装新的柴油燃料滤清器（OM608，OM654），每75000km或3年。

⑥自动变速器换油（7DCT 300，截至代码809），每75000km或3年。

⑦自动变速器换油（7DCT 300，始自代码800），每125000km。

⑧自动变速器油和机油滤清器更换（7DCT 350和8DCT），每125000km。

⑨安装新的汽油燃油滤清器（M260，M282），每200000km或10年。

⑩更换冷却液，每200000km或10年。

⑪更换齿形皮带（OM 608），每200000km或10年。

4. 保持附加保养间隔

成本效益和可规划性：乘用车梅赛德斯-奔驰服务协议利用车辆相关服务合同，客户可用定制方式保护自己并从不同产品类型中选择最适合他/她的产品。作为入门级产品的扩展保修措施旨在面向安全主导型和价格敏感型的用户，从长远角度来看以及制造商保修到期后，可使客户免于承受不可预计的修理成本。通过保养合同，重点在于成本透明和可靠计划。在协议时间内承担所有的保养成本，此保养包括根据保养小册（包括"另开施工单"时的附加保养作业）的所有保养作业。全套保养合同作为高级产品，除了上述的保养和修理作业，还包括所有与磨损相关的作业。有了全方位的保护，客户可以坚信其梅赛德斯-奔驰车辆在很长时间内都会保持良好的状态。梅赛德斯-奔驰保养合同的有效性和产品名称按照国家规定的方式确定。

六、发动机

新CLA级车辆将在投入市场时提供四款发动机。根据市场不同，火花点火型发动机装配汽油微粒滤清器，用于废气再处理，如表6-1-3所示。

表6-1-3

发动机	名称	排量	输出功率
4缸柴油发动机	OM 608	1.5L	85kW
4缸柴油发动机	OM 654	2.0L	110、140kW
4缸火花点火型发动机	M282	1.4L	100、120kW
4缸火花点火型发动机	M260	2.0L	140、165、225kW

七、变速器

根据发动机版本，新CLA级将在投入市场时提供三款变速器型号。

1.6速手动变速器"FSG310"（变速器711.6）

6速手动变速器进一步发展，以便在新CLA级中使用，其与1.4L火花点火型发动机M282，1.5L柴油发动机OM608和2.0L柴油发动机OM654配套提供。

6速手动变速器的基本特性包括：

①3轴正齿轮系统。

②驱动轴和两个带固定式/浮式轴承的输出轴。

③齿轮副的多种用途。

④四个重量优化的铸铝换挡拨叉。

⑤外壳和齿轮组材料减少。

⑥所有齿轮的齿轮识别。

⑦设计扭矩最高为350N·m。

⑧变速器油量减少。

⑨变速器重量减少。

⑩阻力损失降低。

2. 7速双离合器变速器"7F-DCT"（变速器724.0）

7速双离合器变速器进一步发展，以便在新CLA级中使用。其与2.0L火花点火型发动机M260在新CLA级中配套提供。

7速双离合器变速器的基本特性包括：

①紧凑式变速器外壳。

②"湿式"启动离合器。

③由拉线驻车的驻车止动爪。

④完全集成式控制单元。

⑤通过油泵电动支持的电动液压控制单元。

⑥启动-停止适用。

⑦4MATIC全轮驱动系统适用。

7速双离合器变速器已适应新A级的安装范围，双离合器已明显提高了相关牵引和换挡性能。

3. 7速双离合器变速器"7DCT-300"（变速器700.4）

此7速双离合器变速器也已改进，从而用于新CLA级车型。其与1.4L火花点火型发动机M282和1.5L柴油发动机OM608配套提供。

7速双离合器变速器的基本特性包括：

①发动机阻力矩优化的齿轮组，带输出轴的固定-松动轴承。

②嵌套湿式双离合器。

③浸入润滑。

④通过两个换挡鼓的机电挡位接合。

⑤通过泵促动器的电液离合器促动。

⑥软件控制的离合器操作（有利于不同的换挡行为）。

⑦冷却离合器的电动油泵。

⑧集成式变速器冷却器。

⑨由拉线驻车的驻车止动爪。

⑩启动-停止适用。

⑪较低的干重约67kg。

4. 8速双离合器变速器"8F-DCT"（变速器724.1）

新的8速双离合器变速器对驾驶和换挡性能设置了新的标准。同时，进一步减少消耗和二氧化碳（CO_2）排放。随着从7挡提升至8挡，驱动齿轮的转速可更精确地适应发动机转速，这有利于实现经济有效且注重性能的驾驶方式。8速双离合器变速器8F-DCT与2.0L火花点火型发动机M260配套使用。8F-DCT模块化结构的概念期间，已通过全轮驱动或混合动力传动系统创建了组合的先决条件。

（1）变速器设置。

8速双离合器变速器的重要特性包括：

①完全集成式直接控制。

②干式油底壳润滑。

③起步比小和挡位间距小。

④8挡时转速降低。

⑤适用于全轮驱动。

与7F-DCT相比，8F-DCT的重量减少约3.6kg。通过各种轻重量结构措施（例如塑料油底壳，带塑料罐的内部回路和轻重量外壳）减轻了重量。8F-DCT的传动比分布在双离合器变速器的端部，具有相当的扭矩量。

（2）双离合器系统。

在双离合器系统中，双离合器的摩擦系统进一步减少了损失且驱动性能实现了优化。控制杆通过涂层材料的波动和变速器油的黏度降低来减少双离合器阻力损失。

（3）齿轮组。

为能够传输最高为520N·m的扭矩，与发动机M260和OM654配合开发了高性能齿轮组。该齿轮组的传动比为phi1/8=8.81。单个齿轮之间的增量（转速差）较小，这可使换挡操作尤为舒适。从预压缩圆锥滚子轴承到固定式/浮子轴承的更换以及机油黏度的降低将齿轮组的阻力损失降至最低。

（4）所选择的8速双离合器变速器"8F-DCT"的临时技术数据，如表6-1-4所示。

表6-1-4

特性	值		单位
最大可传输扭矩	1挡：300		N·m
	2挡：350		
	3挡至4挡：400		
	5挡至8挡：450		
最大可传输输出	225		kW
最大转速	7300		1r/min时
前进挡/倒挡数量	8/1		
转向轴倾斜度	8.81		phi
轴距	188		mm
长度	360		mm

特性	值	单位
重量	82.9	kg
加注容积（自动变速器油）	5.5	L

（5）8速双离合器变速器"8F-DCT"横截面，如图6-1-7所示。

1. 驱动轴　2. 双离合器　3. 全时四轮驱动（4MATIC）后轴的取力器　4. 正齿轮（锥齿轮差速器）　5. 顶部换挡轴
6. 升挡换挡拨叉　7. 顶部换挡缸　8. 机油泵链条传动　9. 机油泵

图 6-1-7

（6）8速双离合器变速器"8F-DCT"的干式油底壳润滑。

通过干式油底壳润滑对双离合器变速器进行供油、润滑和冷却。干式油底壳润滑期间，油底壳中的机油被泵出，油位（A）降至最低，从而降低旋涡损失。通过安装在齿轮组室中的润滑架实现冷却和润滑。齿的定向润滑，加油量的减少和机械油泵阻力扭矩的减小会确保有效的供油和润滑，额外的有效措施包括一个输送量显著减少的机械油泵和一个根据需要提供支持的电动驱动油泵。

（7）8速双离合器变速器"8F-DCT"的机油滤清器系统。

"8F-DCT"中的机油滤清器系统包含：

①1个压力式机油滤清器。

②2个吸油滤清器。

③1个干式油底壳机油滤清器。

齿轮组室的机油通过干式油底壳机油滤清器流动，并通过电动辅助机油泵（M42）传送到进气室中。进气室中的机油通过两个吸油滤清器进行过滤，初级吸油滤清器位于机械油泵的前部，其产生双离合器变速器中液压过程所需的油压和流量，次级吸油滤清器位于电动辅助机油泵的前部。根据驾驶情况，其为全集成化变速器控制系统电动液压控制单元（Y3/14）提供过滤的机油。行驶时，变速器控制装置的废热，离合器片和齿轮组处的摩擦会使变速器油温度升高。废热被变速器油吸收，变速器油通过压力式变速器油滤清器经供给管过滤并传送至变速器油热交换器，变速器油通过回流管流回油底壳中。干式油底壳润滑的示意图，如图6-1-8和6-1-9所示。

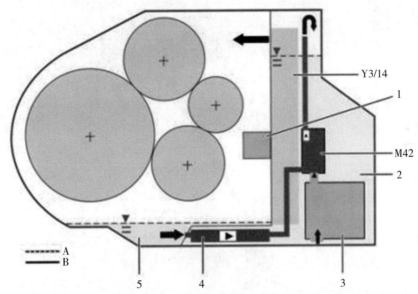

Y3/14.全集成化变速器控制系统电动液压控制单元　M42.电动辅助机油泵　1.机油泵　2.进气室　3.吸油滤清器
4.干式油底壳机油滤清器　5.机油/齿轮组室　A.油位　B.容积流率

图 6-1-8

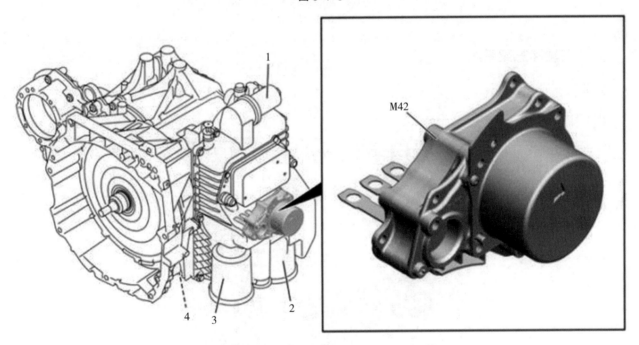

M42.电动辅助机油泵　1.压力式机油滤清器　2.次级吸油滤清器　3.初级吸油滤清器　4.干式油底壳机油滤清器

图 6-1-9

八、全时四轮驱动（4MATIC）分动箱

8速双离合器变速器"8F-DCT"的全时四轮驱动（4MATIC）分动箱。CLA级车型118.3采用了众所周知的车型177和247中的四轮驱动（4×4）。传动系统结构如图6-1-10所示。

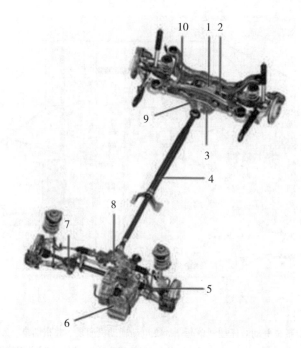

1.后轴差速器　2.左后半轴　3.全轮驱动促动器　4.后轴传动轴　5.左前半轴　6.双离合器变速器
7.右前半轴　8.取力器　9.多盘式离合器　10.右后半轴

图 6-1-10

九、车轴和悬架系统

1. 前轴

前轴结构如图6-1-11所示。

图 6-1-11

与前辈系列类似，新CLA级车辆采用麦弗逊式前悬架。在新CLA级车辆的前轴模块中，在每种情况下，将轮毂单元拧入铸铝转向节上。在每种情况下，车轮控制装置控制车轮中央下方的一个横向控制

274

臂、一个悬架减震柱和一个转向横拉杆。在新CLA级车辆中，横向控制臂设计为铝锻件。因此，重量减少且非悬架部分质量保持低水平。从驾驶动态角度来看，由于相应的设计和人造橡胶轴承的布局使进一步发展的前轴提供了高车辆响应，高乘坐舒适性和高驾驶安全性。确定车轴几何形状期间，尽可能降低加速期间的转向拉力尤为重要。由于CLA级的前端总成和新发动机，沿行驶方向观看时，齿轮齿条式转向机构已移动到车轮中心的后方。

2. 后轴

四连杆式后轴会安装到新CLA级车辆中。

3.四连杆式后轴

四连杆式后轴结构如图6-1-12所示。

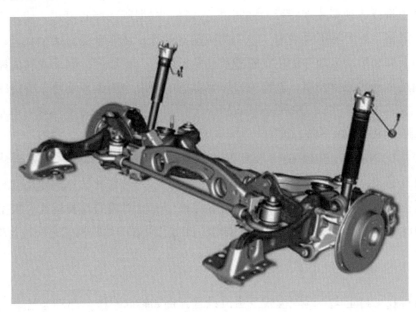

图 6-1-12

在四连杆式后轴中，每个后轮的三个控制臂和一个牵引臂吸收产生的力和扭矩。因此，可通过指定的方式调节车辆的纵向动力和横向动力，并且其几乎彼此独立，因此可获取最大行驶稳定性和乘坐舒适性。车轮支架和弹簧连杆是铝制的，用于调节响应性和乘坐舒适性方面的行驶特性。悬架部件使用的铝比例是该车辆类别已知悬架系统最高的一项，较低的非悬架部分质量可以特别精确地感知道路表面，从而获得高乘坐舒适性。为减少声音上的和可感知的振动，新CLA级会采用后轴托架，后者通过人造橡胶轴承与车身外壳进行脱离。

4.悬架和减震

新CLA级的悬架包括前轴上的麦弗逊式弹簧柱和双管减震器以及位于后轴上的单管减震器和独立弹簧，稳定杆还安装在前轴和四连杆式后悬架上。

以下悬架型号可用：

①带钢制弹簧的舒适型悬架（标准装备）。

②带钢制弹簧和下部件的舒适型悬架［特定市场，装配敏捷操控（AGILITY CONTROL）悬架/代码677］。

③带自适应减震调校的悬架（装配带减震调校的钢制悬架/代码459）。

（1）带钢制弹簧的舒适型悬架（标准装备）

传统减震系统是标准悬架的一部分。选择双管减震器的设置，以使前轴处的牵引力/压缩力相互成比例，从而减少动态车轮载荷，从而使车辆动态和行驶安全都进一步改善。需要足够大的弹簧行程，带有相应支撑长度的摩擦优化减震器和横向力补偿，从而实现更舒适的悬架特性。

（2）带钢制弹簧和下部件的舒适型悬架〔市场特定，装配敏捷操控（AGILITY CONTROL）悬架/代码677〕。

较硬的前轴和后轴弹簧以及前轴和后轴处已调节的减震器是带下部件的舒适型悬架的一部分，与标准悬架相比，前轴和后轴处的车辆水平高度约降低15mm。

（3）带自适应减震调校的悬架（装配带减震调校的钢制悬架/代码459）。

新CLA级车辆可选择性地采用主动式可调节减震器。结合动态操控选择（DYNAMIC SELECT）选择的驾驶模式，可在舒适型或运动型减震器行为之间进行选择。根据所选择的模式，使减震器适应于道路状况和驾驶员的驾驶风格，驾驶员不再受限于单一的减震器设计，还能享受舒适型和运动型之间的最佳组合。为减少车身的俯仰和滚动运动并优化车轮载荷和轮胎附着力，加速、制动或转向操作过程中，进一步将减震调硬。通过主动式减震控制，创建突显车辆动态的要求，而无须妥协于行驶安全性或乘坐舒适性。

5. 动态操控选择（DYNAMIC SELECT）

动态操控选择（DYNAMIC SELECT）及其驾驶模式是一个组件，集成了多个系统和功能〔转向系统、传动系统和可选悬架，电控车辆稳定行驶系统（ESP®）〕，为驾驶员提供专用驾驶风格。驾驶员可以选择特定的舒适型驾驶模式，运动型驾驶模式或确保最佳燃油消耗的驾驶模式。根据已安装的装备，驾驶员可在不同预设驾驶模式和可在很大程度上由驾驶员自己设置的驾驶模式之间进行选择。

6. 变速器模式

（1）自定义。

根据车辆装备可在"自定义"驾驶模式下更改设置，例如转向系统、驱动系统、电控车辆稳定行驶系统（ESP®）和悬架。

（2）运动型。

运动型驾驶模式支持高舒适性的运动型驾驶风格。

（3）舒适型。

舒适型驾驶模式是良好平衡性的驾驶模式，配备有相应悬架调校装置和燃油消耗量传动系统优化调校装置，重启点火开关时，"舒适型"驾驶模式自动设置。

（4）经济型。

在经济型驾驶模式下，车辆设计为最低燃油消耗量。

7. 转向机构

在新CLA级车辆中使用齿轮齿条式转向机，其位于车轮中心的后面。电动机产生标准速度辅助转向力，将辅助转向力通过减速传动装置传送至齿轮齿条式转向机，电动机和控制单元的集成允许紧凑型设计。

8. 制动系统

在新CLA级车辆中，所谓的X配置中的液压双回路制动系统与标准制动功能自适应制动（ADAPTIVE BRAKE）配套使用，该制动系统在梅赛德斯-奔驰车辆中提供以下标准高品质内容：

①制动距离。

②响应时间。

③滑行强度。

④制动内衬的使用寿命。

⑤制动时的方向稳定性。

因此，应考虑车辆特定情况，例如车轴载荷分配、重量和性能。

9. 电动驻车制动器

电动驻车制动器是标准装备的部件并作用于后轮。制动部件通过自锁机械作用以断电状态保持在制动位置，利用车内照明灯开关旁边，仪表板中驻车制动器的控制元件操作电动驻车制动器。装配手动变速器车辆中的自动驻车制动是CLA级车辆中的新功能。车辆静止的情况下，点火开关关闭或驾驶员侧车门打开，则自动施加电动驻车制动。如果未施加驻车制动且驾驶员侧车门打开，则仪表盘上显示红色警告信息"车辆溜车风险-未施加电动驻车制动"（Risk of vehicle rolling-electronicparking brake not applied）。

10. 轮胎压力监测器

CLA级中的新功能是轮胎温度监测功能，还与发动机M139配合使用，使用与轮胎压力相同的传感器监测轮胎温度。如果出现由于过载导致的轮胎温度明显升高，则仪表盘中出现警告信息"轮胎过热"（Tires overheated），在信息中显示轮胎温度并以颜色突出显示相关轮胎。如果驾驶员不顾上述警告继续以相同高速行驶，则出现警告信息"轮胎过热，降低车速"（Tires overheated，reduce speed）。

十一、网络连接（车载电气系统）

1. 联网（车型W118.3）

如图6-1-13所示。

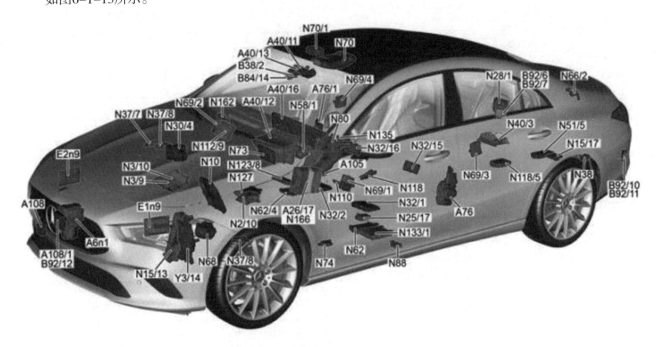

图 6-1-13

传动系统控制器区域网络（CAN）（CAN C1），如表6-1-5所示。

表6-1-5

	控制单元	附加信息
A26/17	主机	装配CONNECT 20入门级（代码547） 或CONNECT 20中级（代码548） 或CONNECT 20高级（代码549）
N3/9	共轨喷射系统柴油机（CDI）控制单元	装配柴油发动机
N3/10	电控多端顺序燃料喷注/点火系统（MESFI）（ME）控制单元	装配汽油发动机
N15/13	双离合器变速器控制单元	装配变速器700.4，发动机282.608
N40/3	音响系统放大器控制单元	装配音响系统/代码810
N118	燃油泵控制单元	—
N127	传动系统控制单元	—
Y3/14	双离合器变速器完全集成式变速器控制系统电动液压控制单元	装配变速器724

传动系统传感器控制器区域网络（CAN）［控制器区域网络总线I级（CAN I）］，如表6-1-6所示。

表6-1-6

	控制单元	附加信息
N3/9	共轨喷射系统柴油机（CDI）控制单元	装配柴油发动机
N37/7	选择性催化还原（SCR）催化转换器上游的氮氧化物（NOx）传感器控制单元	装配柴油发动机
N37/8	选择性催化还原（SCR）催化转换器下游的氮氧化物（NOx）传感器控制单元	装配柴油发动机，未装配低污染组件EURO4/代码926
N74	炭烟颗粒传感器控制单元	装配柴油发动机
N118/5	AdBlue®控制单元	装配柴油发动机和BlueTEC柴油尾气净化装置（SCR）第3代/代码U79

用户界面控制器区域网络（CAN HMI），如表6-1-7所示。

表6-1-7

	控制单元	附加信息
A26/17	主机	装配CONNECT 20入门级（代码547） 或CONNECT 20中级（代码548） 或CONNECT 20高级（代码549）
A40/12	平视显示屏	装配平视显示屏/代码（463）
A76	左前可逆式安全带紧急拉紧器	装配预防性安全系统（PRE-SAFE®）/代码（299）
A76/1	右前可逆式安全带紧急垃紧器	装配预防性安全系统（PRE-SAFE®）/代码（299）
B84/14	增强现实摄像头	装配增强现实/代码（U19）
N2/10	辅助防护系统控制单元	—
N66/2	后视摄像头控制单元	装配后视摄像头/代码218，带驻车定位系统（PARKTRONIC）的主动式驻车辅助/代码235除外
N73	电子点火开关控制单元	—

	控制单元	附加信息
N88	轮胎压力监测器控制单元	装配轮胎压力监测器/代码475
N133/1	仪表盘控制单元	装配CONNECT 20入门级（代码547） 或CONNECT 20中级（代码548） 或CONNECT 20高级（代码549）
N166	主机/仪表盘控制单元	CONNECT 5（代码545）

诊断控制器区域网络（CAN D），如表6-1-8所示。

表6-1-8

	控制单元	附加信息
N73	电子点火开关控制单元	—
N112/9	HERMES控制单元	装配HERMES LTE/代码362

动态行驶控制器区域网络（CAN H），如表6-1-9所示。

表6-1-9

	控制单元	附加信息
N2/10	辅助防护系统控制单元	—
N30/4	电控车辆稳定行驶系统（ESP）控制单元	—

车内控制器区域网络（CAN B），如表6-1-10所示。

表6-1-10

	控制单元	附加信息
N10	中央控制模块	—
N28/1	挂车识别控制单元	装配挂车装置/代码550
N32/1	驾驶员座椅控制单元	装配带记忆功能的电动调节式驾驶员座椅/代码275
N32/2	前排乘客座椅控制单元	装配左侧电动可调前排座椅的记忆开关/代码241 或装配带记忆功能的电动调节式前排乘客座椅/代码242
N32/15	驾驶员多仿形座椅控制单元	装配前排左侧/右侧多仿形座椅/代码409
N32/16	前排乘客侧多仿形座椅控制单元	装配前排左侧/右侧多仿形座椅/代码409
N69/1	驾驶员车门控制单元	—
N69/2	前排乘客侧车门控制单元	—
N70	车顶控制面板控制单元	装配内部监控/代码882
N70/1	全景式滑动天窗控制单元	装配全景式滑动天窗/代码413
N73	电子点火开关控制单元	—
N162	环境照明灯控制单元	装配环境照明灯/代码877

方向盘控制器区域网络（CAN）（CAN LR），如表6-1-11所示。

表6-1-11

	控制单元	附加信息
N80	转向柱模块控制单元	–
N135	方向盘电子设备	–

发动机控制器区域网络（CAN）［控制器区域网络总线C级（CAN C）］，如表6-1-12所示。

表6-1-12

	控制单元	附加信息
N3/9	共轨喷射系统柴油机（CDI）控制单元	装配柴油发动机
N3/10	电控多端顺序燃料喷注/点火系统（MESFI）（ME）控制单元	装配汽油发动机
N127	传动系统控制单元	–

外围设备控制器区域网络（CAN PER），如表6-1-13所示。

表6-1-13

	控制单元	附加信息
A40/11	平面探测多功能摄像头	装配主动式路线保持辅助系统/代码243 交通标志辅助系统/代码513 自适应远光灯辅助系统/代码608 或自适应远光灯辅助系统增强版/代码628 代码51B（欧盟新车安全评估协会）除外 未装配驾驶辅助组件/代码23P
B92/6	外部右后集成式雷达传感器	装配盲点辅助系统/代码234
B92/11	外部左后集成式雷达传感器	装配盲点辅助系统/代码234
E1n9	左侧大灯控制单元	装配左舵驾驶车辆静态LED大灯/代码631 或右舵驾驶车辆静态LED大灯/代码632 或右舵驾驶车辆动态LED大灯，SAE版/代码640 或左舵驾驶动态LED大灯/代码641 或右舵驾驶动态LED大灯/代码642
E2n9	右侧大灯控制单元	装配左舵驾驶车辆静态LED大灯/代码631 或右舵驾驶车辆静态LED大灯/代码632 或右舵驾驶车辆动态LED大灯，SAE版/代码640 或左舵驾驶动态LED大灯/代码641 或右舵驾驶动态LED大灯/代码642
N73	电子点火开关控制单元	–
N127	传动系统控制单元	–

后部雷达控制器区域网络（CAN）（CAN S2），如表6-1-14所示。

表6-1-14

	控制单元	附加信息
B9217	外部右后雷达传感器	装配驾驶辅助组件/代码23P
B92/10	外部左后雷达传感器	装配驾驶辅助组件/代码23P
N62/4	梅赛德斯–奔驰智能行驶控制单元	装配驾驶辅助组件/代码23P

车载智能信息系统控制器区域网络（CAN A），如表6-1-15所示。

表6-1-15

	控制单元	附加信息
A26/17	主机	装配CONNECT 20入门级（代码547） 或CONNECT 20中级（代码548） 或CONNECT 20高级（代码549）
A40/16	主机/仪表盘显示屏组	–
A105	触摸板	仅装配触摸板/代码446
N123/8	移动电话托座控制单元	装配无线移动电话充电/代码897 或多功能电话/代码899
N166	主机/仪表盘控制单元	CONNECT 5（代码545）

悬架FlexRay（Flex E），如表6-1-16所示。

表6-1-16

	控制单元	附加信息
A40/11	平面探测多功能摄像头	代码51B（欧盟新车安全评估协会）
A40/13	立体探测多功能摄像头	装配驾驶辅助组件/代码23P
A108	主动式制动辅助系统控制单元	装配碰撞预防辅助系统/代码258
A108/1	DISTRONIC主动式车距辅助系统电动控制单元	装配限距控制系统增强版（DISTRONIC PLUS）/代码239
B92/12	近距离和远距离雷达传感器	装配驾驶辅助组件/代码23P
N15/17	全轮驱动控制单元	装配全时四轮驱动（4MATIC）/代码M005
N30/4	电控车辆稳定行驶系统（ESP）控制单元	–
N51/5	自适应减要系统（ADS）控制单元	装配带可调减震功能的钢制悬架/代码459
N62	驻车系统控制单元	装配带驻车定位系统（PARKTRONIC）的主动式驻车辅助系统/代码235
N62/4	梅赛德斯-奔驰智能行驶控制单元	装配驾驶辅助组件/代码23P
N68	电动动力转向机构控制单元	–
N73	电子点火开关控制单元	–
N80	转向柱模块控制单元	–
N127	传动系统控制单元	–

多媒体传输系统（MOST），如表6-1-17所示。

表6-1-17

	控制单元	附加信息
A26/17	主机	装配CONNECT 20入门级（代码547） 或CONNECT 20中级（代码548） 或CONNECT 20高级（代码549）
N40/3	音响系统放大器控制单元	装配音响系统/代码810

加热器局域互联网（LIN）（LIN B28），如表6-1-18所示。

表6-1-18

	控制单元	附加信息
N10	中央控制模块	–
N25/17	前排座椅加热器/座椅通风控制单元	装配驾驶员和前排乘客座椅加热器/代码873，未装配带记忆功能的电动调节式驾驶员座椅/代码275 或驾驶员和前排乘客空调座椅/代码401，未装配带记忆功能的电动调节式驾驶员座椅/代码275

无钥匙启动（KEYLESS-GO）局域互联网（LIN）（LIN B27），如表6-1-19所示。

表6-1-19

	控制单元	附加信息
N38	后部换挡模块	免提开启功能（HANDS-FREE ACCESS）代码871
N73	电子点火开关控制单元	–

空调操作单元局域互联网（LIN B8-3），如表6-1-20所示。

表6-1-20

	控制单元	附加信息
N10	中央控制模块	–
N58/1	智能气候操控单元	–

智能气候控制系统局域互联网（LIN 2）（LIN B8-2），如表6-1-21所示。

表6-1-21

	控制单元	附加信息
A6n1	驻车加热器控制单元	装配驻车加热器/代码228
N10	中央控制模块	–

雨量/光线传感器局域互联网（LIN）（LIN B16），如表6-1-22所示。

表6-1-22

	控制单元	附加信息
B38/2	带附加功能的雨量/光线传感器	–
N10	中央控制模块	–

座椅承载识别局域互联网（LIN E2），如表6-1-23所示。

表6-1-23

	控制单元	附加信息
N2/10	辅助防护系统控制单元	–
N110	重量传感系统（WSS）控制单元	装配前排乘客前置气囊自动关闭功能/代码U10
N112/9	HERMES 控制单元	装配HERMES LTEI/代码362 或装配俄罗斯版HERMES UMTS通信模块/代码364

控制单元		附加信息
N166	主机/仪表盘控制单元	CONNECT 5（代码545）

左后车门局域互联网（LIN B9），如表6-1-24所示。

表6-1-24

控制单元		附加信息
N69/1	驾驶员车门控制单元	–
N69/3	左后车门控制单元	–

右后车门局域互联网（LIN B10），如表6-1-25所示。

表6-1-25

控制单元		附加信息
N69/2	前排乘客侧车门控制单元	–
N69/4	右后车门控制单元	–

与前辈车型系列相比，新款中装配了FlexRay™总线系统，其数据传输速率显著提高。

（1）联网结构的基本特征。

①通过不同的子网络进行控制器区域网络（CAN）通信。

②底盘FlexRay™总线系统。

③多媒体定向系统传输（MOST）总线。

④多个子集系统设计为单线总线系统（LIN）。

（2）子网络通过网关进行连接：

①电子点火开关控制单元。

②主机。

③共轨喷射系统柴油机（CDI）控制单元或电控多端顺序燃料喷注/点火系统［ME-SFI（ME）］ 控制单元。

④传动系统控制单元。

2. 车载电气系统

后部插座（装配115V插座/代码U80或车内230V插座/代码U67）在后部中央控制台的下部区域中，装配有储物箱，用于固定后部插座。除标准双USB接口之外，还提供115V插座或230V插座作为选装装备。

十二、外车灯

车外照明提供以下设计：

卤素大灯；

标准装备；

静态LED大灯；

静态LED大灯（左舵驾驶）/代码631；

静态LED大灯（右舵驾驶）/代码632；

动态LED大灯（MULTIBEAM LED）；

动态LED大灯，SAE版（右侧驾驶）/代码640；

动态LED大灯（左侧驾驶）/代码641；

动态LED大灯（右侧驾驶）/代码642；

车型W118.3装配卤素大灯，左侧安装，如图6-1-14所示。

图 6-1-14

车型W118.3装配静态LED大灯，左侧安装，如图6-1-15所示。

图 6-1-15

车型W118.3装配动态LED大灯（MULTIBEAM LED），左侧安装，如图6-1-16所示。

图 6-1-16

1. 动态LED大灯（MULTIBEAM LED）

新CLA级车辆新增了带MULTIBEAM LED照明系统的大灯，有助于在持续的远光灯下进行防眩光驾驶。MULTIBEAMLED照明系统有助于在不同驾驶条件和天气状况下优化道路照明，多种照明功能通过增加灯光输出和调节灯光分布实现。MULTIBEAM LED照明系统通过每个大灯的18个LED水平调节光锥，通过选择性地促动单独的LED，从而生成不同的灯光分布。所有措施的目的是进一步改善灯光输出，灯光分布和光程范围并使夜间驾驶更安全。由于照明系统的控制选项，有助于促进以下附加功能：

①主动式远光灯辅助系统增强版。

②城市照明。

③高速公路照明。

④转向照明。

2. 尾灯

新CLA级车辆的尾灯采用两件式设计。根据大灯版本，自动新增两种尾灯类型，两种类型在其设计和使用的光源方面均不同。对于装配卤素大灯的车辆，转向信号灯和倒车灯照明功能应用在带灯泡的后尾灯上。对于装配LED大灯车辆的尾灯，也在带LED的尾灯上应用了所有照明功能。根据驾驶状况和环境亮度（日间/夜间）（多水平功能），按照在不同光照条件下操作制动灯和转向信号灯。车型W118.3装配部分LED的尾灯（后转向信号灯和倒车灯采用卤素技术），左侧安装，如图6-1-17所示。

图 6-1-17

车型W118.3装配全LED的尾灯，左侧安装，如图6-1-18所示。

图 6-1-18

十三、车内照明

新CLA级的车内照明分为标准装备和不同选装装备，标准装备包括以下灯具：

①上方控制面板中的照明灯。

②车顶内衬中的后排区域照明灯。

③行李箱照明灯。

④手套箱照明灯。

选装装备提供不同的照明概念，其中车内照明可自定义设计。色彩和光线会唤醒情绪并创造令人愉悦的氛围，仅节能LED作为灯具使用。

1. 装配照明和视觉组件/代码（U62）

除标准范围外，照明和视觉组件包括以下灯具：

①前门和后门的车门把手的间接照明灯。

②前部脚部位置照明灯。

③驾驶员和前排乘客带照明的梳妆镜。

④带无眩光阅读灯的车内后视镜。

⑤中央控制台中存放盒/杯座的照明灯。

⑥驾驶员和前排乘客侧车门中的下车和警告灯。

⑦掀开式尾门上的信号和环境照明灯。

2. 装配环境照明灯/代码877

利用环境氛围照明系统，可提供通过混合原色红色、绿色和蓝色创造的64种灯光颜色。为此，所使用的LED提供有三款芯片，后者会相应地促动。除64种灯光颜色之外，还提供了10种所谓的色彩世界，车内通过多种协调的灯光颜色进行照明。色彩世界可以与可用的显示屏样式相结合，从而创造和谐的整体印象，还可增加灯光效果，可自定义启用。这些包括调节智能气候控制装置时出风口的灯光效果，迎宾效果和动态操控选择（DYNAMIC SELECT）效果。亮度可以在0到10的亮度区域中进行配置。这里特别值得注意的是车内环境照明的进一步发展和布局。由于间接照明和直接照明的接合，这种新型环境照明尤其可在仪表板上部和下部之间的过渡区域中体验。其中一个亮点是出风口内部的照明，给人以喷气发动机的印象，独立式宽屏幕驾驶室以及中央控制台也与环境照明相融合。环境照明（代码877），如图6-1-19所示。

图 6-1-19

十四、驾驶员辅助系统

由于增强了驾驶员辅助功能，驾驶员辅助系统提供更佳的安全性和舒适性。在跨系统概念的基础上，区域整体安全性和梅赛德斯–奔驰智能驾驶的相互作用和协同合作增加。新CLA级车辆采用最新一代的驾驶辅助组件（DAP4.5）。新CLA级车辆提供驾驶员辅助系统的模块化范围，除标准装备之外，选装装备在驾驶员辅助的相关方面提供了自定义构建车辆的可能性，最重要的驾驶员辅助系统被编译为组件。以下驾驶员辅助系统可作为自定义系统提供：

①盲点辅助系统（装配盲点辅助系统/代码234）。

②主动式车道保持辅助系统（装配主动式车道保持辅助系统/代码243）［欧洲新车评估计划（欧洲NCAP）国家标准］。

③DISTRONIC主动式车距辅助系统（装配DISTRONIC主动式车距辅助系统/代码239）。

④速度限制辅助系统（装配速度限制辅助系统/代码504）（欧洲NCAP国家标准）。

⑤交通标志辅助系统（装配交通标志辅助系统/代码513）。

1. 驾驶辅助组件

①驾驶辅助组件，代码23P。

②DISTRONIC主动式车距辅助系统。

③对于静止物体的舒适制动。

④交通堵塞时延长自动重新启动。

⑤路线（弯道、环路、收费站、T形交叉口）产生之前以及转出/驶出高速公路/快车道时DISTRONIC主动式车距辅助系统调节地面速度。

⑥主动式转向辅助。

⑦主动式车道保持辅助系统。

⑧车辆静止时，带自动解锁的主动式紧急停车辅助系统向梅赛德斯–奔驰紧急中心拨打紧急呼叫（取决于国家）。

⑨针对限速改变的带预先反应的主动式速度限制辅助系统。

⑩主动式制动辅助系统指示灯。

⑪带交叉行车功能。

⑫带车队尾部紧急制动功能。

⑬避让转向辅助系统。

⑭主动式车道保持辅助系统。

⑮主动式盲点辅助系统。

⑯预防性安全系统增强版（PRE-SAFE® PLUS）。

2. 驻车辅助系统

以下装备作为驻车辅助系统提供：

①后视摄像头（装配后视摄像头/代码218）。

②主动式驻车辅助系统［装配带驻车定位系统（PARKTRONIC）的主动式驻车辅助系统/代码235］。

③带后视摄像头的驻车组件（装配驻车组件/代码P44）。

④带360°摄像头的驻车组件（装配带360°摄像头的驻车组件/代码P47）。

3. 方向盘

CLA级车辆中使用新一代方向盘。驾驶员辅助系统定速巡航控制/限速器和DISTRONIC车距辅助系统的控制元件位于多功能方向盘上，通过触控功能进行操作时会发出声音反馈（手指导航垫）。车内的扬声器发出操作声音反馈，可通过多媒体系统进行设置。在标准情况下的多功能方向盘，如图6-1-20所示。

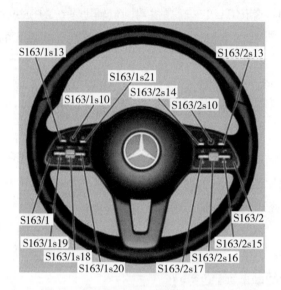

S163/1.仪表盘多功能方向盘按钮组　S163/1s10.仪表盘手指导航垫　S163/1s13."返回"按钮　S163/1s18.定速巡航控制开关　S163/1s19.定速巡航控制恢复开关　S163/1s20.定速巡航控制和限速器开关　S163/1s21.主页按钮　S163/2.主机多功能方向盘按钮组　S163/2s10.主机手指导航垫　S163/2s13."返回"按钮　S163/2s14.主页按钮　S163/2s15.接听/挂断电话开关　S163/2s16.音量控制旋钮开关　S163/2s17.语音控制开启和收藏夹开关

图 6-1-20

多功能方向盘，装配DISTRONIC主动式车距辅助系统/代码239或驾驶辅助组件/代码23P，如图6-1-21所示。

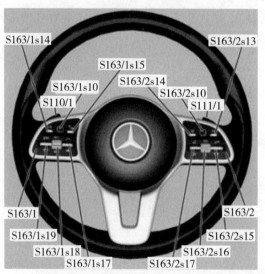

S110/1.方向盘降挡按钮　S111/1.方向盘升挡按钮　S163/1.仪表盘多功能方向盘按钮组　S163/1s10.仪表盘手指导航垫　S163/1s14.主页和返回按钮　S163/1s15.限速器和DISTRONIC主动式车距辅助系统按钮　S163/1s17.DISTRONIC主动式车距辅助系统开关　S163/1s18.定速巡航控制开关　S163/1s19.定速巡航控制恢复开关　S163/2.主机多功能方向盘按钮组　S163/2s10.主机手指导航垫　S163/2s13."返回"按钮　S163/2s14.主页按钮　S163/2s15.接听/挂断电话开关　S163/2s16.音量控制旋钮开关　S163/2s17.语音控制开启和收藏夹开关

图 6-1-21

十五、恒温控制

1. 智能气候控制

新CLA级的车内智能气候控制提供两种不同的系统：

①1分区空调系统"THERMATIC"（装配空调系统/代码580）。

②2分区空调系统"THERMOTRONIC"（装配自动空调控制/代码581）。

根据相应市场和发动机提供为标准或选装装备。智能气候控制是一种以基本上满足许多客户舒适感为目标的自动模式，这种智能气候控制舒适性通过完美协调的控制曲线实现。为根据需要冷却或加热空气，多个传感器测量车内温度和车外温度。为防止车窗起雾，检测风挡玻璃处的空气湿度，某些传感器，例如蒸发器温度传感器、出风口温度传感器以及制冷剂的压力传感器直接与中央控制单元相连。此外，例如促动器电机或鼓风机调节器连接至局域互联网（LIN）总线。

（1）工作。

智能气候控制的基本功能可通过仪表板下部的空调控制面板进行选择，通过多媒体系统显示屏中空调菜单，通过动画辅助，可以用清晰地布置方式显示和操作附加功能。

（2）个性化设置。

智能气候设置可分别保存为八种不同的用户配置文件，七个配置文件为用户文件，一个为客人配置文件。这些配置文件创建并保存在多媒体系统中，通过按下按钮，可恢复保存在相应配置文件下的设置，无须单独实现每个设置。智能气候控制的调节装置在中央控制单元（N10）中进行调控，不存在独立的智能气候控制单元。中央控制单元的软件升级后，智能气候控制必须重新编码。

（3）正温度变化系数（PTC）暖气增压器。

发动机的效率越高，冷却液可用于加热的热能就越少。然而，为了实现乘客车厢中所需的加热舒适性，特别是冷内燃机的情况下，将根据市场方式安装电输出功率为1.2kW的正温度变化系数（PTC）暖气增压系统。正温度变化系（PTC）将产生的热量直接供应到流入车内的气流中，暖气增强系统的加热功率以需求为导向的方式分阶段自动启用或停用。

2. 畅心醒神便捷控制（装配畅心醒神组件/代码PBP）

装配畅心醒神组件/代码PBP的畅心醒神便捷控制结合了不同的个性化功能（如车内照明、智能气候控制、音响）以处理分配至特定指导主题的程序，这些自定义功能的特性通常用于提高驾驶员/所有车辆乘客的自定义操作的便利性。由于多种感觉的协调响应，还可增加精神和身体舒适度，可在单调驾驶时通过播放活跃或提神的程序或通过在情绪紧张情况下的放松或热身程序为驾驶员提供辅助，带指导性放松练习的程序有助于缓解紧张。基本配备中包含以下部件：

①CONNECT 20高级（代码549）。

②环境氛围照明系统（代码877）。

③Burmester®环绕立体声音响系统（装配音响系统/代码810）或高级音响系统（装配"中端型"音响系统/代码853）。

3. 驾驶员和前排乘客的座椅加热器（代码873）包含在组件中

畅心醒神便捷控制［装配畅心醒神组件增强版/代码（PBR）］还需要以下选装装备：

①装配前排左侧/右侧多仿形座椅/代码409。

②装配驾驶员和前排乘客空调座椅/代码401。

③2分区空调系统"THERMOTRONIC"（装配自动空调控制/代码581），如图6-1-22所示。

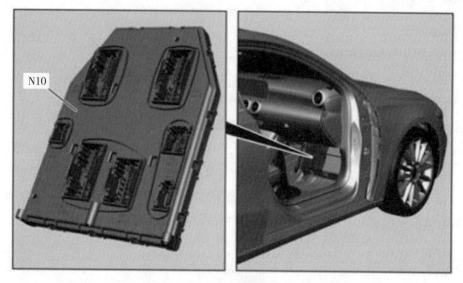

N10.中央控制模块

图 6-1-22

十六、信息、多媒体和通信系统

新CLA级车辆将采用新的第6代车载智能信息系统，得益于人工智能，系统能够进行学习并且可由用户进行个性化设置。根据安装的设备，其额外的优势包括带触摸屏操作的高分辨率宽屏幕驾驶室，带自然语音识别的智能语音控制也是全新的功能，如图6-1-23所示。

图 6-1-23

1.型号

与传统不同，不可再选择主机，根据选装装备自动添加。根据所选选装装备，例如导航或显示屏尺寸，以下设备系列之间存在差异：

①CONNECT 5（代码545）。

②CONNECT 20入门级（代码547）。

③CONNECT 20中级（代码548）。

④CONNECT 20高级（代码549）。

基于所选设备系列，客户可选择附加选装装备。根据所选选装装备，CONNECT 20设备系列有"入门级""中级"或"高级"三个版本，如表6-1-26所示。

表6-1-26

特性	说明
个性化主题显示［CONNECT 20中级（代码548）或CONNECT 20高级（代码549）］	八个用户配置文件下可保存不同的设置
增强现实（装配增强现实/代码U19）仅与CONNECT 20高级（代码549）配套使用	导航期间。在多媒体系统显示屏的路线即视影像中会显示加导航指示、街道名称和门牌号等信息
语音控制［CONNECT 20中级（代码548）或CONNECT 20高级（代码549）］	自然语音识别可用便捷式语音控制，用户无须学习任何语音命令，也可通过语音控制操作多个车辆功能
服务激活/启用	在线服务的激活和启用已通过软件开关标准化
汽车共享	多媒体系统通过car 2go服务提供更多选择

（1）个性化设置［CONNECT 20中级（代码548）或CONNECT 20高级（代码549）］。

个性化设置允许创建并管理最多七个不同的驾驶员配置文件和一个宾客配置文件。根据车辆设备，以下设置可保存在一个配置文件中：

①智能气候控制。

②多媒体系统的显示风格。

③收藏夹，主题显示和建议。

④收音机（包括电台列表）。

⑤驾驶员座椅和后视镜设置（装配带记忆功能的电动调节式驾驶员座椅/代码275）。

⑥之前的目的地［CONNECT 20中级（代码548）或CONNECT 20高级（代码549）］。

⑦环境照明灯［装配环境照明灯（代码877）］。

⑧动态操控选择（DYNAMIC SELECT）（个性化）（装配变速器700.4、724.1）。

对于经常出现的驾驶状况，例如高速公路上的长途旅程，可合并常用设置并保存。在这种情况下，可设置如导航地图、转速表、旅程计算机和常用收音机电台以及优先驾驶模式的显示。在创建所需名称（例如"长途旅程"）下的主题显示时，可保存这些设置。在下一高速公路旅程中，无须重新了解各个性化设置，可直接选择该主题显示。根据车辆设备，以下设置可保存在一个主题显示中：

①仪表盘中的显示设置。

②平视显示系统的设置（装配平视显示系统/代码463）。

③仪表盘和多媒体系统显示屏中的视觉风格。

④用于多媒体系统显示屏的主菜单。

⑤内置音频源（如收音机或USB）。

⑥ECO启动/停止功能设置。

⑦导航设置［CONNECT 20中级（代码548）或CONNECT 20高级（代码549）］。

⑧环境照明灯［装配环境照明灯（代码877）］。

⑨动态操控选择（DYNAMIC SELECT）驾驶模式（装配变速器700.4、724.1）。

（2）增强现实（装配增强现实/代码U19）仅与CONNECT 20高级（代码549）配套使用。

由摄像头记录车辆前方的风景并显示在多媒体系统显示屏中。随之图像中显示虚拟物体和标记，例如，会显示街道名称、门牌号和导航指示。

①宽屏幕驾驶室。

全新CLA级车辆的创新在于装配有集仪表盘和多媒体系统显示为一体的独立式宽屏幕驾驶室，可通过触控功能控制仪表盘中的设置（方向盘上的左侧手指导航垫）。仪表盘的特点在于具有三个直接可选区域的直观操作。装配设备系列CONNECT 5的情况下，必须设计为7in的仪表盘和多媒体系统显示屏。通过公用控制单元促动仪表盘和多媒体系统显示屏。

装配设备系列CONNECT 20的情况下，根据选装装备，提供有7in或10.25in的仪表盘和多媒体系统显示屏。在不同情况下，通过单独的控制单元促动仪表盘和多媒体系统显示屏。如果多媒体系统显示屏设计为至少10.25in的类型，则仪表盘和多媒体系统显示屏要合并在一个玻璃罩内。

②平视显示系统（装配平视显示系统/代码463）。

平视显示屏将驾驶相关信息（如车速、导航信息）投射到风挡玻璃上驾驶员方便看见的区域。此时，仪表盘中仅显示剩余的信息，显示该信息意味着驾驶员无须从当前驾驶操作中转移注意力。

③控制可能性。

a. 触控功能（方向盘上的手指导航垫）。

在新CLA级车辆中，触控功能通过方向盘上的手指导航垫提供，可通过手指导航垫操作仪表盘和多媒体系统显示屏中的所有功能。

b. 中央控制台中的触摸板（仅装配触摸板/代码446）。

CLA级车辆中央控制台中的触摸板也是全新的功能。使用该触摸板，可通过手势（与使用智能手机和平板电脑时的手势相同）操作仪表盘和多媒体系统显示屏中的所有功能。此外，触摸板还可通过手写识别功能输入导航的目的地地址。

c. 多媒体系统显示屏（触摸屏）。

多媒体系统显示屏首次设计为触摸屏的形式，除了通过触控功能和触摸板的经实践验证的交互式操作，还可通过多媒体系统显示屏操作多媒体和通信系统。

d. 声控系统（LINGUATRONIC）语音控制［CONNECT 20入门级（代码547）或CONNECT 20中级（代码548）或CONNECT 20高级（代码549）］。

通过声控系统（LINGUATRONIC），不同系统的操作变得简单且更方便。声控系统（LINGUATRONIC）可识别自然语音且用户无须学习语音指令，可自由制定请求。此外，声控系统（LINGUATRONIC）通过单个语音输入，例如"送我到斯图加特的梅赛德斯大街100号"，通过关键词"你好，梅赛德斯"启用语音控制也是全新的功能，除了方向盘上的语音控制开关，还可使用此方法。

2. 梅赛德斯智能互联

对于欧洲市场（马斯特里赫特的客户帮助中心支持15个国家），梅赛德斯智能互联将作为设备组件提供。此外，梅赛德斯智能互联提供以下服务：

①事故和故障管理（Mercedes me按钮和/或自动事故或故障检测）。

②礼宾服务（如已启用该服务），售后预约或类似请求（Mercedes me按钮），ECE版中不提供

服务。

③梅赛德斯-奔驰紧急呼叫系统（SOS按钮）。

在新CLA级车辆中，集成在上部控制面板（服务和信息）中的按钮全部配置到上部控制面板的Mercedes me按钮中。

3.电话

（1）免提功能。

具有免提功能的话筒不再置于车内后视镜外壳中，而是位于车顶内衬的前方。

（2）集成式智能电话（装配智能手机集成式组件/代码14U）。

支持以下智能手机集成技术：

①CarPlay（苹果）。

②Auto（安卓）。

③Carlife（百度）。

集成式智能电话可使驾驶员进入智能手机中的应用程序。智能手机提供人机界面（HMI），在驾驶过程中也可使用。对于所有的技术，需要相应设备已开发并发布的指定应用程序，智能手机上可预先安装基本的应用程序。

（3）感应充电（装配无线移动电话充电器/代码897）。

通过移动电话托座控制单元的接触面进行移动电话的感应充电，在车辆中可为合适的智能手机进行无线充电的情况下，充电垫置于中央控制台前方区域的一个储物箱内。由于选装装备带多功能电话/代码899，移动电话通过移动电话托座控制单元处的天线电容性地耦合到车辆的外部天线处。

4.音响系统

（1）新CLA级车辆可选择提供以下音响系统。

①标准音响系统（标准）。

②6个扬声器。

③最大总功率：100W。

（2）高级音响系统（装配"中端型"音响系统/代码853）。

①9个扬声器。

②1个重低音扬声器。

③1个外置辅助放大器。

④最大总功率：225W。

（3）Burmester®环绕立体声音响系统（装配音响系统/代码810）。

①11个高级音响扬声器。

②1个重低音扬声器。

③1个外置D级放大器。

④Burmester®印字。

⑤优化的声音模式。

⑥最大总功率：590W。

5.数字用户手册

已将车辆的用户手册的数字化，其中包含的信息可通过多媒体系统显示屏中的上述操作选项调用。

还提供包含关于使用车辆基本操作步骤的小型打印版手册作为数字用户手册的补充。数字用户手册仅可与Connect 20配套提供。

第二节　经典案例

奔驰CLA200副驾座椅未坐人时，仪表盘安全带警告提示

车型：118.387。

故障现象：副驾座椅未坐人的情况下，仪表盘中安全带警告灯也会亮起。

故障诊断：

（1）同客户试车确认故障现象存在。

（2）使用诊断仪检测无相关故障码；查看"前排乘客"安全带警告中的 B41/1（前排乘客座椅占用识别传感器）实际值，一直为占用状态（此时前排乘客侧座椅未放置任何物品），B41/1的电阻值在17~25Ω左右来回跳动。标准值应大于900Ω，判断不正常。

（3）从坐垫中移除B41/1后实际值显示为未占用，电阻值为0.9kΩ左右。该传感器外观跟Z177的一致。

故障原因：前排乘客座椅占用识别传感器的保护膜在特殊情况会造成压力传感器误触发。

故障排除：参考TPT文档车载电器组90725，使用剪刀将传感器保护膜剪掉后反复测试故障排除。

故障总结：

（1）B41/1电阻值大于900Ω时座椅占用识别状态为未占用，B41/1电阻值小于400Ω时座椅占用识别状态为已占用，如图6-2-1所示。

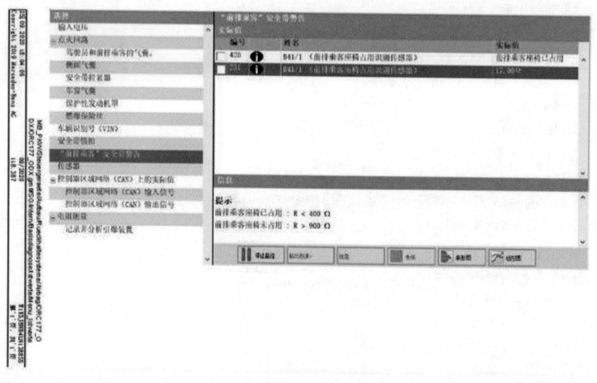

图 6-2-1

294

（2）剪传感器保护模时严格按照要求执行，如图6-2-2所示。

仅使用剪刀剪下保护膜

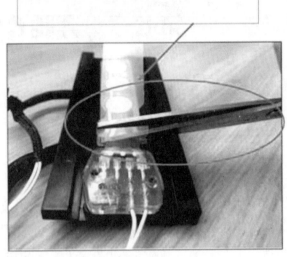

图6-2-2

第七章 奔驰C级（W206）车系

第一节 新技术剖析

一、导言

与前辈车型类似，新款C级车型W206也具备最佳的运动性和优雅性。其通过各种新的装备系列，设计组件以及有吸引力的材料和颜色着重突显了该主张。有史以来第一次，C级轿车和T-model同时于2021年6月上市。混合动力车型和全地形T-model在2021年的第三和第四季度相继上市。专用的新款四缸发动机和现代化9G自动变速器有助于进一步减排降耗，同时还可提高性能。所有内燃机，M254和OM654M（改款）均配备第二代集成式启动机发电机（ISG2）（位于变速器侧）和48V车载电气系统。

C级车型W206的新一代插电式混合动力车型C300e于2021年9月上市。火花点火型发动机M254将作为内燃机使用。其可提供150kW的功率且最大扭矩为300N·m。电机的最大输出功率为95kW，最大扭矩为440N·m。电机的电能由新的高压蓄电池提供。其功率远大于前辈车型的电机，装机电能容量为26kWh。这样，高压蓄电池可使车辆在纯电驱动下再行驶81~103km（WLTP）。将首次提供通过直流电充电。新款C级车型206采用高标准的新一代豪华内饰，继承了新款S级车型的特点。此外，改进并扩展了新款C级车型206中半自动驾驶功能的范围。通过最新的娱乐信息系统MBUX 2020以及以下一系列改善和增强后的特性和功能，C级车型206一直保持了技术先锋的地位：

①带部分自动驾驶功能的扩展的驾驶员辅助系统（FAP5.0）。

②带新功能和新用户界面的新一代驻车系统5.0。

③带新显示屏的新的控制和显示理念。

④带较高实用价值的现代信息娱乐系统（NTG7）（通过触摸操作，新显示屏和智能语音控制）。

⑤采用新布局的开关板和新操作概念的新一代方向盘。

⑥静态全LED大灯作为标准装备安装。新版照明系统DIGITAL LIGHT作为选装装备提供。

⑦新型的车内高级增强版环境照明系统作为选装装备提供。

⑧采用后轴带较小转向角的电子机械转向系统。

⑨改进后的空调系统（通过中央显示屏进行操作，标配了48V暖气增强系统）。

⑩舒适性更高，安全性更强和物料种类更佳的新型座椅。

二、概述

车型一览，如表7-1-1所示。

表7-1-1

类型	车辆	投放市场	发动机	输出功率（kW）	扭矩（N·m）	变速器
C200 d轿车	206.003	09/2021 ECE版	654.820	120+15	380+200	725.111
C220 d轿车	206.004	09/2021 ECE版 11/2021日本版	654.820	147+15	440+200	725.111
C220 d 4MATIC轿车	206.005	09/2021 ECE版	654.820	147+15	440+200	725.171
C300 d轿车	206.006	06/2021 ECE版	654.820	195+15	550+200	725.111
C300 d 4MATIC轿车	206.007	09/2021 ECE版	654.820	195+15	550+200	725.171
C220 d轿车	206.016	06/2021 ECE版	654.820	147+15	440+200	725.111
C180轿车	206.041	06/2021 ECE版 08/2021中国版 11/2021日本版	254.915	125+15	250+200	725.113
C200轿车	206.042	06/2021 ECE版 08/2021中国版 11/2021日本版	254.915	150+15	300+200	725.113
C200 4MATIC轿车	206.043	06/2021 ECE版	254.915	150+15	300+200	725.173
C300轿车	206.046	06/2021 ECE版 08/2021中国版 11/2021日本版	254.920	190+15	400+200	725.111
C300 4MATIC轿车	206.047	06/2021 ECE版	254.920	190+15	400+200	725.171
C200 4MATIC轿车	206.051	11/2021韩国版	254.920	190+15	400+200	725.171
C300e轿车	206.054	09/2021 ECE版	254.920	150+95	320+440	725.121
C350e轿车		11/2021中国版				
C200轿车（长轴距）	206.141	09/2021中国版	254.915	125+15	250+200	725.113
C260轿车（长轴距）	206.142	09/2021中国版	254.915	150+15	300+200	725.113
C260 4MATIC轿车（长轴距）	206.143	12/2021中国版	254.915	150+15	300+200	725.173
C200 dT-model	206.203	09/2021 ECE版	654.820	120+15	380+200	725.111
C220 dT-model	206.204	09/2021 ECE版	654.820	147+15	440+200	725.111
C220 d 4MATIC T-model	206.205	09/2021 ECE版	654.820	147+15	440+200	725.171
C300 dT-model	206.206	06/2021 ECE版	654.820	195+15	550+200	725.111
C220 d 4MATIC全地形T-model	206.214	12/2021 ECE版	654.820	195+15	550+200	725.171
C220 dT-model	206.216	06/2021 ECE版	654.820	147+15	440+200	725.111
C180 T-model	206.241	09/2021 ECE版	254.915	125+15	250+200	725.113
C200 T-model	206.242	06/2021 ECE版 09/2021中国版	254.915	150+15	300+200	725.113

类型	车辆	投放市场	发动机	输出功率（kW）	扭矩（N·m）	变速器
C200 4MATIC T-model	206.243	12/2021 ECE版	254.915	150+15	300+200	725.173
C200 4MATIC全地形T-model	206.245	12/2021 ECE版	254.915	150+15	300+200	725.173
C300 T-model	206.246	12/2021 ECE版	254.920	190+15	400+200	725.111
C300 4MATIC T-mode1	206.247	12/2021 ECE版	254.920	190+15	400+200	725.171
C300 eT-model	206.254	12/2021 ECE版	254.920	150+95	320+440	725.121

三、整车

（一）设计

1. 外饰

新车型206在C级车型典型的运动豪华风格设计基础上进行了改善和增强，通过新的三维立体概念对其比例进行了优化。宽大齐平的车轮采用现代设计手法，使车辆外观更显强劲。通过表面大范围使用拱形造型，弱化了单个边角和焊珠的突出。新款C级车型206的外饰设计呈现动感，现代奢华感和活力之美，采用三种风格组件：

标准；

时尚型（AVANTGARDE）；

AMG运动组件；

尊贵版（EXCLUSIVE）外饰（代码P23），仅限车型206.1。

以下是关于新款C级车型206最主要的独特外饰特征的简单说明：

前部采用具有品牌特征的散热器格栅。所有车型的前端均有一个三叉星和梅赛德斯标志。与前辈车型不同的是，该款车发动机罩上没有三叉星标志。

散热器格栅的设计和特征在部分细节上有所不同。基础款车型带有一个压合的中央三叉星标志。AMG运动组件的独特之处在于采用星空设计的镀铬银点状散热器格栅。

静态全LED高性能大灯是标准装备的一部分。新款S级车型中采用DIGITAL LIGHT系统的动态全LED大灯作为选装装备提供。作为选装装备提供的DIGITALLIGHT还具备投影功能（代码PAX）。

车门拉手的设计中规中矩，但外观品质高，还提供镀铬饰面。

后部设计进行了重新演绎。新特征包括首次采用的细长两件式尾灯，分为日间和夜间设计。后保险杠饰件（可选/取决于风格组件）优雅诠释了后部设计。

与前辈车型相比，提供三种新的金属漆面：

高科技银色；

光谱蓝色；

钻石白；

C300轿车左前侧视图，如图7-1-1所示。

C300轿车左后视图，如图7-1-2所示。

C300T-model左后视图，如图7-1-3所示。

图 7-1-1

图 7-1-2

图 7-1-3

2. 内饰

新款C级车型206最新设计的内饰结合了新一代的性能和奢华感。内饰采用的新材料，具备的现代感和工艺满足了中端轿车的多种要求。不断减少控制元件的新操作理念更加显出内饰设计的简约明朗。内饰设计的主要特征：

①采用双区基本结构的驾驶舱通过高标准的曲面设计唤起了前卫空间感。

②上部区域采用新设计的扁平圆出风口。

③下部区域采用新的显示屏结构。

④新款方向盘通过突出的辐条设计更加凸显了内饰的与众不同。

⑤驾驶员座椅采用新的独立式高分辨率驾驶员显示屏，提供有10.25″和12.3″的LCD屏幕。

⑥位于中央位置的新款中央显示屏（9.5″）带有触控操作（LCD屏幕）作为标准装备提供，独立的空调控制和上部控制面板位于正下方。选装装备：具有更高分辨率和集成式空调控制的11.9″中央显示屏。

⑦中央控制台通过高品质镀铬标志产生"材料分割"的视觉效果，将后排座椅扶手区域与前排区域分离开来。

⑧环绕式车门饰板延伸了仪表板的设计，从而使内饰看起来更具整体性。

⑨新设计的座椅使用了新材料并采用织物样式。

C300轿车内饰AMG运动组件，如图7-1-4所示。

图 7-1-4

C300轿车带开放式中央控制台的内饰，如图7-1-5所示。

图 7-1-5

C300轿车内饰AMG运动组件，如图7-1-6所示。

图 7-1-6

C300轿车内饰AMG运动组件，如图7-1-7所示。

图 7-1-7

（二）技术数据（如表7-1-2所示）

新款C级车型W206轿车和T-model在前辈车型的基础上进行提升，几乎涵盖所有技术数据和规范。由于底盘降低，车辆高度低于前辈车型（标配）。除提升了车内空间和舒适性外，新车型还具备更大的行李箱容量。虽然轴距增加了15cm（轿车/T-model），仍通过在前轴上采取多种优化措施，减小了转弯半径。后轴转向系统（特殊装备）将新款C级车型206的转弯半径减小约0.6m。与前辈车型系列相比，为进一步提升驾驶动态性，增加了前部和后部轮距。

表7-1-2

特性	尺寸（与前辈车型相比的变化）
车辆长度	4751mm（+65mm）轿车
	4751mm（+49mm）T-model
	4755mm（+53mm）全地形T-model
车外后视镜展开时的车辆宽度	2033 mm （+13mm）
车辆高度，驾驶就绪状态	1438mm（-9mm）
	1455 mm（-7mm）T-model
	1496mm（+34mm）全地形T-model
轴距	2865mm（+25mm）
转弯半径（墙到墙）	11.07m（-0.15mm）轿车/T-model
	11.50m（+0.28mm）全地形T-model
前轮距	1582mm（+19mm）轿车/T-model
	1591mm（+28mm）全地形T-model
轮距，后部	1594mm（+48mm）轿车/T-model
	1589mm（+43mm）全地形T-model
阻力c_w系数	0.24
整备质量DIN	1467~1650kg
允许总质量	1950~2100kg
燃油箱容积	66L塑料燃油箱，储备容积7L，发动机M254和OM654的特殊装备
	50L塑料燃油箱，储备容积7L，发动机M254和OM654的特殊装备
	40L塑料燃油箱，储备容积7L，发动机M254和OM654的标准装备
	50L不锈钢燃油箱，储备容积7L，发动机M254的标准装备（主要市场带PIH）
SCR燃油箱容积（仅OM654）	23L
滑轨跨越角	8.6°（-0.7°）轿车/T-model
	11.9°（+26°）全地形T-model
前悬角	13.8°（-02°）轿车/T-model
	16.3°（+23°）全地形T-model
离去角	14.7°（+0.5°）轿车/T-model
	16.8°（+26°）全地形T-model

四、保养策略

1. 技术革新

梅赛德斯-奔驰保养策略也适用于新款C级车型206和发动机M254、OM654（不同国家可能存在差异）：

①ECE版：固定保养间隔，间隔为"每25000km/12个月"。

②中国版：固定保养间隔，间隔为"每10000km/12个月"。

③美国版：固定保养间隔，间隔为"每10000mi/12个月"。

④可始终选择A类保养或B类保养。

⑤客户可自由选择"附加保养服务"。

在相应市场，如果车载智能信息服务作为Mercedesme的一部分提供，则仍可免费预订"保养管理"服务。通过此项服务，客户可对之后保养到期日的大概情况有所了解，经销商也会收到关于客户保养到期日的通知并联系客户提供相应服务。

2. 发动机

新款C级车型W206投放市场时将提供以下发动机类型：

M254，4缸直列式火花点火型发动机，排量1496mL和1999mL；

OM654，4缸直列式柴油发动机，排量1992mL。

通过油底壳中的放油螺塞排放发动机油，通过仪表盘上的显示屏确认发动机油液位，这通过方向盘按钮调用。

（1）火花点火型发动机的发动机油。

发动机M254将装配汽油微粒滤清器（GPF）。与装配柴油微粒滤清器的发动机类似，更换发动机油时这些发动机需要使用低灰分发动机油。进行该服务时允许使用以下发动机油，符合MBBeVo：229.71/229.72。

（2）柴油发动机的发动机油。

发动机OM654装配柴油微粒滤清器（DPF）。因此，更换发动机油时需要使用低灰分发动机油。进行该服务时允许使用以下发动机油，符合MBBeVo：229.52/229.61/229.71/229.72。

3. 变速器725.1

装配发动机M254的C级车型W206的新款插电式混合动力车型提供带电驱动单元的变速器725.1作为标准装备。

4. 附加保养作业

车辆规定的附加保养作业的间隔如下：

①"更换制动液"，每2年。

②"更换空气滤清器滤芯"，每75000km/3年/5年。

③"更换火花塞"，每75000km/3年。

④"更换柴油燃料滤清器"，每75000 km/3年/5年。

⑤"更换火花点火型燃油滤清器和冷却液"，每200000km/10年。

⑥"变速器油和机油滤清器更换（725.111/113/121/171/173）"，每125000km。

⑦"分动箱油更换（725.164，混合动力车辆/代码ME10）"，每75000km。

⑧"分动箱油更换（725.164，混合动力车辆/代码ME10除外）"，每125000km。

⑨"检查两个冷却液回路的冷却液液位"，每次A类保养时（插电式混合动力车型）。

⑩"检查充电电缆和车辆插座是否存在机械损坏"，每次保养时（插电式混合动力车型）保持附加保养间隔。

五、驱动系统

（一）发动机

发动机技术参数，如表7-1-3所示。

表7-1-3

发动机	名称	排量（L）	输出功率（kW）
4缸火花点火型发动机	M254 E 15DEH LAR	1.5	125+15
	M254 E 15DEH LAG	1.5	150+15
	M254 E 20DEH LA	2.0	190+15
	M254 E 20DEH LAR	1.5	150+90
4缸柴油发动机	OM 654M D20R	2.0	120+15
	OM 654M D20	2.0	147+15
	OM 654M D20G	2.0	195+15

新款C级车型W206将在投入市场时提供新发动机。专用的四缸发动机和现代化9G自动变速器有助于进一步减排降耗，同时还可提高性能。所有内燃机均配备第二代集成式启动机发电机（ISG2）（位于变速器侧）和48V车载电气系统。对于废气再处理，柴油发动机OM654M额外配备了带氨逃逸催化转换器的底板选择性催化还原（SCR）催化转化器和用于喷射还原剂的计量阀。火花点火型发动机配备采用最新传感器系统的第二代带涂层的汽油微粒滤清器。

1. 带集成式启动机-发电机（ISG2）的4缸火花点火型发动机M254

新款发动机M254为纵向安装的四缸直列式火花点火型直喷发动机。发动机通过带可切换流量接口的涡轮增压器实现增压。第2代集成式启动机发电机（ISA）可通过助力效果短时间产生额外的15kW输出功率。新一代低摩擦油的使用有助于确保发动机的摩擦得到优化。除采用48V部件外，新款发动机M254还新增了智能温度管理功能。为确保催化转换器快速升温，发动机M254的排气系统也直接安装在发动机上。催化转换器为2箱涡轮增压器，直接安装在涡轮增压器的下游。该排气系统配备采用第三代氧传感器的带涂层的新款汽油微粒滤清器（COPF）。最后，带变矩器（725.1）的最新一代SPEEDSHIFT-TCT9G变速器和第二代集成式启动机发电机也是新增的技术亮点。集成式启动机发电机（ISA）还为48V车载电气系统提供电力，其还通过直流直流转换器为传统12V车载电气系统供电。48V车载电气系统中的48V蓄电池可增加车辆的蓄电池容量，进而使可用电能增加，因此新功能得以使用。发动机M254，发动机前视图和后视图（不带盖罩），如图7-1-8所示。

图 7-1-8

发动机M254的催化转换器，如图7-1-9所示。

1. 氧传感器1   2. 炭烟微粒滤清器上游的压差传感器   3. 炭烟微粒滤清器下游的压差传感器

图 7-1-9

比较4缸发动机M254 DE20 LA和M264 DE20 LA，如表7-1-4所示。

表7-1-4

发动机	单位	M254 DE20 LA	M264 DE20 LA
结构/气缸数	−	直列式/4缸	直列式/4缸
气门/气缸数量	−	4	4
排量	cm³	1999	1991
气缸间距	mm	90	90
单气缸容积	cm³	500	498
孔	mm	83	83
行程	mm	92	92
行程/缸径	−	1.11	1.11
连杆长度	mm	140.5	138.7
额定功率	kW（1r/min）	200+15（5500r/mim时）	190（5800~6100r/mim时）
最大扭矩	N·m（1r/mim）	400+200（2000~3000r/mim时）	370（1800~4000r/min时）
单位功率	kW/L	95	95
压缩比	ε	10.0	10.0
标准排放	−	欧6d	欧6d−TEMP

2. 带集成式启动机发电机（ISG2）的四缸柴油发动机OM654M

带第二代集成式启动机发电机（ISA）的新四缸柴油发动OM654M与48V车载电气系统可产生最大195kW的输出功率和最大550N·m的扭矩。加速期间，可提供额外的15kW和200N·m。经实践验证的柴油发动机OM654在电气化期间已基本上进行了全面检修。新曲轴将排量提高至94.3mm和排量1992cm³（以前：92.3mm和1950cm³）。喷射压力从2500bar提高至2700bar（1bar=100kPa）。通过装配可变几何涡轮增压系统的双级水冷式涡轮增压器确保极快的响应时间和平滑的功率输出。同时，大大提高了OM654M的废气再处理性能。排放控制系统的专有特性：

①安装在发动机附近的催化转化器可降低氮氧化物水平。

②带特殊涂层的柴油微粒滤清器可降低氮氧化物水平。

③选择性催化还原（SCR）催化转换器，带AdBlue®定量喷射。

④新被动式底板选择性催化还原（SCR）/ASC催化转换器，带AdBlue®定量喷射。

第2代集成式启动机发电机的分解图，如图7-1-10所示。

5.中央凸缘 6.螺栓 7.自动变速器 8.分动箱 9.集成式启动机发电机控制
10.集成式启动机发电机的外壳 11.转子 12.定子 13.变矩器

图7-1-10

比较集成式启动发电机（第1代）和集成式启动机发电机（第2代），如表7-1-5所示。

表7-1-5

	单位	集成式启动机发电机（第1代）	集成式启动机发电机（第2代）
电压	V	48	48
输出功率	kW	16短期	15短期
		10持续	8持续
扭矩	N·m	250	200（柴油发动机）
			200（火花点火型发动机）
发动机转速	1r/min	最大7200	最大7200（火花点火型发动机）
			最大5500（柴油发动机）
冷却		定子水套冷却	定子水套冷却
		来自低温冷却回路的冷却液	来自低温冷却回路的冷却液
电机		永久磁铁	永久磁铁
		同步电机	同步电机

单位	集成式启动机发电机（第1代）	集成式启动机发电机（第2代）
	2×3相定子供电	2×3相定子供电
功能	发动机启动	发动机启动
	助力效果	助力效果
	发电机	发电机
	停止/启动	停止/启动
	扭矩平衡	扭矩平衡
	曲轴位置	曲轴位置
安装位置	启动机安装空间中的电力电子装置	牵引头中的电力电子装器
	正时箱中发动机侧的电机	牵引头中曲轴上的带活配器的电机
发动机	M176、M177、M256	M254、OM654M

（二）冷却装置

由于发动机的输出功率增大，M254增加到最大205kW［（190+15）kW］/M654M增加到最大210kW［（190+15）kW］，因此需要对发动机冷却系统采取其他措施，目的在于通过执行降耗措施实现最大输出时的最佳冷却效果。发动机M254和OM 654M的冷却回路包括发动机冷却回路以及变速器和增压空气冷却系统的低温回路。传动系统控制单元（N127）对所有冷却回路进行调节。其评估温度传感器的数据并在必要时促动发动机冷却回路中的电动冷却液泵和调节阀。发动机冷却回路对曲轴箱和发动机油冷却器进行冷却。为此，发动机冷却系统中的冷却液通过电动冷却液泵进行循环。发动机冷却回路中安装有一个机械节温器，需要较大功率输出时其会打开并将发动机冷却回路中的温度降至85℃。低温回路为两段式回路，工作温度介于50~70℃之间，冷却液通过电动冷却液泵循环。旋转滑阀将低温回路分成两部分，一条用于冷却增压空气。

①增压空气冷却器一条用于冷却部件。

②电机。

③电力电子装置。

④变速器油热交换器。

配驻车加热器和热水加热辅助器的发动机M254 125/150/（190+15）kW ISG2的原理图，如图7-1-11所示。

冷却液回路原理图（适用于发动机OM654，装配ISG2，装配驻车加热器和热水辅助加热器），如图7-1-12所示。

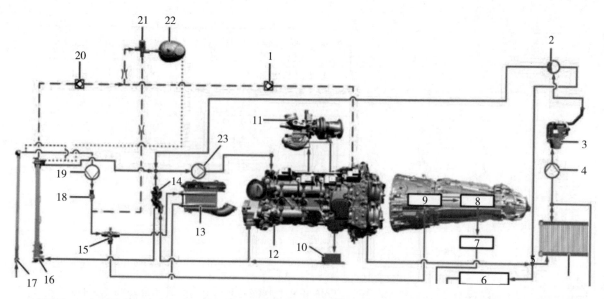

1. 止回阀 2. 加热转换阀 3. 驻车加热器 4. 冷却液泵 5. 加热系统热交换器 6. 热水加热辅助器 7. 变速器油热交换器 8. 电机 9. 电力电子装置 10. 发动机油冷却器 11. 涡轮增压器 12. 气缸盖和曲轴箱 13. 增压空气冷却器 14. 冷却液节温器 15. 回转滑阀 16. 散热器 17. 低压冷却器 18. 冷却液温度传感器 19. 却液泵 20. 止回阀 21. 热量切断阀 22. 冷却液膨胀容器 23. 冷却液泵

图 7-1-11

20. 散热器 21. 散热器低温回路 23. 冷却液泵 24. 温度传感器 25. 止回阀 26. 热量切断阀 27. 膨胀容器 28. AdBlue®计量阀 29. 控制阀 30. 冷却液泵 31. 驻车加热器 32. AdBlue®计量阀 33. 加热系统热交换器 34. 热水辅助加热器 35. 节温器 36. 高压废气再循环（EGR） 37. 冷却液泵 38. 节气门促动器 39. 冷却液泵 40. 涡轮增压器 41. 低压废气再循环 42. 电力电子装置 43. 电机 44. 变速器油热交换器 45. 冷却液泵 46. 增压空气冷却器 47. 止回阀 48. 温度传感器 49. 控制阀

图 7-1-12

发动机M254：热管理主要控制发动机舱中的部件温度，这对于新款C级车型206来说是一个大挑战，靠近发动机安装的尾气净化系统导致发动机舱中的热量大幅增加。为此，采用了可以将冷热区分离的新概念，这样可以将热敏部件放在相应区域。为降低高车速时的燃油消耗量并减少发动机舱的冷却，冷却器前部的顶部安装了带散热器饰板的车架。特定情况下，促动器电机关闭并打开散热器饰板。关闭散热器饰板时，气动阻力减小且发动机噪音也会减弱。散热器饰板在以下情况下打开：

冷却液温度高于105℃；

增压空气温度高于34℃；

车速高于180km/h；

风扇输出功率高于30%。

散热器饰板在以下情况下关闭：

发动机关闭；

不再满足开启的相应前提条件。

清洁位置：如果车辆处于"不得启动发动机"模式，则在约120秒后散热器饰板自行打开。

应急运行模式功能：如果出现故障，散热器饰板通过散热器饰板促动器电机的弹簧预紧力突然中断打开，有明显噪音。

发动机M254中的主冷却模块，如图7-1-13所示。

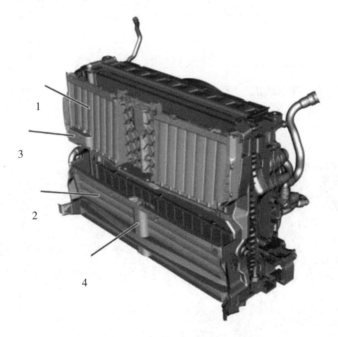

1.上部散热器饰板　2.下部散热器饰板　3.上部散热器饰板风门促动电机　4.下部散热器饰板风门促动电机

图 7-1-13

六、变速器

在新款C级车型206中，采用搭载变矩器的最新一代SPEEDSHIFT-TCT 9G变速器（725.1）。在主变速器中采取的附加增效措施可进一步优化传动系统的效率。主总成的发动机阻力矩进一步减少10%以上。此外，机械驱动泵传递的量减少30%，进一步优化了与电动辅助油泵的相互作用。一方面，通过锁止离合器技术的全新方法，在持续开启操作时实现极低的发动机阻力矩。除此之外，在微滑区域可具有极佳的可控性，从而在不放弃较高的换挡舒适性要求的情况下，也可展现高效的变速器性能。在改进后的9G-TRONIC中，采用新一代的全集成化变速器控制，其配备了最新一代的多核处理器并采用新的车身连接技术。这样就减少了相当数量的电气接口，从而增强了稳健性–重量减轻了30%。针对搭载变矩器的

"第二代9G-TRONIC"变速器的所选初步技术数据，如表7-1-5所示。

表7-1-5

特性	值	单位
最大可传输扭矩	550（ISA 2.0）	N·m
	750（混合动力）	
最大转速	7000	r/min
前进挡/倒挡数量	9/1	
转向轴倾斜度	8.902	
重量（含油），ISA 2.0，4×2	120	
重量（含油），ISA 2.0，4×4	140	
重量（含油），HYBRID，4×2	132	kg
重量（含油），HYBRID，4×4	152	
加注容积（自动变速器油）	约10	L

搭载变矩器的"第2代9G-TRONIC"变速器和第二代集成式启动机发电机，如图7-1-14所示。

7. 自动变速器　8. 分动箱　9. 集成式启动机发电机控制　10. 集成式启动机发电机的外壳　11. 转子　12. 定子

图 7-1-14

全时四轮驱动（4MATIC）分动箱：

新款C级车型206的4MATIC全轮驱动系统用作特殊装备，包括变速器上的法兰安装分动箱。与之前车型一样，传动比设置为将55%的驱动扭矩传输到后轴。45%的驱动扭矩传输到前轴。全轮系统没有锁止装置。转动的车轮通过相应车轮上的制动干预装置制动。重新设计了前轴差速器且具有以下优势：

①传输较高扭矩。

②重量减轻。

③摩擦优化。

④二氧化碳（CO_2）减少。

W206全轮驱动自动变速器，装配发动机M254，如图7-1-15所示。

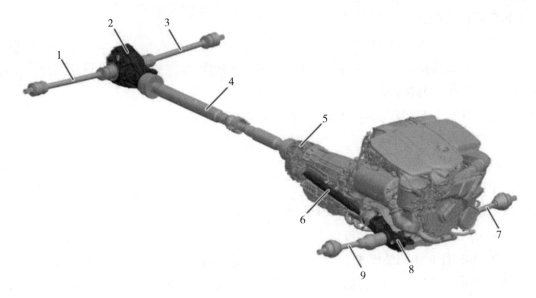

1. 右后半轴　2. 后轴差速器　3. 左后半轴　4. 后传动轴　5. 分动箱　6. 前传动轴　7. 左前半轴　8. 前轴变速器　9. 右前半轴

图7-1-15

W206车型前轴/后轴扭矩分配，如表7-1-6所示。

表7-1-6

类型	发动机	分动箱	前轴/后轴扭矩分配（%）	扭矩分配类型
206	M254（ISG2）	CTC50	45/55	固定
	OM 654M（ISG2）			
	M254（PIH）	CTC60		

七、底盘

1. 悬架和减震

新款C级车型206采用以下悬架和减震系统：

①带可调减震系统和下降装置的标准底盘，装配敏捷操控（AGILITY CONTROL）底盘/代码677，混合动力车辆除外。

②装配带自适应减震调校的悬架/代码459，混合动力车辆除外。

③装配带运动型减震器和运动型减震器设置的运动型悬架系统/代码486，混合动力车辆除外。

④对于非混合动力车辆，舒适型悬架（代码485）和后轴上的空气悬架作为选装装备提供。

⑤对于混合动力车辆，舒适型悬架（代码485），水平高度调节器（代码480）（通过空气悬架气囊执行）以及后轴上的空气悬架作为标准装备提供。

2. 动态操控选择（DYNAMIC SELECT）

新款C级车型W206还可使驾驶员在动态操控选择（DYNAMIC SELECT）的辅助下更改以下车辆特性：

驱动（发动机和变速器管理）；

底盘；

转向机构；

电控车辆稳定行驶系统（ESP®）。

驾驶员可选择不同的预配置模式或某一自定义驾驶模式。根据驾驶方式，底盘类型及其他车辆设备，可最多选择六种驾驶模式。基本设置为"Comfort"（舒适型）驾驶模式。根据车辆装备的不同，可选择以下动态操控选择（DYNAMIC SELECT）驾驶模式：

舒适：舒适并且经过耗油优化的驾驶方式（混合动力车辆除外）。

个性化：个性化设置。

运动：可降低的运动型驾驶方式。

运动增强型：可降低的运动增强型驾驶方式。

节能：进行特别油耗优化的驾驶方式（混合动力车辆除外）。

H（混合动力）为新的默认设置和组合，替换了之前的驾驶模式节能模式（E）和舒适模式（C）。如果车辆在电动（ELECTRIC）驾驶模式下驻车，则在电量充足的情况下，也会再次以电动（ELECTRIC）驾驶模式启动。驾驶模式提供：在超速运转模式（新）下的可调能量回收和所有智能混合动力功能的全部版本；根据驾驶状况和驾驶距离，通过混合动力系统在优化燃油消耗量的情况下提供舒适驾驶并选择合适的驾驶方式。

EL（电动模式）在电动模式下车速可达140km/h。除了在超速运转模式下可调能量回收，还可通过加速踏板（强制降挡）的压力点启动发动机。

B（蓄电池保持模式）替换了之前的驾驶模式BL（蓄电池电量）。驾驶模式提供：在超速运转模式下可调能量回收（新）；优先保持高压蓄电池的充电量，且混合动力系统根据驾驶条件和驾驶距离选择适合的驱动方式。

如果只通过方向盘换挡拨片换挡，无论处于哪种驾驶模式，驾驶员都可通过"M"按钮直接切换至手动模式。永久设置如下：

切换至驾驶模式"个性化"（Individual）；

选择驾驶设置"M"。

动态操控选择（DYNAMIC SELECT）按钮，如图7-1-16所示。

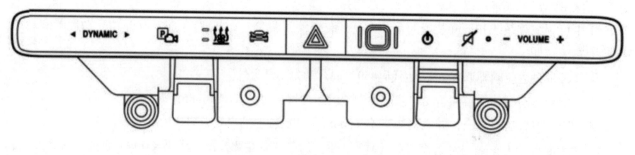

图7-1-16

3. 挂车辅助

新款C级车型W206.1中其中一个选装装备附加项为挂车操控辅助系统（代码553），与高级驻车组件（代码P47）配套使用。挂车操控辅助系统可在带挂车的情况下进行倒车时为驾驶员提供辅助，通过中央显示屏进行操作。

4. 后轴转向

带较小后轴转向角（2.5°）的机电转向系统作为选装装备提供（装配后轴转向系统/代码201）。其用于在不同车速情况下优化驾驶稳定性和舒适性并改善驾驶员驻车时的回转半径。由集成的车辆动态控制系统进行控制。会在电控车辆稳定行驶系统（ESP）控制单元中执行集成的车辆动态控制并启用后轴转向以及各目标车轮制动干预。根据行驶状况，后轮会沿前轮转向方向相反的方向（A）或相同的方向（B）转向。后轴转向系统的转向方向，如图7-1-17所示。

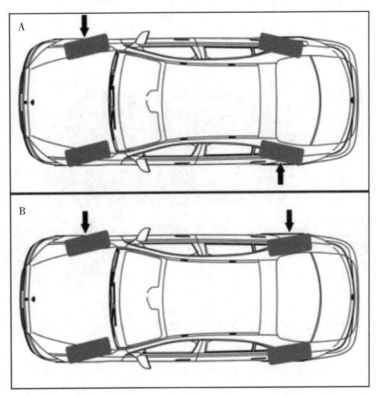

A. 与前轮相反的反向转向　B. 与前轮相同的方向转向

图7-1-17

W206车型后轴转向系统，如图7-1-18所示。

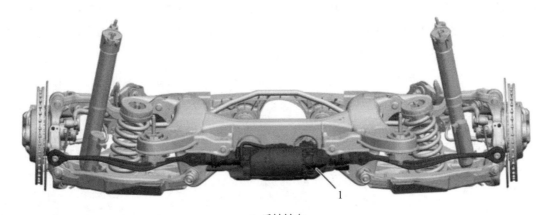

1. 后轴转向

图7-1-18

W206车型后轴转向机，如图7-1-19所示。

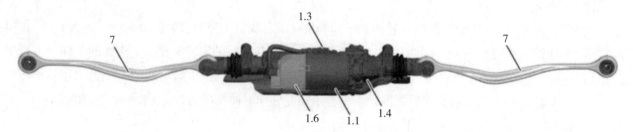

1.1.电动机　1.3.位置传感器　1.4.皮带驱动装置　1.6.后轴转向系统控制单元　7.转向横拉杆

图 7-1-19

皮带驱动的详细视图，如图7-1-20所示。

1.1.电动机　1.2.电动机小齿轮　1.6.后轴转向系统控制单元　2.安全带　3.皮带轮　4.中央芯轴　5.短固定销　6.长固定销

图 7-1-20

　　安装了后轴转向系统，取代了标准横拉杆和横拉杆适配器。转向系统源自电动机，后者通过皮带驱动中央芯轴。通过短固定销和长固定销，中央芯轴会通过接头移动安装在车轮支架上的横拉杆。根据电动机的转动方向，横拉杆和跟踪器头部相应地从左向右移动。行程传感器利用安装在长固定销上的磁铁记录行程。记录的行程传送至后轴转向系统控制单元。后轴转向系统控制单元比较这些数值，利用其计算转向角并触发电动机。出现故障时，系统会自锁，无法移动。新款C级车型W206提供有高速稳定性和车辆动态性提升作为自适应驾驶计算策略。转向策略无法选择，而是由驾驶状况决定，如表7-1-7所示。

表7-1-7

车速	转向策略	转向角度
>60km/h，车轮角度与前轴相同	车辆动态性提升	不超过2.5°转向角度
	高速稳定性	不超过2.5°转向角度

八、车载电气系统网络连接（如图7-1-21和7-1-22所示）

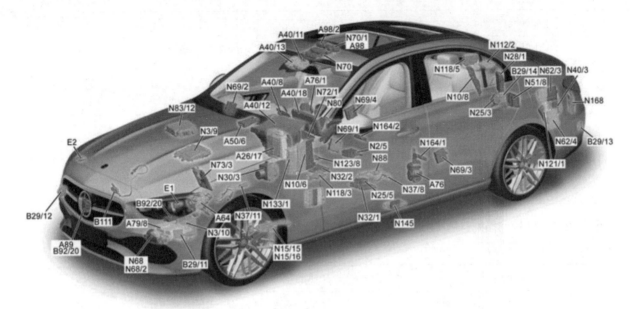

图 7-1-21　（图注省略）

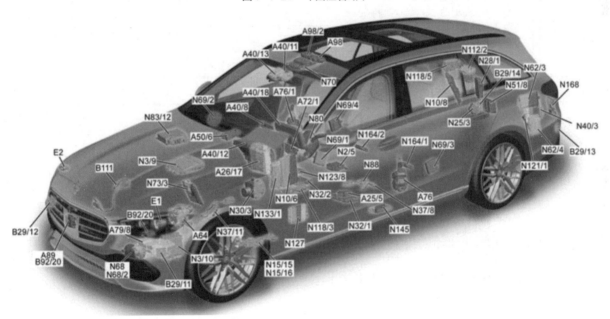

图 7-1-22　（图注省略）

传动系统的控制器区域网络（CAN T），如表7-1-8所示。

表7-1-8

	控制单元	附加信息
A26/17	主机	－
N40/3	音响系统放大器控制单元	装配高级音响系统/代码810
N118/3	燃油泵控制单元	－
N127	传动系统控制单元	－

驱动系统传感器系统CAN（CAN I），如表7-1-9所示。

表7-1-9

	控制单元	附加信息
A64	附加压缩机	装配48V技术/代码B01和发动机254
N3/9	发动机管理控制单元	柴油发动机
N3/10	发动机管理控制单元	汽油发动机
N37/8	氮氧化物（NOx）传感器控制单元	柴油发动机
N37/11	氮氧化物（NOx）存储催化转换器下游的氮氧化物（NOx）传感器控制单元	柴油发动机
N118/5	AdBlue控制单元	装配第4代BlueTEC（SCR）柴油机尾气处理技术/代码6U7

车内控制器区域网络1（CAN B1），如表7-1-10所示。

表7-1-10

	控制单元	附加信息
A98	全景式滑动天窗控制模块	装配全景式滑动天窗/全景天窗/代码413
A98/2	全景天窗遮阳帘控制模块	装配全景式滑动天窗/全景天窗/代码413
N10/6	前部信号采集及促动控制模组控制单元	–
N10/8	后部信号采集及促动控制模组控制单元	–
N28/1	挂车识别控制单元	装配挂车装置/代码550
N69/1	左前车门控制单元	–
N69/2	右前车门控制单元	–
N69/3	左后车门控制单元	–
N69/4	右后车门控制单元	–
N70	车顶控制面板控制单元	–
N70/1	全景式滑动天窗控制单元	装配电动滑动玻璃天窗/代码414
N73/3	电子点火开关控制单元	–

车内控制器区域网络2（CAN B2），如表7-1-11所示。

表7-1-11

	控制单元	附加信息
N10/6	前部信号采集及促动控制模组控制单元	–
N25/3	后排座椅加热器控制单元	装配左侧和右侧后排座椅加热系统/代码872
N25/5	驾驶员座椅加热器控制单元	装配左/右侧驾驶员座椅加热器/代码873或前排空调座椅/代码401
N32/1	驾驶员座椅控制单元	装配电动调节式左侧驾驶员座椅/代码221或装配记忆组件（驾驶员座椅、转向柱和后视镜）/代码275
N32/2	前排乘客座椅控制单元	装配电动调节式右侧驾驶员座椅/代码222或装配记忆组件（驾驶员座椅、转向柱和后视镜）/代码275
N32/23	左前座椅腰部支撑电控气动控制器单元	装配腰部支撑调节系统/代码U22

	控制单元	附加信息
N32/24	右前座椅腰部支撑电控气动控制器单元	装配腰部支撑调节系统/代码U22
N164/1	左前多仿形座椅控制单元	装配带按摩功能的前排多仿形座椅/代码399
N164/2	右前多仿形座椅控制单元	装配带按摩功能的前排多仿形座椅/代码399

车内控制器区域网络3（CAN B3），如表7-1-12所示。

表7-1-12

	控制单元	附加信息
N10/6	前部信号采集及促动控制模组	–
A76	左前可逆式安全带紧急拉紧器	–
A76/1	右前可逆式安全带紧急拉紧器	–
N121/1	行李箱盖/掀开式尾门控制系统控制单元	–

车辆诊断系统控制器区域网络（CAN D），如表7-1-13所示。

表7-1-13

	控制单元	附加信息
N73/3	电子点火开关控制单元	–
N127	传动系统控制单元	–

电驱动控制器区域网络（CAN ED1），如表7-1-14所示。

表7-1-14

	控制单元	附加信息
A79/8	集成式启动机发电机电力电子装置	采用48V技术/代码B01
N127	传动系统控制单元	–

能源管理控制器区域网络（CAN ED2），如表7-1-15所示。

表7-1-15

	控制单元	附加信息
N83/12	直流直流转换器控制单元	采用48V技术/代码B01
N127	传动系统控制单元	–
N145	变速器模式控制单元	–

发动机控制器区域网络（CAN C），如表7-1-16所示。

表7-1-16

	控制单元	附加信息
N3/9	发动机管理控制单元	柴油发动机

	控制单元	附加信息
N3/10	发动机管理控制单元	汽油发动机
N127	传动系统控制单元	—

驱动控制器区域网络2（CAN C2），如表7-1-17所示。

表7-1-17

	控制单元	附加信息
N15/15	全集成化变速器控制系统电控单元	—
N15/16	全集成化变速器控制系统电控单元	装配全时四轮驱动（4MATIC）/全轮驱动/代码M005
N127	传动系统控制单元	—

外围设备控制器区域网络（CAN PER），如表7-1-18所示。

表7-1-18

	控制单元	附加信息
E1	左前灯组	—
E2	右前灯组	—
N73/3	电子点火开关控制单元	—
N88	轮胎压力监测器控制单元	装配轮胎压力监测器（TPM）/代码475

前部雷达控制器区域网络（CAN S1），如表7-1-19所示。

表7-1-19

	控制单元	附加信息
B29/11	左前短程雷达传感器	装配自适应定速巡航控制系统增强版（限距控制系统增强版）/代码233
B29/12	右前短程雷达传感器	装配自适应定速巡航控制系统增强版（限距控制系统增强版）/代码233
N73/3	电子点火开关控制单元	—

后部雷达控制器区域网络（CAN S2），如表7-1-20所示。

表7-1-20

	控制单元	附加信息
B29/13	左后短程雷达传感器	装配自适应定速巡航控制系统增强版（限距控制系统增强版）/代码233或盲点辅助系统/代码234或高级遥控驻车装置/代码507
B29/14	右后短程雷达传感器	装配自适应定速巡航控制系统增强版（限距控制系统增强版）/代码233或盲点辅助系统/代码234或高级遥控驻车装置/代码507
N73/3	电子点火开关控制单元	—

车载智能信息系统控制器区域网络1（CAN A1），如表7-1-21所示。

表7-1-21

	控制单元	附加信息
A26/17	主机	—
A40/8	触摸屏	—
A40/12	平视显示屏	装配平视显示系统（HUD）/代码444
A40/18	仪表盘显示屏	—
A50/6	收费系统控制单元	装配养路费支付系统/代码943
N72/1	上部控制面板控制单元	—
N123/8	移动电话托座控制单元	装配前部无线电话充电装置/代码897或前部无线电话充电装置和天线/代码899
N133/1	仪表盘控制单元	—

车载智能信息系统控制器区域网络2（CAN A2），如表7-1-22所示。

表7-1-22

	控制单元	附加信息
A26/17	主机	—
N133/1	仪表盘控制单元	—
N168	手势识别系统控制单元	装配前面的非接触式手势控制/代码77B

悬架FlexRay（Flex E），如表7-1-23所示。

表7-1-23

	控制单元	附加信息
A40/11	多功能摄像头	未装配自适应定速巡航控制系统增强版（限距控制系统增强版）/代码233
B92/20	中程雷达传感器	装配自适应定速巡航控制系统专业版（限距控制系统专业版）/（代码239或主动式制动辅助/代码258）
N2/5	辅助防护系统控制单元	—
N30/3	电控车辆稳定行驶系统（ESP）控制单元	—
N51/8	悬架和减震系统控制单元	—
N62/3	驻车系统控制单元	装配主动式驻车辅助系统/代码235
N68	动力转向系统控制单元	—
N68/2	电动转向控制单元	装配全时四轮驱动（4MATIC）/全轮驱动/代码M005
N68/4	后轴转向系统控制单元	装配后轴转向系统/代码201
N73/3	电子点火开关控制单元	—
N80	转向柱模块控制单元	—
N127	传动系统控制单元	—
N145	变速器模式控制单元	—

以太网，如表7-1-24所示。

表7-1-24

	控制单元	附加信息
A26/17	主机	–
A40/13	多功能摄像头	装配自适应定速巡航控制系统增强版（限距控制系统增强版）/代码233
A89	远程雷达传感器	装配自适应定速巡航控制系统增强版（限距控制系统增强版）/代码233
N10/6	前部信号采集及促动控制模组控制单元	–
N62/3	驻车系统控制单元	装配主动式驻车辅助系统/代码235
N62/4	驾驶员辅助系统控制单元	装配自适应定速巡航控制系统增强版（限距控制系统增强版）/代码233
N73/3	电子点火开关控制单元	–
N112/2	车载智能信息服务通信模块	装配RAMSES ENTRY通信模块/代码383或RAMSES HIGH通信模块/代码384
N127	传动系统控制单元	–
N133/1	仪表盘控制单元	–
N145	变速器模式控制单元	–

电子点火开关控制单元与诊断系统连接接口之间还存在单独的以太网连接接口。多媒体传输系统（MOST），如表7-1-25所示。

表7-1-25

	控制单元	附加信息
A26/17	主机	–
N40/3	音响系统放大器控制单元	装配高级音响系统/代码810

通过STAR3，新款C级车型W206采用了新一代梅赛德斯-奔驰EE架构。该架构采用层级结构。新架构的核心是以太网主干网，有以下特征：

带域计算机或网关的域专用架构；

显著提高的数据传输率；

梅赛德斯遥控服务扩展-多个控制单元的无线下载（OTA）软件更新；

多级安全理念包括；

外部车辆访问保护；

保护车辆总线上的车载通信；

使用控制单元中的硬件安全模块。

由于额外使用了更快的CAN网络（CAN FD），为优化所选的CAN网络，在这些网络中无星点分配。与相关控制单元的连接通过总线上连接的线路和线束实现，连接架构的其他子网络：

通过不同的子网络进行控制器区域网络（CAN）FD通信；

底盘 FlexRay™总线系统；

多媒体定向系统传输（MOST）总线；

多个子集系统设计为单线总线系统（LIN）。

子网络通过网关进行连接：

电子点火开关控制单元；

前部信号采集及促动控制模组控制单元；

主机；

主动式环境氛围照明系统控制单元；

驻车系统控制单元；

仪表盘控制单元；

传动系统控制单元；

梅赛德斯–奔驰智能行驶控制单元。

48V车载电气系统：除火花点火型发动机M254和柴油发动机OM654M外，新款C级车型W206还装配了48V车载电气系统。与前辈车型相比，48V车载电气系统配备一系列附加功能（选装装备）和部件：

仅电动制冷剂压缩机（OM654M）；

加热式风挡玻璃（代码597）；

快速强劲的电气48V暖气增强系统（代码8B2）。

九、照明

（一）外车灯

新款C级车型W206的大灯与前辈车型系列相比，大灯的功能布局和照明工程采用了新的设计。标准装备包括带自适应远光灯辅助系统增强版的静态LED高性能大灯。选装装备包括采用新DIGITAL LIGHT系统的动态全LED大灯，具有以下几种类型：

①数字LED大灯，SAE版（功能受限）/代码316；

②数字LED大灯，左舵驾驶/代码317；

③数字LED大灯，右舵驾驶/代码318；

④高级照明组件/代码PAX仅与代码316或317配套使用；

C200轿车左前视图，装配静态LED大灯（MULTIBEAM LED），行车灯和转向信号灯灯光已启用，如图7-1-23所示。

图 7-1-23

C300轿车左前视图，装配动态全LED大灯（DIGITAL LIGHT），行车灯和转向信号灯灯光已启用，如图7-1-24所示。

图 7-1-24

1. DIGITAL LIGHT

新型DIGITAL LIGHT照明系统，结合了主动式几何多光束LED大灯的常用功能和革新的高分辨率照明技术。DIGITAL LIGHT大灯有两个光源。除采用主动式几何多光束LED大灯技术的84LED矩阵外，每个大灯中还集成了一个微镜促动器。微镜促动器由约130万个以矩阵形排列的微镜组成，其通过电子调节可倾斜。三个高性能发光二极管照亮反光面，与投影机原理相似，该灯通过移动的镜片投射到道路上。

新型选装装备DIGITAL LIGHT还提升了自适应远光灯辅助系统增强版的功能。更精细的像素结构能更精确地降低对面来车或前面车辆照明的不良影响。另一项革新之处在于地形补偿。根据地图数据，会检测道路的高度差，将大灯的光程范围保持在接近固定值的水平，实现道路的理想照明。

2. 辅助功能（装配高级照明组件/代码PAX）

除了可以为各种驾驶条件提供理想照明外，DIGITALLIGHT大灯还可以为驾驶员辅助系统提供视觉辅助。通过DIGITAL LIGHT（代码PAX）功能可实现高清质量的灯光投射。驾驶时会将灯光投射到车辆前方道路，驾驶员的视野范围中。在紧急情况下，如较窄的建筑工地通道，会通过道路上投射的目标引导线引导驾驶员。其他灯光投射包括符号和指示，例如方向箭头或警告。符号是对驾驶员显示屏视觉信息的补充，但并非取代。

3. 新辅助特性

行驶方向错误警告功能（如果驾驶员沿规定行驶方向的反方向行驶，例如高速公路上）。

红灯警告功能：如果驾驶员在红灯时行驶车辆且未减速。

停车标志警告功能：如果驾驶员向停车标志行驶车辆且未减速。

聚光灯（例如，如果在危险区域的边缘处检测到行人）。

引导线（驶过建筑工地时，会在车辆自身路线上投射两个光束，用作引导线）。

建筑工地警告或建筑工地警告灯（进入建筑工地时，会通过在道路上投射符号警告驾驶员进入建筑工地区域）。

4. 尾灯

采用LED技术的尾灯也是该车型的一个独特设计特征，使其外观更具品质感，造型更加高效突出。新款C级车型206的尾灯采用两件式设计。所有车灯均采用LED作为光源。所有车型尾灯的标准装备均采用选装装备的独有车灯设计。如果与选装装备DIGITAL LIGHT配套使用，尾灯具备"迎宾"/"离开"功能，在解锁或锁止车辆时会向驾驶员表示欢迎或再见。侧壁中的尾灯和行李箱盖灯分为四块。这样大大增加了尾灯的3D效果。尾灯上的制动灯和转向信号灯由一组间接照明的独立反射器组成。根据驾驶状况和环境亮度（日间/夜间），按照ECE类型在不同光照条件下操作制动灯和转向信号灯。例如，如果驾驶员在夜间红灯时促动制动踏板，则自动降低制动灯的亮度，从而不会使跟随车辆的驾驶员炫目。

C300轿车左后视图，装配两件式LED尾灯（DIGITAL LIGHT），行车灯和转向信号灯灯光已启用，如图7-1-25所示。

图7-1-25

C300 T-model左后视图，装配两件式LED尾灯（DIGITAL LIGHT），行车灯和转向信号灯灯光已启用，如图7-1-26所示。

图7-1-26

（二）车内照明

新款C级车型W206中的所有环境照明系统类型都有64种灯光颜色，通过将原色"红""绿"和"蓝"混合实现。RGBLED中的三个芯片单独启用。除64种灯光颜色之外，还提供了10种"色彩世界"，车内通过多种协调的灯光颜色进行照明。亮度可在亮度区域分20级进行调节。为了使新款C级车型206车内的安全性，舒适性以及惬意的氛围达到一个全新的高度，提供以下选装装备：

带代码891的环境氛围照明系统；

带直接照明光线的环境照明（带代码894）。

（1）环境氛围照明系统（代码891）。

"高级"环境氛围照明系统提供不同的色彩选择和场景。"色彩世界"可以固定，在"多彩照明"模式，还可选用"色彩世界"相关的多种颜色。根据相应的功能，环境氛围照明功能可通过中央显示屏或语音对话系统控制。新功能包括：

①扩展的环境氛围照明系统。

②中央控制台。

③车门。

④座椅。

⑤脚部位置。

⑥集成在畅心醒神（ENERGIZING）便捷控制功能中（如适用）。

⑦通过主动式驶出警告提供视觉辅助。

（2）带直接照明光线的环境照明（代码894）。

新款C级车型W206中车内照明的亮点在于带直接照明光线的环境氛围照明系统（代码894）。"高级"环境氛围照明系统提供有附加照明元件，使车内设计线条和外观更加醒目突出。根据相应的功能，环境氛围照明功能可通过中央显示屏或语音对话系统控制。新功能包括：

①车门中扩展的环境氛围照明系统（照明扶手）。

②驾驶舱照明。

（3）代码891的环境氛围照明系统，如图7-1-27所示。

图 7-1-27

十、安全

（一）关闭和安全

1. 关闭系统

新款C级车型W206采用了最新一代的锁止系统。除优化了关闭和开启操作外，车外门把手也采用了新的设计。车外门把手现以把手的形式作为标准装备提供。在车内，驾驶员车门LED替代了车门上之前使用的销子，从而可通过灯光提示看到车门的锁止状态。

2. 独立行李箱锁（代码887）

在之前的车型系列中，通过可锁止手套箱中的开关执行行李箱单独锁止，也称作代客泊车。在新款C级车型W206中，通过将PIN码输入中央显示屏的"车辆设置"菜单中实现启用/停用。在此情况下，保留了单独锁止手套箱的选择，关于启用/停用功能的说明，请参见用户手册。

（二）车内乘客保护

新款C级车型W206的被动安全性基于智能设计的车身，以及极具刚性的乘客车厢和特殊的可变形碰撞结构。保护概念还包括以下部分：

预防性安全系统（PRE-SAFE®）驾驶员及乘客保护。

防护系统。

1. 预防性安全系统（PRE-SAFE®）驾驶员及乘客保护系统

新款C级车型W206的被动安全性基于智能设计的车身，以及极具刚性的乘客车厢和特殊的可变形碰撞结构。保护概念还包括选装的预防性安全系统（PRE-SAFE®）驾驶员及乘客保护系统和防护系统。对预防性驾驶员及乘客保护系统预防性安全系统（PRESAFE®）进行了扩展，包括以下功能性：

①触发预防性安全系统（PRE-SAFE®）措施。

②如果驾驶员快速从加速踏板切换至制动踏板。

③通过侧风稳定控制辅助系统进行明显路径校正时。

④低速时进行临界转向操作时。

⑤即将发生侧面碰撞时（侧面障碍物识别）〔装配预防性安全系统自适应安全带收紧功能（PRE-SAFE®Impulse）/代码292〕。

⑥驾驶员可预先调节预防性安全系统（PRE-SAFE®）听力保护功能。在发生事故时，会产生带声压级的噪音，可能会对听力造成损害。如果预防性安全系统（PRESAFE®）系统检测到确定的危险状况，会通过音响系统在车里发出简短的噪音信号以进行预警。由于镫骨肌的自然反射机制，内耳可迅速自我保护免受高声音压力的损害。

⑦预防性安全系统（PRE-SAFE®）系统增强版，仅作为驾驶组件特殊装备（代码23P）或驾驶辅助增强版组件特殊装备（代码P20）的部分功能。后部碰撞警告系统是预防性驾驶员及乘客保护系统的扩展，同时还会将以下车辆引起的危险状况（后部碰撞）考虑在内。以基于雷达的方式监测车辆后方的交通状况。后方碰撞警告系统分析雷达传感器系统信息，并计算以下车辆的接近速度以及与本车的距离。即将发生后方碰撞时，该系统警告以下车辆并执行不同的预防性乘客保护措施。因此对于车辆驾驶员及乘客来说，可减少可能发生的事故后果。

⑧预防性安全系统自适应安全带收紧功能（PRE-SAFE®Impulse），作为代码P20的驾驶辅助组件增强版选装装备的部分功能。如果检测到即将发生侧面碰撞，预防性安全系统自适应安全带收紧功能（PRE-

SAFE®Impulse）会将驾驶员或前排乘客移至车辆中央位置。预先反应的防护系统用于将空气隔离在座椅靠背的侧面支撑中。如果无法避免侧面碰撞，气囊会在几分之一秒内充气并将车辆驾驶员及乘客轻轻推到一侧。从而使车辆驾驶员及乘客远离车门。同时，车辆和车辆驾驶员及乘客之间的相对速度降低，以减少随后与车门饰板的接触。

2. 防护系统

为在侧面碰撞时保护第一排座椅的车辆驾驶员及乘客，驾驶员座椅中央控制台的侧面集成了中央气囊。这可以防止向车辆中央强烈的侧向移动，防止第一排座椅的驾驶员和乘客发生严重的相互撞击。

防护系统包括：

驾驶员和前排乘客的可逆式安全带收紧器；

装配带烟火装置的皮带张紧器和安全带收紧力限制器的三点式安全带（驾驶员、前排乘客、外侧后部）；

驾驶员和前排乘客前置气囊；

驾驶员膝部气囊；

新增：驾驶员座椅中央控制台侧面的中央气囊（代码325）（不同国家可能存在差异）；

组合前排胸部–骨盆侧部气囊；

后排骨盆侧部气囊（装配后排侧部气囊/代码293）；

车窗气囊。

如果与弱势道路使用者发生碰撞，例如行人，则采取以下措施以减少事故严重程度：

防撞缓冲区位于发动机罩和部件之间的下方；

新增：前端横梁；

碰撞相关部件，采用塑料PA6 GF30（含30%玻璃纤维加强材料的聚酰胺）；

整合多种碰撞等级，以尽量均匀分布受力；

专门设计的保险杠泡沫；

保护性发动机罩：在某些情况下，发动机罩可由风挡玻璃附近铰链区域中的触发器盒抬起（不同国家可能存在差异）。

十一、驾驶员辅助系统

新款C级车型W206将采用带半自动驾驶功能的最新一代驾驶辅助组件（FAP5.0）。此最先进的驾驶员辅助系统根据速度调节、转向机构、变道和碰撞风险等相关情况为驾驶员提供辅助。由于增强了驾驶员辅助功能，驾驶员辅助系统提供更佳的安全性和舒适性。在跨系统概念的基础上，区域整体安全性和梅赛德斯–奔驰智能驾驶的相互作用和协同合作增加。最重要的驾驶员辅助系统以组件进行编译。列表中包含与驾驶辅助组件（FAP 4.5 Evo1+）相比所有技术改进和新特征。

1. 驾驶辅助组件增强版（装配驾驶辅助组件增强版/代码P20）。

（1）带以下新功能的DISTRONIC主动式车距辅助系统。

①预先速度调节（至最高允许速度）。

出现静止的道路使用者时的舒适性制动个性化模式，可调节驾驶模式–独立于限距控制系统（DISTRONIC）调节。

中国专有版本，带距离和弯道调节。

②带以下新功能的主动式转向辅助系统。

大大增强了乡村道路上行驶的通过性和转弯性能。

视具体情况而定的无中心驾驶风格（除紧急通道外，还适用于无车道标记的乡村道路）。

明显的双手离开方向盘警告（通过电容式方向盘）。

③主动式车道保持辅助系统。

搜寻阶段时间更长（10s延长至15s），横向动态性更高（非ECE版）。

④带以下新功能的交通标志辅助系统。

停车标志警告功能：如果驾驶员向停车标志行驶车辆且未减速。

红灯警告功能：如果驾驶员在红灯时行驶车辆且未减速。

⑤动态辅助图。

增强现实驾驶体验。

展示多个车道检测到的道路使用者的具体类型。

⑥梅赛德斯–奔驰智能驾驶在线服务。

可选热点地区系统基于GPS进行的调节（基于云技术减少错误警告/干预）。

⑦带以下新功能的主动式车道保持辅助系统。

舒适性提高，制动干预替代为主动式转向干预。

对道路边缘做出响应，即使无车道标记。

改进了主动式环境氛围照明系统的危险警告显示。

⑧避让转向辅助系统。

扩展：

对自行车骑行者和车辆做出响应。

长距离路线（速度最高108km/h）。

⑨主动式制动辅助系统。

扩展：

降低十字路口事故的严重性（速度最高120km/h）。

带转向操作功能（包括转弯时有行人横穿道路的情况）。

应对对面来车时的警告和制动干预。

⑩主动式紧急停止辅助系统。

还为手动驾驶提供辅助（之前仅在DISTRONIC模式下有效）。

可选变道（一个车道）（约80km/h且临近车道无物体时）。

⑪主动式盲点辅助系统。

扩展了驶出警告。

改进了主动式环境氛围照明系统的危险警告显示。

2. 注意力辅助系统

新款C级车型206采用前辈车型的注意力辅助系统（ATTENTION ASSIST）。根据MBUX用户界面的新设计风格对驾驶员显示屏中的内容进行了升级，呈现焕然一新的外观。内容显示在圆弓形内。

3. 交通信号灯辅助

车辆接近十字路口时，交通信号灯辅助系统会识别信号灯并以增强现实的形式将其显示在中央显示屏上。

4. 主动式制动辅助系统

新款C级车型W206配备"主动式制动辅助"（代码258）。该款车型采用多功能摄像头（平面探测摄像头）检测行人和自行车骑行者。凭借最新一代的驾驶辅助组件（FAP5.0），提高了雷达传感器的探测范围：

检测角度45°时为70m；

检测角度9°时为250m。

5. 自适应定速巡航控制系统专业版（限距控制系统专业版）

新款C级车型W206配备选装装备"自适应定速巡航控制系统专业版（限距控制系统专业版）"（代码239）。其由以下子系统组成：

车距控制；

碰撞警告；

自动部分制动和完全制动。

凭借最新一代的驾驶辅助组件（FAP 5.0），提高了雷达传感器的探测范围：

检测角度45°时为70m；

检测角度9°时为250m。

6. 主动式驻车辅助系统

除性能提升外，新一代驻车系统5.0还具备新功能和新的用户界面。作为基本的辅助系统，主动式驻车辅助系统应用于所有驻车组件。主动式驻车辅助系统是一种驻车系统，在新款C级车型206中作为标准装备提供，是采用的驻车组件的一部分。以下组件可用。

带后视摄像头的驻车组件（装配驻车组件/代码P44）标准装备：

主动式驻车辅助系统（装配主动式驻车辅助系统/代码235）；

后视摄像头（装配后视摄像头/代码218）；

带360°摄像头的驻车组件（装配带360°摄像头的驻车组件/代码P47）–选装装备：

主动式驻车辅助系统（装配主动式驻车辅助系统/代码235）；

360°摄像头（装配360°摄像头/代码501）。

7. 方向盘

新款C级车型W206采用最新一代的方向盘。对位于两个水平方向盘辐条上左右两侧的两个按钮组进行了新的排列，采用了新的操作理念。用于手指导航垫的物理原理由光学改为电容。这一代方向盘的另一个革新之处在于采用了人手检测传感器，该传感器用于检测驾驶员手部在多功能方向盘上的触碰操作。人手检测传感器由一块位于方向盘表面之下的方向盘轮缘处的电容垫组成。注意力辅助系统，如图7-1-28和7-1-29所示。

带操作功能组车载电脑/定速巡航控制和限速器/限距控制系统（DISTRONIC），以及操作功能组MBUX多媒体系统的方向盘，如图7-1-30所示。

1.注意力状态显示

图 7-1-28

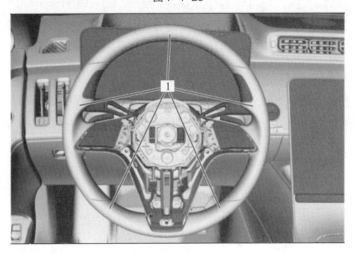

1.人手检测传感器

图 7-1-29

1a. 返回之前的显示　1b. 沿箭头方向滑动触控（浏览）　1c. 显示主页　1d. 选择DISTRONIC主动式车距辅助系统　1e. 选择定速巡航控制/限速器　1f. 提高/降低速度开关板　1g. 停用定速巡航控制/可变限速器　2g. 访问收藏夹　1h. 采用存储/检测的车速　2h. 启动MBUX语音助手　2a. 显示主页　2b. 沿箭头方向滑动触控（浏览）　2c. 返回之前的显示　2d. 拨打或接听电话　2e. 拒接或结束通话　2f. 关闭音量调节/音响开关板

图 7-1-30

329

十二、舒适系统

（一）恒温控制

新款C级车型W206（混合动力车型除外）标配了代码579的单区空调系统。代码580（空调系统）的THERMATIC双区自动空调作为选装装备提供（对于混合动力车型为标准装备）。顶配为代码581（空调系统）的4区域自动智能气候控制系统。这是中国市场的标准装备。为实现更好的加热效果，采用了加热功率为1.5kW的正温度系数（PTC）加热器，同时装配热交换器。

在混合动力车型中，水侧的高压加热器取代了空气侧的正温度系统（PTC）加热器。对冷却液进行加热时，加热输出通过加热器芯子传递至车内。高压暖气增压器的额定功率为5.2kW。在新款C级车型206中，智能气候控制的闭环控制集成在前部信号采集及促动控制模组控制单元中，不存在独立的智能气候控制单元。前部信号采集及促动控制模组控制单元的软件更新后，智能气候控制功能必须重新编码。在新款C级车型206中，空调系统通过中央显示屏进行操作，可通过气候控制条调用空调菜单。气候控制条始终显示在中央显示屏底部。通过4区自动智能气候控制系统（THERMOTRONIK），可以有针对性地调节车内空调以满足车辆驾驶员及乘客的个性化需求。与THERMATIC双区自动空调相比，HERMOTRONIC还提供的功能范围更广。自动智能气候控制系统（THERMOTRONIC）为驾驶员，前排乘客和后排乘客提供单独的气候区，并配备了以下部件和功能：

①驾驶员和前排乘客以及后座区左侧和右侧提供单独的温度和空气分配控制。

②通过空气质量传感器和导航系统进行自动空气循环以及通过GPS进行隧道检测。

③活性炭细尘过滤器（标准）。

④余热利用。

⑤后座区的辅助操作单元。

⑥仪表板中的漫展区域。

⑦B柱和脚部位置的附加出风口。

还可订购空气净化组件（代码P53）（对于中国市场的车型206.1为标准装备）。组件包括外部和内部微粒传感器，用于在中央显示屏上显示车内空气质量以及其他可视功能范围。进气（粗滤器）和空调外壳（车内空气滤清器）中仍使用优化的细尘过滤器。保养间隔相同。还提供加装服务（仅滤清器）。C级车型206中的智能气候控制，如表7-1-26所示。

表7-1-26

项目	THERMATIC代码579标配装备	THERMATIC代码580选装装备	THERMOTRONIC代码581选装装备（在中国市场为标准装备）
温度区域	1	2	4
自动模式	单区	单区	四区
气流分配	单区	单区	四区
气流量	单区	单区	四区
空气内循环开关，带"关闭车窗"的舒适性功能	自动（不适用于美国、加拿大、韩国、日本）	自动（不适用于美国、加拿大、韩国、日本）	自动（不适用于美国、加拿大、韩国、日本）
余热利用	否	是	是
细尘过滤器	是（出厂）	—	—

项目	THERMATIC代码579标配装备	THERMATIC代码580选装装备	THERMOTRONIC代码581选装装备（在中国市场为标准装备）
活性炭细尘过滤器	首次保养后	是	是
日光传感器	雨量/光线传感器中的一个传感器	雨量/光线传感器中的一个传感器	雨量/光线传感器中的一个传感器
湿度和温度传感器的数量	1	1	1
空气质量传感器的数量	–	–	1
出风口温度传感器的数量	2	4	6
车内温度传感器的数量	2	2	2
步进调节电机的数量	4 通过软件操控单区空调系统。因此，采用的空调外壳装配的步进电机的数量与双区系统相同	4	16

带后排智能气候控制操控单元的后部中央控制台，如图7-1-31所示。

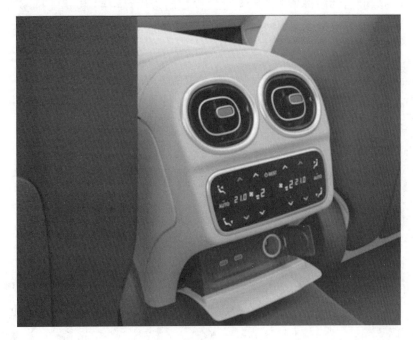

图 7-1-31

（二）座椅

新款C级车型206采用新研发的座椅，不仅有许多新的舒适型功能，还采用了新的造型、颜色和材质。除了座椅的舒适性属性，预防性安全系统自适应安全带收紧功能（PRE-SAFE®Impulse）的装备还满足了严格的安全性要求。控制和显示理念扩展后大大提升了座椅系统。可通过以下方式操作座椅功能：

车门中的控制元件。

中央显示屏。

语音控制系统。

1. 前排座椅

（1）座椅调节。

对于所有座椅类型，都标配了手动座椅调节功能。座椅舒适组件（代码P65）作为选装装备提供，通过机械方式可纵向调节前排座椅，调节座椅高度以及坐垫和靠背的倾斜度。带记忆功能的全电动座椅调节功能作为选装装备提供（代码241/242）。在大大提升的座椅舒适性方面，还作为选装装备提供驾驶员和前排乘客的4向腰部支撑（代码U22），与基本的车内设计（P75）配套使用。驾驶员和前排乘客的"多仿形座椅"（399）作为选装装备，包括带按摩功能的座椅舒适组件（P65）［通过在驾驶员和前排乘客座椅中集成功能泵（仅适用于时尚型组件）］。新款头枕重新进行了研发和设计，采用封闭方式连接到座椅靠背。通过头枕侧面的解锁按钮可在所有移动方向上同时解锁头枕。

（2）座椅加热器。

根据相应的市场不同，在新款C级车型206中对坐垫，座椅靠背和侧面支撑进行加热的加热系统（代码873）可能作为标准装备提供。但是，对于ECE/RoW市场，作为选装装备提供。通过车门中的控制元件可选择三种加热挡位。其中一项新功能是可通过语音控制操作座椅加热系统。

（3）空调座椅。

带座椅加热功能的驾驶员和前排乘客座椅智能气候控制（代码401）包括前排座椅的座椅加热和座椅通风功能。对于座椅通风，坐垫和靠背中分别安装了一个离心式风扇，通过这些风扇使空气在座椅结构中循环。

2. 后排座椅

新款C级车型W206中带电动可折叠外侧座椅靠背的后排长座椅作为选装装备提供。该功能通过行李箱中行李箱侧饰板左侧和右侧的开关启用。扶手的后排长座椅的一项新装备是移动电话托座。C300轿车AMG运动组件内饰座椅，如图7-1-32所示。

图 7-1-32

C300轿车时尚型内饰后排座椅，如图7-1-33所示。

图 7-1-33

（三）滑动天窗

与前辈车型系列相同，新款C级车型W206作为选装装备提供了两种天窗开启系统。全景式滑动天窗（代码413）作为选装装备，为电动外部全景式滑动天窗。该全景式滑动天窗可提供最大可见度和开度，同时确保较高的车辆刚度。电动滑动玻璃天窗（代码414）作为选装装备，为电动内部滑动天窗。

两种类型都包含以下功能：

自动空气内循环关闭和雨天自动关闭功能；

自动防夹功能；

预防性安全系统（PRE-SAFE®）关闭功能。

两种天窗开启系统都提供以下功能：

（1）滑动天窗操作。

滑动天窗和遮阳帘可通过滑动和按压上方控制面板中的触摸滑块进行操作。

（2）自动降低。

如果全景式滑动天窗从后部升起，在车速较高时会自动稍稍降低。车速较低时，则会自动升起。

（3）语音控制系统。

通过新的语音控制系统，遮阳帘的操作变得简单且更方便。例如，只需要发出命令"升起遮阳帘"，遮阳帘就会立即自动收起，驾驶员无须按下任何按钮。

（4）Mercedes me。

可通过Mercedes me执行命令"打开全景天窗"。在此过程中，遮阳帘先打开，然后是全景天窗。如果发出的命令是"关闭全景天窗"，则仅关闭全景天窗，而非遮阳帘。

C级车型W206轿车，装配电动滑动玻璃天窗/代码414，如图7-1-34所示。

C级车型206 T-model，装配全景式滑动天窗/代码413，如图7-1-35所示。

图 7-1-34

图 7-1-35

十三、音频和通信

（一）操作和显示概念

1. 概述

新款C级车型206采用全新的操作和显示系统。前辈车型中的仪表盘、触摸板和音频/驾驶室管理及数据系统（COMAND）控制单元替换为驾驶员显示屏和中控台上独立的中央显示屏。采用的第三个用户界面为之前车型中已经使用的平视显示屏。功能显示屏的设计是为了将功能体验最优化，而非分散驾驶员的注意力。自定义选项提升了驾驶员显示屏和中央显示屏的显示体验。功能可通过触控和语音控制进行操作。人工智能为车辆乘员提供辅助，可更快速地理解且更方便地操作车辆功能。通过人工智能，车辆

334

可适应车辆乘员的偏好和习惯。从而，可在特定时间推荐合适的音乐或回家路线。通过新款操作和显示系统，与车辆相连的信息流增多，满足了更高要求，从而实现了自动驾驶的更多条件，如图7-1-36所示。

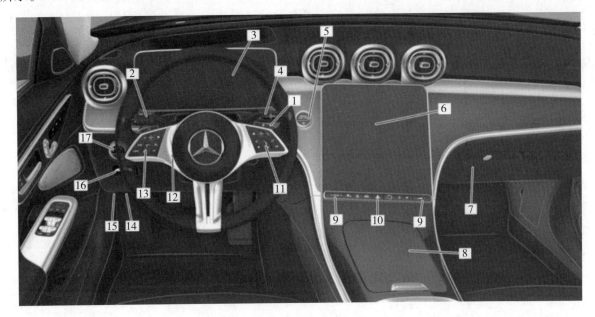

1. 方向盘换挡拨片　2. 组合开关　3. 驾驶员显示屏　4. 直接选挡（DIRECT SELECT）换挡杆　5. 启动/停止按钮　6. 中央显示屏　7. 手套箱　8. 储物箱　9. 上部控制面板　10. 危险警告系统按钮　11. 多功能方向盘按钮组2　12. 方向盘　13. 多功能方向盘按钮组1　14. 诊断连接器　15. 发动机罩打开开关　16. 电动驻车制动器开关　17. 照明开关

图 7-1-36

2. 开关面板和开关

新款C级车型W206的控制理念是接合不同类型的控制元件。这包括触控滑条、传统开关、触感开关面板和集成了触觉反馈的控制元件。

（1）已取消用于之前车型的车门销。已替代为驾驶员侧车门中的LED。

（2）启动/停止按钮已进行重新设计。除发动机启动/停止功能外，还可通过联合开关面板启用/停用启动/停止功能。

（3）全景折叠式硬顶敞篷的操作通过上方控制面板中的触控滑条控制。

（4）通过全部装备，上部控制面板控制以下功能：

①动态操控选择驾驶模式。

②EQ菜单［仅代码ME10（混合动力车辆）］。

③驻车系统。

④驻车加热器。

⑤车辆快捷键。

⑥危险警告系统。

⑦指纹传感器（RGB彩色照明）。

⑧中央显示屏打开/关闭。

⑨静音按钮。

⑩音量控制。

（5）多功能方向盘：对位于两个水平方向盘辐条上左右两侧的两个开关面板进行了新的排列，采用了新的操作理念。用于触控按钮的物理原理由光学改为电容。

3. 驾驶员显示屏

新款C级车型W206的一项革新之处在于采用了驾驶员显示屏。该显示屏为独立的不带气口的LCD彩色显示屏。显示屏对角尺寸为10.25in，分辨率为1440像素×540像素。作为选装装配提供不带气口的12.3in LCD彩色显示屏，分辨率为2400像素×900像素。所有设备类型的显示理念相同。驾驶员显示屏的内容通过多功能方向盘上的按钮组1控制。可通过驾驶员显示屏上的菜单栏调用以下菜单：

精细；

动感；

经典型；

导航；

辅助；

保养。

在这些菜单中，可进行如下操作：

选择在显示区域显示不同内容；

显示和隐藏显示屏内容；

切换视图。

此外，每个菜单都有"选项"（Options）子菜单，可通过该菜单进一步调节菜单显示内容的设置情况。与具体的情况无关，关于车速和驾驶员辅助系统的信息始终显示在上方中央位置。转速表仅显示在"经典"菜单中，而不是经典表盘样式。在"精细"菜单中，还可额外选择七种不同的颜色设置。根据安装的设备，选择的颜色设置应用于环境氛围照明系统和中央显示屏，如图7-1-37所示。

"经典"菜单中的显示内容，如图7-1-38所示。

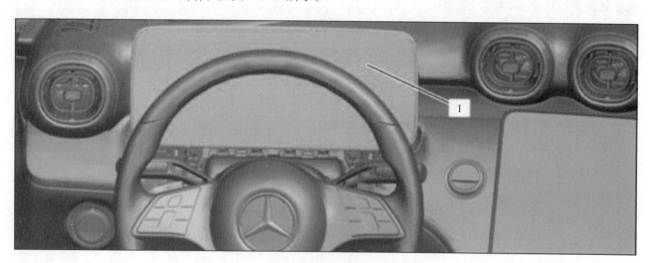

1. 驾驶员显示屏

图 7-1-37

1.车速表　2.转速表或时间　3.变速器挡位　4.冷却液温度表　5.车外温度　6."经典"菜单中的显示内容示例　7.时间　8.燃油液位和油箱盖位置显示

图7-1-38

4. 中央显示屏

对于车载智能信息系统和车辆功能的中央控制元件，提供了位于中央位置的9.5in（24.1cm），分辨率为1624像素×1000像素的首款浮式LCD触摸屏。作为高级中央显示屏（自11.5in）/代码868的选装装备，中央显示屏为11.9in，分辨率为1624像素×1728像素的触摸屏，采用LCD技术。

操作触摸屏：

①触摸。

②一根、两根或三根手指滑动操作。

③触摸、保持和拖动。

④触摸并保持。

⑤调节触摸屏的触觉操作。如果启用该功能，会通过操作期间的震动提供可感知的触觉反馈。

⑥调节压力触觉。选择期间，通过该功能可感觉到类似按下按钮的反应，如图7-1-39所示。

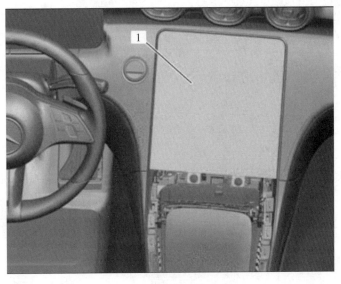

1. 中央显示屏

图7-1-39

337

中央显示屏主页概况，如图7-1-40所示。

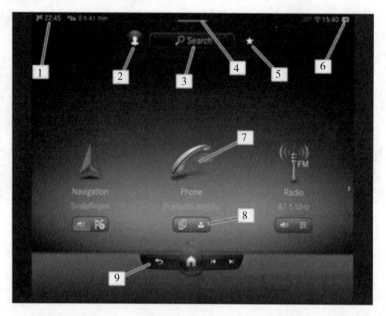

1. 状态栏　2. 访问用户文件设置和用户切换　3. 使用全文搜索　4. 调用控制中心　5. 访问收藏夹　6. 状态栏中的显示　7. 访问应用程序　8. 应用程序快速访问　9. 全局菜单

图 7-1-40

5. 平视显示屏

平视显示系统可通过代码444［高级平视显示系统（HUD）］作为选装装备订购。会在发动机罩上方4.5m位置向驾驶员显示对角约29.5in（708mm×236mm）的虚拟彩色图像，如图7-1-41所示。平视显示屏向驾驶员视野区域凸出：

①导航系统信息。

②驾驶员辅助系统信息。

③警告信息。

1. 平视显示屏

图 7-1-41

（二）信息、多媒体和通信系统

1. 概述

新款C级车型W206采用新款第7代车载智能信息系统。由于引入了人工智能，该系统可自主学习并可由用户进行个性化设置。根据安装的设备，其他亮点包括带触摸屏操作的高分辨率中央显示屏。带自然语音识别的智能语音控制也是全新的功能，如图7-1-42所示。

图 7-1-42

2. 型号

与传统不同，不可再选择主机，根据选装装备自动添加。根据选择的选装装备，例如导航系统，分为以下设备系列：

CONNECT 20［装配Connect 20 Mid（NTG7）/代码521］；

CONNECT 20［装配Connect 20 High（NTG7）/代码525］。

基于选择的装备系列，可后续选择其他选装装备。根据所选选装装备，设备系列CONNECT 20分为"MID"或"HIGH"类型，如表7-1-27所示。

表7-1-27

特性	说明
个性化主题显示［装配Connect 20 Mid（NTG7）代码521或Connect 20 High（NTG7）/代码525］	七个用户配置文件下可保存不同的设置
增强现实录像机（装配增强现实录像机/代码U19）	导航期间、在中央显示屏的路线即视影像中会显示如导航指示、街道名称和门牌号等信息
语音控制系统	自然语音识别可用便捷式语音控制。用户无须学习任何语音命令。也可通过语音控制操作多个车辆功能
服务激活/启用	在线服务的激活和启用已通过软件开关标准化

（1）个性化设置［装配Connect 20 Mid（NTG7）代码521或Connect 20 High（NTG7）/代码525］。

通过新型第7代车载智能信息系统，最多可存储7个个人配置文件。用户配置文件的权限有Mercedes me PIN保护，在装配相应设备的车辆中，可通过生物识别传感器启用。包括：

上部控制面板中的指纹传感器；

语音检测。

例如，根据车辆设备，可保存以下设置：

驾驶员座椅，方向盘和后视镜设置；

智能气候控制；

环境照明灯；

收音机（包括电台列表）；

主题显示，建议和收藏夹。

将车辆钥匙分配至配置文件时，某些个性化设置可能会预先激活，例如车内照明的颜色或座椅位置。对于经常出现的驾驶状况，例如高速公路上的长途旅程，可合并常用设置并保存。在这种情况下，可设置如导航地图、转速表，旅程计算机和常用收音机电台以及优先驾驶模式的显示。在创建所需名称（例如"长途旅程"）下的主题显示时，可保存这些设置。在下一高速公路旅程中，无须重新了解各个性化设置，可直接选择该主题显示。与之前的方法相比，新增了个性化信息的访问协议，从而防止未授权访问地址，支付功能或In-CAR Office。

如果创建了带不同动态操控选择（DYNAMICSELECT）（自定义）数据的多个主题显示，会将最新保存的动态操控选择（DYNAMIC SELECT）（自定义）数据保存在这些主题显示中。也就是说最新创建的主题显示会更新动态操控选择（DYNAMIC SELECT）（自定义）数据。根据车辆设备，以下设置可保存在一个主题显示中：

驾驶员显示屏设置；

平视显示屏设置；

环境氛围照明设置；

内置音频源（如收音机或USB）；

中央显示屏主菜单；

风格：风格取决于驾驶员显示屏的设置情况，例如性能；

动态操控选择驾驶模式；

ECO启动/停止功能设置；

导航设置［装配Connect 20 MID（NTG7）代码521或Connect 20 HIGH（NTG7）/代码525］。

（2）增强现实（装配增强现实录像机/代码U19）。

由摄像头记录车辆前方的风景并显示在多媒体系统显示屏中。随之图像中显示虚拟物体和标记。例如，会显示街道名称、转弯箭头和导航指示。

控制可能性：

①方向盘上的手指导航垫。

在新款C级车型206中，方向盘上装配了手指导航垫。可通过手指导航垫操作驾驶员显示屏和MBUX多媒体系统中的所有功能。

②带触摸功能的中央显示屏。

中央显示屏（之前的多媒体系统显示屏）现在设计为触摸屏。除了通过方向盘和触摸板上手指导航垫的熟知的交互式操作，还可通过中央显示屏操作多媒体和通信系统。

③带指纹传感器的上部控制面板。

带指纹传感器的开关面板，打开或关闭MBUX多媒体系统，打开或关闭音响和调节音量。

④MBUX语音助手。

通过MBUX语音助手可进行语音拨号。说出"HeyMercedes"后开始语音操作。MBUX多媒体系统操作，如图7-1-43所示。

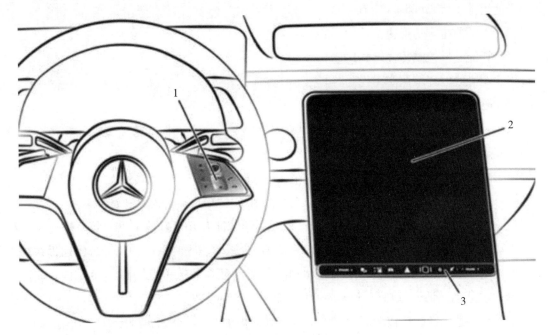

1.MBUX多媒体系统触控和操作组　2.带触摸功能的中央显示屏　3.带指纹传感器的上部控制面板

图7-1-43

（3）畅心醒神（ENERGIZING）便捷控制和ENERGIZINGCOACH。

畅心醒神（ENERGIZING）便捷控制和ENERGIZINGCOACH功能的中央元件为MBUX多媒体系统中的控制软件，可根据选择情况，启用车辆中的某些舒适性功能，以根据需要维护车辆乘员的健康。畅心醒神（ENERGIZING）高级健康组件（代码PBR）包括舒适性控制的各种选择，通过车辆中不同舒适性系统的网络以及与畅心阁（ENERGIZING COACH）功能之间的互动可用作用户界面功能，进一步增强性能并提升舒适性。畅心醒神（ENERGIZING）便捷控制：驾驶员（和/或前排乘客）可从暂时可用的多个项目中选择最适合当前情况的项目，目标是改善驾驶或休息时的健康状况和性能。ENERGIZING COACH：根据多种参数，例如疲劳程度、睡眠质量、路途时长等向驾驶员推荐畅心醒神（ENERGIZING）舒适型项目。

（4）畅心醒神（ENERGIZING）便捷控制（装配入门级健康组件/代码PBP）。

畅心醒神（ENERGIZING）便捷控制（代码PBP）结合了不同的个性化功能（如车内照明、智能气候控制、音响）以创建分配至特定主题的项目。这些自定义功能的特性通常用于提高驾驶员/所有车辆乘客的自定义操作的便利性。由于多种感觉的协调响应，还可增加精神和身体舒适度。可在单调驾驶时通过播放活跃或提神的程序或通过在情绪紧张情况下的放松或热身程序为驾驶员提供辅助。带指导性放松练习的程序有助于缓解紧张。畅心醒神（ENERGIZING）便捷控制（代码PBP）需要MBUX高级主机类型（代码525）并包含以下选装装备：

①空气质量组件（代码P21）。

②前排座椅空调（代码401）或左侧和右侧驾驶员座椅加热器（代码873）。

③带直接照明光线的环境照明（代码894）。

（5）畅心醒神（ENERGIZING）便捷控制（装配高级健康组件/代码PBR）。

畅心醒神（ENERGIZING）便捷控制（代码PBR）需要MBUX高级主机类型（代码525）并包含以下选

装装备：

　　①空气质量组件（代码P21）。

　　②座椅舒适组件（代码P65）。

　　③带按摩功能的前排多仿形座椅（代码399）。

　　④前排座椅智能气候控制（代码401）。

　　⑤带直接照明光线的环境照明（代码894）。

　　3. Mercedes me互联

　　对于欧洲市场（马斯特里赫特的客户帮助中心支持15个国家），梅赛德斯智能互联将作为设备组件提供。此外，Mercedes me互联提供以下服务：

　　①事故和故障管理（Mercedes me按钮/自动事故或故障检测）。

　　②礼宾服务（如已启用该服务），售后预约或类似请求（Mercedes me按钮）。

　　Mercedes me的使用要求就是激活用户账户。梅赛德斯智能互联通过数字世界将车辆与车主和车辆使用者相连。梅赛德斯智能互联包括标准服务，梅赛德斯-奔驰紧急呼叫系统以及可选的远程在线服务。远程在线服务可使用户了解特定的车辆指定信息和功能。技术根据为带集成式SIM卡的车载智能信息服务控制单元。信息通过移动电话连接在车辆与戴姆勒汽车后台之间交换。在新款C级车型206中，集成在上部控制面板（服务和信息）中的按钮全部配置到上部控制面板中的Mercedes me按钮中。通信模块RAMSES替换了当前使用的通信模块HERMES，从而支持最新的通信技术，如可多输入/多输出的LTE升级版。

　　4. 电话

　　集成式智能电话（装配智能手机集成式组件/代码14U）支持以下智能手机集成技术：

　　①CarPlay（苹果）。

　　②Auto（安卓）。

　　集成式智能电话可使驾驶员进入智能手机中的应用程序。智能手机提供人机界面（HMI），在驾驶过程中也可使用。对于所有的技术，需要相应设备已开发并发布的指定应用程序。智能手机上可预先安装基本的应用程序。

　　5. 感应充电

　　感应充电垫允许适合的智能手机在车内进行无线充电。充电垫置于中央控制台前方区域的一个储物箱内。设想两种类型的感应充电：

　　装配前部无线电话充电装置/代码897的感应充电，未与车辆外部天线连接；

　　与车辆外部天线连接时的感应充电（装配多功能电话/代码899）。

　　如果与车辆外部天线连接时进行感应充电，智能手机一放到充电垫上时就会与车辆配对。此外，可通过将智能手机放到充电垫上来设置车辆WiFi热点。两种类型均包括近场通信（NFC）功能。近场通信（NFC）是短距离内无线数据交换的国际传输标准。优点在于大大减少了操作步骤和配对过程的规范化，无须再输入或对比代码。NFC芯片和相关天线位于感应充电垫的外壳中。

　　6. 音响系统

　　在新款C级车型206中，驾驶员脚部位置装配熟知的带Frontbass扬声器的Frontbass系统和总共五个扬声器作为标准装备。中端音响系统和Burmester®3D环绕立体声音响系统作为选装装备提供。为传送来自驾驶员显示屏的声讯和警告信息，在驾驶员侧仪表板下方安装了信号扬声器。对于车载紧急呼叫服务和礼宾服务，仪表板的上部中央位置安装了中置扬声器。

高级音响系统（装配"中端型"音响系统/代码853）；

扬声器9（包括前置低音音响系统2）；

1个外置辅助放大器；

最大总功率：225W。

Burmester®3D环绕立体声音响系统作为选装装备提供，采用15个扬声器和一个带数字声音处理功能的附加放大器。所有高级音响系统扬声器性能已优化，收音机和多媒体模式中的所有功能均可用。

Burmester®3D环绕立体声音响系统（装配高级音响系统/代码810）；

高级音响扬声器15（包括前置低音音响系统2）；

1个外置D级放大器；

Burmester®印字；

优化的声音模式；

最大总功率：710W。

7. 数字用户手册

已将车辆的用户手册的数字化。包含的信息可通过MBUX语音助手，方向盘上的手指导航垫或通过中央显示屏的触摸屏直接访问。还提供包含关于使用车辆基本操作步骤的小型打印版手册作为数字用户手册的补充。

十四、专用工具

1. 检测装置

MB编号000 588 25 19 00如图7-1-44所示。

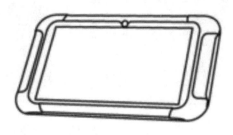

图7-1-44

应用：测试装置，用于将轮胎数据编入轮胎压力监测器，以及检测和显示已拆下和已安装的车轮的轮胎压力监测器相关信息。

2. 调节装置

MB编号：000 588 22 21 00如图7-1-45所示。

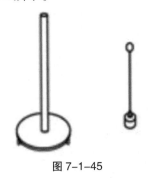

图7-1-45

应用：用于检查雷达传感器的调节装置。

3. 校准设备

MB编号000 589 07 21 00如图7-1-46所示。

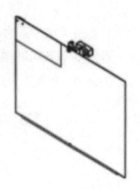

图7-1-46

应用：用于增强现实平视显示系统（AR-HUD）的校准装置，以调节平视显示系统。

4. 压紧工具

MB编号206 586 00 31 00如图7-1-47所示。

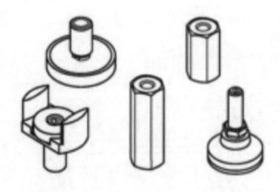

图7-1-47

应用：用于拆卸后轴弹簧的压紧装置。

注意事项：与夹板W206 58800 32 00和张紧装置W 206586 01 31 00配套使用

5. 张紧装置

MB编号206586013100如图7-1-48所示。

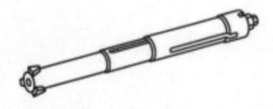

图7-1-48

应用：用于拆卸后轴弹簧的张紧装置。

注意事项：与夹板W206588003200配套使用。

6. 夹板

MB编号206 588 00 32 00如图7-1-49所示。

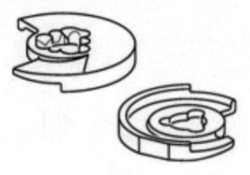

图 7-1-49

应用：用于拆卸后轴弹簧的夹板。

注意事项：与张紧装置W 206 586 0131 00配套使用。

7. 适配器板

MB编号206 588 01 32 00 32如图7-1-50所示。

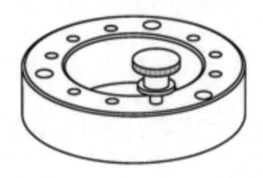

图 7-1-50

应用：用于夹紧前轴弹簧的适配器板。

注意事项：与夹板W 169 589 0263 00，夹板W211589 0163 00和张紧装置W 203 589 0131 00配套使用。

8. 冲子套件

MB编号206 589 00 15 00如图7-1-51所示。

图 7-1-51

应用：用于将径向轴密封圈安装到前轴差速器上的冲子套件。

注意事项：与把手W 001589 00 40 00配套使用。

9. 适配器

MB编号206 589 00 21 00如图7-1-52所示。

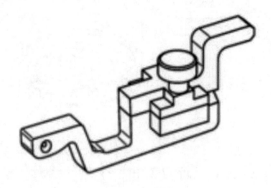

图 7-1-52

应用：用于检查和调整雨刮器臂的入射角以及Bosch（博世）特定的雨刮器叶片连接的适配器。

注意事项：与调节工具套件W 211589 022100配套使用。

10. 定位装置

MB编号206 589 00 23 00如图7-1-53所示。

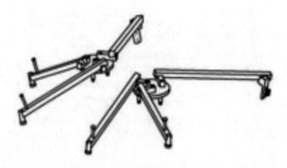

图 7-1-53

应用：定位装置，用于在修理作业时将上部纵梁固定到位。

11. 拉拔器

MB编号206 589 00 27 00如图7-1-54所示。

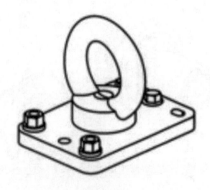

图 7-1-54

应用：后端发生意外损坏时，用于修整的拉拔装置。

12. 解锁工具

MB编号：206 589 00 63 00如图7-1-55所示。

346

图 7-1-55

应用：解锁工具，用于松开驾驶员侧和前排乘客侧座椅上的扶手内衬。

13. 夹板

MB编号211 589 01 63 00如图7-1-56所示。

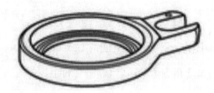

图 7-1-56

应用：用于前轴上悬架减震柱的张紧装置203 589 01 31 00的夹板。

14. 冲子

MB编号223 589 00 15 00如图7-1-57所示。

图 7-1-57

应用：用于将径向轴密封环安装到前轴差速器的驱动装置上的冲子。

注意事项：与把手W 001 589 00 40 00配套使用。

15. 拔取工具

MB编号223 589 00 34 00如图7-1-58所示。

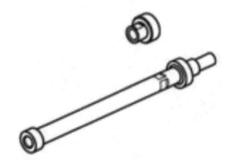

图 7-1-58

应用：用于拉出支杆上的球头销或拉出转向节上的弹簧连杆的拔取工具。

注意事项：与撞击拔取器W 602 589 00 33 00配套使用。

16. 拔取和嵌入工具

MB编号223 589 00 43 00如图7-1-59所示。

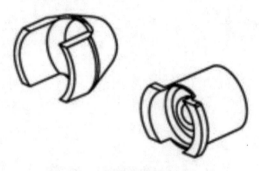

图 7-1-59

应用：用于更换后轴车轮支架中的人造橡胶轴承或接头的拔取和嵌入工具。

注意事项：与拔取和嵌入工具W 205 589 01 43 00配套使用。

17. 拔取和嵌入工具

MB编号223 589 01 43 00如图7-1-60所示。

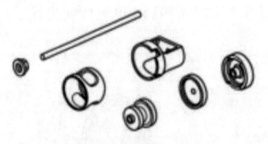

图 7-1-60

应用：拔取和嵌入工具，用于拔取和插入后轴上悬架辅助车架托架。

注意事项：与螺旋芯轴W 652 589 00 33 11、手动泵W 652 589 00 33 21、空心机筒W 652 589 00 33 22和液压软管（总成）W 652 589 00 33 23配套使用。

18. 拔取和嵌入工具

MB编号223 589 03 43 00如图7-1-61所示。

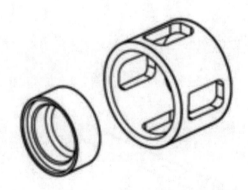

图 7-1-61

应用：用于拔取和插入用于车轮外倾调节的人造橡胶轴承的拔取和嵌入工具。

19. 嵌入工具

MB编号223 589 06 43 00如图7-1-62所示。

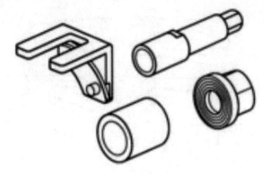

图 7-1-62

应用：用于拉动和反向固定传动小齿轮上的传动凸缘的嵌入工具。

20. 拔取和嵌入工具

MB编号293 589 00 43 00如图7-1-63所示。

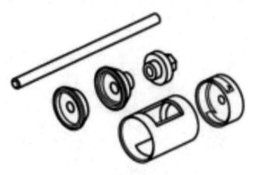

图 7-1-63

应用：用于拔取和插入后轴托架中的弹簧连杆衬套的拔取和嵌入工具。

注意事项：仅与手动泵W 652589 003321、液压软管W 652589 003323、空心活塞筒W 001589513300配套使用。

21. 拔取和嵌入工具

MB编号297 589 01 43 00如图7-1-64所示。

图 7-1-64

应用：用于更换车轴副车架悬架的拔取和嵌入工具。

注意事项：仅与手动泵W 652 589 00 33 21、液压软管（总成）W 652589 00 33 23和空心机筒W65258900 33 22配套使用。

22. 拉拔器

MB编号450 589 01 33 00如图7-1-65所示。

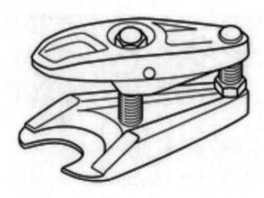

图 7-1-65

应用：用于拉下转向横拉杆头的拉拔器。

注意事项：球形节拉拔器，车辆型号，smart，编号0005149。

23. 套筒扳手套件

MB编号963 589 01 09 00如图7-1-66所示。

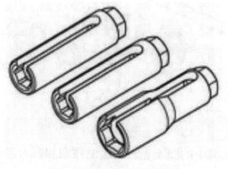

图 7-1-66

应用：用于安装和拆卸排气系统上的传感器。

注意事项：套件中包含17mm、19mm和24mm版本。可将专用工具套筒扳手用套筒W111589 03 0900（22mm）存放在此盒中，套筒扳手用套筒（22mm）可单独购买。

第二节　经典案例

一、北京奔驰C260L行驶中仪表提示"主动制动辅助系统功能范围当前受限""主动式车道保持辅助系统暂时不可用"和"主动式紧急停车辅助系统暂时不可用"

车型：W206.142。

故障现象：行驶中仪表提示"主动制动辅助系统功能范围当前受限""主动式车道保持辅助系统暂时不可用"和"主动式紧急停车辅助系统暂时不可用"。

故障诊断：客户到店检查出现过一次发动机不能启动，车间对控制单元N10/6进行控制单元软件更新成功后，检查G1/3未发现异常，车间试车时发现主动碰撞报警系统报警。无与此故障相关的任何维修历史或服务措施。故障可以被重现，影响车辆的使用性能，无相关技术快报/邮件通知。

可能引起本故障所有的可能原因：

（1）A40/11。

（2）A40/11软件。

（3）A40/11的校准。

控制单元A40/11软件更新失败三次，断开车载电源20min，更改Xentry diagnosis系统语言为英语后，再次尝试软件更新成功（控制单元软件号由2069022404更新为2069022706）。

A40/11的实际值（俯仰角，亮度）不在标准范围内，如图7-2-1所示。

320	Yaw angle		-0.76°	[-1.00 .. 1.00]
839	Brightness		27	[50 .. 255]
241	Contrast on the calibration aid		67	[50 .. 255]

图 7-2-1

在车间尝试使用校准板对A40/11校准成功后，俯仰角的实际值正常，但实际值的亮度仍然是28，不正常，如图7-2-2所示。

059	Cause of fault	OK	OK, The calibration has not yet been started in this ignition cycle.
202	Pitch angle	1.86°	[-0.75 .. 0.75]
531	Roll angle	-0.17°	[-1.00 .. 1.00]
320	Yaw angle	-0.21°	[-1.00 .. 1.00]
839	Brightness	28	[50 .. 255]
241	Contrast on the calibration aid	68	[50 .. 255]
975	Quality value	0.92°	
154	Installation location of component 'Multifunction camera' (Longitudinal axis)	1182.00mm	
551	Installation location of component 'Multifunction camera' (Right / Left)	35.00mm	
950	Installation location of component 'Multifunction camera' (Height)	977.00mm	
095	VIN stored in control unit	LE4AG4CB6NL02	

图 7-2-2

当行驶车速超过10km/h时，仪表底部显示白色的主动制动辅助系统不工作的图标。尝试路试校准时，当速度超过30km/h时，行驶中仪表提示"主动制动辅助系统功能范围当前受限""主动式车道保持辅助系统暂时不可用"和"主动式紧急停车辅助系统暂时不可用"。与车间里的其他车对比实际值，车辆控制单元A40/11同样报码B229BF9（该车软件号为2069024005）。车辆的俯仰角实际值同样不正常，但实际值亮度正常。对车辆在车间使用校准板校准后，俯仰角实际值正常，但亮度再次变为不正常，如图7-2-3和图7-2-4所示。车辆速度超过10km/h时，仪表底部同样显示白色的主动制动辅助系统不工作的图标。

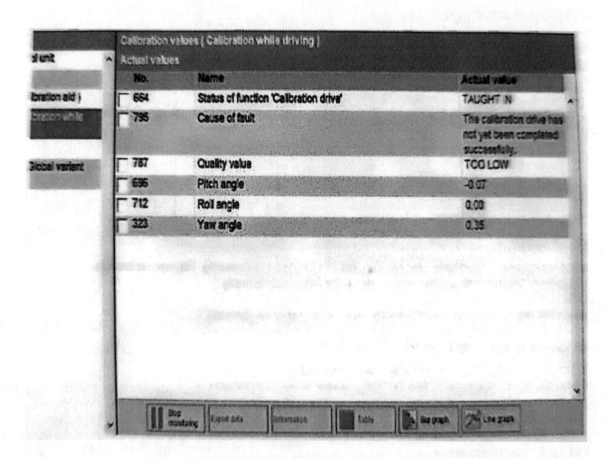

图 7-2-3

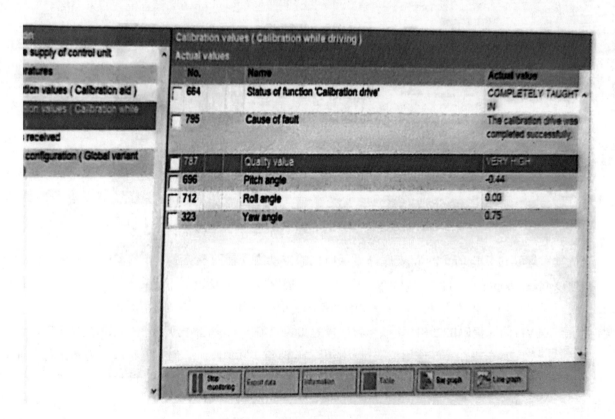

图 7-2-4

故障原因：分析由于软件版本导致车辆相关实际值不正常，导致报警。

故障排除：这辆车的EZS需要更换，不确定EZS是否对车辆有影响，经过一系列的试车发现，W206新车型的A40/11在目前的软件状态下校准条件需要路试校准的，以免车辆驾驶就报警而不去继续路试校准，路试校准需要有个过程。

二、北京奔驰C260L车辆无法启动

车型：W206.142。

故障现象：车辆无法启动。

故障诊断：据客户描述，车辆早晨启动时，车辆无法启动，仪表报警。该车是新车，目前行驶了100多千米，车辆拖车进店，现车间检查启动车辆，车辆无法启动，仪表报警ESP停止运作，参见用户手册黄色字样和无法启动车辆白色字样，操作车辆其他用电设备工作正常，操作换挡杆可以挂入空挡，车辆无加装改装，车辆未在特殊条件下使用过。无相关维修历史。车辆有无加装或改装。故障可以被重现：影响了车辆的正常使用。无相关的TIPS文件。

引起本故障所有的可能原因：

（1）A79/8供电/接地。

（2）A79/8 CAN线故障。

（3）A79/8故障。

（4）N127故障。

用诊断仪诊断结果为M254（ME）的N3/10中有P06D200、U011087和U011000故障码。诊断仪快速测试发现A79/8无法通信，多个控制单元与A79/8通信故障。举升车辆目视检查A79/8的外观，安装良好插头连接牢固、无松动，如图7-2-5所示。可以判断为正常。

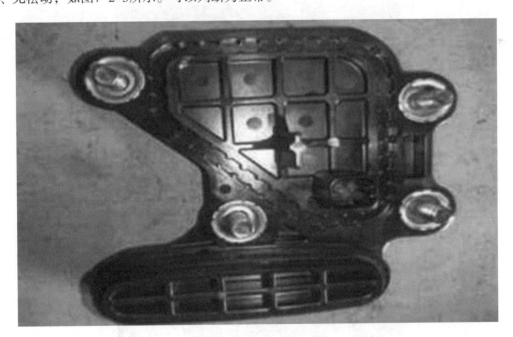

图7-2-5

使用万用表欧姆挡，拔下A79/8的插头，分别测量A79/8的6号30t 、1号30c与9号的供电电压14.5V，标准大于11.5V，判断为正常，如图7-2-6所示。

图 7-2-6

使用示波器，拔下A79/8插头，分别测量A79/8D的CANED1H和CANED1L的载波电压判断为正常。

使用示波器，安装上所有插头测量CANED1的载波电压，CANED1H电压5V，CANED1L电压11V，标准高CAN电压2.7V，标准低CAN电压2.3V，判断为不正常。

使用万用表测量A79/8 N127的CAN线测量线路无短路断路，判断为正常。使用万用表测量A79/8端1号与3号的电阻为114Ω，标准OL，判断为不正常，如图7-2-7所示。使用万用表测量A79/8端1号与8号的电阻238Ω，标准OL，判断为不正常，如图7-2-8所示。使用万用表测量A79/8端3号与8号的终端电阻120Ω，标准120Ω，判断为正常。

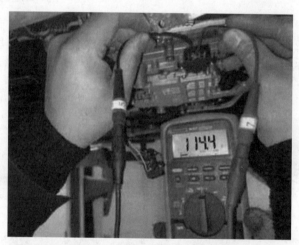

图 7-2-7

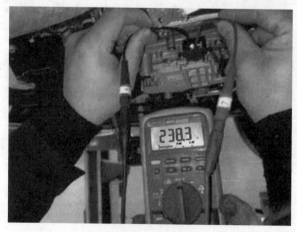

图 7-2-8

拆下A79/8的电器连接盖检查是否有油液进入，发现插针处有轻微的潮湿未见明显泄漏，清洁插头装车测试依旧无法启动车辆，如图7-2-9和图7-2-10所示。

图 7-2-9

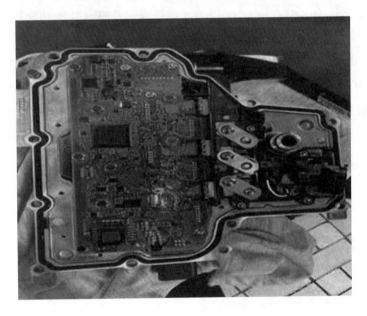

图 7-2-10

故障原因：A79/8内部CAN线与供电线30c互为短路，导致无法启动。

故障排除：更换A79/8后故障排除。

三、北京奔驰C260L开锁后仪表制动灯报警，启动后气囊灯报警

车型：W206.142。

故障现象：开锁后仪表制动灯报警，启动后气囊灯报警

故障诊断：客户抱怨，刚买几天的新车，早上解锁开门后发现仪表制动故障灯、转向助力系统报警。启动后仪表气囊故障灯报警，ESP灯、泊车、主动制动等故障灯报警。客户本人驾驶车辆，开去洗

355

车，还没开进洗车房时仪表气囊故障灯报警，ESP灯、泊车、主动制动等故障灯报警。

本车没有与本故障相关的维修历史和服务措施，也没有相关的维修历史，未发现该车有相关改装和加装。故障一直存在，客户不敢开车了。检查技术信息有发现TPT文档（export_10299_车载电器组2109014_54_C206仪表盘红色提示信息"驻车制动器　参见用户手册"说明）相关信息。快速测试发现储存故障码（U0452DF、U0452E6、U0452ED、B009996、U041686）相关故障码。

通过快速测试及TPT文档（export_10299_车载电器组2109014_54 C206仪表盘红色提示信息"驻车制动器参见用户手册"说明第二页）分析故障现象可能原因：

（1）1N73*1插头插针氧化腐蚀松动。

（2）N73*1软件故障。

（3）N73*1控制单元内部电子故障。

（4）N2/5插头插针氧化腐蚀松动。

（5）N2/5软件故障。

（6）N2/5控制单元内部电子故障。

首先检查N73*1供电30T，实际值12.8V，标准值12.0~15V，判断为正常。检查N73*1接地W85/2w1接地牢靠，接地对地电阻测量实际值0.2Ω，标准值0.1~0.5Ω，判断为正常。检查N73*1插头插针没有松动。检查N73*1软件版本没有最新的软件，断电20min，重新设码故障现象还是一样。根据TPT文档（export_10299_车载电器组2109014 54 C206仪表盘红色提示信息"驻车制动器参见用户手册"诊断结果，需要更换N73*1。

根据故障码B009996，导向测试结果为N2/5内部故障，更换N2/5，翻滚传感器是集成在N2/5内部的。检查N2/5供电15M和30T，实际值12.8V，标准值12.0~15V，判断为正常。检查N2/5接地牢靠，是通过控制单元壳体接地，接地对地电阻测量实际值0.2Ω，标准值0.1~0.5Ω，判断为正常。检查测量FlexRay，N73*1到N127这条FlexRay，终端电阻48.8Ω，标准值47~52Ω，判断为正常，检查线束插头插针没有松动腐蚀。

故障原因：N73*1和N2/5内部电子故障。

故障排除：更换新的N73*1和N2/5后测试一切正常。

四、奔驰C260无法解锁车辆，仪表提示蓄电池报警

车型：W206.141。

故障现象：无法解锁车辆仪表提示蓄电池报警。

故障诊断：客户投诉车辆无法解锁，但仪表蓄电池报警。来厂启动车辆正常，仪表无报警。此车无召回。相关维修历史：2021年1月8日检查遥控钥匙无法解锁问题，对车载系统各控制单元进行升级，无加装和改装。此车故障现象偶发，偶发的故障一般比较难查找。但有类似关于EIS的TPT指导文档。此车有故障码：B210086接头15存在功能故障。存在一个错误的信号：C107D86"接头54"状态不可信。存在一个错误的信号：B1A7611启动/停止按钮接触开关功能故障。存在对地短路：B21DC01电子点火开关的缓冲蓄电池存在故障。存在一个一般电气故障和U113E87与蓄电池传感器的通信存在故障。信息缺失。

可能原因：

（1）软件故障。

（2）前后SAM故障。

（3）EIS故障。

客户在2021年12月2日晚出现无法解锁，机械钥匙进入后启动车辆有蓄电池报警。快速测试中有关于B95和辅助蓄电池的故障码，尝试断开两个蓄电池传感器，故障现象和故障码均对不上。测量蓄电池与蓄电池传感器的实际值对比，误差在0.01V以内。传感器插针无异常，两蓄电池测试结果为正常。针对故障码：C107D86、B210086回路54/回路15，引导测试均是检查前SAM到后SAM的供电线，已检查，无任何异常，尝试断开此供电线，故障码和故障现象也对不上。按照tips：L80.57-P-073736模拟试车，并未试出LI文件中的故障现象。拆检EIS未发现线束及针脚任何异常。此车辆故障现象与故障码和其他W206的 EIS故障导致的故障完全一样。

故障原因：目前车间测试未发现任何故障，EIS有偶发性故障。

故障排除：更换EIS后一切正常。

五、北京奔驰C260L娱乐显示屏花屏

车型：W206.142。

故障现象：中央显示屏花屏，如图7-2-11所示。

图 7-2-11

故障诊断：

车辆进入车间时无相关故障现象，据客户提供的视频显示，车辆曾出现过中央显示屏花屏的故障现象。无相关维修历史记录。车辆无加装或改装。故障现象偶发出现。无相关技术文件。

引起本故障的可能原因：

（1）A40/8软件故障。

（2）A40/8电气故障。

进行故障诊断，快速测试发现在A40/8内有一个当前且已存储的故障码：B19C531中央显示屏存在功能故障，信号不存在。故障码诊断测试未见异常。对A40/8进行显示激活测试无异常，我们已对HU和A40/8进行软件更新。

故障排除：修复更换A40/8。

六、北京奔驰C260L有时无法启动，有时启动后熄火

车型：W206.142。

故障现象：有时无法启动，有时启动后熄火。

故障诊断：客户的原始抱怨，车辆无法启动。车辆大部分时候无法启动，锁车等待半小时后有可能启动，但启动10s后自动熄火。仪表上有白色的警示信息：无法启动车辆，参见用户手册。车辆为试驾车，还没有上户，到店时可以正常启动。没有与本故障相关的维修历史和服务措施。车辆无加装或改装。故障可以被重现，无法正常驾驶。无法启动时，电机不转。当可以启动时，启动过程正常，启动后发动机运转平稳，可以挂入D或R挡。燃油液位正常。遥控上锁和解锁功能正常。没有相关的SI、LI和其他的技术通报。

引起本故障的可能原因：

（1）软件版本。

（2）点火开关。

（3）发动机控制单元的供电。

（4）发动机控制单元。

快速测试诊断结果：

点火开关、变速器、ISG的驾驶授权均正常，ME内显示驾驶授权错误，如图7-2-12和图7-2-13所示。

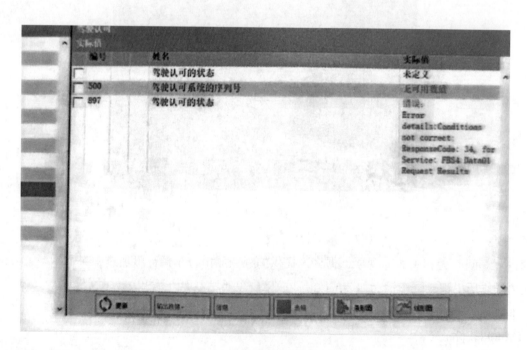

图7-2-12

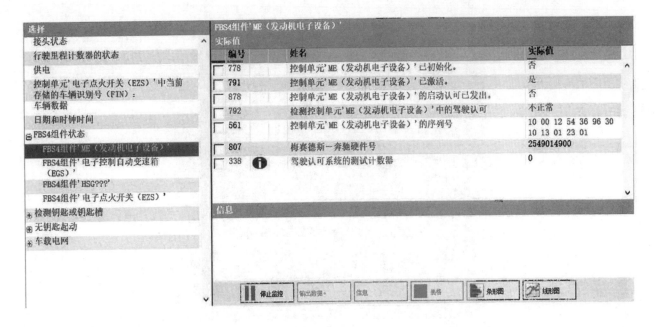

图 7-2-13

检查ME无新版本软件。检查ME的供电，ME的30t、15、87M的供电都正常。

故障原因：ME未收到驾驶授权，或者N73未向ME传输驾驶授权。

故障排除：更换ME，一切正常。

七、北京奔驰C260L更换OCP车顶单元后氛围灯不亮

车型：W206.142。

故障现象：更换OCP车顶单元后氛围灯不亮。

故障诊断：更换新的车顶模块以后，新的车顶模块氛围灯不亮。此车因为车顶模块异响，更换了新的车顶模块。新的车顶模块氛围灯不亮。车顶模块的其他灯光和开关操作均正常。此车因车顶模块内部异响到店更换车顶模块，没有其他维修历史。经检查此车未进行加装和改装。车顶模块的氛围灯不亮且故障一直再现。经查询没有相关的LI和SI等相关文件。快速测试前SAM控制单元存在U016841/U112987故障码。

可能原因：

（1）SAM 控制单元软件。

（2）OCP控制单元软件。

（3）OCP 控制单元硬件。

诊断结果：对OCP控制单元进行试运行故障依旧。对前SAM控制单元试运行故障依旧。将旧的OCP装在车辆上氛围灯可以正常点亮。查询TQA.Q036714提问贴，有回答说是12月份版本的XENTRY在SAM里做定址学习可以解决故障。按照TQA提示在我店12月份和9月份的XENTRY都找不到定址学习这一项。

检查新旧OCP车顶模块对比，零件号一致，检查新的OCP车顶模块带有氛围灯，如图7-2-14所示。

故障原因：SAM软件和OCP车顶控制单元软件不兼容。

故障排除：客户因时间问题先将车提走。等待两日后我们在检查试驾车的时候使用12月份版本的在前SAM里可以看到"氛围灯定址"选项。再次邀约客户进店时使用12月份的诊断仪也可以进行氛围灯定址操作。学习后氛围灯工作正常。初次更换OCP时，前SAM里无法找到氛围灯定址选项，怀疑诊断仪插件

或者软件问题导致。大家在遇到此故障时要注意诊断仪的版本和插件，或者尝试用其他诊断仪试试。

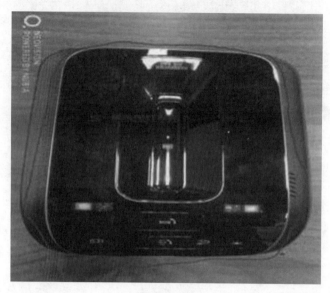

图 7-2-14

第八章　奔驰S级（W223）车系

第一节　新技术剖析

一、介绍

新款S级车型223的第一批车型于2020年第四季度上市。更多四门轿车车型，于2021年陆续上市。上市主要涉及S级轿车和长轴距版S级轿车，与先前相同，将提供四座或无座款。其独特的外饰设计与内饰奢华优雅的审美相融合，打造出全新的S级车型223。内饰方面，优质领先的设计和品质在舒适性和质量方面树立了新的标准。该车型在路面行驶时更具运行性和舒适性，搭配现代化的驱动系统，从而更具魅力。此外，作为梅赛德斯–奔驰的顶级车型，向全自动驾驶迈出更大一步。通过最新的信息系统MBUX 2020以及以下进一步研发的新设备和新功能，S级车型223一直保持了技术先锋的地位：

①带部分自动驾驶功能的扩展的驾驶员辅助系统（FAP5.0）。

②带新功能和新用户界面的新一代驻车系统5.0。

③带新显示屏的新的控制和显示理念。

④带较高实用价值的现代信息娱乐系统（NTG7）（通过触摸操作，新显示屏和智能语音控制）。

⑤Burmester®高端4D环绕立体声音响系统。

⑥新型照明系统DIGITAL LIGHT，接合了MULTIBEAMLED大灯的常用功能和革新的高分辨率照明技术。

⑦新型的车内环境照明（带主动式环境氛围照明系统选装装备）。

⑧后轴带较大转向角的电子机械转向系统。

⑨新型空调系统（通过中央显示屏进行操作，标配了48V暖气增强系统）。

⑩舒适性、安全性和选材品质进一步提升的座椅。

二、车型一览

车型一览，如表8-1-1所示。

表8-1-1

S350d轿车（长轴距）	223.130	12/20 ECE版	656.929	210	600	725.015
S350d 4MATIC轿车（长轴距）	223.131	12/20ECE版	656.929	210	600	725.045
S400d 4MATIC轿车（长轴距）	223.133	12/20 ECE版/日本版	656.929	243	700	725.045
S450轿车（长轴距）	223.155	12/20 ECE版	256.825	270+16	500+250	725.015
S400轿车（长轴距）	223.157	12/20 ECE版	256.925	320+16	520+250	725.015

S450 4MATIC轿车（长轴距）	223.161	12/20 ECE版	256.830	270+16	500+250	725.172
S500 4MATIC轿车（长轴距）	223.163	12/20 ECE版/日本版	256.930	320+16	520+250	725.045
S580 4MATIC轿车（长轴距）	223.176	12/20	176.980	370+15	700+180	725.172

三、整车

（一）设计

1. 外饰

进一步研发设计的S级车型223在不失S级特性的前提下融入了当前的主流理念。根据修改后的空间理念，新款S级的比例更加优化。宽大齐平的车轮采用现代设计手法，使车辆外观更显强劲。通过表面大范围使用拱形造型，弱化了单个边角和焊珠的突出。新款S级车型223的外饰设计呈现现代奢华感，活力之美且极富创新性。主要体现在：

①带明显分级的驾驶员辅助系统的散热器格栅。集成的板条作为设计元件，与镀铬元件配合，使前部宽度更加明显。

②新颖的大灯设计，日间行车灯采用新位置，使车辆前部造型无论白天还是夜晚都引人注目。

③带ILS和自适应远光灯辅助系统增强版的MULTIBEAM LED大灯。新版照明系统DIGITAL LIGHT为选装装备。

④新款车门外把手制造精细、品质出众，使基本型号与特殊装备之间的差别在视觉效果和功能性方面更加明显。基本型号为经典款把手，而特殊装备则采用齐平安装的形式，车门外把手可电动展开，可通过无钥匙进入系统（KEYLESS-GO）实现无钥匙进入功能。

⑤改装的后部设计采用较窄的，两件式尾灯。

⑥后保险杠设计，主要特征为两个可见的排气尾管饰件。

⑦油漆，包括Uni、Metallic和designo油漆的使用范围明显扩展。

S500 4MATIC轿车，左前侧视图，如图8-1-1所示。

图 8-1-1

S500 4MATIC轿车，右前侧视图，如图8-1-2所示。

图 8-1-2

S500 4MATIC轿车，左后侧视图，如图8-1-3所示。

图 8-1-3

2. 内饰

新款S级车型223最新设计的内饰呈现了最高水平的性能以及奢华感。内饰采用的新材料，具备的现代感和工艺满足了豪华型轿车的多种要求。不断减少控制元件的新操作理念更加显出内饰设计的简约明朗。内饰设计的主要特征：

①之前车型采用的宽屏幕驾驶室替换为新款独立式驾驶员显示屏（12in）（带3D显示屏）。

②驾驶舱采用平整的基本架构，最先进的设计以及新的显示架构，彰显出空间的现代、前卫和奢华感。

③采用小幅踏板，更加凸显出驾驶舱的水平结构，从而使宽度更加明显。新设计的主动式环境氛围照明系统（SA）集成在此踏板中。

④采用四部分样式的宽平中央出风口和横向安装的短舱为新设计元素。两个较窄的垂直侧出风口使驾驶舱更显整齐正式。

⑤新款方向盘通过突出的辐条设计更加凸显了内饰的与众不同。

⑥位于中央位置的新款中央显示屏（12in）带有触控操作，将中控台与驾驶舱以及位于正下方的上部控制面板整体接合。

⑦环绕式车门饰板延伸了仪表板的设计，从而使内饰看起来更具整体性。车门饰件首先包含了旋转灯开关。

⑧新设计的座椅使用了新材料并采用织物样式。

S500 4MATIC轿车，高级Nappa皮革内饰，如图8-1-4所示。

图 8-1-4

S级车型W223的后排座椅，高级Nappa皮革，如图8-1-5所示。

图 8-1-5

（二）技术数据

1. 尺寸

与先前车型相比，在新款S级车型223中，特别是长度、宽度、高度和轴距均有所增加。从而改善了车内空间和舒适度，增加了行李箱容量。尽管采用了长轴距，但选装装备后轴转向系统将车辆的转弯圆减小最多2m。与前辈系列相比，增大了前部和后部的轴距，从而提升新款S级的车辆动态，如表8-1-2所示。

表8-1-2

特性	尺寸（与前辈车型相比的变化）
车辆长度	5179mm（+54mm）轿车
	5289mm（+34mm）轿车（长轴距）
车外后视镜展开时的车辆宽度	2108mm（−22mm）
车辆高度，驾驶就绪状态	1503mm（+10mm）
轴距	3106mm（+71mm）轿车
	3216mm（+51mm）轿车（长轴距）
转弯半径（墙到墙）	12.16m轿车
	12.49m轿车（长轴距）
轮距，前部	1660mm（+36mm）
轮距，后部	1688mm（+51mm）
阻力c_w系数	0.22~0.23
整备质量DIN	1920~2040kg
允许总质量	2720~2820kg
油箱容积	76L塑料燃油箱，储备容积8L，发动机M176的标准装备或发动机M256和OM656的选装装备
	65L塑料燃油箱，储备容积8L，发动机M256和OM656的标准装备
	67L不锈钢燃油箱，储备容积8L，发动机M256的标准装备（主要市场带PI）
SCR箱容积	25.0L
	OM656
滑轨跨越角	10.8° 轿车
	10.4° 轿车（长轴距）
接近角	14.8°（−0.5°）
离去角	15.9°（−0.3°）

2. 技术革新

梅赛德斯–奔驰保养策略也适用于新款S级车型223和新的主总成M176、M256、OM656（不同国家可能存在差异）：

①ECE版：固定保养间隔，间隔为每25000km/12个月。

②中国版：固定保养间隔，间隔为每10000km/12个月。

③美国版：固定保养间隔，间隔为每10000mi/12个月。

④可始终选择A类保养或B类保养。

⑤客户可自由选择"附加保养服务"。

在相应市场，如果车载智能信息服务作为Mercedesme的一部分提供，则仍可免费预订"保养管理"服务。通过此项服务，客户可对之后保养到期日的大概情况有所了解。经销商也会收到关于客户保养到期日的通知并联系客户提供相应服务。

3. 发动机

新款S级车型223投放市场时将提供以下发动机类型：

M256，6缸直列式火花点火型发动机，排量2999cm³；

M176，8缸火花点火型发动机，排量3982cm³；

OM656，6缸直列式柴油发动机，排量2925cm³。

通过油底壳中的放油螺塞排放发动机油。通过仪表上的显示屏确认发动机油液位。这通过方向盘按钮调用。

（1）火花点火型发动机的发动机油。

以后发动机M176和M256将装配汽油微粒滤清器（OPF）。与装配柴油微粒滤清器的发动机类似，更换发动机油时这些发动机需要使用低灰分发动机油。进行该服务时允许使用以下发动机油，符合MBBeVo：

①发动机M176：229.52、229.61。

②发动机M256：229.51、229.52、229.61、229.71。

（2）柴油发动机的发动机油。

发动机OM656装配柴油微粒滤清器（DPF）。因此，更换发动机油时需要使用低灰分发动机油。进行该服务时允许使用以下发动机油，符合MBBeVo：

229.52 / 229.61。

成本效益和可规划性：乘用车梅赛德斯-奔驰服务协议哪种保养合同更适合您？利用车辆相关服务合同，客户可用定制方式保护自己并从不同产品类型中选择最适合的产品。可购买的延长保修作为初级产品，面向趋向安全的对价格敏感的客户。从长远角度看来以及制造商保修到期后，可使客户免于承受不可预计的修理成本。在保养合同中，成本透明和计划性至关重要。在协议时间内承担所有的保养成本。此保养包括根据保养小册（包括"另开施工单"时的附加保养作业）的所有保养作业。全套保养合同作为高级产品，除了上述的保养和修理作业，还包括所有与磨损相关的作业。有了全方位的保护，客户可以坚信其梅赛德斯-奔驰车辆在很长时间内都会保持良好的状态。

4. 附加保养作业

车辆规定的附加保养作业的间隔如下：

①更换制动液，每2年。

②更换空气滤清器滤芯，每75000km/3年。

③更换火花塞，每75000km/3年。

④更换柴油燃料滤清器，每75000km/3年。

⑤更换火花点火型燃油滤清器和冷却器，每200000km/10年。

⑥变速器油和机油滤清器更换（725.015/045/172），每125000km保持附加保养间隔。

四、驱动系统

（一）发动机

如表8-1-3所示

表8-1-3

发动机	名称	排量（L）	输出功率（kW）
6缸火花点火式发动机	M256	3.0	270+16
			320+16
8缸火花点火型发动机	M176	4.0	370+15
6缸柴油发动机	OM656	3.0	210
			243

新款S级车型223投放市场时将提供先前车型中提供的以下3种现代发动机类型：

①M256，6缸直列式火花点火型发动机，排量2999cm³。

②M176，8缸火花点火型发动机，排量3982cm³。

③OM656，6缸直列式柴油发动机，排量2925cm³。

对于废气再处理方面，柴油发动机OM656采用底板选择性催化还原（SCR）催化转换器（带氨逃逸催化转换器），火花点火型发动机采用第2代带涂层的汽油微粒滤清器（装配最先进的传感器系统）。所有的发动机都实现了低消耗低排放的特点。带集成式启动机发电机的6缸火花点火型发动机M256（ISG1）。6缸火花点火型发动机M256用于新款S级车型223中，排量为3.0L，输出功率为（270+16）kW或（320+16）kW。通过涡轮增压器进行发动机增压。第1代集成式启动机发电机（ISA）可通过助力效果短时间产生额外的16kW输出功率。在超速运转模式下，超过80%的蓄电池能量可返回蓄电池中（能量回收）。带集成式启动机发电机（ISA）的48V车载电气系统还可启用其他功能，例如预进入智能气候控制或无声启动，即几乎察觉不到发动机启动。集成式启动机发电机（ISA）还可调节怠速状态。超速运转模式中，发动机可能会完全关闭。超速运转模式也可配合使用DISTRONIC主动式车距辅助系统。集成式启动机发电机（ISA）为48V车载电气系统产生电流，并通过直流直流转换器为传统的12V网络供电。与48V车载电气系统相关联的48V蓄电池可增加车辆的蓄电池容量，进而使可用电能增加。因此新功能得以使用。48V车载电气系统为其他混合动力系统的形成创造条件。带集成式启动机，发电机的8缸火花点火型发动机M176（ISG2）8缸火花点火型发动机M176用于新款S级车型223中，排量为4.0L，输出功率提高为（370+15）kW。

发动机之前的亮点，例如通过可变气门升程系统（CAMTRONIC）实现气缸切断，两个涡轮增压器和发动机临近安装的催化转换器具备绝佳响应时间的热内V结构，在第2代48V ISA系统中全部实现。通过2个涡轮增压器进行发动机增压。第2代集成式启动机发电机（ISA）可通过助力效果短时间产生额外的15kW输出功率。除48V ISA系统外，还安装了一个电动制冷剂压缩机。这意味着不再需要之前安装的皮带驱动装置。通过迭代，对第2代集成式启动机发电机进行重新设计，结构中包含了转子和定子。在第1代中，集成式启动机发电机位于发动机侧，在第2代中，集成式启动机发电机则位于变速器侧。第2代集成式启动机发电机的分解图，如图8-1-6所示。

5. 中央凸缘　6. 螺栓　7. 自动变速器　8. 分动箱　9. 集成式启动机发电机控制
10. 集成式启动机发电机的外壳　11. 转子　12. 定子　13. 变矩器

图8-1-6

比较集成式启动机发电机（第1代）和集成式启动机发电机（第2代），如表8-1-4所示。

表8-1-4

	单位	集成式启动机发电机（第1代）	集成式启动机发电机（第2代）
电压	V	48	48
输出功率	kW	16临时，10永久	15临时，8永久
扭矩	N·m	250	200（柴油发动机）
			200（火花点火型发动机）
发动机转速	r/min	最大7200	最大7200（火花点火型发动机）
			最大5500（柴油发动机）
安装位置		启动机安装空间中的电力电子装置正时箱中发动机侧的电机	牵引头中的电力电子装置（变速器侧）-牵引头中曲轴上的带适配器的电机
发动机		M256	M176、OM656

（二）冷却装置

热管理主要控制发动机舱中的部件温度，这对于新款S级车型223来说是一个大挑战。靠近发动机安装的尾气净化系统导致发动机舱中的热量大。为此，采用了可以将冷热区分离的新概念，这样可以将热敏部件放在相应区域。为降低高车速时的燃油消耗量并减少发动机舱的冷却，冷却器前部的顶部安装了带散热器饰板的车架。特定情况下，促动器电机关闭并打开散热器饰板。关闭散热器饰板时，气动阻力减小且发动机噪音也会减弱。散热器饰板在以下情况下打开：

冷却液温度高于105℃；

增压空气温度高于34℃；

车速高于180km/h；

风扇输出功率高于30%。

散热器饰板在以下情况下关闭：

发动机关闭；

不再满足开启的相应前提条件。

发动机M256的主要冷却模块，装配散热器百叶窗/代码（2U1），如图8-1-7所示。

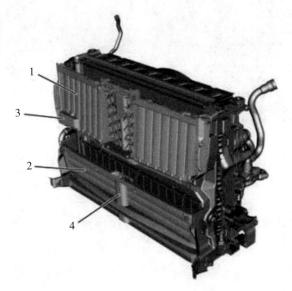

1.上部散热器饰板　2.下部散热器饰板　3.上部散热器饰板风门促动电机　4.下部散热器饰板风门促动电机

图 8-1-7

五、变速器

（一）变速器

在新款S级车型223中，采用搭载变矩器的"第2代9GTRONIC"变速器（725.1）。在主变速器中采取的附加增效措施可进一步优化传动系统的效率。主总成的发动机阻力矩再次降低超过10%。此外，通过机械驱动泵传送的量减少了30%，还优化了其与电动辅助机油泵的相互作用。一方面，通过锁止离合器技术的全新方法，在持续开启操作时实现极低的发动机阻力矩。除此之外，在微滑区域可具有极佳的可控性，从而在不放弃较高的换挡舒适性要求的情况下，也可展现高效的变速器性能。在改进后的9G-TRONIC中，采用新1代的全集成化变速器控制，其配备了最新一代的多核处理器并采用新的车身连接技术。这样就减少了相当数量的电气接口，从而增强了稳健性-重量减轻了30%。针对搭载变矩器的"第2代9G-TRONIC"变速器的所选初步技术数据，如表8-1-5所示。

表8-1-5

特性	值	单位
最大可传输扭矩	750	N·m
最大转速	7000	r/min
前进挡/倒挡数量	9/1	
转向轴倾斜度	8.902	
重量（含变速器油）	90~130（ISG2.0主总成）	kg
加注容积（自动变速器油）	9~10	L

搭载变矩器的"第2代9G-TRONIC"变速器和第2代集成式启动机发电机，如图8-1-8所示。

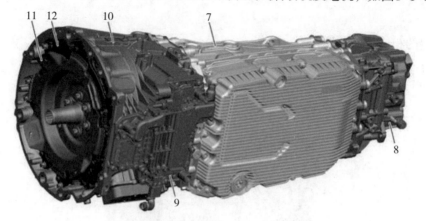

7.自动变速器　8.分动箱　9.集成式启动机发电机控制　10.集成式启动机发电机的外壳　11.转子　12.定子

图8-1-8

（二）全时四轮驱动（4MATIC）分动箱

4MATIC全轮驱动系统：新款S级车型223的4MATIC全轮驱动系统作为标准装备的一部分，包括"第2代9G-TRONIC"变速器上的法兰安装分动箱。与之前车型一样，传动比设置为将55%的驱动扭矩传输到后轴，45%的驱动扭矩传输到前轴。全轮系统没有锁止装置。转动的车轮通过相应车轮上的制动干预装置制动。重新设计了前轴差速器且具有以下优势：

①传输较高扭矩；

②重量减轻；

③摩擦优化；

④二氧化碳（CO_2）减少。

全轮驱动自动变速器，车型W223，装配发动机M256，如图8-1-9所示。

1.右后半轴　2.后轴差速器　3.左后半轴　4.后传动轴　5.分动箱　6.前传动轴　7.左前半轴　8.前轴变速器　9.右前半轴

图8-1-9

前轴/后轴扭矩分配，车型W223，如表8-1-6所示。

表8-1-6

发动机	变速器	分动箱	前轴/后轴扭矩分配（%）	扭矩分配类型
M256	725.045	CTC50	45/55	固定
OM656				

370

六、底盘

（一）车轴和悬架系统

1. 悬架和减震

与之前系列一样，悬架和减震系统［空气悬架系统（AIRMATIC）］（代码489）作为标准装备提供。空气悬架系统（AIRMATIC）是构成选装装备电子主动车身控制（EACTIVE BODY CONTROL）（代码490）的基础。

空气悬架系统（AIRMATIC）具备以下新功能：

①通过开放式的空气供给更快地降低和升高底盘，并在控制单元中控制新型空气悬架系统。

②以更快的速度自动降低，从而降低消耗。

③通过自动降低功能与运动型（Sport）驾驶模式结合使用，使车辆动态性能更佳。

④可在车速最高为60km/h的情况下提高行车高度（离地间隙与负载无关）。

2. 电子主动车身控制（E-ACTIVE BODY CONTROL）

选装装备电子主动车身控制（E-ACTIVE BODYCONTROL）提供更佳的驾驶舒适性和灵敏性以及全新功能。该悬架为全主动式悬架，与空气悬架系统（AIRMATIC）空气悬架配套使用。该系统可单独调节各车轮上的弹簧力和减震力。因此，电子主动车身控制（E-ACTIVE BODYCONTROL）不仅可以克服摇晃，还有倾斜和升起运动。与道路记录功能（路面扫描）和弯道倾斜功能（弯道）相配合，电子主动车身控制（E-ACTIVE BODY CONTROL）可提供更好的舒适性。特殊功能：

①基于48V的全活性电液悬架。

②空气悬架系统。

③自动液位控制系统取决于速度和驱动程序。

④负荷检测。

⑤"动态操控选择（DYNAMIC SELECT）"驾驶模式，"舒适型"（Comfort），"运动型"（Sport），"弯道"（Curve）和"节能"（ECO）。

前轴上电子主动车身控制（EACTIVE BODY CONTROL），如图8-1-10所示。

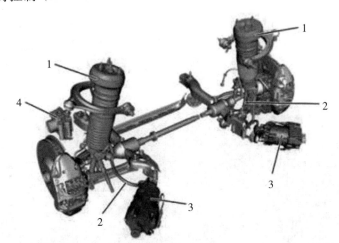

1. 前轴减震器支柱（液压气动系统）　2. 液压管路　3. 电动液压控制单元　4. 空气悬架控制单元，压缩机和阀门

图8-1-10

后轴上电子主动车身控制（EACTIVE BODY CONTROL），如图8-1-11所示。

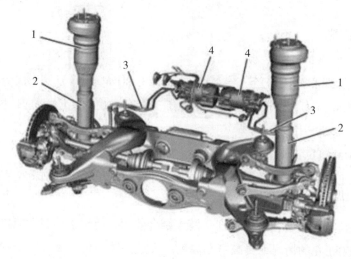

1.气压弹簧　2.减震器　3.液压管路　4.电动液压控制单元

图 8-1-11

带气压弹簧和主动减震器的悬架减震柱，如图8-1-12所示。

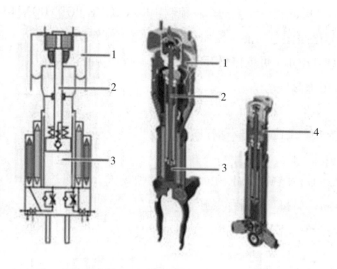

1.空气波纹管　2.前轴减震器支柱（液压气动系统）　3.活塞室　4.后轴减震器

图 8-1-12

可视化路面制图，如图8-1-13所示。

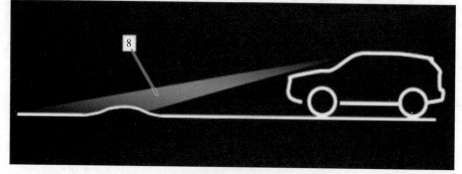

8.可视化路面制图

图 8-1-13

3.动态操控选择（DYNAMIC SELECT）

新款S级车型223还可使驾驶员在动态操控选择（DYNAMIC SELECT）的辅助下更改以下车辆特性：

①驱动（发动机和变速器管理）；

②底盘；

③转向机构；

④电控车辆稳定行驶系统（ESP®）。

与之前车型不同，利用中央显示屏下方的开关面板中的动态操控选择（DYNAMIC SELECT）按钮进行选择。对于装配前部和后部空气悬架［空气悬架系统（AIRMATIC）/代码489］的车辆，或对于装配选装电动液压悬架［电子主动车身控制（E-ACTIVE BODYCONTROL）/代码490］的车辆，该系统作为标准装备提供。驾驶员可选择不同的预配置模式或某一自定义驾驶模式。根据驾驶方式，底盘类型及其他车辆设备，可最多选择六种驾驶模式。基本设置为"Comfort"（舒适型）驾驶模式。

根据车辆装备的不同，可选择以下动态操控选择（DYNAMIC SELECT）驾驶模式：

舒适：舒适并且经过耗油优化的驾驶方式；

个性化：个性化设置；

运动：可降低的运动型驾驶方式；

运动增强型：可降低的运动增强型驾驶方式；

节能：进行特别油耗优化的驾驶方式；

弯道：带弯道倾斜功能的舒适型驾驶方式（装配电动液压悬架的车辆）。

如果只通过方向盘换挡拨片换挡，无论处于哪种驾驶模式，驾驶员都可通过"M"按钮直接切换至手动模式。永久设置如下：

切换至驾驶模式"个性化"（Individual）；

选择驾驶设置"M"。

4.动态操控选择（DYNAMIC SELECT）按钮

如图8-1-14所示。

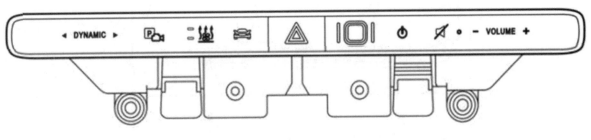

图 8-1-14

（二）制动系统

1.机电制动助力器

对于装配选装装备遥控驻车辅助（代码503）或智能停车辅助系统（代码27U）的车型，采用机电制动助力器。电动机产生制动助力，而非负压助力。对于高度自动化行驶或驻车过程，采用机电制动助力器作为制动系统的冗余压力发电机。即使液压单元出现故障时，车辆会制动至停车。对于装配机电制动助力器的车辆，利用DISTRONIC进行制动干预时制动踏板移动，如图8-1-15所示。

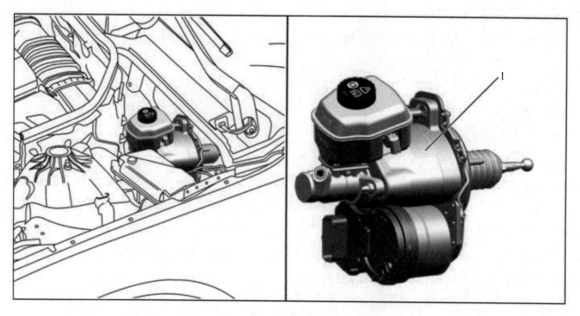

1. 机电制动助力器

图 8-1-15

2. 后轴转向

通过带较大转向角的后轴转向系统/代码216，后轴带较大转向角的电子机械转向系统作为选装装备提供。用于改善不同车速情况下的行驶稳定性和舒适性。还可改善驻车时的转弯直径。由集成的车辆动态控制系统进行控制。会在电控车辆稳定行驶系统（ESP®）控制单元中执行集成的车辆动态控制并启用各目标车轮制动干预以及后轴转向。根据行驶状况，后轮会沿前轮转向方向相反的方向（A）或相同的方向（B）转向。后轴转向系统的转向方向，如图8-1-16所示。

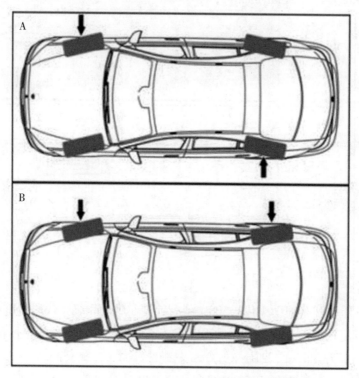

A. 与前轮相反的反向转向　　B. 与前轮相同的方向转向

图 8-1-16

后轴转向系统，如图8-1-17所示。

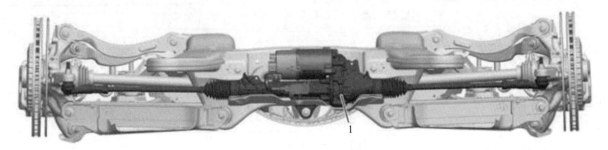

1. 后轴转向

图 8-1-17

后轴转向系统的转向机，如图8-1-18所示。

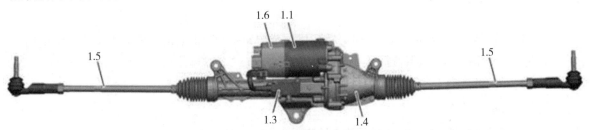

1.1. 电动机　1.3. 位置传感器　1.4. 皮带驱动装置　1.5. 转向横拉杆　1.6. 后轴转向系统控制单元

图 8-1-18

皮带驱动装置视图，如图8-1-19所示。

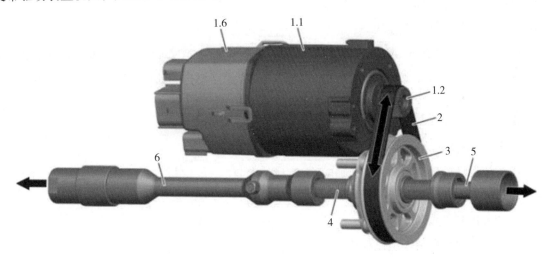

1.1. 电动机　1.2. 电动机小齿轮　1.6. 后轴转向系统控制单元　2. 安全带　3. 皮带轮　4. 中央芯轴　5. 短固定销　6. 长固定销

图 8-1-19

　　安装了后轴转向系统，取代了标准横拉杆和横拉杆适配器。转向系统源自电动机，后者通过皮带驱动中央芯轴。中央芯轴移动通过接头固定在车轮支架上的横拉杆。根据电动机的转动方向，横拉杆和跟踪器头部相应地从左向右移动。行程传感器利用安装在长固定销上的磁铁记录行程。记录的行程传送至后轴转向系统控制单元。后轴转向系统控制单元比较这些数值，利用其计算转向角并触发电动机。出现故障时，系统会自锁，无法移动。后轴转向系统有四种不同的转向策略。根据安装的设备情况，不会采用所有转向策略。转向策略无法选择，而是由驾驶状况决定，如表8-1-7所示。

表8-1-7

车速	转向策略	转向角度
<60km/h，车轮角度与前轴反向	驻车	不超过10°转向角度
	城市出行	不超过4.5°转向角度
>60km/h，前轴车轮角度	车辆动态	不超过2.5°转向角度
	高速	不超过2.5°转向角度

后轴使用防滑链时，必须通过中央显示屏选择防滑链模式。会对后轮的最大转向角度进行限制，防止防滑链与轮罩碰撞。

七、车载电气系统网络连接

通过STAR3，新款S级车型W223中采用了新一代梅赛德斯-奔驰EE架构，该架构采用层级结构。新架构的核心是以太网主干网，有以下特征：

带域计算机或网关的域专用架构；

显著提高的数据传输率；

梅赛德斯遥控服务扩展-多个控制单元的无线下载（OTA）软件更新；

多级安全理念包括；

外部车辆访问保护；

保护车辆总线上的车载通信；

使用控制单元中的硬件安全模块。

由于额外使用了更快的CAN网络（CAN FD），为优化所选的CAN网络，在这些网络中无星点分配。与相关控制单元的连接通过总线上连接的线路和线束实现，连接架构的其他子网络：

通过不同的子网络进行控制器区域网络（CAN）FD通信；

底盘FlexRay™总线系统；

多媒体定向系统传输（MOST）总线；

多个子集系统设计为单线总线系统（LIN）。

子网络通过网关进行连接：

电子点火开关控制单元；

前部信号采集及促动控制模组控制单元；

主机；

主动式环境氛围照明系统控制单元；

驻车系统控制单元；

仪表盘控制单元；

自学高精度地图控制单元；

传动系统控制单元；

梅赛德斯-奔驰智能行驶控制单元。

除火花点火型发动机M176和M256外，新款S级车型223还装配了48V车载电气系统。与之前的车型相比，48V车载电气系统中新增了其他功能和部件：

悬架和减震系统电子车身控制系统（代码490）；

两个快速强劲的电气48V暖气增强系统，如图8-1-20所示。

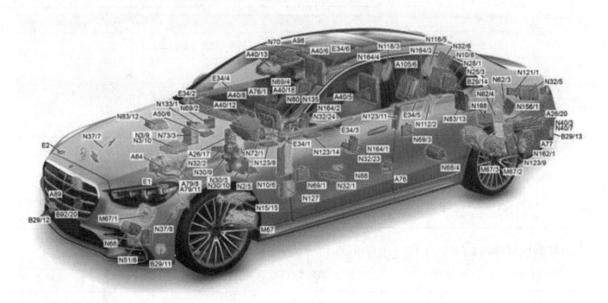

图8-1-20

传动系统的控制器区域网络（CANT T），如表8-1-8所示。

表8-1-8

	控制单元	附加信息
A26/17	主机	—
N40/3	音响系统放大器控制单元	装配高级音响系统/代码810
N40/7	音响系统放大器控制单元	装配高端音响系统/代码811
N118/3	燃油泵控制单元	—
N127	传动系统控制单元	—
N156/1	发声器控制单元	装配通过扬声器降低驾驶噪音（RNC）技术/代码96B或通过扬声器降低发动机噪音（EOC）技术/代码97B

传动系统的控制区域网络（CAN T），如表8-1-9所示。

表8-1-9

	控制单元	附加信息
A26/17	主机	—
N40/3	音响系统放大器控制单元	装配高级音响系统/代码810
N40/7	音响系统放大器控制单元	装配高端音响系统/代码811
N118/3	燃油泵控制单元	—
N127	传动系统控制单元	—
N156/1	发声器控制单元	装配通过扬声器降低驾驶噪音（RNC）技术/代码96B或通过扬声器降低发动机噪音（EOC）技术/代码97B

传动系统的控制区域网络（CAN I），如表8-1-10所示。

表8-1-10

	控制单元	附加信息
A64	附加压缩机	装配48V技术/代码B01和发动机M256
N3/9	发动机管理控制单元	柴油发动机
N37/7	选择性催化还原（SCR）催化转换器上游的氮氧化物（NOx）传感器控制单元	柴油发动机
N37/8	选择性催化还原（SCR）催化转换器下游的氮氧化物（NOx）传感器控制单元	柴油发动机
N118/5	AdBlue®控制单元	采用第3代BlueTEC［选择性催化还原（SCR）］柴油机排气处理技术/代码U79

车内控制区域网络1（CAN B1），如表8-1-11所示。

表8-1-11

	控制单元	附加信息
A98	全景式滑动天窗控制单元	装配全景式滑动天窗/全景天窗/代码413
N10/6	前部信号采集及促动控制模组控制单元	—
N10/8	后部信号采集及促动控制模组控制单元	—
N28/1	挂车识别控制单元	装配挂车装置/代码550
N69/1	左前车门控制单元	—
N69/2	右前车门控制单元	—
N69/3	左后车门控制单元	—
N69/4	右后车门控制单元	—
N70	车顶控制面板控制单元	—
N73/3	电子点火开关控制单元	—

车内控制器区域2（CAN B2），如表8-1-12所示。

表8-1-12

	控制单元	附加信息
A77	多仿形座椅气动泵	装配左侧和右侧脉动功能座椅/代码432或乘客车厢多仿形座椅/代码406
N10/6	前部信号采集及促动控制模组控制单元	—
N25/3	后排座椅加热器控制单元	装配左侧和右侧后排座椅加热系统/代码872
N32/1	驾驶员座椅控制单元	—
N32/2	前排乘客座椅控制单元	—
N32/5	左后座椅控制单元	装配电动后排座椅靠背调节和头枕/代码223

	控制单元	附加信息
N32/6	右后座椅控制单元	装配电动后排座椅靠背调节和头枕/代码223
N32/23	驾驶员座椅腰部支撑电控气动控制器单元	装配腰部支撑调节系统/代码U22
N32/24	前排乘客座椅腰部支撑电控气动控制器单元	装配腰部支撑调节系统/代码U22
N164/1	左前多仿形座椅控制单元	装配左侧和右侧脉动功能座椅/代码432
N164/2	右前多仿形座椅控制单元	装配左侧和右侧脉动功能座椅/代码432
N164/3	左后多仿形座椅控制单元	装配后座区多仿形座椅/代码406
N164/4	右后多仿形座椅控制单元	装配后座区多仿形座椅/代码406

车内控制器区域网络2（CAN B3），如表8-1-13所示。

表8-1-13

	控制单元	附加信息
A76	左前可逆式安全带紧急拉紧器	–
A76/1	右前可逆式安全带紧急拉紧器	–
N10/6	前部信号采集及促动控制模组控制单元	–
N83/13	直流直流转换器控制单元	装配遥控驻车装置/代码503
N121/1	行李箱盖/掀开式尾门控制系统控制单元	–

车辆诊断系统控制器区域（CAN D），如表8-1-14所示。

表8-1-14

	控制单元	附加信息
N73/3	电子点火开关控制单元	–
N127	传动系统控制单元	–

能源管理控制区域网络（CAN ED2），如表8-1-15所示。

表8-1-15

	控制单元	附加信息
N127	传动系统控制单元	
A79/8	集成式启动机发电机功率电子装置	装配48V技术/代码B01和发动机176
A79/11	集成式启动机发电机功率电子装置	装配48V技术/代码B01和发动机256
N83/12	直流直流转换器控制单元	采用48V技术/代码B01

方向盘控制器区域网络（CAN LR），如表8-1-16所示。

表8-1-16

	控制单元	附加信息
N80	转向柱模块控制单元	–
N135	方向盘电子设备	–

发动机控制器区域网络（CAN C），如表8-1-17所示。

表8-1-17

	控制单元	附加信息
N3/10	发动机管理控制单元	汽油发动机
N3/9	发动机管理控制单元	柴油发动机
N127	传动系统控制单元	–

驱动控制器区域网络1（CAN C1），如表8-1-18所示。

表8-1-18

	控制单元	附加信息
N3/10	发动机管理控制单元	汽油发动机
N3/9	发动机管理控制单元	柴油发动机
N15/15	全集成化变速器控制系统电控单元	–
N127	传动系统控制单元	–

驱动控制器区域网络2（CAN C2），如表8-1-19所示。

表8-1-19

	控制单元	附加信息
N3/10	发动机管理控制单元	汽油发动机
N3/9	发动机管理控制单元	柴油发动机
N15/15	全集成化变速器控制系统电控单元	–
N127	传动系统控制单元	–

外围设备控制器区域网络（CAN PER），如表8-1-20所示。

表8-1-20

	控制单元	附加信息
E1	左前灯组	–
E2	右前灯组	–
N73/3	电子点火开关控制单元	–
N88	轮胎压力监测器控制单元	–

外围设备（前部悬架）控制器区域网络（CAN PER E1），如表8-1-21所示。

表8-1-21

	控制单元	附加信息
M67	左前电动液压控制单元	装配电子车身控制/代码490
M67/1	右前电动液压控制单元	装配电子车身控制/代码490
N51/8	悬架和减震系统控制单元	—

外围设备（后部悬架）控制器区域网络（CAN PER E2），如表8-1-22所示。

表8-1-22

	控制单元	附加信息
M67/2	左后电动液压控制单元	装配电子车身控制/代码490
M67/3	右后电动液压控制单元	装配电子车身控制/代码490
N51/8	悬架和减震系统控制单元	—

前部雷达控制器区域网络（CAN S1），如表8-1-23所示。

表8-1-23

	控制单元	附加信息
B29/11	左前短程雷达传感器	装配驾驶辅助组件增强版/代码P20或高级遥控驻车装置/代码507
B29/12	右前短程雷达传感器	装配驾驶辅助组件增强版/代码P20或高级遥控驻车装置/代码507
N73/3	电子点火开关控制单元	—

车载智能信息系统控制器区域网络1（CAN A1），如表8-1-24所示。

表8-1-24

	控制单元	附加信息
B29/13	左后短程雷达传感器	装配自适应定速巡航控制系统增强版（限距控制系统增强版）/代码233或盲点辅助系统/代码234或高级遥控驻车装置/代码507
B29/14	右后短程雷达传感器	装配自适应定速巡航控制系统增强版（限距控制系统增强版）/代码233或盲点辅助系统/代码234或高级遥控驻车装置/代码507
N73/3	电子点火开关控制单元	—

车载智能信息系统控制器区域网络1（CAN A1），如表8-1-25所示。

表8-1-25

	控制单元	附加信息
A26/17	主机	—
A40/8	触摸屏	—
A40/12	平视显示屏	装配经典平视显示系统/代码438或具备增强现实功能的平视显示系统/代码445
A40/18	仪表盘显示屏	—
A50/6	收费系统控制单元	装配养路费支付系统/代码943

	控制单元	附加信息
N72/1	上部控制面板控制单元	—
N123/8	移动电话托座控制单元	装配前部无线电话充电装置/代码897或前部无线电话充电装置和天线/代码899
N123/14	移动电话托座控制单元	装配前部无线电话充电装置/代码897
N133/1	仪表盘控制单元	—

车载智能信息系统控制器区域网络2（CAN A2），如表8-1-26所示。

表8-1-26

	控制单元	附加信息
A26/17	主机	—
A26/20	后排娱乐装置控制单元	装配后排娱乐系统/代码854
A40/5	左后排座椅娱乐系统显示屏	装配后排娱乐系统/代码854
A40/6	右后排座椅娱乐系统显示屏	装配后排娱乐系统/代码854
A105/6	平板电脑托座	装配后座区触摸屏（后部触摸屏）/代码447
N123/9	电话控制单元	—
N123/11	移动电话托座控制单元	装配后座区无线充电装置/代码898
N133/1	仪表盘控制单元	—
N168	手势识别系统控制单元	—

前部主动式环境氛围照明系统控制器区域网络（CAN A AMB 1），如表8-1-27所示。

表8-1-27

	控制单元	附加信息
E34/1	左侧驾驶舱发光二极管条	主动式环境氛围照明系统（代码878）
E34/2	右侧驾驶舱发光二极管条	主动式环境氛围照明系统（代码878）
N162/1	主动式环境氛围照明系统控制单元	主动式环境氛围照明系统（代码878）

左侧主动式环境氛围照明系统控制器区域网络（CAN A AMB 2），如表8-1-28所示。

表8-1-28

	控制单元	附加信息
E34/3	左前车门发光二极管条	主动式环境氛围照明系统（代码878）
E34/5	左后车门发光二极管条	主动式环境氛围照明系统（代码878）
N162/1	主动式环境氛围照明系统控制单元	主动式环境氛围照明系统（带代码878）

右侧主动式环境氛围照明系统控制器区域网络（CAN A AMB 3），如表8-1-29所示。

表8-1-29

	控制单元	附加信息
E34/4	右前车门发光二极管条	主动式环境氛围照明系统（代码878）
E34/6	右后车门发光二极管条	主动式环境氛围照明系统（代码878）
N162/1	主动式环境氛围照明系统控制单元	主动式环境氛围照明系统（代码878）

悬架FlexRay（Flex E），如表8-1-30所示。

表8-1-30

	控制单元	附加信息
A40/11	多功能摄像头	未装配自适应定速巡航控制系统增强版（限距控制系统增强版）/代码233且未装配遥控驻车装置/代码503
B92/20	中程雷达传感器	装配自适应定速巡航控制系统专业版（限距控制系统专业版）/代码239或主动式制动辅助/代码258
N2/5	辅助防护系统控制单元	—
N30/3	电控车辆稳定行驶系统（ESP）控制单元	未装配遥控驻车装置/代码503
N30/9	制动装置控制单元	装配遥控驻车装置/代码503
N30/10	电控车辆稳定行驶系统（ESP）控制单元	装配遥控驻车装置/代码503
N51/8	悬架和减震系统控制单元	装配电子主动车身控制系统/代码490
N62/3	驻车系统控制单元	装配主动式驻车辅助系统/代码235
N68	动力转向系统控制单元	—
N68/4	后轴转向系统控制单元	装配后轴转向系统/代码201
N73/3	电子点火开关控制单元	—
N80	转向柱模块控制单元	—
N127	传动系统控制单元	—

以太网，如表8-1-31所示。

表8-1-31

	控制单元	附加信息
A26/17	主机	—
A40/13	多功能摄像头	装配自适应定速巡航控制系统增强版（限距控制系统增强版）/代码233或遥控驻车装置/代码503
A89	远程雷达传感器	装配自适应定速巡航控制系统增强版（限距控制系统增强版）/代码233
N10/6	前部信号采集及促动控制模组控制单元	—
N62/3	驻车系统控制单元	装配主动式驻车辅助系统/代码235
N62/4	驾驶员辅助系统控制单元	装配自适应定速巡航控制系统增强版（限距控制系统增强版）/代码233
N73/3	电子点火开关控制单元	—
N112/2	车载智能信息服务通信模块	装配RAMSES ENTRY通信模块/代码383或RAMSESHIGH通信模块/代码384
N127	传动系统控制单元	—

控制单元		附加信息
N133/1	仪表盘控制单元	–
N162/1	主动式环境氛围照明系统控制单元	主动式环境氛围照明系统（代码878）

电子点火开关控制单元与诊断系统连接接口之间还存在单独的以太网连接接口。

多媒体传输系统（MOST），如表8-1-32所示。

表8-1-32

控制单元		附加信息
A26/17	主机	–
N40/3	音响系统放大器控制单元	装配高级音响系统/代码810
N40/7	音响系统放大器控制单元	装配高端音响系统/代码811
N156/1	发声器控制单元	装配通过扬声器降低驾驶噪音（RNC）技术/代码96B或通过扬声器降低发动机噪音（EOC）技术/代码97B

八、照明

（一）外车灯

新研发的新款S级车型223的大灯与先前车型系列相比，大灯的功能位置发生改变并新增了照明工程。带智能照明系统（ILS）的MULTIBEAM LED大灯系统和自适应远光灯辅助系统增强版为标准装备。带远程（ULTRA RANGE）远光灯功能的新款DIGITAL LIGHT照明系统作为选装装备提供（装配左侧驾驶车辆数字LED大灯/代码317或右侧驾驶车辆数字LED大灯/代码318）。动态全LED大灯（DIGITAL LIGHT），行车灯打开，如图8-1-21所示。

图 8-1-21

1. DIGITAL LIGHT

新型DIGITAL LIGHT照明系统，结合了主动式几何多光束LED大灯的常用功能和革新的高分辨率照明技术。DIGITAL LIGHT大灯有两个光源。除采用主动式几何多光束LED大灯技术的84LED矩阵外，每个大灯中还集成了一个微镜促动器。微镜促动器由130多万个矩阵形排列的微镜组成，可通过电子控制方式倾斜。三个高性能发光二极管照亮反光面，与投影机原理相似，该灯通过移动的镜片投射到道路上。新型选装装备DIGITAL LIGHT还提升了自适应远光灯辅助系统增强版的功能。更精细的像素结构能更精确地降低对面来车或前面车辆照明的不良影响。另一项革新之处在于地形补偿。根据地图数据，会检测道路的高度差，将大灯的光程范围保持在接近固定值的水平，实现道路的理想照明。

2. 辅助功能

除了可以为各种驾驶条件提供理想照明外，DIGITALLIGHT大灯还可以为驾驶员辅助系统提供视觉辅助。通过DIGITAL LIGHT功能可实现高清质量的灯光投射。驾驶时会将灯光投射到车辆前方道路，驾驶员的视野范围中。在紧急情况下，如较窄的建筑工地通道，会通过道路上投射的目标引导线引导驾驶员。其他灯光投射包括符号和指示，例如方向箭头或警告。符号是对驾驶员显示屏视觉信息的补充，但并非取代。

新辅助特性：

①行驶方向错误警告功能（如果驾驶员沿规定行驶方向的反方向行驶，例如高速公路上）。

②红灯警告功能（如果驾驶员在红灯时行驶车辆且未减速）。

③停车标志警告功能（如果驾驶员向停车标志行驶车辆且未减速）。

④聚光灯（例如，如果在危险区域的边缘处检测到行人）。

⑤引导线（驶过建筑工地时，会在车辆自身路线上投射两个光束，用作引导线）。

⑥建筑工地警告或建筑工地警告灯（进入建筑工地时，会通过在道路上投射符号警告驾驶员进入建筑工地区域）。

3. 尾灯

采用LED技术的尾灯也是该车型的一个独特设计特征，使其外观更具品质感，造型更加高效突出。新S级车型223的尾灯采用两件式设计。所有车灯均采用LED作为光源，后部车灯的尾灯、制动灯和转向信号指示灯都采用独立的灯光引导元件，采用透明销的形式，从而实现3D显示效果。LED将灯连接到销中，从而将销照亮，打造出独特均匀且品质超群的外观。根据驾驶状况和环境亮度（日间/夜间），按照ECE类型在不同光照条件下操作制动灯。例如，如果驾驶员在夜间红灯时促动制动踏板，则自动降低制动灯的亮度，从而不会使跟随车辆的驾驶员眩光。转向信号灯用作行车灯。左后方采用LED技术的两件式尾灯，如图8-1-22所示。

图 8-1-22

（二）车内照明

为了使新款S级车型223车内的安全性，舒适性以及惬意的氛围达到一个全新的高度，提供以下选装装备：

主动式环境氛围照明系统（代码878）；

自适应后座车内灯（装配自适应后座车内灯/代码236）；

发光安全带锁扣（代码561）。

环境照明灯：在新款S级车型223中，高级环境照明系统（代码891）作为标准设备提供。新功能包括：

将自适应尾灯集成在环境照明系统中；

将全景天窗集成在环境照明系统中；

提升了车门（辅助把手和电动车窗控制装置），后排中央控制台和上方控制面板中的环境照明；

储物盒/托盘护盖下方配有带环境照明的商用控制台；

多个功能扩展。

根据功能的不同，可通过中央显示屏或语音对话系统操作环境照明功能。

1. 主动式环境氛围照明系统

新款S级223车型的内部照明的特色在于主动式环境氛围照明系统（代码878）。利用约250个LED工作，这些LED以15mm的间隔分布在车内。因此，看到的不是单独的LED，而是一个光带。通过白天和夜间模式，主动式环境氛围照明系统独立于环境亮度且可单独调暗。其他附加功能包括：

通过语音对话系统进行座椅具体操作；

通过以下驾驶辅助功能的视觉支持提高主动安全性：主动式盲点辅助系统、主动式车道保持辅助系统和主动式制动辅助系统。

2. 自适应后座车内灯（代码236）

通过附加功能改进了后排乘客车顶把手的内部照明。左后和右后区域的目标照明通过LED执行，可单独打开。后排乘客可各自在20种亮度级别中进行选择。可单独调节两个阅读灯光束的位置、形状和大小。通过传感器记录的手部运动、触摸板或平板电脑对自适应车内照明进行控制。主动式环境氛围照明系统（代码878），如图8-1-23所示。

图 8-1-23

九、安全

（一）关闭和安全

1.关闭系统

在新款S级车型W223中，引入了新一代锁止系统。除优化了关闭和开启操作外，车外门把手也采用了新的设计。在新款S级车型223中，标准的车外门把手为握式把手。新款齐平安装的可拉伸车外门把手作为选装装备提供。在车内，驾驶员车门LED替代了车门上之前使用的销子，从而可通过灯光提示看到车门的锁止状态。

2.独立的行李箱盖锁止（代码887）

在之前的车型系列中，通过可锁止手套箱中的开关执行行李箱单独锁止，也称作代客泊车。在新款S级车型223中，通过将PIN码输入中央显示屏的"车辆设置"菜单中实现启用/停用。在此情况下，保留了单独锁止手套箱的选择。齐平安装的车门把手，驾驶员侧，如图8-1-24所示。

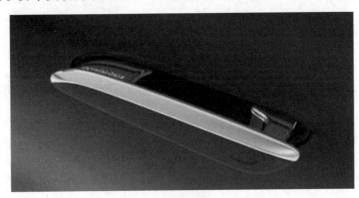

图8-1-24

（二）车内乘客保护

1.预防性安全系统（PRE-SAFE®）驾驶员及乘客保护系统

新款S级车型223的被动安全性基于智能设计的车身，以及极具刚性的乘客车厢和特殊的可变形碰撞结构。保护概念还包括标准的预防性驾驶员及乘客保护系统预防性安全系统（PRE-SAFE®）和防护系统。对预防性驾驶员及乘客保护系统预防性安全系统（PRESAFE®）进行了扩展，包括以下功能性：

①触发预防性安全系统（PRE-SAFE®）措施：从加速踏板到制动踏板快速切换时、通过侧风稳定控制辅助系统进行明显路径校正时、低速时进行临界转向操作时和即将发生侧面碰撞时（侧面障碍物识别）［装配预防性安全系统自适应安全带收紧功能（PRE-SAFE®Impulse）/代码292］。

②预防性安全系统自适应安全带收紧功能（PRE-SAFE®Impulse），作为代码P20的驾驶辅助组件增强版选装装备的部分功能。如果检测到即将发生侧面碰撞，预防性安全系统自适应安全带收紧功能（PRE-SAFE®Impulse）会将驾驶员或前排乘客移至车辆中央位置。预先反应的防护系统用于将空气隔离在座椅靠背的侧面支撑中。如果无法避免侧面碰撞，气囊会在几分之一秒内充气并将车辆驾驶员及乘客轻轻推到一侧。从而使车辆驾驶员及乘客远离车门。同时，车辆和车辆驾驶员及乘客之间的相对速度降低，以减少随后与车门饰板的接触。新增：与选装装备电子主动车身控制（代码490）接合使用，在发生碰撞时，电动液压悬架会瞬间将车身升起。因此，侧面碰撞发生位置稍稍降低，受力时车辆结构更加稳定。

③驾驶员可预先调节预防性安全系统（PRE-SAFE®）听力保护功能。在发生事故时，会产生带声压级的噪音，可能会对听力造成损害。如果预防性安全系统（PRESAFE®）系统检测到确定的危险状况，会

通过音响系统在车里发出简短的噪音信号以进行预警。由于镫骨肌的自然反射机制，内耳可迅速自我保护免受高声音压力的损害。

④预防性安全系统增强版（PRE-SAFE® PLUS）后方碰撞警告系统是预防性驾驶员及乘客保护系统的扩展，同时还将以下车辆导致的危险状况（后方碰撞）考虑在内，以基于雷达的方式监测车辆后方的交通状况。后方碰撞警告系统分析雷达传感器系统信息，并计算以下车辆的接近速度以及与本车的距离。即将发生后方碰撞时，该系统警告以下车辆并执行不同的预防性乘客保护措施。因此对于车辆驾驶员及乘客来说，可减少可能发生的事故后果。

2. 防护系统

发生严重的正面碰撞时，新款S级车型223的后部防护系统通过增设外侧后排乘客后排气囊增强保护性（仅车型223.1）。其位于前排座椅的座椅靠背中。通过后排气囊，外侧座椅上的后排乘客有附加的保护系统保护，从而大大降低发生严重正面碰撞时的头部和颈椎受力。为提高外侧后排乘客的舒适性，舒适型悬架式座椅的选装装备新增了自动座椅安全带送给器（代码U07）。座椅安全带送给器集成在外侧后排座椅的左侧和右侧。

防护系统包括：

①驾驶员和前排乘客的可逆式安全带收紧器。

②装配带烟火装置的皮带张紧器和安全带收紧力限制器的三点式安全带（驾驶员、前排乘客、外侧后部）。

③驾驶员和前排乘客前置气囊。

④驾驶员膝部气囊。

⑤后排腿部空间拓展组件（代码P07），驾驶员和前排乘客预防性安全系统自适应安全带收紧功能（PRE-SAFE®Impulse）的新增部分：在某些碰撞情况下，除安全带张紧器的烟火装置张紧外，安全带带身还可在锚固装置和安全带锁扣处张紧，由此所需的部件集成在座椅中（代码562）。

⑥新增：驾驶员座椅中中央控制台侧面的中央气囊（代码325）。

⑦组合前排胸部–骨盆侧部气囊。

⑧安全带气囊（带集成式气囊的后排座椅安全带），用于外侧后排乘客（代码306）。

⑨坐垫气囊集成在后座区中靠背倾角可调式后排座椅中的相应座椅衬垫中（装配靠背倾角可调式后排座椅/代码453）。

⑩新增：后排气囊（代码302），新型气囊系统，用作发生严重正面碰撞时对系有安全带的乘员进行保护的辅助防护系统。

⑪后排骨盆侧部气囊（装配后排侧部气囊/代码293）。

⑫车窗气囊。

如果与弱势道路使用者发生碰撞，例如行人，则采取以下措施以减少事故严重程度：

防撞缓冲区位于发动机罩和部件之间的下方；

新增：前端横梁；

碰撞相关部件，采用塑料PA6 CF30（含30%玻璃纤维加强材料的聚酰胺）；

整合多种碰撞等级，以尽量均匀分布受力；

专门设计的保险杠泡沫；

保护性发动机罩：在某些情况下，发动机罩可由风挡玻璃附近铰链区域中的触发器盒抬起。

如图8-1-25~图8-1-29所示。

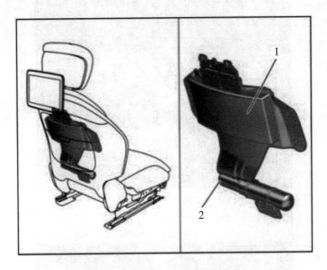

1.后座区气囊单元　2.后排气囊触发器
图 8-1-25

1.已触发的后排气囊
图 8-1-26

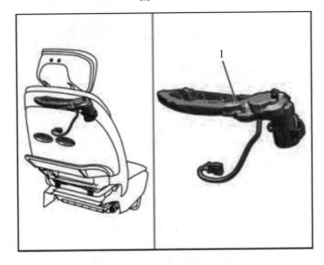

1.后排座椅安全带送给器
图 8-1-27

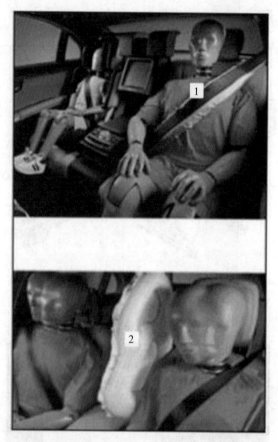

1.已触发的安全带气囊　2.已触发的中央气囊

图8-1-28

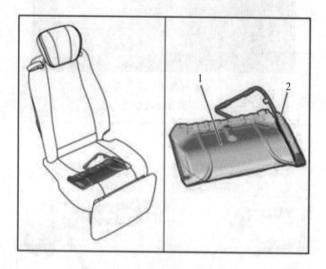

1.坐垫气囊单元　2.后座区坐垫气囊触发器

图8-1-29

十、驾驶员辅助系统

　　新款S级车型223将采用带部分自动驾驶功能的新一代驾驶辅助组件（FAP5.0）。此最先进的驾驶员辅助系统根据速度调节、转向机构、变道和碰撞风险等相关情况为驾驶员提供辅助。由于增强了驾驶员辅助功能，驾驶员辅助系统提供更佳的安全性和舒适性。在跨系统概念的基础上，区域整体安全性和梅

390

赛德斯–奔驰智能驾驶的相互作用和协同合作增加。最重要的驾驶员辅助系统以组件进行编译。列表中包含与驾驶辅助组件（FAP 4.5 Evo1+）相比所有技术改进和新特征。驾驶辅助组件增强版（装配驾驶辅助组件增强版/代码P20）：

带新功能的DISTRONIC主动式车距辅助系统：预先速度调节（至最高允许速度）；出现静止的道路使用者时的舒适性制动，出现静止车辆时调节功能改善，可达到更高车速（最高130km/h）；中国专有版本，不仅有距离调节，还有弯道调节。

带新功能的主动式转向辅助系统：大大增强了乡村道路上行驶的通过性和转弯性能；视具体情况而定的无中心驾驶风格（除紧急通道外，还适用于无车道标记的乡村道路）；明显的双手离开方向盘警告（通过电容式方向盘）。

主动式车道保持辅助系统。搜寻阶段时间更长（10s延长至15s），横向动态性更高（非ECE版）。

带新功能的交通标志辅助系统：停车标志警告功能：如果驾驶员向停车标志行驶车辆且未减速；红灯警告功能：如果驾驶员在红灯时行驶车辆且未减速。

动态辅助图：增强现实驾驶体验；展示多个车道检测到的道路使用者的具体类型。

梅赛德斯–奔驰智能驾驶在线服务。可选热点地区系统基于GPS进行的调节（基于云技术减少错误警告/错误干预）。

带新功能的主动式车道保持辅助系统：舒适性提高，制动干预替代为主动式转向干预；对道路边缘做出响应，即使无车道标记；完成风险显示，通过主动式环境氛围照明系统。

避让转向辅助系统。

扩展：对自行车骑行者和车辆做出响应、长距离路线（速度最高108km/h）、主动式制动辅助系统。

扩展：降低十字路口事故的严重性（速度最高120km/h）、带转向操作功能（包括转弯时有行人横穿道路的情况）、有对面来车时的警告和制动干预。

主动式紧急停止辅助系统：还为手动驾驶提供辅助（之前仅在DISTRONIC模式有效）；可选变道（一个车道）（80km/h且临近车道无物体时）。

主动式盲点辅助系统：扩展了驶出警告；完成风险显示，通过主动式环境氛围照明系统。

1. 注意力辅助系统

新款S级车型223将采用最新一代注意力辅助系统。与之前的车型相比，新增了微睡警告（仅与3D驾驶员显示屏/选装代码451配套使用）。3D驾驶员显示屏中的两个红外摄像头捕捉驾驶员视线。画面捕捉主要基于对面部或眼部周围多种特征的识别。通过使用红外摄像头，系统的功能不受环境亮度影响。

2. 交通信号灯辅助

接近十字路口时，交通信号灯辅助系统会识别信号灯并以增强现实的形式将其显示在中央显示屏上。

3. 主动式驻车辅助系统

除性能提升外，新一代驻车系统5.0还具备新功能和新的用户界面。作为基本的辅助系统，主动式驻车辅助系统应用于所有驻车组件。主动式驻车辅助系统是一种驻车系统，在新款S级车型223中作为标准装备提供，是采用的驻车组件的一部分。以下组件可用：

①带后视摄像头的驻车组件（装配驻车组件/代码P44）–标准装备：主动式驻车辅助系统（装配主动式驻车辅助系统/代码235）和后视摄像头（装配后视摄像头/代码218）。

②带360°摄像头的驻车组件（装配带360°摄像头的驻车组件/代码P47）–选装装备：主动式驻车辅助

系统（装配主动式驻车辅助系统/代码235）和360°摄像头（装配360°摄像头/代码501）。

③遥控驻车套件（装配遥控驻车套件/代码PBH）-选装装备：主动式驻车辅助系统（装配主动式驻车辅助系统/代码235）；360°摄像头（装配360°摄像头/代码501）；遥控驻车辅助（装配遥控驻车装置/代码503）；遥控驻车应用程序。

4. 方向盘

在S级车型223中采用了新一代方向盘。对位于两个水平方向盘辐条上左右两侧的两个按钮组进行了新的排列，采用了新的操作理念。用于手指导航垫的物理原理由光学改为电容。这一代方向盘的另一个革新之处在于采用了人手检测传感器，该传感器用于检测驾驶员手部在多功能方向盘上的触碰操作。人手检测传感器由一块位于方向盘表面之下的方向盘轮缘处的电容垫组成。注意力辅助系统，如图8-1-30和图8-1-31所示。

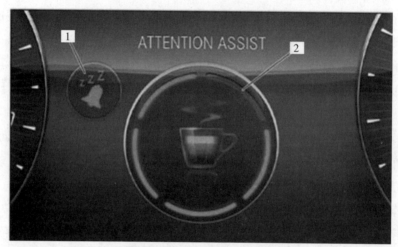

1. 瞌睡检测状态 2. 注意力状态显示

图 8-1-30

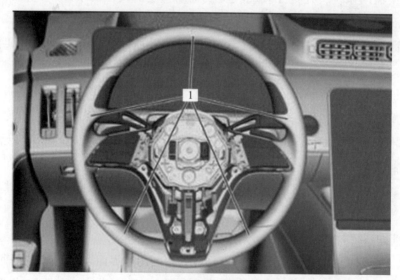

1. 人手检测传感器

图 8-1-31

带操作功能组车载电脑/定速巡航控制和限速器/限距控制系统（DISTRONIC），以及操作功能组MBUX多媒体系统的方向盘，如图8-1-32所示。

1a. 返回之前的显示　1b. 沿箭头方向滑动触控（浏览）　1c. 显示主页　1d. 选择DISTRONIC主动式车距辅助系统　1e. 选择定速巡航控制/限速器　1f.提高/降低速度开关板　1g. 停用定速巡航控制/可变限速器　1h. 采用存储/检测的车速　2a. 显示主页　2b. 沿箭头方向滑动触控（浏览）　2c. 返回之前的显示　2d. 拨打或接听电话　2e. 拒接或结束通话　2f. 关闭音量调节/音响开关板　2g. 访问收藏夹　2h. 启动MBUX语音助手

图 8-1-32

十一、舒适系统

（一）恒温控制

新款S级车型223提供带自动空调/代码581的2区域自动智能气候控制系统（THERMOTRONIC）。带后排空调/代码582的4区自动智能气候控制系统（THERMOTRONIC）作为选装装备提供。这是中国市场的标准装备。为了达到更好的加热效果，对于装配48V车载电气系统的车辆，生产时安装了带热交换器的1.5kW正温度系数（PTC）加热器。

在新款S级车型223中，智能气候控制的闭环控制集成在前部信号采集及促动控制模组控制单元中。不存在独立的智能气候控制单元。前部信号采集及促动控制模组控制单元的软件更新后，智能气候控制必须重新编码。引进新款S级车型223后，去掉了前部空调控制单元。空调系统的操作完全通过新的中央显示屏执行。通过4区自动智能气候控制系统（THERMOTRONIK），可以有针对性地调节车内空调以满足车辆驾驶员及乘客的个性化需求。与2区自动空调（THERMATIK）相比，THERMOTRONIC为客户提供的功能范围更广。自动智能气候控制系统（THERMOTRONIC）为驾驶员，前排乘客和后排乘客提供单独的气候区，并配备了以下部件和功能：

①驾驶员和前排乘客以及后座区左侧和右侧提供单独的温度和空气分配控制。

②通过空气质量传感器和导航系统进行自动空气循环以及通过GPS进行隧道检测。

③活性炭细尘过滤器。

④余热利用。

⑤后座区的辅助操作单元。

⑥仪表板中的漫展区域。

⑦B柱和脚部位置的附加出风口。

6缸火花点火型发动机M256和8缸火花点火型发动机M176装配了电动制冷剂压缩机。该发动机不采用皮带轮驱动，从而使制冷剂回路的工作与发动机转速无关。S级车型223中的智能气候控制，如表8-1-33所示。

表8-1-33

项目	THERMOTRONIC（代码581）系列范围	后排THERMOTRONIC（代码582，选装装备）（中国市场作为标准装备提供）
气候区	2	4
自动模式	2区	4区
气流分配	2区	4区
气流量	2区	4区
空气内循环开关，带"关闭车窗"的舒适性功能	自动（不适用于美国版和加拿大版）	自动（不适用于美国版和加拿大版）
余热利用	是	是
细小颗粒物和活性炭过滤器	是（标准过滤器）	是（选装装备过滤器）
日光传感器	一个传感器位于雨量/光线传感器上，一个传感器位于后搁板上	一个传感器位于雨量/光线传感器上，一个传感器位于后搁板上
湿度和温度传感器的数量	1	1
空气质量传感器的数量	1	1
出风口温度传感器的数量	5	4+2热交换器传感器
车内温度传感器的数量	2	2
步进调节电机的数量	17	15+6

加热式风挡玻璃（代码597），如图8-1-33所示。

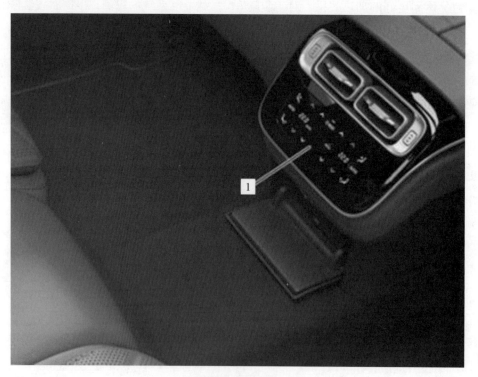

1.后排空调操作单元

图 8-1-33

新款S级车型223装配加热式风挡玻璃并配合采用48V技术/代码B01。从技术上来讲，加热式风挡玻璃不再通过细金属丝实现加热，而是通过玻璃上几乎看不见的涂层。

智能视觉控制（MAGIC VISION CONTROL）（代码874）：已安装在之前系列车型中的下一代智能视觉控制（MAGICVISION CONTROL）清洗系统作为选装装备提供。首次采用组合开关处于相应位置且检测到脏污时，自动触发风挡玻璃刮擦过程。另一项革新之处在于加强清洁模式。如果风挡玻璃严重脏污，则在车外温度为5℃时启动加强清洁模式。在此过程中，雨刮器臂切换至交换位置且清洗液喷到风挡玻璃上。约30s后，雨刮器臂向后移动并再次刮擦风挡玻璃。

（二）座椅

新款S级车型223的座椅主要基于之前车型系列的座椅。为实现舒适性、安全性和材料选择方面的最高水平，再次对座椅进行大幅升级。特别是以下方面：

①驾驶员座椅和后排乘客座椅中的4D音响（在座椅靠背中每个座椅有两个扬声器打造结构传播的音响体验），与Burmester®高端4D环绕立体声音响系统/代码811配套使用。

②前排座椅中有两个扬声器，以提升信息传播效果，例如，导航期间。

③按摩功能（前排座椅坐垫中的局部震动按摩）。

④带后部AIRSCARF/代码322的新选装装备提供附加舒适型功能。通过带加热织物的颈部支撑提供颈部区域的目标热量输入实现。

⑤通过后排气囊（代码302）增强后部防护系统对后排乘客的保护功能。其位于前排座椅的座椅靠背中。

S级车型223，后排座椅，如图8-1-34所示。

图8-1-34

座椅中的扬声器，装配高端音响系统/代码811，如图8-1-35所示。

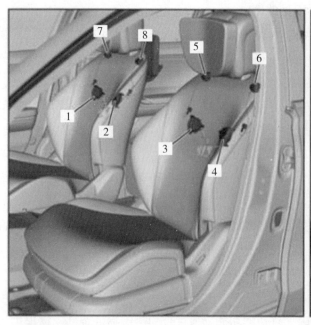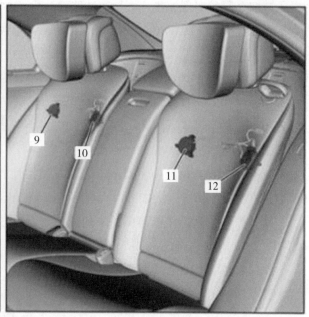

1. 前排乘客座椅靠背扬声器 2. 前排乘客座椅靠背扬声器 3. 驾驶员座椅靠背扬声器 4. 驾驶员座椅靠背扬声器 5. 驾驶员头枕中音扬声器 6. 驾驶员头枕中音扬声器 7. 前排乘客头枕中音扬声器 8. 前排乘客头枕中音扬声器 9. 右侧后排座椅靠背扬声器 10. 右侧后排座椅靠背扬声器 11. 左侧后排座椅靠背扬声器 12. 左侧后排座椅靠背扬声器

图 8-1-35

（三）滑动天窗

作为装配全景式滑动天窗/代码413的选装装备，新款S级车型223提供了电驱动全景式滑动天窗，可在车身之外移动。该全景式滑动天窗可提供最大可见度和开度，同时确保较高的车辆刚度。以下是新功能：

1. 全景式滑动天窗操作

全景式滑动天窗和遮阳帘可通过滑动和按压上方控制面板中的触摸滑块进行操作。

2. 回流功能

如果全景式滑动天窗完全打开，前遮阳帘设置在指定位置，这样会保护车辆驾驶员及乘客不受气流影响。

3. 自动降低

如果全景式滑动天窗从后部升起，在车速较高时会自动稍稍降低。车速较低时，则会自动升起。

4. 声控系统

通过新的声控系统，遮阳帘的操作变得简单且更方便。例如，只需要发出命令："升起遮阳帘"，遮阳帘就会立即自动展开，无须按下按钮。

5. Mercedes me

可通过Mercedes me执行命令"打开全景天窗"。在此过程中，遮阳帘先打开，然后是全景天窗。如果发出的命令是"关闭全景天窗"，则仅关闭全景天窗，而非遮阳帘。S500 4MATIC轿车，装配全景式滑动大窗/代码413，如图8-1-36所示。

图 8-1-36

十二、操作和显示概念

（一）操作和显示概念

1. 概述

新款S级车型223将采用全新的操作和显示系统。之前车型中的宽屏幕驾驶室，触摸板和音频/驾驶室管理及数据系统（COMAND）控制单元替换为驾驶员显示屏和中控台上独立的中央显示屏。采用的第三个用户界面为之前车型中已经使用的平视显示屏。显示屏的设计是为了将功能体验最优化，而非分散驾驶员的注意力。自定义选项提升了驾驶员显示屏和中央显示屏显示体验。除了可以通过触控、手势和语言进行操作外，目光控制进一步丰富了操作选择。人工智能为车辆乘员提供辅助，可更快速地理解且更方便地操作车辆功能。通过人工智能，车辆可适应车辆乘员的偏好和习惯。从而，可在特定时间推荐合适的音乐或回家路线。通过新款操作和显示系统，与车辆相连的信息流增多，满足了更高要求，从而实现了自动驾驶的更多条件，如图8-1-37所示。

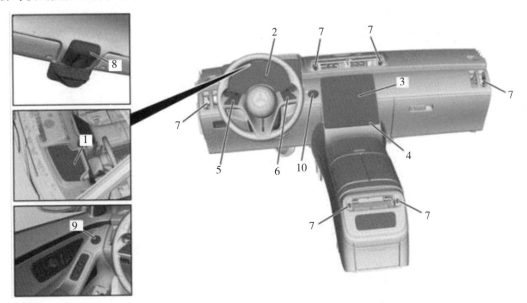

1. 平视显示屏　2. 驾驶员显示屏　3. 中央显示屏　4. 上部控制面板　5. 左侧方向盘操作组　6. 右侧方向盘操作组
7. 出风口按钮　8. 上方控制面板（OCP）　9. 照明开关　10. 启动/停止按钮

图 8-1-37

397

2. 开关面板和开关

新款S级车型223的控制理念是接合不同类型的控制元件。这包括触控滑条、传统开关、触感开关面板和集成了触觉反馈的控制元件。

①已取消用于之前车型的车门锁。已替代为驾驶员侧车门中的LED。

②车灯开关安装在驾驶员侧车门上，包括以下功能：左侧/右侧驻车灯；自动模式；停车灯；近光灯；后雾灯。

③启动/停止按钮已进行重新设计。除发动机启动/停止功能外，还可通过联合开关面板启用/停用启动/停止功能。

④全景折叠式硬顶敞篷的操作通过上方控制面板中的触控滑条控制。

⑤通过全部装备，上部控制面板控制以下功能：动态操控选择驾驶模式；驻车系统；驻车加热器；车辆快捷键；危险警告系统；指纹传感器（RGB彩色照明）；中央显示屏打开/关闭；静音按钮；音量控制。注意：除危险警告灯系统按钮外，上部控制面板中的所有按钮均为触控感应式。

⑥多功能方向盘：对位于两个水平方向盘辐条上左右两侧的两个开关面板进行了新的排列，采用了新的操作理念。用于触控按钮的物理原理由光学改为电容。

⑦按钮集成在驾驶室空调系统中央出风口侧面以及后部侧出风口侧面。出风量可通过按钮进行调节。对于标准装备，后排出风口可通过一个控制元件进行调节，与后排空调系统配合使用时，通过两个单独的右侧/左侧控制元件进行调节。

⑧对于新款S级车型223，不再使用前部空调控制面板。空调系统的操作完全通过新的中央显示屏完成。

3. 驾驶员显示屏

新款S级车型223的一项革新之处在于采用了驾驶员显示屏。该显示屏为独立的不带气口的LCD彩色显示屏。显示屏对角尺寸为12in，分辨率为2400像素×900像素。带两个集成式红外摄像头的3D仪表显示屏作为特殊装备提供（代码451）。通过3D驾驶员显示屏可将驾驶员显示屏的内容进行适应性显示。前提是摄像头记录了驾驶员情况。驾驶员显示屏的内容通过方向盘左侧的控制元件进行控制。通过驾驶员显示屏中的菜单条可访问以下菜单：

动感；

精细；

尊贵版；

经典型；

导航；

里程；

辅助；

娱乐；

保养过程中提供辅助。

在这些菜单中，可进行如下操作：

选择在显示区域显示不同内容；

显示和隐藏显示屏内容；

切换视图。

此外，每个菜单都有"选项"（Options）子菜单，可通过该菜单进一步调节菜单显示内容的设置情况。与具体的情况无关，关于车速和驾驶员辅助系统的信息始终显示在上方中央位置。车速表和转速表仅显示在"经典"菜单中，而不是经典表盘样式。在"精细"菜单中，还可额外选择七种不同的颜色设置。根据安装的设备，选择的颜色设置应用于环境氛围照明系统和中央显示屏，如图8-1-38所示。

1. 驾驶员显示屏

图 8-1-38

"经典"菜单中的显示内容，如图8-1-39所示。

1. 车速表　2. 转速表　3. 变速器挡位　4. 冷却液温度表　5. 车外温度　6. "经典"菜单中的显示内容示例　7. 时间　8. 燃油液位和油箱盖位置显示

图 8-1-39

4. 中央显示屏

对于车载智能信息系统和车辆功能的中央控制元件，位于中央位置的11.9in，分辨率为1624像素×1726像素的触摸屏作为标准装备提供。中央显示屏为12.8in，分辨率为1888像素×1728像素的触摸屏，作为标准装备采用了触觉反馈和OLED技术［装配高级中央显示屏（自11.5in）/代码868］，如图8-1-40所示。

操作触摸屏：

轻按；

一根、两根或三根手指滑动操作；

触摸，保持并拉动；

触摸并保持；

调节触摸屏的触觉操作。如果启用该功能，会通过操作期间的震动提供可感知的触觉反馈。

调节压力触觉。选择期间，通过该功能可感觉到类似按下按钮的反应。

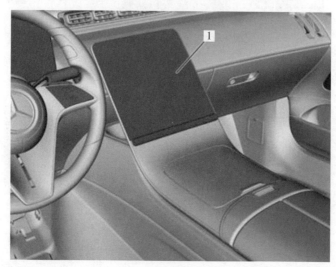

1. 中央显示屏

图 8-1-40

中央显示屏主页概况，如图8-1-41所示。

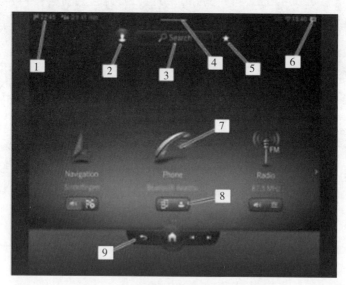

1. 状态栏 2. 访问用户文件设置和用户切换 3. 使用全文搜索 4. 访问控制中心 5. 访问收藏夹 6.访问通知中心 7. 访问应用程序 8. 应用程序快速访问 9. 全局菜单

图 8-1-41

5. 平视显示屏

平视显示屏向驾驶员视野区域凸出：

导航系统信息；

驾驶员辅助系统信息；

警告信息。

在新款S级车型223中，客户有两种不同的平视显示屏可供选择。带经典型平视显示屏/代码438的平视显示屏在距离约2.3m的位置投射带行驶相关信息的驾驶员视野的虚拟画面。带增强现实功能的平视显示屏/代码445的平视显示屏在距离约10m的位置投射带附加的增强现实内容的明显更大的虚拟画面。例如，会显示驾驶员的预计行驶车道（虚拟行驶车道）或车道上的虚拟引导箭头，如图8-1-42所示。

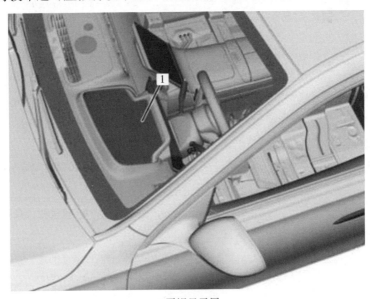

1.平视显示屏

图8-1-42

（二）信息、多媒体和通信系统

1. 概述

新款S级车型223将采用新款第7代车载智能信息系统。由于引入了人工智能，该系统可自主学习并可由用户进行个性化设置。根据安装的设备，其额外的亮点包括带触摸屏操作的高分辨率宽屏幕驾驶室。带自然语音识别的智能语音控制也是全新的功能。通过MBUX高端后排座椅娱乐系统，后排座椅乘客可通过座椅注册为Mercedes me用户。通过多座椅配置管理，可同时启用3个座椅配置。其中包括功能及其操作，例如后排座椅乘客视频会议功能，单个座椅的个性化设置以及座椅之间的互动选择，如图8-1-43所示。

图8-1-43

2. 型号

与传统不同，不可再选择主机，根据选装装备自动添加。根据选择的选装装备，例如导航系统，分为以下设备系列：

①CONNECT 20［装配Connect 20 Mid（NTG7）/代码521］。

②CONNECT 20［装配Connect 20 Premium（NTG7）/代码534］。

基于选择的装备系列，可后续选择其他选装装备。根据所选选装装备，设备系列CONNECT 20分为"MID"或"PREMIUM"类型，如表8-1-34所示。

表8-1-34

特性	说明
个性化主题显示［装配Connect 20 Mid（NTG7）代码521或Connect 20 Premium（NTG7）/代码534］	7个用户配置文件下可保存不同的设置
增强现实录像机（装配增强现实录像机/代码U19）	导航期间，在多媒体系统显示屏的路线即视影像中会显示如导航指示、街道名称和门牌号等信息
声控系统	自然语音识别可用便捷式语音控制，用户无须学习任何语音命令，也可通过语音控制操作多个车辆功能
手势检测	MBUX内部辅助系统通过上方控制面板中的3D激光摄像头记录前排车辆座椅的乘坐情况，根据具体情况或驾驶员或前排乘客的明确要求，辅助系统会对手部、身体和头部的动作进行理解分析。由此，辅助系统可自动启用车内功能并根据情况提供辅助
服务激活/启用	在线服务的激活和启用已通过软件开关标准化

3. 个性化设置［装配Connect 20 Mid（NTG7）代码521］或Connect 20 Premium（NTG7）/代码534

通过新型第7代车载智能信息系统，最多可存储7个个人配置文件。用户配置文件的权限有Mercedes me PIN保护，在装配相应设备的车辆中，可通过生物识别传感器启用。包括：

上部控制面板中的指纹传感器；

驾驶员显示屏中的驾驶员摄像头；

语音检测。

例如，根据车辆设备，可保存以下设置：

驾驶员座椅、方向盘和后视镜设置；

智能气候控制；

环境照明灯；

收音机（包括电台列表）；

主题显示、建议和收藏夹。

将车辆钥匙分配至配置文件时，某些个性化设置可能会预先激活，例如车内照明的颜色或座椅位置。对于经常出现的驾驶状况，例如高速公路上的长途旅程，可合并常用设置并保存。在这种情况下，可设置如导航地图、转速表、旅程计算机和常用收音机电台以及优先驾驶模式的显示。在创建所需名称（例如"长途旅程"）下的主题显示时，可保存这些设置。在下一高度公路旅程中，无须重新了解各个性化设置，可直接选择该主题显示。与之前的方法相比，新增了个性化信息的访问协议，从而防止未授权访问地址、支付功能或In-CAR Office。如果创建了带不同动态操控选择（DYNAMICSELECT）（自定义）数据的多个主题显示，会将最新保存的动态操控选择（DYNAMIC SELECT）（自定义）数据保存在这些主题显示中。也就是说最新创建的主题显示会更新动态操控选择（DYNAMIC SELECT）（自定义）数据。根据车辆设备，以下设置可保存在一个主题显示中：

驾驶员显示屏设置；

平视显示屏设置；

环境氛围照明设置；

内置音频源（如收音机或USB）；

中央显示屏主菜单；

风格：风格取决于驾驶员显示屏的设置情况，例如性能；

动态操控选择驾驶模式；

ECO启动/停止功能设置；

导航设置［装配Connect 20 Mid（NTG7）代码521］或Connect 20 Premium（NTG7）/代码534；

增强现实（装配增强现实录像机/代码U19）。

由摄像头记录车辆前方的风景并显示在多媒体系统显示屏中。随之图像中显示虚拟物体和标记。例如，会显示街道名称、转弯箭头和导航指示。

控制可能性：

（1）方向盘上的手指导航垫。

在新款S级车型223中，方向盘上装配了手指导航垫。可通过手指导航垫操作驾驶员显示屏和中央显示屏中的所有功能。

（2）带触摸功能的中央显示屏。

多媒体系统显示屏首次设计为触摸屏的形式。除了通过方向盘和触摸板上手指导航垫的经实践验证的交互式操作，还可通过多媒体系统显示屏操作多媒体和通信系统。

（3）带指纹传感器的上部控制面板。

带指纹传感器的开关面板，打开或关闭MBUX多媒体系统，打开或关闭音响和调节音量。

（4）MBUX语音助手。

通过MBUX语音助手可进行语音拨号。说出"HeyMercedes"后开始语音操作。

（5）MBUX内部助手。

如果车辆装配有MBUX内部助手，则可使用车辆和信息娱乐功能。在此情况下，可智能互动，可做出响应或通过手部或头部移动指示。

（6）装配驾驶员摄像头的设备。

通过驾驶员摄像头，可使用"Look&Ask"和"Look&Answer"提供说明和启用功能。

MBUX多媒体系统操作，如图8-1-44所示。

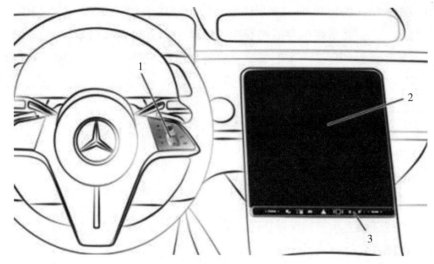

1.MBUX多媒体系统触控和操作组　2.带触摸功能的中央显示屏　3.带指纹传感器的上部控制面板

图 8-1-44

4. 畅心醒神（ENERGIZING）便捷控制和ENERGIZING COACH

畅心醒神（ENERGIZING）便捷控制和ENERGIZING COACH功能的中央元件为MBUX多媒体系统中的控制软件，可根据选择情况，启用车辆中的某些舒适性功能，以根据需要维护车辆乘员的健康。ENERGIZING前部组件（代码PBS）和后部组件（代码PBT）包括舒适性控制的各种选择，通过车辆中不同舒适性系统的网络以及与ENERGIZING COACH功能之间的互动可用作用户界面功能，仅一步增强性能并提升舒适性。畅心醒神（ENERGIZING）便捷控制：驾驶员（和/或前排乘客，后排乘客）可从暂时可用的多个项目中选择最适合当前情况的项目，目标是改善驾驶或休息时的健康状况和性能。ENERGIZING COACH：根据多种参数，例如疲劳程度、睡眠质量、路途时长等向驾驶员推荐畅心醒神（ENERGIZING）舒适型项目。

5. 畅心醒神（ENERGIZING）便捷控制（装配前部健康组件/代码PBS）

畅心醒神（ENERGIZING）便捷控制（代码PBS）结合了不同的个性化功能（如车内照明、智能气候控制、音响）以处理分配至特定指导主题的项目。这些自定义功能的特性通常用于提高驾驶员/所有车辆乘客的自定义操作的便利性。由于多种感觉的协调响应，还可增加精神和身体舒适度。可在单调驾驶时通过播放活跃或提神的程序或通过在情绪紧张情况下的放松或热身程序为驾驶员提供辅助。带指导性放松练习的程序有助于缓解紧张。

6. 畅心醒神（ENERGIZING）便捷控制（代码PBS）需要MBUX类型主机Premium（代码534）并包含选装装备：

①空气质量组件（代码P21）。

②高级环境氛围照明系统（代码891）。

③温暖舒适组件（代码P69）。

④前排座椅智能气候控制（代码401）。

⑤左侧和右侧动态座椅（代码432）。

⑥高端音响系统（代码811），选装。

⑦主动式环境氛围照明系统（代码878），选装。

⑧记忆组件（代码P64），选装。

7. 畅心醒神（ENERGIZING）便捷控制（装配后部健康组件/代码PBT）

畅心醒神（ENERGIZING）便捷控制（代码PBT）需要以下选装装备：

①电动后排座椅靠背调节和头枕（代码223）。

②后排座椅娱乐系统增强版（代码854）。

③后排座椅智能气候控制（代码402），选装。

④后排座椅舒适组件（代码P43），选装。

8. 畅心醒神（ENERGIZING）便捷控制（装配中国版健康组件/代码PBU）

对于中国市场，通过畅心醒神（ENERGIZING）便捷控制（代码PBU）提供了专门的类型。项目专门由中国的专家研发并符合传统中医的五行哲学。五种情绪项目（新鲜、活力、温暖、欢乐、舒适）替换为五种独具特征和内容的新项目。保留了"醒脑小睡""训练"和"提示"项目。

9. 梅赛德斯智能互联

对于欧洲市场（马斯特里赫特的客户帮助中心支持15个国家），梅赛德斯智能互联将作为设备组件提供。此外，梅赛德斯智能互联提供以下服务：

①事故和故障管理（Mercedes me按钮和/或自动事故或故障检测）。

②礼宾服务（如以启用该服务），售后预约或类似请求（Mercedes me按钮）。

③梅赛德斯-奔驰紧急呼叫系统（SOS按钮）。

Mercedes me的使用要求就是激活用户账户。梅赛德斯智能互联通过数字世界将车辆与车主和车辆使用者相连。梅赛德斯智能互联包括标准服务，梅赛德斯-奔驰紧急呼叫系统以及可选的远程在线服务。远程在线服务可使用户了解特定的车辆指定信息和功能。技术根据为带集成式SIM卡的车载智能信息服务控制单元。信息通过移动电话连接在车辆与戴姆勒汽车后台之间交换。在新款S级车型223中，集成在上部控制面板（服务和信息）中的按钮全部配置到上部控制面板中的Mercedes me按钮中。通信模块RAMSES替换了当前使用的通信模块HERMES，从而支持最新的通信技术，如可多输入/多输出的LTE升级版。

10. 电话

集成式智能电话（装配智能手机集成式组件/代码14U）支持以下智能手机集成技术：

①CarPlay（苹果）。

②Auto（安卓）。

集成式智能电话可使驾驶员进入智能手机中的应用程序。智能手机提供人机界面（HMI），在驾驶过程中也可使用。对于所有的技术，需要相应设备已开发并发布的指定应用程序。智能手机上可预先安装基本的应用程序。

11. 感应充电

感应充电垫允许适合的智能手机在车内前部和后部进行无线充电。前部充电垫位于前部储物箱中，后部充电垫位于扶手下方的中央控制台中。设想两种类型的感应充电：

①装配前部无线电话充电装置/代码897的感应充电，与/未与车辆外部天线连接。

②装配后座区无线电话充电装置/代码898的感应充电。

如果与车辆外部天线连接时进行感应充电，智能手机一放到充电垫上时就会与车辆配对。此外，可通过将智能手机放到充电垫上来设置车辆Wi-Fi热点。两种类型均包括近场通信（NFC）功能。近场通信（NFC）是短距离内无线数据交换的国际传输标准。优点在于大大减少了操作步骤和配对过程的规范化。无须再输入或对比代码。NFC芯片和相关天线位于感应充电垫的外壳中。

12. 音响系统

前排乘客侧带Frontbass扬声器的Frontbass系统和总共九个扬声器也是S级车型223中的标准装备。Burmester®3D环绕立体声音响系统和Burmester®高端4D环绕立体声音响系统作为选装装备提供。为传送来自驾驶员显示屏的声讯和警告信息，在驾驶员侧仪表板下方安装了信号扬声器。对于车载紧急呼叫服务和礼宾服务，仪表板的上部中央位置安装了中置扬声器。Burmester®3D环绕立体声音响系统采用15个扬声器和一个带数字声音处理功能的附加放大器（输出功率710W），该系统作为选装装备提供。通过高级音响系统，所有的扬声器的性能都得到优化。在收音机和多媒体模式中所有功能均可用。Burmester®3D环绕立体声音响系统（装配高级音响系统/代码810）。

15个高级音响扬声器；

1个外置D级放大器；

Burmester®印字；

优化的声音模式。

除高级音响系统外，还为客户提供了可选装的新装备Burmester®高端4D环绕立体声音响系统。总功率为1750W的两个放大器和31个扬声器可用于收音机和多媒体模式的所有功能。高端音响系统的另一项特征是后视镜三角板中装配了带照明的可扩展高音扬声器。座椅中八个附加的励磁器将三维音响体验提升到新水平，实现4D音响。励磁器包括一个震动物质和一个接触板。如果有音乐或语言信号发送至励磁器，震动物质会与音乐同步震动。随后通过接触板传递震动并被车辆乘员感知到。

Burmester®高端4D环绕立体声音响系统（装配高端音响系统/代码811）；

31个高级音响扬声器；

座椅中的八个励磁器；

1个带集成式放大器的重低音扬声器；

1个外置D级放大器；

Burmester®印字；

优化的声音模式。

13. 数字用户手册

已将车辆的用户手册的数字化。包含的信息可通过MBUX语音助手，方向盘上的手指导航垫或直接通过中央显示屏的触摸屏访问。还提供包含关于使用车辆基本操作步骤的小型打印版手册作为数字用户手册的补充。

十三、专用工具概览

1. 适配器

MB编号：000 588 23 19 00，如图8-1-45所示。

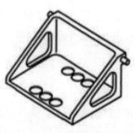

图 8-1-45

主要作用测量拆卸情况下车身面板上的雷达吸波情况。

2. 校准设备

MB编号000 589 07 21 00，如图8-1-46所示。

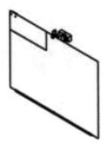

图 8-1-46

主要作用用于增强现实平视显示屏（AR-HUD）的校准设备，以调节平视显示屏。

3. 冲子

MB编号223 589 00 15 00，如图8-1-47所示。

图 8-1-47

主要作用用于将径向轴密封环安装到前轴差速器的驱动装置上的冲子。

4. 定位装置

MB编号223 589 00 23 00，如图8-1-48所示。

图 8-1-48

主要作用将上部纵梁维修装置水平定位在左侧和右侧（检查位置或固定新零件）。

5. 适配器

MB编号223 589 00 31 00，如图8-1-49所示。

图 8-1-49

主要作用发动机支撑架适配器，用于抬起发动机以对发动机支座和悬架等进行操作。

注意事项：与调节板W240589 00 32 00、发动机吊装设备W240 589 0061 00和套件适配器W240 5890131 00一起使用。

6. 拔取工具

MB编号223 589 00 34 00，如图8-1-50所示。

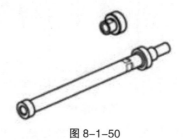

图 8-1-50

主要作用用于拉出支杆上的球头销或拉出转向节上的弹簧连杆的拔取工具。

注意事项：与冲击式拔取器W602 589 00 3300配套使用（smart汽车基本操作强制性规定/无例外和梅赛德斯-奔驰汽车/轻型商用车基本操作强制性规定/无例外）。

7. 拔取和嵌入工具

MB编号223 589 00 43 00，如图8-1-51所示。

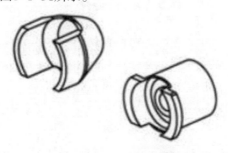

图 8-1-51

主要作用用于拔取和嵌入退耦元件或后轴（RA）车轮支架中的接头的拔取和嵌入工具。

8. 紧急缓冲垫套件

MB编号223 589 01 31 00，如图8-1-52所示。

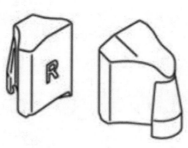

图 8-1-52

主要作用是紧急缓冲垫套件，用于对前轴空气悬架执行维修作业或移动装配非承压悬架减震柱的车辆。

注意事项：该套件由用于前轴的2个应急缓冲垫组成。

9. 拔取和嵌入工具

MB编号223 58901 43 00，如图8-1-53所示。

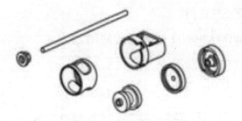

图 8-1-53

主要作用是拔取和嵌入工具，用于拔取和插入后轴上悬架辅助车架托架。

注意事项：与螺杆W652589 00 33 11、手动泵W652 589 00 3321、空心筒W652 5890033 22、液压软管W652 589 00 33 23和软管WO01589 10 91 00配套使用。

10. 适配器

MB编号223589023100，如图8-1-54所示。

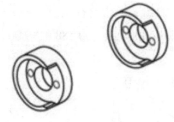

图 8-1-54

主要作用是适用于拉拔装置套件W205589002700的适配器（用于恢复事故中损坏的前部纵梁的形状）。

注意事项：与套件拉拔装置W205 589 00 27 00配套使用（梅赛德斯-奔驰汽车专用操作）。

11. 拔取和嵌入工具

MB编号223 589 03 43 00，如图8-1-55所示。

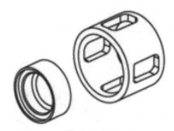

图 8-1-55

主要作用用于拔取和插入进行车轮外倾调节的退耦元件的拔取和嵌入工具。

12. 铆钉冲模

MB编号000 588 03 39 00，如图8-1-56所示。

图 8-1-56

主要作用是适用于沉头铆钉的铆钉冲模。

注意事项：与铆接冲压工具W000 588 02 3900配套使用。

13. 检测装置

MB编号000 588 25 19 00，如图8-1-57所示。

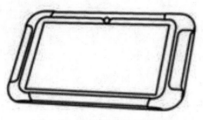

图8-1-57

主要作用是轮胎数据编码工具（TDC工具），用于将轮胎数据编码到轮胎压力监控系统（TPM）中，并检测和显示关于拆下和未拆下的车轮的轮胎压力监控信息。

注意事项：更换测试装置MB3000/MB4000，W 000 588 0119 00。

14. 调节装置

MB编号000 588 22 21 00 30，如图8-1-58所示。

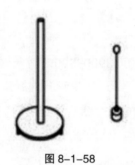

图8-1-58

主要作用用于检查雷达传感器的调节装置。

15. 适配器线路检测适配器

MB编号223 586 00 63 00，如图8-1-59所示。

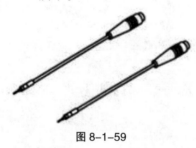

图8-1-59

主要作用用于测试以太网线路的检测适配器。

第二节　经典案例

一、奔驰S450L空调出风无法调节，一边出热风一边出冷风

车型：W223.161。

故障现象：奔驰S450L空调出风无法调节，一边出热风一边出冷风。

故障诊断：客户抱怨提车回家途中发现车辆右侧出冷风，驾驶员侧出热风，切换空调模式也无法改变出风。故障提车途中发现，维修技师上门无法解决，因此回厂维修。车辆为新车，无相关维修记录。车辆没有相关的加装和改装。车辆刚刚提车，行驶20km，无异常操作。LI83.00-P-072800符合此车辆。

引起故障可能的原因：

（1）软件及标准化故障。

（2）伺服电机故障。

（3）LIN总线故障。

（4）N10/6故障。

检查测试车辆发现，车辆驾驶员侧空调出风口均出热风，副驾驶出风口正常，在中央显示屏调整出风模式，无变化，后排空调出风正常。XENTRY检测故障码为U1009010局域互联网络（LIN）总线2存在故障。通过查询电路图发现LIN2为电动压缩机A9/5控制线，拔下A9/5插头测量供电为12.4V正常，测量LIN线电压为9V，对比同款车判断正常，测试搭铁正常。XENTRY重新学习标准化伺服电机，无法学习和标准化。根据TIPS分别采用12/20带插件18832和03/21带插件18831的诊断仪，执行控制单元复位，故障无法被解决。试运行N10/6后依旧，无法学习和标准化伺服电机，检查发现驾驶员侧所有伺服电机实际值不正常（LIN6），无法促动该部分伺服电机。拆下N10/6控制单元，测量KLA插头19号LIN6总线，无输出电压，对比同款试驾车有9V左右的电压，不正常。挑出19号LIN6插针，安装测试插针，再次测试模块LIN6总线，依旧无输出电压。拔下M16/117新鲜空气/空气内循环风门伺服电机，测量N10/6 KLA19与M16/1172之间电阻，电阻8.3Ω，正常。测量伺服电机供电和搭铁正常。测量M16/1172号电压为0V，对比同款车电压为3V左右，不正常。拔下插头，测量N10/6 KLA19号脚电压为12.1V，对比同款车电压为12.1V，正常。反向电压为电机自己发出的载波电压，LIN部件都可以发出载波电压。测量B11/12与B31/4供电和搭铁都正常，LIN6总线无电压，检测过程中发现露点传感器线束颜色与WIS不一致。使用HMS测量LIN6波形，无波形变化，测量LIN6未发现短路/断路。根据WIS电路图显示LIN2只有一个制冷剂压缩机，该车辆PTC加热器不在LIN6上。在实际测量中发现，拔下A9/5插头后，重新快速测试会出现LIN4信息缺失故障码，插上插头LIN4后故障消失，目前不清楚是因为损坏模块导致的误报还是本身的报码逻辑存在问题。

故障原因：N10/6内部故障，导致无LIN信号输出，使电机无法学习和标准化。

故障排除：更换N10/6试运行后，空调系统恢复正常。

故障总结：W223车型刚刚上市，目前不少故障都是首次遇到，在实际维修中，需要将资料与试车对照验证，不能完全相信资料，否则可能走入误区。

二、奔驰S400L车辆导航无法定位

车型：W223.159。

故障现象：车辆开启导航功能使用时，发现导航提供的路线不正常，显示距离目的地6700km。与客户一同试车后确认故障现象的确存在，车辆无任何加装改装部件。

故障诊断：第一次检查时诊断仪快速测试无相关故障码，查看主机A26/17和N112/2中相关实际值发现均无GPS卫星信号显示，不正常。由于客户赶时间走，只对车辆进行了断电和主机系统复位测试，故障现象依旧。

第二次预约进店检查发现控制单元N112/2（远程信息处理服务通信模块）中存在当前故障码 B142E31-

GPS天线存在功能故障，信号不存在。根据故障码引导检查A2/93（车顶天线模块）到控制单元N112/2的信号线和电气插头是否存在短路、断路和检查控制单元N112/2上的插头3是否损坏，接头是否接触不良或锈蚀，经检查均无异常。对主机A26/17和控制单元N112/2升级设码，恢复原始授权证书后测试，故障现象依旧。查阅无相关技术指导文件，TQA平台搜索也未见相关分享案例。通过查阅WIS资料分析其功能原理图后，将同型号试驾车的N112模块互换测试，故障现象依旧，由此故障锁定在A2/93上。

故障排除：更换A2/93（车顶天线模块）后测试故障排除。

故障总结：新车型的案例不是很多，每一案例包含了很多的知识，值得我们慢慢推理。

三、奔驰S400L仪表提示冷却系统故障，动力受限

车型：W223.159。

故障现象：仪表提示冷却液系统故障，空调不制冷。

故障诊断：车辆拖车入厂，着车仪表提示白色字体"冷却系统故障，动力受限"，未见其他异常。客户表示，故障是在正常行驶过程中出现。该车搭载M256，配48V系统，无加装改装。查询维修历史，一个星期前出现过一次，升级删码后，故障没有再现，交车给客户观察使用。诊断仪快速测试，N127中有多个关于87C及其用电设备的当前故障码：U02A900、U0698E4、U063B00、U02C787、UO2C887、U063B37和PO68500。用诊断仪进行引导测试，N127控制的M7/2、M7/12、废气风门1、废气风门2、水温调节阀促动正常。检查F152/3的87c继电器KJ促动正常，内阻正常；检查87c输出电压12.4V，正常。进一步拆检N127到KJ之间的控制导线，测量电阻为OL；查找中间转接头，轻轻晃动，导线电阻变为0.2Ω；拔开插头，发现15号公插有轻微松动，准备退出插针，针脚已断；用标准插针测试母插，发现有些松旷，如图8-2-1和图8-2-2所示。

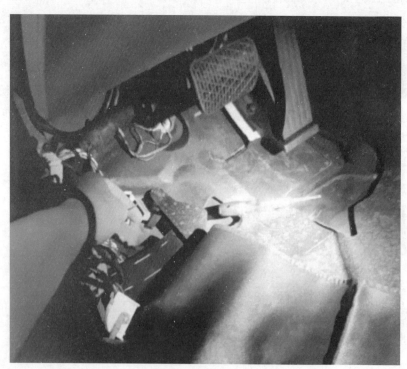

图 8-2-1

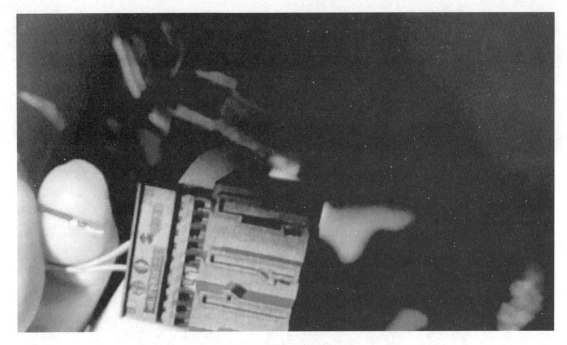

图 8-2-2

故障原因：KJ控制线的中转插头针脚损坏。

故障排除：更换损坏的针脚，故障排除。

四、奔驰S450L发动机自动熄火

车型：W223.160。

故障现象：客户反映车辆启动后不能挂挡，然后自动熄火。

故障诊断：车辆拖车进店。测试车辆功能，启动车辆时，发动机转速只有400r/min左右，可以进N挡，但无法进D和R挡，仪表上的灯全亮。发动30s左右就自动熄火，但熄火后又可以再次启动。诊断仪检测，多个模块有电压过低的故障，也有些模块通信的故障码，ME和油泵控制单元中均有报燃油低压压力过低。启动车辆，进ME和N118/3中看实际值（如图8-2-3和图8-2-4所示），发现燃油低压侧压力过低，只有170kPa，油泵三相电压、电流均比正常车辆怠速时偏高。测量三相电压的波形也正常，如图8-2-5所示。油压偏低，N118/3也调压动作（提高电压、电流），说明油泵控制端应该是没有问题的，问题应该是出在管路上，堵塞或者松脱的可能性较大。进一步检测油管，发现燃油滤清器和油泵连接的管路有松脱（如图8-2-6所示），复位后试车正常。

214		控制单元'N118/3（燃油泵控制单元）'的供电	13.99V	[1
328	ℹ	燃油泵的状态	接通	操
809	ℹ	燃油压力	5.00bar	[3
066		燃油温度	31.00°C	
867	ℹ	燃油泵电压	4.74V	[2
074	ℹ	燃油泵当前的占空比	34.00%	[0.
736	ℹ	燃油泵电流	2.55A	[
652	ℹ	燃油泵转速	2940.00 1/min	[
127		燃油量	15.50L	[
917		控制单元的内部温度	37.00°C	

图 8-2-3

图号	项名	实际值	标准值
957	部件'L5（曲轴霍尔传感器）'的'信号'发动机转速	396 1/min	
504	点火开关的状态	点火开关ON	点火开关ON
214	控制单元'N118/3（燃油泵控制单元）'的供电	13.10V	[11.00 .. 15.50]
328	燃油泵的状态	接通	接通
809	燃油压力	1.75bar	[3.00 .. 6.00]
066	燃油温度	27.00°C	
867	燃油泵电压	10.32V	[2.00 .. 16.00]
074	燃油泵当前的占空比	78.30%	[0.00 .. 100.00]
736	燃油泵电流	6.00A	[2.00 .. 16.00]
682	燃油泵转速	8000.00 1/min	≤ 12000 1/min
127	燃油量	19.30L	≤ 78.00
917	控制单元的内部温度	36.00°C	[-40.00 .. 120.00]

图 8-2-4

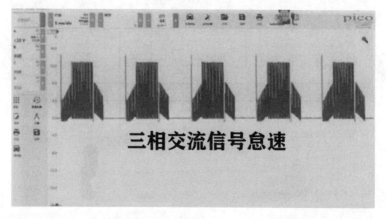

图 8-2-5

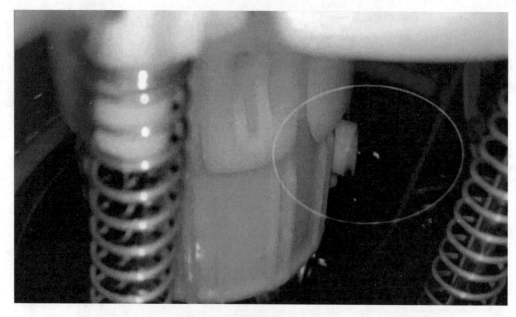

图 8-2-6

故障总结：此车辆带48V ISG，故障时启动车辆，貌似是启动了，其实那时候只是ISG带着发动机在运转，发动机并没有启动，此时车辆还相当于钥匙2挡时的状态，所以仪表灯还是亮的，只能挂N挡，而D、R挡无法挂入，这个很重要。后来我做了实验，把ME侧的喷油器插头拔掉后，车辆一样可以启动，发动机400r/min左右运转，一会就自动熄火，也不能挂挡，跟此车出现故障时一样。

五、奔驰S450L钥匙无法解锁，锁上车门无法启动

车型：W223.160。

故障现象：奔驰S450L钥匙无法解锁，锁上车门无法启动。

故障诊断：客户反映，车辆无法启动，钥匙按钮按了点火开关没有通电，操作两把钥匙都没反应，仪表灯光不亮。车辆正常熄火后停放在地库，隔天早上去开车时发现遥控钥匙无法解锁车辆，工作人员上门检查车辆，遥控钥匙无法解锁车辆，应急开起左前车门并按点火开关无反应，搭电也无反应后拖车进厂。当前按点火开关无反应，仪表黑屏，无法查看仪表有无故障警示信息。车辆无法启动，故障现象持续存在。车辆为新车未在特殊条件下使用过。驾驶员的驾驶风格及习惯未知。车辆无相关维修历史记录和服务措施。车辆无相关加装及改装的设备存在。车辆无法启动，故障现象持续存在。车辆无法启动，影响到了车辆的正常使用。快速测试：原车EIS控制单元无法执行快速测试。无相关SI和LI文件。

可能原因：

（1）EIS控制单元的供电故障。

（2）EIS控制单元的以太网存在故障。

（3）EIS控制单元本身存在故障。

检查EIS控制单元的供电，1号插头7号针脚和31号针脚的供电为14.53V正常，1号插头6号针脚和31号针脚的供电为14.63V，正常；检查2号插头1号针脚和28号针脚的供电为14.73V，正常。

同试驾车互换EIS控制单元，故障车辆可以执行快速测试，遥控钥匙可以锁止和解锁车辆，但由于EIS是防盗件，车辆依然无法启动。

故障原因：EIS控制单元内部存在电气故障，更换后故障排除。

六、奔驰S400车辆无法启动，仪表提示黄色48V蓄电池故障

车型：W223.157。

故障现象：奔驰S400车辆无法启动，仪表提示黄色48V蓄电池故障。

故障诊断：客户投诉，车辆不能启动。客户反映，昨天刚提新车，今天早上启动车辆发动机故障灯亮了，开到公司后到中午用车时车辆不能启动了，仪表显示黄色48V故障。查询车辆为新车无相关维修历史。车辆无加装或改装。拖车进场进行功能检查发现与客户描述相同，不能启动，仪表显示黄色48V故障。查询相关文件不符合该故障。执行快速测试发现存在POC7800、P0606E1、P1A2193、POE2DE1、B183371、B183319、B183301、U030006、P1A2193故障码。

可能原因：

（1）48V附加压缩机。

根据G1/3故障码检测线路未见异常，其指引需更换G1/3。查看G1/3实际输出电压仅为0.0V不正常，其可运输性为"否"，而其内部12个单元电压正常。检查G1/3等相关48V及传动部件已是最新版本，尝试整车休眠15min以上及整车断电仍旧无法再启动。尝试断开G1/3的40端子，在点火开关打开的情况下测量G1/3侧的40端子有45.8V，在关闭钥匙时能降到3V左右，判断正常，排除G1/3故障。随后在G1/3的40端子插头侧测量对地阻值为0.42Ω，对地短路不正常。根据ME存在的故障码首先检查附加压缩机，在F153/2处将A64的40端子拆下，发现48V电压输出正常，车辆能启动，随后在F153/2处测量A64侧的40端子对地阻值为0.4Ω，判断不正常。我们随后拆下A64处的40端子，测量A64至F153/2的A3（A64的40端子）导通正

常，无对地短路、断路现象。检查48V附加压缩机A64正负电阻为0.4Ω，不正常，新件为400kΩ。A64附加压缩机内部短路所采取的措施。

故障原因：我们认为附加压缩机内部40短路，导致48V系统短路使G1/3内部促动器断开，导致48V电压不能输出引起车辆无法启动且亮故障灯。

故障排除：更换附加压缩机。

七、奔驰S400L发动机转速1500~2000r/min的时候有共振声音

车型：W223.159。

故障现象：奔驰S400L发动机转速1500~2000r/min的时候有共振声音。

故障诊断：行驶中车内有噪音。试车发现在平坦路面上行驶发动机转速在达到1500r/min的时候能听到"嗡嗡"的声音，超过2000r/min声音减弱。无事故，无相关维修历史，无加装改装。故障现象始终存在。无相关技术文件。

可能原因：

（1）排气管共振。

（2）燃油管共振。

检查发动机底盘无托底，机爪安装位置正确，发动机运转平稳无抖动。检查排气管安装牢固无松动。试车发现"嗡嗡"声跟随发动机的转速有规律地变化，保持发动机转速在1500~2000r/min之间，举升车辆发现异响声来自发动机左下部，拆下发动机护板后发现车辆低压燃油管固定卡过脱落（如图8-2-7所示）。

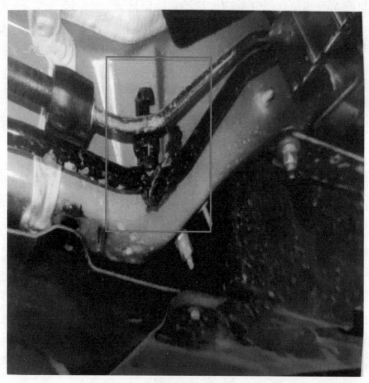

图 8-2-7

故障原因：低压供油管路固定卡箍脱落，导致油管与车身共振声音传导到车内。

故障排除：复位脱落卡箍。

八、奔驰S500L定速巡航无法工作

车型：W223.163。

故障现象：奔驰S500L定速巡航无法工作。

故障诊断：客户抱怨定速巡航无法使用，试车发现开启定速巡航时仪表显示图标但没有速度不启动，限速功能和调节正常，车距雷达工作正常。诊断仪检查有雷达信号不可信故障，所以各种升级后故障还是存在，检查雷达位置和线束未见异常。方向盘按键显示数据不可信（电脑软件版本原因）。因按键工作正常，仪表并未故障提示，所以测试车辆反复查收设置，发现车辆设置中防滑链模式被开启，如图8-2-8所示。关闭后试车正常。

图 8-2-8

九、奔驰S400L仪表显示制动灯报警

车型：W223.159。

故障现象：奔驰S400L仪表显示制动灯报警。

故障诊断：客户的原始投诉，制动时制动感叹号灯偶尔亮起。客户反映早上启动后，正常行驶，制动时，发现有时制动很硬，踩不下去，仪表偶尔显示制动灯故障。无相关维修历史和服务措施。车辆无加装或改装。故障现象没有影响车辆的使用性能。无相关的SI、LI和其他的技术通报。快速测试，故障码如图8-2-9所示。

N3/10 - 内燃机 M256 的发动机电子设备 MRG1（ME（发动机电子设备））				-f-
型号	零件号	供货商	版本	
硬件	256 901 31 00	Bosch	17/13 000	
软件	256 902 30 00	Bosch	20/15 000	
软件	256 903 02 01	Bosch	20/17 000	
引导程序软件	256 904 06 00	Bosch	17/27 000	
诊断标识	004222	控制单元型号	MRG1_R19B	
故障	文本			状态
U012287	与"牵引系统"控制单元的通信存在功能故障。信息缺失。			S=已存储

图 8-2-9

引起故障所有的可能原因：

（1）制动真空管路故障。

（2）制动真空泵故障。

（3）制动助力器故障。

用诊断仪读取故障码N30/3内存储P050FFF制动助力器中的真空度过低。检查制动踏板与制动阻力连接部件，未见异常，漏气声音是制动阻力器内部发出来的。检查制动液位，未见异常；制动液位在MIN与MAX之间，未见异常。检查制动真空泵，车辆怠速状态下，深踩制动踏板后释放，制动助力器内的真空能恢复到-101.5kPa，结果正常。检查制动助力器，车辆怠速状态下，深踩制动踏板并且保持，制动总泵压力传感器的信号为2000kPa上下，对比正常车型为14000kPa上下，结果不正常。检查制动阻力器，车辆怠速状态下，深踩制动踏板并且保持，制动真空传感器信号为-14.6kPa，对比正常车型为-101.5kPa，结果不正常。在制动助力器上进行真空检测，结果不正常，对比同款车型真空度能保持。拆下发动机侧制动真空管路接口，发现其内部存在机油，结果不正常，对比同款车型无机油现象，如图8-2-10和图8-2-11所示。

图 8-2-10

图 8-2-11

418

进一步检查，拆下制动助力器侧的真空管路，用内窥镜发现制动助力器内部有大量机油，不正常，对比同款车型无机油现象，如图8-2-12所示。

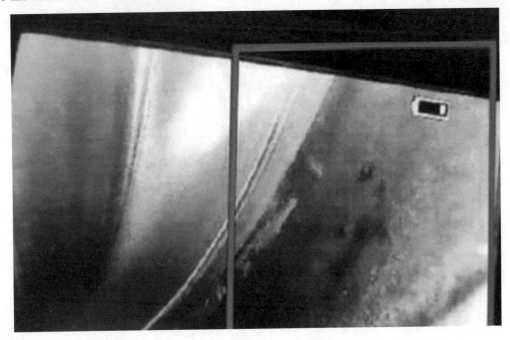

图 8-2-12

故障原因：个人分析制动真空泵止回阀损坏导致机油流入制动助力器内部（如图8-2-13所示），磨损密封部件，引起制动真空度不足，故障灯亮起。

图 8-2-13

故障排除：技术角度建议更换制动助力器，以及助力器至真空泵之间的带止回阀的真空管路，包括真空泵端的短的连接管路。

十、奔驰S400L远程启动无法使用

车型：W223.159。

故障现象：奔驰S400L远程启动无法使用。

故障诊断：客户的原始抱怨，远程启动无法使用，WiFi无法使用。远程启动车辆及远程解锁上锁功能失效，WiFi无法使用，仪表无故障提示，行驶无异常。之前中央显示屏黑屏、无声音，升级过主机及相关控制单元。车辆无加装和改装。远程启动车辆及远程解锁上锁功能一直无法使用。当前车辆无法联网时，N112/2-"远程信息处理"通信模块（RAMSES）有故障码B129CO0 The control unit for telematics services has a malfunction。引导检测结果控制单元损坏，需更换N112/2-"远程信息处理"通信模块（RAMSES）。无技术快报/邮件通知。

引起故障所有的可能原因：

（1）N112/2-"远程信息处理"通信模块（RAMSES）软件。

（2）N112/2-"远程信息处理"通信模块（RAMSES）。

给N112/2-"远程信息处理"通信模块（RAMSES）升级。模块有升级软件，升级失败。出现一个错误，可能原因，控制单元损坏。删除诊断仪闪存及更换诊断仪重新编程都失败。创建XSF，检查结果：请您RAMSES控制单元断电30min，重新尝试编程。如果仍然失败，则该控制单元需要更换。对RAMSES控制单元断电30min后，重新尝试编程，故障依旧。检查N112/2-"远程信息处理"通信模块（RAMSES）外观无损伤，相关线路均正常。

故障原因：N112/2-"远程信息处理"通信模块（RAMSES）内部损坏。

故障排除：更换N112/2-"远程信息处理"通信模块（RAMSES）后，故障排除。

十一、奔驰S400气囊报警

车型：W223.159。

故障现象：奔驰S400气囊报警。

故障诊断：客户投诉，SOS报警，气囊报警。气囊再次报警，SOS也提示报警，中央大显示屏用不了。客户之前就来处理过一次气囊报警，也报的是第一级气囊故障，拆检方向机主气囊查看，插头无松动，线束无磨损。诊断仪快速测试后，N2/10里有故障码：B000113驾驶员气囊引爆装置第一级存在功能故障，存在断路。

引起故障的可能原因：

（1）驾驶员气囊故障。

（2）驾驶员气囊连接线束插头连接松脱/损坏。

（3）气囊模块故障。

使用Xentry诊断仪快速测试后，N2/10诊断仪读取实际值无异常，都在正常值范围内。据故障码B000113维修指引结果为需要检查驾驶员气囊连接插头和线束，检查未发现异常。检查转向柱模块的连接针脚，无松动，无损坏。拆下转向柱模块检查下部连接插头，无异常无损坏。于是拆检下来了马鞍总成，拔插N2/10的插头，无松动。检查主气囊插头处到气囊主模块的线路，均为0.1Ω（<12Ω），判断为正常，也没有发现短路现象，如图8-2-14所示。

图 8-2-14

　　拆下主气囊模块平放，发现主气囊固定金属面板接触面油漆较多（如图8-2-15所示），清除和清理了该接触面的油漆，再次确认线路无异常后装复。至于SOS故障，直接升级娱乐系统主机就行了。

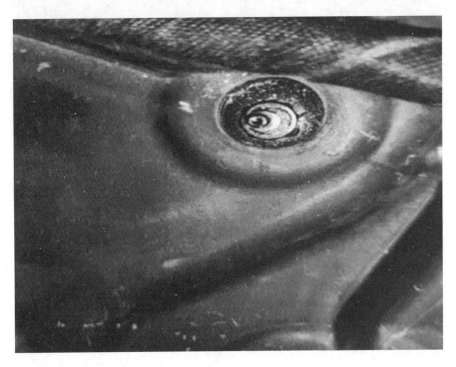

图 8-2-15

　　故障原因：N2/10模块搭铁接触不良。

　　故障排除：清理N2/10模块的搭铁。

　　故障总结：该故障与A177车型的初步处理方法差不多，N2/10模块的连接插头拔插了两次，不同的是线路并未被扎带勒紧，其故障引起更倾向于搭铁接触。车交给客户用了几个月后，回访客户表示故障已解决（之前隔半月左右就会报警）。

十二、奔驰S400L自动折叠后视镜设置后，下一次使用时不会折叠

车型：W223.159。

故障现象：客户新车，反映自动折叠后视镜设置后，下一次使用时不会折叠。

故障诊断：测试了公司3辆未售新车都有这种情况。查看了TQA分享，方法有以下两种：

（1）对Mercedes Me个性设置（但没有开通Mercedes Me的用户怎么办）。

（2）升级MBUX。亲测客户的车，公司3辆未售新车，都成功解决问题（不用对Mercedes Me个性设置），升级到以下的EO23版本，如图8-2-16所示。

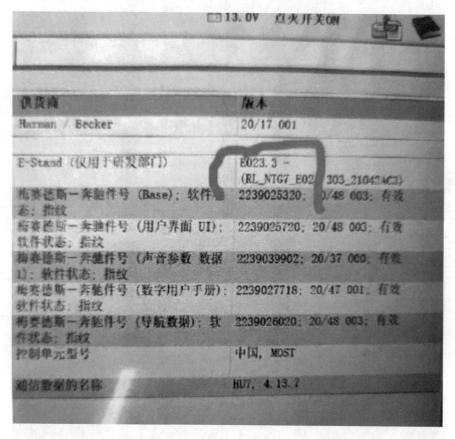

图 8-2-16

十三、奔驰S400L车辆锁车休眠后无法启动

车型：W223.159。

故障现象：奔驰S400L车辆锁车休眠后无法启动。

故障诊断：客户来店投诉3次，投诉车辆早晨无法启动，仪表红色提示ESP停止运作驻车定位系统停止运作，请勿换挡，溜车风险，主动制动辅助系统性能受限等故障灯点亮。询问客户，车辆停放一夜后早晨启动车辆时无法启动，仪表报好多故障灯。使用远程启动时提示车辆未挂入P挡，关闭点火开关等待30min后可以启动车辆，仪表无故障灯。车辆无相关维修历史和服务措施。车辆无加装和改装。第一次进场更新所有控制单元后交车与客户，第2天早上致电，车辆再次无法启动，现场查看故障现象与客户所述一样，多次开关点火开关后等待30min可以启动，启动时仪表无故障。使用诊断仪检查发现有很多

通信故障。

可能原因：

（1）软件故障。

（2）相关控制单元损坏故障。

使用诊断仪检查发现N3/10故障码：P02FF08发动机关闭时间存在不可信的数值，存在一个信号故障或信息有错误；U014087与信号采集及促动控制模组的通信存在功能故障，信息缺失；U014000与信号采集及促动控制模组的通信存在功能故障；U016887与电子点火开关的通信存在故障，信息缺失；U016800与电子点火开关的通信存在故障；U012287与"牵引系统"控制单元的通信存在功能故障，信息缺失。N127"传动系统"控制单元（PTCU）故障码：U014100与前部信号采集及促动控制模组的通信存在故障；U014187与前部信号采集及促动控制模组的通信存在故障，信息缺失；U016800与电子点火开关的通信存在故障；U016887与电子点火开关的通信存在故障，信息缺失；U012200与"牵引系统"控制单元的通信存在功能故障。

快速测试，发现很多控制单元都报故障与电子点火开关、N127和通信故障，10月2号快速测试时发现N73/3报故障码U112083控制单元安全模块识别到通信故障，信息效验存在数值错误。检查前SAM插头线束连接正常，无进水，无破损，检查电子点火开关线束插头连接正常，供电正常，线束无破损，无进水。使用诊断仪对点火开关、N127、前SAM、后SAM控制单元升级、复位、断电，故障依旧。在出现故障现象时断开电子点火开关黑色插头，重新连接故障消失，车辆启动正常。由于客户着急用车，告知客户出现故障时插拔插头。客户勉强使用了6天，使用过程中每次启动车辆都需要插拔点火开关插头或者N127传动控制单元插头才可以启动车辆。检查N80、N2/5、N73/3、N127这一路的FlexRay线束，无破损、短路现象。线束电阻0.4Ω，正常。断开FlexRay线路车辆可以启动3次，启动5s熄火，仪表提示无法启动，技术判断电子点火开关故障，电子点火开关更换后，故障依旧。停车10min后启动车辆且仪表显示请勿换挡，驻车定位停止运作，ESP停止运作，主动制动停止运作，出现故障时变速器无启动许可，拔插点火开关插头或者N127插头车辆启动正常，变速器启动许可显示正常。进行对调前SAM后，故障依旧。对调N127传动控制单元后，故障消失。拆除试驾车SAM并安装原车SAM，保留试驾车N127传动控制单元，停放20min可以正常启动。为了保险起见，停放一夜后第二天早晨进行启动，启动正常未出现无法启动现象。

故障排除：N127传动控制单元内部损坏。

故障总结：此故障最早是在停车熄火且停放一夜后无法启动，经多次拔插N73、N127插头且熄火后锁车5min以上就会出现无法启动现象，N127在休眠后内部就无法激活，N80、N2/5、N73/3、N127这一路的FlexRay信号都是传到N127处理和发送的，N127内部无法接收和发送FlexRay信号就会导致无法启动车辆，但是与N127彻底损坏故障现象不同，N127损坏时仪表会显示无法启动车辆的提示。此故障是因为N127内部休眠后无法自己苏醒导致车辆无法启动。此故障最大误区在于多个控制单元会报与电子点火开关失去通信，会导致判断N73电子点火开关故障。

十四、奔驰S450盲点辅助亮灯

车型：W223.161。

故障现象：奔驰S450盲点辅助亮灯。

故障诊断：启动车辆后仪表显示主动制动辅助和盲点辅助故障灯，连接诊断仪发现N62/4存在

U02B729与右后外部雷达传感器通信存在功能故障，存在一个无效的信号。根据故障码引导测试需要对控制单元进行升级，对N62/4、B29/14、B29/13和N73/3系统升级后，故障依旧。检查雷达传感器的线束和安装没有异常，最后调整四轮气压复位后正常。

十五、奔驰S450L ESP报警/手机提示12V电压过低

车型：W223.161。

故障现象：奔驰S450L ESP报警/手机提示12V电压过低。

故障诊断：客户投诉，ESP灯亮，仪表多个报警，手机提示12V电压过低。XENTRY诊断，ESP中存储的故障码和客户投诉内容高度吻合，如图8-2-17所示。

N30/10 - 电控车辆稳定行驶系统 (ESP®)				-i-
型号		零件号	供货商	版本
硬件		223 901 37 06	Bosch	19/35 000
软件		223 902 42 18	Bosch	20/41 000
引导程序软件				20/12 000
诊断标识		00E526	控制单元型号	ESP223_Appl_0x00E526
事件	文本			状态
U016808	与电子点火开关的通信存在故障。存在一个信号故障或信息有错误。			S
	姓名		首次出现	最后一次出现
	操作时间		00 00 00 05	00 00 00 05
	接头30电压		12.40	12.40
	部件L6/1 (左前轴转速传感器) 的车速信号		0.00km/h	0.00km/h
	转速		信号不可用	信号不可用
	方向盘角度		信号不可用	信号不可用
	频率计数器		—	1
	总行驶里程		无法使用	无法使用
	自上次出现故障以来的点火周期数			255
U04B5FF	"制动助力器"控制单元接收到不可信的数据。			S
U059900	ESP®功能受限。蓄电池G1/21 (次级12伏车载电气系统辅助蓄电池) 的充电电量过低。			A+S ☼
	姓名		首次出现	最后一次出现
	操作时间		00 05 42 57	00 05 42 57
	接头30电压		11.36	11.36
	部件L6/1 (左前轴转速传感器) 的车速信号		0.00km/h	0.00km/h
	转速		0.00° /s	0.00° /s
	方向盘角度		-6.4°	-6.4°
	频率计数器		1	
	总行驶里程		4144.00km	4144.00km
	自上次出现故障以来的点火周期数			0

图 8-2-17

进入ESP、前SAM、次级DCDC查看实际值（如图8-2-18所示），显示ESP供电、次级蓄电池的电压只有11V，内阻达到11.7mΩ，正常值是7mΩ以下，锁车后存在次级充电的唤醒、车载蓄电池的电量消耗，启动车辆后次级蓄电池的充电电流几乎为0A。

次级蓄电池DCDC升级软件，启动发动机，再次查看实际值，次级蓄电池电压13V，充电电流达30A，内阻降低到5.5mΩ，如图8-2-19和图8-2-20所示。路试正常，锁车后测试静态电流正常。交车给客户一个月后再次回访，故障不再出现。

故障总结：之后我们再遇到这样同类故障，升级N83/13可以解决，ESP供电是次级辅助电池供电。N83/13软件问题导致ESP无法正常供电。同时提醒我们遇到这样的故障可以先升级下主要控制单元软件，既可以省去不必要的时间又可以体现我们的专业。

部件'G1/21（次级12伏车载电气系统辅助蓄电池）'充电。

检测的前提条件
- 存在客户投诉。

相应的实际值状态

姓名	实际值	标准值
部件'G1/21（次级12伏车载电气系统辅助蓄电池）'上的电压	11.54V	[11.00 .. 15.00]
部件'G1/21（次级12伏车载电气系统辅助蓄电池）'的内电阻	9.20mΩ	

可能的原因和补救措施
- 次级12伏车载电气系统的蓄电池强烈放电或损坏。
- 部件'G1/21（次级12伏车载电气系统辅助蓄电池）'充电。
- 在充满电的状态下，内部电阻应不高于7 m Ω。
- 如果部件"G1/21（次级12伏车载电气系统辅助蓄电池）"已深度放电，则必须更新部件"G1/21（次级12伏车载电气系统辅助蓄电池）"。

检测结果

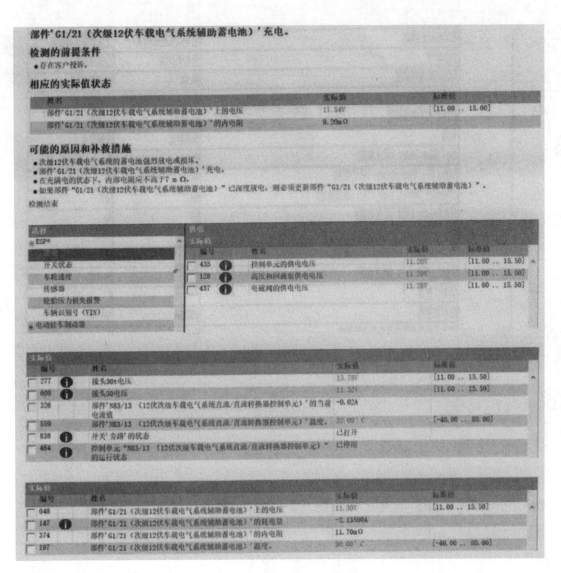

图 8-2-18

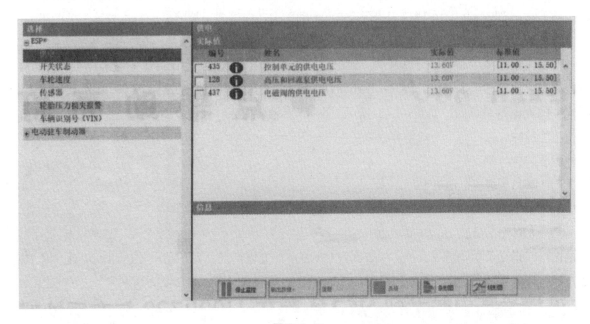

图 8-2-19

425

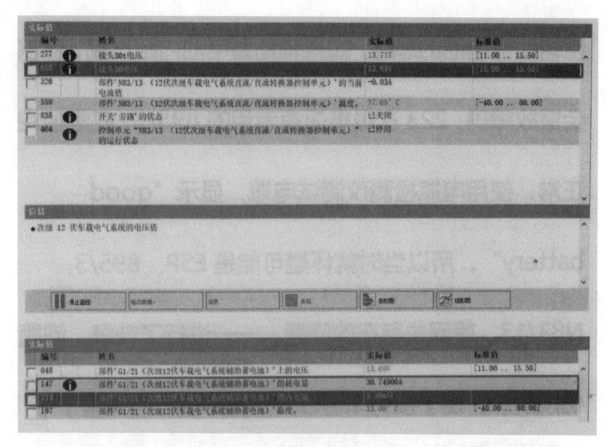

图 8-2-20

十六、奔驰S450L仪表提示 ESP、后轴转向等故障

车型：W223.161。

故障现象：奔驰S450L仪表提示 ESP、后轴转向等故障。

故障诊断：客户的原始抱怨，仪表提示 ESP、后轴转向等多个故障。公司试乘试驾新车，行驶64km，客户去试驾时，启动车辆仪表提示ESP、后轴助力转向等多个故障。无与本故障相关的维修历史和服务措施。无车辆加装及改装。有相关的LI和其他相关文件指导：LI42.47-P-072783-仪表盘内显示"ESP故障，请去授权服务中心"。快速测试，N30/3电控车辆稳定行驶系统（ESP）有故障码：U04B5FF 制动助力器控制单元接收到不可信的数据；U059900 ESP功能受限，蓄电池G1/21（次级12V车载电气系统辅助蓄电池）的充电电量过低，如图8-2-21所示。N68/4后轴转向系（HAL）有故障码：C112502后轴转向系统存在功能故障，存在一个一般信号故障。

可能原因：

（1）G1/23次级蓄电池B95/3。

（2）B95/3次级12V蓄电池传感器。

（3）N83/13次级12V DC/DC转换器。

根据TIPS指导及U04B5FF引导，检查次级12V蓄电池充电情况，发现蓄电池内阻9.0mΩ，对车辆进行充电，2h后读取实际值仍然为9.45mΩ（标准<7mΩ），不正常，如图8-2-22所示。

426

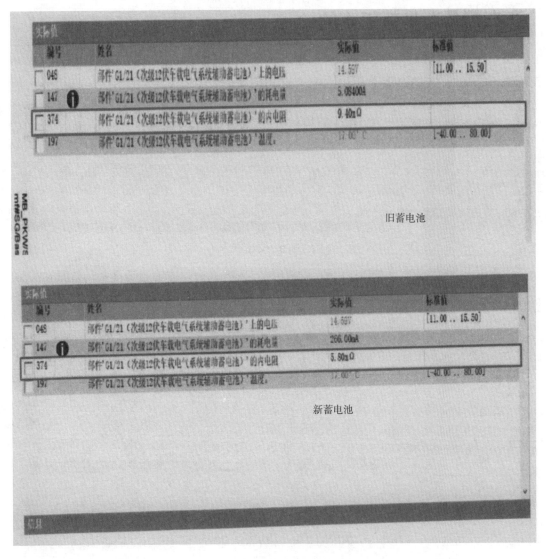

图 8-2-21

图 8-2-22

427

故障原因：G1/23次级12V蓄电池内阻过大。

故障排除：更换G1/23次级12V蓄电池。

故障总结：由于W223车型目前到店量不多，有后轴转向功能及带G1/23的车辆更少。试乘试驾车的配置较高，由于第一次接触这个故障，之前也搜了TQA发现此故障现象帖子不多，大家遇到这样的故障有断电和拔插 ESP插头好的。当时也照做了但并未解决，查阅 TIPS：《LI42.47-P-072783-仪表盘内显示ESP故障，请去授权服务中心》按引导解决问题。由于目前诊断仪的软件对于W223可能存在误报的情况，按以前W222车型辅助蓄电池的思路，如果辅助蓄电池内阻过高，应该会报故障码。W223次级蓄电池有专用的B95/3，实际值均正常，使用蓄电池检测仪测试蓄电池，显示"good battery"。所以当时就怀疑可能是ESP、B95/3、N83/13等网关存在的问题，一一进行了升级，问题仍没解决。由于没有车可以对比实际值，后来看了下B95 12V蓄电池内阻为3.5mΩ，怀疑问题还是次级12V蓄电池引起。为了验证问题，找了新的12V大蓄电池替换次级蓄电池进行替换测试，故障消除。订货更换后，再次查看 B95/3实际值，次级12V蓄电池内阻5.8mΩ。车辆功能均正常。

十七、奔驰S400仪表12V电压报警

车型：W223.159。

故障现象：奔驰S400仪表12V电压报警。

故障诊断：客户反映刚提车开了2天仪表突然显示报警，车间检查N73/3中有故障码FC（B219304）。检查N73/3实际值发现，当前12V蓄电池SOC大于70%，启动车辆还是报警，如图8-2-23所示。

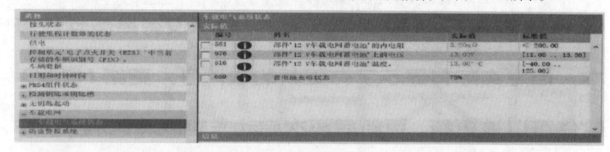

图 8-2-23

连接充电器，充电电流20A充电到12V蓄电池SOC大于85%，启动车辆还是报警，如图8-2-24所示。

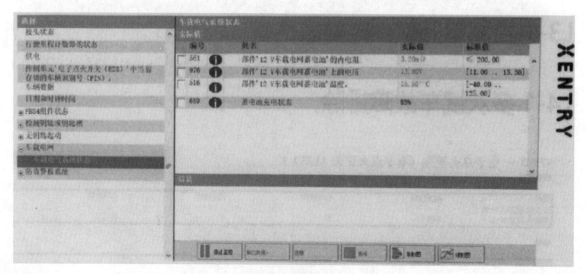

图 8-2-24

428

检查N73/3控制单元版本，提示没有最新软件版本，但是实际显示了有更新的软件号，更新N73/3软件可以被更新，更新后再次启动车辆故障码消失，车辆同时更新HU。控制单元软件需要更新。

故障排除：多次试车故障排除。

故障总结：由于XENTRY软件问题，在左上角显示没有最新版本，实际在右侧是有最新版本的。

十八、奔驰S400L发动机故障灯亮，随后48V故障灯亮

车型：W223.159。

故障现象：奔驰S400L发动机故障灯亮，随后48V故障灯亮。

故障诊断：客户反映车辆行驶时突然发动机故障灯点亮，随后继续行驶时仪表提示48V故障，出现加速无力现象，只能行驶10km/h。客户反映重新启动后48V故障灯熄灭，发动机故障灯点亮，车辆行驶里程为400km。客户表示行驶出现故障前无明显异常出现。无相关维修历史。车辆无相关改装现象。车辆故障开始时发动机故障灯点亮，无48V故障显示，此现象出现时影响到车辆的正常使用。

可能的原因：

（1）48V高压电池故障。

（2）线路故障。软件故障。

（3）DC/DC转换器故障。

（4）N129故障。

此车进店时，诊断仪检测48V有故障码B183371和B183301，N129内有故障码P0AFB00高压车载电器系统电压过高。检查48V供电和搭铁线路，发现W30/11左下的41搭铁点螺母未紧固，如图8-2-25~图8-2-27所示。

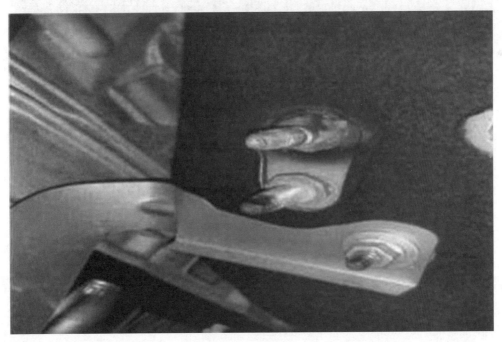

图 8-2-25

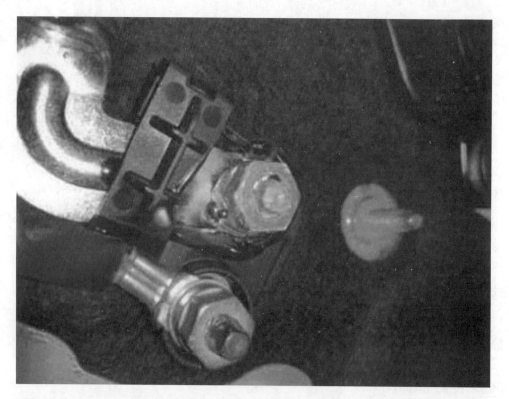

图 8-2-26

图 8-2-27

故障排除：由于螺母松动，导致电流过高，出现故障码。拧紧螺母，故障排除。

十九、奔驰S400L主动制动辅助系统停止运作

车型：W223.159。

故障现象：奔驰S400L主动制动辅助系统停止运作。

故障诊断：客户的原始抱怨，仪表显示多个系统报警，如图8-2-28所示。车辆一直由客户一人驾驶，正常上下班使用。查询维修历史，有相关维修历史。该车无加装、改装。车辆正常启动，车辆行驶正常。仪表显示主动制动辅助系统功能范围当前受限，主动式盲点辅助系统停止运作，发动机故障灯、ESP故障灯等多个故障灯亮。无相关的SI、LI和其他的技术通报。

图8-2-28

故障可能原因：

（1）ESP控制单元软件故障。

（2）ESP控制单元搭铁故障。

（3）ESP控制单元故障。

客户反映仪表显示多个系统报警。连接XENTRY读取多个系统与牵引系统故障。我们询问客户，此故障现象第2次出现了。查询维修历史，在2021年5月30日客户进店，对ESP控制单元进行升级SCN，并对ESP搭铁点进行处理后，建议客户使用。客户于2021年6月8日再次出现故障现象。故障现象与上次相同。查看故障码，多个故障码中左前轮轮速传感器实际值不正常。检查左前轮轮速传感器实际值均正常。检查左前轮轴承无松动脏污现象。断开ESP控制单元插头检查，插针无松动和腐蚀现象。检查发现故障码中有FlexRay网络线路故障。查看WIS发现，ESP控制单元与点火开关控制单元进行FlexRay连接。拆卸N73/3，检查1号插头FlexRay的23号与41号脚的内电阻为101.7Ω，对比同款车型正常。在1号插头端测量

ESP的FlexRay内电阻98Ω，正常。因为车辆为偶发故障，在测量电阻时，多次晃插头线束，均正常。为了确定故障，把1号插头进行分解，检查发现23号插针线束不正常，线束铜丝未与插头接触。在晃动23号插头线束时，ESP的FlexRay内电阻有较大变化。

故障原因：判定FlexRay线束23号插头未安装到位，如图8-2-29所示。

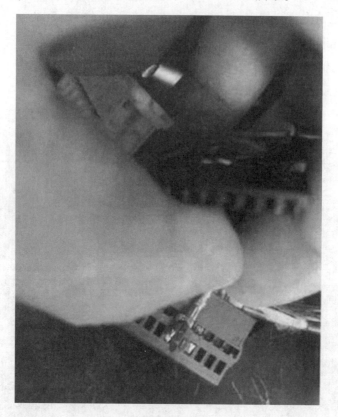

图 8-2-29

故障排除：按照目前的检测结果需要更换23号插针。

二十、奔驰S450L车辆无法启动

车型：W223.160。

故障现象：奔驰S450L车辆无法启动。

故障诊断：客户反映，车辆无法启动，仪表亮很多故障灯。查询此车无相关维修记录，新车提车第5天。车辆无加装或改装。拖车进店确认无法启动，仪表亮ESP灯、制动辅助、电池灯等。查询有相关LI文件：LI42.47-P-072783。快速测试ESP存在相关故障码：U059900和P060716且多个控制单元与ESP存在通信故障。

引起故障可能原因：N83/13软件故障。

拖车进厂后连接诊断仪并对车辆进行充电，由于其他因素在2个小时后才进行诊断，发现其能启动车辆，但仪表上发动机、ESP故障灯等亮起。快速测试发现ESP存在故障码U059900且存在电压低故障码。根据U059900引导检测其电压与内阻目前都正常。查看N83/13实际值打开点火开关与启动车辆均正常，如图8-2-30和图8-2-31所示。查看ESP故障码P060716环境值30电压仅为7V左右，说明12V次级蓄电池可能电压不足，而B95/3未有相关故障码。根据N83/13故障码系统内次级供电过低推断其已经识别到电压低，正常应该为12V次级电池充电，但实际却未能充电。查看快速测试未发现有关于主12V供电相关故障码。

432

使用Midtronics检查次级蓄电池的状态是好的。

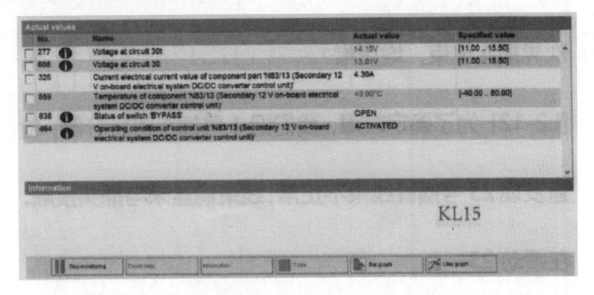

图 8-2-30

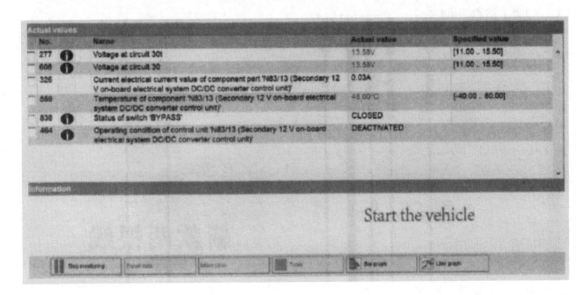

图 8-2-31

故障原因：根据相关故障码分析，可能N83/13未能将主12V供电为12V次级蓄电池充电。

故障排除：重新试运行N83/13，客户使用观察一个月未见异常。

二十一、奔驰S400L仪表显示右侧安全气囊故障

车型：W223.159。

故障现象：奔驰S400L仪表显示右侧安全气囊故障。

故障诊断：仪表显示右前安全气囊故障灯亮，DAS控制单元检查发现前排乘客体重分级控制单元存在通信故障。检查N110控制单元的线束安装正常无虚接、无接触不良。检查N110的供电电压正常。测量N110到N2/5控制单元之间的线束安装正常。对车辆进行断电和N110控制单元插头进行重新拔，后插试车DAS控制单元与N110控制单元通信正常。对N2/5控制单元进行重新手动升级和编码后试车故障排除。

第九章 奔驰GLA级（H247）车系

第一节 新技术剖析

一、简介

全新H247系列车型的GLA是一款五座紧凑型SUV，其取代之前的156系列车型。全新GLA是体积更大、功能更强大的GLB车型的完美运动型补充。全新GLA是新一代紧凑型汽车的最新衍生车型且系统化补充了梅赛德斯-奔驰的SUV产品组合。同时，GLA撰写了成功故事的下一个篇章，其中涉及的无数改装意味着一个"新的"篇章。这样一来，GLA的各主要尺寸均有所增加，提供了更多内部空间和功能，并设定了新的拓展式设计标准。其纯粹和大幅面设计使GLA"潮流且炫酷"，并将其顺利融入感官清晰的设计语言。GLA（H247）前视图/侧视图，如图9-1-1所示。

图9-1-1

二、历史

2014年全新GLA扩大了梅赛德斯-奔驰所提供SUV的全面范围。从这一点来看，在欧洲所有顶级制造商中，梅赛德斯-奔驰拥有最全面的SUV产品范围，共有5个系列车型（GLA、GLK、ML、GL和G）。GLA的越野比例和明确界定的表面体现了其力量和优越性。即使在那时，其先进性和敏捷的处理能力最令人信服。其灵活可变的内部空间、可倾斜的后排座椅以及巨大的行李舱架（421~836L）使其成为日常生活的最佳伴侣。作为一辆汽车，梅赛德斯-奔驰GLA令人信服地重新诠释了紧凑型SUV的细分市场。2014同年，性能品牌梅赛德斯-奔驰推出了全新GLA45 4MATIC。梅赛德斯-奔驰凭借该车型在高速增长的紧凑型SUV细分市场中形成了鲜明的特色。该车型由世界上最强大的四缸发动机（批量生产）驱动。其拥有独特的强大设计、专用设备及卓越的发动机和驾驶性能特征。其具有265kW的性能和450N·m的扭矩，可在4.8s内从0km/h加速到100km/h。新款高性能SUV不仅拥有世界上最强大的四缸发动机（批量生产），还因其低油耗和排放水平脱颖而出。其旨在面向年轻、潮流的目标群体。这一群体非常重视样式、动力和独立性的新款高性能SUV恰恰具有这些属性。

2017年推出了改装后的GLA。自2013年推出以来，该车型从一开始就成为其细分市场中的成功典范，并对其进行了表征和重新定义。新款GLA新的舒适性和安全功能（例如360°摄像头或免提开启功能）使其真正成为紧凑型SUV的先驱。GLA220 4MATIC采用新的发动机程序，其具有135kW的性能和300N·m的扭矩，弥补了两台115kW和155kW汽油发动机之间的差距。梅赛德斯–奔驰GLA45 4MATIC在技术和光学上也得到强化。集成式空气动力学措施（例如新设计的前裙板和车顶扰流板上的新扰流唇）提高了车辆的驾驶动态和驾驶稳定性。此外，高度灵活的强劲2.0L四缸涡轮增压发动机具有卓越的性能和效率，展示出更高的最佳价值：141kW的升容量创造了批量生产的四缸发动机的记录——纯运动级别的发动机。2020全新H247系列车型的GLA取代之前的X156系列车型。

三、概述

与上一代车辆产品相比，GLA具有清晰的SUV特性且其越野基因一目了然。它的前后轮距增加且车轮更大，使其更为优雅和富有表现力。选装的四轮驱动和新的越野程序即使在简单的地形条件下也可证明其能力。它具有纵向可调的后排高靠背座椅，可提供更大的可变性。GLA的车身长度为4.41m，是梅赛德斯–奔驰车身最短的车型，因此十分适用于活跃的都市生活。GLA的目标群体重视生活方式、设计、安全和无可挑剔的SUV特性的组合。此外，它非常适合日常使用且适用于多种休闲活动。紧凑的尺寸和灵活的内部概念符合当前的趋势，有助于实现现代城市生活方式。在这样的背景下，GLA的目标群体更倾向于升高的座椅位置、显著的车辆联网以及车辆功能的直观操作。车辆概念特别关注的领域包括：

①外观设计。
②内部设计。
③内部可变性和实用价值。
④远程信息处理和连通性。
⑤控制和显示概念。
⑥安全性。
⑦低油耗和排放水平。

四、外观

（一）概述

鲜明的SUV特征和富有表现力的设计强调了GLA是该类车型的基准。更大尺寸的车轮和强大的车肩增强了其运动性。同时，GLA凭借其更高的座椅位置、更大的空间和强化的进入舒适度而获得乘客的青睐。在设计支柱的过程中，为最大限度地优化全方位可视性，同样的前提适用于B级车视角。外观设计最重要的特征：

典型的SUV要素（例如高驾驶高度和独特、无可挑剔的车身设计）赋予GLA卓越的外观。

GLA巧妙地将无可挑剔的越野部件（例如集成式车顶栏杆和模拟后围板）与清晰、突出的表面设计相结合。

前后较短的重叠部分及其他功能设计。由两部分组成的尾灯可确保较宽的门槛开口，拱形门可从根本上提高进入舒适度。

GLA凭借无数个性化选项（包括设计和设备线以及"夜色组件"）和诱人的颜色始终走在时尚前沿。

醒目的头灯设计、强大的车肩和高达21in且与车身外缘齐平的大车轮体现了其精美的外观。

1.正面设计

凭借其强大的比例，新款GLA从任何角度看均令人信服。特殊的亮点在于其模拟后围板和优雅的单板散热器格栅。

亮点：

①梅赛德斯——奔驰越野基因——带有醒目前照灯的直立式前车身。

②带有模拟后围板的前裙板凸显了无可挑剔的SUV特性。

③前裙板中的简洁进气口与散热器格栅轮廓对齐。

④AMG系列（P950）甚至具有运动性更强的前裙板和大进气口。

⑤卤素前照灯，带有采用LED技术的日间行车灯/边灯和转向灯和/或可选LED高性能前照灯（632）或多光束LED（642）。

GLA（H247）标准设备前视图/侧视图，如图9-1-2所示。

图9-1-2

2.侧面设计

GLA的侧面也展示了其SUV特性。因此，它的特点是轴距较长且前后悬垂较短。同时，GLA深刻传达了梅赛德斯-奔驰对其"感性纯净"设计理念的理解，强调空间的清晰形式、精确的接缝以及最少的线条。

亮点：

①车门底部（门板）和轮舱上的附加装饰件凸显了越野印象且可以防止该区域被石头砸碎。

②侧视图中主要展示了强大且感性的车肩设计，抬高的腰线也进一步突出了这一点。

③外观优雅的轮舱可容纳高达21in的车轮（与车身外缘齐平）——即使在车辆静止时也可从视觉上满足路面控制要求。

④车辆具有极具吸引力的设计和漆面。

⑤车外后视镜位于腰线上方的后视镜三角座中且其所涂颜色与车辆颜色相同。

⑥与无钥匙启动系统（KEYLESS-GO）（889）或无钥匙启动系统（KEYLESS-GO）舒适性套件（P17）相比，其具有镀铬门把手。

3.后部设计

时尚的越野光学设计提升门是GLA独立设计的一个强大装饰。它采用水平对齐方式，赋予其极其宽阔的动态效果。保险杠下部的模拟后围板也凸显了车辆尾部的越野基因。

亮点:

①明确强调了尾部宽度,带有由两部分组成的尾灯设计和突出的反射器。

②高等级和精确的尾灯内部设计,使得即使在夜间也可确保高识别率。

③较大的车顶扰流板可在高速条件下更好地实现路面控制。

GLA(H247)标准设备后视图/侧视图,如图9-1-3所示。

图9-1-3

(二)外观定制

在定制过程中设置了系列方向。其设置了运动或优雅的亮点。如有需要,还可将其与可选设备和套件组合在一起。客户就是这样将GLA设计成其个人理想车辆。

外观个性化可能性:

①三个系列可供选择:风格、拓展、AMG系列。

②多种极具吸引力且部分仅空气动力学优化的轻合金车辆,具有彩色高光(双色),最大尺寸为53.3cm,可选装用于AMG车型多种涂料可供选择,具有全新且富有表现力的颜色,例如数字白或山脉灰巴塔哥尼亚金属红。

③B柱以上的隔热深色玻璃(840)凸显了其运动性(仅与以上系列相结合)。

④两片使全景滑动天窗(413)可从车辆前部打开,玻璃固定的全景天窗可照亮后舱内部采用LED技术的前雾灯[U37(不与AMG系列P950相结合)]

(三)风格(P27)

1.前后设计差异

①带有高级镀铬镶嵌物的单板条。

②两个清晰可见的排气尾管装饰件和后围裙,模拟后围板带有哑光镀铬。

③黑色模拟后围板。

2.侧面设计差异

①银色镀铬的腰线装饰条。

②银色镀铬的车顶栏杆。

③采用5双轮辐设计(44R)的17in轻合金车轮,经空气动力学优化,涂有钒银。

GLA（H247）风格系列（P27）前视图/侧视图，如图9-1-4和图9-1-5所示。

图9-1-4

图9-1-5

（四）拓展（P59）

1.前部设计差异

带有哑光镀铬的模拟后围板。

2.侧面设计差异

①门板上带哑光镀铬镶嵌物的黑色纹理饰面。

②采用5双轮辐设计（R10）的18in轻合金车轮，经空气动力学优化，涂成黑色。

3.后部设计差异

①两个清晰可见的排气尾管装饰件。

②后裙板，带有哑光镀铬的模拟后围板。

GLA（H247）拓展系列（P59）前视图/侧视图，如图9-1-6和图9-1-7所示。

图9-1-6

图9-1-7

（五）AMG系列（P950）

AMG系列强调具有吸引力的车辆运动型外观。独特特征尤其包括带有AMG后裙板的"AMG造型"以及菱形散热器格栅。凭借运动方向盘以及由名贵的纳帕皮革制成的扁平底部，运动座椅可带来最大的座椅舒适度。

1.前脸设计差异

①菱形散热器格栅、镀铬销以及银漆单板条。

②AMG专用的前裙板，带有高光镀铬的前分离器。

2.侧面设计差异

①采用5双轮辐设计（RTF）的19in轻合金车轮，经空气动力学优化，涂成钽铁矿灰色和高光泽。

②具有黑色纹理饰面的侧面装饰件，带有镀铬装饰嵌入件。

③带有梅赛德斯-奔驰商标的前制动钳。

④内部通风并打孔的前制动盘。

⑤铝合金外观的车顶栏杆（725）。

3.后部设计差异

①AMG专用的后裙板，带有扩散光学元件和银铬装饰件。

②两个清晰可见的带有运动型设计的排气尾管装饰件。

GLA（H247）AMG系列（P950）前视图/侧视图，如图9-1-8和图9-1-9所示。

图9-1-8

图9-1-9

20in和21in的车轮尺寸可供AMG车型选择。

（六）夜色组件（P55）

夜色组件具有进一步的视觉吸引力。尤其是醒目的黑色强化了个性和车辆运动性。

1.夜色组件的组成部分

①带有高光镶嵌物的黑色门板。

②涂成黑色的外后视镜外壳，以及涂成与车辆相同颜色的宇宙黑金属漆（191）。

③高光黑色腰线装饰条和车窗线条装饰条。

④哑光黑色的车顶栏杆。

⑤B柱以上的隔热深色玻璃（840）。

2.与拓展系列组合的部分

①采用5双轮辐设计（R38）的18in轻合金车轮，涂成高光泽黑色。

②带有高光黑色单板条和镀铬嵌入件的散热器格栅。

③前后裙板处的高光黑色模拟车底保护。

GLA（H247）拓展系列（P59）及夜色组件（P55）前视图/侧视图，如图9-1-10和9-1-11所示。

图9-1-10

图9-1-11

3.与AMG系列组合的部分

①采用5双轮辐设计（RTF）的19in轻合金车轮，经空气动力学优化，涂成高光黑色和高光泽。

②带有镀铬销的菱形散热器格栅、带有镀铬嵌入件的黑色单板条以及AMG专用的带有前分离器的高光黑色前裙板。

③AMG专用的后裙板，带有扩散光学元件和高光黑色装饰件。

（七）版本1

享受至高的独特度。版本1的装置数量和时间适应性有限，其非常引人注目，并形成了一次性对比，其内部配有专用座椅，带有穿孔皮革和碳纤维外观装饰元件。在其外部有一个红色轮辋点缀着20in的轻合金车轮。该版本建立在AMG系列的基础上。

1.版本1的元件基于AMG系列（P950），并结合了夜色组件（P55）的元件

①带有镀铬单板条的散热器格栅。

②带有高光黑色分离器的前裙板且进气口边缘带有红色嵌入件。

③带有黑色镶嵌物的门板。

④黑色车外后视镜外壳和车顶栏杆。

⑤带有哑光镀铬的腰线装饰条和车窗线条装饰条。

⑥B柱以上的隔热深色玻璃（840）。

⑦前挡泥板上带有黑色字母的"版本"徽章。

⑧采用四轮辐设计的20in AMG轻合金车轮，涂成高光黑色，以及灰烬红色（RVX）的轮缘及差异明显的轮毂盖。

⑨LED高性能前照灯（632）。

2.版本1的元件基于AMG系列（P950）

①带有穿孔皮革内饰的运动座椅（7U4）。

②带有红色对比顶饰的红色切口。

③驾驶员和前排乘客座椅加热器（873）。

④带有红色顶饰的腰线。

⑤ARTICO人造皮革内饰中控台上的扶手，带有红色对比顶饰。

⑥ARTICO人造皮革内饰中的车门和车门中心面板，带有红色对比顶饰。

⑦具有64种颜色的环境照明（877）。

⑧纳帕皮革多功能运动方向盘（L5C）。

⑨带橡胶绒毛的拉丝不锈钢运动踏板。

⑩饰有"梅赛德斯–奔驰"字样的门槛（U25）。

⑪特定版本设计中的内饰元件炭结构（H62）。

⑫带有红色饰边且绣有"版本"标志的脚垫。

五、车内

（一）概述

GLA内饰不仅具有真正的SUV感受，还具有少许运动感和更大的空间感。独特的材料及工艺质量极具吸引力，并为您的个性化车辆提供了一种显著且具有创造力的设计变化范围。

车内设计最重要的特征：

①技术前卫的外观—宽屏驾驶舱上方没有进气口，可将其独立安装于组合仪表上。

②带有铝制按钮的空调控制面板的模拟外观。

③数字世界及模拟世界之间的和谐对比—得益于宽屏驾驶舱与经典及优质内饰之间的相互作用。

④媒体显示器下方的三个高光黑色通风孔（外部各增设一个）为标准配置，从带有镀铬外圈的风格系列开始。

⑤水晶灰色车顶衬里为标准配置，从线条开始为黑色。

⑥ARTICO人造皮革/织物内饰中的Tandel黑色基本座椅。

⑦带有触控按钮的标准3轮辐多功能运动方向盘。正如我们已经熟悉的其他系列车型，此类部件控制组合仪表和媒体显示器。

⑧驾驶舱下方的一体式储物箱—释放手柄现在位于边缘位置，而非之前的中心位置，从人体工程学上看，更加便于驾驶员进行操作。

⑨与之前的车型相比，新车型的不同之处在于标准无钥匙启动系统（KEYLESS–GO）启动功能按钮，以及与通用控制面板中ECO启停功能按钮的组合。

⑩新车型具有扶手（标配），是扶手的纵向划分，例如可从213系列车型中获知。在确保舒适性的前提下，新的扶手概念允许省略前代车型中的纵向移动，如图9–1–12所示。

图9-1-12

（二）定制

可根据您的个人喜好选择内饰，具体取决于所选系列或选项。内饰的可变颜色概念发挥重要作用：无论皮革是钛灰珍珠色/黑色或酷炫经典红色/黑色。另外，灯光效果与具有64种颜色的环境照明相结合，可实现令人惊叹的效果。

车内个性化选项：

①根据系列的不同，座椅也有所区别：基本型、舒适型和运动型座椅。

②根据系列的不同，仪表面板也有所区别，例如根据颜色和/或装饰元件。

③独特的高光黑色通风孔为标准配置，从风格系列开始采用镀铬外圈。

④从拓展开始采用纳帕皮革换挡杆，AMG系列采用纳帕皮革和红色对比顶饰。

⑤腰线和仪表面板上带有优质皮革和顶饰的皮革套件（P34）仅与拓展和AMG系列结合使用。

⑥具有64种颜色的环境照明（877）为车内设置了艺术品般的舞台，并提供多达十种颜色。此外，它还点亮了通风孔内部。

（三）风格（P27）

车内的特征：

①ARTICO人造皮革/织物内饰中的舒适性座椅（7U2），带有灰色对比顶饰的黑色Bertrix（311A），包括座椅舒适性套件（U59）。

替代方案：ARTICO人造皮革/织物内饰中的内饰，带有浅蓝色双顶饰的靛蓝/涅瓦灰色Bertrix（379A）。

替代方案：ARTICO人造皮革中的黑色内饰（101A）。

②带有镀铬外圈和高光灰色导风环的黑色出风口。

③皮革制多功能运动方向盘（L3E），带有黑色缝线和两部分式黑色内饰以及高光黑色控制面板。

④带有其他镀铬元件的换挡杆。

⑤椭圆光学装饰件（H61）。

风格系列（P27）GLA（H247）内饰，如图9-1-13所示。

图9-1-13

（四）拓展（P59）

车内的特征：

①舒适型座椅（7U2），包括座椅舒适性套件（U59）具有三种颜色的内饰。

ARTICO人造皮革/织物内饰。

带有中灰色双顶饰的黑色（321A）；

带有中灰色双顶饰的玛奇朵米色/黑色（325A）；

带有渐进灰色双顶饰的双色黑色/巴伊亚棕色（381A）。

②带有黑色缝线和两部分式镀铬内饰的皮革制多功能运动方向盘（L3E）。

③带有其他镀铬元件的纳帕皮革制换挡杆。

④带有银色镀铬外圈和高光灰色导风环的黑色出风口。

⑤装饰嵌入件螺旋外观（H60）。

GLA（H247）拓展模式内饰（P59），如图9-1-14所示。

图9-1-14

（五）AMG系列（P950）

车内的特征：

①带有可调节头部保护装置的运动型座椅（7U4），包括座椅舒适性套件（U59）。

②ARTICO人造皮革/DINAMICA超细纤维中带有红色双顶饰的黑色衬垫、车门中心面板和扶手。

替代方案：ARTICO人造皮革中带有中灰色双顶饰的涅瓦灰/黑色内饰，ARTICO人造皮革中带有灰色顶饰的涅瓦灰色车门中心面板/扶手。

③拉丝银色镀铬关门把手。

④内饰元件炭结构（H62）。

⑤采用3轮辐设计的纳帕皮革制多功能运动方向盘（L5C），底部压平，把手区域有穿孔、触控按钮以及红色或黑色装饰顶饰和三部分式镀铬内饰（取决于内饰）。

⑥穿孔纳帕皮革制换挡杆及其他镀铬元件，以及红色或黑色顶饰（取决于内饰）。

⑦带有镀铬外圈的黑色出风口。

⑧带橡胶绒毛的拉丝不锈钢运动踏板。

⑨带有AMG滋养的黑色地垫（U26）。

AMG系列（P950）GLA（H247）内饰，如图9-1-15所示。

图9-1-15

（六）控制和显示概念

GLA采用全数字化显示器，驾驶员可在驾驶舱内自行设定：具体取决于驾驶模式、旅行路线或个人驾驶风格。仪表显示屏显示清晰并详细地显示所有相关数据。多媒体显示器也连接到宽屏驾驶舱。控制和显示概念也提升了人机交互的体验。个性化也发挥着核心作用。GLA特殊功能：动态操控选择（DYNAMIC SELECT）控制越野程序适用于配备4MATIC的车辆，该程序还可调整ABS设置以适应简单的地形条件。GLA（H247）标准设备的显示和操作元件，如图9-1-16所示。

图9-1-16

控制和显示概念的特征：

①决定性且可变性极强的原则：除了基本设备版本外，客户还可以选择具有扩展功能的多媒体系统，将在这些系统的基础上建立其他请求选项。

②两个分辨率为960像素×540像素分辨率的标准集成式7in显示屏。

③可选的更大且分辨率更高的仪表显示器和媒体显示器，其屏幕对角线长达26cm，分辨率为1920像素×760像素。

④可将仪表显示器切换至不同模式："经典""运动""拓展"和"谨慎模式"以减少信息量。

⑤自由选择—多种输入选项始终导致相同的结果：触摸屏、媒体、导航和电话的直接控制按钮，方向盘上的触控按钮、触摸板（446）或扩展语音识别。

⑥此外，也可将自然语音控制扩展到梅赛德斯-奔驰在线服务，如天气信息或互联网广播。它还控制空调系统或座椅加热等车辆功能。

⑦可通过全新前部非接触式手势控制系统（77B）进行非接触式轻松操作。

⑧个性化：考虑了驾驶员的驾驶习惯、驾驶时间和驾驶位置。

⑨通过所谓的主题显示器，只需按一下按钮便可将车辆调节至个人预设模式，包括显示样式、空调系统、无线电台或传输模式［例如动态操控选择（DYNAMIC SELECT）］。

（七）车门

车门可营造一种吸引人的整体印象。取决于所安装设备的不同，精心制造的顶饰和优质材料凸显了高档紧凑型SUV的氛围。

车门最重要的特征：

①车门装饰件将功能元件、储存空间和音响系统与装饰元件相结合。

②从拓展系列开始强调独特性，腰线位于ARTICO人造皮革和顶饰中。

③镀铬关门把手和开门器与拓展和AMG系列结合。

④关门把手和开门器间接照明。

（八）中央控制台

中央控制台汇聚了控制功能、储存空间和联网功能。与之前的系列车型相比，新款车型最显著的一点是触摸板不带控制器。与之前的车型相比，终端设备连接集成于中央控制台前端。中央控制台最重要的特征：

①始终带有集成式储物箱。具有1.4L的容积（带滚筒盖的容积为1.1L）。与双离合器变速器结合，由此可增加中央控制台的空间，储物箱的容积增加至2.6L。

②可选择优雅的滚筒盖设计，其覆盖储物箱和杯架，以及储物箱中的集成式12V插座和USB接口储物箱的技术选项是用于移动终端设备（897）或多功能电话（899）的无线充电系统。

③可根据请求将触摸板（446）集成到中央控制台中心，如果没有触摸板，会存在另外一个小储存空间。

④中央控制台的后部装饰也是可变的，一个标配车载USB-C端口或两个USB-C端口与后部的选装230V插座相结合（U67）。

（九）车内照明

节能LED仅用于内部照明。其独特的光点和发光表面实现了功能和情感的统一，简化了定位及操作，并使车内更具吸引力。

1.标准照明

①在顶置式控制面板中。

②照明储物箱。

③关门把手/开门器间接照明。

④前搁脚空间照明。

⑤带有防眩光阅读灯的车内后视镜。

⑥中央控制台中储物箱/杯架照明。

⑦驾驶员车门和前排乘客车门的出口和警告灯。

⑧行李箱灯。

⑨提升门中的信号灯和环境灯。

⑩带有阅读灯按钮的侧面内饰灯和阅读灯。

2.特殊装备

①具有64种颜色的环境灯（877），带颜色值。

②饰有梅赛德斯-奔驰字样的门槛（U25）。

（十）座椅

新款GLA采用B级座椅。其包括与舒适性相关的所有设备功能。因此，为提高前排乘客的乘坐舒适性，H247系列车型的新款GLA还配有专用设备多轮廓座椅、ENERGIZING功能或座椅空调。其中一个亮点在于可纵向移动第二排座椅。

1.前排座椅

新款MFA2系列GLA级车辆在MFA1系列的基础了配备了进一步开发的模块化座椅，适用于具有"高"座椅参考点的车辆。这表示与之前的X156相比，乘客如今可以坐得更直，就像坐在椅子上一样。驾驶员的头顶空间增加了22mm；后排乘客舱的头顶空间则减少了6mm。像之前的X156系列车型一样，H247配有基本型或舒适型座椅。H247还配有一个从177系列车型衍生而来的带有可调节头部保护装置的全新运动型座椅。为进一步提高乘客的乘坐舒适性，新款H247系列车型GLA级车辆配有座椅空调或带按摩功能的多轮廓座椅等特殊装备，以及附加功能"电驱动（ENERGIZING）座椅动力学"。同样，电驱动（ENERGIZING）和电驱动（ENERGIZING）+套件可作为特殊装备进行订购。

（1）ENERGIZING座椅动力学。

ENERGIZING座椅动力学功能融入了一个概念，可进一步提高旅行期间的舒适性，该功能添加至前排座椅，并与带记忆功能的全电动座椅调节功能相结合。开启ENERGIZING座椅动力学功能后，可防止坐姿狭窄或偶尔在座椅上"走动"，从而使当前座椅位置更加舒适。坐垫和靠背的小动作可反复压紧和放松肌肉及关节。可通过ENERGIZING座椅动力学功能将坐垫倾斜度从所选角度上下调节约2.4°。座椅靠背在所选倾角的基础上前后倾斜大约1°。如果坐垫或座椅靠背已经处于限位位置，则电驱动（ENERGIZING）座椅动力学功能不可用。ENERGIZING座椅动力学功能包括三种不同的程序，其因持续时间和循环数而异。

（2）电驱动舒适性（ENERGIZINGCOMFORT）程序。

当您感觉良好时，您会更加专注地开车；当您在路上放松时，您在到达目的地时已得到充分的休息。可简单概括电驱动（ENERGIZING）舒适性控制的复杂原则。这种豪华的附加设备网络构成了舒适性程序，其减少了压力并增加了舒适性和幸福感。其带来的积极影响在单一或紧张的情况下有助于身心放松。

程序概述：

①温暖。

②愉悦。

③舒适。

④新鲜感［参见电驱动车（ENERGIZINGCOACH）］。

⑤活力［参见电驱动车（ENERGIZINGCOACH）］。

⑥培训：视频指令，例如放松肌肉（仅在静止或<5km/h时可用，当>5km/h时，视频画面被隐藏，但是可听到相关指令）。

⑦提示：3min的音频信息可为日常健康和幸福感提供持续支持：适用于头部、肩部、上半身、下背部以及盆骨等身体区域。

（3）ENERGIZING COACH（仅适用于梅赛德斯me connect服务）。

ENERGIZING COACH可评估驾驶和驾驶员情况。评估还包括交通情况或行程时长。根据不同的情况，其提供相关建议以启动适当的电驱动（ENERGIZING）舒适性程序。

可建议采用以下程序：

①活力。可以抵消单调驾驶条件下出现的注意力减弱。充满节奏感的音乐和提神的按摩使车上的乘客充满活力。通过电离技术净化空气，并释放出一股宜人的气味。采用刺激色对车辆内部进行照明，并对座椅进行通风。

②愉悦。可鼓励车内乘客保持积极的态度及身心愉悦。为此，可播放充满节奏感的音乐和启动按摩程序。通过电离技术净化空气，并释放出一股宜人的气味。车辆内部照明采用柔和的颜色。通过连接GARMIN健身追踪器可将其他信息集成到评估中，以推荐ENERGIZING舒适性计划其他信息包括健身追踪器计算的压力水平。压力水平首先基于脉冲评估。

前提条件：

健身追踪器与GARMIN账户相关联；

GARMIN账户与您的梅赛德斯me账户相连。

2.后排座椅

新款GLA的后排长椅为车辆内部提供了很大的可变性。为此，后排座椅按照40:20:40的比例进行划分，作为标准配置且可按照该划分进行折叠。然而，面向车辆行驶方向的左侧靠背部分仅可与中心靠背部分一起向下折叠。然而，中心靠背部分还可自行向下折叠。使用标准设备后，可在打开靠背锁扣后将靠背项下折叠到座椅表明，由此形成一个近乎水平的货物区域。后排座椅靠背的中央20%元件（例如滑雪板或其他运动器材）再次大大提高了车辆的承载能力。它为后排乘客提供了具有两个可折叠杯架的可折叠扶手。其中一个亮点在于作为特殊装备的选项，其可纵向移动第二排座椅。该后排长椅可纵向移动140mm并可按照座椅靠背倾角进行调整，从而提高后排乘客的座椅舒适性或增加行李舱的尺寸。第二排座椅配有ISOFIX和TOP系带装置，适合用作儿童座椅，具有更多用途且安全性更高。GLA（H247）座椅从顶部穿过车顶，如图9-1-17所示。

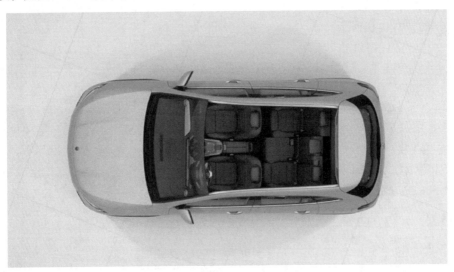

图9-1-17

六、技术参数

（一）尺寸概念

与之前的X156系列车型相比，新款H247系列车辆的GLA更短、更宽且更高。为强化经典SUV的特性，车辆的座椅位置被划分为高衍生和MFA2系列。这就是该车型的车辆高度明显高于之前车型的车辆高度的原因。较大的车轮周长与SUV特性相匹配的较高离地间隙会对车辆高度的增加造成影响。通过更大的预紧力和17~20in的车轮尺寸可实现这一点。带有独特轮舱的加宽车轮有助于凸显SUV特性并实现稳定操纵。在车辆后部，为实现运动型提升门的设计自由度，后车顶框架尽可能靠近后排乘客的头部，同时也可获得最大的头顶空间。在设计车辆内部时采用了与B级车相同的前提条件。例如，由两部分组成的全景车顶或优化视角有助于获得良好的全方位视野。与之前的车型相比，H247的行李舱的实用性增强且装载舒适性更高。与B级车类似，垂直可调和可移动的装载地板是H247的标配。

1.外部尺寸

与之前的X156系列车型相比，H247的车辆长度减少了14mm。根据MFA2系列，轴距增加了30mm。前后悬缩短。通过增加轮距，车辆宽度增加了30mm。由于座椅位置变高及实施SUV离地间隙和轮胎间隙104mm的要求，车辆高度增加。尺寸前后视图，如图9-1-18所示。

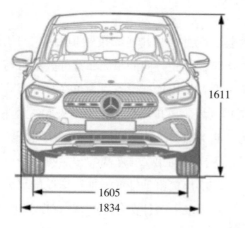
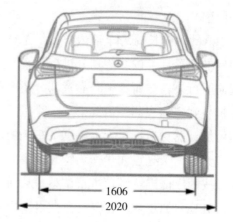

图9-1-18

车库侧视图，如图9-1-19所示。

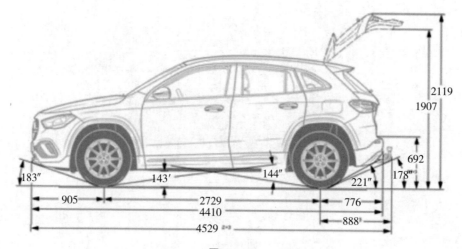

图9-1-19

车库尺寸俯视图，如图9-1-20所示。

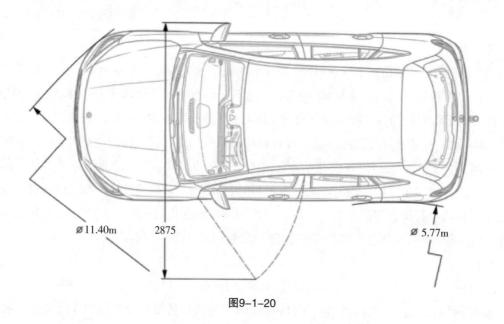

图9-1-20

2.内部尺寸

W247采用高座椅位置和高通用范围，这通过W247和H247的相同座椅和操作舒适性得以体现。与W247相比，其路面（H5）上方的入口明显高约50mm。与该高度差类似，W247和H247具有不同的车辆高度。基于车辆内部的情况，车顶轮廓距离与W247相同。头顶空间出现偏差是因为实施了FMVSS（联邦机动车安全标准）碰撞要求及为装饰件指定减震器。与之前的X156相比，乘客如今可以坐得更直，就像坐在椅子上一样。驾驶员的头顶空间增加了22mm；后排乘客舱的头顶空间则减少了6mm。在设计支柱的过程中，为最大限度地优化全方位可视性，同样的前提适用于B级和视角。内部尺寸，如图9-1-21所示。

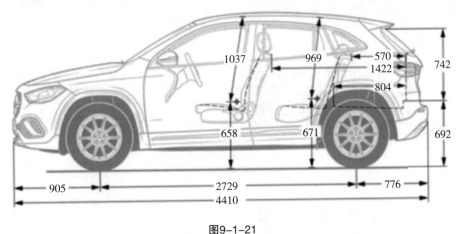

图9-1-21

内部尺寸俯视图，如图9-1-22所示。

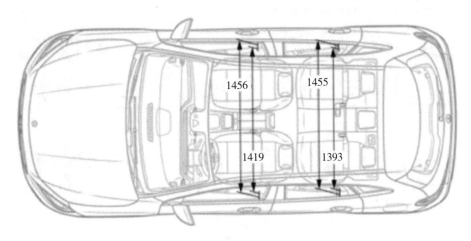

图9-1-22

3.行李箱尺寸

与之前的车型相比，GLA的空间更大，尺寸更紧凑。较低的装载门槛有助于实现舒适装载。可变的靠背折叠选项使GLA成为一个灵活的日常运输工具。它还选装了一个可纵向调节的后排长椅，可扩大后排乘客的后备箱或腿部空间。内部变形，如图9-1-23所示。

451

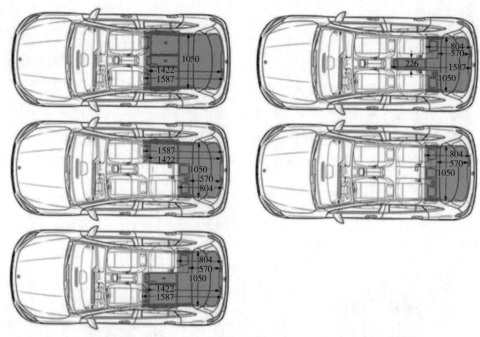

图9-1-23

设备中继线容量，如图9-1-24所示。

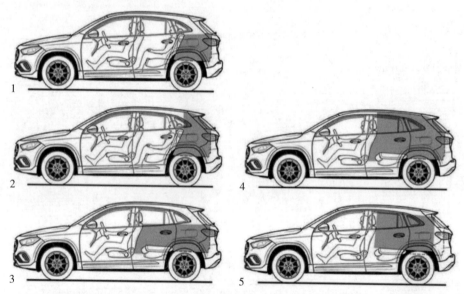

1.装载容量为435L（无货物和后排长椅的纵向调节） 2.装载容量为540L（无货物和后排长椅的纵向调节） 3.装载容量为1060L 4.装载容量为1430L 5.装载容量为736L

图9-1-24

（1）后备箱最重要的特征。

①后排座椅后方的后备箱容量为435L；第二排座椅的载货设置将容量增加了60L。

②座椅靠背可以40:20:40的比例折叠，形成了一个几乎水平的货物区域，并将后备箱最大容量扩大到1430L。

③由于连续装载地板控制台，可分两个阶段对后备箱进行垂直调节，从而更好地利用所提供的空间。

④后备箱盖可保护后备箱，使其免受阳光直射和不希望看到的外部视野；如果不需要用到后备箱盖，可将其存储在后备箱地板下方。

452

⑤用于固定负载的四个束缚孔。

⑥行李钩位于左右两侧的腰线饰件中。

⑦提升门下侧的两个衣帽钩集成于辅助手柄中。

⑧三角警示牌储物箱位于后备箱地板下方。

（2）对后备箱产生影响的选装附加设备。

①后排座椅（567）的纵向调节可将第二排座椅移动共140mm；此外，最前位置和货物位置的装载容量可最多增加130L。

②带有12V插座的后备箱套件（942）；左右两侧各有一条张紧带且侧饰件中有网。

③带有行李箱免接触开启功能（HANDS-FREE ACCESS）（871）和便携装载（EASYPACK）提升门（890）的非接触式舒适开口，与无钥匙启动系统（KEYLESS-GO）便捷套件（P17）相结合。

④分隔网（U40）可保护乘客免受后备箱中不牢固物体的伤害且易于安装。

（二）驱动器配置

与之前的X156系列车型GLA相比，H247配有扩展驱动器。除了两台汽油和柴油发动机外，还包括一个带有柴油发动机的4MATIC模型、两个带有8个和7个挡位的双离合器变速器以及用于插电式混合动力车型的8个挡位和混合动力模块。配备汽油发动机的入门级车型还配有经改造的手动变速器。GLA排量为1.33 L的火花点火式发动机M282的功率级为100kW和120kW，排量为2.0L的火花点火式发动机M260的功率级为165kW。可在GLA订购功率级为85kW、110kW和140kW且排量为2.0L的横向安装的柴油发动机OM654。作为GLA首次推出的混合动力车型，功率级为120kW的M282结合了一个插电式混合动力驱动和一个功率级为75kW的P2混合动力传动系统，如表9-1-1所示。

表9-1-1

在售车型名称	发动机	性能变量
汽油发动机		
GLA180	N282 E14 DEH LAZAS	100kW/200N·m
GLA200	M282 E14 DEH LA GZAS	120kW/250N·m
GLA200 4MATIC	M282 E14 DEH LAG	
GLA250	M260 E20 DEHLA	165kW/350N·m
GLA250 4MATIC		
柴油发动机		
GLA180 d	OM654q D20 R2 SCR	85kW/280N·m
GLA180 d 4MATIC		
GLA200 d	OM654q D20 RSCR	110kW/320N·m
GLA200 d 4MATIC		
GLA220 d	OM654q D20 SCR	140kW/400N·m
GLA220 d 4MATIC		
混合动力		
GLA250e	M282 E14 DEH LAG	（120+75）kW/（250+340）N·m
AMG		
AMG GLA 35 4MATIC	M260 E20 DEH LA GAMG	225kW/400N·m
AMG GLA 45 4MATIC	M139q E20 DEH LAAMG	285kW/480N·m
AMG GLA 45 S 4MATIC		310kW/500N·m

在汽油发动机车型中，180和200版本的GLA均配有7DCT300双离合器变速器。在250版本中，其配有8G-DCT400变速器。在柴油发动机车型中，GLA180d和GLA200d配有FSGM310FE手动变速器。其他柴油发动机车型和GLA35 4MATIC仅配有8G-DCT400双离合器变速器，混合动力车型配有8G-DCT400H双离合器变速器。两个大的AMG车辆配有8G-DCT500AMG双离合器变速器。

1.M260 4缸汽油发动机

与梅赛德斯-奔驰MFA2系列的其他车型类似，新款GLA配有M260 4缸汽油发动机。这有助于二氧化碳减排。尽管之前的M270系列车型在降低油耗方面已取得了重大进步，但M260的后续车型仍致力于降低油耗。同样，在M260中，各种技术组件与多样化系统上各种措施相结合，梅赛德斯-奔驰汽车的公司平均燃油经济性甚至得以进一步加强。与M270的TOP车型相比，165kW的M260车型的比输出大约增加了3%。M260是在科勒达工厂制造的，如图9-1-25所示。

图9-1-25

技术数据（如表9-1-2所示）。

①尺寸紧凑。

②重量轻。

③曲轴箱由高强度轻质压铸铝制成。

④高静态和动态刚性。

⑤带有CONIC SHAPE®小号珩磨的灰色铸铁套筒。

⑥活塞环优化。

⑦使用低摩擦油。

⑧由CAMTRONIC控制用于降低油耗的进气阀。

⑨满足新的行人保护要求的空气滤清器和进气格栅。

⑩由于发动机输出增加，横向扩大进气格栅。

⑪完全均质的燃烧系统。

⑫压电式喷油器。

⑬多火花点火。

⑭汽油微粒滤清器。

⑮带有电子增压压力控制的单涡旋式废气涡轮增压器（适用于225kW版本的双涡旋式废气涡轮增压器）。

⑯空气-空气增压空气冷却器。

表9-1-2

	M260 DEH 20LA
气缸数	4
排列	R
每个气缸的气门数	4
每个气缸的容量	498cm^3
容积排量	1991cm^3
气缸节距	90mm
缸径	83mm
冲程	92mm
冲程/缸径	1.1
连杆长度	138.7mm
额定输出	5800r/min下为165kW
最大扭矩	1800~4000r/min下为350N·m
比输出	83kW/L
压缩比	10.5∶1
废气变量	EU 6d

2.M282 4缸汽油发动机

与M270 DE16相比，输出增加了4%~11%，由于排量降低，比性能提高了高达25%。发动机具有尺寸紧凑、重量轻和静态和动态刚性高的特点。燃烧室每缸设计有4个气门，喷油器和火花塞的位置得到优化。扭矩保持不变，M282在所有输出级别下均具有过大扭矩™功能。为改善响应及加速性能，它提供了一个基于软件、短暂增加的扭矩。特殊技术部件包括均质燃烧系统、排气歧管（部分集成在气缸盖）以及三角形气缸盖，如图9-1-26所示。

图9-1-26

（1）M282的亮点。

①曲轴箱由压铸铝制成。

②均质燃烧系统。

③废气涡轮增压器的电子增压压力控制。

④风冷式增压空气冷却器。

⑤涂料体系NANOSLIDE®。

⑥含有"DLC"（类金刚石炭）的活塞环。

⑦带有减摩涂层的活塞，包括石墨/碳纤维。

⑧由锻钢制成的曲轴和连杆。

⑨用于120kW版本的CAMTRONIC ZAS（气缸关闭）。

⑩汽油微粒滤清器。

⑪采用共振和阻尼器降低噪音的自适应空气导管。

⑫通过"NVH措施"（噪音、振动、声振粗糙度）改善噪音和振动舒适性。

⑬三角形气缸盖。

轻质且极紧凑的结构；

内部气门间隙补偿元件；

最低凸轮轴间隙；

不折中的气流设计；

半集成排气歧管；

高效冷却和中央喷射系统。

⑭轻质、紧凑气缸盖。

⑮部分集成于气缸盖的排气歧管。

⑯布置在中央的电磁阀喷油器。

M282的结构，如图9-1-27和图9-1-28所示。

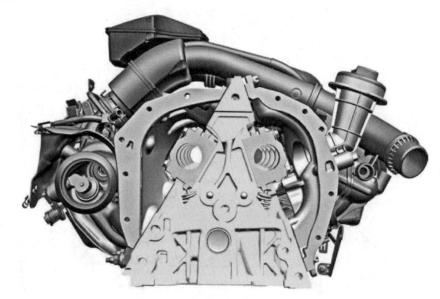

图9-1-27

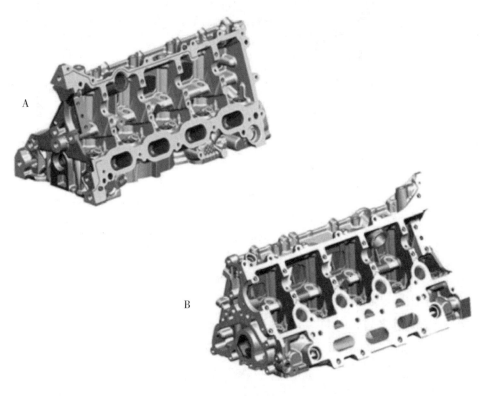

A.入口侧　B.出口侧

图9-1-28

457

（2）气缸关闭（CAMTRONIC ZAS）。

120kW的M282具有气缸关闭功能，可实现所谓的"动态缩小"。在低负载和转速范围内，为提供充足的工作能量输入，可将4个气缸中的两个关闭。可根据实际发动机转速和扭矩通过停用喷射和点火及切换打开和关闭冲程之间的气门升程来关闭气缸2和气缸3。这将通过增加特定气缸负载来降低燃油消耗。与全发动机操作相比，具有相同的车辆驱动功率的两个气缸的停用导致有效气缸的负载点向更高负载点移动。由此产生的激活气缸的伴随减少节流和停用气缸的充气变化损耗的消除是提高效率继而降低特定油耗的决定性因素。在进气凸轮轴和排气凸轮轴上可轴向移动的凸轮衬套能够在两个内气缸上的两个不同凸轮升程之间切换。对于CSO操作，切换发生在"零升程"凸轮上。凸轮轴从动件在此位置上碾过一个360°基圆，同时气门保持关闭状态。第二倾斜位置形成常规的"全升程"凸轮，如在气缸1和4上，用作多缸发动机。相应的执行器销插入凸轮插座的切换门以激活和停用ZAS。在相应的气门凸轮的基圆区域中，凸轮轴在旋转期间产生升程。换挡门布置在各凸轮衬套的中央。这样一来，每个凸轮轴只需使用一个执行器便可操作ZAS，如图9-1-29所示。

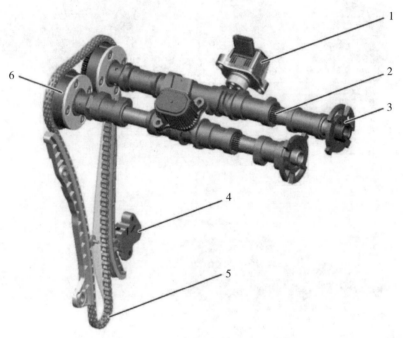

1.凸轮轴定位器　2.可移动凸轮衬套　3.转子　4.链条张紧器　5.正时链　6.凸轮轴定位器

图9-1-29

气缸关闭条件：

①ECO启停系统激活。

②冷却液温度介于46~110℃之间，具体取决于环境温度和内部加热要求。

③从2挡开始为舒适模式或ECO变速器模式。

④车速介于18~170km/h之间。

⑤发动机转速介于1300~3800r/min之间。

⑥催化转化器温度超过320℃。

⑦进气温度超过-30℃。

⑧蓄电池电压超过10V。

⑨扭矩为10~50N·m。

M282 4缸汽油发动机参数如表9-1-3所示。

表9-1-3

	M282 E14 DEHLA	M282 E14 DEHLA GZAS
气缸数	4	4
排列	R	R
每个气缸的气门数	4	4
每个气缸的容量	333cm^3	333cm^3
容积排量	1332cm^3	1332cm^3
气缸节距	85mm	85mm
缸径	72.2mm	72.2mm
冲程	81.3mm	81.3mm
冲程/缸径	1.13	1.13
连杆长度	128mm	128mm
额定输出	5500r/min时100kW	5500r/min时1200kW
最大扭矩	1460~4000r/min时200N·m	1620~4000r/min时250N·m
过大扭矩™	30N·m	160~3000r/min时20N·m
比输出	75kW/L	90kW/L
压缩比	10.6:1	10.6:1
废气变量	EU 6d	ED 6d
排列	R	R
每个气缸的气门数	4	4

3.手动变速器

作为改装的一部分，当前的6挡FSG310手动变速器被进一步改进，从而建立在MFA2平台车辆中使用并与合作项目发动机结合使用的先决条件。

（1）FSG310的基本概念。

①三轴正齿轮系统。

②6个前进挡，1个倒挡。

③带固定/浮动轴承的驱动轴和两个新驱动轴。

④挡位1挡、2挡、5挡和6挡在下方定位轴上移动。

⑤挡位3挡、4挡和R挡在较高处的定位轴上移动。

⑥轮对具有多种用途。

⑦挡位1挡和2挡带有三锥同步。

⑧挡位3挡和4挡带有双锥同步。

⑨挡位5挡和6挡带有单锥同步（新）。

⑩倒挡带有单锥同步。

⑪四个重量经优化的铸铝换挡拨叉由两个带滑动轴承的变速杆引导。

（2）FSG310 MOPF的亮点。

①可用于MFA2系列车辆。

②可进一步减少壳体和齿轮组所用的材料。

③所有轴的固定浮动轴承组。

④所用齿轮的齿轮识别。

⑤组件扭矩高达350N·m。

⑥带有大量共享部件的齿轮组。

⑦使用黏度极低的低摩擦油。

⑧变速器油量降低22%。

⑨变速器重量降低5%。

⑩阻力损失降低60%。

FSG310手动变速器如表9-1-4所示。

表9-1-4

	FSG310 MOPF
可传递的转矩	350N·m
变速器（包括油）重量	大约为46.5kg
油量	1.8L

4.7DCT-300双离合器变速器

GETRAG 7DCT-300在低重量条件下提供高机械和电动执行器效率，并创造先决条件以减低能耗。此外，在低于300N·m可传递扭矩条件下，快速换挡可为目标车辆提供驾驶乐趣和乘坐舒适性。

变速器设置：

①3轴设计。

7个前进挡。

1个倒挡。

副变速器1：挡位2、4、6和倒挡。

副变速器2：挡位1、3、5和7。

②嵌套式湿式双离合器：每个副变速器有1个离合器。

③执行器系统。

机电挡位啮合；

电液离合器操作。

④不受内燃机运行状态的影响。

⑤软件控制的离合器操作允许同一变速器进行各种换挡行为。

⑥附加功能。

线控驻车棘爪；

启停功能；

扩展滑行模式。

⑦干重低，大约为67kg。

7DCT-300双离合器变速器参数如表9-1-5所示。

表9-1-5

	7DCT-300
最大可传递扭矩	270N·m
最大转速	6500r/min
	7DCT-300
前进挡/倒挡的数量	7/1
传动比分布	8.15Phi
输入轴的间隙-差速器	188mm
长度	大约38.4mm
自动变速器油液的加注容量	大约4L
双离合器	湿式变速

5.8G-DCT400双离合器变速器

挡位数量的增加可将从动轮的速度微调到转速，同时考虑最佳工作范围，由此支持以效率和性能为导向的驾驶风格。此外，Phi 1/8=8.81的比范围为低速驾驶创造了条件，而不是使用挡位数较少或传动比范围较低的变速器，由此进一步降低损耗。除了提高驱动效率这一优点外，较低转速在噪音产生及振动响应方面也具有一定的优势，如图9-1-30所示。

图9-1-30

461

（1）8G-DCT400双离合器变速器的亮点。

①带有400N·m的可传递扭矩加50N·m过大扭矩™的双离合器变速器。

②超速挡速度降低（8挡）。

③最佳油耗齿挡间距。

④启动比短，齿挡间距小。

⑤1挡至8挡传动比/比范围8.81。

⑥带有混合动力功能的集成控制。

⑦全轮和混合动力概念的可持续性。

⑧全集成式直接控制。

⑨干燥润滑法。

与7G-DCT300双离合器变速器相比，8G-DCT400双离合器变速器的重量减少了大约3.6kg。可通过多种轻质结构措施减少重量，例如塑料油盘、带有塑料气缸的集成电路以及轻质外壳。

（2）双离合器系统。

开发工作侧重于降低因双离合器摩擦系统造成的损耗并优化启动性能。调节杆通过衬里材料的波纹及齿轮油的黏度降低来降低双离合器的阻力损耗。

（3）驱动齿轮和小齿轮。

开发了一个高性能轮对以传递高扭矩。驱动齿轮和小齿轮设计用于8.81的比范围且M260和OM654q的驱动齿轮和小齿轮是相同的。各挡位之间的增量（速度差）很小，有助于实现特别舒适的换挡操作。与7G-DCT300双离合器变速器相比，8G-DCT400双离合器变速器的附加挡位不需要额外的车轮水平。这表示第1挡的动力流在第3/4和2挡之间循环。此外，附加挡位还有一个同步机构。倒挡齿轮的动力流通过一个双轮3-R流动，因此也不需要额外的轮面，这将增加变速器壳体的长度。齿轮组的一系列传动比并未区分汽油和柴油发动机的不同可用转速范围，但是根据目标车辆的动态轮直径来调整轴比。轴承概念从预紧圆锥滚子轴承转化为固定/非定位轴承以及机油黏度的降低可将驱动齿轮和小齿轮的阻力损失降至最低。

（4）同步器机制。

8G-DCT400双离合器变速器配有一个同步系统，其符合双离合器变速器的要求。摩擦系统以及根据轴转速调整惰轮转速在很大程度上对应于手动变速器中的经典同步器系统。然而，由于电子变速器控制负责调节齿和齿位置，因此无须磨削滑动套筒和离合器盘。此外，与手动变速器不同，无须通过磨削启用跟踪。使用齿轮换挡为齿轮长度和NVH行为创造了优点。

（5）控制。

8G-DCT400双离合器变速器使用新一代控制单元（VGS3）。这一代控制单元可进一步提高控制性能。还采用了新的封装电子技术概念。全集成式全新直接控制采用更小的磁铁实现快速制动，因此重量更轻。快速制动可缩短切换时间。

（6）供油和润滑。

8G-DCT400双离合器变速器采用干燥润滑法。通过干燥润滑法可将油底壳排空并将油位（如图9-1-31中A所示）降至最低，继而降低搅动损失。润滑单元安装于轮组区域，用于冷却和润滑。有针对性的齿轮润滑、油量的降低以及机械油泵阻力矩的降低可确保有效的供油和润滑。其他有效措施包括流量明显降低的机械油泵以及根据需求提供支持的电动油泵。

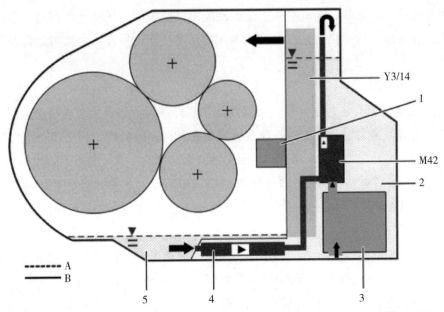

A.油位　B.体积流量　Y3/14.全集成式变速器控制的电液控制器单元　M42.电动辅助油泵
1.油泵　2.吸入面积　3.吸油滤清器　4.干式集油槽机油滤清器　5.机油/齿轮组空间

图9-1-31

（7）8G-DCT400双离合器变速器，如表9-1-6所示。

表9-1-6

	8G-DCT
最大可传递扭矩	第1挡：300N·m
	第2挡：350N·m
	第3挡至第4挡：400N·m
	第5挡至第8挡：450N·m
	8T-DCT
最大发射功率	225kW
最大转速	7300r/min
前进挡/倒挡的数量	8/1
主销内倾角	8.81Phi
轴距	188mm
长度	360mm
重量	82.9kg
自动齿轮油加注容量	大约5.5L

6.4MATIC全轮驱动系统

　　GLA配有第二代完全可变、基于需求的可接通式4MATIC全轮系统，适用于配有前交叉安装式内燃机和前动力轮的车辆。一方面，第二代4MATIC的开发目标是进一步降低油耗和排放量。另一方面，进一步降低安装空间和系统重量。此外，响应时间、全轮性能以及驾驶动力学特性得到进一步提高。从电动液压到机电多盘式离合器概念的变化尤其有助于实现此类开发目标。另外一个措施是降低阻力，例如摩擦损失。

（1）4MATIC驱动概念。

对第一代4MATIC驱动概念进行了调整，该概念的主要部件包括集成角齿轮驱动（动力输出单元）、传动轴、按需扭矩后桥差速器以及后侧轴。经典悬架概念允许在前后桥之间按需分配扭矩，具体取决于前轮的车辆打滑情况。从第一代多盘式离合器控制开始的运动型设计也是借鉴了前代车型，可提供最佳牵引力和车辆动力。客户可通过动态操控选择（DYNAMIC SELECT）开关更全面地控制第一代4MATIC的特征。对于车身较高的GLA车辆，可通过三个特征控制离合器；对于B级车，只可通过两个特征进行控制。

（2）按需扭矩后桥差速器。

集成在后桥差速器中的多盘式离合器采用前后桥之间完全可变的扭矩分配。如今它采用机电控制方式。与当前的系统相比，该机电调节方式具有多种优势，例如在整个调节范围内独立于速度的机械操作、静止时已采用离合器的先导控制以及按需机械操作。先决条件包括进一步开发主动安全性或车辆动力学特性等。机电控制是通过一台电动发动机实现的，该发动机通过正齿轮级和滚珠斜面对离合器组件施加轴向力，进而打开或关闭离合器片。锁定差速器可平衡后轮的不同路径/速度。具体取决于驾驶情况、前后桥之间驱动扭矩的分配，包括从前桥的100%驱动扭矩（例如，直线驾驶和前轮打滑未增加）到后桥的0%驱动扭矩。在正常工作状态下，ECO/COMFORT变速器模式的静态分配设为80∶20（FA∶RA）和/或运动模式下为70∶30。越野项目（特殊装备）的理想分配是50∶50。如果摩擦系数在临界情况下发生波动，则前桥的驱动扭矩可达0%，后桥的驱动扭矩可达100%。

（3）全新按需扭矩后桥差速器的优势。

①在整个设置范围内独立于转速进行激活。

②在静止状态下可对联轴器进行先导控制。

③高效、按需激活。

④通过驱动的滚珠坡道概念实现高效率。

⑤无液压泵概念可实现零液体损失。

⑥经优化的油道有助于实现低发动机阻力矩。

⑦设计紧凑、重量轻。

⑧高驱动精确性和驱动动力学性能构成了全轮性能。

⑨具有更高数据吞吐量和同步数据传输的FlexRay™通信。

4MATIC驱动概念，如表9-1-7所示。

表9-1-7

	4MATIC Gen2	4MATIC Gen1	差异百分比
重量	大约为19.5kg	大约为20.5kg	−5
最大离合器扭矩	1000N·m	750N·m	+33
驱动	机电	电液	
油量	大约0.65L	0.75L	−7
在2000r/min时阻力矩为40℃	1.29N·m	2.1N·m	−39

(三)越野行驶组件(430)

越野行驶组件可使GLA适用于困难地形条件。例如,附加越野程序可优化雪地、雪泥或松软路面上的牵引力。为此,其调整发动机性能和ABS控制以适应远离铺路的简易地形。套件包括:

4MATIC全轮驱动系统;

通过动态操控选择(DYNAMIC SELECT)实现的附加变速器模式;

下坡车速控制系统(DSR);

越野ABS;

越野屏幕;

越野照明;

保险杠中的前后模拟底盘防护装置。

1.越野程序

变速器模式侧重于在简易地形行驶。越野专用自适应:

①驱动系统(加速踏板、开关点、ABS和ESP®的适应特征)。

②底盘(悬架和阻尼响应)。

③转向(转向系统对手部作用力的响应)。

2.下坡车速控制系统(DSR)

DSR功能可单独激活。当车辆下坡或在简易地形行驶时,该功能可通过将设定车速维持在物理限值内提高主动安全性。仅在提供越野行驶组件的情况下才可使用该功能。可在2~18km/h的车速范围内激活DSR功能。在D-N-R驾驶阶段,结合自动变速器对车速进行控制。可在任何时间通过操作加速踏板或制动踏板以超出或降低预选车速。最后所选的车速在重启后作为起始值。否则,新的起始值为6km/h。全数字化挡风玻璃驾驶室中的组合仪表显示所选车速。

3.越野ABS

GLA配有特殊ABS控制,可以低于30km/h的车速在简单越野条件下使用。与标准ABS控制不同,该控制可循环锁定前轮。例如,它可以缩短制动距离或在松软路面上停车(阻塞效应)。在低于极限速度的情况下从标准ABS控制过渡到越野ABS控制。

4.越野屏幕

选择"越野"变速器模式后,媒体显示器展示越野屏幕。其展示以下信息:

①所选变速器模式。

②以百分比显示加速踏板位置。

③以百分比显示制动踏板位置。

④下坡速度调节的状态。

⑤车辆倾角。

⑥转向角。

⑦以百分比显示梯度或坡度信息。

当激活下坡速度调节功能后,组合仪表显示设定车速。媒体显示器上的GLA越野屏幕,如图9-1-32所示。

图9-1-32

5.越野照明

越野照明可确保车辆在夜间崎岖地形行驶时的安全性。为此，车辆连续激活选装多光束LED灯（MULTIBEAM LED）前照灯的转弯灯。该功能可在高达50km/h的车速条件下直接为用户提供车前宽阔且明亮的照明。使用该设置停用主动照明功能，因此转向运动不会改变照明水平。因此更容易在夜间识别障碍物，并且由于视野扩大，可避免不必要的损坏。

七、安全和驾驶辅助系统

（一）安全概念

GLA是紧凑型SUV中安全性最高的车型。它具有全面和巧妙组合的安全设备，可用于梅赛德斯-奔驰整体安全概念的所有四个阶段。

1.安全驾驶/审慎制动/安全停车和操纵

（1）安全驾驶。

梅赛德斯-奔驰智能驱动结合了安全和舒适创新点。凭借此类智能系统，梅赛德斯-奔驰不仅设定了新的汽车行业标准，而且在无事故全自动驾驶领域更进一步。因此，驾驶员可在全新车辆空间内体验安全、舒适和减压驾驶。驾驶员辅助套件FAP4.5（23P）包括以下辅助系统：

①带有以下功能的主动距离辅助系统限距控制系统（DISTRONIC）。

可对限速变化做出预见性反应的主动限速辅助系统（与路标提醒辅助系统结合）；

在交通堵塞时扩展自动重启（与主动停车辅助和导航系统结合）；

在ECO变速器模式中激活"超限模式"。

②带有以下功能的主动转向辅助系统。

主动车道变更辅助系统（与导航系统结合）；

主动紧急停止辅助系统，在车辆静止后自动解锁并向梅赛德斯-奔驰紧急呼叫中心发出紧急呼叫（特定国家）；

应急走廊功能：当高速公路发生交通拥堵时，该功能支持在车道边检查车辆，这一点是形成应急走廊所必需的。

③弯道、环状交叉路口、收费站、丁字路口前以及转向/驶出快车道/高速公路之前基于路线调节车速-在路线事件"交通拥堵尽头"中降低车速（与导航系统结合）。

④避让转向辅助系统。

⑤主动车道保持辅助系统。

⑥带有出口警告的主动盲点辅助系统。

⑦带有车侧区域保护辅助系统（新）和交叉车流辅助功能的主动制动辅助系统。

⑧PRE-SAFE®增强版。

其他可选的安全驾驶系统：

带有可调节灵敏度的注意力辅助系统（ATTENTION ASSIST）可在识别到典型的注意力不集中或疲劳迹象时警告驾驶员；

多光束LED灯（MULTIBEAM LED）（642）的路面照明效果比传统的前照灯更好，还可根据驾驶和天气条件提供更加灵活的光分布；

胎压监测器（475）监测驾驶期间四个轮胎的充气压力。

（2）安全制动。

①自适应制动系统（ADAPTIVE BRAKE）（164）帮助掌握关键制动操作，并通过带有反复执行任务的舒适功能为驾驶员提供支持。

②ABS防抱死制动系统（056）可防止车轮锁定并在紧急制动期间改善车辆控制。

③BAS制动辅助系统（760）在紧急制动期间通过增加制动压力为驾驶员提供支持，由此降低制动距离。

④坡道起步辅助系统可通过暂时阻止车辆向后滚动更加容易地实现安全起步。

⑤HOLD功能无须踩下制动踏板便可保持车辆静止。

⑥当驾驶员将脚迅速从加速踏板移开时，制动片上已开始预充电，由此在随后的制动期间缩短制动距离。

⑦干式制动功能可在雨天定期清除制动盘上的水，由此确保获得最佳制动力。

⑧自适应制动灯可在紧急制动期间快速闪烁以提醒驾驶员后方存在的车辆，并缩短反应时间。

⑨当前桥或后桥制动片发生磨损且必须更换时，制动片磨损警告指示器可通过信号和多功能显示器上的文字信息通知驾驶员。

安全停车和操纵：在混乱情况下停车和操纵的难度非常大。这就是需要用到一些驾驶员支持系统的原因，例如在寻找停车位以及停车和将车从停车场开走时。

停车和操纵支持系统：

用于在停车和将车从停车场开走时提供辅助的带有后视摄像头的停车套件（P44）和带有驻车定位系统（PARKTRONIC）的主动驻车辅助系统；

带有360°摄像头的停车套件（P47）以及带有驻车定位系统（PARKTRONIC）的主动驻车辅助系统以局部图片显示车辆附近的区域；

带有驻车定位系统（PARKTRONIC）的主动驻车辅助系统（235）和后视摄像头（218）也可用作单一单元选项。

2.在危险情况下

凭借整体安全概念的全新和扩展功能，梅赛德斯-奔驰在发生危险时采取预防措施方面处于领先地位，还可启动保护功能。在危险情况下可提供包含的系统包括：

①主动制动辅助系统（258，标配），可在紧急制动时提供支持并在紧急情况下自动制动。

②主动车道偏移辅助系统（243，标配）可通过制动系统的单边干预引导车辆回到车道（包括在即将发生碰撞时使用虚线）。

③侧风稳定辅助系统（标配）可在强侧风情况下通过车道引导为驾驶员提供支持。通过ESP®系统制动系统的单边干预可降低车辆偏移目标车道的可能性。

④当主动转向辅助系统激活后，如果系统检测到驾驶员连续出现注意力不集中或无法继续稳定驾驶，则主动紧急停止辅助系统可降低车辆速度直到车辆静止，然后自动锁定车辆并发出紧急呼叫。

⑤带有交叉车流辅助功能和交通拥堵尽头紧急制动功能的主动制动辅助系统还可检测十字路口处的交叉车流、交通拥堵尽头的车辆或危险区域的行人。

⑥主动盲点辅助系统（237）可通过制动系统的单边干预防止车辆碰撞。

⑦预防性安全系统（PRE-SAFE）®（299）可检测可能引发事故的临界驾驶情况，并在即将发生危险时采取预防措施以保护乘员（例如，可逆紧急张力牵引器）。

⑧预防性安全系统（PRE-SAFE）®+还可以通过激活后部危险警告灯向驾驶员警告可能引发后部碰撞的后部未随车流（以5Hz的高频率）。

3.在事故中

在发生事故时，整体安全概念第三阶段的措施（尤其是高级别的结构可靠性和综合约束系统）可提供最佳保护。

①安全气囊（前排安全气囊、膝气囊、前后侧气囊和车窗气囊）。

②安全带。

③PRE-SAFE®声音。如果PRE-SAFE®识别到特定的危险情况，车辆的声音系统会发出简短的声音信号，从而向驾驶员发出预警。在这种自然的反射机制中，镫骨肌收缩并暂时减少鼓膜与内耳之间的连接，从而更好地保护内耳使其免受高声压破坏（生物机械听力保护）。

④它还可向未系安全带的驾驶员和前排乘客发出警告音。

⑤行人保护（柔软，主动发动机罩）。

4.在事故发生后

事故发生后可采取各种措施（根据事故类型和严重性）缓解事故影响并进行快速救援。主要目标是增加事故现场的可识别性、使救援工作更加容易并保护乘员和紧急服务使其免受受损车辆潜在危害的影响。

事故发生后可部署的系统：

①激活危险报警照明系统以保护事故现场。

②激活内部照明系统，从而在夜间更好地定位事故遇害者和/或救援小组。

③打开中央锁定系统。

④稍微降低前侧车窗-激活安全气囊系统后对车内进行通风（获得更好的视野并更好地定位）。

⑤激活梅赛德斯-奔驰紧急呼叫系统。

⑥自动发动机关闭特征。

（二）新款驾驶辅助系统的详细描述

1.主动停车辅助系统

主动驻车辅助系统（代码235）的功能包括驻车定位系统（PARKTRONIC）和在平行及正常停车位辅助停车和将车从停车场开走。主动驻车辅助系统的组合仪表中具有可智能激活的停车信号显示器，在低于35km/h的车速范围内（高速公路除外），该系统可与MBUX导航系统一同指示搜索或检测到的停车位。在搜索停车位的过程中显示停车信号，如图9-1-33所示。

图9-1-33

当识别到左侧或右侧停车位时显示停车信号，如图9-1-34所示。

图9-1-34

该系统的优势不仅在于其可以在车辆进出时提供辅助，如果在倒车入库时检测到交叉车流，它还可以发出警告以提供帮助（与特殊装备盲点辅助系统/主动盲点辅助系统结合）。此外，如果前部或后部的一个超声波已经事先记录了障碍物，则驻车辅助驻车定位系（PARKTRONIC）还会向驾驶员警告车辆侧面发生的碰撞。

（1）结构。

主动驻车辅助系统包括前保险杠上的6个超声波传感器和后保险杠上的6个超声波传感器。前部区域的侧碰撞传感器寻找车辆两侧的停车位。与传感器相比，前保险杠角落的超声波传感器范围更高，因此更适合在驶过时测量停车位大小。按下主动驻车辅助系统按钮后，媒体显示器上将显示所有检测到的停车位。使用方向盘上的右控制面板、中央操作单元或触摸板选择停车程序。与APC2.0相比，动画停车位搜索、即刻显示所有检测到的停车位以及不同的停车选项体现了巨大的附加值。检测到停车位时便会显示，而非仅显示现有的停车准备状态。独立停车控制单元实现控制功能。根据信号到达障碍物并在反射后回到起点的时间来确定与障碍物之间的距离。

（2）功能。

在激活后，主动驻车辅助系统可以通过媒体显示器在停车及将车从停车场开走时提供辅助。以下功能可用：

①根据车辆的当前位置计算合适的车道（轨迹）。

②在低于35km/h的车速范围内，主动驻车辅助系统根据长度及深度检测驾驶员和前排乘客侧的停车位（潜在的平行式和间隔式停车位）：长度不超过12m的平行停车位将显示为相关停车位。比车辆至少宽1m且最大不超过4.2m的停车位将显示为相关停车位。

③如果可以计算出相应轨迹，则也可以在普通停车位前进停车（驶过停车位后）。

④如果事先使用主动驻车辅助系统停车，则可以在将车从停车场开走时提供辅助。

（3）详细功能描述。

①带有转向功能、车速控制和自动挡位变化的辅助停车（仅与自动变速器结合）：在辅助驻车子功能中，主动驻车辅助系统在车速高达35km/h的情况下检测车辆行驶方向左右两侧的潜在停车位（仅适用于向前行驶和/或挡位范围D）。如果系统检测到了合适的停车位，驾驶员可通过多功能方向盘的右侧控制面板或中央控制元件/触摸板选择停车位，进而在停车后激活驻车辅助功能（取决于设备型号）。主动

驻车辅助系统负责控制机电转向，从而指导车辆以最高约4km/h（配有自动变速器的车辆）的速度和最高10km/h（配有手动变速器的车辆）在计算轨道上停车。驾驶员可通过制动踏板控制车速。最多需要执行12个动作便可完成整个停车程序。此外，主动驻车辅助系统不支持在弯度较小的弯道上停车。

②辅助驶出停车位：只有主动驻车辅助系统之前已经进行了停车操作，这样才能启动自动驶出功能。驾驶员启动发动机并按下主动驻车辅助系统按钮后，将发出提示，询问是否启动辅助驶出。驾驶员可以选择车辆驶出方向（从垂直停车位驶出）和/或启动程序。

从垂直停车位驶出。只要车辆到达一个足够倾斜的位置可使其直接驶出停车位，车辆将设置到直立位置并结束程序。最迟在车辆相对于开始位置形成约45°角时结束驶出程序。

从垂直停车位向前驶出。在停车过程中，系统将存储驶过位置和目标位置之间的角度。当驶出时，到达驶过方向前约10°时进行传输。

从垂直停车位向后驶出。在停车过程中，系统将存储驶过位置和目标位置之间的角度。平行于驶过方向驶出时进行移交。驶出程序结束时，媒体显示器中显示的车辆路径才能够绿色变为黄色；媒体显示器中将显示免提图标且可听到铃声。驾驶员再次主动接管车辆驾驶。

③自动制动：在纵向和横向停车位进行辅助停车和驶出时，自动制动功能激活（仅与自动变速器结合）。可通过集成在ESP®中的纵向控制系统并根据实际情况使用制动器。达到与停车位末端的特定距离时和/或检测到障碍物时，可更加实际情况进行制动。抵达检测到的障碍物之前暂时将车辆制动至静止状态。驾驶员可随时进行制动。

④被动车侧区域保护：被动车侧区域保护功能可使系统在媒体显示器边缘显示障碍物。通过计算机模型确定传感器有效区域之间到车辆侧的区域。先决条件是完全检测到障碍物，车辆已事先通过了障碍物且障碍物处于静止状态。检测到的障碍物和车辆之间的距离不断变化，需不断进行确定。根据距障碍物的距离，需发出多级声光警告，正如驻车辅助系统驻车定位系统（PARKTRONIC）。在高达10km/h的车速范围内，该车侧区域保护功能激活。可通过媒体显示器和声音警告使用该系统。

⑤车后横越交通警示系统（仅与特殊装备盲点或主动盲点辅助系统结合）：车后横越交通警示系统功能在倒车入库过程中通过声光警告驾驶员检测到的任何横穿交通，具体取决与障碍物之间的距离及其速度。以0~10km/h的车速倒车时，该功能激活。位于后保险杠中的盲点辅助系统的雷达传感器记录车辆后方侧面区域。如果检测到穿越车辆，媒体显示器的显示屏将通过声光警告显示可使用该系统。根据具体情况，可以采取制动系统干预。检测可能主要受以下因素限制：

传感器的严重污染；

斜角停车检测不足（不良）（受限于传感器的位置）；

通过其他车辆的障碍物。

⑥坡道驶离辅助系统（仅与自动变速器结合）：当车辆处于静止状态时，如果在换挡至R或D挡后大约1m范围内检测到障碍物，则速度限制于大约2km/h。例如，如果加速/制动踏板混合使用或选择了不正确的挡位范围，可能会出现这种情况。该功能可降低可能出现的碰撞的严重程度。媒体显示器的显示屏显示该程序的活动。

2.主动盲点辅助系统（237）

盲点辅助系统（234）和主动盲点辅助系统之间的显著差异是主动盲点辅助系统中制动系统的路线更正干预功能。主动盲点辅助系统具有大约12km/h的有效警告区域，因此该系统甚至可以覆盖典型的城市交通。主动盲点辅助系统可帮助驾驶员在变更车道的过程中实现最大的安全性。制动系统发出的声光警告和路线更正干预功能可避免车辆在盲区时发生侧面碰撞。还可以检测到靠近的骑行者。

（1）设计。

主动盲点辅助系统功能包括：

基于雷达的周围环境监测；

用于检测侧面碰撞风险的控制单元；

制动系统实现路线更正干预功能的ESP®；

两个外后视镜的每个后视镜玻璃上具有一个红色三角警示牌；

组合仪表显示器；

组合仪表的声音警告（双警告音）。

通过PRE-SAFE®稍微拉紧的安全带：主动盲点辅助系统使用横向安装在后保险杠中的雷达传感器监测所谓的盲点区域。该系统分为警告区域和碰撞区域。警告区域与B柱并列，并向后延伸至保险杠后方5m处。警告区域侧面受到距离车辆3m的线路的限制。碰撞区域随车速而变化，因此车速为12km/h时，碰撞区域距离车辆2m；当车速增加到60km/h时，碰撞区域延伸至距车辆3m处。碰撞区域后部局限于车辆后方2m，可通过多媒体显示器激活主动盲点辅助系统。如果在以高于最低车速12km/h的速度向前行驶的过程中识别到相应区域的车辆，该系统将发出警告；如果该系统激活，组合仪表中的图形辅助将通过灰色雷达波向后方辐射显示此信息。一旦该系统运行（高于12km/h），雷达波的颜色变为绿色。主动盲点辅助系统制动系统可在30km/h的车速下进行干预。

在第一级警告中，如果满足以下任何一个条件，各自外后视镜中的三角形连续亮红灯：

车辆从后部靠近，并将于2.5s内到达警告区域；

车辆从侧面靠近且其外部边缘进入警告区域；

车辆在警告区域中以低于15km/h的相对速度暂时超车。

在第二级警告中，如果驾驶员在满足以下任何一个条件时打开转向信号灯，则三角警示牌亮红灯并熄灭且可听到双警告音：

车辆从后部靠近，并将于1s内到达碰撞区域；

车辆从侧面靠近且其外部边缘进入碰撞区域；

车辆在碰撞区域中以低于9km/h的相对速度暂时超车。

如果车辆电气连接到拖车，则组合仪表将显示在拖车牵引过程中驻点辅助功能不可用。

（2）制动系统进行的路线更正干预功能。

为了检测车辆位于盲点时的侧面碰撞风险，智能驱动控制器将评估后部多模式雷达中的信息。如果车辆在靠近过程中有可能超过基于速度的最小横向距离，则智能驱动控制器将根据距离和靠近速度计算路线更正，并通过制动系统触发路线更正干预功能。制动系统的干预强度取决于侧面距离、车辆靠近的速度以及车辆系统中的驾驶员输入（例如转向角）。IDC使用由远程雷达和SMPC（选装）检测到的物体来分析可用的自由空间。通过该分析并根据具体情况调整必要的路线更正。如果在靠近车辆侧面的位置检测到障碍物或车辆，或者当前预期存在这些障碍物或车辆，则必须减少或省略该方向上的路线更正。为此，需要评估横向距离、靠近车辆或障碍物的速度以及驾驶员的反应时间。根据道路速度，驾驶员将制动系统的路线更正干预功能视为车辆偏航运动或减速。如果驾驶员在制动系统进行路线更正干预时转向，或者在干预期间更加用力地踩下加速踏板，制动系统的路线更正干预功能将终止。在30~200km/h的车速范围内，主动盲点辅助系统可触发制动系统的路线更正干预功能。当在弯道驾驶或驾驶员想要变更车道时，制动系统的路线更正干预功能将进行调整以适应当前的驾驶情况。当车辆具有高纵向或横向加速度时，例如制动操纵期间或快速规避操纵期间，不启用制动系统的路线更正干预功能。如果高优先级驾驶安全系统进行干预，例如ESP®或主动制动辅助系统，则将抑制制动系统的路线更正干预功能。在ESP®控制单元中协调制动请求。驾驶员通过组合仪表中的图片得知，主动盲点辅助系统已检测到盲区车辆存在侧面碰撞风险，并将进行干预以更正路线。同样，可在高于200km/h的车速范围内对盲区车辆进行显示和警告。

（3）出口警告功能。

出口警告功能是该系列车型的新功能。仅在车辆静止以及盲区辅助系统通过点亮的三角警示牌警告车辆外后视镜处存在靠近的车辆（例如自行车骑行者）时激活出口警告功能。如果随后打开了与相关车辆位于同一侧的车辆的一个车门，则将发出声音警告且相应侧的三角形警示牌电量。与环境照明结合使用时，车门把手凹槽、地图袋和装饰件照明同样通过闪光灯激活。发动机关闭后，该功能最多可持续3min。该警告发出后可通过车外后视镜看见，并可通过组合仪表听见，如图9-1-35所示。

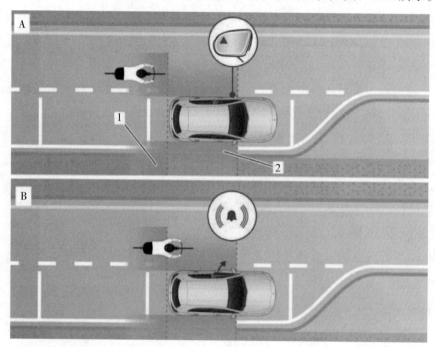

1.视觉警告信息　2.视听警告信息　A.自行车视觉警告信息　B.自行车视听警告信息

图9-1-35

（4）基于路线的速度调整。

基于路线的速度调整功能是主动距离辅助系统限距控制系统（DISTRONIC）的延伸（仅与MBUX导航结合）。基于路线的速度调整功能在即将发生路线事件前控制车速，例如弯道、丁字路口、环状交叉路口、拐角，并在事件发生后重新恢复设定车速和/或设定距离。

①设计。

基于路线的速度调整功能是一个功能扩展。可在20~210km/h的车速范围内根据多功能系统的配置启用该功能。

②功能。

可通过多功能显示器打开并关闭基于路线的速度调整功能。当限距控制系统（DISTRONIC）距离辅助系统激活时，实际车速主要取决于前方物体的速度以及与该物体之间的距离。如果前方没有任何物

472

体，或者物体距离超出标准距离，则将车速降低至设定车速（如有必要）。不会增加设定车速。为适应车速，需对地图数据进行处理。在此过程中将制定地图数据的目标速度。根据设定和车速，将针对即将发生的路线事件调整车速和/或车辆加速度。如果连续发生两次路线事件，则对车辆加速度进行相应调整。在转弯前或在出口前调整车速，无须考虑转向信号灯激活后导航的激活状态。多车道道路上驶出/转弯激活是不同的。当激活右侧车道的转向信号灯后，将立即对车速进行相应调整。为了区分变道过程中转向信号灯的激活，其他车道响应延迟。路线事件过去后将恢复设定车速，同时考虑前方行驶的车辆和下一次路线事件。当在路线事件发生之前关闭转向信号灯，或驾驶员在事件期间踩下加速踏板或制动踏板，车速调整结束。注意，基于路线的速度调整不考虑路权规则和交通信号灯。驾驶员必须始终遵守道路交通规则。驾驶员必须自行调整车速，例如在恶劣环境条件下，例如道路拥堵、道路狭窄、道路潮湿、冰雪天气和/或与拖车一同行驶时。

③显示。

图形辅助中给出了需降低车速的基本路线事件。此外，限距控制系统（DISTRONIC）图标中有一个向下的箭头且速度表中有一个分段圆，如图9-1-36所示。

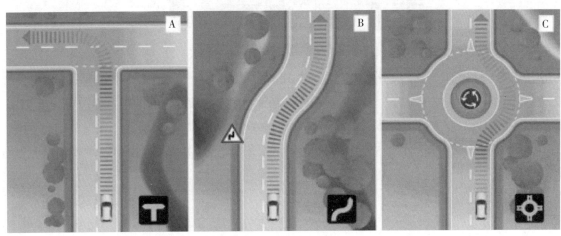

A.丁字路口　B.弯道　C.环状交叉路口

图9-1-36

八、悬架与转向器

（一）前桥

新款GLA配备了由新B级改装而成的MacPherson前悬架且此种悬架已经过改进。此种试验过的前桥设计尤其适用于带动力前轮的紧凑型车辆，原因是：

①非簧载质量低。

②支承底座大。

③力小。

④空间需求小。

就MFA2平台而言，GLA H247属于轮距宽度较大的车辆，即所谓的"高"车辆。通过合适的转向节和较宽的支柱在前桥上实现较大轮距宽度。合适的转向节和较宽的支柱，如图9-1-37所示。

图9-1-37

前桥上悬架支柱较长，导致水平稍高。在新款GLA的前轴模块上，每个轮铸铝轴都螺栓连接一个轮毂单元。每个车轮都由一个位于车轮中心下方的横向控制臂、一个悬架支柱和一根拉杆控制。新款GLA中的横向控制臂是铝锻件，一方面减轻了重量，另一方面进一步减少了非簧载质量。在驾驶动态方面，针对MFA2系列持续研发出的前轴具有适当的弹性体轴承设计安排，使车辆灵活性优越，乘坐舒适性甚佳且驾驶安全性高。

（二）方向盘位置

在确定车轴几何结构时，应特别注意保持转向器上的转向扭矩和转向器颠簸尽可能小。由于对A类及其发动机而言的新前端组件，机电齿轮齿条式转向器被重新安置在车轮中心的后方（沿驾驶方向看时）。电子控制的电动机产生与车速相关的标准动力转向系统。通过减速变速器将其传递至齿轮齿条式转向器。

1.参数功能

电子控制的动力转向系统无须额外操作即可进行参数设置，换而言之，必须根据驾驶状态对参数进行变更。车速和横向加速度是用于控制参数功能的输入系数。

2.转向控制转向辅助

作为额外的安全功能，H247车型系列标配有转向辅助功能。这是ESP®的一项子功能，可以为车辆的驾驶动态稳定提供支持。在这种背景下，确定与驾驶状态相关的转向扭矩辅助并且通过信号将其相应地设置为电动转向辅助。如果出现转向过度的情况，则转向辅助系统会通过方向盘告知驾驶员进行逆向转向。如果ABS在左右方向具有不同摩擦系数的行车道上制动，则会产生偏航脉冲，使车辆转向摩擦系数更高的方向。转向辅助系统通过方向盘向驾驶员指示正确的转向方向，以对由于摩擦系数不同而产生偏航脉冲进行补偿。该功能从不会覆盖驾驶员输入。相反，它仅通过方向盘上的扭矩告知驾驶员转向方向，以稳定车辆。

（三）后桥

对于新款GLA，新B级四连杆后桥进行了详细优化，适应于GLA的较宽轮距。为了优化NVH行为，所有MFA2系列成员均配备了悬架副框架。通过橡胶支架，该副框架与车身外壳分离。合适的轮架，如图9-1-38所示。

图9-1-38

在四连杆后桥上，每个后轮具有三个摆臂和一个纵向托臂，吸收产生的力和扭矩，协调并独立区分车辆纵向和横向的动力，从而达到最佳驾驶稳定性和乘坐舒适性。轮架和弹簧连杆由铝制成，便于针对敏捷性和乘坐舒适性而调节驾驶性能。使用的新款GLA类悬架组件的铝含量是该类车辆中所有已知的车轮定位系统铝含量中最高值之一。由于非簧载质量低，允许对路面进行特别灵敏的扫描，从而实现良好的乘坐舒适性。4×2 MFA系列四连杆后桥，如图9-1-39所示。

图9-1-39

4×4 MFA系列四连杆后桥，如图9-1-40所示。

图9-1-40

插电式混合动力GLA的抗扭梁后桥轮距加宽，为电池组腾出了空间。U形截面具有特定尺寸，使其可以通过单侧压缩和降压而扭曲且可以当作稳定杆使用。焊接组件和弹性体轴承的巧妙设计实现了舒适的自转向行为，具有良好的舒适性。MFA2系列抗扭梁后桥，如图9-1-41所示。

图9-1-41

（四）悬架和阻尼

新款GLA的悬架在前桥处装有MacPherson双管弹簧支柱，在后桥上装有单独布置弹簧的单管减震器，在前后轴上都装有稳定器。对新款GLA的悬架组件进行了彻底检修。

1.前桥悬架

前桥与控制车轮的MacPherson悬架支柱同时作用。该悬架支柱由带辅助弹簧的充气式减震器、横向力优化的螺旋弹簧和紧凑的支撑衬套组成。这个三向支撑衬套意味着来自减震器、辅助弹簧的力互不相连。减震器将自身支撑在内部弹性体轴承上，该轴承与减震器的响应时间最相配。带有舒适型插件和渐进识别功能的聚氨酯辅助弹簧靠在车身的轴承外壳上，而螺旋弹簧的力则通过滑动轴承传递至车身。通过两侧的弹性体轴承实现弹簧噪声去耦。为了减小减震器的密封引导单元中的摩擦，螺旋弹簧几何构造成侧向负载弹簧，该弹簧补偿了垂直车轮力对密封引导单元中横向力的影响。减震器的最佳响应时间由此产生。可利用降低的减震器特性在整个振幅和车速范围内实现较高的乘坐舒适性。前桥弹簧支柱不仅具有所述特性，还具有带空心活塞杆、铝制头部轴承和冲压弹簧保持器的最佳配重设计。作为钢聚酰胺混合部件，管状稳定器通过新开发的优化了重量和摩擦的扭杆连杆连接至悬架。从运动学角度对连杆的布置进行了优化。在车身上，管状扭杆配有无任何轴承摩擦的硫化橡胶支架，从而改善了悬架响应。

2.后桥悬架

后桥配备有单管减震器和单独安装的压缩弹簧。借助两个弹性体插件，车身和后桥之间的螺旋弹簧实现了有效噪声去耦。下部弹性体插件中的锌装饰插件大大减轻了下部弹簧圈的腐蚀。由铝制上装支架连接减震器与车身，该铝制上装支架具有万向节式软安装，有助于使减震器中的摩擦最小化，从而缩短响应时间。减震器和变速器的位置为悬架调节提供了一个滚动减震和点头减震的低成本折中方案。此外，通过减震器的选定倾斜位置实现了车轴的纵向减震。后桥减震器的特性曲线也略有下降。后桥上使用了带有镀锌弹性体轴承的防倾杆，减少了在车辆上的滚动。它通过新开发的聚酰胺变速轨连接到后桥。

3.悬架变形

H247系列车型的新款GLA有几种悬架变形：

作为标准设备：钢制舒适型悬架（485）。

作为特殊设备：具有自适应减震调节功能的悬架（459）。

水平降低的舒适型悬架（677）与标准悬架相比，降低了15mm的舒适型悬架与特别调节过的弹簧和减震器共同作用，运动性更加明显。

传统减震系统是标准悬架的一部分。对双管减震器进行了调节，以使前桥上的拉力和压缩力在一定比例下达到平衡，减小了与轮胎均匀性的动态偏差，并进一步改善了驾驶动态及驾驶安全性。足够的弹簧行程、支杆长度适当且摩擦优化的减震器以及精确的侧向力补偿是舒适性悬架性能的可交付成果。钢制舒适型悬架，如图9-1-42所示。

图9-1-42

H247系列车型的GLA可选用主动可调式减震器。结合通过动态操控选择（DYNAMIC SELECT）选出的变速模式，驾驶员可以在舒适型和运动型减震器性能之间进行选择。在驾驶员选择的变速器模式中，根据道路状况和驾驶员的驾驶方式来调节车辆的减震性能。驾驶员不再受限于单一的减震器配置，而是根据他选择的变速模式达到了舒适性和运动性之间的平衡，这就是梅赛德斯-奔驰典型的精致运动性。几个不同的传感器持续监测悬架状况、驾驶状况和驾驶方式，并分别对每个车轮单独进行减震调节。关于发动机、变速器、制动系统、转向器和驾驶员辅助系统的信息将发挥作用。在进行加速、制动和转向操纵时，减震会变得困难，特别是减少车身的俯仰和滚动运动及改善车轮负载和轮胎抓地力。4个减震器中的每一个都有一个电子控制阀用于调节机油流量。可通过控制腔室之间的机油流量而改变减震器的特性。在不牺牲驾驶安全性或乘坐舒适性的前提下，主动减震调节还为着重于247系列车型新款GLA的驾驶动态创建了前提条件。具有自适应减震调节功能的悬架，如图9-1-43所示。

图9-1-43

（五）动态操控选择

与X247类似，GLA也拥有动态操控选择（DYNAMIC SELECT）系统，在此系统中可以选择五种不同的变速器模式之一：

舒适型（默认设置）；

ECO；

运动；

个性化（INDIVIDUAL）；

越野（仅与越野工程包结合使用）。

每个单独的变速器模式在此都有对应的个性化系统，例如：

驾驶（发动机和变速器性能）；

悬架（弹簧/减震调节）；

转向器（具有各种手动扭矩的舒适型或运动型模式）；

ECO启停功能。

1.舒适（COMFORT）

优秀平衡性、舒适型发动机设计、变速器、悬架和转向器：

①加速踏板的优秀平衡特性。

②变速器切换点的优秀平衡特性。

③舒适（COMFORT）模式中的自适应减震系统。

478

2.ECO

设计与效率：

①有间接响应时间的加速踏板的特性。

②较低车速时切换至更高挡位的自动变速器。

③限距控制系统（DISTRONIC）关闭状态下的航行功能。

④舒适（COMFORT）模式中的自适应减震系统。

⑤舒适（COMFORT）模式中的转向器。

3.运动

运动性和敏捷性设计：

①有直接响应时间的加速踏板的特性。

②较高车速时切换至更高挡位的自动变速器。

③运动（SPORT）模式中的自适应减震系统。

④运动（SPORT）模式中的转向器。

4.个性化（INDIVIDUAL）

为个性化系统选择某些指定特性来进行个性化组合。

5.越野

结合越野工程包，提供了适用于简单地形的变速器越野模式。

①有间接响应时间的加速踏板的特性。

②后桥扭矩分配高达50％的智能适时四轮驱动（4MATIC）。

③舒适（COMFORT）模式中的转向器。

④舒适（COMFORT）模式中的自适应减震系统。

⑤合适的ABS、ESP®和ETS。

⑥下坡速度调节与越野工程包相结合。

九、信息模块系统、技术、操作

（一）语音控制

从177系列车型的A类车得知，启用语音控制要使用关键字"Hey梅赛德斯"。除方向盘上的通话按钮外，也可以使用此方法。使用新的语音控制使各种系统的操作更简便。语音控件可以理解自然语音，并为用户提供了自由制定请求的选项而无须学习指令。此外，也可将自然语音控制扩展到梅赛德斯-奔驰在线服务，如天气信息或互联网广播。它还控制空调系统或座椅加热等车辆功能。

（二）前部非接触式手势控制系统（77B）

MBUX车内辅助系统在目前以感知、触觉和语音为主的车辆操作系统基础上进行了拓展。它能识别多媒体系统上的操作行为，并在各种交互区域中为它们提供支持。MBUX车内辅助系统能区分交互是来自驾驶员还是来自副驾驶。为此，它在顶置式控制面板中采用了3D摄像机。部件：

顶置式控制面板中的3D摄像机；

系统记录并解读手部动作，并对驾驶员和副驾驶进行区分；

在媒体显示屏中有选择地突出显示某些元件和/或放大它们（媒体/收音机、座椅调节、导航或主动驻车辅助系统）；

激活阅读灯：将手在车内后视镜下方进行上下移动；

激活探照灯：将手移动到空的前排乘客座椅上；

用食指和中指比出"V"从而唤醒个人偏好：定义手势。

如果车辆配备了MBUX车内辅助系统，则可以无须接触而对多媒体系统的选定功能进行操作。由此，MBUX车内辅助系统会检测到某个手的位置，如表9-1-8所示。

表9-1-8

交互	交互区域
靠近触摸屏/触摸板	在媒体显示屏前/触摸板上方
定义位置	通过中央控制台
短促的上下移动	在车内后视镜下
把手伸至前排乘客座椅	前排乘客座椅

1.交互法检测触摸屏/触摸板

MBUX车内辅助系统做出反应的先决条件是媒体显示屏中将显示以下应用程序之一：

①主屏幕靠近触摸屏。

②收音机菜单或媒体菜单。

③在导航栏中的地图上显示/隐藏控制栏。

④在主动驻车辅助系统中更轻松地切换摄像头画面。

⑤带有驾驶员/前排乘客座椅显示屏的座椅设置，例如与舒适座椅包结合。

通过将手靠近距触摸屏/触摸板约10cm来进行识别。

2.示例：靠近触摸屏的主屏幕

驾驶员用手靠近触摸屏摄像头检测到手以及手在触摸屏上的位置。此信息会稍微放大数据库图标。不要求有特别的手的位置。

3.定义的交互位置——最爱的手势（V）

驾驶员和乘客都可以将经常执行的最爱功能与MBUX车内辅助系统链接。然后可以使用静态手势快速轻松地执行此功能。最爱手势的检测区域位于中央控制台上方，位于A/C喷嘴和媒体显示屏水平面上。手与媒体显示屏必须至少相距10cm。可以从媒体显示屏的控制面板提供的功能中选择最爱的功能。可以保存此设置。最爱功能示例：

①导航到家。

②返回主屏幕。

驾驶员/乘客可以用两根手指比成V字形，并保持此手势约1s，从而激活最爱的功能。如果尚未创建最爱功能并将其链接到MBUX车内辅助系统，则由多媒体系统为驾驶员/乘客提供支持。

4.照明功能

（1）阅读灯。

为了更便捷地打开阅读灯，可选择通过动态手势操控顶置式控制面板中现有开关。用于操控阅读灯的区域位于安置阅读灯的车内后视镜的下方。驾驶员/乘客可通过在车内后视镜下方短促地上/向移动手来打开或关闭阅读灯。重点是，不要突然向上伸手指来比手势，否则会导致故意按键。

（2）探照灯。

如果驾驶员在黑暗中将手移到前排无人的乘客座椅处，则将激活乘客侧的阅读灯以助于在座位上或脚旁找东西。无须具体手势。要把手放在车内且是驾驶员的手。如果驾驶员的手再次离开该区域，则乘客侧的阅读灯将熄灭。

（三）增强现实导航

一同提供增强视频专用设备与MBUX。通过摄像机捕获车辆前方的周围环境，并以视频形式显示在多媒体显示屏上。此外，视频图像还显示虚拟对象、信息和标记，例如交通标志、转向指示、门牌号、名称。同理，该系统在媒体显示屏中显示可见度不佳的交通信号灯（交通信号灯相位变化），这有助于观察交通信号灯。增强视频摄像头位于车内后视镜前方，如图9-1-44所示。

图9-1-44

此外，行车记录仪（Dashcam）功能可与增强视频功能一起使用。使用照片和艺术作品时，根据有关数据保护的国家法规，行车记录仪中的信息可以存储在单独的介质中。

（四）智能手机集成

对以下智能手机集成技术的支持依赖于设备：

①Apple CarPlay®。

②Android Auto™。

③百度CarLife。

Apple CarPlay®如图9-1-45所示。

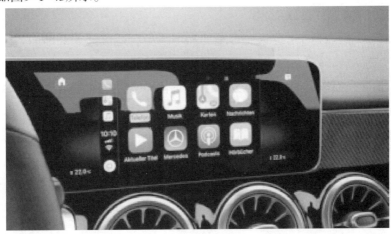

图9-1-45

这两个设备包均使驾驶员能够访问手机上的应用程序。通过电话，以适合驾驶时操作的方式准备HMI（人机接口）。所有技术都需要专门的应用程序，而这些应用程序是为各种设备分别研发和批准的。可以在智能手机上预装一组基础应用程序。通过使用智能手机的硬件和软件，客户可以一直访问最新的软件和数据，包括以下各项：

导航；

交通信息；

联系方式；

消息；

电话/FaceTime通话（音响）；

媒体、流媒体；

IP收音机；

语音控制；

激活。

作为软件部件，智能手机集成包含在其中。例如，可以通过USB（所有技术）连接智能手机。智能手机连接到一个由图标表示的特殊USB端口。对于AppleCarPlay®和Android Auto™，也可以通过无线网（WLAN）连接。根据设置，会自动激活或手动选择激活。激活智能手机集成模式后，Connect的某些本地功能不再可用［导航、媒体、网络服务、声控系统（LINGUATRONIC）、MB-Connect］。对于Android Auto™，仍要通过Connect用户界面进行拨号操作。

操作需借助：

触摸板；

触摸屏；

用于媒体、导航、电话直接支路的控制按钮；

方向盘上的触控按钮；

PTT按钮（一键通话），用于语音控制（通过车载麦克风和智能手机上的语音控制）。

通过系统扬声器进行音频输出，并通过无线网（WLAN）进行数据传输。

（五）车外照明

新款GLA标配有H7反射系统。提供了以下特殊装备：

LED高性能前照灯；

多光束LED灯（MULTIBEAM LED）。

就远光灯辅助而言，提供了自适应远光灯辅助和增强型自适应远光灯辅助系统。对于多光束LED（MULTIBEAM LED）前照灯，每1个前照灯的LED分离远光灯使用18个LED灯来水平调节光锥。各种LED灯的可选亮度控制能消除迎面车辆或前车区域中光隙。照明系统有控制选项，使智能照明系统的附加功能成为可能。MFA2系列中的车辆有：

自适应远光灯辅助增强版；

城市灯；

高速公路灯；

转弯灯。

1.自适应远光灯辅助增强版

增强型自适应远光灯辅助系统可以识别摄像头的图像，并借助图像检测算法识别迎面车辆或前方车辆。远光灯模块的LED灯会部分关闭以使迎面车辆或前方车辆驾驶员目眩。除了产生的光隙外，所有其他道路区域均得到最佳照明。远光灯的使用寿命延长了，使得驾驶员可以专注于道路交通状况而无须连续在近光灯和远光灯之间进行切换，并且不会受到光强度变化的影响。即便不考虑迎面车辆或前方车辆且未让车辆驾驶员感到目眩。根据法律，组合仪表中的蓝色远光灯符号也必须点亮。通过对LED进行选择性调光，可以检测并预防由自身远光灯和高度反光的交通标志引起的目眩。增强型自适应远光灯辅助系统不适用于以下道路使用者：

①无照明的道路使用者，例如行人。

②照明设备弱的道路使用者，例如骑自行车的人。

③照明设备被遮挡的道路使用者，例如被防撞护栏遮住。

如果驾驶员希望一直开启远光灯，则必须将灯光开关从"AUTO"（自动）切换至"近/远光灯"，然后将组合开关向切换至远光灯。

2.城市照明

与传统的配光相比，城市灯更明亮、更广泛地照亮了驾驶员侧的路边。因此，在其他道路使用者横穿马路时，驾驶员在黑暗中能更好地适应并更快地做出反应。

3.高速公路照明

当系统基于车速或通过导航系统检测到高速公路状况时，将点亮高速公路灯。前照灯范围调节功能的提升确保驾驶员的视线范围比使用传统近光灯时宽约50m。使用主动式远光灯时，可以通过例如专门降低迎面卡车驾驶员目眩的风险等方式，针对高速公路情况（高速公路远光灯）优化配光。如果检测到车辆向前行驶，则会激活高速公路部分远光灯。

4.转弯灯

转弯时，作为附加的静态照明功能，转弯侧或弯道内侧的转弯灯会自动点亮。除车速外，可通过转向信号灯拨杆和/或方向盘角度启用转弯灯功能。另一方面，导航系统提示前照灯关于行驶路线上十字路口和环状交叉路口位置，以激活用于十字路口和/或环状交叉路口弯道灯。因此，在距十字路口40m和环状交叉路口70m处，两侧的道路都会被照亮。

（六）洗车模式

在洗车模式中，车辆可以随时进入洗车设备。洗车模式激活状态下，车速最高为20km/h。激活洗车模式后，可以进行以下设置：

①外后视镜已折叠。

②雨水传感器已停用，以防止挡风玻璃洗涤器系统自动启动。

③后车窗雨刮器已停用。

④车窗和滑动天窗已打开。

⑤空调系统设置为空气再循环模式。

⑥驻车辅助的驻车定位系统（PARKTRONIC）已停用。

⑦装有360°摄像头的车辆：大约8s后显示前方画面。

如果无法进行设置，则在相应设置后以"%"符号标注。车速超过20km/h时，洗车模式自动停止。停止洗车模式时，除车窗和滑动天窗以外的所有设置都将重置。从车速18km/h开始，关闭360°摄像头的前方画面。

（七）便携装载（EASY-PACK）提升门

可以通过电控开关便携装载（EASY-PACK）提升门，使行李箱装卸更加轻松。只需按下一个按钮即可便捷开关且任何时候再次按下该按钮都可以中断开关。在很远处就能按下车钥匙上的按钮，以使后行李箱盖在您到达车辆位置时处于打开状态。此外，还可以通过驾驶员侧车门上的开关或提升门上的释放手柄来以传统方式进行开关。行李箱打开时，很容易触碰到舱口的底部边缘的关门开关。为了确保还能在低天花板的车库中使用提升门，可以将其停在任何打开角度的位置以节省高度空间。

1.部件

①电控开关提升门。

②驾驶员侧车门上的开关可电动打开提升门。

③舱口下边缘上的开关可电动关闭提升门。

④手动的行李箱滚轮盖可隐藏行李箱。

2.行李箱免接触开启功能（HANDS-FREEACCESS）

借助行李箱免接触开启功能（HANDS-FREE ACCESS），可以在不接触的状态下开关提升门。为此，后保险杠下方的传感器区域要识别用户踢脚动作。购物带回重物，或者无法腾出手来关闭后备箱门时，这个功能将特别有用。

（八）Car-to-X通信

Car-to-X通信将与MBUX和Mercedes me connect的Live Traffic结合使用。Car-to-X可以为所有其他Car-to-X用户提供车辆在道路交通中检测到的危险情况有关信息，从而在早期警告驾驶员。通过Car-to-X发布的消息与通过Live Traffic发布的消息一样，也会显示在导航地图中。当靠近危险点时，根据情况通过语音输出发出警告。Car-to-X通信通过提供最新信息和对道路交通中危险地段发出特定情况警告来为驾驶员提供支持。通过视觉和/或听觉方式对驾驶员预警潜在危险。通过远程信息处理服务控制单元进行数据交换。

HERMES通信模块用于Car-to-X。通过预装的含数据漫游服务的SIM卡，它可以为戴姆勒车辆后端（DaiVB）提供3年免费的实时交通网络连接。车辆会根据传感器数据（CAN总线数据）和开关状态（例如危险信号灯、后雾灯、挡风玻璃雨刮器）自动检测危险情况，并将其与位置信息一起报告给戴姆勒车辆后端（DaiVB）。多媒体系统针对Car-to-X通信评估车辆的以下信息，以识别危险情况：

①危险警告灯系统。

②后雾灯。

③挡风玻璃雨刮器。

④事故和故障管理（撞车信息、紧急呼叫）。

⑤车速。

⑥ESP®的湿滑路面信号。

⑦全球定位系统（GPS）位置和时间。

此外，驾驶员可以选择手动发送常见危险的有关消息。也可以将其他来源的数据反馈到戴姆勒车辆后端（DaiVB），并通过Car-to-X进行传输。在戴姆勒车辆后端（DaiVB）检查收到的消息是否合理，并将消息分到一组。所有参加Car-to-X的车辆都会定期向戴姆勒车辆后端（DaiVB）注册其位置。将提供与环境有关的消息。在车内，收到的消息在导航地图上显示为图标。根据通过Car-to-X接收到的消息的类型，驾驶员会根据情况通过语音输出了解前方的交通事件。警告信息图表，如图9-1-46所示。

1.车辆故障　2.事故　3.车辆危险信号灯闪烁并且手动发出警告　4.湿滑路面　5.雾　6.大雨　7.进展中的道路施工

图9-1-46

第二节　经典案例

一、奔驰GLA200行驶熄火

车型：W247.787。

故障现象：奔驰GLA200行驶熄火。

故障诊断：行驶过程中仪表提醒红色"变速器故障"，如图9-2-1所示，无法重新着车挂挡，车辆直接抛锚在路中间。

图9-2-1

车辆提车第二天，客户行驶还不到80km，拖车回厂后又能着车挂挡。无与本故障相关的维修历史和服务措施。车辆无加装和改装。故障一直存在，影响用车。无相关的SI、LI和其他的技术通报。

引起故障可能原因：

（1）N15/13。

（2）N15/13线路。

（3）自动变速器。

（4）N15/13软件。

初步诊断仪检测，无法读取自动变速器控制单元，有其他控制单元报与其通信故障。再次刷新诊断仪，此时已能正常读取N15/13，同时存在比较多的故障码有P07E477、P28C792、P286092等。

检查N15/13软件为最新软件，同时查看控制单元各实际值，没有发现异常。根据故障码分析，我们认为供电方面可能性比较大，为此我们检查供电与搭铁线路，发现N15/13搭铁点油漆比较多，故打磨处理。处理搭铁，路试40km后，车辆再次抛锚在路上。在锁车等待20min后又能正常行驶。回来再次用诊断仪读取故障，再次出现开始的故障码。因为故障为偶发性，判断控制单元的可能性比较大，更换控制单元后路试正常，目前客户行驶已有2000km，不再出现以上故障。

故障原因：N15/13偶发故障。

故障排除：更换N15/13。

二、奔驰GLA200仪表混乱，各种报警

车型：W247.787。

故障现象：奔驰GLA200仪表混乱，各种报警。

故障诊断：新车刚刚到店，下了板车后，多次启动无反应，偶尔能启动着，挂挡可行驶。仪表很多故障提示：主动制动、驻车系统、停止运作、ABS ESP故障，红色蓄电池灯也会点亮。故障现象偶尔出现，诊断过程中，有可能恢复正常，但每次车辆休眠20min以上后故障都会重现。无本故障相关的维修历史和服务措施。新车无加装或改装，无赛道涉水行驶。故障现象偶尔出现，但可以重现。无相关TPT文件，每次故障出现后的快速测试，故障码都很多，都有很多不同处，比较明显的是都与ESP和FlexRay网络有关，如图9-2-2和图9-2-3所示。

A108 - 主动式制动辅助（主动制动辅助系统（ABA）） F

型号	零件号	供货商	版本
硬件	000 901 19 14	Bosch	19/40 000
软件	000 902 21 62	Bosch	19/40 001
引导程序软件	----	----	18/29 000
诊断标识	008509	控制单元型号	FCW177 Appl 008509

故障	文本	状态
C163691	控制单元“主动式制动辅助”的调校存在功能故障。参数在允许范围之外。	A+S

事件	文本	状态
U011587	与“传动系统”控制单元的通信存在功能故障。信息缺失。	S
U0122FB	与“牵引系统”控制单元的通信存在功能故障。	S
U0122FC	与“牵引系统”控制单元的通信存在功能故障。	S
U013187	与“动力转向”控制单元的通信存在故障。信息缺失。	S
U015587	与仪表盘的通信存在故障。信息缺失。	S
U016887	与电子点火开关的通信存在故障。信息缺失。	S
U021287	与转向柱模块的通信存在故障。信息缺失。	S
U0416FE	从“牵引系统”控制单元接收到不可信数据。	A+S
U103E88	与底盘FlexRay总线系统的通信存在功能故障。总线关闭	S

图9-2-2

N62 - 驻车系统（PARK）

	零件号	供货商	版本
型号			19/20 000
硬件	000 901 83 11	Valeo	19/31 000
软件	000 902 96 57	Valeo	17/51 000
引导程序软件	——	——	
诊断标识	006770	控制单元型号	PARKMAN213_ParkMan_006770

故障	文本			状态
B223296	控制单元'驻车系统'存在功能故障。存在一个内部组件故障。			A+S
	姓名	首次出现	最后一次出现	
	频率计数器	——	1.00	
	总行驶里程	0.00km	0.00km	
	自上次出现故障以来的点火周期数	——	0.00	
U012887	与电动驻车制动器的通信存在故障。信息缺失。			S
	姓名	首次出现	最后一次出现	
	频率计数器	——	1.00	
	总行驶里程	0.00km	0.00km	
	自上次出现故障以来的点火周期数	——	2.00	

事件	文本			状态
U010087	与"内燃机"控制单元的通信存在故障。信息缺失。			S
	姓名	首次出现	最后一次出现	
	频率计数器	——	13.00	
	总行驶里程	0.00km	0.00km	
	自上次出现故障以来的点火周期数	——	2.00	

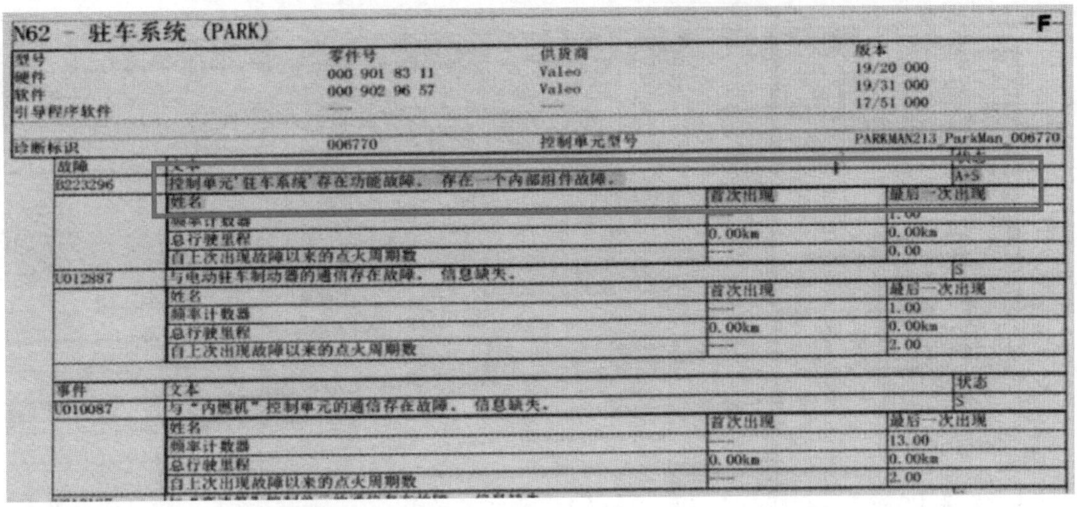

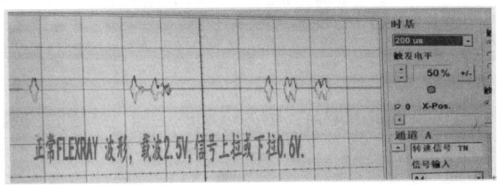

图9–2–3

本故障所有的可能原因：

（1）软件故障。

（2）线路故障。

（3）ESP模块故障。

（4）FlexRay网络模块故障。

首先ESP软件更新，有时进入非常慢，有时提示ESP识别不到控制单元版本信息（FlexRay网络有问题会影响ESP的通信），成功升级软件后故障依旧。对EIS、N127、ME、N80、N62和N68等软件进行更新，故障依旧。此车3条FlexRay总线链接分别是N73、N80、N127和N68，N73、N30/4和N108，N73和N62。测试电阻，一切正常，无对地短路现象。考虑到一个故障现象就是车正常且休眠后故障才能重现，基本排除线路故障。对快速测试进行分析，有非常多的通信故障，其中ESP故障信息最多，怀疑ESP模块出问题。故障出现时，分别对ESP、N73、N127等做断电复位工作，故障依旧（如果断电后正常那么基本可以判断模块问题）。新车也不能做太多的拆装工作，我们找到试驾车，把N30/4、N108的整个一条FlexRay支路与试驾车相互替换，这样的话就等于替换了ESP、N108和线路，但故障依旧在新车上，这样可以判断N30/4和N108这条FlexRay支路是好的。排除ESP后，重点怀疑是N127，按同样的方法，对换了N80、N127、N68和FlexRay，故障转移到试驾车上了，可排除N73的可能，这样故障范围可以直接锁定在N80、N127和N68部件上或者线路上。重新测量了FlexRay支路上的电阻，没问题，线路也没问题。连接示波器，检测N80、N127和N68这条支路，发现信号波形和电压都有异常，信号电压正常在1.9~3.1V，故障车电压却能达到3.7V，这与CAN线电压相似，如图9–2–4~图9–2–6所示。

图9–2–4

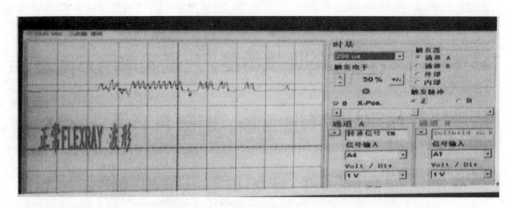

图9-2-5

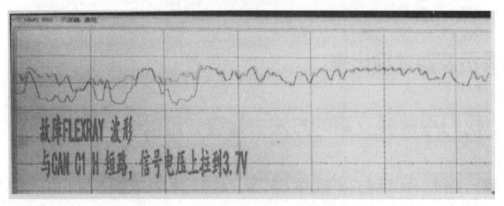

图9-2-6

　　断开了N127A插头时，FlexRay波形恢复正常。对换N127后故障依旧。检查N127的10号插针发现，插针金属片有一个小变形，会和11号针脚有接触的可能性，如图9-2-7和图9-2-8所示。修复后试车故障排除。

图9-2-7

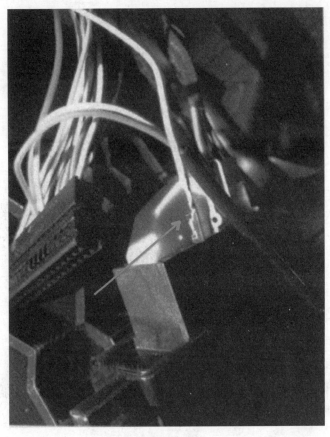

图9-2-8

故障原因：N127 A插10针脚FlexRay M与11针脚CANC1H短路。

故障排除：更换N127 A插10号插针，试车故障排除。

故障总结：因为以前的经验，休眠后故障可重现，就大概排除了线路故障，认定是模块故障，走了一些弯路。没有及时连接示波器，只是简单用万用表测量后就排除线路故障有些武断。测量FlexRay电阻很有局限性，比如与其他信号线短路就必须要示波器才现测试出来。用替换支路的方法检查，可以缩小很大的范围，当然也要有试驾车资源。发现波形不对可对波形电压进行分析，判断与CAN短路的可能性更大。为什么这个车检查过程正常，要再次休眠后故障才会重现，可能是虚接短路网络的容错能力纠正了信息，再次休眠后需要冷启动同步，可能对信息的准确性要求更高一些，所以会报错。之前也有过类似案例，FlexRay出问题，快速测试中ESP报错的信息量也比较大，此车也是另外一条支路出问题，也会显现在ESP这条支路上。总之在没有好的维修策略之前要严格做最基础的检查，尽可能地多搜集信息，总会发现一些有用的线索。

第十章　2020年奔驰GLC级（X253）车系

第一节　新技术剖析

一、2020年（代码800）的X253

GLC 300 4MATIC左前侧视图，如图10-1-1所示。

图10-1-1

GLC 300 e 4MATIC右后后视图，如图10-1-2所示。

图10-1-2

GLC 300 4MATIC，ARTICO 人造皮革内饰，如图10-1-3所示。

图10-1-3

二、设计

1.外饰

GLC级改款的主要特征包括：

①新款醒目大灯。

②Panamericana格栅（AMG GLC 63）。

③标配镀铬组件（仅适用于X253）。

④新型尾灯。

2.内饰

内饰设计的主要特征：

①内饰外观更显运动性。

②仪表盘中采用10.25in或12.3in高清显示屏。

③7in或10.25in高清多媒体显示屏。

④中央控制台上的多功能触摸板。

三、驱动装置

1.直列式发动机M 264 20 DEH LA G2 BSA

对于改款车型，GLC级中采用的M274发动机替换为M264 E20 DEH LA BSA 4缸直列式发动机，输出功率分以下版本：

①（145+10）kW。

②（190+10）kW。

可变气门升程系统（CAMTRONIC）和皮带驱动式启动机发电机（发动机纵向安装且采用后轮驱动）技术尤为重要，奠定了相应的技术基石。新款M264 4缸火花点火型发动机采用9G-TRONIC自动变速器。M264发动机的各个输出功率版本均符合欧6d-TEMP排放标准。

2.混合动力驱动

GLC级的2020年改款采用了现代化的混合动力驱动系统。车型GLC 300 e 4MATIC越野版采用M274 4缸火花点火型发动机，输出功率为155kW。输出功率为90kW的电机可支撑M274发动机的使用，电机由内能更高的新款高压蓄电池供电。此外，还新研发了功率更大的车载充电器，可以7.2kW为高压蓄电池充电。9G-TRONIC自动变速器和4MATIC全轮驱动系统为标配。

四、电气系统

1.方向盘控制器区域网络（CAN）简介

引入新一代方向盘后还将采用方向盘控制器区域网络（CAN），方向盘控制器区域网络（CAN）的数据传输速率为125kbit/s。转向柱管模块控制单元和方向盘电子装置将采用方向盘控制器区域网络（CAN）。对于装配AMG方向盘按钮（AMGDRIVE UNIT）/代码U88的车辆，将新增多功能方向盘下部按钮组电动控制单元。转向柱管模块控制单元构成与其他总线系统相连的控制单元之间的数据交换接口。2020年将不再提供雷达控制器区域网络（CAN）1。

2.48V车载电气系统简介

通过采用M264直列式发动机，48V技术将应用于GLC级中。

皮带驱动式启动机发电机简介：皮带驱动式启动机发电机将更换12V发电机和12V启动机。除了发电机功能，其也可使用来自48V车载电网蓄电池的能量生成扭矩以辅助发动机。

3.蓄电池

由于GLC级车中采用了48V技术，将安装附加48V车载电网蓄电池。采用锂电池后，48V车载电气系统在发动机运转时的输出功率可达16kW，从而在很大程度上扩展了用电设备的应用。12V车载电气系统实质上保持不变。仅由48V/12V直流直流转换器供电，而非12V发电机。

4.发动机关闭时的能源管理

发动机关闭时的能源管理可确保车载电气系统的稳定性以及车辆停驻时发动机的启动性能，过度放电保护装置功能为新功能。深度放电保护可防止车载电网蓄电池在车辆处于静止状态（休息阶段）过度放电。对于装配发动机的车辆，深度放电保护可在车辆长时间停放或静态电流增大时确保发动机的启动性能。此外，也会最大程度降低由故障部件导致的硬件复位所产生的空载电流增加。该功能集成在前部信号采集及促动控制模组（SAM）控制单元（能源管理）和电子点火开关控制单元（关闭和安全性）中。

五、底盘

1.悬架和减震

对于改款车型，代码459（带可调减震的动态车身控制悬架）的悬架也可用于X253。对于混合动力车辆，代码485（舒适性优化的敏捷操控悬架）和代码489（空气悬架系统）的设备也作为标配提供，离地间隙增大型悬架（代码482）作为选装件提供。

2.驻车制动器

将不再提供电动驻车制动器控制单元（N128），现通过电控车辆稳定行驶系统（ESP®）控制单元（N30/4）促动驻车制动器。

3.挂车装置

带电控车辆稳定行驶系统（ESP®）挂车稳定系统的全电动挂车装置在欧洲市场作为选装件提供，球头中新安装了传感器系统，可通过磁圈测量牵引车与挂车之间的角度。

4.车轮和轮胎

对于改款车型，有5种新款18~20in的车轮可选，轮胎的滚动阻力已优化。代码690（应急备用轮胎）的选装装备也是新款部件，应急备用轮胎存放在载物舱底板下方。

六、驾驶员辅助系统

在2020年中，GLC级采用梅赛德斯–奔驰最新的驾驶员辅助系统，为驾驶员提供支持，从而与先前车型相比主动安全性更高。GLC级车可在更多情形下进行部分自动驾驶。为了提供最佳支持，即使在寒冷条件下，全新一代前部雷达配备了熟知的天线罩加热器，可有效防止传感器因雪而变脏。GLC级提供驾驶员辅助系统的模块化范围，最重要的驾驶员辅助系统以组件进行编译。

1.追踪引导驾驶辅助组件，装配车道追踪组件/代码22P

（1）盲点辅助系统。

盲点辅助系统可在视觉上警告驾驶员，并且在转向信号启用的情况下还可以在听觉上警告驾驶员与其他车辆，以及自行车的侧面碰撞。车辆静止时，盲点辅助系统还会警告下车时的碰撞，例如和自行车骑行者。

（2）主动式车道保持辅助系统。

主动式车道保持辅助系统通过脉冲方向盘振动警告驾驶员意外的车道偏离。行驶过白色实线的情况下，系统通过单侧车辆制动干预使车辆返回车道中。如果是虚线，则仅在相邻车道上存在碰撞风险的情况下施此干预（还取决于迎面而来的交通状况）。主动式车道保持辅助系统（装配车道追踪组件/代码22P）仅评估前视摄像头传感器系统。

2.驾驶辅助组件（装配驾驶辅助组件/代码23P）

（1）DISTRONIC主动式车距辅助系统。

①针对检测到的或正在移动的车辆及时进行制动。

②交通堵塞时提供扩展的自动重新启动功能。

③路线（弯道，环路，收费站，T形交叉口）产生之前以及转出/驶出高速公路/快车道时基于路线调节车速。

④主动式速度限制辅助系统：与驾驶室管理和数据系统以及联网功能（COMAND Online）配套使用，主动式速度限制辅助系统可检测由摄像头检测到的最高允许速度以及标志架和施工现场路标。此外，还会考虑通过导航系统得知的限速情况，例如市区50km/h或乡村道路100km/h。

（2）主动式转向辅助。

主动式转向辅助系统提供更方便的转向支持，并结合了主动式车道变更辅助系统和主动式紧急停车辅助系统的功能。

主动式车道变更辅助系统：如果驾驶员在多车道道路行驶时以80~180km/h之间的车速变道，则只需触碰转向信号指示灯。在下一个10s内，除驾驶员之外，传感器系统还检查自车前方，周围和后方的邻近车道是否有空闲，同时考虑其他车辆的车速。如果相关安全区域没有其他车辆，则开始所需的车道变换并辅助驾驶员变换车道。

（3）主动式紧急停止辅助系统。

如果检测到驾驶员不再积极驾驶车辆，则主动式紧急停车辅助系统在其检测到的车道上使车辆制动至静止状态。如果驾驶员的双手长时间离开方向盘，则该系统发出视觉和声讯警告。如果多重视觉和听觉提示后驾驶员仍未做出反应，则车辆减速，直至车辆在检测到的车道上静止。在车辆行驶期间，系统将操作干预，例如转向，加速，制动或操作方向盘按钮检测为干预。低于约60km/h时，通过危险警告灯警告以下交通状况。如果车辆静止，则驻车制动器和梅赛德斯-奔驰紧急呼叫系统自动启用。

（4）带横向探测功能的主动式制动辅助。

如果驾驶员未采取任何措施应对危险状况，则驾驶员辅助系统可辅助驾驶员避免与前方行驶缓慢，正在制动和静止的车辆发生碰撞，并可防止与横穿马路的行人和自行车骑行者发生碰撞。如果驾驶员未做出任何反应，则该系统会执行紧急制动以避免与前方行驶的车辆，静止或横穿的车辆发生碰撞。

（5）避让转向辅助系统。

在车辆前方的危险区域检测到行人且驾驶员要执行避让操作时，避让转向辅助系统可辅助驾驶员进行此操作。

（6）主动式盲点辅助系统。

主动式盲点辅助系统可在视觉上警告驾驶员，并且在转向信号启用的情况下还可以在听觉上警告驾驶员与其他车辆，以及自行车的侧面碰撞。为避免可能发生的碰撞，该系统在危险区域执行单侧制动干预。如果盲点监控在车辆静止和打开车门时检测到危险，则作为警告策略的一部分，相应车门中安装的环境氛围照明灯会闪烁。此外，还会发出警告音且车外后视镜中的警告灯开始闪烁。

（7）主动式车道保持辅助系统。

该功能已在上述追踪引导驾驶辅助组件（装配车道追踪组件/代码22P）简介中进行了说明。装配驾驶辅助组件/代码23P时，除了评估摄像头传感器系统的数据，还会评估雷达传感器系统的数据。

（8）预防性安全系统增强版（PRE-SAFE® PLUS）。

由于交通状况，预防性安全系统增强版（PRE-SAFE® PLUS）在危险情况下有效，要求后保险杠中的雷达传感器系统检测交通状况，以检测即将发生的后方碰撞。检测到危险状况时，系统通过快速闪烁危险警告灯（非美国/加拿大版）来警告驾驶员。此外，其预防性地触发预防性安全系统（PRE-SAFE®）乘客保护措施，特别是可逆式安全带收紧器。如果自身车辆静止，则预防性安全系统增强版（PRESAFE® PLUS）还紧急制动车辆，前向振动可因此减少。这可明显减少乘员负荷，包括扭伤风险。此外，紧急制动车辆可防止二次碰撞，例如在与行人或前方车辆交叉的情况下。

（9）主动式车道保持辅助系统功能。

从2020年开始，主动式车道保持辅助系统检测驶过车道标记的情况，并通过转向机振动向驾驶员发出触觉警告。

七、控制和显示概念

仪表盘：从2020年开始，带全数字显示屏的仪表盘将作为选装装备提供。模拟显示屏上用作指示灯和警告灯的符号相应地显示在数字全屏显示屏上。仪表盘的右侧和中央显示区域可自由编程，可在此选择运动型（Sport）、经典型（CLASSIC）和进阶型（PROGRESSIVE）。仪表盘通过高速视频链接（HSVL）线连接至多媒体系统。通过此接口，仪表盘接收来自多媒体系统的地图数据。仪表盘通过高速视频链接（HSVL）线连接至平视显示屏。通过此接口，仪表盘对平视显示屏中的显示和图像信号进行传送。

八、锁止和安全

1.中央锁止系统

手动操作（"触控操作"）：行李箱盖可通过手动促动自动开启或关闭。沿要求方向按压或拉动行李箱盖，触发此功能。

2.驾驶认可系统

"智能手机中的数字车辆钥匙"功能为锁止/解锁车辆并获取驾驶认可提供附加选择。可单独使用智能手机和电子钥匙用于进入和/或获取驾驶认可，使用数字车辆钥匙功能的前提条件是具有经梅赛德斯–奔驰认可的带安全元件的近场通信智能手机。

九、外车灯

对2020年GLC级车的大灯功能和照明系统的布局进行了优化，与之前一样，提供三种不同的大灯系统。H7系统作为标准装备安装，静态全LED大灯或带84个LED的主动式几何多光束LED大灯系统可单独促动且自适应远光灯辅助系统作为选装装备提供。对2020年款车辆的全LED尾灯进行了重新设计，采用全LED版本。制动灯划分为内制动灯和外制动灯，美版车辆的轮廓灯集成在相应的尾灯中。

车内照明：多色环境照明（64种光色）是车内照明的新亮点，环境照明为车内提供间接照明且可持续变暗。此功能由环境照明控制单元（N162）控制。照明的亮度和颜色可通过驾驶室管理及数据系统（COMAND）控制单元中的菜单调节。

十、信息，多媒体和通信系统

1.第6代车载智能信息系统简介

在2020年的GLC级车型中采用了第6代车载智能信息系统。由于引入了人工智能，该系统可自主学习并可由用户进行个性化设置，带自然语音识别的智能语音控制也是全新的功能。新装备包括中央控制台中的触摸板（装配独立触摸板/代码446），某些功能可通过与智能手机和平板电脑相似的手势启用。

2.导航

在ECE市场中，HERMES UMTS/代码360将替换为HERMES LTE/代码362。

3.音响系统

在2020年的GLC级车型中，作为新的选装装备采用了"中端"音响系统，带9个扬声器，总输出功率为225W。

4.多功能电话

在2020年的GLC级车型中作为新的选装装备采用了多功能电话。移动电话托座控制单元通过蜂窝制式电话系统天线放大器/补偿器（A28/15）和电话天线分配器（A2/109）将移动电话与左侧电话机天线（A2/102）和右侧电话机天线（A2/103）相连。无线移动电话充电系统/代码897可对移动电话进行无线充电（Qi标准），通过移动电话获取车辆的进入和驾驶认可/代码896可通过移动电话获取车辆的进入和驾驶认可。

5.梅赛德斯智能互联

在2020年的GLC级车型中，上方控制面板中装配了"Mercedes me"按钮，不再提供先前的授权服务中心按钮，该处替换为暗盖，资讯（info）按钮替换为"Mercedes me"。

6.畅心醒神（ENERGIZING）便捷控制

畅心醒神（ENERGIZING）便捷控制结合了不同的个性化功能（如音乐、空调、按摩）以形成分配至特定指导主题（如清新、温暖、轻松）的程序，这些自定义功能的特性通常用于提高驾驶员/所有车辆乘客的自定义操作的便利性。

畅心醒神（ENERGIZING）便捷控制（装配畅心醒神组件增强版/代码PBP）还需要以下基础设备：

①空气质量组件（代码P21）。

②环境氛围照明系统（代码876）。

③空调座椅（装配驾驶员和前排乘客空调座椅/代码401或装配驾驶员和前排乘客座椅加热器/代码873）

④"中端"音响系统（代码853）。

畅心醒神（ENERGIZING）便捷控制（装配畅心醒神组件增强版/代码PBR）还需要以下选装装备：前排左侧/右侧多仿形座椅（代码409）。

7.方向盘

GLC级车辆中使用新一代多功能方向盘，驾驶员辅助系统定速巡航控制/限速器和DISTRONIC车距辅助系统的控制元件位于多功能方向盘上。车道保持功能将移到转向机上，将不再提供方向盘振动电机。操作两个手指导航垫时会发出声音反馈，车内的扬声器输出反馈音。对于装配AMG方向盘按钮（AMG DRIVE UNIT）/代码U88的车辆，将新增多功能方向盘下部按钮组电动控制单元和多功能方向盘下部按钮组1或多功能方向盘下部按钮组2。可使用下部多功能方向盘按钮组来在以下区域调节设定：电控车辆稳定行驶系统（ESP®）、悬架系统、变速器、发动机启动/停止、废气风门控制和驾驶模式。在2020年中，采用了带人手检测传感器的电容性方向盘。如果驾驶员的双手离开方向盘一定时间，会启用相应警告，最终可能启用紧急制动辅助。

十一、智能气候控制

车内空气调节（AIR BALANCE）：车内空气调节组件包括对车内空气进行香氛喷雾和离子化。会自动启用/停用香氛喷雾，并相应地调节强度。通过对车内空气进行离子化，可消灭某些病毒、细菌或孢子。从技术角度来说，香氛系统由香氛发生器和一个香水瓶组成，均位于手套箱内，通过侧风道中的电离器引入带有芳香的车内空气。

十二、座椅

多仿形座椅：对于GLC级的改款车型，作为选装装备提供带侧面靠背支撑的左前/右前多仿形座椅（代码409）。

第二节　经典案例

一、奔驰GLC260L 4MATIC豪华曲轴箱通风故障

车型：W253.181。

故障现象：奔驰GLC260L 4MATIC豪华曲轴箱通风故障。

故障诊断：行驶时发动机故障灯突然点亮，刚在4S店修理的机油损耗大，用车相当仔细。刚提车一天，因机油消耗较大，更换所有气门油封及油气分离器。进店检测故障灯发动机常亮，车辆各功能正常。没有相关的SI、LI和技术通报。

列出本故障可能的原因：

（1）曲轴箱通风系统。

诊断仪检查有故障码P04DB29且是当前无法删除，如图10-2-1所示。仔细回想拆卸缸盖及周边附件的过程时，未见有错误的地方，检查相关插头未见有插错漏插的情况，引导检测需检查Y58/2电气系统及曲轴箱通风系统真空度。

图10-2-1

诊断仪激活检测Y58/2操纵正常，检测曲轴箱系统真空度时店里缺失专用工具，只能用烟雾测漏仪测试。当测试到新换的油气分离器时漏气较多，旧油气分离器几乎不漏，初步诊断油气分离器损坏，把旧的油气分离器Y58/2插头插上故障依旧，但思来想去，即使管路及物理原因导致故障，不至于清除不掉故障码，还是怀疑电器原因导致。对ME设码，故障依旧。混合气调校复位不成功。查询相关资料有TPT关于M264曲轴箱通风系统介绍（此资料对故障解决帮助很大）。依照TPT文档掌握了曲轴箱通风系统的原理，比之前M274发动机多了S88/15、S88/16和S88/17。根据相关线路图，检查线路正常，挨个拔插S88/15、S88/16和S88/17时（如图10-2-2所示），发现拔S88/15、S88/16的插头会出现其他故障码，拔出S88/17插头故障不变，没有多增加的故障码，故障点初步找到。用其他车辆模拟拔出S88/17的插头，故障码和此故障车一致。

图10-2-2

拆卸S88/17时发现螺母与开关接触面有少许黑胶式异物导致接地不良，报此故障。

故障原因：S88/17搭铁接触面接触不良，诊断仪检测为此线路断路，如图10-2-3所示。

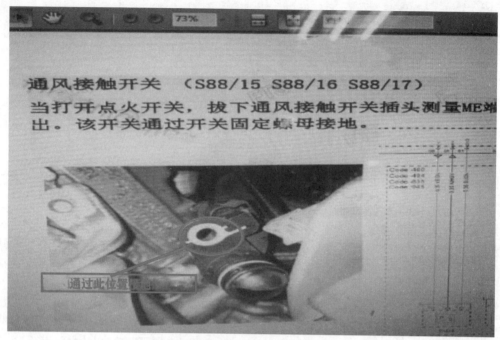

图10-2-3

故障排除：处理S88/17搭铁接触面，故障排除。

故障总结：当拔下S88/15的插头时会报故障码PO4DB79曲轴箱通风系统中断，机械连接失败。当拔下S88/16的插头时会报故障码P04DB31曲轴箱通风系统中断，信号不存在。当拔下S88/17的插头时会报故障码P04DB29曲轴箱通风系统中断，存在一个无效的信号。维修过程一定要仔细，避免给自己带来不必要的工作，厂家技术文档要学习到位。诊断仪的引导不一定全面到位，还是需要全面掌握原理，思路保持清晰，不急不躁，故障将会迎刃而解。

二、奔驰GLC260L 4MATIC行驶熄火

车型：W253.181。

故障现象：奔驰GLC260L 4MATIC行驶熄火。

故障诊断：行驶过程中仪表提醒红色"变速器故障"，无法重新着车挂挡。无与本故障相关的维修历史和服务措施。车辆无加装和改装。无有相关的SI、LI和其他的技术通报。

列出可能原因：

（1）N3/10软件。

（2）N3/10。

（3）B70。

（4）线路。

诊断仪检测有已储存故障码P034B00和P03391F，如图10-2-4所示。

N3/10 - 内燃机'M264'的发动机电子设备'MED41'(ME（发动机电子设备））			-f-

型号		零件号	供货商	版本
硬件		264 901 20 00	Bosch	17/17 000
软件		264 902 48 00	Bosch	20/34 000
软件		264 903 00 03	Bosch	21/13 000
引导程序软件		264 904 04 00	Bosch	18/17 000

诊断标识	004426	控制单元型号		MED41_R19A
故障	文本			状态
P034800	曲轴的位置传感器识别到错误的旋转方向。			S
	姓名		首次出现	最后一次出现
研发数据	[CommonEnv_StorageSequence]		6.00	6.00
研发数据	[Data_Record_2_CommonEnvData]		******** Data Record 2 ********	******** Data Record 2 ********
研发数据	[Data_Record_3_Occurrence]		******** Data Record 3 ********	----
研发数据	[Data_Record_4_Occurrence]		----	----
研发数据	[EnvCond_Ecu_IgnSw_State]		28.00	0.00
研发数据	[EnvCond_Ecu_SM_State]		103.00	0.00
研发数据	[EpmCrS_ctEngPosFirstErr]		21.00-	30983.00-
研发数据	[EpmCrS_ctEngPosLstErr]		65535.00-	273.00-
研发数据	[EpmCrS_nEngFirstErr]		1223.00 1/min	-2714.00 1/min
研发数据	[EpmCrS_nEngLstErr]		1223.00 1/min	-2307.00 1/min
研发数据	[EpmCrS_stSigFirstErr]		1024.00-	16688.00-
研发数据	[EpmCrS_stSigLstErr]		1024.00-	8361.00-

图10-2-4

对N3/10软件升级后路试，行驶大概100km后故障再次出现。检查N3/10到B70之间线路电阻，分别为0.5Ω、1.2Ω（如图10-2-5和图10-2-6所示），标准值0~2Ω。连接适配器检查B70信号波形图，波形未发现异常，如图10-2-7所示。

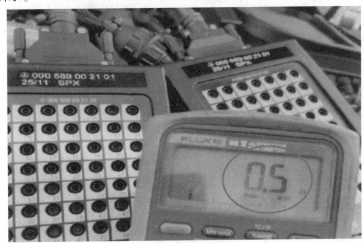

图10-2-5

图10-2-6

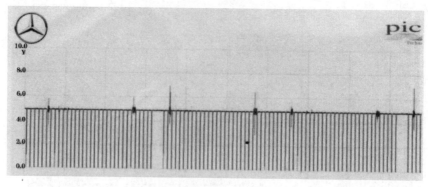

图10-2-7

拆下B70曲轴位置传感器，外观未见异常，如图10-2-8所示。

图10-2-8

用内窥镜检查曲轴位置传感器信号盘，外观无异常，如图10-2-9所示。检查N3/10插头无腐蚀松动。

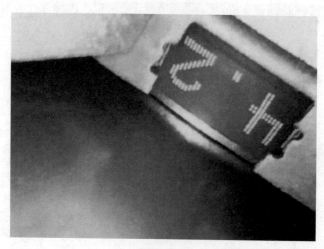

图10-2-9

故障原因：曲轴位置传感器偶发故障。

故障排除：更换曲轴位置传感器。

故障总结：因为故障偶发，到检查数据时又都是正常，我们的做法是插拔控制单元与传感器插头，检查针脚，再更换曲轴位置传感器，我们更换曲轴位置传感器后，客户已用车1000km，故障不再出现。

三、奔驰GLC300L 4MATIC显示屏360°画面时闪屏

车型：W253.184。

故障现象：挂R挡时，360°显示画面闪屏。

故障诊断：该车为新车，检查时发现挂R挡和自动泊车启用360°时，显示屏上360°显示画面闪屏，不启用360°画面时车辆一切功能正常。无相关维修历史，无加装和改装，无相关的SI、LI和其他的技术通报。快速测试无故障码。显示屏上360°显示画面闪屏。

可能故障原因：

（1）N62软件故障。

（2）A26/17软件故障。

（3）N62至A26/17视频线故障。

（4）N62故障。

对A26/17和N62软件升级。重新校准360°摄像头后，故障依旧。测量N62供电接地及CAN网络正常。检查N62至A26/17视频线两头插头安装正常，无松动虚接腐蚀。测量视频线正常。从故障现象来看很像视频线受干扰，故又对N62和A26/17视频线飞线，故障依旧。对调试驾车N62后，试车故障排除。

故障原因：N62内部故障。

故障排除：更换N62。

四、奔驰GLC300L 4MATIC高速行驶中前方堵车，车辆停止ECO功能且发动机自动熄火后十几秒仪表突然黑屏并全车断电

车型：W253.184。

故障现象：奔驰GLC300L 4MATIC高速行驶中前方堵车，车辆停止ECO功能且发动机自动熄火后十几秒仪表突然黑屏并全车断电。

故障诊断：客户反映车辆在高速上行驶，前方堵车，车辆停下来ECO熄火后，20s左右突然仪表和中央显示屏黑屏，全车断电，重新尝试启动发动机，但无法启动。仪表黑屏，座椅、车顶灯、尾箱盖均无法开启，无法取出三角警示牌，全车断电。我们在接到救援电话后，向客户解释发生此故障的可能原因，了解故障发生前是否存在仪表提示蓄电池故障或其他故障信息，客户反映没有出现任何提示和警报，仅仅是前方堵车，车辆停下来后发动机ECO自动熄火，没过多久就突然黑屏且全车断电了。没有与本故障相关的维修历史和服务措施。车辆无加装和改装。有相关的SI、LI和其他的技术通报：LI54.10-P-067435/LI54.10-P-069945/SI54.10-P-0054A。

跨接启动后执行快速测试，发现右前/左前大灯模块、右后盲点雷达模块、多功能摄像头、电动转向机模块、右前左后右后门模块、尾门控制模块、ESP模块均有电压过低的相关故障码：前SAM模块报B1F4500启动蓄电池电阻过高的故障码（如图10-2-10所示）；N127模块报U3001FA控制单元被非正常关闭；N73报U12287/U01228F与ESP通信故障，信息缺失等，出现故障码的里程数均为28128km。拖车进店

的里程数是28131km，可以佐证车辆出现故障时车辆报了故障码，中间存在3km误差有可能是客户叫人跨接启动后行驶了3km，熄火后又无法启动车辆了。

图10-2-10

可能原因：

（1）蓄电池状态松动，车身接地点不实。

（2）12V启动蓄电池故障。

（3）发电机工况不良。

首先对12V蓄电池充电2h，目视检查蓄电池桩头和车身接地点无异常，然后用蓄电池测试仪测试评估蓄电池，结果为需更换蓄电池，如图10-2-11所示。

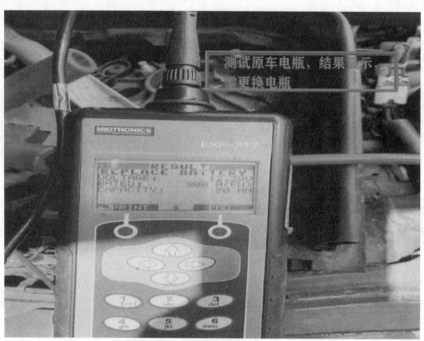

图10-2-11

断开12V蓄电池负极，万用表测量其电压为12.41V（标准10~15V），结果此时电压应为虚电，如图10-2-12所示。

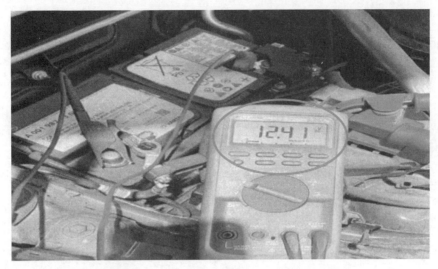

图10-2-12

连上蓄电池负极测试，原车蓄电池电压为5.14V（标准10~15V）（如图10-2-13所示），结果为不正常。

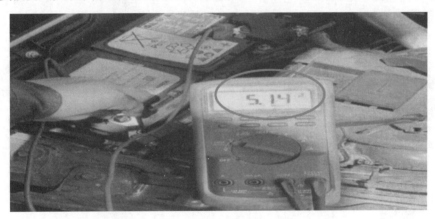

图10-2-13

断开12V蓄电池负极，跨接一个帮电的蓄电池，测量蓄电池电压为12.30V（标准10~15V）（如图10-2-14所示），说明此时的电压是跨接蓄电池和原车蓄电池并联的，电压正常。

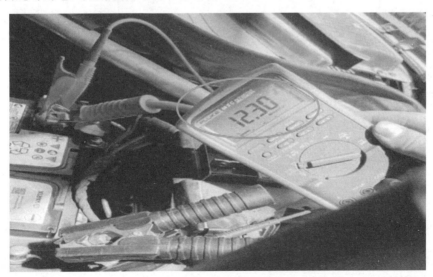

图10-2-14

跨接一个帮电的蓄电池在车上启动车辆，然后发动机熄火后的发电机实际值61端子为"关闭"（标准为接通）；发电机的机械故障为"是"（标准为否）（如图10-2-15所示），结果为不正常。对比别的车，同样发动机熄火只打开钥匙2挡时，61状态为"接通"，发电机机械故障为"否"，说明该实际值与蓄电池有直接关系。

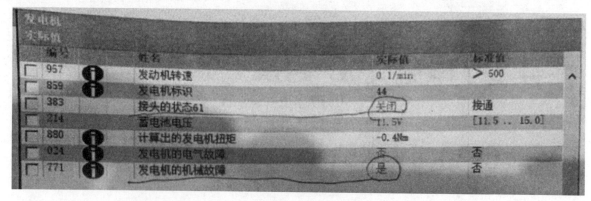

图10-2-15

将跨接蓄电池安装到车上测试，怠速状态下发电机的实际值正常；熄火开钥匙2挡的状态下，发电机的实际值正常，结果为发电机状态初步认为是正常的，如图10-2-16所示。

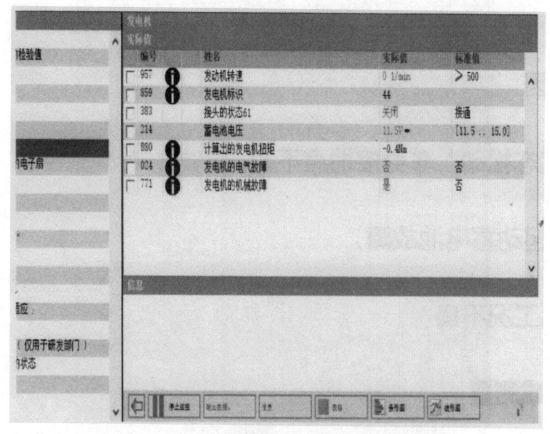

图10-2-16

安装跨接蓄电池到车上做发电机的功能诊断测试，其结果显示正常，如图10-2-17所示。

504

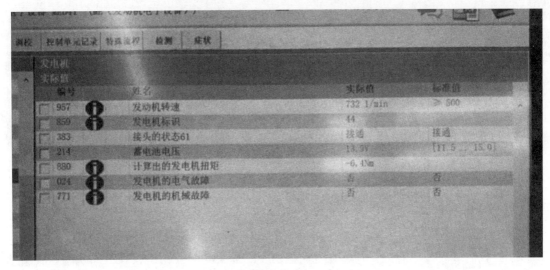

图10-2-17

使用Xentry Scope测试ME控制发电机的信号波形（如图10-2-18所示），结果正常。

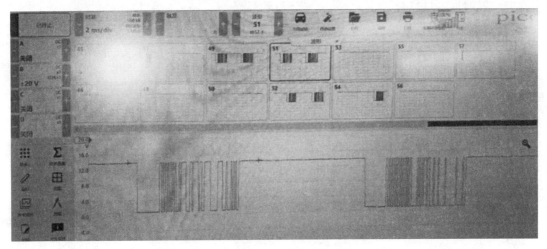

图10-2-18

检查SAM控制单元内车载电网数据记录，其中停机循环和行驶循环内没有可参考的有效记录，结果为不能帮助评估结论。

考虑到12V启动蓄电池属于易损件，必须使用XENTRY诊断12V蓄电池的性能，但是该车的12V蓄电池已完全损坏（不能存电），无法使用XENTRY去诊断和评估。安装一个跨接启动蓄电池到车上去测试，结果为部件"蓄电池"正常。蓄电池充电，结果为无法评估原车的12V蓄电池。

故障原因：原车12V蓄电池内部电阻过高，无法保存电能，在车辆ECO启用过程中能耗过大时造成全车瞬间断电，无法可逆充电。

故障排除：基于以上诊断步骤，我们判断为12V启动蓄电池内部故障，更换后解决问题。

五、奔驰GLC260L 4MATIC豪华新车有时仪表亮

车型：W253.181。

故障现象：客户刚提的新车仪表显示"防护系统故障，请去授权经销商"，车辆进厂时没有亮故障信息。

故障诊断：快速测试，N2/10气囊控制单元内报B009249左侧碰撞传感器存在功能故障。存在一个内部电气故障，不正常。

由于碰撞传感器没配件，于是将两侧B柱的碰撞传感器交换测试，待配件到了后再更换新件到左侧，右侧传感器恢复原位。新配件到了后，诊断仪测试，故障码跑右边去了，更换后故障解决。

故障总结：凭经验以为会走弯路，根据故障码引导是正确的。4个传感器（前保横梁正面加速度传感器和车内B柱侧面碰撞传感器的配件）是一样的，希望能给大家一点提示。

六、奔驰GLC260L 4MATIC低速行驶时候方向机有"咚咚"响

车型：W253.181。

故障现象：新改款W253.181车辆行驶3000km，客户反映低速行驶时候底盘有"咚咚"响。

故障诊断：我们多次试车对比，判断为方向机的左右球头异响。用手扶在方向机内球头会感觉有震动感，我们把左右内球头拆出，发现有锈迹的现象。与试驾车对比为过紧，TIPS案例为过松有异响。这辆车发现为过紧响，因为过紧当方向机内球头上下活动的时候会有卡顿的现象，反馈到车身就会感觉为"咚咚"异响。更换了左右新方向机内球头后试车排除故障。

七、奔驰GLC300L 4MATIC SOS故障灯亮

车型：W253.184。

故障现象：奔驰GLC300L 4MATIC SOS故障灯亮。

故障诊断：客户反映仪表盘显示SOS停止运作。此车辆有加装360°，客户说买车时就加装了，前几天才出现故障。XENTRY检测N112/9控制单元有故障码B142E13 GPS天线存在功能故障，存在断路，如图10-2-19所示。

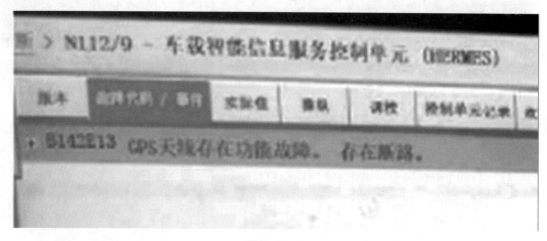

图10-2-19

拆下门板测量GPS天线的电阻值560kΩ，正常。查找电路图，发现2020年之后的没有A2/5（GPS天线分配器）。拆下N112/9，注意：控制模块安装位置也发生了变化，安装在音响主机上方，如图10-2-20所示。

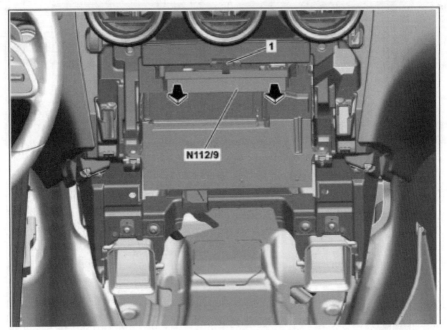

1.N112/9 HERMES控制单元

图10-2-20

　　根据XENTRY，测量GPS天线到N112/9之间的线，测量结果0.4Ω，导通。是否正常（后面发现此图是很大的"坑"）请继续往下看，如图10-2-21所示。

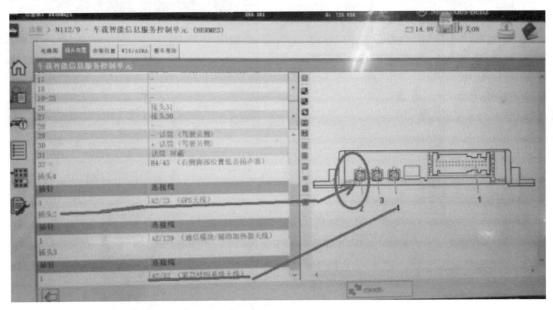

图10-2-21

　　从N112/9拔下的插头上测量GPS天线的阻值，158kΩ（疑问：为什么一根线过来可以让电阻从560kΩ变成158kΩ），如图10-2-22所示。

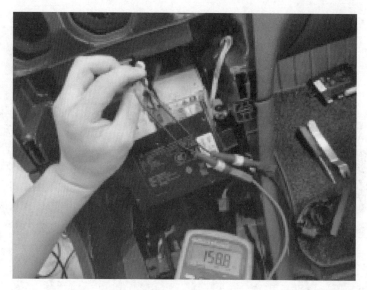

图10-2-22

陷入困境，找同款车来对比，其他车的N112/9装到这车上，故障码一样，故障车控制单元放到其他车上，一切没问题。看看其他车的GPS天线阻值，也是500多千欧。诊断过程中突然发现如图10-2-23所示现象。

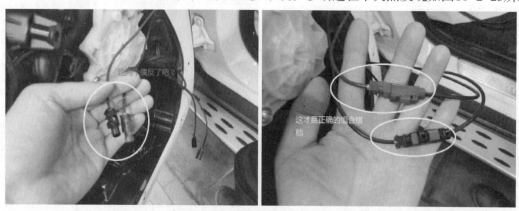

图10-2-23

按照正确的安装方法复原后，发现故障码还是存在。对比其他车N112/9背后插头测GPS阻值是100kΩ，如图10-2-24所示。

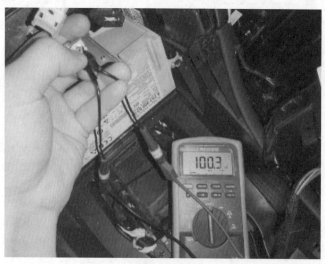

图10-2-24

测量中发现门板上的GPS天线插头拔了，这边还是100kΩ。线束布置不对吗？再次查WIS，对比前面的那张图，如图10-2-25所示。这才恍然大悟GPS天线和电话天线对调了。

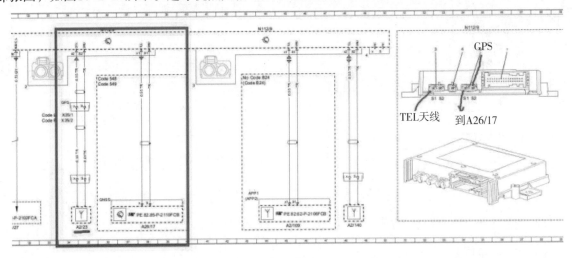

图10-2-25

故障原因：此车辆在加装360°时拆了后视镜，把线插头弄错了，但N112/9插头的线对调未知原因。XENTRY的插头指引还是2020年之前的。

故障排除：参照WIS把GPS和TEL的天线调到正确的插口位置，故障解决。

八、奔驰GLC300发动机故障灯亮

车型：W253.184。

故障现象：奔驰GLC300发动机故障灯亮。

故障诊断：进行快速测试，ME内有故障码如图10-2-26所示。P03412F进气凸轮轴（气缸列1）的位置传感器存在功能故障，存在一个不规则的信号；P001607进气凸轮轴（气缸列1）的位置与曲轴位置相比不可信，存在一个机械故障；P001177进气凸轮轴（气缸列1）的位置偏离标准值，不能达到指定位置。

P001607	进气凸轮轴（气缸列1）的位置与曲轴位置相比不可信。存在一个机械故障。		S ⚙
	姓名	首次出现	最后一次出现
	研发数据 [Data_Record_2_Occurrence]	——	********* Data Record 2 *********
	研发数据 [Data_Record_3_Occurrence]	——	——
	研发数据 [EnvCond_Ecu_IgnSw_State]	156.00	191.00
	研发数据 [EnvCond_Ecu_SM_State]	0.00	0.00
	研发数据 [EpmCrS_ctEngPosFirstErr]	0.00	0.00
	研发数据 [EpmCrS_ctEngPosLstErr]	0.00	701.00
	研发数据 [EpmCrS_nEngFirstErr]	0.00	0.00
	研发数据 [EpmCrS_nEngLstErr]	0.00	22017.00
	研发数据 [EpmCrS_stSigFirstErr]	1668.00	65535.00
	研发数据 [EpmCrS_stSigLstErr]	65535.00	65535.00
	研发数据 [Epm_nEngInc10ms]	12318.00	0.00
	研发数据 [Epm_stOpMode]	42.00	0.00
	研发数据 [Epm_stSync]	43.00	0.00
	右侧气缸列排气凸轮轴的位置	128.00	3840.00
	右侧气缸列进气凸轮轴的位置	28416.00	25856.00
	排气凸轮轴位置的规定值	12928.00	6144.00
	进气凸轮轴位置的规定值	28416.00	1280.00

图10-2-26

首先根据TPT文件"发动机组06005"，检查ME与B6/15之间线路，对弯折部位重点检查后未见异常。对进气和排气凸轮轴电池阀进行促动，发现故障车进气凸轮轴位置在停止促动时为35°，促动后为12°，与试驾车对比发现促动后为-4°，如图10-2-27所示，不正常。

	241	ℹ	进气凸轮轴的位置	35.6°	[31.5 .. 38.5]
	536	ℹ	排气凸轮轴的位置	-32.2°	[-35.2 .. -28.8]
	602		挂入的行驶档位	P/N	P/N

怠速时的凸轮轴位置

相应的实际值状态

姓名	实际值	标准值
发动机转速	3389 1/min	[3000 .. 3500]
⚠ 进气凸轮轴的位置	12°	[-10 .. 3]

▶ ■ 促动进气凸轮轴后，进气凸轮轴位置只能达到12°

相应的实际值状态

姓名	实际值	标准值
发动机转速	3373 1/min	[3000 .. 3500]
进气凸轮轴的位置	-4°	[-10 .. 3]

▶ ■ 对比同款车促动进气凸轮轴的位置

图10-2-27

对比故障车与试驾车怠速情况下的凸轮轴位置，未见异常，判断为正常。互换进气与排气凸轮轴电磁阀，拆下电磁阀后检查进气凸轮轴中央锁止阀的阀芯，未发生卡滞或运动不畅（如图10-2-28所示）。促动进气凸轮轴位置仍为12°，判断为不正常。

检查进气凸轮轴调节器螺丝阀芯未发生卡滞情况

图10-2-28

互换进气与排气凸轮轴位置传感器，促动进气凸轮轴位置仍为12°，判断为不正常。测量机油压力，发动机转速在怠速、1000r/min和2000r/min时机油压力为200kPa，发动机转速在4000r/min时，机油压力为400kPa，判断为正常，如图10-2-29所示。

图10-2-29

根据WIS检查凸轮轴信号盘位置，发现进气凸轮轴信号盘未在中间位置，存在较大偏差。判断为不正常，如图10-2-30和图10-2-31所示。

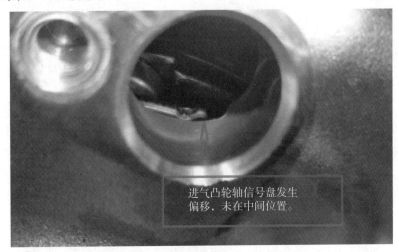

进气凸轮轴信号盘发生偏移，未在中间位置。

图10-2-30

排气凸轮轴的信号盘扇形标记正好处于中间位置。

图10-2-31

九、奔驰GLC300L 4MATIC行驶中发动机故障灯常亮

车型：W253.184。

故障现象：奔驰GLC300L 4MATIC行驶中发动机故障灯常亮。

故障诊断：车辆在行驶中发动机故障灯常亮，车辆无任何的抖动，行驶一切正常。存在故障码PO32400爆震控制存在故障，如图10-2-32所示。

N3/10 - Motor electronics 'MED41' for combustion engine 'M264' (ME)				-f-
Model	Part number	Supplier	Version	
Hardware	264 901 20 00	Bosch	17/17 000	
Software	264 902 41 00	Bosch	19/08 000	
Software	264 903 16 01	Bosch	19/08 000	
Boot software	264 904 04 00	Bosch	18/17 000	
Diagnosis identifier	004418	Control unit variant	MED41_R18B	
Fault	Text			Status
P032400	The knock control has a malfunction. _			S ⚙

图10-2-32

拆下火花塞，检查火花塞的燃烧状况正常，如图10-2-33所示。

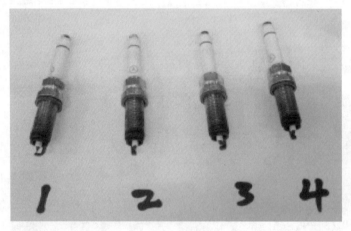

图10-2-33

检查爆震传感器到发动机控制单元的线束，连接正常，插头无松动。检查爆震传感器的安装位置正常，使用20N·m的标准力矩紧固爆震传感器无松动。发动机控制单元软件最新状态。

同客户沟通，让客户把油箱燃油使用完后重进加注汽油，并添加一瓶燃油添加剂，客户同意后，在换加油站加过汽油行驶一天后发动机故障灯再次报警，故障码依旧报爆震控制故障，发TIPS案例后给出建议更换发动机控制单元。更换发动机控制单元后客户车行驶半月未出现报警。

十、奔驰GLC300L 4MATIC仪表提示请勿挂挡及盲点系统停止运作

车型：W253.184。

故障现象：奔驰GLC300L 4MATIC仪表提示请勿挂挡及盲点系统停止运作。

故障诊断：车辆出现故障两次，第一次只是盲点停止运作，第二次是不能挂挡，出现故障时CAN C总线关闭，ME和VGS及N118通信故障，检查发现VGS插头线束CAN C-L与前传动轴磨破，如图10-2-34所示。修复线束后，故障排除。

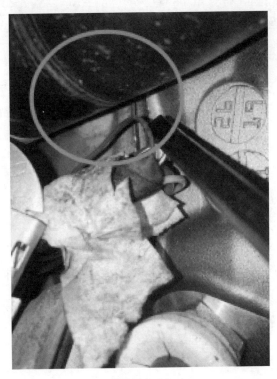

图10-2-34

十一、奔驰GLC300L 4MATIC不平路面行驶前轴区域发出"咯噔"异响

车型：W253.149。

故障现象：奔驰GLC300L 4MATIC不平路面行驶前轴区域发出"咯噔"异响。

故障诊断：在稍微不平路面行驶时，前轴区域发出类似减震器在烂路行驶时的"咯噔"异响，客户在其他店更换过减震器响声依然没有解决。确定平衡杆及车身的稳定杆这些都没有问题，四轮不离地上四轮定位的举升机，用力上下摇动底盘部件，发现方向机拉杆发出"咯噔"的声音。根据Tips检查内外拉杆球头没有松旷后，确定异响为方向机发出，异响来源为齿条自由间隙过大造成齿条在颠簸路面与斜齿轮撞击异响，如果四轮离地摇动方向机拉杆，由于受力原因无法发出声音，调整齿条间隙（调小间隙）试车异响消失。该车间隙较大异响较严重，很容易就能发现方向机摇动异响，后面再次发现两辆轻微异响的车辆，摇动能感觉到间隙但不发出声音，处理后正常。

故障总结：方向机异响与减震器异响在颠簸路面声音极为相似，如果没有使用底盘听诊器很容易造成错误判断。

十二、奔驰GLC300L空调蒸发箱结冰

车型：W253.946。

故障现象：奔驰GLC300L空调蒸发箱结冰。

故障诊断：客户反映空调经常不制冷，过一段时间又正常了。车辆到店，检查空调正常，制冷风量正常。快速测试无故障码，如图10-2-35所示。

N22/1 - Air conditioning (AAC)				√
Model	Part number	Supplier	Version	
Hardware	205 901 20 04	Hella	12/25 001	
Software	222 902 56 14	Hella	16/31 001	
Boot software	---	---	13/04 000	
Diagnosis identifier	008222	Control unit variant	HVAC222_HVAC_Rel_28_1	

图10-2-35

检查蒸发箱温度设置，当前为不确定，更改设置为3℃，试车故障依旧。检查空调软件有新软件，成功升级，试车故障依旧。故障出现时连接压力表，低压压力为170kPa，高压压力为1400kPa，蒸发箱温度为2℃。检查蒸发箱传感器安装正确，将空调格拆下，伸手进去摸蒸发箱表面很光滑，像摸到冰一样，判断蒸发箱结冰，导致空调不冷。更换蒸发箱传感器，故障依旧。

将膨胀阀拆下目测检查外观无异常。更换膨胀阀后试车故障排除。故障原因为膨胀阀无法正常控制进入到蒸发箱的雪种量。目测检查无法判断该故障是蒸发箱还是膨胀阀故障，有时候只能选择容易拆或者配件便宜的进行更换测试。

十三、奔驰GLC300事故车轴距变短

车型：W253.948。

故障现象：奔驰GLC300事故车轴距变短。

故障诊断：该车辆左侧事故，为左前轮胎碰撞，引起左侧悬架损伤。导致左前弹簧控制臂断裂，斜臂的胶套损坏。更换完以上部件后，左侧轴距比右侧短约5mm，最后技师要求更换斜臂，更换减震器，却没有充分证据。保险公司并不认可，陷入僵局。最终在前轴托架上找出原因。该位置相对薄弱，事故中易变形，如图10-2-36所示。

图10-2-36

第十一章　奔驰GLE级（X167）车系

第一节　新技术剖析

一、导言

自2019年2月开始，新款GLE级车型X167投放市场。其独特的外饰设计与内饰奢华优雅的审美相融合，打造出全新的梅赛德斯GLE级，更具动感和舒适性的车辆道路操控性，出色的越野性能以及新研发的先进驱动器使该车辆更具魅力。带最新MBUX 2018 Infotainment系统的现代化内饰，宽屏幕驾驶室以及与其他亮点的结合在同品级车辆中树立了全新标准。通过全新的内饰理念和附加的第3排座椅（SA），可容纳7人舒适乘坐。

二、车型一览

车型和主总成，如表11-1-1所示。

表11-1-1

车型	车辆	投放市场	发动机	输出功率（kW）	扭矩（N·m）	自动变速器
GLE 300d 4MATIC	167.119	02/2019	654.920	180	500	725.031
GLE 350d 4MATIC	167.121	04/2019	656.929	200	600	725.035
GLE 400d 4MATIC	167.123	04/2019	656.929	243	700	725.035
GLE 350 4MATIC	167.149	02/2019，美国	264.920	190+12	370+190	725.038
GLE 450 4MATIC	167.159	02/2019	256.930	270+16	500+250	725.035

三、设计

1.外饰

进一步研发设计的GLE级车型X167在不失SUV特性的前提下融入了当前的主流理念。由于空间理念的调整以及外部齐平的大尺寸车轮的采用，新款GLE级进一步得到提升。通过表面大范围使用拱形造型，弱化单个边角和焊珠的突出。新款GLE级车型X167的外饰设计呈现动感，活力之美且极富情感。这源自：

①带两条隆起筋线的发动机罩。

②八边形散热器格栅和骨片开口。

③新颖的大灯设计，日间行车灯采用新位置，使车辆前部造型无论白天还是夜晚都引人注目。

④MULTIBEAM LED大灯，装配ILS和自适应远光灯辅助系统增强版和辅助远程远光灯功能。

⑤增大的全景式滑动天窗，使车内洒满阳光，温暖舒适。

⑥第一次在SUV车型中提供两个尺寸的车轮。新型大尺寸车轮，尺寸18~22in，使GLE的车轮组合新

颖突出。

⑦保险杠设计采用排气尾管饰件和铬板防钻撞护栅，是SUV的典型设计。

梅赛德斯GLE 300 d 4MATIC，如图11-1-1所示。

图11-1-1

梅赛德斯GLE 450 4MATIC，如图11-1-2所示。

图11-1-2

梅赛德斯GLE 450 4MATIC，如图11-1-3所示。

图11-1-3

2.内饰

新款GLE级车型X167的内饰设计兼具性能和奢华感，并将前卫新颖的操作理念与SUV内饰的丰劲感相结合。内饰设计的主要特征：

①独立式驾驶室显示屏（2×12.3in，采用"封接玻璃技术"），采用类似漂浮式设计，也是第一次在仪表板切口上不再设计气口。

②动感、宽敞的驾驶舱以及颜色组合延伸到后座区，营造出一种格外宽敞的空间感。

③环境氛围照明系统集成在镀铬饰条中，突出水平设计主线。

④两个醒目把手，通过侧面的环境照明更显突出，是中央控制台的一处亮点，并融入了强烈的越野元素。

⑤所有的控制和显示元件都重新进行了设计，在效用和外观方面与同级车相比都达到领先水平。

⑥新一代方向盘通过突出的辐条设计更加凸显了SUV内饰的与众不同。

⑦带两个附加全尺寸座椅的第3排座椅（可容纳1.80m高的乘客）和第2排座椅的全电动方便出入功能。

车型X167内饰设计，如图11-1-4所示。

图11-1-4

车型X167前部内饰，如图11-1-5所示。

图11-1-5

517

车型X167后排长座椅，如图11-1-6所示。

图11-1-6

四、技术数据

新款GLE级车型X167与前辈车型不同，其中包括轴距增大。因此，这也是第一次将第3排座椅作为选装装备订购。由于轴距增大，第2排的腿部空间明显增加，从而改善优化了进入后座区的登车口，如表11-1-2所示。

表11-1-2

特性	尺寸（与前辈车型相比的变化）
车辆长度	4924mm（+105mm）
车外后视镜展开时的车辆宽度	2157mm（+12mm）
车辆高度，驾驶就绪状态	1772mm（−24mm）
轴距	2995mm（+80mm）
转向循环（墙到墙）	12.02m
轮距，前部	1685mm（+43mm）
轮距，后部	1705mm（+48mm）
阻力c_w系数	0.30~0.33
空车质量	2095~510kg
允许总质量	2890~3250kg
油箱容积	85L，储备容积9L，汽油车辆标配，或柴油车辆选配
	65L，储备容积9L，柴油车辆标配
SCR箱容积	31.6L
滑轨跨越角	13.1°
接近角	26.0°（+0°）
离去角	23°（−3°）

518

五、保养策略

1.技术革新

根据新保养逻辑，BR167要进行保养。保养范围，特别是A类保养和B类保养，根据相关流程和车辆相关标准进行重新编译。因此，将明显减少年度保养成本波动。但是，仍实行固定保养间隔"每25000km/12个月"（ECE），根据具体国家的不同也可能存在里程偏差。此外，A类和B类保养继续按顺序应用且客户可自由选择"附加保养措施"。

2.发动机

BR167投放市场时将提供以下发动机型号：

①M256，6缸直列式火花点火型发动机，排量2999cm^3。

②M264，4缸直列式火花点火型发动机，排量1991cm^3（仅适用于美国版/中国版）。

③OM 654，4缸直列式柴油发动机，排量1951cm^3，带气门升程开关。

④OM 656，6缸直列式柴油发动机，排量2927cm^3，带气门升程开关。

更换发动机油和机油滤清器期间，通过油底壳中的放泄塞排放发动机油。可通过仪表盘调用发动机油液位。成本效益和可规划性：乘用车梅赛德斯–奔驰服务协议哪种保养合同更适合您？利用车辆相关服务合同，客户可用定制方式保护自己并从不同产品类型中选择最适合的产品。可购买的延长保修作为初级产品，面向趋向安全的对价格敏感的客户。从长远角度看来以及制造商保修到期后，可使客户免于承受不可预计的修理成本。在保养合同中，成本透明和计划性至关重要。在协议时间内承担所有的保养成本。此保养包括根据保养小册（包括"另开施工单"时的附加保养作业）的所有保养作业。全套保养合同作为高级产品，除了上述的保养和修理作业，还包括所有与磨损相关的作业。有了全方位的保护，客户可以坚信其梅赛德斯–奔驰车辆在很长时间内都会保持良好的状态。梅赛德斯–奔驰保养合同的有效性和产品名称按照国家规定的方式确定。请联系所在市场的销售人员或责任联系人。

3.附加保养作业

车辆规定的附加保养作业的间隔如下：

①"更换制动液"，每2年。

②"更换空气滤清器滤芯"，每75000km/3年。

③"更换火花塞"，每75000km/3年。

④"更换柴油燃料滤清器"，每75000km/3年。

⑤"自动变速器油和变速器油滤清器更换（725.03/14）"，每125000km。

⑥"分动箱油更换（4MATIC）"，每125000km。

⑦"更换汽油燃料滤清器"，每200000km。

⑧"更换冷却液"，每200000km/10年保持附加保养间隔。

六、发动机

GLE级车型X167采用了全新的发动机。直列式发动机M264用于4缸火花点火型发动机范围中，专门用于美国和中国市场。直列式发动机M256取代了先前的V形发动机M276，用于6缸火花点火型发动机。对于柴油发动机，OM656用于取代6缸中的OM642，OM654用于取代4缸中的OM651。同时也从V形发动机设计变为直列式发动机设计。所有的发动机都实现了低消耗低排放的特点。对于废气再处理方面，所有的柴油发动机采用了被动式选择性催化还原（SCR）催化转换器，火花点火型发动机采用了带传感器系统的汽油微粒滤清器。在所有的驱动模式中，只采用带变矩器的9速自动变速器。全轮驱动系统也通过全变速分动箱（具体取决于车型）得到扩展。前轴和后轴的可变扭矩分配可确保最佳牵引力。其在干燥道路以及潮湿或积雪道路等各种情况下，都可提供较高的行驶稳定性和行驶安全性。

1.带集成式启动机–发电机的6缸火花点火型发动机M256

6缸火花点火型发动机M256用于GLE450 4MATIC中，采用3.0L排量和（270+16）kW的最大功率输出。通过涡轮增压器进行发动机增压。集成式启动机发电机（ISA）可通过助力效果短时间产生额外的16kW输出功率。在超速运转模式下，超过80%的蓄电池能量可返回蓄电池中（能量回收）。集成式启动机发电机（ISA）还可启用混合动力功能，例如预进入智能气候控制或无声启动，即几乎察觉不到发动机启动。集成式启动机发电机（ISA）还可调节怠速状态。超速运转模式中，发动机可能会完全关闭。超速运转模式也可配合使用DISTRONIC主动式车距辅助系统。集成式启动机发电机（ISA）为48V车载电气系统产生电流，并通过直流直流转换器为传统的12V网络供电。与48V车载电气系统相关联的48V蓄电池可增加车辆的蓄电池容量，进而使可用电能增加。因此新功能得以使用。48V车载电气系统为其他混合动力系统的形成创造条件。

混合动力功能包括：

助力效果，16 kW输出功率和250N·m扭矩；

能量回收；

负载点转移；

减速模式；

发动机启动更佳柔和（带启动/停止功能）。

因此，降低了油耗（而之前则只能通过高压混合动力技术才可实现）。怠速控制首次还可通过集成式启动机发电机（ISA）实现。除使用48V部件外，新型驱动的技术内容还包括其他组成部分：

①锆石合金气缸盖即使在临界范围也可实现最高输出和发动机的最佳稳定性。

②采用多点喷射的高效直接喷射系统和可优化混合气形成的多火花点火。

③采用NANOSLIDE®技术的气缸工作表面，可确保理想的润滑，减小摩擦并提高耐磨性。

④采用气——水增压冷却和双流排气引导的双涡管涡轮增压器。

⑤可进行多种调节的钠填充的进气门和排气门。

⑥塑料材质的发动机支架，可减少震动。

⑦废气再处理装置直接安装在发动机上。

⑧汽油微粒滤清器可减少极细微的炭烟颗粒，并符合最严格的限制条件。

6缸发动机M256 E30 DEH LA G和M276 DE35 DEH LA的对比，如表11-1-3所示。

表11-1-3

发动机	M256 E30 DEH LA G，270kW	M276 DE35 DEH LA，245kW
结构/气缸数	R/6	V/6
缸径×冲程（mm×mm）	83×92	88×82.1
活塞排量（cm³）	2999	2996
压缩比（ε）	10.5:1	10.5:1

额定功率［km(r/min)］	270+16（5500~6100）	245（5250~6000）
最大扭矩［N·m（r/min)］	500+250（1600~4000）	420（1600~4000）
排气类型	欧6标准	欧6标准

带集成式启动机发电机（ISA）的6缸火花点火型发动机M256，如图11-1-7所示。

图11-1-7

2.4缸火花点火型发动机M264

4缸火花点火型发动机M264用于GLE级车型X167中，排量为2.0L，输出功率为190kW（仅适用于美国和中国市场）。直列式发动机M264由于其输出功率较大，因此可沿用之前6缸发动机唯一保留的输出位置。同时，油耗方面降低了20%以上：

①持续缩小尺寸，同时改善发动机摩擦。

②采用可变气门升程系统（CAMTRONIC）。

③引入带皮带驱动启动机发电机（BSA）的48V系统。

为实现大功率输出并改善自发响应时间，采用了带空气——水中间冷却系统和双流排气引导的双涡流涡轮增压器对发动机进行增压。与传统系统相比，双涡流涡轮增压器将每两个气缸的排气管组合在一个流动性优化的歧管中。该增压概念与气缸的系统涌流分离相结合，可以在低转速范围以及高比输出的情况下产生高扭矩。采用的其他效率措施还包括可变气门升程系统（CAMTRONIC）和摩擦降低方法。通过NANOSLIDE®技术实现气缸套的直列式布局。从而可确保理想的润滑，减小摩擦并提高耐磨性。技术数据M264，如表11-1-4所示。

表11-1-4

M E20264 DEH LA G2 BSA，190kW（+12kW，带皮带驱动启动机发电机）	
结构/气缸数	R/4
气缸间距(mm)	90
缸径×冲程(mm×mm)	83×92
行程/缸径	1.11
活塞排量(cm³)	1991
皮带驱动起动发电机输出（kW）	12
压缩比（ε）	10
额定功率［km(r/min)］	190+12（5800~6100）
单位功率（kW/L）	110.5
最大扭矩［N·m(r/min)］	370+190(3000~4000)
发动机质量(kg)	145.1
排气类型	欧6标准/ULEV70

4缸火花点燃式发动机M264，如图11-1-8所示。

图11-1-8

3.4缸柴油发动机OM654

4缸柴油发动机OM654用于GLE级车型167中，排量为2.0L，输出功率180kW。下列是重要特性的概览：

①柴油共轨喷射系统205000kPa。

②8孔压电喷油器。

③采用NANOSLIDE座面涂层的铝制曲轴箱。

④集成在曲轴箱内的串联油泵。

⑤飞轮侧的正时链，用于驱动高压泵，油泵和两个凸轮轴。

⑥平衡轴的齿轮驱动装置。

⑦控制用于活塞顶部冷却的喷油器的喷油器关闭阀。

⑧铝制气缸盖，每个气缸4个气门，两个凸轮轴位于顶部。

⑨带冷却式高压和低压废气再循环装置的多路废气再循环系统。

⑩带2件式水套的气缸盖。

⑪临近发动机安装，与柴油氧化催化转换器、柴油微粒滤清器和选择性催化还原（SCR）催化转换器配套使用。

⑫除临近发动机安装的废气再处理装置，车底的辅助选择性催化还原（SCR）催化转换器还可减少氮氧化物。

⑬负荷等级控制式提前喷射和后喷射。

⑭两个平衡轴（Lanchester）。

⑮ECO启动/停止功能。

⑯2级增压，带水冷式轴承壳体和E型促动器的可变涡轮几何结构。

4缸柴油发动机OM654 D20 G SCR和OM651 D22 G SCR的对比，如表11-1-5所示。

表11-1-5

发动机	OM654 D20 G SCR，180kW	OM651 D22 G SCR，150kW
结构/气缸数	R/4	R/4
缸径×冲程(mm×mm)	82×92.4	83×99
活塞排量(cm³)	1951	2243
压缩比（ε）	15.5:1	16.2:1
额定功率［km(r/min)］	180（4200时）	150（4200时）
最大扭矩［N·m(r/min)］	500（1600~2400时）	500（1600~1800时）
排气类型	欧6标准	欧6标准

4.6缸柴油发动机OM656

6缸柴油发动机OM656用于GLE级车型167中，有两个输出功率版本。

GLE 350 d 4MATIC，200kW；

GLE 400 d 4MATIC，243kW。

从而取代了V6柴油发动机OM642。

下列是重要特性的概览：

①集成在曲轴箱内的油泵。

②齿轮传动与飞轮侧的正时链配套，用于驱动高压泵、机油泵、平衡轴和两个凸轮轴。

③优化的热量管理。

④带冷却液预冷器和具有可转换式旁通管道的废气再循环冷却器的两级废气再循环（EGR）系统。

⑤带2件式制冷剂套的气缸盖。

⑥带预热输出控制器的快速加热系统。

⑦负荷等级控制式提前喷射和后喷射。

⑧采用压电阀门的喷油器。

⑨带2级增压，电子增压压力调节器的涡轮增压器。

⑩结合的排放控制系统，靠近发动机。

⑪除临近发动机安装的废气再处理装置，车底的辅助选择性催化还原（SCR）催化转换器还可减少氮氧化物。

⑫排气门的可变气门升程系统（CAMTRONIC）。

6缸柴油发动机OM656 D29 R SCR和OM642 D30 LS SCR的对比，如表11-1-6所示。

表11-1-6

发动机	OM656 D29 R SCR，200kW	OM656 D29 SCR，243kW	OM642 D30 LS SCR，190kW
结构/气缸数	R/6	R/6	V/6
缸径×冲程(mm×mm)	82×92.4	82×92.4	83×92
活塞排量（cm³）	2927	2927	2987
压缩比（ε）	15.5：1	15.5：1	15.5：1
额定功率［km(r/min)］	200（3400~4600）时	243（3600~4400时）	190（3600时）
最大扭矩［N·m(r/min)］	600（1200~3200时）	700（1200~3200时）	620（1600~2400时）
排气类型	欧6标准	欧6标准	欧6标准

6缸柴油发动机OM656，如图11-1-9所示。

图11-1-9

七、变速器

在所有GLE级车型X167中，采用了带变矩器的SPEEDSHIFT-TCT（变矩器技术）9G变速器。带变矩器和集成式离心摆的自动变速器725.0的剖面图，如图11-1-10所示。

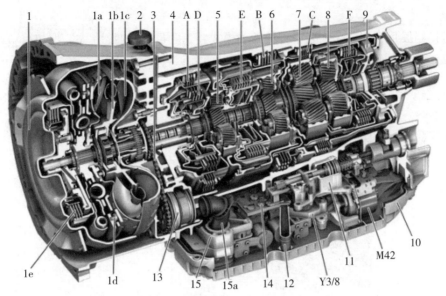

1.变矩器盖　1a.涡轮　1b.定子　1c.叶轮　1d.离心摆　1e.变矩器锁止离合器　2.变速器壳体通风　3.机油泵链条传动　4.变速器外壳　5.行星齿轮组1　6.行星齿轮组2　7.行星齿轮组3　8.行星齿轮组4　9.驻车止动爪齿轮　10.油底壳　11.电液驻车锁促动器的活塞外壳　12.导向管　13.机油泵　14.全集成化变速器控制系统支架　15.护盖/换挡阀体　15a.耐压管和进气歧管　M42.电动辅助机油泵　Y3/8.全集成化变速器控制系统电控单元　A.多片式制动器B08　B.多片式制动器B05　C.多片式制动器B06　D.多片式离合器K81　E.多盘式离合器K38　F.多盘式离合器K27

图11-1-10

1.动态操控选择（DYNAMIC SELECT）

动态操控选择（DYNAMIC SELECT）系统包括动态操控选择（DYNAMIC SELECT）开关和相应的变速器模式。对于装配钢制悬架的车辆或装配选装空气悬架系统（AIRMATIC）的车辆，或对于装配选装电动液压悬架的车辆，该系统作为标准装备提供。驾驶员可选择不同的预配置模式或某一自定义驾驶模式。根据驾驶方式、底盘类型及其他车辆设备，可选择4至7中驾驶模式。"越野增强版"驾驶模式可提供越野传动比，可在保证高牵引力的同时实现低速稳定的越野驾驶。通过动态操控选择（DYNAMIC SELECT）开关，可在驾驶模式之间进行切换。根据所选的变速器模式，以下车辆特性会有所变化：

驱动（发动机和变速器管理）；

底盘；

转向机构；

电控车辆稳定行驶系统（ESP®）。

根据车辆装备的不同，可选择以下动态操控选择（DYNAMICSELECT）驾驶模式：

①舒适型。

②自定义。

③运动型。

④运动增强型。

⑤经济型。

⑥弯道。

⑦越野。

⑧越野增强版。

要通过方向盘换挡拨片换挡，无论处于哪种驾驶模式，驾驶员都可通过"M"按钮直接切换至手动模式。动态操控选择（DYNAMIC SELECT）开关视图，如图11-1-11所示。

2.动态操控选择（DYNAMIC SELECT）开关

图11-1-11

2.4MATIC全轮驱动系统

对于GLE级车型X167的4MATIC全轮驱动系统，提供有3种型号的分动箱。分动箱作为标配通过凸缘连接到SPEEDSHIFT-TCT 9G变速器上，将驱动扭矩以固定的50：50固定比传递至车轴上。此型号未装配锁止装置。转动的车轮通过相应车轮上的制动干预装置制动。通过采用带电动调节多片式离合器的分动箱使各车轴上驱动扭矩的分配比在0~100%之间可变调节。驱动扭矩通过连续的变速器输出轴直接传递到后轴。电动促动电机通过一个球形斜面和一个杆机构增大多片式离合器上的压力，从而将驱动扭矩传递至前轴。分动箱与越野组件配合使用，使低速挡模式下的驱动扭矩在车轴之间的分配比可在0~100%之间进行可变调节，这也是该车型中的新增功能。此外，分动箱在越野操作时可提供0~100%的自动锁止效果。越野减速比（非低速挡）的同步切换功能可实现最高车速50km/h。越野减速比下的异步换挡系统仅在车辆静止时使用。在所有三种类型的分动箱中，通过链条将扭矩从分动箱入口传递至前轴。分动箱系列的剖面图，如图11-1-12所示。

带电动调节式多片式离合器的分动箱剖面图，如图11-1-13所示。

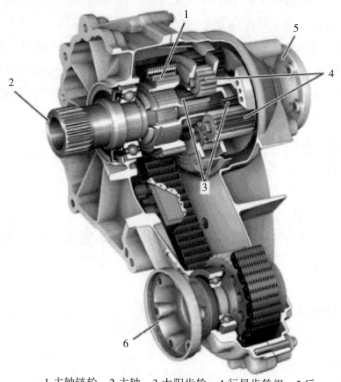

1.主轴链轮 2.主轴 3.太阳齿轮 4.行星齿轮组 5.后轴输出凸缘 6.前轴输出凸缘

图11-1-12

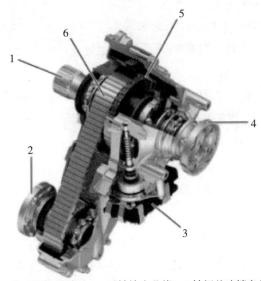

1.主轴 2.前轴输出凸缘 3.分动箱控制单元 4.后轴输出凸缘 5.轴间差速锁盘片组 6.主轴链轮

图11-1-13

带附加辅助齿轮组的分动箱剖面图（适用于On&Off-road多路况适应系统/代码430），如图11-1-14所示。

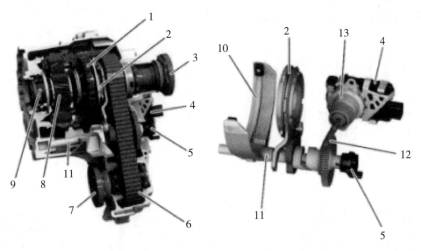

1.轴间差速锁盘片组 2.球道 3.后轴输出凸缘 4.分动箱绝对值传感器 5.分动箱控制单元 6.主轴链轮 7.前轴输出凸缘 8.越野减速比的行星齿轮系 9.主轴 10.滑动套筒 11.促动器轴 12.蜗杆轴 13.电动电机

图11-1-14

八、车轴和悬架系统

新款GLE级车型X167采用以下弹簧和减震系统：

装配钢制悬架的标准底盘；

装配前部和后部空气悬架的空气悬架系统（AIRMATIC）[配空气悬架系统（AIRMATIC）/代码489]；

电动液压悬架（装配电动液压悬架/代码490）。

1.空气悬架系统（AIRMATIC）

空气悬架系统（AIRMATIC）具备以下新功能：

①通过封闭的空气供给更快地降低和升高，在控制单元中控制新型空气悬架系统以更快的速度自动降低，从而降低消耗。

②通过运动型（Sport）和运动增强型（Sport+）驾驶模式的自动降低功能使动态性能更佳。

③自动降低车辆后端，使载物舱装卸更加方便。

后端降低：通过行李箱中的控制元件启用后端降低功能。为使行李箱的装卸更加方便，车辆后轴处降至规定高度。前轴处的水平高度保持不变。后端降低启用时，后轴会从当前设定的行车高度降低-40mm，但不会低于-70mm。如果识别到挂车操作，"后端降低"功能不会启用。

2.电动液压悬架

可选装的电动液压悬架可提供更佳的驾乘舒适性和敏捷度，此外还新增了全新的功能，例如脱困模式。该悬架为全主动式悬架，与空气悬架系统（AIRMATIC）配套使用。该系统可单独调节各车轮上的弹簧力和减震力。因此，电动液压悬架不仅预防侧倾运动，还包括俯仰运动和线性运动。与道路记录（路面扫描）和动态转向功能（弯道）相配合，电动液压悬架可提供更好的舒适性。

组成：

①基于48V的全活性电液悬架。

②空气悬架系统。

③自动液位控制系统取决于速度和驱动程序。

④负荷检测。

⑤"动态操控选择（DYNAMIC SELECT）"驾驶模式"舒适型（Comfort）""运动型（Sport）""弯道（Curve）"和"越野（off-road）"。根据车辆设备，还提供有增强型Plus选项。某些发动机型号的"运动增强型（Sport plus）"，越野组件/代码430的"越野增强型（off-road plus）"。

装配空气悬架系统（AIRMATIC）/代码489和装配电动液压悬架/代码490的空气悬架的紧凑型控制单元的位置，如图11-1-15所示。

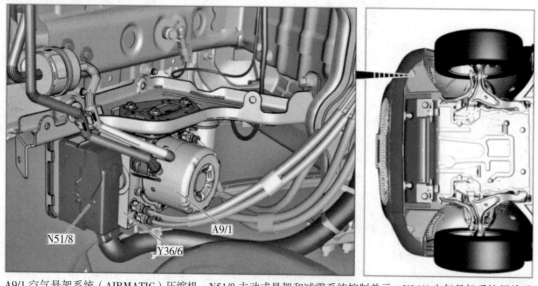

A9/1.空气悬架系统（AIRMATIC）压缩机　N51/8.主动式悬架和减震系统控制单元　Y36/6.空气悬架系统阀单元

图11-1-15

528

前轴电动液压悬架的示意图，如图11-1-16所示。

1.气压弹簧　2.减震器支柱（液压气动系统）　3.液压管路　4.电动液压控制单元
5.空气悬架控制单元，压缩机和阀门

图11-1-16

后轴电动液压悬架的示意图，如图11-1-17所示。

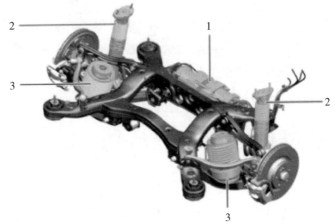

1.电动液压控制单元　2.减震器　3.气压弹簧

图11-1-17

带气压弹簧和主动减震器的悬架减震柱的示意图，如图11-1-18所示。

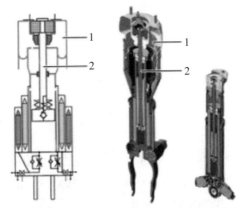

1.气压弹簧　2.减震器支柱（液压气动系统）

图11-1-18

3.ON&OFF-ROAD多路况适应系统

以下功能和设备用于On&Off-road多路况适应系统选装装备：

①带锁止式差速器（分动箱）和两个断开式差速器（前轴和后轴）的全时四轮驱动。

②"低速挡"越野减速比可实现高牵引力的低速稳定越野行驶。

③带适用恶劣地形的"越野增强版"驾驶模式的动态操控选择开关（DYNAMIC SELECT）开关。

④代码481的改进的车底保护装置。

⑤仅与6缸发动机配套使用。

⑥装配前部和后部空气悬架的空气悬架系统（AIRMATIC）［配空气悬架系统（AIRMATIC）/代码489］。

⑦调节后的牵引辅助系统（4ETS）。

九、方向盘

在新款GLE级车型X167中使用齿轮齿条式转向机，其位于车轮中心的后面。电动机产生标准速度辅助转向力。将辅助转向力通过减速传动装置传送至齿轮齿条式转向机。电动机和控制单元的集成允许紧凑型设计。

1.挂车操控辅助系统

挂车操控辅助系统可在带挂车的情况下进行倒车时为驾驶员提供辅助，通过多媒体系统进行操作。挂车操控辅助系统通过目标转向移动控制车辆组合，从而匹配驾驶员输入的标称铰接角度。铰接角度由驾驶员手动输入多媒体系统中。车辆组合的速度降低至7km/h（铰接角度最高为5°）或5km/h（铰接角度超过5°）。如果驾驶员掌握方向盘，则将车辆组合制动至静止状态。

（1）铰接角度保护。

如果铰接角度过大，则铆接角度保护启用。牵引车和挂车之间的铰接角度过大时，车辆组合自动制动至静止状态。

（2）直线牵引操作。

通过多媒体系统启用直线牵引操作功能时，调节车辆，以在启用期间保持挂车的当前方向。该系统单独计算铰接角度，并对正车辆组合以匹配挂车的当前方向。为此，倒车时会出现短暂的挂车回摆，然后进入所需路径。从而使车辆相对于挂车径直对正，同时保持挂车的正确方向。

（3）功能要求。

①发动机运转或传动系统运行。

②驻车辅助系统开启。

③挂车已检测。

④倒挡已接合。

⑤坡度低于15%。

（4）学习过程。

车辆组合稍稍向前移动时，挂车操控辅助系统进行学习。学习期间，估算挂车的挂车杆长度并核实铰接角度传感器的铰接角度的合理性，如图11-1-19所示。铰接角度传感器位于挂车装置的球头中。旋转磁环连同铰接角度传感器一起使用，以确定铰接角度。

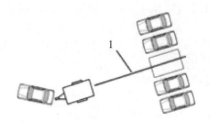

1.标称车道（驾驶员确定）

图11-1-19

2.显示器屏幕

多媒体显示屏上的显示由360°摄像头系统实现。摄像头记录所需区域视野，向驾驶员显示挂车当前和标称铰接角度。操作时，显示屏支持驾驶员。图11-1-20所示为各种视角（例如挂车俯视图或带后视摄像头图像的俯视图）。挂车操控辅助系统启用时，可选择以下摄像头视图。

1.前部广角视图　2.前部摄像头图像的俯视图　3.车外后视镜中侧面摄像头图像的俯视图（车辆整个侧面）　4.后部广角视图　5.后部摄像头图像的俯视图　6.挂车俯视图

图11-1-20

后部摄像头图像的俯视图，如图11-1-21所示。

7.铰接角度规格的触动式控制功能（启用功能显示为蓝色）　8."直线牵引"操作的触动式控制功能　9.标称铰接角度　10.标称铰接角度车道

图11-1-21

十、车载电气系统网络连接

1.联网（如图11-1-22所示）

与前辈车型系列相比，新款中装配了FlexRay™总线系统，其数据传输速率显著提高。组网结构的基本特征如下：

①通过不同的子网络进行控制器区域网络（CAN）通信。

②底盘FlexRay™总线系统。

③多媒体定向系统传输（MOST）总线。

④多个子集系统设计为单线总线系统（LIN）。

子网络通过网关进行连接：

电子点火开关控制单元；

主机；

共轨喷射系统柴油机（CDI）控制单元或电控多端顺序燃料喷注/点火系统［ME-SFI（ME）］控制单元；

传动系统控制单元。

2.48V车载电气系统

GLE级车型167还装配了48V车载电气系统，与直列式发动机M256和M264配合使用。后部插座［装配115V插座/代码U80或车内230V插座/代码U67］在后部中央控制台的下部区域中，装配有储物箱，用于固定后部插座。除标准双USB接口之外，还提供115V插座或230V插座作为选装装备。

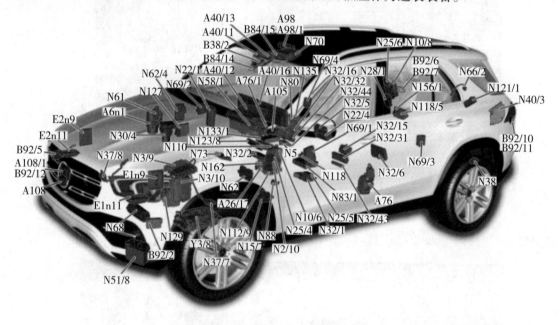

图11-1-22　（图注省略）

传动系统控制器区域网络（CAN）（CAN C1），如表11-1-7所示。

表11-1-7

	控制单位	附加信息
A26/17	主机	—
N3/9	共轨喷射系统柴油机（CDI）控制单元	柴油发动机
N3/10	电控多端顺序燃料喷注/点火系统（ME-SFI）（ME）控制单元	汽油发动机
N118	燃油泵控制单元	—
N127	传动系统控制单元	—
N156/1	主动式发动机发声器控制单元	装配主动式发动机声音发生器/代码U68
Y3/8	全集成化变速器控制系统控制单元	—

532

传动系统传感器控制器区域网络（CAN I）（柴油发动机），如表11-1-8所示。

表11-1-8

	控制单元	附加信息
N3/9	共轨喷射系统柴油机（CDI）控制单元	—
N37/8	选择性催化还原（SCR）催化转换器下游的氮肥氧化物（NO_x）传感器控制单元	—
N37/12	柴油氧化催化转换器上游的氮氧化物（NO_x）传感器控制单元	—
N118/5	AdBlue®控制单元	采用第3代BlueTEC［选择性催化还原（SCR）］柴油机排气处理技术/代码U79

用户界面控制器区域网络（CAN HMI），如表11-1-9所示。

表11-1-9

	控制单元	附加信息
A26/17	主机	—
A40/12	平视显示屏	装配平视显示屏/代码463
A76	左前可逆式安全带紧急拉紧器	—
A76/1	右前可逆式安全带紧急拉紧器	—
B84/14	增强现实摄像头	装配增强现实/代码U19
N2/10	辅助防护系统控制单元	—
N66/2	后视摄像头控制单元	带后视摄像头/代码218
N73	电子点火开关控制单元	—
N88	轮胎压力监测器控制单元	装配轮胎压力监测器/代码475
N133/1	仪表盘显示屏控制单元	—

诊断控制器区域网络（CAN D），如表11-1-10所示。

表11-1-10

	控制单元	附加信息
N73	电子点火开关控制单元	—
N112/9	HERMES控制单元	装配HERMESLTE/代码362

动态行驶控制器区域网络（CAN H），如表11-1-11所示。

表11-1-11

	控制单元	附加信息
N2/10	辅助防护装置（SRS）控制单元	—
N30/4	电控车辆稳定行驶系统（ESP®）控制单元	—
N51/8	空气悬架控制系统（AIR BODY CONTROL）增强版控制单元	装配电子液压悬架/代码490

混合动力控制器区域网络（CAN）（CAN L）（采用48V技术/代码B01），如表11-1-12所示。

表11-1-12

	控制单元	附加信息
N112/9	HERMES控制单元	装配HERMES LTE/代码362
N127	传动系统控制单元	—
N129	启动机发电机控制单元	—

车内控制器区域网络（CAN B），如表11-1-13所示。

表11-1-13

	控制单元	附加信息
A98	全景式滑动天窗控制模块	装配全景式滑动天窗/代码413
A98/1	滑动天窗控制模块	装配滑动天窗/代码414
N10/6	前部信号采集及促动控制模组（SAM）控制单元（前部中央控制单元）	—
N10/8	后部信号采集及促动控制模组（SAM）控制单元（后部中央控制单元）	—
N22/1	智能气候控制系统控制单元	—
N28/1	挂车识别控制单元	装配挂车装置/代码550
N32/1	驾驶员座椅控制单元	—
N32/2	前排乘客座椅控制单元	—
N32/5	右后座椅控制单元	—
N32/6	左后座椅控制单元	—
N32/29	驾驶员多仿形座椅控制单元	装配带按摩功能的前排多仿形座椅/代码399
N32/30	前排乘客侧多仿形座椅控制单元	装配带按摩功能的前排多仿形座椅/代码399
N69/1	驾驶员车门控制单元	—
N69/2	前排乘客侧车门控制单元	—
N69/3	左后车门控制单元	—
N69/4	右后车门控制单元	—
N70	车顶控制面板控制单元	装配内部监控/代码882
N73	电子点火开关控制单元	—
N83/1	直流直流转换器控制单元	采用48V技术/代码B01
N121/1	行李箱盖/掀开式尾门控制系统控制单元	装配便捷装载（EASY PACK）掀开式尾门/代码890
N162	环境照明灯控制单元	装配环境照明灯/代码876

方向盘控制器区域网络（CAN）（CAN LR），如表11-1-14所示。

表11-1-14

	控制单元	附加信息
N80	转向柱模块控制单元	–
N135	方向盘电子设备	–

发动机控制器区域网络（CAN）[控制器区域网络总线C级（CAN C）]，如表11-1-15所示。

表11-1-15

	控制单元	附加信息
N3/9	共轨喷射系统柴油机（CDI）控制单元	柴油发动机
N3/10	电控多端顺序燃料喷注/点火系统（ME-SFI）（ME）控制单元	汽油发动机
N127	传动系统控制单元	–

外围设备控制器区域网络（CAN PER），如表11-1-16所示。

表11-1-16

	控制单元	附加信息
A40/11	平面探测多功能摄像头	装配车道组件/代码22P 主动式车道保持辅助系统/代码243 速度限制辅助系统/代码504 交通标志辅助系统/代码513 自适应远光灯辅助系统/代码608 自适应远光灯辅助系统增强版/代码628 未装配驾驶辅助组件/代码23P 未装配驾驶辅助组件增强版/代码P20
B92/6	外部右后保险杠集成式雷达传感器	装配盲点辅助系统/代码234或装配车道追踪组件/代码22P
B92/11	外部左后保险杠集成式雷达传感器	装配盲点辅助系统/代码234或装配车道追踪组件/代码22P
E1n9	左侧大灯控制单元	–
E1n11	左前LED矩阵灯组控制单元	装配右侧驾驶车辆动态LED大灯，SAE版/代码640 或左侧驾驶动态LED大灯/代码641 或右侧驾驶动态LED大灯/代码642
E2n9	右侧大灯控制单元	–
E2n11	右前LED矩阵灯组控制单元	装配右侧驾驶车辆动态LED大灯，SAE版/代码640 或左侧驾驶动态LED大灯/代码641 或右侧驾驶动态LED大灯/代码642
N73	电子点火开关控制单元	–
N127	传动系统控制单元	–

前部雷达控制器区域网络（CAN）（CAN S1）（装配驾驶辅助组件增强版/代码P20），如表11-1-17所示。

表11-1-17

	控制单元	附加信息
B92/2	前保险杠左侧外部雷达传感器	–
B92/5	前保险杠右侧外部雷达传感器	–
N62/4	梅赛德斯-奔驰智能行驶控制单元	

后部雷达控制器区域网络（CAN S2）（装配驾驶辅助组件/代码23P或驾驶辅助组件增强版/代码P20），如表11-1-18所示。

表11-1-18

	控制单元	附加信息
B92/7	后保险杠右侧外部雷达传感器	–
B92/10	后保险杠左侧外部雷达传感器	–
N62/4	梅赛德斯-奔驰智能行驶控制单元	–

车载智能信息系统控制器区域网络（CAN A），如表11-1-19所示。

表11-1-19

	控制单元	附加信息
A26/17	主机	–
A40/16	主机/仪表盘显示屏组	–
A105	触摸板	–
B84/15	手势传感器控制单元	装配前面的非接触式手势控制/代码77B
N123/8	移动电话托座控制单元	装配无线移动电话充电/代码897或多功能电话/代码899

悬架FlexRay（Flex E），如表11-1-20所示。

表11-1-20

	控制单元	附加信息
A40/13	立体探测多功能摄像头	装配驾驶辅助组件/代码23P或装配驾驶辅助组件增强版/代码P20
A108	主动式制动辅助系统控制单元	–
A108/1	DISTRONIC主动式车距辅助系统电动控制单元	装配DISTRONIC主动式车距辅助系统/代码239
B92/12	近距离和远距离雷达传感器	装配限距控制系统增强版（DISTRONIC PLUS）/代码233
N15/7	分动箱控制单元	发动机264，654（装配大功率发动机/代码M014）除外或越野组件/代码430除外
N30/4	电控车辆稳定行驶系统（ESP®）控制单元	–
N51/8	空气悬架控制系统（AIR BODY CONTROL）增强版控制单元	装配空气悬架系统（AIRMATIC）代码489

	控制单元	附加信息
N62	驻车系统控制单元	装配带驻车定位系统（PARKTRONIC）的主动式驻车辅助系统代码235
N62/4	梅赛德斯-奔驰智能行驶控制单元	装配驾驶辅助组件/代码23P或装配驾驶辅助组件增强版/代码P20
N68	电动动力转向机构控制单元	–
N73	电子点火开关控制单元	–
N80	转向柱模块控制单元	–
N127	传动系统控制单元	–

多媒体传输系统（MOST），如表11-1-21所示。

表11-1-21

	控制单元	附加信息
A26/17	主机	–
N40/3	音响系统放大器控制单元	装配音响系统/代码810或装配高级音响系统/代码811

智能气候控制系统局域互联网（LIN 2）（LIN B8-2），如表11-1-22所示。

表11-1-22

	控制单元	附加信息
A6n1	辅助加热器控制单元	装配驻车加热器/代码228
N61	风挡玻璃加热器控制单元	装配加热式风挡玻璃/代码597

空调操作单元局域互联网（LIN B8-3），如表11-1-23所示。

表11-1-23

	控制单元	附加信息
N22/4	后排空调操作单元	装配自动空调/代码581
N58/1	智能气候操控单元	–

雨量/光线传感器局域互联网（LIN）（LIN B16），如表11-1-24所示。

表11-1-24

	控制单元	附加信息
B38/2	带附加功能的雨量/光线传感器	–
N10/6	前部信号采集及促动控制模组（SAM）控制单元	–

驾驶员座椅局域互联网（LIN）（LIN B18）（装配驾驶员和前排乘客座椅加热器增强版/代码902），如表11-1-25所示。

表11-1-25

	控制单元	附加信息
N25/5	驾驶员座椅加热器控制单元	–
N32/1	驾驶员座椅控制单元	–

前排乘客座椅局域互联网（LIN B19）（装配驾驶员和前排乘客座椅加热器增强版/代码902），如表11-1-26所示。

表11-1-26

	控制单元	附加信息
N25/4	前排乘客座椅加热器控制单元	–
N32/2	前排乘客座椅控制单元	–

按摩部件局域互联网（LIN）（LIN B26）（装配带按摩功能的前排多仿形座椅/代码399），如表11-1-27所示。

表11-1-27

	控制单元	附加信息
N32/29	驾驶员多仿形座椅控制单元	–
N32/30	前排乘客侧多仿形座椅控制单元	–
N32/35	驾驶员坐垫按摩功能控制单元	–
N32/36	前排乘客坐垫按摩功能控制单元	–
N32/37	驾驶员座椅靠背按摩功能控制单元	–
N32/38	前排乘客座椅靠背按摩功能控制单元	–

无钥匙启动（KEYLESS-GO）局域互联网（LIN）（LIN B27），如表11-1-28所示。

表11-1-28

	控制单元	附加信息
N38	后部换挡模块	免提开启功能（HANDS-FREE ACCESS）/代码871
N73	电子点火开关控制单元	–

加热器局域互联网（LIN）（LIN B28），如表11-1-29所示。

表11-1-29

	控制单元	附加信息
N5	扶手加热器控制单元	装配前排扶手加热器/代码906
N10/8	后部信号采集及促动控制模组（SAM）控制单元	–
N25/6	后排座椅加热器控制单元	装配后排座椅加热器/代码872

座椅承载识别局域互联网（LIN E2），如表11-1-30所示。

表11-1-30

	控制单元	附加信息
N2/10	辅助防护装置（SRS）控制单元	–
N110	数量传感系统控制单元	装配前排乘客前置气囊自动关闭功能/代码U10
N112/9	HERMES控制单元	装配HERMES LTE/代码362

十一、外车灯

新研发的新款GLE级车型X167的大灯与先前车型系列相比，大灯的功能位置发生改变并新增了照明工程。静态全LED大灯作为标配新装置提供。MULTIBEAM LED大灯系统［装配智能照明系统（ILS）和自适应远光灯辅助系统增强版以及辅助远程（ULTRA RANGE）远光灯功能］作为选装装备提供。静态LED大灯（装配静态左侧驾驶车辆LED大灯/代码631或静态右侧驾驶车辆LED大灯/代码632），如图11-1-23和图11-1-24所示。

图11-1-23

图11-1-24

1.动态全LED大灯：装配ECE远程（ULTRA RANGE）远光灯的MULTIBEAM LED

动态LED大灯（MULTIBEAM LED）：新款GLE级，车型167的动态LED大灯采用当前研发阶段的MULTIBEAM LED技术。部分近光灯和远光灯控制允许根据情况适当调节道路照明。目前LED矩阵包含84个LED灯，分三列分布。该大灯可以对变化的交通状况分别进行更快速地响应。全新并优化的照明功能扩展了此项技术的优势。

（1）带交叉行车和/或迂回功能的转角照明灯。

通过导航系统启用带交叉行车和/或迂回功能的转角照明灯。交叉行车前道路两侧40m或迂回前道路两侧70m已大范围照亮。

（2）城市照明。

车速较低或在明亮的地方时启用城市照明灯。由于其特殊的宽光线分布，难以看到的人行道和其他典型市区危险区域均可照亮。

（3）恶劣天气照明。

在雨天和潮湿的道路上，通过对各LED灯进行针对性调暗可减少道路反光。从而将迎面而来车辆的眩光和间接炫目限制到最小。如果延长启用风挡玻璃雨刮器，则该系统自动启用。

（4）"远程"附加远光灯。

远程（ULTRA RANGE）远光灯也是全新的。可发出最大的法定允许亮度。远光灯的亮度仅在距离大于650m时降至参考值以下。这意味着远光灯的照明性能在中央区域增加超过150m。启用主动式远光灯辅助系统，未检测到其他道路使用者，平直路段以及车速超过40km/h时，远程（ULTRARANGE）远光灯自动打开。如果系统检测到其他道路使用者或高反射率交通标志，则远程（ULTRA RANGE）远光灯自动停用并启用部分远光功能。雨天（持续刮水）时停用远程（ULTRA RANGE）远光灯。手动启用远光灯时，远程（ULTRARANGE）远光灯始终启用，如图11-1-25所示。

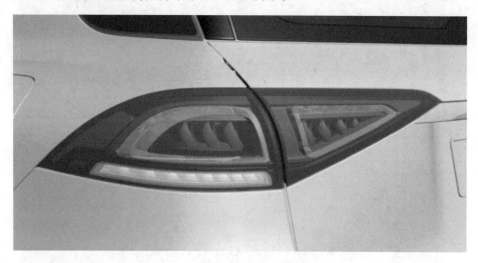

图11-1-25

2.尾灯

采用侧光照明LED技术的尾灯也是该车型的一个独特设计特征，使其外观更具品质感，造型更加高效突出。所有车灯均采用LED作为光源。根据驾驶状况和环境亮度（日间/夜间），按照ECE类型在不同光照条件下操作制动灯和转向信号灯。例如，如果驾驶员在夜间红灯时促动制动踏板，则自动降低制动灯的亮度，从而不会使跟随车辆的驾驶员炫目。由于更宽且更均匀的光线分布，使得在某些区域里处于这些条件时的光线不会过于黑暗。

十二、车内照明

在新款GLE级车型X167中，带环境氛围照明/代码876的环境氛围照明系统用作选装设备提供。环境照明提供不同的照明概念，其中车内照明可自定义设计。色彩和光线会唤醒情绪并创造令人愉悦的氛围。仅节能LED作为灯具使用。利用环境氛围照明系统，可提供通过混合原色红色、绿色和蓝色创造的64种灯光颜色。为此，所使用的LED提供有三款芯片，后者会相应地促动。除64种灯光颜色之外，还提供了10种所谓的色彩世界，车内通过多种协调的灯光颜色进行照明。色彩世界可以与可用的显示屏样式相结合，从而创造和谐的整体印象。还可增加灯光效果，可自定义启用。这些包括调节智能气候控制装置时出风口的灯光效果、迎宾效果和动态操控选择（DYNAMIC SELECT）效果。亮度可以在0到10的三个亮度区域中进行配置。这里特别值得注意的是车内环境照明的进一步发展和布局。由于间接照明和直接照明的接合，这种新型环境照明尤其可在仪表板上部和下部之间的过渡区域中体验。独立式宽屏幕驾驶室以及中央控制台也与环境照明相融合。代码876的环境氛围照明系统，如图11-1-26所示。

图11-1-26

十三、车内乘客保护

1.预防性安全系统（PRE-SAFE®）驾驶员及乘客保护系统

GLE级车型167的被动安全性基于智能设计的车身，以及极具刚性的乘客车厢和特殊的可变形碰撞结构。保护概念还包括标准的预防性驾驶员及乘客保护系统预防性安全系统（PRE-SAFE®）和防护系统。

对预防性驾驶员及乘客保护系统预防性安全系统（PRESAFE®）进行了扩展，包括以下功能性：

①触发预防性安全系统（PRE-SAFE®）措施：从制动踏板到制动踏板快速切换时、通过侧风稳定控制辅助系统进行明显路径校正时、低速时进行临界转向操作时和即将发生侧面碰撞时（侧面障碍物识别）［配预防性安全系统自适应安全带收紧功能（PRE-SAFE® Impulse）/代码292］。

②预防性安全系统自适应安全带收紧功能（PRE-SAFE® Impulse），作为代码P20的驾驶辅助组件增强版选装装备的部分功能。如果检测到即将发生侧面碰撞，预防性安全系统自适应安全带收紧功能

（PRE-SAFE® Impulse）会将驾驶员或前排乘客移至车辆中央位置。预先反应的防护系统用于将空气隔离在座椅靠背的侧面支撑中。如果无法避免侧面碰撞，气囊会在几分之一秒内充气并将车辆驾驶员及乘客轻轻推到一侧。从而使车辆驾驶员及乘客远离车门。同时，车辆和车辆驾驶员及乘客之间的相对速度降低，以减少随后与车门饰板的接触。

③驾驶员可预先调节预防性安全系统（PRE-SAFE®）听力保护功能。在发生事故时，会产生带声压级的噪音，可能会对听力造成损害。如果预防性安全系统（PRE-SAFE®）系统检测到确定的危险状况，会通过音响系统在车里发出简短的噪音信号以进行预警。由于镫骨肌的自然反射机制，内耳可迅速自我保护免受高声音压力的损害。

④预防性安全系统增强版（PRE-SAFE® PLUS）后方碰撞警告系统是预防性驾驶员及乘客保护系统的扩展，同时还将以下车辆导致的危险状况（后方碰撞）考虑在内。以基于雷达的方式监测车辆后方的交通状况。后方碰撞警告系统分析雷达传感器系统信息，并计算以下车辆的接近速度以及与本车的距离。即将发生后方碰撞时，该系统警告以下车辆并执行不同的预防性乘客保护措施。因此对于车辆驾驶员及乘客来说，可减少可能发生的事故后果。

2.防护系统

防护系统包括：

①驾驶员和前排乘客的可逆式安全带收紧器。

②装配带烟火装置的安全带张紧器和安全带收紧力限制器的三点式安全带（驾驶员、前排乘客、外侧后座区）。

③驾驶员和前排乘客前置气囊。

④驾驶员膝部气囊。

⑤组合前排胸部–骨盆侧部气囊。

⑥后排骨盆侧部气囊（配后排侧部气囊/代码293）。

⑦车窗气囊。

如果与较弱的道路使用者发生碰撞，例如行人，则采取以下措施以减少事故严重程度：

防撞缓冲区位于发动机罩和部件之间的下方；

专门设计的保险杠泡沫。

十四、驾驶员辅助系统

由于增强了驾驶员辅助功能，驾驶员辅助系统提供更佳的安全性和舒适性。在跨系统概念的基础上，区域整体安全性和梅赛德斯–奔驰智能驾驶的相互作用和协同合作增加。新款GLE级车型X167还具有最新一代的驾驶辅助组件（FAP 4.7）。最重要的驾驶员辅助系统以组件进行编译。列表包括与前辈车型相比的所有技术改进和新特征。

1.驾驶辅助组件

（1）驾驶辅助组件（装配驾驶辅助组件/代码23P）。

①DISTRONIC主动式车距辅助系统。

对于静止物体的舒适制动；

交通堵塞时延长自动重新启动；

路线（弯道、环路、收费站、T形交叉口、队尾）产生之前以及转出/驶出高速公路/快车道时

DISTRONIC主动式车距辅助系统调节车速；

新增：主动式停走辅助。

②主动式转向辅助。

主动式车道保持辅助系统；

车辆静止时，带自动解锁的主动式紧急停车辅助系统向梅赛德斯–奔驰紧急中心拨打紧急呼叫（取决于国家）；

新增：应急车道功能。

③针对限速改变的带预先反应的主动式速度限制辅助系统。

④主动式制动辅助系统指示灯。

带交叉行车功能；

带车队尾部紧急制动功能；

新增：带关闭功能。

⑤避让转向辅助系统。

⑥主动式车道保持辅助系统。

⑦主动式盲点辅助系统。

⑧预防性安全系统增强版（PRE-SAFE® PLUS）。

（2）驾驶辅助组件增强版（配驾驶辅助组件增强版/代码P20）。

①驾驶辅助组件（装配驾驶辅助组件/代码23P）。

②新增：预防性安全系统自适应安全带收紧功能（PRE-SAFE® Impulse）。

2.驻车辅助系统

该辅助系统可视需要接管用手操作的驻车和出库过程相关的所有驾驶工作：系统发出信号，转向、加速和制动，还会自动换挡。

（1）带后视摄像头的驻车组件（配驻车组件/代码P44）。

①通过与导航系统的信息对比，对驻车标识进行智能显示。

②改善了使用辅助驶出停车位功能后对车辆的接管情况。

③警告车辆侧方的碰撞。

（2）带360°摄像头的驻车组件（配带360°摄像头的驻车组件/代码P47）。

①通过与导航系统的信息对比，对驻车标识进行智能显示。

②改善了使用辅助驶出停车位功能后对车辆的接管情况。

③扩大的侧视图（整个车辆侧）。

④挂车侧视图，挂车操作时（挂车侧视图），装配挂车装置/代码550和挂车操控辅助系统/代码553。

⑤辅助缩放模式可简化挂车的促动和连接。

3.挂车操控辅助系统

挂车操控辅助系统（代码553）是GLE级车型X167中的一项新装备。该系统在倒车操作时为驾驶员提供辅助。车辆/挂车组合向前移动时，该系统进行"短暂"学习。

4.方向盘

GLE级车型X167中采用了新一代方向盘。驾驶员辅助系统定速巡航控制/限速器和DISTRONIC主动式车距辅助系统的控制元件位于多功能方向盘上。操作两个手指导航垫时会发出声音反馈。车内的扬声器输出反馈音。在标准情况下的多功能方向盘,如图11-1-27所示。

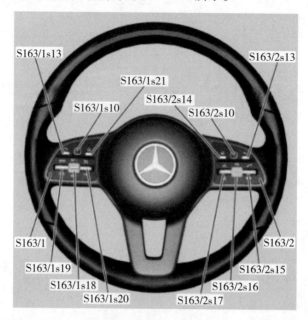

S163/1.仪表盘多功能方向盘按钮组　S163/1s10.仪表盘手指导航垫　S163/1s13."返回"按钮　S163/1s18.定速巡航控制开关
S163/1s19.定速巡航控制恢复开关　S163/1s20.定速巡航控制和限速器开关　S163/1s21.主页按钮　S163/2.主机多功能方向
盘按钮组　S163/2s10.主机手指导航垫　S163/2s13."返回"按钮　S163/2s14.主页按钮　S163/2s15.接听/挂断电话开关
S163/2s16.音量控制旋钮开关　S163/2s17.语音控制开启和收藏夹开关

图11-1-27

多功能方向盘(配驾驶辅助组件/代码P20或驾驶辅助组件增强版/代码23P),如图11-1-28所示。

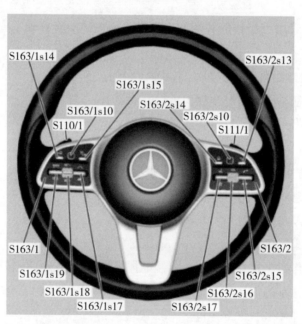

S110/1.方向盘降挡按钮　S111/1.方向盘升挡按钮　S163/1.仪表盘多功能方向盘按钮组　S163/1s10.仪表盘手指导航垫
S163/1s14.主页和返回按钮　S163/1s15.限速器和DISTRONIC主动式车距辅助系统按钮　S163/1s17.DISTRONIC主动式车距辅助系
统开关　S163/1s18.定速巡航控制开关　S163/1s19.定速巡航控制恢复开关　S163/2.主机多功能方向盘按钮组　S163/2s10.主机
手指导航垫　S163/2s13."返回"按钮　S163/2s14.主页按钮　S163/2s15.接听/挂断电话开关　S163/2s16.音量控制旋钮开关
S163/2s17.语音控制开启和收藏夹开关

图11-1-28

544

十五、恒温控制

新款GLE级车型X167将带空调/代码580的THERMATIK2区域自动空调系统作为标配提供。自动空调/代码581的 THERMOTRONIK作为选装装备提供。通过THERMOTRONIK 4区域自动空调，可以有针对性地调节车内空调以满足车辆驾驶员及乘客的个性化需求。与THERMATIK 2区域自动空调相比，THERMOTRONIK为客户提供的功能范围更广。多区域智能空调（THERMOTRONIC）为驾驶员，前排乘客和后排乘客提供单独的豪华气候区，因此主要配备了以下部件和功能：

驾驶员和前排乘客以及后座区左侧和右侧提供单独的温度和空气分配控制；

通过污染物传感器和导航系统以及GPS的隧道检测进行自动空气循环；

活性炭细尘过滤器；

余热利用；

后座区的辅助操作单元；

仪表板中的漫展区域；

B柱和脚部位置的附加出风口。

6缸汽油发动机M256装配了电动制冷剂压缩机并配合采用48V技术。该发动机不采用皮带轮驱动，从而使制冷剂回路的工作与发动机转速无关。GLE 450 4MATIC，后座区装配空调控制面板的中央控制台，如图11-1-29所示。

图11-1-29

1.车内空气调节组件（配空气质量组件/代码P21）

空气质量组件包括离子化装置、香氛系统和改良的车内空气滤清器。内部空气电离是无味的，因为这样的车辆乘客不能直接感知它。通过控制气候控制来控制电离器。GLE 400 d 4MATIC，打开的手套箱（带香氛系统），如图11-1-30所示。

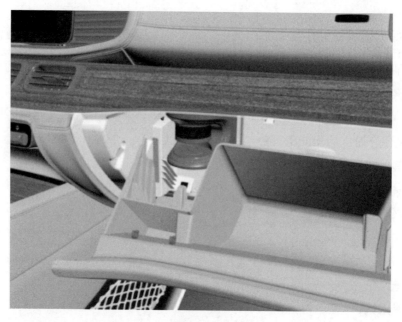

图11-1-30

2.畅心醒神便捷控制（配畅心醒神组件/代码PBP）

装配畅心醒神组件/代码PBP的畅心醒神便捷控制结合了不同的个性化功能（如车内照明、智能气候控制、音响）以处理分配至特定指导主题的程序。这些自定义功能的特性通常用于提高驾驶员/所有车辆乘客的自定义操作的便利性。由于多种感觉的协调响应，还可增加精神和身体舒适度。可在单调驾驶时通过播放活跃或提神的程序或通过在情绪紧张情况下的放松或热身程序为驾驶员提供辅助。带指导性放松练习的程序有助于缓解紧张。基本配备中包含以下部件：

①空气质量组件（代码P21）。

②环境氛围照明系统（代码876）。

3.畅心醒神便捷控制（配畅心醒神组件增强版/代码PBR）

畅心醒神便捷控制（装配畅心醒神组件增强版/代码PBR）还需要以下选装装备：

①多仿形座椅（配带按摩功能的前排多仿形座椅/代码399）。

②座椅空调控制（装配驾驶员和前排乘客座椅空调控制/代码401）或座椅加热器（装配驾驶员和前排乘客座椅加热器/代码873或温暖舒适组件/代码P68）。

4.温暖舒适组件（配温暖舒适组件/代码P68）

温暖舒适组件包括对座椅以及前排座椅间的扶手和车门饰板中的扶手进行加热。与传统座椅加热相比，温暖舒适组件中的座椅加热反应更快。

5.风挡玻璃加热器（配加热式风挡玻璃/代码597）

通过与48V技术/代码B01相结合，使用48V子网络可为舒适和安全系统的供电提供合适的条件，例如风挡玻璃加热器。从技术上，风挡玻璃加热器不再设计为细金属丝，而是采用箔，使其几乎不可见。

十六、座椅

新款GLE级车型X167的座椅在舒适性，安全性和选材方面都满足了最高期待。为满足这些期待和要求，与之前系列相比，座椅再一次大大升级。特别是以下方面：

多处革新，进一步增加了座椅舒适度、座椅气候调节舒适度和安全性；

在架构、材料、配色和接缝结构（Nappa组件）方面采用具备SUV特征的座椅设计；

后排座椅型号数量增多，功能广泛；

代码847的第3排座椅选装装备为新增部分；

扩展了控制和显示概念。

1.前排座椅

（1）座椅调节。

前排座椅在长度、高度和坐垫倾斜度以及座椅靠背倾斜度方面可以进行调节，此功能为标配。可选配带记忆功能的全电动座椅调节功能。代码254的选装装备（电动调节式前排座椅坐垫长度）为新增部分。其具备电动座椅坐垫长度调节功能，可作为不带缝隙的一件式坐垫，调节范围为60mm。4向腰靠和电动头枕调节功能也是该组件的一部分。

（2）座椅加热器。

快速2区域座椅加热器为新装备。与标准座椅加热器相比，其对坐垫和靠背的加热速度更快。快速座椅加热器（座椅加热器增强版）与代码P68（温暖舒适组件）和代码399（带按摩功能的前排多仿形座椅）的选装装备配套使用。

2.后排座椅

由于轴距增大，大大提升了后座区的腿部空间。第2排座椅的后排长座椅通过采用2区域泡沫结构改善了后排乘客乘坐的舒适度。较高的座椅舒适度和良好的靠背侧面支撑，在越野驾驶和长途行车方面的优势尤其突出。后排长座椅有高锁止和低锁止两个版本：

①高锁止：固定式后排长座椅，100%连续倾斜，40%/20%/40%靠背分体-折叠。

②低锁止：全电动调节式第2排座椅/后排长座椅，60%/40%坐垫和100mm纵向调节，靠背分体比40%/20%/40%以及靠背倾斜度调节。

GLE级车型X167中带2个附加座椅的第3排座椅为新装备。作为选装装备提供［代码847（第3排座椅）］。由于第2排座椅长度可以调节，第3排座椅的脚部空间也可调节。为更方便第3排座椅的后排乘客上下车，提供了方便出入功能。通过操作方便出入功能（座椅靠背上），第2排座椅的外部座椅靠背向前折叠，座椅以电动方式向前移动。从而，增大登车口空间。第3排座椅视图，如图11-1-31所示。

图11-1-31

十七、关闭和安全

1.无钥匙启动（KEYLESS-GO）

与之前的车型系列相比，GLE级车型X167采用了新一代关闭和驾驶认可系统。新特性：

①钥匙设计。

②系统新功能或扩展功能。

③无钥匙启动（KEYLESS-GO）启动/停止按钮［与无钥匙启动（KEYLESS-GO）组件系列/代码P17配套使用］。

④遥控尾门关闭（也通过钥匙）。

⑤通过智能手机获取车辆进入与驾驶许可（作为备用"钥匙"）。

新款GLE级车型X167还装配了无钥匙启动（KEYLESS-GO）舒适组件。GLE 450 4MATIC［装配无钥匙启动（KEYLESS-GO）组件/代码P17］，如图11-1-32所示。

图11-1-32

2.钥匙启动（KEYLESS-GO）舒适组件（装配无钥匙启动组件/代码P17）

①无钥匙启动（KEYLESS-GO）。

②免提开启功能（HANDS-FREE ACCESS）。

免提开启功能（HANDS-FREE ACCESS）是另外一项舒适性功能，作为特殊装配提供，与无钥匙启动（KEYLESS-GO）便捷组件配套使用。用脚踢后保险杠下方中央区域可完全自动打开和关闭行李箱盖。纵向连接的两个电容式传感器可检测踢腿运动。检测到踢腿运动时，控制单元搜索有效钥匙。如果在探测范围内发现钥匙，则控制单元开始打开行李箱盖。可随时通过踢腿运动中断和反向操作行李箱盖。通过免提开启功能（HANDS-FREE ACCESS）打开和关闭行李箱盖时会发出警告音以示注意。一旦检测到障碍物，障碍物检测就会停止行李箱盖的移动。

3.电动关闭功能（代码883）

便捷电动关闭功能确保车门和行李箱盖关闭时顺畅且几乎无噪音。初始接合后，车门或行李箱盖通过促动器电机自动锁止入位。

4.智能手机数字密匙（通过移动电话获取车辆的进入和驾驶认可/代码896）

通过数字钥匙，客户多了一个选择解锁/锁止车辆以及获取驾驶认可。可通过智能手机与便捷电话增强版结合提供系统进入和驾驶认可。要求：

①通过梅赛德斯智能互联注册并安装；为此，还要确认车主的手机号码。

②带链接安全模块的可使用近场通信（NFC）的或VodafoneNFC SIM的智能手机。

如果客户将其智能手机靠近驾驶员侧车门的车门把手，则通过NFC在智能手机和车辆之间进行认证。NFC在很短的距离内传输数据，因此传输过程中出现数据窃取的可能性非常小。将智能手机放在车中可使用近场通信（NFC）的储物盘中。一旦认证了驾驶认可系统，可通过启动/停止按钮启动车辆。可同时或单独使用智能手机和钥匙用于进入和/或驾驶认可。但是，目前可通过钥匙执行的功能数比智能手机多。除支持NFC的智能手机外，还可使用数字钥匙装饰膜，例如粘贴在智能手机上。像之前说明的一样，数字钥匙的所有功能也可通过数字钥匙装饰膜使用。

十八、滑动天窗

全景式滑动天窗：作为装配全景式滑动天窗/代码413的选装装备，新款GLE级车型X167提供了电驱动全景式滑动天窗，可在车身之外移动。全景式滑动天窗第一次采用全玻璃设计，可提供最佳的观赏和开启功能，同时提高了车辆刚性。与前辈车型W166相比，表面透明度增加50%，在SUV车型中处于先导地位。GLE 450 4MATIC（装配全景式滑动天窗/代码413），如图11-1-33所示。

图11-1-33

十九、信息、多媒体和通信系统

GLE级车型X167采用新第6代车载智能信息系统。由于引入了人工智能，该系统可自主学习并可由用户进行个性化设置。根据安装的设备，其额外的优势包括带触摸屏操作的高分辨率宽屏幕驾驶室。带自然语音识别的智能语音控制也是全新的功能，如图11-1-34所示。

549

图11-1-34

1.型号

与传统不同，不可再选择主机，根据选装装备自动添加。根据选择的选装装备，例如导航系统，分为以下设备系列：

CONNECT 20［装配Connect 20 MID（NTG6），代码548］或［Connect 20 HIGH（NTG6）/代码549］基于选择的装备系列，可后续选择其他选装装备。根据所选选装装备，设备系列CONNECT 20 分为"MID"或"HIGH"类型，如表11-1-31所示。

表11-1-31

特性	说明
个性化主题显示［装配Connect 20 MID(NTG6）/代码548或Connect 20 HIGH(NTG6)/代码549］	不同的设置可保存在八个用户配置文件下
增强现实（装配增强现实/代码U19）	导航期间，在多媒体系统显示屏的路线即视影像中会显示如导航指示，街道名称和门牌号等信息
声控系统	自然语音识别可用便携式语音控制，用户无须学习任何语音命令，也可通过语音控制操作多个车辆功能
服务激活/启用	在线服务的激活和启用已通过软件开关标准化

2.个性化设置［装配 Connect 20 MID（NTG6）/代码548或Connect 20 HIGH（NTG6）/代码549］

个性化设置允许创建并管理最多七个不同的驾驶员配置文件和一个宾客配置文件。根据车辆设备，以下设置可保存在一个配置文件中：

智能气候控制；

多媒体系统的显示风格；

收藏夹，主题显示和建议；

收音机（包括电台列表）；

驾驶员座椅和后视镜设置（装配带记忆功能的电动调节式驾驶员座椅/代码275）；

最后的目的地［装配Connect 20 MID（NTG6）/代码548或Connect 20 HIGH（NTG6）/代码549］；

环境照明灯［装配环境照明灯（代码877）］；

动态操控选择（DYNAMIC SELECT）I（自定义）。

对于经常出现的驾驶状况，例如高速公路上的长途旅程，可合并常用设置并保存。在这种情况下，可设置如导航地图、转速表、旅程计算机和常用收音机电台以及优先驾驶模式的显示。在创建所需名称（例如"长途旅程"）下的主题显示时，会保存这些设置。在下一高度公路旅程中，无须重新了解各个性化设置，可直接选择该主题显示。如果创建了带不同动态操控选择（DYNAMIC SELECT）I（自定义）数据的多个主题显示，会将最新保存的动态操控选择（DYNAMIC SELECT）I（自定义）数据保存在这些主题显示中。也就是说最新创建的主题显示会更新动态操控选择（DYNAMIC SELECT）I（自定义）数据。根据车辆设备，以下设置可保存在一个主题显示中：

仪表盘中的显示设置；

平视显示系统的设置（配平视显示系统/代码463）；

仪表盘和多媒体系统显示屏中的视觉风格；

用于多媒体系统显示屏的主菜单；

内置音频源（如收音机或USB）；

ECO启动/停止功能设置；

导航设置［装配Connect 20 MID（NTG6）/代码548或Connect 20 HIGH（NTG6）/代码549］；

环境照明灯［装配环境照明灯（代码877）］。

3.增强现实（装配增强现实/代码U19）

由摄像头记录车辆前方的风景并显示在多媒体系统显示屏中。随之图像中显示虚拟物体和标记。例如，会显示街道名称、门牌号和导航指示。

4.宽屏幕驾驶室

新款GLE级车型X167的创新在于装配有集仪表盘和多媒体系统显示为一体的独立式宽屏幕驾驶室。两者都组合在同一玻璃护罩下。在此连接中，仪表盘接收了一个彩色显示屏。每个显示屏对角尺寸为12.3in（31.2cm），分辨率为1920像素×720像素。

5.平视显示系统（装配平视显示系统/代码463）

平视显示屏将驾驶相关信息（如车速、导航信息）投射到风挡玻璃上驾驶员方便看见的区域。此时，仪表盘中仅显示剩余的信息。显示该信息意味着驾驶员无须从当前驾驶操作中转移注意力。

6.控制可能性

（1）方向盘上的手指导航垫。

在新款GLE级车型167中，方向盘上装配了手指导航垫。可通过手指导航垫操作仪表盘和多媒体系统显示屏中的所有功能。

（2）中央控制台中的触摸板。

在GLE级车型167中，还在中央控制台中新增了触摸板。使用该触摸板，可通过手势（与使用智能手机和平板电脑时的手势相同）操作仪表盘和多媒体系统显示屏中的所有功能。此外，触摸板还可通过手写识别功能输入导航的目的地地址。

（3）多媒体系统显示屏（触摸屏）。

多媒体系统显示屏首次设计为触摸屏的形式。除了通过方向盘和触摸板上手指导航垫的经实践验证的交互式操作，还可通过多媒体系统显示屏操作多媒体和通信系统。

7.声控系统（LINGUATRONIC）［装配Connect 20 MID（NTG6）/代码548或Connect 20 HIGH（NTG6）/代码549］

通过声控系统（LINGUATRONIC），不同系统的操作变得简单且更方便。声控系统（LINGUATRONIC）可识别自然语音且用户无须学习语音指令，可自由制定请求。此外，声控系统（LINGUATRONIC）通过单个语音输入，如"驶向斯图加特"帮助完成所需操作。通过关键词"你好，梅赛德斯"启用语音控制也是全新的功能。除了方向盘上的语音控制开关，还可使用此方法。GLE 450 4MATIC，带触摸板的中央控制台，如图11-1-35所示。

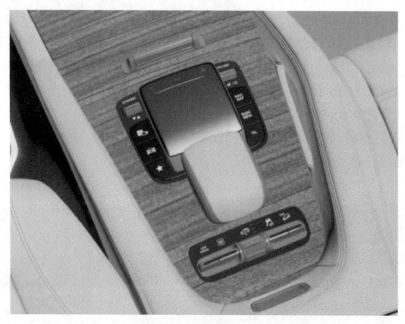

图11-1-35

8.梅赛德斯智能互联

对于欧洲市场（马斯特里赫特的客户帮助中心支持15个国家），梅赛德斯智能互联将作为设备组件提供。此外，梅赛德斯智能互联提供以下服务：

①事故和故障管理（Mercedes me按钮和/或自动事故或故障检测）。

②礼宾服务（如以启用该服务），售后预约或类似请求（Mercedes me按钮）。

③梅赛德斯-奔驰紧急呼叫系统（SOS按钮）。

Mercedes me的使用要求就是激活用户账户。梅赛德斯智能互联通过数字世界将车辆与车主和车辆使用者相连。梅赛德斯智能互联包括标准服务、梅赛德斯-奔驰紧急呼叫系统以及可选的远程在线服务。远程在线服务可使用户了解特定的车辆指定信息和功能。技术根据为带集成式SIM卡的车载智能信息服务控制单元。信息通过移动电话连接在车辆与戴姆勒汽车后台之间交换。在新款GLE级车型167中，集成在上部控制面板（服务和信息）中的按钮全部配置到上部控制面板中的Mercedes me按钮中。

9.电话

（1）免提功能。

具有免提功能的话筒不再置于车内后视镜外壳中，而是位于车顶内衬的前方。

（2）集成式智能电话（装配智能手机集成式组件/代码14U）支持以下智能手机集成技术：

①CarPlay（苹果）。

②Auto（安卓）。

集成式智能电话可使驾驶员进入智能手机中的应用程序。智能手机提供人机界面（HMI），在驾驶过程中也可使用。对于所有的技术，需要相应设备已开发并发布的指定应用程序。智能手机上可预先安装基本的应用程序。

（3）感应充电（装配无线移动电话充电器/代码897）。

感应充电垫允许适合的智能手机在车内进行无线充电。充电垫置于中央控制台前方区域的一个储物箱内。设想两种类型的感应充电：

①未与车辆外部天线连接时的感应充电（多功能电话/代码899除外）。

②与车辆外部天线连接时的感应充电（配多功能电话/代码899）。

如果与车辆外部天线连接时进行感应充电，智能手机一放到充电垫上时就会与车辆配对。此外，可通过将智能手机放到充电垫上来设置车辆Wi-Fi热点。两种类型均包括近场通信（NFC）功能。近场通信（NFC）是短距离内无线数据交换的国际传输标准。优点在于大大减少了操作步骤和配对过程的规范化。无须再输入或对比代码。NFC芯片和相关天线位于感应充电垫的外壳中。

10.音响系统

前排乘客侧带Frontbass扬声器的Frontbass系统也是GLE级车型X167中的标准装备。带13个扬声器和一个附加放大器（带数字声音处理器，输出功率7×50W和2×120W）的Burmester®环绕立体声系统（高级音响）作为新选装装备提供。通过高级音响系统，所有的扬声器的性能都得到优化。与基础版相比，扬声器的品质得到大幅提升。

Burmester®环绕立体声音响系统（装配音响系统/代码810）；

13个高级音响扬声器；

1个外置D级放大器；

Burmester®印字；

优化的声音模式。

除高级音响系统外，还为客户提供了新装备Burmester®高端3D环绕立体声音响系统。此外，环绕立体声音响系统的扬声器范围包括前门4个低中音扬声器，行李箱中一个带400W放大器的25L低音扬声器。除此之外，还新增了带一个高音扬声器的中置环绕扬声器。此外，还有4个3D扬声器集成在上部控制面板和车顶中。扬声器系统还采用了独立的放大器声道和主动式分离滤波器。

Burmester®高端3D环绕立体声音响系统（装配高级音响系统/代码811）；

24个高级音响扬声器；

1个带集成式放大器的重低音扬声器；

1个外置D级放大器；

Burmester®印字；

优化的声音模式。

11.数字用户手册

已将车辆的用户手册的数字化。可在车内通过多媒体系统显示屏中的多个控制元件直接调用所包含的信息。还提供包含关于使用车辆基本操作步骤的小型打印版手册作为数字用户手册的补充。

二十、专用工具概览

1.套筒扳手

MB编号：167 589 00 09 00，如图11-1-36所示。

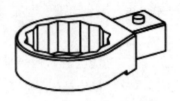

图11-1-36

主要用于松开和紧固前轴和后轴上的支撑接头。

2.适配器

MB编号：167 589 00 62 00，如图11-1-37所示。

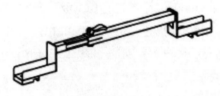

图11-1-37

主要用于在拆卸/安装发动机支架和整体支架期间支撑发动机吊装设备W240 589 00 61 00 的适配器。

注意事项：与发动机吊装设备 W240 589 00 61 00（梅赛德斯-奔驰小汽车基本操作责任）配套使用。

3.拔取和嵌入工具

MB编号：167 589 00 43 00，如图11-1-38所示。

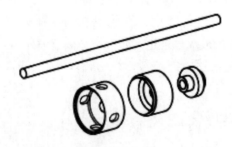

图11-1-38

主要用于前部整体支架（L形支架）处的人造橡胶轴承的拔取和嵌入。

注意事项：仅与手动泵W652 589 00 33 21（梅赛德斯-奔驰小汽车基本操作责任/替代品/可配套使用），空心机筒W652 589 00 33 22（梅赛德斯-奔驰小汽车基本操作责任/可配套使用），空心机筒W652 589 00 33 23（梅赛德斯-奔驰小汽车基本操作责任/替代品/可配套使用）和拔取和嵌入工具W164 589 01 43 00（梅赛德斯-奔驰小汽车基本操作责任/无豁免）配套使用。

4.拔取和嵌入工具

MB编号：167 589 02 43 00，如图11-1-39所示。

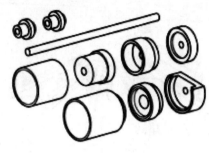

图11-1-39

主要用于前轴横向控制臂轴承的拔取和嵌入。

注意事项：仅与手动泵W652 589 00 33 21（梅赛德斯-奔驰小汽车基本操作责任/替代品/可配套使用），空心机筒W652 589 00 33 22（梅赛德斯-奔驰小汽车基本操作责任/可配套使用）和空心机筒W652 589 00 33 23（梅赛德斯-奔驰小汽车基本操作责任/替代品/可配套使用）配套使用。

5.拔取和嵌入工具

MB编号：167 589 03 43 00，如图11-1-40所示。

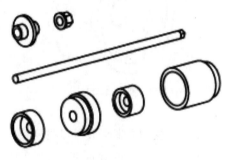

图11-1-40

主要用于后轴横向控制臂轴承的拔取和嵌入。

注意事项：仅与手动泵W652 589 00 33 21（梅赛德斯-奔驰小汽车基本操作责任/替代品/可配套使用），空心机筒W652 589 00 33 22（梅赛德斯-奔驰小汽车基本操作责任/可配套使用）和空心机筒W652 589 00 33 23（梅赛德斯-奔驰小汽车基本操作责任/替代品/可配套使用）配套使用。

6.拔取和嵌入工具

MB编号：167 589 04 43 00，如图11-1-41所示。

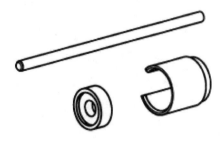

图11-1-41

主要用于前轴差速器上的橡胶支座的拔取和嵌入。

7.焊接装置

MB编号：167 589 00 23 00，如图11-1-42所示。

图11-1-42

主要用于在车身修理期间根据梅赛德斯–奔驰规格检查和固定纵梁顶部的水准器。

8.套筒

MB编号：167 589 00 14 00，如图11-1-43所示。

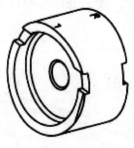

图11-1-43

主要用于在下部控制臂处插入悬架减震柱的人造橡胶轴承的套筒。

注意事项：仅与手动泵W652 589 00 33 21（梅赛德斯–奔驰小汽车基本操作责任/替代品/可配套使用），空心机筒W652 589 00 33 22（梅赛德斯–奔驰小汽车基本操作责任/可配套使用），空心机筒W652 589 00 33 23（梅赛德斯–奔驰小汽车基本操作责任/替代品/可配套使用）和拔取和嵌入工具W164 589 01 43 00（梅赛德斯–奔驰小汽车基本操作责任/无豁免）配套使用。

9.冲子套件

MB编号：167 589 00 15 00，如图11-1-44所示。

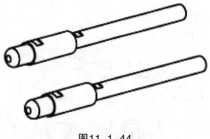

图11-1-44

主要用于将前轴安装到正确位置的冲子套件。

10.冲子

MB编号：167 589 01 15 00，如图11-1-45所示。

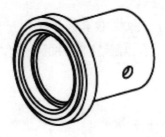

图11-1-45

主要用于将径向轴密封圈安装到分动箱的变速器输入轴上的冲子。

11.反向固定器

MB编号：167 589 00 40 00，如图11-1-46所示。

图11-1-46

主要用于反向固定传动轴以松开或紧固螺纹连接的反向固定器。

12.拉拔器组件

MB编号：167 589 00 27 00，如图11-1-47所示。

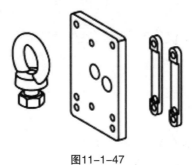

图11-1-47

主要作用是拉拔器组件，用于前/后纵梁。

13.车身测量系统

MB编号：000 588 37 23 00，如图11-1-48所示。

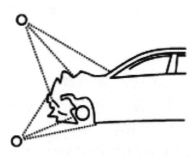

图11-1-48

557

主要作用是车身测量系统，用于测量车身。

注意事项：由于较小的车身外壳生产公差，仅允许通过电子测量系统（非长臂圆规测量）确定损坏范围。事故后的调校检测，尤其是车身所有铝制结构零件的分析仅可通过维修间资料系统（WIS）中说明的修理方法执行。

14.数据表

MB编号：167 588 14 23 00，如图11-1-49所示。

图11-1-49

主要用于在车身修理作业期间根据梅赛德斯-奔驰标准检查和固定底板和侧壁的装配计划数据表。

注意事项：仅与车身矫直系统W000 588 04 23 00配套使用。使用WIS中说明的修理方法专门执行车身外壳所有铝制结构件的分析和固定。由于较小的车身外壳生产公差，仅允许通过电子测量系统（非长臂圆规测量）确定损坏范围。

第二节　经典案例

一、奔驰GLE450无法启动，仪表显示黄色的"48V车载电气系统故障，请参见用户手册"报警

车型：奔驰GLE450（X167.157）。

行驶里程：14356km。

故障现象：无法启动，仪表显示黄色的"48V车载电气系统故障，请参见用户手册"报警。

故障诊断：此车辆高速行驶时仪表显示发动机故障灯点亮，且动力性能未受到影响，将车辆停放到车库，第二天早上准备去授权的奔驰经销商检测此故障，发现车辆无法启动，仪表显示黄色的"48V车载电气系统故障，请参见用户手册"报警信息。

于是与客户电话沟通，车辆截至今天行驶14356km，车辆也未进行过相关部件的加装和改装，也没有维修过48V车载电气系统的故障，这是第一次出现此故障，客户用车比较频繁，基本每天都会使用车辆，也没有出现过误操作导致亏电现象。

根据客户的描述得知，上门救援的意义不大，最终协商将车辆拖车到店。车辆到店后执行检测，第一时间启动车辆发现无法启动，仪表显示黄色的"48V车载电气系统故障，请参见用户手册"报警信息，这时在仪表显示界面调出服务中心查看车辆数据，发现车载电压12.7V，正常；48V蓄电池的状态电压为0V，判断为不正常。与客户反映的故障基本一致。

使用Xentry诊断仪快测：G1/3 48V车载电网蓄电池控制单元报B183319 48V车载电气系统的蓄电池存

在功能故障，超出电流极限值。当前存在故障和B183371 48V车载电气系统的蓄电池存在功能故障，促动器已抱死两个故障码。N3/10 ME控制单元报P176D09电动附加压缩机存在功能故障，存在一个部件故障。已存储，P177200电动附加压缩机上的电压过低。当前故障，故障灯点亮提示标志和U010087与内燃机控制单元的通信存在故障，信息缺失。已存储三个故障码。

可能的故障原因：

（1）G1/3及N3/10软件故障。

（2）G1/3线路故障。

（3）G1/3自身故障。

（4）M60/1控制线路或供电线路故障。

（5）M60/1自身内部故障。

使用Xentry诊断仪检查G1/3、N129、N83/1、N3/10、N127和Y3/8n4控制单元均无新软件版本可以更新。整车断电20min左右，启动车辆，故障依旧。

对各个部件进行分析，部件M60/1电动附加压缩机内部40端子与41端子互相短路，导致48V电气系统也互相短路，促使G1/3 48V蓄电池内部促动器断开导致无法输出48V电压，车辆启动功能受限且伴随发动机故障灯点亮。接着对G1/3 48V蓄电池控制单元中的故障码进行引导检测，根据提示断开G1/3上的1号40端子插头，等待约5min，然后再插上，刷新故障码是已存储，同时检查了G1/3上的40供电线束及41接地线束，无损坏，无对地短路或相互短路，故障的最终指引是G1/3 48V蓄电池。

在G1/3 48V蓄电池控制单元中读取48V蓄电池的当前输出电压为0.00V，判断不正常。内部电压为43.78V，正常，同时在仪表显示界面调出服务中心，查看车辆数据，48V蓄电池的当前状态的电压也是0.00V，所以判断不正常。这时尝试再一次断开G1/3上的40端子插头，打开点火开关，使用万用表测量G1/3侧的40端子的输出电压是43.82V，正常，在关闭点火开关时电压也随之降至3.56V，正常。再进行快测时发现G1/3 48V蓄电池控制单元中的当前故障码B183319变为已存储故障，查看G1/3 48V蓄电池控制单元的实际值（如图11-2-1所示）当前输出电压及内部电压与仪表显示48V蓄电池的状态电压均为43.78V，故排除G1/3 48V蓄电池的故障。再测量G1/3 48V蓄电池40端子的插头侧的对地电阻是0.1Ω，判断不正常。

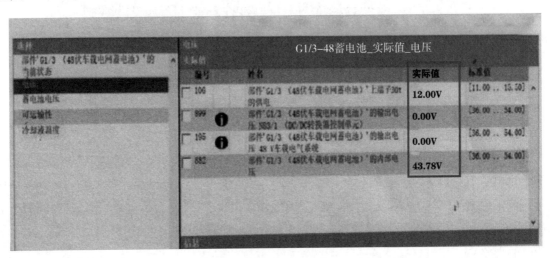

图11-2-1

使用Xentry诊断仪引导检测N3/10 ME控制单元中的故障码，最终指向是M60/1电动附加压缩机。查看相应的电路图得知：G1/3的40供电至F153/2 48V保险丝箱再分配至M60/1，符合故障报码逻辑，这时断开F153/2上的40 A2端子，使用万用表测量A2螺栓柱上的电压为43.82V及对地电阻0Ω（如图11-2-2和图11-2-3所示），判断为正常。此时有电压输出，快速测试G1/3 48V蓄电池控制单元中的当前故障变为已存储（与前面诊断检测一致），如前面的故障码引导检测，这时启动车辆测试，功能恢复正常，仪表显示无任何故障报警信息。再从F153/2处测量A2侧的40端子的对地电阻为0.1Ω，判断不正常。

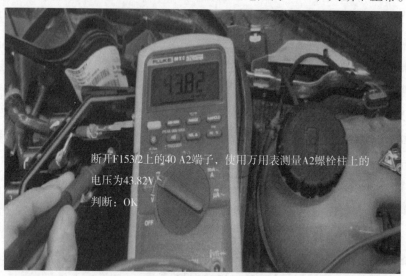

图11-2-2

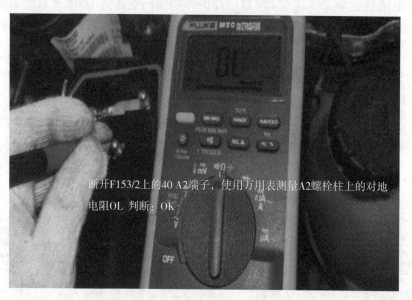

图11-2-3

按照故障码引导提示，首先使用规定专用工具适配电缆及检测盒，检测部件M60/1电动附加压缩机的供电，测量供电数值为11.82V标准（11.50~12.50V）。紧接着按照提示再检测部件M60/1电动附加压缩机的内电阻，测量内电阻阻值为376.6kΩ（标准：50.00~70.00Ω），判断为不正常。再断开M60/1上的40端子，测量M60/1 40端子连接至F153/2 48V保险丝箱上的A2侧插头侧40端子的电气导线的导通正常，无对地短路或断路的现象。

故障排除：更换部件M60/1电动附加压缩机，功能测试，故障排除。

故障总结：48V车载电气系统的供电部件，若其中一个40供电部件内部存在短路，其会影响其他系统。48V电气系统的供电部件进入短路状态，导致48V蓄电池内部的促动器断开，且停止输出48V电压，车辆启动性能受限。

二、奔驰GLE450 4MATIC发动机故障灯点亮

车型：X167.159。

故障现象：奔驰GLE450 4MATIC发动机故障灯点亮。

故障诊断：一周前发动机故障灯亮起，没有时间过来检查车辆，昨天车辆启动延时且在行驶中感觉动力不足。加油提不起速。启动车辆，发动机故障灯亮起。原地加油，加速正常。路试30km，加速正常。无与本故障相关的维修历史和服务措施。无加装或改装。无相关的SI、LI和其他的技术通报。

列出本故障所有的可能原因：Xentry诊断N3/10报：P227000氧传感器2（气缸列1）的信号向"稀"偏移。P013700氧传感器2（气缸列1）对地短路。P219684氧传感器1（气缸列1）的信号向"浓"偏移。有一个信号低于允许极限值。根据故障指引拔掉G3/1，G3/2的插头时发现连接器内部有大量的机油，不正常。

可能原因：

（1）发动机凸轮轴调节电磁铁漏油。

（2）发动机凸轮轴的位置传感器漏油。

（3）机油压力传感器漏油。

根据N3/10的电路图检测确定ME的2号插头为氧传感器的控制线束，拔掉ME端的2号插头发现内部同样存在大量的机油。根据电路图线束插头的分布检查，拔掉X49电位分配器的所有插头，发现X49内部有大量机油。拔掉进、排气凸轮轴位置传感器的插头，未见异常。拔掉进、排气凸轮轴调节电磁阀发现有大量的机油。

根据电路图检查，机油液位传感器和机油压力传感器不在发动机2号线束内，可判断机油液位传感器和机油压力传感器没有损坏。

故障原因：因发动机进、排气凸轮轴电磁阀漏油导致发动机2号线束、ME、X49、发动机3号线束、发动机4号线束相继损坏。

故障排除：因发动机控制单元和发动机的2号、3号、4号线束进有大量的机油，无法完全清理，现申请更换发动机控制单元N3/10、进排气凸轮轴调节电磁阀、电位分配器X49（及发动机的2号、3号、4号线束）。

三、奔驰GLE450 4MATIC仪表黄色水温灯报警

车型：X167.157。

故障现象：奔驰GLE450 4MATIC仪表黄色水温灯报警。

故障诊断：车辆到店时无相关故障现象，据客户反映车辆曾出现过仪表水温亮黄灯的报警现象。无相关维修历史记录。车辆无加装或改装。无相关技术文件。

可能原因：

（1）N127电气故障。

（2）搭铁点W9松动。

快速测试发现在N127内有以下故障码：U121A87与控制单元"风扇"的通信存在功能故障，信息缺失；U069987与部件"冷却液泵"的通信存在功能故障，信息缺失；UO2A987与部件"冷却液泵"的通信存在功能故障，信息缺失；P13C287废气风门存在功能故障，信息缺失；U121887与"低温回路1转换阀"的伺服电机的通信存在功能故障，信息缺失；P068500"端子87"继电器输出端存在电气故障或断路。结合电路图（如图11-2-4和图11-2-5所示）分析以上出现故障的部件都是87C供电。对车87C继电器F152/3KJ进行检查未见异常，但对其搭铁点W9进行检查时发现晃动搭铁点存在松动现象，且故障现象能再现，对搭铁点W9进行紧固后故障解决。

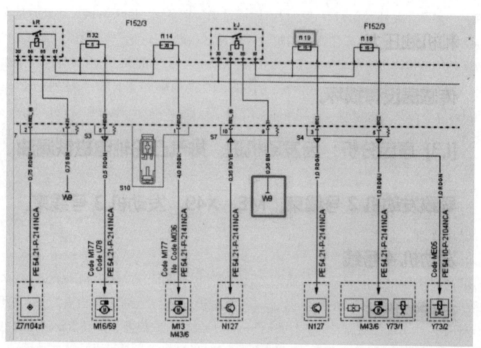

图11-2-4 （图注省略）

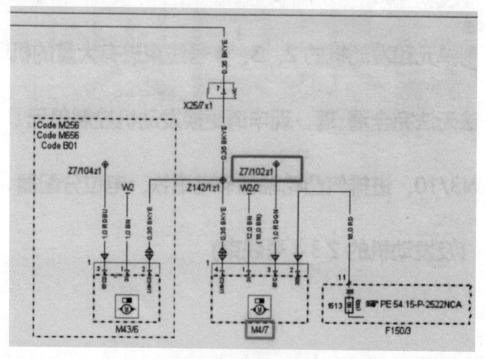

图11-2-5 （图注省略）

故障原因：87C继电器F152/3KJ的搭铁点W9松动。

故障排除：紧固W9。

四、奔驰GLE350 4MATIC发动机故障灯点亮

车型：X167.349。

故障现象：奔驰GLE350 4MATIC发动机故障灯点亮。

故障诊断：发动车辆后发现发动机故障灯亮，没感觉到车辆有抖动等异常。客户2021年10月12日第一次入店，但由于没时间升级，删除故障码后交客户使用，昨天下午因故障灯点亮再次入店检查。故障第一次是在半个月前出现，昨天再次出现。发动机故障灯间歇性点亮，点亮后故障灯就一直存在。该车无暴力行驶情况。没有与本故障相关的维修历史（2021年10月12日到店就升级删除故障码，客户赶时间其他没做）。没有发现相关功能的加装或改装。车辆仪表报警，影响车辆交付。仪表上仅有发动机故障灯报警。按钮和开关感觉正常。没有发现异味/异响或其他异常情况。无相关TIPS相关案例，有相关的TPT文件指导。

列出本故障所有的可能原因：

（1）爆震传感器故障。

（2）爆震传感器故障到ME控制单元插头线束短路/断路。

（3）ME控制单元故障。

使用Xentry做快速测试，在ME中有故障码：PO32400爆震传感器控制有故障。根据故障码进行引导检测，引导查看爆震传感器A16/1和A16/2的实际值（如图11-2-6所示），实际值正常。

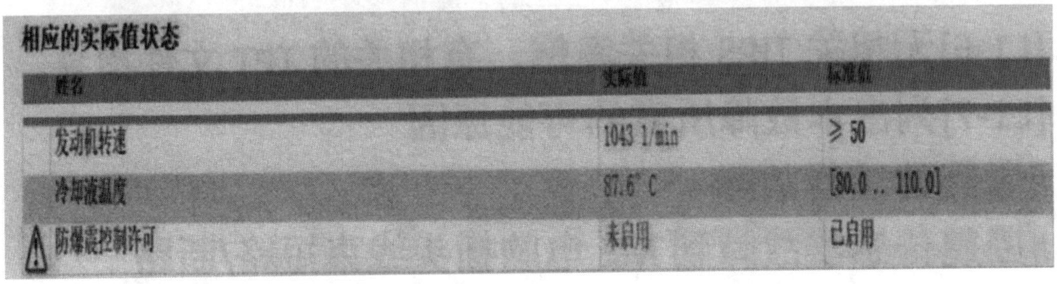
相应的实际值状态

姓名	实际值	标准值
发动机转速	1043 1/min	≥ 50
冷却液温度	87.6°C	[80.0 .. 110.0]
防爆震控制许可	未启用	已启用

图11-2-6

检查ME的软件版本，无新的升级版本。将ME拆下检查，未发现ME有拆解过的痕迹。查到TPT相关文件“发动机组2104008 07装264的车辆出现故障码PO32400”进行了下列工作：

（1）检查爆震传感器。

（2）检查A16/1和A16/2的插头连接，插头连接正常。

（3）检查爆震传感器A16/1和A16/2插头内部插针，未发现插针有腐蚀、扩张等异常现象。

（4）检查爆震传感器A16/1和A16/2的线束，未发现线束有挤压等异常现象。

（5）检查ME上插头连接，插头连接正常。

（6）检查ME插头上涉及爆震传感器A16/1和A16/2的插针，未发现插针有腐蚀、扩张等异常现象。测量爆震传感器A16/1和A16/2的内部电阻，A16/1的内部电阻为4.74MΩ（如图11-2-7所示），正常，参考值4.5~5.1MΩ；A16/2的内部电阻为4.75MΩ（如图11-2-8所示），正常，参考值4.5~5.1MΩ。测量爆震传感器A16/1和A16/2的波形，波形未见明显异常，如图11-2-9所示。

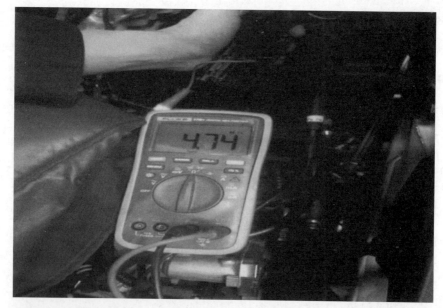

图11-2-7

图11-2-8

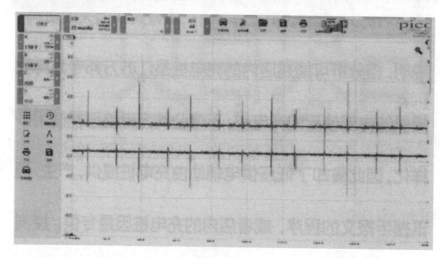

图11-2-9

故障原因：ME模块内部原因导致故障。

故障排除：由于ME模块内部损坏导致发动机灯点亮，需要更换ME模块以解决故障。

故障总结：这个TPT有明确指导，升级ME后，检查线路无异常传感器内阻正常，基本就能确认是ME控制单元无疑。该车换发动机控制单元时建议不要直接走试运行，要用旧的控制单元导一下之前的数据，我们店换的时候就是因为直接走的试运行导致喷油器输入数据丢失，故障灯再次点亮，导致客户再次回店，需要注意。

五、奔驰GLE350 4MATIC娱乐系统显示屏一直重启

车型：X167.149。

故障现象：奔驰GLE350 4MATIC娱乐系统显示屏一直重启。

故障诊断：客户抱怨导航屏幕经常出现屏幕自动重启的现象。陪同客户试车检查娱乐系统，发现娱乐系统显示屏一直自动重启，重启后可听到收音机声音，且显示调谐器不可用，证实客户抱怨。没有与本故障相关的维修历史和服务措施。车辆没有加装或改装。故障现象当前存在，影响车辆的娱乐系统使用。有相关的LI、TPT文档，但由于不能正常进入A26/17，不符合相关LI和TPT。

可能故障原因：

（1）主机软件故障。

（2）硬盘故障。

（3）主机自身电气故障。

进行快速测试，发现A26/17控制单元无法通信，对车辆进行断电后发现快速测试可以通信A26/17。尝试进入A26/17，发现无法读取控制单元版本，无法读取实际值，无法读取控制单元日志，无法进入A26/17内的任何一项菜单。拆开右前地毯，检查A26/17供电12.63V，正常。搭铁对地电阻，0.6Ω，正常。CAN HMIN CANH 2.73V，正常。CANL 2.27V，正常。CAN C1 CANH 2.79V，正常。CANL 2.27V，正常。

故障原因：主机内部的未知电气故障导致娱乐系统显示屏频繁重启，无法正常使用。

故障排除：通过检查，我们认为需要更换主机，更换主机解决故障。

六、奔驰GLE350 4MATIC车辆锁车后用遥控钥匙无法打开后备箱，钥匙门通电后功能才恢复正常

车型：X167.149。

故障现象：车辆锁车后用遥控钥匙无法打开后备箱，钥匙门通电后功能才恢复正常。

故障诊断：车辆到店时发现打开车辆后车内照明灯不工作，通电后才恢复正常，部分用电设备工作不正常。无相关维修历史记录。车辆无加装或改装。无相关技术文件。

可能原因：

（1）F150/1f704熔断。

（2）N10/6 PWR2插头脱落。

快速测试发现在N10/6内有以下故障码：B214F73"休眠电流关闭"开关输出端存在故障，促动器不打开；B21F616接头30.2的供电电压处于有效范围之外，如图11-2-10所示。低于电压极限值。故障码诊断测试查看接头30.2的电压为0V，接头30.1的电压14.7V。引导测试让先检查保险丝F150/1f704是否正常，鉴于此操作需要进行大量操作，我们先对此保险丝对应的下游插头N10/6 PWR2进行了检查，发现插头存在脱落（如图11-2-11所示），将插头插复后故障解决。

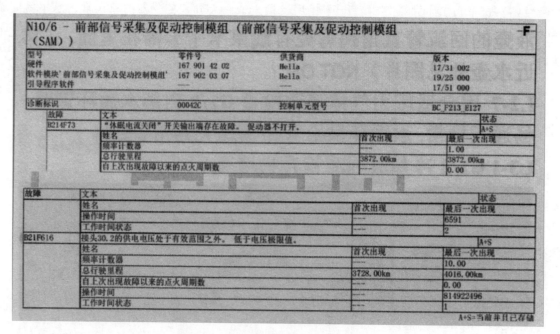

图11-2-10

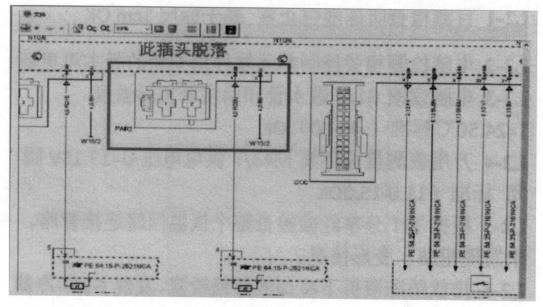

图11-2-11

故障原因：N10/6 PWR2插头脱落。

故障排除：插复N10/6PWR2。

七、奔驰GLE450 4MATIC行驶中48V报警

车型：X167.357。

故障现象：奔驰GLE450 4MATIC行驶中48V报警。

故障诊断：车辆高速行驶时仪表显示48V故障，停车后再启动故障信息消失。车辆无加装、改装。无涉水、无事故。车辆着车正常，仪表无任何报警信息，发动机灯未点亮。开启空调制冷功能正常。诊断仪快速测试，G1/3冷却系统功能受限。

可能故障原因：

（1）G1/3软件。

（2）低温回路冷却液。

（3）低温冷却回路2冷却液管路。

（4）低温冷却液泵M43/7。

（5）G1/3。

目测检查防冻液位高于标尺1cm，正常。诊断仪检测相关控制单元软件均无新的版本可更新。诊断仪读取G1/3进水管和回水管实际温度24.50℃（标准值为-40~80℃），正常，如图11-2-12所示。万用表测量循环泵M43/7供电电压瞬间13.15V，标准值为11.0~15.0V，正常。根据TPT分享经验检查整个低温回路连接管路。未发现扭曲、变形情况。排放防冻液拆下冷却液管路检查，发现G1/3冷却液壶的回流管直角拐弯处有线束卡子卡滞在里面。靠近水壶处，G1/3冷却液回流管异物堵塞如图11-2-13所示，不正常。用合适压力气体疏通检查G1/3内部水循环管路畅通无异常。水循环供给管路畅通无异常。

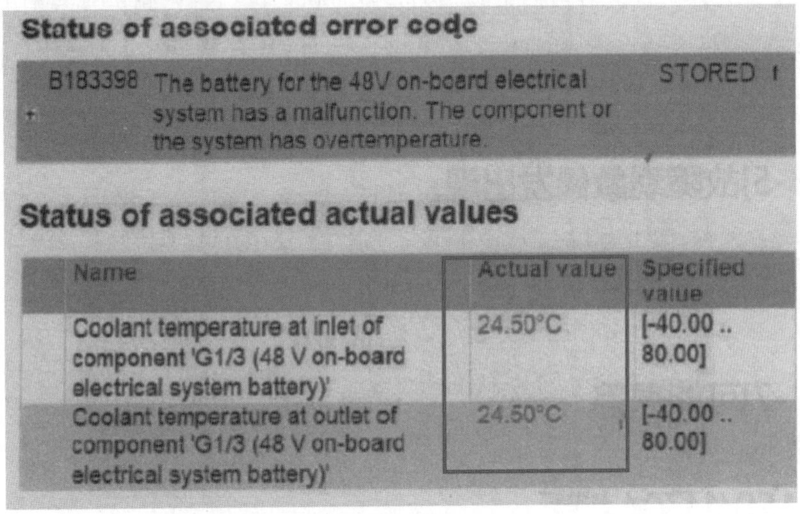

图11-2-12

图11-2-13

故障排除：取出异物卡子，重新排气加注冷却液试车，故障排除。

八、奔驰GLE350 4MATIC发动机故障灯常亮

车型：X167.149。

故障现象：奔驰GLE350 4MATIC发动机故障灯常亮。

故障诊断：熄火重启发动机故障依旧，行驶无异常。有存储故障码P04427A识别到燃油挥发排放控制装置内微小泄露，识别到泄漏或密封件损坏。燃油箱密封性检测：识别到挥发排放装置内的大泄漏（新款车型已在燃油泵控制单元内检测，而非ME）。

检查油箱盖安装正常，且加油已过了一周。检查活性炭罐及A101相关管路及插头，连接均正常。其余可视管路也正常。ME及油泵控制单元无新软件，设码故障依旧。查询无相关TIPS、TPT文件，查询TQA有相关故障码，需更换A101（仅作为参考）。但由于设备有限，故未能进行烟雾测漏，且客户抱怨较大，时间有限，便邀约客户下次进行A101换件测试。换件测试A101（A101可单独订购同时还需订购固定管路的卡环），故障依旧，依然检测为大泄漏。换件测试活性炭罐，故障依旧，依然检测为大泄漏。开始怀疑管路存在泄漏，仔细排查A101至油箱的燃油蒸汽收集管路。将右侧车身下护板拆下后，发现有老鼠活动痕迹，最终将油箱抬下后发现如图11-2-14和图11-2-15所示位置的燃油蒸汽回收管存在破损。

图11-2-14

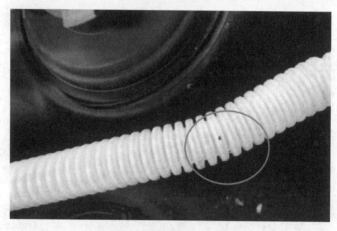

图11-2-15

故障排除：更换油箱总成，故障排除。

故障总结：专用工具的重要性，没专业的工具有些问题修不好。目前正在与客户沟通进一步维修项目（此管路无法单换，只能订购油箱总成）。

九、奔驰GLE350 4MATIC右后驻车制动电机无法释放

车型：X167.149。

故障现象：奔驰GLE350 4MATIC右后驻车制动电机无法释放。

故障诊断：此车为右后驻车制动器无法释放。第一次进店时通过对驻车制动器针脚的处理，故障现象消失，一个星期后故障再次出现，故障码为B23AB19/C100B1C。故障现象出现没有规律。车辆为客户个人正常使用。车辆无相关服务措施，无相关维修历史。车辆目测加装有电动踏板在OBD接口处。无相关的SI、LI和其他的技术通报。

可能引起故障原因：

（1）N30/4故障。

（2）右后电动制动器故障。

（3）线路故障。

检查N30/4无升级版本，对N30/4进行SCN后，故障依旧。检查右后电动制动器内部阻值为1.2Ω，左侧电动制动器内部电阻为0.8Ω，相差0.4Ω（正常范围>5Ω），但为了再次确认故障还是对右后的电动制动器进行了互换，故障依旧。检查N30/4针脚2号与13号针脚电压为0V，不正常。两根线路到右后电动制动器电阻均为0.7Ω，测量值正常。28号与29号针脚电压为12.7V，电压正常，两根线路到左后电动制动器电阻均为0.7Ω，测量值正常。怀疑N30/4存在故障。更换N30/4故障依旧。此时故障检测没有了方向，问题点是故障为偶发现象并且相关故障码为电压和电流，那么问题会出现在哪呢?此时通过WIS查看了整个N30/4的电路图，N30/4存在三个供电和一个搭铁。供电又分为F150/3f610、F150/3f611及F152/3f129，此时怀疑问题点是否出现在供电上，打开F150/3检查未发现异常或者虚接现象，打开152/3发现有个加装在此处保险盘取电，如图11-2-16所示（因F152/3为信号供电不应该影响到右后制动器电压）。后仔细查看电路图F152/3处的主供电来自F150/3，很有可能会因为并联电路造成电压降低。于是拆除加装取电保险，试车故障排除（此车最终结论是因车主改装在前部保险盘处取电，造成电压分流不能同时满足两个制动器同时释放）。

图11-2-16

故障排除：拆除加装取电，故障排除。

十、奔驰GLE450 4MAITC正常行驶发动机故障灯亮起

车型：X167.159。

故障现象：奔驰GLE450 4MAITC正常行驶发动机故障灯亮起。

故障诊断：买车后第二天出现发动机故障灯亮，无其他异常现象，对车辆行驶没有影响。车辆于2020年8月24日来厂检查发动机灯亮，有故障码为P049600和P049700，检查了相关的管路未发现异常。车辆无相关的加装或改装。无相关的TIPS文件指引。

可能故障原因：

（1）炭罐电磁阀故障。

（2）净化管路故障。

（3）活性炭罐故障。

我们根据相关的故障码引导进行检查，没有有效的解决措施。检查了活性炭罐及电磁阀的管路和密封圈，均未发现异常地方。我们将车辆的活性炭罐与其他车辆进行了对调后给客户使用测试。第二天我们对客户进行电话问询，客户反馈，发动机故障灯再次点亮，因用户要用车，暂未来厂进行检查。此次车辆来厂，用诊断仪检查故障码还是一样，我们对车辆的净化管路进行排查，在变速器托架横梁左侧处发现故障点，如图11-2-17和图11-2-18所示。

图11-2-17

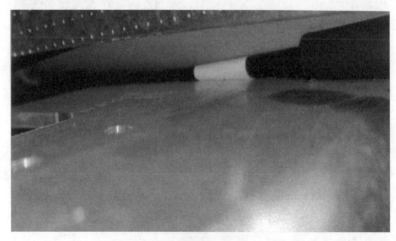

图11-2-18

故障原因：变速器横梁托架在安装过程中将净化管路挤压变形，导致净化管路内的燃油气体流动不顺畅。

故障排除：更换新的净化管路后，车辆故障至今未出现。

十一、奔驰GLE450 4MAITC仪表显示摄像头功能视野受限

车型：X167.159。

故障现象：奔驰GLE450 4MAITC仪表显示摄像头功能视野受限。

故障诊断：客户投诉仪表显示摄像头功能视野受限，经过检查多功能摄像机和前挡风玻璃之前存在雾气，使用DAS诊断仪检查发现A40/13（多功能摄像机）控制单元内存在故障码：B229B97多功能摄像机存在功能故障，系统功能受限制，如图11-2-19所示。

A40/13 - 多功能摄像机（MFK）

型号	零件号	供货商	版本
硬件	213 901 37 12	Veoneer	18/10 000
软件	247 902 78 10	Veoneer	20/23 000
引导程序软件	---	---	18/13 000
诊断标识	008211	控制单元型号	SMPC213_MFA2_FR_var8211

事件	文本	状态
B229B97	多功能摄像机存在功能故障。系统功能受限制。部件'A40/13'的视野完全受限。	S

姓名	首次出现	最后一次出现
车外温度	9.00° C	5.00° C
控制单元的内部温度	39.50° C	27.50° C
操作时间	---	2249955641
工作时间状态	---	1
内部故障代码	2852421632	2852421632
内部故障代码	2852421632	2852421632
频率计数器	---	7.00
总行驶里程	41120.00km	41808.00km

S=已存储

图11-2-19

部件A40/13的视野完全受限。根据故障导向提供的两种型号的多功能摄像机遮光罩的配件号，分别为Oid Stra ylight Cover配件号：A167827 45 00；ONLY for B229B97 New Straylight Cover配件号：A167 827 51 00。根据A40/13控制单元内的故障码应该选择A167 827 51 00改款版本的多功能摄像机遮光罩。

故障排除：选择合理的配件号，故障排除。

故障总结：在维修奔驰故障时，要做到不只是换件，一些技术信息也要留意，有些故障换了部件一定能解决问题，硬件设计得不合理也是需要改进的，软件更应该如此。

十二、奔驰GLS450 4MATIC转速超过3000r/min后发动机自动熄火

车型：X167.959。

故障现象：奔驰GLS450 4MATIC转速超过3000r/min后发动机自动熄火。

故障诊断：发动机大修后怠速踩到3000r/min以上自动熄火。机油压力启动后最高能达到150kPa。机油泵安装没有特殊要求，且已更换新的机油泵，可以排除机油泵及安装位置问题。询问得知在拆卸机油滤芯座时有弹簧掉落，且不清楚从哪里掉落出来。拆卸机油滤芯座检查，发现止回阀安装位置错误，装在了高压油道内，导致机油压力异常。由于维修师傅没有仔细查询WIS拆装文件，凭经验装配导致故障的发生。重新安装止回阀，机油压力恢复正常，发动机也不再熄火。根据该故障能够得出，M256发动机

在机油压力不足时为了保护发动机机械部件不因润滑不足而损坏，ME会停止发动机运转。具体安装位置及错误的安装位置如图11-2-20~图11-2-22所示，把该情况分享给大家，避免大家今后工作中遇到相同的问题。

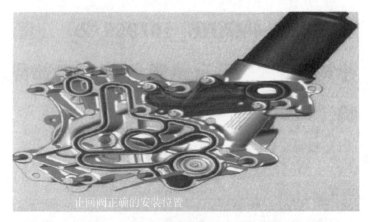

图11-2-20

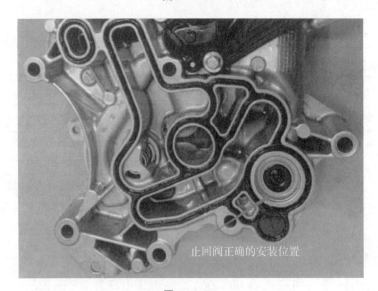

图11-2-21

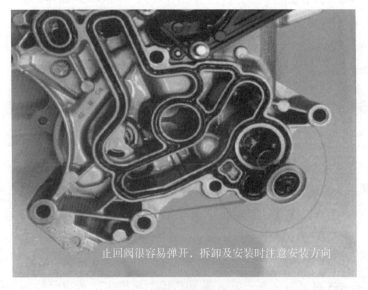

图11-2-22

故障总结：在做保养更换机滤的时候要将机滤先插进去后装机滤盖。

十三、奔驰GLS450 4MATIC 20km/h冷车直行或转弯分动箱内部异响，但热车后消失

车型：X167.959。

故障现象：奔驰GLS450 4MATIC 20km/h冷车直行或转弯分动箱内部异响，但热车后消失。

故障诊断：车辆拖至店内，车间试车发现，车辆在冷车时行驶拖拽感明显，底部发出"咯噔咯噔"，类似打滑导致异响，正常行驶低速与高速都有异响现象，行驶一段时间热车后故障现象消失。冷车时直行转弯都有异响。第一次检查行驶里程大概在4250km。车辆改装信息：此车辆内饰七座改成四座；重新换了座椅皮，整车重量没有大影响；车辆改装了星空顶；改装四个轮毂轮胎；其他没有发现改装。无相关TIPS/TPT/TQA。

可能故障原因：

（1）变速器软件。

（2）分动箱软件。

（3）变速器相关机械故障。

（4）分动箱机械故障。

（5）改装加装。

快速测试，无相关故障码。检查底盘没有相关事故或碰擦痕迹。检查变速器软件为最新版本。检查分动箱软件为最新版本，对其校准/学习后试车，故障依旧。拔掉分动箱控制单元后响声不再出现。车辆放在举升机上，车轮离开地面，开启测功机模式后，可以重现客户抱怨现象。检查传动轴和半轴无异常松动现象。放掉分动箱油，发现油质发黑。提供车辆外观包括车轮整体照片，以及车辆内饰照片反馈技术部老师得出结论：车辆当前安装的车轮型号是奔驰没有认可和批准的，在安装此型号车轮后，在车速60km/h前轴和后轴速比将会产生3.75%的差异，这是很大的，这就是分动箱颜色偏黑的原因，原车轮胎尺寸275/50R20WXL，如图11-2-23所示。改装后：前轮285/45R22；后轮325/35R22，如图11-2-24所示。参考WIS文档，针对中国版的167.959车型不能装配22in非AMG类型原厂轮毂，如图11-2-25所示。

图11-2-23

改装后轮胎尺寸（前）

改装后轮胎尺寸（后）

图11-2-24

中国版夏用车轮	车轮直径 (单位：英寸)	21	22	22 AMG 轮辋
	前轴 (FA)	275/45	285/45	285/45
	后轴 (RA)	315/40	325/40	325/40
	负载指数	107/111	114 XL/114	114 XL/114
	车轮尺寸	10Jx21 11Jx21	9.5Jx22 11.5Jx22	9.5Jx22 11.5Jx22
	车轮偏移量 (ET)	62.6/55	47	45/47
车型				
167.956		Y	Y	Y
167.957		Y	Y	Y
167.959		Y 12) 13) 14)	- -	Y15)

图11-2-25

更换分动箱全部油液，然后安装此车辆的原始出厂装配的车轮后再次进行路试，故障现象消失。

故障原因：由于自行加装和改装轮毂轮胎导致异响。

故障排除：安装此车辆的原始出厂装配的车轮，更换分动箱全部油液。由于自行加装和改装导致的部件损坏，属于保修免责条款范围内。

十四、奔驰GLS450 4MATIC发动机灯亮

车型：X167.959。

行驶里程：15000km。

故障现象：奔驰GLS450 4MATIC发动机灯亮。

故障诊断：第一次读取故障码，仅有P04F000，根据故障引导，在Y58/1的上游接入三通管连接真空

表后测试，未见异常。对Y58/1检查，促动正常，密封良好。检查控制单元版本，无更新软件可用。删码后试车发现一急加速发动机就有当前故障码P04F0000和P152500，相对而言增加了后面的一个故障码。根据故障码P152500引导检测A101的耗电功率（燃油箱的密封性），结果不正常，对比试驾车的检测结果也是不正常。由于没有合适工具没有进行下一步的检查，与试驾车对换了炭罐（含A101）和Y58/1后试车，急加速这两个故障再次出现，排除炭罐和Y58/1故障。再次观察故障码，抓住两个故障码都是在满负荷时，计划对满负荷的净化管路检查。对净化管路进行研究，如图11-2-26和图11-2-27所示。拆下满负荷净化的通风管管路接头进行加压检测，不能保压，对比试驾车能保压，不正常。对换满负荷通风管后试车无故障。

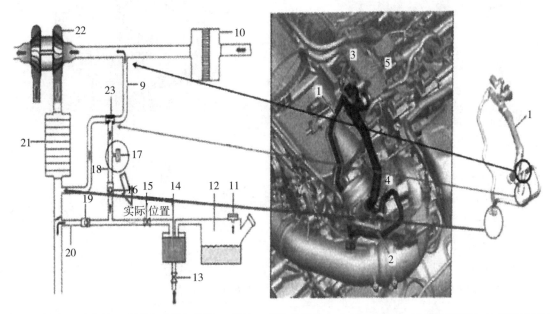

1.全负荷排气管路 2.净化管 3.部分负荷排气管路 4.螺栓 5.机油分离器 9.全负荷净化管 10.空气滤清器 11.通气和通风阀 12.燃油箱 13.新鲜空气转换阀 14.活性炭罐 15.净化转换阀 16.全负荷工作止回阀 17.净化压力传感器 18.全负荷净化管 19.空转操作止回阀 20.部分负荷净化管 21.压缩空气冷却器 22.涡轮增压器 23.文氏管喷嘴

图11-2-26

9.全负荷净化管 10.空气滤清器 11.通气和通风阀 12.燃油箱 13.新鲜空气转换阀 14.活性炭罐 15.净化转换阀 16.全负荷工作止回阀 17.净化压力传感器 18.全负荷净化管 19.空转操作止回阀 20.部分负荷净化管 21.压缩空气冷却器 22.涡轮增压器 23.文氏管喷嘴

图11-2-27

故障原因：满负荷净化管路的单向阀卡在打开位置，如图11-2-28所示。

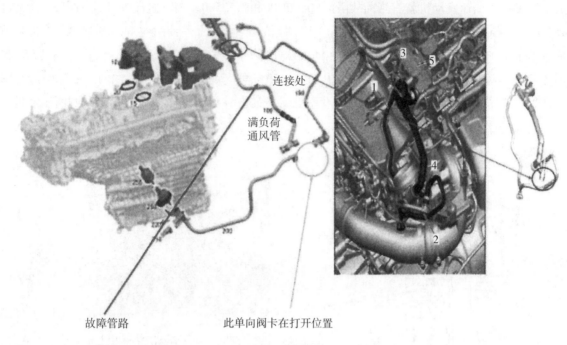

连接处

满负荷
通风管

故障管路

此单向阀卡在打开位置

图11-2-28

故障排除：更换满负荷净化通风管。

故障总结：故障引导能给我们很大帮助，但不要完全依赖故障引导。要有合适的专用工具，能快速进行必要的检测。最重要的，要清楚相关系统工作原理以及部件结构。

十五、奔驰GLS450 4MATIC燃油压力过低

车型：X167.959。

故障现象：奔驰GLS450 4MATIC燃油压力过低。

故障诊断：发动机大修完成后ME报P008992燃油压力控制阀1存在功能故障，功能说明有故障。原地急加油时燃油压力降低至8000~9000kPa。拆检发现高压泵驱动凸轮位置调节错误，如图11-2-29所示。根据凸轮结构分析，有4个位置都能调节到（29.3±0.2）mm标准位置。仔细查看WIS图片，正确的位置在1缸上止点，继续旋转，活塞会上行进行压缩，错误的位置在1缸上止点已经处于下行状态。分析ME为什么会报码，个人认为ME是知道曲轴在什么角度高压泵处于压缩还是吸油状态（具体可以计算曲轴转一圈高压泵弱动齿轮转多少圈）。当ME进行燃油调节时，它认为现在是压缩状态，而错误的位置导致现在是吸油状态，最终无法达到ME想调节到的燃油压力。所以ME认为燃油压力控制阀有问题，存在功能故障，不听使唤。希望通过此案例让大家在维修256发动机时避免同样的问题出现。

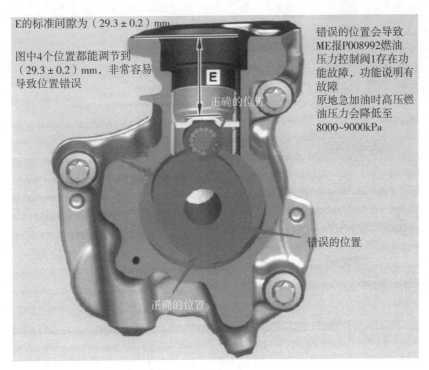

E的标准间隙为（29.3±0.2）mm

图中4个位置都能调节到（29.3±0.2）mm，非常容易导致位置错误

正确的位置

错误的位置会导致ME报P008992燃油压力控制阀1存在功能故障，功能说明有故障
原地急加油时高压燃油压力会降低至8000~9000kPa

错误的位置

正确的位置

图11-2-29

十六、奔驰GLS400 4MATIC车辆停放一段时间后无法启动

车型：X167.956。

故障现象：奔驰GLS400 4MATIC车辆停放一段时间后无法启动。

故障诊断：车辆停放两天后无法启动，仪表提示红色蓄电池符号，如图11-2-30所示。车辆拖车到店后检测发现G1/3存在两个当前故障码：B183349 The battery for the 48V on-board electricalsystem has a malfunction.There is an internal electrical fault；B183371 The battery for the 48V on-boardelectrical system has a malfunction.The actuator is blocked。G1/3软件版本为19/46 000。

图11-2-30

根据故障码B183349导向测试需要更换G1/3，根据TPT关于48V系统故障指引文档需要更换G1/3。查看48V车载电气系统，48V电池电压正常但没有48V电压输出。对48V车载电气系统进行软件更新后

577

故障依旧。更换完G1/3后车辆恢复正常启动，试运行时提示目标软件为0009021260，当前软件版本为0009025048，尝试断开48V电池后对系统进行编程，仪表依旧提示红色蓄电池故障，G1/3存在当前故障码B183349，无法清除或清除后再次出现，除了报故障码（仪表提示故障信息）其他功能均正常，客户抱怨较大。最后对G1/3执行试运行后故障码不再出现。

故障排除：对G1/3执行试运行，故障排除。

故障总结：RSG车型更换G1/3即使没有对G1/3进行试运行也不会报故障码。ISG车型更换G1/3，根据文件指引没有执行试运行出现故障码B183349无法清除的现象也是第一次遇到，基于客户体验最终还是冒风险执行了试运行。

十七、奔驰迈巴赫GLS480 4MAITC没有行车记录仪图标

车型：X167.967。

故障现象：奔驰迈巴赫GLS480 4MAITC没有行车记录仪图标。

故障诊断：带原厂行车记录仪的车型，客户反映屏幕APP菜单里找不到行车记录仪的图标，无法使用行车记录仪，如图11-2-31所示。W223、X167均遇到过，有做完高德导航升级后没有的，也有新车原本就没有（实际车辆带记录仪功能），还有之前使用有，后来不知道为什么突然没有的，通过实际案件分享一下处理步骤及方法：

（1）带行车记录仪的车辆在每次启动车辆行车记录仪会有一个延迟时间，启动后马上打开APP有时候记录仪图标可能显示不出来，需要等待一会图标才能显示出来，所以原行车记录仪在车辆刚启动时可能真的无法录视频，遇到过启动车辆刚起步出现碰撞事故，但记录仪没有录下视频的案例。

（2）进入主机调校选项——选择学习过程——执行第一项控制单元实景摄像头学习，之后测试，如果没解决进行第（3）步。

（3）进入增强实景摄像头，做摄像头的校准学习，之后测试，如果不行执行实景摄像头的试运行，包括学习校准摄像头，如果还不行进行第（4）步。

（4）进入主机调校选项——选择学习过程——执行编程所有控制单元，如图11-2-32所示。执行完上述四个步骤基本都能解决，到目前为止还没遇到没解决的案例。

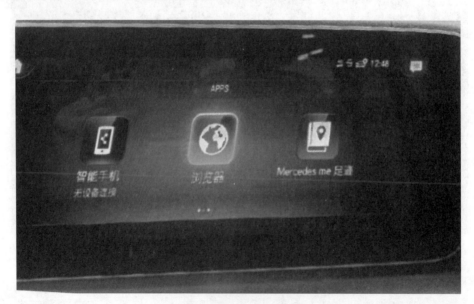

图11-2-31

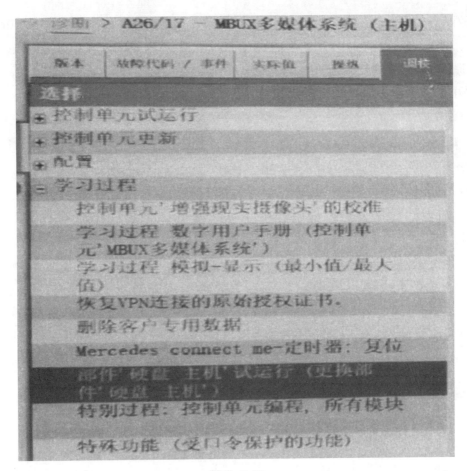

图11-2-32

十八、奔驰迈巴赫GLS600仪表有减震警告

车型：X167.987。

故障现象：奔驰迈巴赫GLS600仪表有减震警告。

故障诊断：启动车辆后，仪表有红色信息"故障停车"和"故障最高车速80km/h"如图11-2-33所示。查询OTR和EVA系统，没有相关维修历史记录。没有发现加装改装。仪表上有警告信息存在。

图11-2-33

N51/8有故障码C160F4A右前液压回路存在功能故障，识别到泄漏或密封件损坏。M67/1有故障码C160564系统压力超出允许范围。C157B00控制单元"右前电动液压控制单元"有功能故障。

可能故障原因：

（1）M67/1。

（2）右前减震。

（3）M67/1与右前减震的液压管路。

N51/8内的故障码C160F4A，引导结果提示需在M67/1中进行进一步诊断。N51/8内的空气系统压力值均正常。M67/1内的故障码C160564引导结果提示需更换右前减震器。M67/1内的故障码C157B00引导结果提示"这不是系统故障"。M67/1内的两个压力值均为–938kPa（标准值2400~3500kPa），温度0℃，对比M67结论：M67/1的实际值不正常。执行M67/1内的泄漏检测，提示"不能开始检测"。原因是"未达到额定压力"。检查M67/1有新的软件版本。更新后，故障仍然存在。目视检查M67/1和右前减震以及他们之间的管路，没有发现外部泄漏。

故障原因：由于M67/1内的压力值显示–938kPa，即使真的内部有泄漏，压力值也不应该是负值。且温度一直显示0℃。分析是M67/1压力和温度传感器故障。

故障排除：更换M67/1。

十九、奔驰GLS450空调出风口一边出热风一边出凉风

车型：X167.957。

故障现象：奔驰GLS450空调出风口一边出热风一边出凉风。

故障诊断：开空调一边出热风，一边出凉风。无相关维修历史和服务措施。无加装件。诊断仪检测有故障码：B105107右后混合气风门伺服电机存在功能故障，存在机械故障。B117407扩压器出风口空气风门伺服电机存在故障，存在一个机械故障，如图11-2-34所示。无相关的技术文件。

可能故障原因：

（1）N22/1。

（2）软件版本。

（3）伺服电机。

（4）风箱联动机构。

检查N22/1软件版本为最新版本。检查电压13.5V，正常范围。检查搭铁0.3Ω，正常范围。检查分箱联动机构，无明显的脱落。标准化学习，学习成功。伺服电机学习，学习错误。读取M2/21（空气风门伺服电机）调节行程，实际值为6（标准值1170~1570）。与相同车型调换M2/9伺服电机。进行伺服电机学习，学习成功。

N22/1 - 空调（KLA）			
型号	零件号	供货商	版本
硬件	000 901 98 06	Hella	17/40 001
软件	000 902 50 67	Hella	20/30 001
引导程序软件			16/04 003
诊断标识	00823B	控制单元型号	HVAC222_HVAC_HSW19
故障	文本		状态
B105107	右后混合空气风门伺服马达存在功能故障，存在一个机械故障。		A+S
B10A2U7	右前混合空气风门伺服马达存在故障，存在一个机械故障。		A+S
B113600	空气风门伺服马达的测量行驶存在故障。		A+S
B117407	"扩压器出风口"空气风门伺服马达存在故障，存在一个机械故障。		A+S
			A+S=当前并且已

图11-2-34

故障原因：软件不兼容，多次学习。

故障排除：伺服电机学习成功，功能检查正常。试车反复检查空调正常。

二十、奔驰GLS450 4MATIC 48V蓄电池报警/蓄电池电压报警

车型：X167.959。

故障现象：奔驰GLS450 4MATIC 48V蓄电池报警/蓄电池电压报警。

故障诊断：12V蓄电池黄色报警，48V蓄电池红色报警，车辆一直由车主一人驾驶，正常上下班使用。无相关的SI、LI和其他的技术通报。

故障可能原因：

（1）搭铁不良。

（2）软件故障。

（3）DC/DC损坏。

客户反映仪表显示12V与48V蓄电池报警。启动后，仪表显示12V蓄电池黄色报警，加油门后48V蓄电池红色报警。我们读取故障码为P0EA592、B210F13和P056017，如图11-2-35所示。

N83/1 - 直流/直流变换器（DDW） -F

型号	零件号	供货商	版本
硬件	000 901 46 09	Hella	17/38 000
软件	000 902 30 55	Hella	19/10 000
引导程序软件	——	——	16/42 000
诊断标识	000011	控制单元型号	DCDC48_222_Variante_000011_D1_6

故障	文本			状态
P0EA592	“48 V车载电气系统直流/直流变换器”控制单元存在功能故障。功能或说明有故障。			A+S
	姓名	首次出现	最后一次出现	
	频率计数器	——	5.00	
	总行驶里程	4080.00km	4080.00km	
	自上次出现故障以来的点火周期数	——	0.00	
B210F13	“接头30”的输入端存在故障。存在断路。			A+S
	姓名	首次出现	最后一次出现	
	频率计数器	——	15.00	
	总行驶里程	4080.00km	4080.00km	
	自上次出现故障以来的点火周期数	——	0.00	

事件	文本			状态
P056017	车载电网电压存在功能故障。超出电压极限值。			S
	姓名	首次出现	最后一次出现	
	频率计数器	——	7.00	

图11-2-35

我们先尝试对车辆48V系统软件升级，无新软件版本，对DC/DC进行SCN后，试车故障无改善。对故障引导进行检测，对12V与48V蓄电池，DC/DC的接地线进行处理后试车，故障无改善。我们启动车辆，查看DC/DC的实际值中的能量流部件N83/1的模式发现，一直处于关闭状态，实际值不正常，48V无法向12V蓄电池充电。我们判定为DC/DC损坏。我们在DC/DC到店后，进行更换。我们查看实际值发现DC/DC的30电压偶发性的电压降至2.6V，怀疑电线束有虚连现象。我们查看WIS电路图，发现DC/DC的30电至F150/2预熔保险丝盒有明显松动现象，拆卸乘车侧地毯，检查发现F150/2至DC/DC的30电线束有明显松动现象（如图11-2-36所示），紧固后，并检查其他电线束接头，查看DC/DC实际值正常，故障消失。

图11-2-36

故障原因：F150/2的线束松动导致DC/DC损坏。

故障排除：紧固F150/2中的线束并更换DC/DC。

二十一、奔驰迈巴赫GLS600 4MAITC发动机故障灯亮

车型：X167.987。

故障现象：奔驰迈巴赫GLS600 4MAITC发动机故障灯亮。

故障诊断：客户反映行驶中发动机故障灯亮起，发动机不抖动，加速正常。着车，发动机故障灯亮，运行平稳不抖动。仪表亮发动机故障灯，故障现象偶发。车辆未曾上赛道，未曾涉水，也未曾越野。驾驶员平时都是在市区使用，无激烈驾驶习惯。2021年07月12日行驶到1099km时，发动机故障灯亮，更换燃油诊断模组A101。车辆无加装无改装。车辆功能未受影响。按钮和开关无感觉异常。无任何异味/异响和其他异常。有相关的TPT文档"210501107_M177发动机出现故障码P218762 P218962"。

可能故障原因：

（1）ME控制单元软件。

（2）进气系统漏气。

（3）油品问题。

（4）ME控制单元坏。

快速测试，ME控制单元存储故障码：P218962怠速时的混合器（气缸列2）过稀。信号比较有故障和P218762怠速时的混合器（气缸列1）过稀。删除故障码后试车，故障现象暂未再现，结果为正常。检查ME控制单元无新软件，G1/3有新软件并已经对其进行升级，结果为正常。按照故障码引导，检查混合气调教值和自适应值都在标准范围内，结果为正常。参考TPT文档指引，用烟雾测量进气管道未发现有漏气，查看两侧节气门的角度和进气歧管压力实际值都未见异常。检查发动机各个气缸平稳度和气缸失火计数器未见异常。检查高压系统未见泄漏，咨询客户，车辆一直是在我司对面的中石化加油站加98号

汽油（公司试驾车和商品车都是在此油站加油），放出汽油检查油质，未见有水或者杂质。排空汽油后再次加注半箱左右汽油，并加1瓶快乐跑，重置混合气自适应，随后路试27km，查看混合气自适应稳定在-2.5%~2.5%之间，故障灯未再亮起，

故障排除：ME控制单元升级后故障排除。

二十二、奔驰GLS450 4MATIC发动机灯亮

车型：X167.959。

故障现象：奔驰GLS450 4MATIC发动机灯亮。

故障诊断：车辆到店后发现发动机故障灯亮起。无相关维修历史记录。无加装改装。无相关技术文件。

可能故障原因：

（1）发动机软件故障。

（2）发动机硬件故障。

快速测试发现在N3/10内有一个当前且已存储的故障码P04F000活性炭罐的满负荷再生存在功能故障（如图11-2-37所示），根据故障码引导触动炭罐电磁阀，工作正常。进一步引导检查发现满负荷通风管存在断裂现象，如图11-2-38和图11-2-39所示。

N3/10 - 内燃机'M256'的发动机电子设备'MRG1' (ME（发动机电子设备）)				-F-
型号	零件号	供货商	版本	
硬件	256 901 12 00	Bosch	17/13 000	
软件	256 902 26 01	Bosch	19/18 000	
软件	256 903 94 00	Bosch	19/39 000	
引导程序软件	256 904 06 00	Bosch	17/27 000	
诊断标识	00421D	控制单元型号	MRG1 R19A	
故障	文本			状态
P04F000	活性炭罐的满负荷再生存在功能故障。			A·S ☼

A·S 当前并且已存储

图11-2-37

图11-2-38

583

图11-2-39

故障原因：满负荷通风管断裂，导致发动机故障灯亮。

故障排除：更换断裂的满负荷通风管。

二十三、奔驰GLE350 4MATIC启动发动机后车辆无法挂挡，雨刮器工作方向盘按键失效

车型：X167.149。

故障现象：奔驰GLE350 4MATIC启动发动机后车辆无法挂挡，雨刮器工作方向盘按键失效。

故障诊断：启动车辆，无法挂挡，雨刮应急工作，方向盘多功能按键失效。诊断仪检测发现多个控制单元与N80失去通信，如图11-2-40所示。

E1n9 - 左侧大灯 (SG-SW-L)				-i-
型号	零件号	供货商	版本	
硬件	247 901 83 02	Continental	17/20 000	
软件	247 902 64 01	Continental	18/17 000	
引导程序软件	---		18/14 000	

诊断标识	001D01		控制单元型号	HLI_FL247_BR177_R7_1_DK29	
事件	文本				状态
U021200	与转向柱模块的通信存在故障。				S
	姓名			首次出现	最后一次出现
	频率计数器			---	2.00
	总行驶里程			32.00km	32.00km
	自上次出现故障以来的点火周期数				3.00

S=已存储

N2/10 - 辅助防护装置 (辅助防护系统 (SRS))				-i-
型号	零件号	供货商	版本	
硬件	167 901 01 02	Bosch	16/25 000	
软件	167 902 10 04	Bosch	18/31 001	
软件	167 903 47 04	Bosch	19/23 000	
软件	167 903 48 04	Bosch	19/23 000	
引导程序软件	---		17/12 000	

诊断标识	000007		控制单元型号	ORC177 000007	
事件	文本				状态
U021287	与转向柱模块的通信存在故障。 信息缺失。				S
	姓名			首次出现	最后一次出现
	频率计数器				Frequency counter not available / Default
	总行驶里程			32.00km	32.00km
	自上次出现故障以来的点火周期数				2.00

S=已存储

图11-2-40

根据电路图检查发现左侧A柱下方通向N80的插针虚接，如图11-2-41所示。

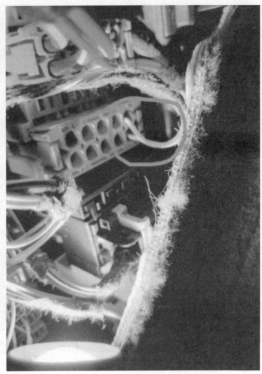

图11-2-41

故障排除：修复针脚，故障排除。

二十四、奔驰GLE350 4MATIC车辆偶发不能启动

车型：X167.149。

故障现象：奔驰GLE350 4MATIC车辆偶发不能启动。

故障诊断：客户抱怨，车辆偶发不能启动。读取故障码有如图11-2-42所示故障码。

N3/10 - 内燃机'M264'的发动机电子设备'MED41'（ME（发动机电子设备））				−f−
型号	零件号	供货商	版本	
Text not found!	264 901 21 00	Bosch	17/17 000	
软件	264 902 42 00	Bosch	19/18 000	
软件	264 903 36 01	Bosch	19/40 000	
引导程序软件	264 904 04 00	Bosch	18/17 000	
诊断标识	00441C	控制单元型号	MED41_R19A	
故障	文本			状态
P061614	启动机继电器的电力线A对地短路。 存在对地短路或断路。			S

图11-2-42

根据故障码检查50继电器的工作状态，启动时，继电器正常吸和，测量继电器的电阻80Ω正常。测量发动机舱保险丝盒至ME的线路正常，无断路现象。使用插线盒内工具插入保险丝盒内检查保险丝底座是否紧实，发现85号脚的插座松动。仔细观察底部插座发现插座有变形，如图11-2-43和图11-2-44所示。继电器上有两个插痕。

对比H继电器的85和86插座位置不对称
85的插座插片有变形

图11-2-43

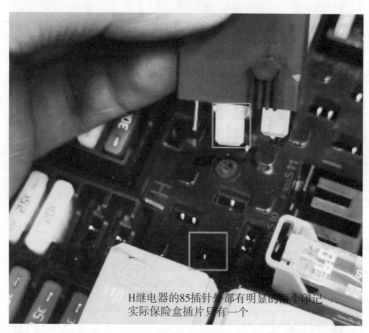

H继电器的85插针处部有明显的两个印记
实际保险盒插片只有一个

图11-2-44

故障排除：更换发动机舱内的保险丝盒。

二十五、奔驰GLE350 4MATIC车辆全车没电

车型：X167.149。

故障现象：奔驰GLE350 4MATIC车辆全车没电。

故障诊断：车辆全车没电，对车辆帮电，车辆可以正常启动，熄火后，车辆再次没电与之前故障现象一样。再次帮电启动车辆，Xentry测试EIS中报B214B15"休眠电流接通"开关输出端存在故障，存在对正极短路或断路，当前故障。故障码如图11-2-45所示。

N73 - 电子点火开关（电子点火开关（EZS））			-F-
型号	零件号	供货商	版本
硬件	167 901 20 03	Continental	17/10 013
软件	167 902 45 06	Continental	18/42 003
软件	000 000 00 00	Hella	18/40 070
软件	000 000 00 00	Hella	18/40 070
软件	000 000 00 00	Continental	18/33 000
引导程序软件			15/51 001

诊断标识	00C00E	控制单元型号	EZS167_D8_Muster

故障	文本		状态
P1D0D01	至"直接换档（DIRECT SELECT）"控制单元的信号线存在功能故障。存在一个一般电气故障。		S
	姓名	首次出现	最后一次出现
	频率计数器		4.00
	总行驶里程	0.00km	0.00km
	自上次出现故障以来的点火周期数		5.00
B214B15	"休眠电流接通"开关输出端存在故障。存在对正极短路或断路。		A+S
	姓名	首次出现	最后一次出现
	频率计数器		1.00
	总行驶里程	0.00km	0.00km
	自上次出现故障以来的点火周期数		0.00

事件	文本		状态
U012264	与"牵引系统"控制单元的通信存在功能故障。存在一个不可信的信号。		A+S
	姓名	首次出现	最后一次出现
	频率计数器		2.00
	总行驶里程	Odometer value not available / Default	Odometer value not available / Default
	自上次出现故障以来的点火周期数		0.00
U012287	与"牵引系统"控制单元的通信存在功能故障。信息缺失。		
	姓名	首次出现	最后一次出现
	频率计数器		3.00
	总行驶里程	Odometer value not available / Default	Odometer value not available / Default
	自上次出现故障以来的点火周期数		3.00

图11-2-45

测量F150/1K1-1号30桩头电压12V，标准解锁车辆12V，结果正常（蓄电池电压）。测量F150/1K1-3号30T桩头电压0V，标准解锁车辆12.3V，结果不正常。激活F150/1K1继电器没反应，测量N73点火开关1号36针脚，激活F150/1K1继电器电压0V，标准为瞬间电压12.5V，结果不正常。检查N73点火开关1号36针脚，接触不良，处理插针后，操作遥控钥匙，F150/1K1蓄电池断开开关继电器有吸合声音，瞬间电压12V，功能恢复正常。对照原车电路图，发现电路图接点和颜色不对，如图11-2-46所示。

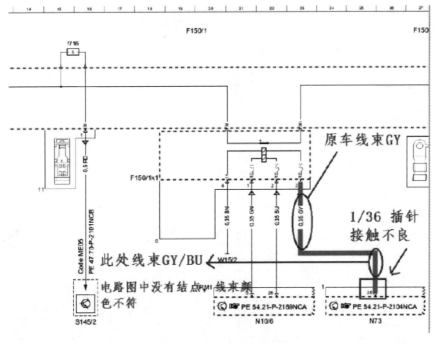

图11-2-46　（图注省略）

587

二十六、奔驰GLE350 4MATIC发动机没有启动

车型：X167.149。

故障现象：奔驰GLE350 4MATIC发动机没有启动。

故障诊断：启动车辆没有反应，换另一把钥匙依旧无法启动。诊断仪检测只显示N112/9和N33/1两个控制单元，仪表黑屏，无钥匙进入功能失效。由于检测不到其他控制单元，EIS工作不正常，首先检查供电发现F150/1 f709保险丝损坏。更换后重新检测，除CANC1上控制单元没有检测到，其他控制单元均可以正常检测，仪表依旧黑屏。观察EIS实际值（如图11-2-47所示），发现15R、15、15X均没有工作显示，判断EIS故障。

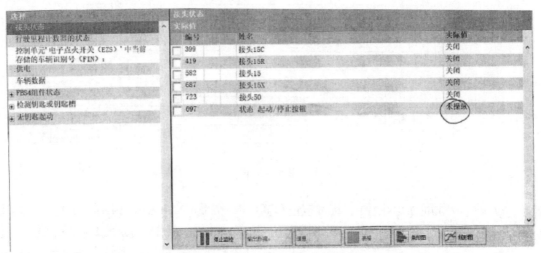

图11-2-47

考虑之前保险丝熔断，拆下EIS检测，发现内部有糊焦味道，后部可以看见电路板烧蚀的痕迹（如图11-2-48所示），更换EIS问题解决。

图11-2-48

检测EIS时，注意EIS内部有没有进水，167的EIS位置有点特殊（如图11-2-49所示），容易进水。

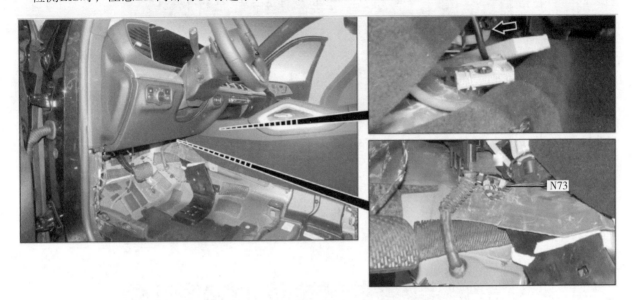

图11-2-49

二十七、奔驰GLE350 4MATIC冷车启动发动机抖动

车型：X167.149。

故障现象：奔驰GLE350 4MAT1C冷车启动发动机抖动。

故障诊断：冷车启动发动机抖动/没有故障码。客户反馈冷车启动后抖动异常，持续10~20s，到店多次检查，没有任何故障码，实际值状态正常，也做了相关控制单元软件的升级。我们停放两天后，连接Xentry观察到冷车启动每次都是1缸有四次的缺火现象，过一会儿缺火数据没有了。对比其他车辆，在车内可以感受到有抖动，之后对调了火花塞及点火线圈测试，还是1缸数据有缺火现象。经过检查为喷油器经过长时间的停放后内部泄露导致的冷车启动燃烧不良，缺火现象。

故障排除：更换喷油器，故障排除。

二十八、奔驰GLE350 4MATIC启动后电子风扇高速转

车型：X167.149。

故障现象：奔驰GLE350 4MATIC启动后电子风扇高速转。

故障诊断：车辆电子风扇高速转，刚修完事故车就出现这种情况。启动后测试电子风扇确实高速转，仪表没有任何故障提醒，尝试关闭空调也会高速转。诊断仪检查没有报相关故障码，读取风扇运转实际值是80%。读取实际值水温和变速器温度正常，发现空调压力是2190kPa偏高（如图11-2-50所示）。用压力表读取高压，实际值只有800kPa左右（如图11-2-51所示）。拆下压力传感器测量供电5V和信号线导通正常，找了一个旧的压力传感器安装上去，测试压力还是2190kPa没变。再次检查线束，发现5V供电线拉扯一下会变成0V，不正常。检查线路发现5V供电线中间断开，电路图如图11-2-52所示。

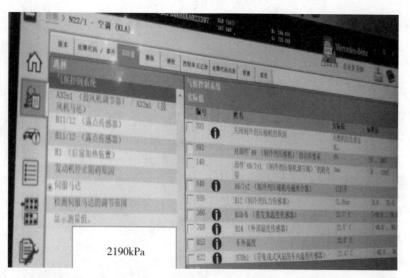

图11-2-50

高压800kPa左右

图11-2-51

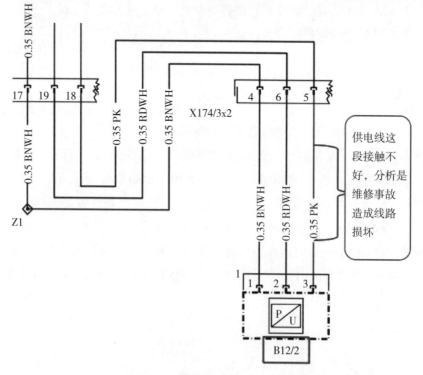

图11-2-52

故障排除：修复线束试车正常。

二十九、奔驰GLE350 4MATIC仪表提示红色驻车系统故障

车型：X167.149。

故障现象：奔驰GLE350 4MATIC仪表提示红色驻车系统故障。

故障诊断：客户反映仪表提示红色驻车系统故障。该车辆拖车入场，左后电子手刹无法松开，ESP内报左侧制动钳存在功能故障，超出电流极限值和不能到达指定位置，如图11-2-53所示。

N30/4 - 电控车辆稳定行驶系统（ESP®）			-F-
型号	零件号	供货商	版本
硬件	167 901 95 01	TRW	18/36 000
软件	167 902 57 04	TRW	18/29 000
引导程序/序软件	—	—	17/28 001
诊断标识	00A052	控制单元型号	ESP167_Diag_00A052

故障	文本		状态
B23AA19	左侧制动钳存在功能故障。超出电流极限值。		A·S
	姓名	首次出现	最后一次出现
	方向盘角度	-12.8°	-12.8°
	接头30电压	14.88V	14.88V
	制动踏板已操纵	ja	ja
	操作时间	3905790309	3905790309
	工作时间状态	1	1
	部件'L6/1（左前轴转速传感器）'的车速信号	0.0km/h	0.0km/h
	频率计数器		1
	总行驶里程	15696.00km	15696.00km
	运行周期计数器		0

事件	文本		状态
B23D177	制动钳存在功能故障。不能达到指定位置。		A·S
	姓名	首次出现	最后一次出现
	方向盘角度	294.4°	12.8°
	接头30电压	14.24V	14.88V
	制动踏板已操纵	ja	nein
	操作时间	3905805740	3911632479
	工作时间状态	1	1

图11-2-53

检查N30/4软件版本为最新，检查N30/4以及电子手刹电机插座和针脚无异常。测量左后电子手刹电机内阻为0.8Ω正常，左右对调电子手刹电机故障依旧。断开N30/4以及左后电子手刹电机插头，导线电阻为0.4Ω，对正测量电压，发现N30/4二号针对地测量电阻为0.4Ω，N30/4二号线路对地短路。由于车内地毯下都有线排保护，并不容易磨损线束，所以考虑拐弯处左后车内饰板，拆除后发现导线与搭铁线有摩擦，如图11-2-54所示。

图11-2-54

故障排除：修复线束，故障排除。

三十、奔驰GLE350 4MATIC音响无声音

车型：X167.149。

故障现象：奔驰GLE350 4MATIC音响无声音。

故障诊断：车辆所有的带声音的设备都没有声音。诊断仪检测A26/17主机控制单元报故障码，B140011、B140012、B140013、B140411等（全部扬声器）都报断路的当前故障，故障码指引为促动相应扬声器，但无任何声音发出。在拆下右前座椅及地毯检查主机时发现主机上部有水印，且夹杂着泥沙。靠近右后出风口处的地毯上有类似蜡堆积的现象。检查发现蒸发箱排水管未见脱落，检查右后脚部出风口盖板上有水印迹，如图11-2-55所示。下雨天，客户脚上泥水顺着右后脚部出风口进入到车内，造成主机损坏。

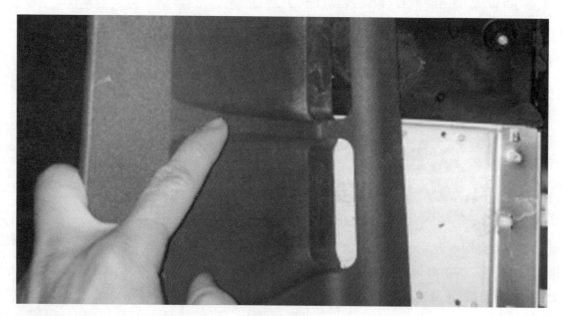

图11-2-55

第十二章 2019年后奔驰G级（W463）车系

第一节 新技术剖析

一、车型一览

车型和主总成，如表12-1-1所示。

表12-1-1

车型	车辆	投放市场	发动机	输出功率(kW)	扭矩(N·m)	自动变速器
G500 ECE	463.260	01.06.2018	176.980	310	610	725.035
G500 USA	463.261	01.08.2018	176.980	310	610	725.035
G63 AMG ECE	463.276	01.06.2018	177.980	430	650	725.085
G63 AMG USA	463.277	01.09.2018	177.980	430	650	725.085

1.车辆概念

与前辈车型相似，2018改款G级W463在坚固性、质量、安全性以及舒适性方面设定了附加基准。2018改款G级W463在相关材料和颜色选择，非常有吸引力的控制和显示屏概念以及现代化车载智能信息系统等方面提供了多样化的个性选择。更具动感和舒适性的车辆道路操控性，出色的越野性能以及先进的驱动器使该车辆更具魅力。

2.尺寸图

2018改款G级W463主要变化体现在外部尺寸上。与前辈车型相比，该车加长53mm，加宽121mm并加高15mm，轴距增加40mm。2018改款G级463的越野性能相关尺寸已改善或至少达到了前辈车型的标准。为此，涉水深度增加了100mm并且离地间隙增大了6mm。G级，G63 AMG，如图12-1-1所示。

二、整车

1.导言

BR463 2018改款着重强调了车辆的优雅性和价值追求。通过当前梅赛德斯-奔驰设计风格"感性，纯粹"的各种元素加以体现。从而保留了G级的独特性和卓越性能。G级进一步研发设计强调了梅赛德斯-奔驰越野车辆与众不同的现代化公路性能以及出色的越野性能。

2.外饰

（1）前视图。

与前辈车型相比，加大的车辆前脸仍保留了典型的G级比例，与车辆颜色相同的前部保险杠具有较小的进气口，并与黑色格栅相搭配。散热器格栅设计有三个横向板条，将梅赛德斯三叉星徽包围在深灰色格栅上。AMG型号的散热器格栅在中央三叉星徽周围由纵向板条围绕。G级是最新的梅赛德斯-奔驰型号

图12-1-1

系列，由于可能的越野用途，其在前方区域有可视的大灯清洁喷嘴。新系列仍为圆形大灯，采用了LED技术，装配有集成式日间行车灯，镶嵌在经典的G级车架中。新的前部LED转向信号指示灯单独安装在前翼子板上。附加转向信号灯，采用了LED技术，集成在车外后视镜中。动态LED大灯与静态LED大灯在启用和停用状态下视觉效果不同。日间行车灯表面呈现为半圆形，安装在静态LED大灯的上半部。在动态LED大灯中，上部和下部半圆环作为光纤日间行车灯亮起。平坦的发动机罩有助于将先前G级463熟知的整体印象转换为改款的较大车身尺寸。风挡玻璃黏合在车身上，因此衔接更流畅。新款车外后视镜符合经典G级的现代化设计。前视图，G级，G500，如图12-1-2所示。

图12-1-2

（2）侧视图。

对于2018改款，与前辈车型相比，G级463延长了车辆长度并增大了离地间隙。由于前部和后部保险杠进行了更改，悬伸从外观上看仍然相同。B柱处的双万向节和特性外部铰链保留在G级中。后侧车窗采用粘合式，其间隙尺寸更小，可很好地磨合。从前部和后部保险杠到翼子板以及由此到车轮拱罩延长件的过渡也减小了间隙尺寸。外侧车门拉手是对前辈车型唯一的留用部分，且对G级是独一无二的。由于所有内燃机配备有G级463，2018改款前端的进气口，因此当前侧面的前翼子板已关闭。行车侧踏板可用作方便出入功能，并在侧壁饰板上的车轮拱罩延长件之间展开。18in、19in和20in直径的轮辋，部分采用新设计，可在2018改款的所有出厂设备中使用。还有AMG型号的21in和22in直径的轮辋。侧视图，G级，G500，如图12-1-3所示。

图12-1-3

（3）后视图。

新的后保险杠盖已调整到较大的车辆宽度并且是两件式设计。后保险杠包括带牌照灯的牌照板支架、反射器和驻车辅助系统（PARKTRONIC）及盲点辅助系统的传感器（取决于设备）。提供一种保险杠版本，具有相应的切口，用于可分离式挂车装置（代码Q59）选装装备。新的LED尾灯位于经典G级保险杠的上方，后车窗黏合在安装有外部铰链的尾门中，其与较小的间隙尺寸都有助于实现更加和谐的外观。第三个LED制动灯，集成有后车窗喷头，位于车门框架中，车顶饰条的下方。与前辈车型相比，现在后车窗雨刮器安装在后车窗下方，大部分隐藏在备用轮胎中，处于起始位置。后视图，G级，G500，如图12-1-4所示。

3.内饰

新设计的仪表板将G级内饰的传统性和当前梅赛德斯-奔驰内饰的现代化巧妙地结合在一起。模拟刻度盘（3D管）位于方向盘后方，作为标准装备提供；其是直立型仪表盘的一部分。右侧是最新一代高分辨率显示屏，屏幕对角线为12.3in，用于多媒体系统。源自车型系列213的宽屏幕驾驶室（SA）与两个高

图12-1-4

分辨率的12.3in显示屏相组合，位于同一个玻璃护盖下。新仪表板设计还将超现代化的宽屏幕驾驶室和谐地融入车辆的现代奢华风格中。新三辐式方向盘，继承自车型系列222，通过众多的材料组合和广泛的功能体现了G级的豪华外观。操作功能可通过方向盘上的左侧和右侧触动式控制功能按钮进行选择。对于左舵驾驶车辆，左侧控制元件用于操作仪表盘，而右侧负责操作多媒体系统显示屏。带平坦底部的方向盘可作为选装装配与AMG运动组件一起提供。用于选挡的直接选挡（DIRECTSELECT）换挡杆位于方向盘的后方。内饰，G级，G63 AMG，如图12-1-5所示。

图12-1-5

4.中央控制台

新中央控制台采用高品质设计，恰当地将仪表板和扶手结合在一起。中央控制台的轮廓以其水平走向显示了车辆内饰的豪华特性。中央操作单元位于新中央控制台的前部。操作的现代化亮点是安装在中央操控单元上方的触摸板。后排智能气候控制系统的后排控制面板位于中央控制台的触摸板下方，照明储物箱位于扶手下方，其带有已改装的按钮开关并向两侧打开。两个杯架和一个自发装载选择装置位于触摸板前部的储物箱中。中央控制台，G级，G500，如图12-1-6所示。

图12-1-6

三、技术数据

外饰尺寸，如表12-1-2所示。

表12-1-2

特性	尺寸
车辆长度	4817mm(+53 mm)
	4832mm AMG车辆
车外后视镜展开时的车辆宽度	2177mm(+121mm)
车辆高度（驾驶就绪状态）	1969mm(+15mm)
轴距	2890mm(+40mm)
空车重量	2354kg
	2475kg AMG车辆
允许满载重量	3150kg
	3200kg AMG车辆

特性	尺寸
油箱容积	75L，储存10L
	100L（装配较大容量的燃油箱/代码K81），储存12L

越野驾驶尺寸，如表12-1-3所示。

表12-1-3

特性	尺寸
滑轨跨越角	26°（+1°）
接近角	30.9°（+1°）
	26.7° AMG车辆
离去角	29.9°（+1°）
最大坡度	高达100%
最大涉水深度	700mm（+100mm）

四、保养策略

1.保养策略

根据传统保养逻辑，与G级463改款前类似，G级463 2018改款需要进行保养。务必依次执行保养范围：保养A和保养B。与梅赛德斯-奔驰乘用车标准相比，车型系列463 2018改款无附加保养服务，仍采用"每20000km/12个月"（ECE）的固定保养间隔以及具体国家可能不同的里程间隔。

2.发动机

除了之前熟知的V8发动机M176，G级463装配了发动机M177，排量为3982cm^{3}的8缸V形发动机。更换发动机油和机油滤清器期间，通过油底壳中的放泄塞排放发动机油。之后可通过仪表盘调用发动机油液位。

3.附加保养作业

可购买的延长保修作为初级产品，面向趋向安全的对价格敏感的客户。从长远角度看来以及制造商保修到期后，可使客户免于承受不可预计的修理成本。在保养合同中，成本透明和计划性至关重要。在协议时间内承担所有的保养成本。此保养包括根据保养小册（包括"另开施工单"时的附加保养作业）的所有保养作业。车辆规定的附加保养作业的间隔如下：

①更换制动液，每2年。

②更换空气滤清器滤芯，每60000km/3年。

③更换火花塞，每80000km /4年。

④更换前轴和后轴机油，每80000km /4年。

⑤更换分动箱油（4MATIC，每120000km）。

⑥更换自动变速器油和变速器油滤清器，每120000km。

⑦更换汽油燃油滤清器，每200000km/10年。

⑧更换冷却液，每200000km/10年。

全套保养合同作为高级产品，除了上述的保养和修理作业，还包括所有与磨损相关的作业。有了全方位的保护，客户可以坚信其梅赛德斯-奔驰车辆在很长时间内都会保持良好的状态。梅赛德斯-奔驰保养合同的有效性和产品名称按照国家规定的方式确定。

五、驱动机构

1.发动机

V8发动机M176和M177 AMG安装在2018改款G级463中。柴油发动机OM656在单独的时间点准时上市。根据市场不同，火花点火型发动机装配汽油微粒滤清器，用于废气再处理。

发动机变型：

8缸火花点火型发动机M176；

对于2018改款车型，采用了V8火花点火型发动机M176以适应变化的市场需求，并进行了进一步开发。最重要的不同之处在于改进的燃烧系统，以及改进的充电性能和更小的排量。

M176的附加特性概述：

两个涡轮增压器位于发动机的"V"形区域；

增压空气冷却器的独立低温回路；

带压电式喷油器的喷油导向型汽油直接喷射；

通过NANOSLIDE®双丝电弧喷涂（TWAS）涂层实现摩擦力优化；

链条驱动式冷却液泵；

冷铸铝曲轴箱，最高可能压力达14000kPa；

8缸汽油发动机M177AMG。

AMG发动机M177将替代之前的V8发动机M157AMG。发动机M177AMG基于发动机M176。M177 AMG与发动机M176之间的基本差异概述：

更高的发动机输出功率，技术数据；

低温回路；

通过3个泵操作；

ECU的辅助冷却；

可变气门升程系统（CAMTRONIC)（气缸切断)。

性能图，如图12-1-7所示。

V8发动机M176 E40 DEH LA和M177 E40 DEH LA技术数据的比较，如表12-1-4所示。

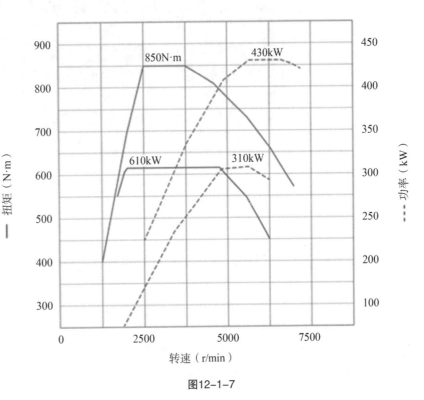

图12-1-7

表12-1-4

发动机	M176 E40 DEH LA，310kW	M177 E40 DEH LA，430kW
结构/气缸数	V/8	V/8
缸径×冲程(mm×mm)	83×92	83×92
活塞排量(cm³)	3982	3982
压缩比（ε）	10.5∶1	10.5∶1
额定功率（kW/r/min）	5250~5500为310	5750~6500为430
最大扭矩（N·m/r/min）	2000~4750为610	2500~3750为850
排气类型	欧6标准	欧6标准

2.变速器

9速自动变速器（9G-TRONIC）是新的梅赛德斯-奔驰自动变速器，其将替代先前的7速自动变速器增强版（7G-TRONICPLUS)。9速自动变速器（9G-TRONIC）是一款电控自动变速器，具有9个前进挡和一个倒挡。挡位范围传动比由行星齿轮组实现。对于2018改款车型，带分动箱直接连接凸缘类型的9速自动变速器（9G-TRONIC）将安装在永久全轮驱动的车型系列463中。剖面图: 带变矩器和集成式离心摆的自动变速器725.035，如图12-1-8所示。

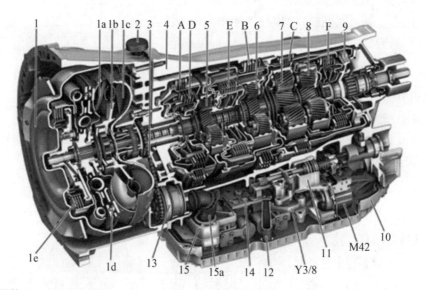

1.变矩器盖　1a.涡轮　1b.定子　1c.叶轮　1d.离心摆　1e.变矩器锁止离合器　2.变速器壳体通风　3.机油泵链条传动　4.变速器外壳　5.行星齿轮组1　6.行星齿轮组2　7.行星齿轮组3　8.行星齿轮组4　9.驻车止动爪齿轮　10.油底壳　11.电液驻车锁促动器的活塞外壳　12.导向管　13.机油泵　14.完全集成式变速器控制系统的支撑体　15.护盖/换挡阀体　15a.耐压管和进气歧管　M42.电动变速器油泵　Y3/8.完全集成式变速器控制系统控制单元　A.多片式制动器B08　B.多片式制动器B05　C.多片式制动器B06　D.多盘式离合器K81　E.多盘式离合器K38　F.多盘式离合器K27

图12-1-8

（1）直接选挡（DIRECT SELECT)。

作为行驶挡位的控制元件，直接选挡（DIRECT SELECT）方向盘换挡杆安装在方向盘上用于选挡。直接选挡（DIRECT SELECT）方向盘换挡杆包括以下挡位：

"R"，倒挡；

"N"，空挡和启动位置（无动力传输，车辆可以自由移动）；

"D"，"D1至D9" 9个前进挡可用。

换挡杆具有不同的挡位和动力级：

驻车挡；

换入 "N" 挡，跨过一个动力级；

换入 "D" 或 "R"，跨过更高的动力级。

车速<7km/h时可请求驻车制动爪。转向柱管模块前视图，如图12-1-9所示。

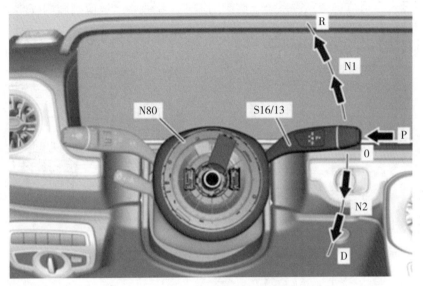

0.驻车挡　D.驱动装置　P.驻车锁止和启动位置　R.倒挡　N1.空挡1　N2.空挡2　N80.转向柱模块控制单元　S16/13.直接选挡（DIRECT SELECT）换挡杆

图12-1-9

（2）滑行功能。

在节能驾驶模式下，滑行功能可帮助驾驶员节省燃油。如果驾驶员的脚离开加速踏板，则在某些驾驶状况下，内燃机与驱动机构脱离且继续怠速运行。此时车辆比在超速运转模式下滑行得更远。

六、底盘

1.前轴

G级463 2018改款车型安装有带独立车轮悬架的双叉骨前轴。大大改善了G级车的道路操控特性。双叉骨前轴的各部件在无须前轴托架的情况下安装到梯形车架上。为使越野性能达到最佳状态，下部横向控制臂的框架安装点的定位尽可能远离上部。可调节前轴处的车轮轮距和车轮外倾角。采用双叉骨设计的独立车轮悬架具有坚固且极具越野性能的设计，且在某种程度上超越了前辈车型的越野性能。所有相关部件确保了独立车轮悬架的涉水性能。采用双叉骨设计的独立车轮悬架的基本部件有：

①上部和下部控制臂。

②带轮毂和车轮轴承的车轮托架。

③弹簧/减震装置。

④电动机械齿轮齿条式转向机构。

⑤前轴稳定杆。

2.后轴

G级463 2018改款车型对后轴进行了重新开发。与前辈车型相比，各侧的四个纵臂和一个横向控制臂引导新的刚性轴，从而大大改善了操作舒适性。

3.悬架和减震

（1）自适应减震系统。

G级463 2018改款车型的悬架与前排车型类似，装配有可调减震系统（SA）。可调减震系统在越野设置中采用了新方法。可通过四个水平高度传感器计算车轮的动能和势能。连同车身的3个加速传感器，可以计算各信号值以及各自适应可调减震系统电磁阀的输出。G级带自适应减震调校的悬架，如图12-1-10所示。

图12-1-10

（2）动态操控选择（DYNAMIC SELECT）。

在G级463 2018改款车型中，动态操控选择（DYNAMIC SELECT）作为标准装备提供，且包括不同驾驶模式。驾驶员可以选择在非常舒适的驾驶模式，极其动感的模式或优化燃油消耗量的模式下驾驶。因此，动态操控选择（DYNAMIC SELECT）设备对以下系统和功能产生影响：

①转向机构。

②带废气风门的驱动器。

③ECO启动/停止功能。

④电控车辆稳定行驶系统（ESP®）。

⑤驾驶辅助系统。

⑥悬架（可选可调减震的情况下）。

以下变速器模式可用：

舒适型；

经济型；

运动型;

沙漠;

自定义。

车型463.276/277控制面板,如图12-1-11所示。

N72/4.左侧下部控制面板　N72/4s1.动态操控选择(DYNAMIC SELECT)开关　N72/4s12.手动换挡模式按钮(车型463.276/277)　N72/4s13.舒适型/运动型按钮(配可调节减震装置/代码A20或车型463.276/277)　N72/4s14.AMG 电控车辆稳定行驶系统(ESP®)运动模式关闭按钮(车型463.276/277)　N72/5.右侧下部控制面板　N72/5s1.音量控制按钮　N72/5s3.低速挡按钮　N72/5s10.驻车系统按钮[装配驻车定位系统(PARKTRONIC)/代码EZ8]　N72/5s11.运动型排气系统按钮(车型463.276/277)

图12-1-11

4.电动动力转向机构

在G级463 2018改款车型中,电动机械齿轮齿条式转向机作为标准装备安装,如图12-1-12所示。

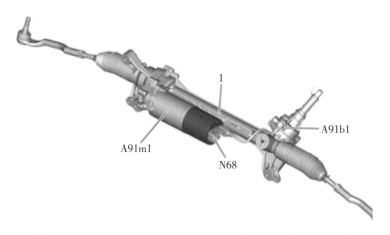

1.齿轮齿条式转向机　A91b1.电动动力转向机构扭矩传感器　A91m1.电动动力
转向机构促动电机　N68.电动动力转向机构控制单元

图12-1-12

5.方向盘

G级463 2018改款车型中安装了全新一代方向盘。驾驶员辅助系统"定速巡航控制/限速器"和"DISTRONIC 车距辅助系统"的控制元件位于多功能方向盘上。标准配备的多功能方向盘按钮组,带定速巡航控制装置/限速器,如图12-1-13所示。

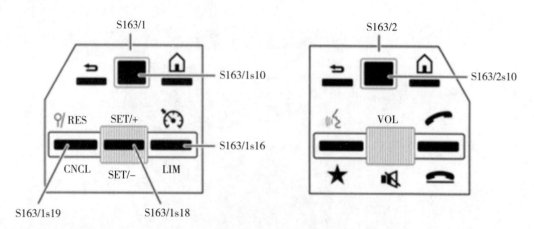

S163/1.仪表盘多功能方向盘按钮组　S163/1s10.仪表盘手指导航触键　S163/1s16.可变限速装置和距离引导开关　S163/1s18.定速巡航控制开关　S163/1s19.定速巡航控制恢复开关　S163/2.主机多功能方向盘按钮组　S163/2s10.主机手指导航触键

图12-1-13

运动型方向盘/代码VK9的多功能方向盘按钮组,如图12-1-14所示。

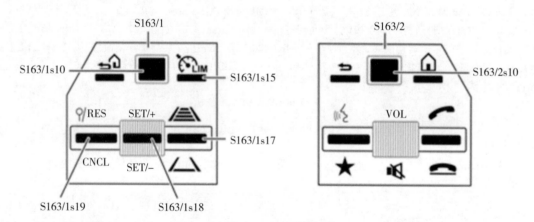

S163/1.仪表盘多功能方向盘按钮组　S163/1s10.仪表盘手指导航触键　S163/1s15.可变限速装置和距离引导按钮　S163/1s17.距离引导开关　S163/1s18.定速巡航控制开关　S163/1s19.定速巡航控制恢复开关　S163/2.主机多功能方向盘按钮组　S163/2s10.主机手指导航触键

图12-1-14

手指接触到以上按钮组时方向盘上的触控垫会进行检测,并通过在垂直或水平方向进行滑动操作促动以下部件:

①仪表盘(方向盘左侧)。

②通过"右侧"触控垫,可通过方向盘操作多媒体系统,还可通过按钮组S163/2直接操作电话、语音控制系统和音量。

操作两个触控垫时,通过车辆中的扬声器输出声反馈。

6.全轮驱动系统

　　G级463 2018改款车型中安装了全新的分动箱。该分动箱通过凸缘安装的方式直接安在到9G-TRONIC上，无须使用轴接口或中间壳体的适配器。另一个主要差别在于扭矩分配。牵引力充足时，新的分动箱将40%的驱动扭矩分配到前轴，60%分配到后轴。除了带锁止操作的多片式离合器，越野挡传动比也集成在分动箱中。

　　差速锁：传动系统中的差速锁通过车轮确保行驶时产生最佳牵引力。如果分动箱处于"低"减速模式，则可通过中央控制台中的按钮分别启用差速锁，使车速达到40km/h。由于越野挡传动比，驱动轮处的扭矩明显提高，例如可在不利的越野地形上进行驾驶。此外，通过显著提高的发动机制动效果在极陡上坡和下坡行驶。启用各差速锁的规定顺序与前辈车型类似，通过中央控制台中的按钮开关实现。如果操作状况需要更多牵引力，则始终按照轴间差速器、后轴差速器和前轴差速器的顺序启用。启用所有差速锁时，通常单个车辆的牵引力就足够推进G级车辆。停用差速锁时则按照与启用时相反的顺序进行。此外，同时启用的所有三个差速器仅通过促动轴间差速器的按钮开关即可同时停用。差速锁开关的促动直接作用于分动箱控制以及以下控制系统：

　　①电控车辆稳定行驶系统（ESP®）。

　　②防抱死制动系统（ABS）。

　　③驾驶辅助系统。

　　启用差速锁时这些系统停用。按钮开关中的LED显示差速锁的当前状态（打开，预选，接合）装配分动箱的车辆，如图12-1-15所示。

N45.全轮驱动控制单元

图12-1-15

带分动箱的AMG SPEEDSHIFT 9GTRONIC，如图12-1-16所示。

图12-1-16

7.制动

电动驻车制动器：在G级463 2018改款车型中，电动驻车制动器当前作为标准装备提供。后轴上安装具有电动驻车制动器功能的组合浮式制动钳。电动驻车制动器通过位于仪表板左侧，车灯旋转开关下方的控制元件进行操作。按下开关，接通电动驻车制动器；拉起控制元件，释放驻车制动器。车辆静止或车速低于4km/h时促动电动驻车制动器，则组合浮式制动钳会完全永久关闭，如图12-1-17和图12-1-18所示。

S76/15.电动驻车制动器开关

图12-1-17

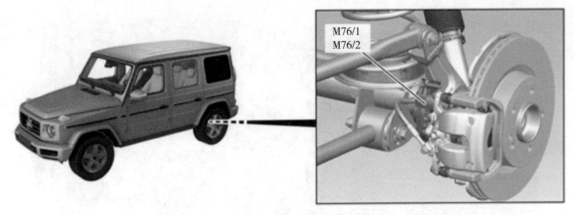

M76/1.左侧电动驻车制动器促动电机 M76/2.右侧电动驻车制动器促动电机

图12-1-18

七、车载电气系统网络连接

数量众多的新功能促成了更强大的组网结构。G级463从2018改款车型开始采用组网结构STAR2.3。
STAR 2.3架构基于E级车型213的组网结构，如图12-1-19所示。组网结构的主要特征如下：

①使用FlexRay控制单元，控制器区域网络（CAN）控制单元，局域互联网（LIN）控制单元。

②不同子网络的控制器区域网络（CAN）通信分布，如：车载智能信息系统控制器区域网络
（CAN）、车内控制器区域网络（CAN）、发动机控制器区域网络（CAN）、传动系统控制器区域网络
（CAN）、诊断控制器区域网络（CAN）、车辆动态控制器区域网络（CAN）、用户界面控制器区域网络
（CAN）、传动系统传感器控制器区域网络（CAN）和外围设备控制器区域网络（CAN）。

③底盘FlexRay™总线系统。

④多媒体定向系统传输（MOST）总线。

⑤以太网。

⑥子网络通过网关进行链接：电子点火开关控制单元、多媒体系统、转向柱模块控制单元和驱动单
元控制单元（变速器 725.085)。

⑦多个子集系统设计为单线总线系统（LIN）。

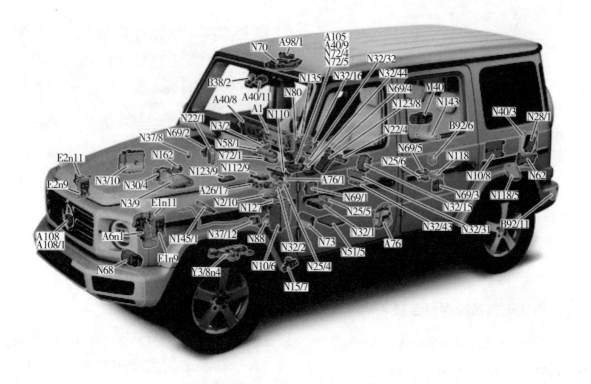

A1.仪表盘　A6n1.驻车加热器控制单元（装配辅助加热器/代码H12）　A26/17.主机　A40/8.音频/驾驶室管理及数据系统（COMAND）显示屏　A40/9.音频/驾驶室管理及数据系统（COMAND）控制面板　A40/11.平面探测多功能摄像头　A76.左前可逆式安全带紧急拉紧器　A76/1.右前可逆式安全带紧急拉紧器　A98/1.滑动天窗控制模块（装配玻璃电动滑动车窗/代码F15）　A105.触摸板　A108.主动式制动辅助系统控制单元（驾驶辅助组件增强版/代码EM4除外）　A108/1.智能领航限距功能（DISTRONIC）控制单元（装配驾驶辅助组件增强版/代码EM4）　B38/2.带附加功能的雨量/光线传感器　B92/6.外部右后保险杠集成式雷达传感器（装配驾驶辅助组件增强版/代码EM4）　B92/11.外部左后保险杠集成式雷达传感器（装配驾驶辅助组件增强版/代码EM4）　E1n9.左侧大灯控制单元　E1n11.左前LED矩阵灯组控制单元（装配IHC灯/代码L57）　E2n9.右侧大灯控制单元　E2n11.右前LED矩阵灯组控制单元（装配IHC灯/代码L57）　M40.多仿形座椅气动泵（装配座椅舒适型增强版组件/代码PA9）　N2/10.辅助防护系统控制单元　N3/2.电子差速器控制单元　N3/9.共轨喷射系统柴油机（CDI）控制单元（柴油发动机）　N3/10.电控多端顺序燃料喷射/点火系统［ME-SFI（ME）］控制单元（汽油发动机）　N10/6.前部信号采集及促动控制模组（SAM）控制单元　N10/8.后部信号采集及促动控制模组（SAM）控制单元　N15/7.分动箱控制单元　N22/1.智能气候控制系统控制单元　N22/4.后排空调操作单元　N32/16.右前多仿形座椅控制单元（装配座椅舒适型增强版组件/代码PA9）N32/31.左前座椅靠背按摩功能控制单元（装配座椅舒适型增强版组件/代码PA9）　N32/32.右前座椅靠背按摩功能控制单元（装配座椅舒适型增强版组件/代码PA9）　N32/43.左前座椅坐垫按摩功能控制单元（装配座椅舒适型增强版组件/代码PA9）N32/44.右前座椅坐垫按摩功能控制单元（装配座椅舒适型增强版组件/代码PA9）　N37/8.选择性催化还原（SCR）催化转化器下游的氮氧化物传感器控制单元（发动机656）　N37/12.柴油机氧化催化转换器上游的氮氧化物传感器控制单元（发动机656）　N40/3.音响系统放大器控制单元（装配Burmester3D环绕立体声音响系统/代码EU8）　N51/5.自适应减震系统（ADS）控制单元（装配自适应减震/代码A20）　N58/1.智能气候操控单元　N62.驻车系统控制单元［装配驻车定位系统（PARKTRONIC)/代码EZ8］　N68.电动动力转向机构控制单元　N69/1.左前车门控制单元　N69/2.右前车门控制单元　N69/3.左后车门控制单元N69/4.右后车门控制单元　N69/5.无钥匙启动（KEYLESS-GO）控制单元　N70.车顶控制面板控制单元　N72/1.车顶控制板控制单元　N72/4.左侧下部控制面板　N72/5.右侧下部控制面板　N73.电子点火开关控制单元　N80.转向柱模块控制单元　N88.轮胎充气压力监视器控制单元（装配轮胎充气压力监视器/代码RY6）　N110.重量感传系统（WSS）控制单元　N112/9.HERMES控制单元（装配HERMES-LTE通信模块/代码EK1或HERMES-UMTS通信模块/代码EM2）　N118.燃油泵控制单元　N118/5.AdBlue®雾状尿素水溶液控制单元（发动机656）　N123/8.移动电话托座控制单元（装配适用于移动电话的非接触式充电系统/代码EH6）　N25/4.前排乘客座椅加热器控制单元（装配座椅舒适型增强版组件/代码PA9）　N25/5.驾驶员座椅加热器控制单元（装配座椅舒适型增强版组件/代码PA9）　N25/6.后排座椅加热器控制单元　N28/1.挂车识别控制单元　N30/4.电控车辆稳定行驶系统（ESP）控制单元　N32/1.驾驶员座椅控制单元　N32/2.前排乘客座椅控制单元　N32/15.左前多仿形座椅控制单元（装配座椅舒适型增强版组件/代码PA9）　N123/9.电话控制单元（装配车载电话/代码EG1）　N127.传动系统控制单元　N135.方向盘电子设备N143.电视调谐器控制单元（装配电视调谐器/代码EM8）　N145/1.驱动单元控制单元（变速器725.085）　N162.环境照明灯控制单元　Y3/8n4.完全集成式变速器控制系统控制单元

图12-1-19

八、外车灯

对于2018改款车型，所有G级463设备中的所有照明功能均采用LED技术。G级463 2018改款车型装配有带集成式日间行车灯和自动行车灯的静态5-LED大灯作为标准装备。带自适应远光灯辅助系统增强版的MULTIBEAM LED大灯系统作为选装装备提供。

1.动态大灯（MULTIBEAM LED)，装配IHC灯/代码L57

该大灯采用最新的MULTIBEAM LED技术。部分近光灯和远光灯控制允许根据情况适当调节道路照明。目前LED矩阵包含84个LED灯，分三列分布。该大灯可以对变化的交通状况分别进行更快速地响应。全新并优化的照明功能扩展了此项技术的优势。

（1）乡村道路模式和主动照明功能。

与传统不对称光分布相比，乡村道路模式对于驾驶员侧的道路边缘的照明更加明亮且区域更广。因此驾驶员可以更好地适应黑暗环境，且如果其他道路使用者横穿道路时可以更迅速地反应。主动照明功能是MULTIBEAM LED大灯的附加功能。根据转向角、道路路线（适用于ECE）、横摆率和车速，光分布向侧面旋转达8°，从而明显改善了道路照明。近光灯和远光灯都提供该照明功能。

（2）城镇照明。

车速较低或在明亮的地方时启用城市照明灯。即使在建筑区内的危险区域，特有的宽光分布可确保良好的照明。

（3）恶劣天气照明。

在雨天和潮湿的道路上，通过对各LED灯进行针对性调暗可减少道路反光。从而将迎面而来车辆的眩光和间接炫目限制到最小。如果延长启用风挡玻璃雨刮器，则该系统自动启用。

（4）高速公路模式。

高速公路模式在车速为90km/h且导航系统检测到车辆行驶在高速公路上时自动打开。该功能可使道路以及边缘区域的照明更佳。由于改善了光分布，照明范围也扩大到了120m。

（5）增强型雾灯功能。

在能见度不佳的情况下，增强型雾灯功能提高了驾驶员的方向感。MULTIBEAM LED的可变大灯技术可使驾驶员侧的大灯更明亮，同时遮挡光锥的上半部。从而使道路的外侧部分更加明亮，并减少由于雾反射的光线导致驾驶员炫目的情况。车速范围在70~100km/h的情况下，后雾灯打开时，增强型雾灯功能启用。可使用多媒体系统显示屏中相关菜单启用或停用该功能。

（6）自适应远光灯辅助系统增强版。

自适应远光灯辅助系统增强版在启用远光灯的情况下辅助驾驶，且不会使其他道路使用者炫目。其包括光学大灯光程调节、自动远光和部分远光功能。该功能在车速为30km/h且无街道照明的情况下可用。平面探测多功能摄像头（MPC）也可检测其他道路使用者，并允许调节适用于各交通状况的照明。近光和远光功能因车辆所处环境状况的不同而异。车型463（463.342 除外），动态LED大灯（装配IHC灯/代码L57），如图12-1-20所示。

2.尾灯

对于G级463 2018改款车型，后雾灯和倒车灯集成在新研发的后雾灯中。所有车灯均采用LED技术。以下车外照明功能集成在尾灯中：

①制动灯。

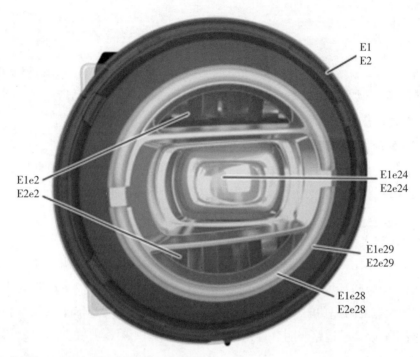

E1.左前灯组　E1e2.左侧近光灯　E1e24.左前自适应远光灯　E1e28.内部左侧示廓灯和日间行车灯　E1e29.外部左侧示廓灯和日间行车灯　E2.右前灯组　E2e2.右侧近光灯　E2e24.右前自适应远光灯　E2e28.内部右侧示廓灯和日间行车灯　E2e29.外部右侧示廓灯和日间行车灯

图12-1-20

②尾灯。

③转向信号灯。

④后雾灯。

⑤倒车灯。

⑥示廓灯(加拿大国家版/代码ZU7或美国国家版/代码ZU8)。

车型463（车型463.342除外)，加拿大国家版本/代码ZU7或美国国家版本/代码ZU8，如图12-1-21所示。

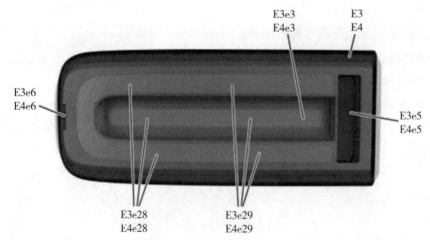

E3.左后灯组　E3e3.左侧倒车灯　E3e5.左后雾灯　E3e6.左后示廓灯　E3e28.外部左侧转向信号灯、制动灯和尾灯　E3e29.内部左侧转向信号灯、制动灯和尾灯　E4.右后灯组　E4e3.右侧倒车灯　E4e5.右后雾灯　E4e6.右后示廓灯　E4e28.外部右侧转向信号灯、制动灯和尾灯　E4e29.内部右侧转向信号灯、制动灯和尾灯

图12-1-21

九、车内乘客保护

1.防护装置

（1）后座侧部气囊。

后座侧部气囊可减少发生严重侧面碰撞时坐在外侧的后排乘客受伤的风险。后座侧部气囊位于左侧和右侧C柱的附近。胸部侧部气囊作为G级463 2018改款车型后排外侧座椅的选装装备提供。在美国，其作为标准装备提供。后座侧部气囊（装配后排长座椅中的侧部气囊/代码SH1），如图12-1-22所示。

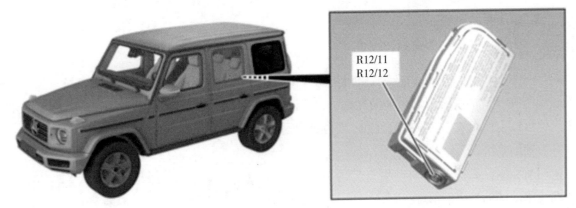

R12/11.左后侧部气囊点火管　R12/12.右后侧部气囊点火管

图12-1-22

（2）后部压力传感器。

为了更好地检测侧面碰撞，G级463 2018改款车型的后车门中也安装了压力传感器，如图12-1-23所示。

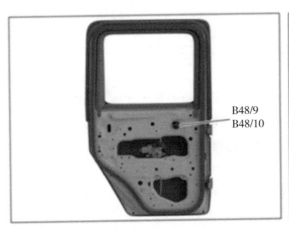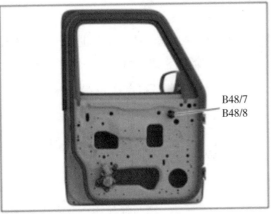

B48/7.左前车门压力传感器　B48/8.右前车门压力传感器　B48/9.左后车门压力传感器（装配后排长座椅中的侧部气囊/代码SH1）　B48/10.右后车门压力传感器（装配后排长座椅中的侧部气囊/代码SH1）

图12-1-23

2.预防性安全系统（PRE-SAFE®）驾驶员及乘客保护系统

G级463 2018改款车型中具有预防性质的预防性安全系统(PRE-SAFE®)驾驶员及乘客保护系统在检测到潜在的事故情况时，会执行可逆措施对驾驶员及乘客进行预防性保护。新的预防性安全系统（PRE-SAFE®）方案以及通过所谓的采用人类反射行为的预防性安全系统（PRE-SAFE®）听力保护功能使车辆安全性达到更高的水平。预防性安全系统（PRE-SAFE®）工作情况下的示例：

①从加速踏板到制动踏板快速切换。

②同时还监测低速时的危险转向操作。

③即将发生的碰撞（正面/后方/侧面)，对于装配驾驶辅助组件/代码EM4的车辆。

④预防性安全系统（PRE-SAFE®）听力保护功能:在事故中，噪音可达到可以损坏听力的高声音压力等级。在可能的事故即将发出预计的事故噪音前不久，通过声音系统输出噪音信号。该噪音信号可触发车辆驾驶员及乘客的自然反应，从而保护鼓膜免受高声音压力。

十、驾驶员辅助系统

1.驾驶辅助系统

G级463 2018改款车型将采用升级后的退出系统以及全新的驾驶员辅助系统和驻车系统。这些系统可在不同状况下在相应的系统限制内辅助驾驶员，从而减少事故风险以及事故严重程度。某些系统不可单独使用，但可结合使用或作为设备组件的一个组成部分。标准装备：

注意力辅助系统；

定速巡航控制；

主动式制动辅助系统指示灯；

主动式车道保持辅助系统；

交通标志辅助系统。

驾驶辅助组件（装配驾驶辅助组件/代码EM4）：

盲点辅助系统；

DISTRONIC 主动式车距辅助系统；

后方交通预警系统（RCTA）；

自动制动（仅适用于倒车）。

启用差速器锁时，电子驾驶员辅助系统仅在有限的范围内可用或不可用。

2.主动式驻车辅助系统–概述

G级463 2018改款车型将首次装配重新开发的"主动式驻车辅助"系统。此外，还有助于驶入和驶出停车位。主动式驻车辅助系统不包括倒车/360°摄像头系统。这些是驻车组件的一部分。相应的驻车组件包括十二个超声波传感器（根据设备，后视摄像头或360°摄像头系统)，可使用超声波传感器搜索停车位。如果超声波传感器检测到停车位，会显示相应的停车位。驻车、在狭窄空间移动以及驶出出口时，驻车组件辅助驾驶员。由于以下功能，驻车系统确保驻车和挪车时具有更出色的安全性：

①车辆前方、后方及侧面存在物体时发出视觉显示并输出警告音。

②检测到障碍物的距离<1m 时驶离的速度限制（驶离辅助）。

③车速<10km/h时在行驶方向检测到障碍物。

④倒车时检测到车辆后方存在横穿行驶时自动制动。

⑤倒车时，包括最小车速为4km/h的车辆和自行车（装配驾驶辅助组件/代码EM4）。

车辆与检测到的障碍物之间的距离以及检测到的停车位显示在多媒体系统显示屏［音频/驾驶室管理及数据系统(COMAND)］上。同时，前方区域的仪表盘扬声器和后方区域的驻车系统扬声器发出警告音。车辆重新启动时自动启用主动式驻车辅助系统。促动右侧下方控制面板中的驻车系统按钮时，也可辅助驶入和驶离停车位。如果停用驻车定位系统（PARKTRONIC），则主动式驻车辅助系统不可用。

3.带后视摄像头的驻车组件（代码EZ7）［装配驻车定位系统（PARKTRONIC）/代码EZ8和后视摄像头/代码FR8］

以下扩展功能可用：

①被动式侧部保护。

②后方交通预警系统与盲点辅助系统或驾驶辅助组件/代码EM4配套使用。

③驶离辅助系统。

由于"被动式侧部保护"功能，该系统在多媒体系统显示屏中显示车辆侧面的障碍物。根据距离障碍物的距离，实现多级视觉显示并输出警告音。除了声讯和视觉警告，该系统还通过自动紧急制动辅助驾驶员。车辆静止时，如果沿行驶方向改变行驶挡位时检测到障碍物在约1m内，则车速在短时间内降低至约2km/h。多媒体系统的摄像头图像中出现限速器标识。原理图为带后视摄像头的驻车组件（代码EZ7）［装配驻车定位系统(PARKTRONIC)/代码EZ8和后视摄像头/代码FR8］，图示为车型463，如图12-1-24所示。

A
B

A.车距传感器的探测范围　B.摄像头的探测范围

图12-1-24

4.驻车组件（代码PA8）［装配驻车定位系统（PARKTRONIC）/代码EZ8和360°摄像头/代码JS1］

360°摄像头的驻车组件还可监测车辆侧方和正前方。因此，在操纵过程中可避免不必要的碰撞。与前辈车型相比的另一优点就是图像质量更佳，尤其是在光线条件不利的情况下。摄像头系统包括四个摄像头，集成在车辆的前方区域，尾门和车外后视镜外壳中。360°摄像头系统在车速小于0km/h时自动关闭。在视野不清晰的情况下，360°摄像头系统通过在多媒体系统显示屏中以不同的视角显示车辆环境以辅助驾驶员。原理图为驻车组件（代码PA8）［装配驻车定位系统（PARKTRONIC）/代码EZ8和360°摄像头/代码JS1］，图示为车型463，如图12-1-25所示。

A.车距传感器的探测范围　B.摄像头的探测范围

图12-1-25

十一、舒适/便捷系统

1.智能气候控制

对于2018改款车型，G级463采用3区智能空调（THERMOTRONIC）作为标准装备。装配了多区域智能空调（THERMOTRONIC）后，可以有针对性地调节车内空调以满足车辆驾驶员及乘客的个性化需求。与前辈车型的THERMATIC双区自动智能气候控制系统相比，多区域智能空调（THERMOTRONIC）为客户提供了更大的功能范围。可通过以下方法操作自动智能气候控制系统：

中央出风口下方的操作单元；

音响多媒体系统；

后部中央控制台中的后排操作单元。

此外，风挡玻璃加热器选装装备不再设计为细金属丝，而是采用箔，几乎不可见。多区域智能空调（THERMOTRONIC）为驾驶员、前排乘客和后排乘客提供单独的豪华气候区，因此主要配备了以下部件和功能：

①适用于驾驶员和前排乘客的单独的温度和空气分配调节器，以及适用于后排乘客的温度和气流设置。

②通过空气质量传感器进行自动空气再循环。

③活性炭微粒滤清器。

④余热利用。

⑤后排操作单元。

⑥单独的前排/后排气流（中央控制台中的辅助鼓风机）。

⑦9个前排出风口和6个后排出风口。

⑧风挡玻璃加热器（隐性箔）作为选装装备。

联网部件，如图12-1-26所示。

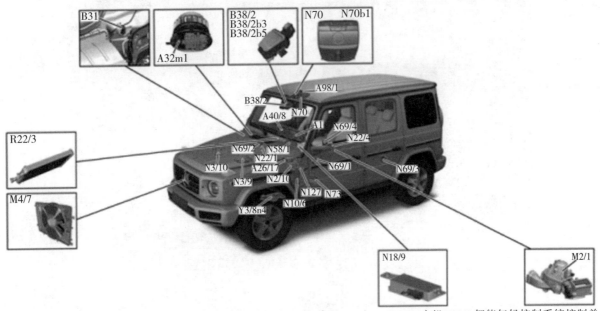

A1.仪表盘　N18/9.驾驶员侧出风口电离器（装配新鲜空气组件/代码HA1）　A26/17.主机 N22/1.智能气候控制系统控制单元　A32m1.电子鼓风机电机　N22/4.后排空调操作单元　A40/8.音频/驾驶室管理及数据系统（COMAND）显示屏　N58/1.智能气候操控单元　A98/1.滑动天窗控制模块（装配滑动天窗/代码F15）　N69/1.左前车门控制单元　B31.空气质量传感器　N69/2.右前车门控制单元　B38/2.带附加功能的雨量/光线传感器　N69/3.左后车门控制单元　B38/2b3.湿度/温度传感器　N69/4.右后车门控制单元　B38/2b5.阳光传感器　N70.车顶控制面板控制单元　M2/1.后部鼓风机电机　N70b1.带集成式风扇的车内温度传感器　M4/7.风扇电机　N73.电子点火开关控制单元　N2/10.辅助防护系统控制单元　N127.传动系统控制单元　N3/9.共轨喷射系统柴油机（CDI）控制单元（柴油发动机）　R22/3.正温度变化系数（PTC）暖气增压器（发动机656）　N3/10.电控多端顺序燃料喷射/点火系统［MESFI（ME）］控制单元（汽油发动机）　Y3/8n4.完全集成式变速器控制系统控制单元　N10/6.前部信号采集及促动控制模组（SAM）控制单元

图12-1-26

2.车内空气的离子化（SA）

电离器和具有更大吸收能力的活性炭细尘过滤器安装有新鲜空气组件（代码HA1）。来自空调单元的空气通过集成在驾驶员侧出风口管道中的电离器进入车内。由于空气中的氧气分子流经电离器中集成的电极，因此会分裂成负氧离子。将空气离子化可使车内的空气更清新，如图12-1-27所示。

车内空气离子化后无气味。启用前方区域中的自动智能气候控制系统时可打开电离器。

3.驻车加热器（SA）

附加的驻车加热器/辅助通风作为选装装备（SA）提供，客户可在距离出发时间50min前启用该功能。根据已设置的温度设置（可通过空调控制单元设置），驻车加热器对车内进行加热或通风。可通过梅赛德斯智能互联服务或单独作为选装装备提供的遥控装置来遥控启动驻车加热器/辅助通风，如图12-1-28所示。

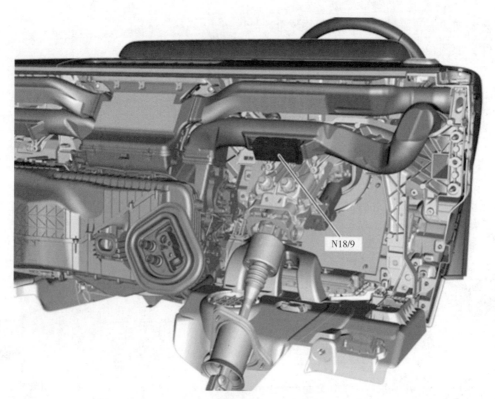

N18/9.驾驶员侧通风口电离装置

图12-1-27

A6.固定加热器装置　A6n1.辅助加热器控制单元

图12-1-28

十二、关闭和安全

1.无钥匙启动（KEYLESS-GO）

对于G级463 2018改款车型，无钥匙启动（KEYLESS-GO）功能作为标准装备提供。

2.锁止系统

G级463改款车型所有五个车门的锁止系统均是在前辈车型的基础上进行改进而成的。由于从钢制车门换为铝制车门，从而实现了改进。开发的重点在于碰撞后车门孔的拔模角度和性能。考虑到涉水深度，G级车门的锁止系统装配了坚固的机械和电气部件。

十三、信息、多媒体和通信系统

1.信息、多媒体和通信系统

对于2018改款，G级463将配备第5.5代车载智能信息系统，其将替换之前的车载智能信息系统。新的第NTG5.5代车载智能信息系统装备基本特点是具备大型高分辨率显示屏以及大范围的功能和服务，另一特性是简化和直观的操作。

2.显示和操作

将所熟知的人体工程学、用户友好性和安全性应用于2018年款的G级463使用的控制和显示概念。信息可显示在高分辨率显示屏或通过宽屏幕驾驶室选装装备显示在两个高分辨率显示屏上，其是允许自定义选择的显示屏。多媒体系统特点是具备一个12.3in（31.2cm）中央显示屏，后者和相应选装装备是宽屏幕驾驶室的一部分。对于此系统的操作，2018改款的G级463依靠经过检验的梅赛德斯–奔驰操作理念，通过以下设备进行：

①中央控制台的控制器。

②触摸板。

③多媒体系统的中央显示屏。

触摸式控制功能操作也是G级的新特性，其是多功能方向盘的一部分。利用该功能，可通过显示屏操作仪表盘和多媒体系统。额外的创新是通过可用作标准的中央控制台中的触动式控制功能操作多媒体系统。

3.宽屏幕驾驶室（SA）

对于2018改款，带一个共用玻璃盖的两个全数字显示屏可用作G级463的选装装备（SA）。玻璃盖组成了连续均匀的表面。在此连接中，仪表盘接收了一个彩色显示屏。第二个显示屏是多媒体系统。每个显示屏为12.3in（31.2cm）的对角线和1920像素×720像素的分辨率，如图12-1-29所示。

A40/8.音频/驾驶室管理及数据系统（COMAND）显示屏

图12-1-29

仪表盘（A1）和驾驶室管理及数据系统（COMAND）显示屏安装在通用外壳中，不能转动驾驶室管理及数据系统（COMAND）显示屏。

4.多功能电话

利用选装装备，支持Qi标准的移动电话可进行无线充电。合适智能手机的无线充电选择装备位于中央控制台的扶手下方的箱内，如图12-1-30所示。感应充电过程中，移动电话通过支持的方式连接到车辆外部天线上，包括相关LTE补偿器。一旦出现配对（将电话放到充电板上后通过NFC连接），可用智能手机替代钥匙（电话进入）启动车辆，如下所示：

"数字车钥匙"必须通过梅赛德斯智能互联网络应用程序启用；

通过智能手机连接至服务中心，HERMES控制单元接收"遥控启动"功能触发信号；

HERMES控制单元通过诊断控制器区域网络（CAN）将触发信号发送至电子点火开关控制单元。

设计和功能：

中央控制台的扶手下方的箱内的充电板和车门限制带用于越野模式使用期间的安全保持；

手机终端装备最高为6in屏幕对角线；

电话进入。

移动电话托座控制单元配备用于无线数据交换的近距离通信（NFC）接口和用于电容通信的天线。安装有感应回路，用于给智能手机蓄电池进行无线充电。移动电话托座控制单元位于仪表盘中上部控制面板控制单元的下方。

A2/156.近场通信（NFC）天线　　N123/8.移动电话托座控制单元

图12-1-30

5.卫星收音机（SDARS）

卫星收音机（SDAR）调音器集成在多媒体系统中。在美国市场车辆中，卫星收音机（SDAR）天线和放大器一起位于车顶中，滑动天窗前端处盖的下方。将天线连接到多媒体系统上。

第二节　经典案例

一、奔驰G500后摄像头盖板打开后马上关闭

车型：W463.260。

故障现象：奔驰G500后摄像头盖板打开后马上关闭。

故障诊断：

挂入倒挡，倒车摄像头可以工作，但2s左右，摄像头盖板会关闭。N10/8有故障码B1FF471，其引导更换摄像头盖板电机。在N10/8的激活菜单里，可以正常激活摄像头盖板电机。测量摄像头翻版电机M35/2至后SAMN10/8之间的线路，发现M35/2第2针线路断路，如图12-2-1所示。

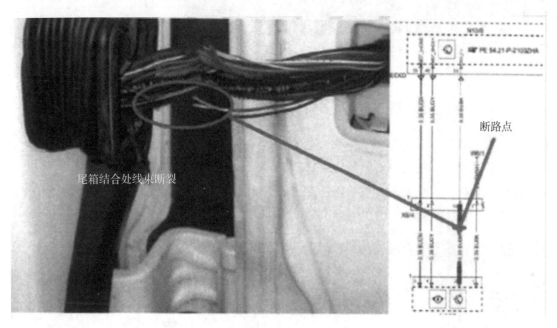

尾箱结合处线束断裂

断路点

图12-2-1

电路图显示线路上有转接插X8/4，拆开尾箱左侧饰板，检查X8/4插针无异常。拨开尾门转角的线套，发现M35/2第2针线束由于拉扯已断路，如图12-2-2所示。

故障总结：

有关尾门上部件电器故障，在更换部件之前，最好进行尾门转角线套内线束的检查。这个问题类似于RC5491016的两前门线束断路。后摄像头盖板电机的4条线，其中2条是电机的供电和落地，另2条实际就是一个开关，正常情况下，当盖板完全打开时，内部开关闭合，闭合信号被控制单元接收，停止对电机的促动。开关的线路有断路不影响盖板的打开，但由于控制单元没有收到电机内开关闭合的信号，会马上关闭盖板。

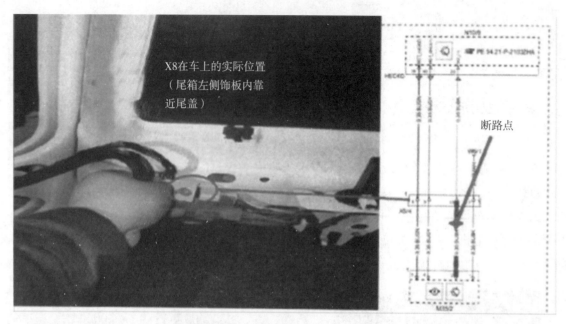

图12-2-2

二、奔驰G500自适应减震系统报警

车型：W463.260。

故障现象：奔驰G500自适应减震系统报警。

故障诊断：仪表显示"减震故障，最高车速80km/h"，如图12-2-3所示，车辆为2021款，新车购买9天，行驶541km。车辆无此故障相关的维修历史和服务措施。车辆无加装和改装。

图12-2-3

可能故障原因：

（1）Y51。

（2）Y51到N51/5之间的线路。

（3）N51/5。

诊断仪检测N51/5报故障码：C153013 Left front damping valve 2 has a malfunction, There is an open circuit.S，如图12-2-4所示。

N51/5 - Adaptive damping system (ADS) —F—

Model	Part number	Supplier	Version
Hardware	213 901 59 03	Temic	15/07 000
Software	463 902 04 04	Temic	20/35 000
Boot software	---		16/10 000

Diagnosis identifier	008A02	Control unit variant	SPC46.W09__083_Serie_0x5 A02

Fault	Text		Status
C153013	Left front damping valve 2 has a malfunction. There is an open circuit.		A-S

Name	First occurrence	Last occurrence
Frequency counter		1.00
Main odometer reading	528 00km	528 00km
Number of ignition cycles since the last occurrence of the fault		0 00

图12-2-4

N51/5 软件已经为最新。激活Y51y2，无反应。激活Y51y1，电流为 1003.9mA（如图12-2-5所示），正常。将Y51上y1和y2插头互换后再次用诊断仪检测（等同于倒换Y51），依旧是Y51y2报故障码，且故障码C153013变为当前码。再次将Y51上插头y1、y2恢复位置后，故障码依旧为当前故障码。

测量Y51y2到N51/5之间线束电阻为0.12Ω（小于0.5Ω），正常。反复检查线束插头，未发现异常。检查X92/10，未发现异常。检查X62/7，未发现异常。将 N51/5上插头外壳拆开检查线束和针脚，并准备分别将3号插头上4号、19号针脚和1号插头上24号、48号针脚对换（等同于倒换N51/5）。拆除19号针脚时发现插头壳内还有半截针脚，如图12-2-6所示。将残余半截针脚拆除后装回19号针脚并再次用诊断仪检测，故障码变为存储码。再次激活Y51y2，电流为1003.4mA，正常。

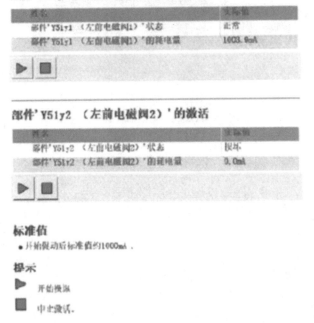

部件'Y51y1 （左前电磁阀1）'的激活

名称	实际值
部件'Y51y1 （左前电磁阀1）'状态	正常
部件'Y51y1 （左前电磁阀1）'的耗电量	1003.9mA

▶ ■

部件'Y51y2 （左前电磁阀2）'的激活

名称	实际值
部件'Y51y2 （左前电磁阀2）'状态	损坏
部件'Y51y2 （左前电磁阀2）'的耗电量	0.0mA

▶ ■

标准值
● 开始振动后标准值约1000mA。

提示
▶ 开始激活。
■ 中止激活。

图12-2-5

图12-2-6

故障原因：N51/5上3号插头19号针脚装配错误。

故障排除：拆除N51/5 3号插头19号针脚内多余的半截针脚，删除故障码后反复试车，故障排除。

故障总结：此案例故障原因比较简单，当排除线路和左前减震器后很容易将故障点锁定为控制单元。在车间条件不允许、无同款车型、无法倒换配件时，可以考虑将对应针脚挑出互换（等同于倒换控制单元）。线束、插头的检查需要更加深入。单纯的断开插头测量电阻无法发现隐藏的问题。将插头外壳拆开检查针脚和线束才能发现隐藏的问题。

三、奔驰G500无法涉水行驶

车型：W463.260。

故障现象：奔驰G500无法涉水行驶。

故障诊断：着车仪表提示"无法涉水行驶，请去授权服务中心"，如图12-2-7所示。快速测试N127有故障码P13C271、P153001和P152F54，如图12-2-8所示。

图12-2-7

可能故障原因：

（1）N127及相关线路。

（2）M108/1及相关线路。

根据故障码进行故障引导，无进一步的指引，提示目视检查。升级N127，并删除故障码，但不久故障提示又出现。拔掉M108/1的插头测量：针脚4与LIN电压为9.2V，正常。针脚2与87C电压为12V，正常。针脚1与Ground电阻为0.1Ω，正常。促动M108/1，暂时不会亮灯，但行驶一段距离后，故障灯会再亮起。M108/1卡死，无法转动翻板，导致故障灯亮。更换M108/1（由于无单独的配件更换，需更换整个冷空气进气口，如图12-2-9所示），故障解决。

故障排除：更换M108/1，故障排除。

N127 - Control unit 'Powertrain' (PTCU)

MB object number for hardware	000 901 04 03	MB object number for software	000 902 39 46
MB object number for software	000 903 47 22	MB object number for software (boot)	000 904 92 00
Diagnosis identifier	023E17	Hardware version	14/47 000
Software version	18/29 000	Software version	18/26 000
Boot software version	17/28 000	Boot software version	17/28 000
Hardware supplier	Continental	Software supplier	Continental
Software supplier	Continental	Boot software supplier	Continental
Control unit variant	CPC_NG_R17B		

Fault	Text		Status
P13C271	The exhaust flap has a malfunction. The actuator is blocked.		S

Name	First occurrence	Last occurrence
Relative position of exhaust flap (CUS_EGFPOSN_PERC)	0. 00%	0. 00%
Specified value of component 'M16/53 (Left exhaust flap actuator motor)'	0. 00%	0. 00%

Fault	Text		Status
P153001	Left air flap 'Air intake' has a malfunction. There is a general electrical fault.		S

Name	First occurrence	Last occurrence
Position of accelerator pedal Accelerator pedal sensor (1) (CUS_ACCRPEDLPOTI1_PERC)	6. 67%	6. 27%
Position of accelerator pedal Accelerator pedal sensor (2) (CUS_ACCRPEDLPOTI2_PERC)	7. 06%	6. 67%
Torque request of ESP® control unit (First_cus_adapcrsctrl_trq_req)	-500. 00Nm	-500. 00Nm
Torque request of ESP® control unit (First_cus_adapcrsctrl_trq_req sq)	0. 00	0. 00
Development data: (First_cus_adapcrsctrl_trqmax_mode_req)	0. 00	0. 00
Vehicle speed (CUS_CAN_VEH_SPD_KMH)	0km/h	0km/h
Ignition status (First_cus_eis_ignswstate)	4. 00	4. 00

Fault	Text		Status
P152F54	The actuation of air flap 'Air intake' has a malfunction. Calibration is missing.		S

Name	First occurrence	Last occurrence
Position of accelerator pedal Accelerator pedal sensor (1) (CUS_ACCRPEDLPOTI1_PERC)	6. 67%	6. 27%
Position of accelerator pedal Accelerator pedal sensor (2) (CUS_ACCRPEDLPOTI2_PERC)	7. 06%	6. 67%
Torque request of ESP® control unit (First_cus_adapcrsctrl_trq_req)	-500. 00Nm	-500. 00Nm
Torque request of ESP® control unit (First_cus_adapcrsctrl_trq_req sq)	0. 00	0. 00
Development data: (First_cus_adapcrsctrl_trqmax_mode_req)	0. 00	0. 00
Vehicle speed (CUS_CAN_VEH_SPD_KMH)	0km/h	0km/h
Ignition status (First_cus_eis_ignswstate)	4. 00	4. 00
Calculated engine torque (First_cus_eng_calcload)	24. 31%	0. 00%
Engine speed	956 1/min	0 1/min
Torque request of ESP® control unit (First_cus_esp_trq_req)	-500. 00Nm	-500. 00Nm

图12-2-8

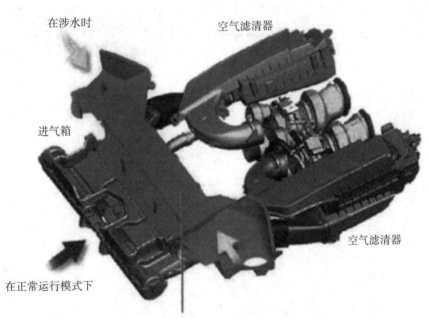

在涉水时　　　　空气滤清器

进气箱

在正常运行模式下

空气滤清器

二次空气道
M176通风气道插入件

图12-2-9

四、奔驰G500低速行驶熄火，起步加油熄火

车型：W463.260。

故障现象：奔驰G500低速行驶熄火，起步加油熄火。

故障诊断：客户抱怨行驶中熄火，起步加油熄火，陪同客户试车试不出来故障现象，只能根据客户描述检查。查看进厂快速测试，发现有与TPT中一致的故障码P1CE200，虽然与TPT中发动机不一样，但是可以参考诊断，就按照TPT指导检查ECO启动瞬间的实际值，发现节气门角度确实会变大，超出标准值范围。检查节气门的积炭，车辆不到一万千米来做首保，拆下看节气门确实有积炭，而且与节气门翻版接触的地方积炭比较坚硬。擦拭后会留下明显的两道痕迹，需要用力才能清洁掉。清洗后试车，又试车看了实际值，发现ECO启停的瞬间实际值依然会超出标准值的范围。因为试不出来故障现象，所以无从验证节气门清洗后的实际效果。客户反馈现在没有以前油耗高了，有明显下降。自从洗过节气门后再也没有出现之前的熄火和抖动。

故障总结：在维修过程中往往一个细节就会出现故障点，由于此车的节气门非常难拆，所以很多时候我们都不愿意去清洁。在故障没有确定，而是怀疑的阶段，我们确认所有的可能性。

五、奔驰G500故障灯亮

车型：W463.260。

故障现象：奔驰G500故障灯亮。

故障诊断：客户投诉仪表显示主动式制动辅助系统停止运作（之后询问客户说有许多灯亮），着车，发现仪表显示主动式制动辅助系统停止运作，ESP OFF等灯亮，如图12-2-10和图12-2-11所示。快速测试A108/1有故障码UO416FB和U0416FE。

图12-2-10

图12-2-11

　　根据故障码升级了A108/1及N30/4后，仪表暂时不再有之前提示的故障灯。但仪表报警，差速锁系统前/后故障。难道是因为之前升级导致软件不兼容引起的？再次对N30/4等进行SCN设定或对其他相关的控制单元进行升级，删除故障码后仪表不再有故障灯提示。为了确认差速锁系统是否功能正常，在按（如图12-2-12中1）键时，工作指示灯正常亮起，但在按（如图12-2-12中2）键后，仪表亮起了许多故障灯："主动制动辅助系统功能范围受限""ABS、ESP停止运作""主动式车距辅助系统停止运作""盲点辅助系统停止运作""差速锁系统前/后故障"，再次快速测试N3/2、A108/1、N62、A40/13和N30/4都有相关的故障码，其中，N3/2的故障码为P1BB296。

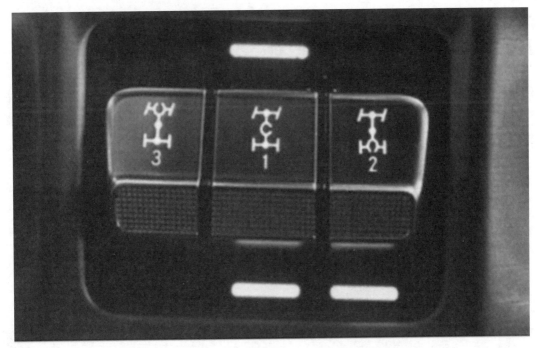

图12-2-12

可能故障原因：

（1）N3/2及相关线路

（2）后差速锁促动电机。

检查N3/2的版本后，发现其生产商专门序列号为"FFFFFFFFFFFFFFFF"，无法显示序列号，其他车辆可以正常显示。检查实际值发现后差速锁为"故障"。那么是N3/2还是后差速锁/后差速锁促动电机的故障呢?拔下M46/7上的插头测量，针脚3与LIN电压为9.2V，正常。针脚2与端子15为12.0V，正常。针脚1与Ground电阻0.2Ω，正常。由于是新车，我们在基本判断是后差速锁促动电机故障后，对试驾车进行对调测试，对调后故障消失，按按键（如图12-2-12中2）也不会出现故障。后差速锁促动电机故障导致仪表亮灯。更换M46/7，故障解决。

故障总结：N3/2的生产商序列号为什么没有显示?是因为之前升级的问题。注：开启中央差速锁后，仪表会提示ABS，4ETS，ESP自动关闭；开启后差速锁时，仪表会提示"主动制动辅助系统功能范围受限""主动式车距辅助系统停止运作""盲点辅助系统停止运作"并有相关故障码。

六、奔驰G500发动机灯亮车抖，高速行驶偶尔加油无反应

车型：W463.260。

故障现象：奔驰G500发动机灯亮车抖，高速行驶偶尔加油无反应。

故障诊断：发动机灯亮车抖，高速行驶偶尔加油无反应。车辆回厂后着车，仪表显示发动机故障灯。原地加油有力。车辆无加装和改装。车辆连接Xentry进行快速测试，读取N3/10故障码：P1CCA11流量调节阀（气缸列2）对地短路。存在对地短路和P00C600启动过程中系统燃油压力过低。查找无相关TIPS文件。

可能故障原因：

（1）发动机控制单元软件故障。

（2）发动机控制单元故障。

（3）Y94/2。

连接Xentry进行快速测试并根据故障指引进行测试，对Y94/1进行测试，高压燃油系统实际值不正常。查阅WIS找出N3/10电路图，对Y94/1、Y94/2与发动机控制单元线束进行检查，发现WIS上所指Y94/1、Y94/2与发动机控制单元针脚不符，实际Y94/1与Y94/2针脚位置相反。测量Y94/1与Y94/2内部电阻为0.9Ω（标准0.3~1.1Ω），正常。测量发动机控制单元内部电阻分别是438.6Ω和446.2Ω，右侧偶发性3.458kΩ，不正常。升级N3/10无新软件。拔下Y94/2插头，删除故障码后再次着车，一加油故障码又重现。查阅EPC两边高压油泵配件号码是一致的，对调左右高压油泵后，试车再次出现该故障码，证明故障不是来自高压油泵。

故障原因：发动机控制单元内部偶发性短路。

故障排除：更换发动机控制单元，故障排除。

七、奔驰AMG G63发动机故障灯常亮

车型：W463.277。

故障现象：奔驰AMG G63发动机故障灯常亮。

故障诊断：客户投诉，车辆自从买车后不久，仪表发动机故障灯常亮，行驶无异常。快速测试，当前故障码U069800、U069808与低温回路循环泵通信存在功能故障（故障频率68次）。故障码引导测试：

对低温回路循环泵M43/6耗电量测试8.85A，正常。对低温回路循环泵M43/7耗电量测试为-0.04A，不正常。通过诊断仪促动M43/6，促动正常；促动M43/7发现其实际值一直处于100%，且促动无反应。目视检查M43/7安装位置、线束插头及管路，正常。拔下M43/7电气插头，测量供电（1号脚）与搭铁（3号脚）电压13.81V（如图12-2-13所示），正常。测量LIN线电压为10.27V（如图12-2-14所示），正常。查询无相关TIPS和TPT文件。查看N127无最新升级版本，设码故障依旧。

图12-2-13

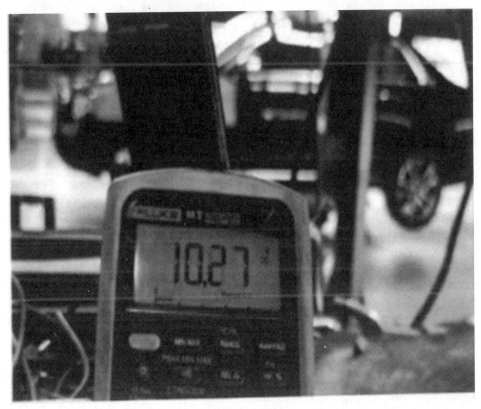

图12-2-14

对M43/7的低温冷却回路排空，使用冷却系统加压器连接低温冷却水壶，拔下 M43/7进水管有大量水喷出，促动M43/7故障依旧。拔下M43/7出水管，泵内也有大量水喷出，重新连接后促动M43/7，依旧不工作，且实际值一直为100%，判断为 M43/7 内部卡滞，外部对其敲击依旧不工作。更换新的 M43/7并对其低温冷却系统排空后，耗电量及促动均正常。

故障排除：更换M43/7，故障排除。

八、 奔驰AMG G63制动行程过大

车型：W463.276。

故障现象：奔驰AMG G63制动行程过大。

故障诊断：客户G63左前事故，更换了备胎开车到店事故维修，由于钢圈当时损坏，导致制动分泵上两侧连通的油管漏制动油，客户直接进行了封堵处理，到店只有左侧制动分泵的右侧三活塞制动。本次事故维修更换了轮胎钢圈、上下摆臂及左前制动分泵。事故维修后试车，行驶一小段距离后制动，第一脚制动行程过大，原地制动，制动踏板还是很硬，高速制动时候车辆右偏明显，制动测试单数据测试是正常。重新对车辆进行了排空，包括分段排空，确认是无空气状态，试车现象一样。之后查看WIS和TQA，反馈G级车排空和其他车型不一样，之后再次按照标准进行排空，所有制动卡钳排空口朝上，右后，左后，右前，左前顺序，完工后试车现象一样，也对调了左前右前制动片和制动碟，测试现象一样。由于制动分泵是新的并且根据内部结构，我们不相信制动分泵本身坏了而出现这个现象，之后再次对制动分泵进行了排空（各种方法，只要能想到的），还是一样。举升车辆着车进行行驶测试，明显可以看到左侧制动碟旋转会有摆动量，把制动片推开一部分，从而找到了原因。

九、奔驰G63 AMG ABS、ESP故障灯亮

车型：W463.276。

故障现象：奔驰G63 AMG ABS、ESP故障灯亮。

故障诊断：客户投诉行驶过程中仪表ABS、ESP故障灯亮。故障几天前正常行驶时出现。启动车辆，仪表无故障提示，行驶无异常，检查车辆无撞击破损。

可能故障原因：

（1）左前轮速传感器内部故障。

（2）ESP内部故障。

（3）线路故障。

检查ESP无新软件，对ESP做试运行后试车，无故障现象出现。将两前轮轮速传感器对换试车，故障出现且故障码无法删除。测量左前轮速传感器至X62/7之间线路内阻为0.1Ω（标准<1Ω），测试插头插针无松动。在检查X92/10时，发现插头没有插到底，且未锁止，如图12-2-15~图12-2-17所示。

故障原因：X92/10未插到底，导致ABS、ESP故障灯亮。

故障排除：重新插好X92/10，故障排除。

X92/10

图12-2-15（图注省略）

图12-2-16

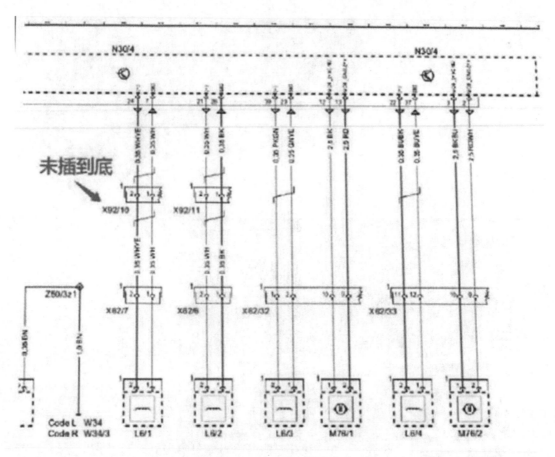

图12-2-17（图注省略）

十、奔驰G63 AMG全车没电无法启动

车型：W463.276。

故障现象：奔驰G63 AMG全车没电无法启动。

故障诊断：客户抱怨打不着车。车辆全车没电，无法启动，客户反映车辆出现此现象后将车拖至本店。无相关维修历史。无加装改装。无相关TIPS文件。

可能故障原因：

（1）车辆发电机功能故障。

（2）车辆静态电流过高，漏电。

（3）车辆蓄电池故障。

检查车辆发现机舱有焦煳味，车辆搭电启动后有"嗡嗡"异响，进一步检查发现焦煳味来自发电机，发电机线圈已成焦炭色，如图12-2-18所示，且"嗡嗡"异响也来自发电机。快速测试发现多个模块存在供电电压过低的故障记录。N10/6有故障码P065B13发电机存在故障，存在断路；N3/10有故障码P065B04发电机存在故障，存在一个内部故障，如图12-2-19所示。根据故障码指引以及发电机测试更换发电机。

检查发电机的LIN线及30T端子电压均正常，检查F32/3处的发电机保险安装正常，扭力正常，发电机至F32/3的30T供电线束螺栓扭矩正常。检查车身各搭铁点扭矩均正常，且无异常油漆覆盖。对蓄电池充电后测量蓄电池正常，测量车辆静态电流正常。

图12-2-18

N10/6 - 前部信号采集及促动控制模组（前部信号采集及促动控制模组（SAM））

型号		零件号	供货商	版本
硬件		213 901 58 11	Hella	17/31 002
软件		167 902 47 03	Hella	18/21 003
引导程序软件			——	17/31 000

诊断标识	000427	控制单元型号		HC F213 0334	
故障	文本				状态
					5
P065B13	发电机存在故障，存在断路。				
	帧名		首次出现	最后一次出现	
	频率计数器			4.00	
	总行驶里程		80.00km	80.00km	
	自上次出现故障以来的点火周期数			2.00	
	操作时间			1.2021.3879	
	工作时间状态				
					5
B181E64	发动机事件传感器存在故障，存在一个不可信的信号。				
	帧名		首次出现	最后一次出现	
	频率计数器			8.00	
	总行驶里程		32.00km	32.00km	
	自上次出现故障以来的点火周期数			32.00	
	操作时间			R2.80E17	
	工作时间状态			1	
					3A45
B1F4500	起动机蓄电池电池过载。				
	帧名		首次出现	最后一次出现	

图12-2-19

故障原因：发电机不发电导致蓄电池电量耗尽，从而无法启动。

故障排除：更换发电机路试，车辆恢复正常。

十一、奔驰G500左前门无法上锁

车型：W463.260。

故障现象：奔驰G500左前门无法上锁。

故障诊断：客户的原始抱怨，左前门无法上锁。故障出现在车辆镀膜后。故障现象是持续存在的。车辆未在特殊条件下使用。驾驶员在城市道路正常驾驶，无粗暴驾驶习惯。没有与本故障相关的维修历史和服务措施。车辆加装行车记录仪，无其他改装。故障现象可以重现，未影响到车辆的使用性能。按钮和开关感觉都无异常。没有异味，只是左前门无法上锁。没有相关的SI、LI和其他的技术通报。

可能原因：

（1）左前门锁机开关插头松脱，针脚松脱腐蚀、线束磨损。

（2）N69/1软件。

（3）左前门锁机翻转锁销。

（4）N69/1损坏。

快速测试，无故障码。检查N69/1无软件，结果为不正常。打开车门，手动扳动门锁扣，模拟其关闭，但车内照明灯仍然亮起，说明未识别到车门关闭。结果为不正常。Xentry查看N69/1内左前门锁机翻转锁销的实际值，在车门开启还是关闭状态都显示"已打开"，结果为不正常。拆开左前门内衬，检查左前门锁安装位置无卡滞，拔出左前门锁机翻转锁销内阻，无论是车门打开或者关闭都是0.2Ω（标准：开门R=0.2Ω，关门R=无穷大），结果为不正常。在车身端短接左前门锁机翻转锁销插头测试，左前门仍无法上锁。断开插头就可以锁，拆下左前门锁机，检查翻转锁销插头线束，未见磨损断路，所以判定左前门锁机翻转锁销开关短路。

故障原因：左前门锁机翻转锁销开关短路。

故障排除：判定是左前门锁机翻转锁销开关损坏，需要更换左前门锁机。

十二、奔驰G500仪表跳出"驻车制动器主动式车距辅助系统暂时无法使用"

车型：W463.260。

故障现象：奔驰G500仪表跳出"驻车制动器主动式车距辅助系统暂时无法使用"。

故障诊断：客户反映仪表跳出"驻车制动器参见用户手册"红色字体提示，以及"主动式车距辅助系统暂时无法使用参见用户手册"黄色字体提示。右侧驻车电机无法解锁，左侧正常。启动车辆仪表未显示任何故障提示，驻车制动器可以正常工作。快速测试：N30/4存储C061309右侧电动驻车制动器的执行器电机故障，部件故障；C100B77电动驻车制动器失灵，无法到达指定位置。无相关维修历史，已对N30/4升级以及对供电接地进行处理，故障依旧。无加装或改装。

可能故障原因：

（1）软件故障。

（2）N30/4内部故障。

（3）线束接触故障。

（4）右侧电机故障。

已对N30/4进行了升级，故障依旧。拔下N30/4以及右侧电机插头检测，针脚无异常无腐蚀情况。测量N30/4至右侧电机线束通断，测量电阻0.2Ω，无对地对正短路现象。右侧电机内部电阻实测0.5Ω，正常。触动右侧电机实测电压11.4V左右，正常。左右电机倒换测试，故障转移了。

故障原因：右侧电机存在偶发性功能故障。

故障排除：更换右后驻车电机。

十三、奔驰G500车辆无法启动

车型：W463.277。

故障现象：奔驰G500车辆无法启动。

故障诊断：客户反映车辆无法启动，拖车进厂。问询客户，昨天都可以正常行驶，今天早上无法着车，车辆电机可以转动，就是不着车。车辆行驶51000km，无加装改装，无事故维修。诊断仪检测发现ME存在当前故障P06A604/P064111/P064116。故障引导指示如故障无法删除，需要更换ME。检查ME中实际值，发现右侧气缸列传感器都无电压，且包括B70在内。

可能故障原因：

（1）ME故障。

（2）结点上传感器故障。

（3）ME到传感器间线路故障。

车间无ME专用测量设备，只能先测量线束。拔下B28/5处插头，测量传感器供电，发现电压为0V（左侧B28/4为5V）。拔下ME处M插头，测量M插79针脚至B28/针脚2为0Ω，正常。测量M插B28/5针脚3为8Ω，不正常。接好万用表测量M插至B28/5针脚3，逐个拆开共用结点上的传感器，当拆除B28/21插头时，发现电阻变为1.9kΩ。不安装此传感器，试着着车，发现车辆可以启动。检查B28/21插头发现有油迹。B28/21传感器内部渗油导致线路短路。

故障原因：B28/21传感器内部渗油导致线路短路。

故障排除：更换B28/21。

十四、奔驰G63 AMG车辆仪表提示蓄电池报警，风扇常转

车型：W463.276。

故障现象：奔驰G63 AMG车辆仪表提示蓄电池报警，风扇常转。

故障诊断：启动车辆，电子扇常转，仪表显示正常。没有相关维修记录。没有相关加装和改装。电子扇常转，影响车辆正常使用。有TQA文档S11379案例分享可参考，更换发动机控制单元、水温传感器及线束针脚。

可能故障原因：

（1）B11/4冷却液温度传感器线路。

（2）N3/10线路。

（3）N3/10。

诊断仪检测显示发动机控制单元为红色"!"，单独可以进入模块，再次测试显示"f"，显示故障码：P011628冷却液温度传感器1存在故障，信号偏移在允许范围之外。引导测试检查相关线路，结果未发现异常。控制单元N15/7、Y3/8n4、N62、A108/1、N68、N51/5显示与内燃机控制单元的通信存在故障或未接收到内燃机控制单元的发动机温度信号。检查软件版本ME发动机控制单元，没有新版本。检查B11/4冷却液温度传感器线路，结果线路电阻为0.3Ω，正常。车辆发动机控制单元供电电压为12.4V，正常对地电阻0.4Ω，正常。检查CAN H 2.63V，CAN L 2.32V，正常。检查线路插针及外观，未见松动及破损痕迹。最后断定为发动机控制单元内部电子故障。

故障原因：发动机控制单元内部电子故障导致电子扇常转。

故障排除：根据检查，更换发动机控制单元，故障解决。

第十三章　奔驰CLS轿跑（C257）车系

第一节　新技术剖析

一、导言

新CLS轿跑车更换其前辈车型，CLS轿跑车车型218，于2018年3月进行市场投放。新CLS 轿跑车的前部和侧面设计体现了梅赛德斯–奔驰设计语言的下一阶段：

轿跑车格栅罩和Panamericana格栅轮廓；

前倾型前部"鲨鱼鼻"；

强势的"眉毛"型平整大灯。

内饰设计中的特殊考虑：

休息室环境；

波浪设计；

带集成式功能照明的出风口。

二、整车

1.外饰

新款CLS轿跑车与前辈车型的设计风格大体上相同，如图13-1-1所示。但由于以下原因更具动感：

①独特且完美的比例。

②动感且同时具有清晰，感性的设计风格。

图13-1-1

③高腰线，重心低，突显宽阔的外观，低侧车窗，长发动机罩。

④清晰的侧方视野，平静视觉设计，还原本质。

⑤醒目的拱形顶。

⑥高清照明设计。

2.内饰

CLS轿跑车的内饰与外饰类似，其简洁明朗的基础设计在感官上呈现出流畅感，令人印象深刻。同时还通过高品质材质的选择以及工艺加以辅助，如图13-1-2所示。内饰设计的主要特征：

①奢华的内饰设计。

②动感、宽敞的驾驶舱以及颜色组合延伸到后座区，营造出一种格外宽敞的空间感。

③高品质工艺。

④采用现代无边框设计的车内后视镜。

⑤带集成式功能照明的出风口。

⑥车门和B柱延续波浪设计。

⑦采用开气孔木饰或高光表面的中央控制台。

⑧新座椅设计。

⑨版本1：内饰（如接缝处，时钟）采用紫铜色色调。

图13-1-2

三、车型一览

车型概述，如表13-1-1所示。

表13-1-1

车型	车辆	投放市场	发动机	输 出 功 率（kW）	扭矩（N·m）	自动变速器
CLS 350 d 4MATIC轿跑车	257.321	17.03.2018	656.929	210	600	725.045
CLS 400 d 4MATIC轿跑车	257.323	17.03.2018	656.929	250	700	725.045
CLS 450 4MATIC轿跑车	257.359	17.03.2018	256.930	270+16	500+220	725.045
CLS 300 d轿跑车	257.318	01.06.2018	654.920	180	500	725.018
CLS 350 d轿跑车	257.320	01.06.2018	656.929	210	600	725.015
CLS 350 4MATIC轿跑车	257.351	01.06.2018	264.920	220+10	400+160	725.054

四、技术数据

由于较大的轴距，全新CLS轿跑车与前辈车型存在差异。车内的空间感和舒适性得到了明显改善。对行李箱的尺寸进行了大幅更改，但行李箱容量保持不变。车辆长度和加大的轴距使车辆得到了扩展，同时由于后轴在视觉上宽度增大，使车辆更具动感。前轮距有助于增强驾驶舒适性。与前辈车型相比，较大的车辆底板为车内的驾驶员、前排乘客和后排乘客提供更大的空间。前排座椅后方的有效腿部空间增加了13mm~890mm，如表13-1-2所示。

表13-1-2

特性	尺寸（取决于车型和配置）
车辆长度	4988mm
车外后视镜展开时的车辆宽度	2069mm
车辆高度（驾驶就绪状态）	1429~1436mm
轴距	2939mm
前轴轮距	1621mm
后轴轮距	1627mm
空车重量	1750~1860kg
最大负载	685~695kg
转弯半径	11.6~11.9m
阻力c_w系数	0.26
油箱容积	50L(OM 654，OM 656)
	66L（装配燃油箱（66L/代码916，标准配备为M265）
	80L（装配容积增大的燃油箱/代码915，标准配备为M256)

五、保养类别

根据新保养逻辑，新CLS轿跑车要进行保养。保养范围，特别是A类保养和B类保养，根据相关过程和车辆相关标准进行重新编译。因此，将明显减少年度保养成本波动。但是，仍保留了规定的保养间隔25000km或12个月［欧洲经济委员会（ECE）］以及具体国家可能不同的里程间隔。此外，保养A和保养B继续按顺序应用且客户可自由选择"附加服务"。成本效益和可规划性：乘用车梅赛德斯-奔驰服务协议利用车辆相关服务合同，客户可用定制方式保护自己并从不同产品类型中选择最适合他/她的产品。可购买的延长保修作为初级产品，面向趋向安全的对价格敏感的客户。从长远角度看来以及制造商保修到期后，可使客户免于承受不可预计的修理成本。在保养合同中，成本透明和计划性至关重要。在协议时间内承担所有的保养成本。此保养包括根据保养小册（包括"另开施工单"时的附加保养作业）的所有保养作业。车辆规定的附加保养作业的间隔如下：

①更换制动液，每2年。

②更换空气滤清器滤芯，每75000km或3年。

③更换火花塞（M264，M256），每75000km或3年。

④更换柴油燃料滤清器（OM654，OM656），每75000km或3年。

⑤更换分动箱油（4MATIC），每125000km。

⑥更换自动变速器油和机油滤清器，每125000km。

⑦更换汽油燃料滤清器（M264，M256），每200000km或10年。

⑧更换冷却液，每200000km或10年。

全套保养合同作为高级产品，除了上述的保养和修理作业，还包括所有与磨损相关的作业。有了全方位的保护，客户可以坚信其梅赛德斯-奔驰车辆在很长时间内都会保持良好的状态。梅赛德斯-奔驰保养合同的有效性和产品名称按照国家规定的方式确定。

六、驱动机构

已安装的发动机类型:为CLS轿跑车提供了四种发动机类型。火花点火型发动机装配有废气再处理汽油微粒滤清器。对于发动机M256、M264和OM656，可使用运动型排气系统（装配运动型发动机音响系统/代码B63）。

1.发动机类型

①带皮带驱动式启动机发电机（BSA）的4缸火花点火型发动机M264。

4缸火花点火型发动机M264和E级敞篷车型238一起进行介绍。其在CLS轿跑车中提供，排量为2.0L且输出功率为（220+12.5）kW。

②集成式启动机-发电机的6缸火花点火型发动机M256。

6缸火花点火型发动机M256和S级轿车车型222的改款一起介绍。其在CLS轿跑车中提供，排量为3.0L且输出功率为（270+15）kW。

③4缸柴油发动机OM654。

已知的4缸柴油发动机OM654在CLS轿跑车中提供，最高动力输出级为180kW。

④6缸柴油发动机OM656。

6缸直列式柴油发动机OM656是一项新的开发，将替代现有V6柴油发动机OM642。除CLS轿跑车外，此发动机还用于其他车型系列。除250kW类型（CLS 400d）外,210kW（CLS 350d）的降级类型也来自相同的源机。

2.变速器

所有CLS轿跑车标准装配有9速自动变速器（9G-TRONIC）。

七、底盘

1.前轴

前悬架是四连杆设计。可选择性驱动前轴（4×4）或不驱动（4×2）。从三连杆（CLS轿跑车，车型218）到四连杆悬架的改变，车轮控制部件的布局和设计为车轴运动学提供了有利参数。转向轴和脚轮位于靠近车轮中心的位置，如图13-1-3所示。

具有以下优点：

①小摩擦半径。

②轮胎不平衡和制动力波动对振动的敏感性较低。

③高车轮外倾角刚度和高固有频率。

④向里转向时响应更快。

⑤高噪音质量。

图13-1-3

四连杆悬架的主要特点是下部连杆与两个单独的连杆（推杆和弹簧连杆）齐平。锻造铝弹簧连杆对于行驶方向来说处于横向位置，支撑悬架减震柱。对于后轮驱动（4×2），稳定杆作用于弹簧连杆，对于全轮驱动（4×4），其连接到转向节上。向前倾斜的推杆是一个铝锻件。上部叉形控制臂执行车轮控制功能，例如制动操作过程中提供扭力支撑。叉形控制臂也是铝锻件。第四个连杆是转向横拉杆，作为齿轮齿条式转向机构的一部分，连接上部水平连杆和下部水平连杆以及调节车轮和制动系统的转向节也是铝锻件，如图13-1-4所示。

图13-1-4

2.后轴

后轴采用五连杆设计，后轴托架与车身分离。后轴托架由两个负载控制器构成。两个负载控制器由高强度钢制片制成。"lighter"CLS轿跑车由较薄的片状金属制成。由于一系列的轻量设计，非悬架的重量仍然小。五个车轮控制连杆中的其中三个是锻造铝制连杆。一个车轮支架也是由铝制成，从而确保了轻量化。车轮支架的材料基本上是不含铜的高强度轻合金，因此完全不会腐蚀。传统钢制悬架的弹簧连杆现在为单壳体，并由高强度重组钢板制成。可选空气弹簧的弹簧连杆是铝锻件。

3.悬架和减震

CLS轿跑车标准配备有传统钢制悬架和自适应被动式减震系统。以下悬架型号可用：

带降低功能的舒适型悬架（标准）；

带动态车身控制系统可调节减震的悬架（配带可调减震的钢制悬架/代码459）；

主动车身控制气动悬架（装配主动车身控制系统/代码489）。

（1）带降低功能的舒适型悬架（标准）。

带降低功能的舒适型悬架具有一个运动型设置和-15mm的传统悬架/减震系统。从而在轻微激励振幅情况下，减震效果减轻±10mm范围。这明显改善了驾驶舒适性和悬架的行程，尤其是没有削弱驾驶安全性。在较大路面激励的情况下，完全减震功能通过减震器的选择效果启用。

（2）带动态车身控制系统可调节减震的悬架（装配带可调减震的钢制悬架/代码459）。

动态车身控制选装装备包含带持续可调节减震的低悬架。可提供在舒适与运动之间展开的宽范围传动比（以–15mm为基准)。变速器模式可在舒适型（Comfort)、运动型（Sport)和运动增强版（Sport Plus）之间切换。相应地修正减震特性以匹配所选模式。在多功能显示屏中显示当前模式。悬架具有侧倾控制系统。根据驾驶情况、车速和路面状况，系统减震有所不同并自动减少车身移动。

（3）主动车身控制气动悬架（装配主动车身控制系统/代码489）。

主动车身控制选装装备与持续可调节减震配合使用，明显改善乘坐舒适性。车辆负载的情况下，多室气动悬架还可确保出色的乘坐舒适性。由于自动高度调节，根据车速，可降低燃油消耗量并提高驾驶安全性。在不良路面上或按下按钮时出现不理想入口的情况下可提高离地间隙。无须限制舒适性，便可通过极快速响应的可调节减震装置达到较高的车辆动态性能。因此将会立即将减震和悬架调节至车辆动态性能，例如规避操作的情况下。驾驶员可将车辆特性从非常舒适更改为非常运动风格。

4.动态操控选择（DYNAMIC SELECT）

动态操控选择（DYNAMIC SELECT）和其驾驶模式是集成系统和功能［转向系统、传动系统、悬架、电动车辆稳定行驶系统（ESP®)］的组件，为驾驶员提供特定的驾驶风格。驾驶员可以选择特定的舒适型驾驶模式，运动型驾驶模式或确保最佳燃油消耗的驾驶模式。根据已安装的装备，驾驶员可在不同预设驾驶模式和可在很大程度上自己设置的驾驶模式之间进行选择。

变速器模式：

①自定义。根据车辆装备可更改自定义参数，例如，在"自定义"驾驶模式下的转向系统、驱动系统、电控车辆稳定行驶系统（ESP®)和悬架自定义参数。

②运动增强型。"运动增强型"驾驶模式具有一个非常运动风格的设置，配备有强大的驱动系统和坚固的悬架调校装置。

③运动型。"运动型"驾驶模式支持高舒适性的运动型驾驶风格。

④舒适型。"舒适型"驾驶模式是良好平衡性的驾驶模式，配备有相应悬架调校装置和燃油消耗量传动系统优化调校装置。重启点火开关时，"舒适型"驾驶模式自动设置。

⑤经济型。在"经济型"驾驶模式下，优化车辆以实现最低燃油消耗量。

5.转向机构

带电动机械转向机的直接转向系统是标准装备的一部分。待施加的转向力通过速度相关方式进行支持。电动机械转向机还允许不同驾驶员辅助系统的转向干预，例如，驻车辅助系统。

6.制动

已基本沿用了E级轿跑车，车型238的制动系统。其是以自适应制动（ADAPTIVE BRAKE）功能为标准的液压双回路制动系统。该制动系统在梅赛德斯–奔驰车辆中提供以下标准高品质内容：

①制动距离。

②响应时间。

③滑行强度。

④制动内衬的使用寿命。

⑤制动时的方向稳定性。

⑥电动驻车制动器使车辆在上坡和下坡时保持静止。制动部件通过自锁机械作用以断电状态保持在制动位置。

7.轮胎压力监测器

用于监测所有4个车轮的永久压力的轮胎压力监测系统沿用自E级车型213并被扩展到包括两个新特

性。轮胎温度监测功能为新特性。如果出现由于过载导致的轮胎温度明显升高，则仪表盘中出现警告信息"轮胎过热"。在信息中显示轮胎温度并以颜色突出显示相关轮胎。如果驾驶员不顾上述警告继续以相同高速行驶，则出现警告信息"轮胎过热，降低车速"。第二个新特性是带ISO轮胎标识的黄色警告灯也会在仪表盘中亮起，用于所有轮胎压力损失警告。在仪表盘的显示屏中，以颜色突出显示相关轮胎并显示当前轮胎压力。

八、信息、多媒体和通信系统

CLS轿跑车采用熟知的E级车型213的5.5代车载智能信息系统，如图13-1-5所示。除此之外，CLS轿跑车的新特征在于中央控制台的触摸板具有两个版本：

音频/驾驶室管理及数据系统（COMAND）控制面板（装配触摸板/代码448）；

未装配音频/驾驶室管理及数据系统（COMAND）控制面板（仅装配触摸板/代码446）。

图13-1-5

通过触摸板，可与智能手机和平板电脑一样通过手势操作各种功能。此外，可输入字符，尤其是可以输入亚洲字符，给客户带来很大益处。平视显示系统（装配平视显示系统/代码463）会将有助于驾驶的重要信息投射到风挡玻璃上，如车速、限速、来自语音系统的语音导航或临时信息。仪表盘和多媒体显示屏通过一个普通玻璃盖合并在数字仪表盘全显示屏/代码464上，形成熟知的E级车型213的宽屏幕驾驶室。除了通过音频/驾驶室管理及数据系统（COMAND）控制面板、触摸板或多功能方向盘按钮组带来的高度系统用户友好性，还支持功能的感知力。仪表盘中的内容［例如驾驶员辅助菜单中的节能（ECO）显示，列表光标，距离显示］以动画形式显示。以动画形式显示有助于使功能变得更清晰，尤其在节能（ECO）显示下。所有的触控元件均具有可配置的声音操作反馈。可通过声控系统操作不同功能［装配驾驶室管理和数据系统以及自动导航系统（COMAND APS）/代码531]。这些系统包括：

导航；

地址簿条目；

SMS信息；

电台选择，音乐搜索。

车辆功能：

座椅加热器；

车内照明（例如阅读灯，后排车内照明）；

智能气候控制。

全新的声音概念和声音类别分类可使驾驶员通过声音识别最终操作。为了引导驾驶员注意车辆环境，会在仪表盘上显示信息以提示驾驶员确认操作员的操作。

设备类型：

Audio20（标准）；

驾驶室管理和数据系统以及联网功能（COMAND Online）[装配驾驶室管理和数据系统以及自动导航系统（COMAND APS）/代码531]；

SD卡导航（装配地图导航/代码357）；

Mercedes connect me基本服务，例如梅赛德斯-奔驰紧急呼叫系统、事故管理、故障和维护管理，远程诊断（装配Audio20的梅赛德斯-奔驰应用程序/代码07U）；

蓝牙电话（标准）；

集成Android Auto和Apple CarPlay的智能手机（装配智能手机集成式组件/代码14U）；

配备用于蓝牙电话与外部天线连接的SIM卡或SIM访问配置文件的车载电话（装配多功能电话/代码899）；

装配和未装配音频/驾驶室管理及数据系统（COMAND）控制面板的触摸板（装配触摸板/代码448或仅装配触摸板/代码446）；

电视（装配电视调谐器/代码865）；

用于移动终端设备的无线充电系统（装配无线移动电话充电器/代码897）；

用于移动终端设备以及数字钥匙的近场通信（NFC）（装配通过移动电话进行的车辆访问与驾驶许可/代码896）；

Burmester®环绕立体声音响系统（装配音响系统/代码810）；

Burmester®高端3D环绕立体声音响系统（装配高级音响系统/代码811）。

九、关闭和安全

1.无钥匙启动（KEYLESS-GO）

无钥匙启动（KEYLESS-GO）功能可替代钥匙，通过启动/停止按钮启用车辆电源。还可通过启动/停止按钮启动/停止发动机（已促动制动踏板）。在车辆中，钥匙通过驾驶认可系统以无线方式交换数据。如果检测到钥匙在车外，则不会发出允许启动的信号。从而可以防止如驾驶员下车（如加油）后车内的儿童启动车辆的情况。即使钥匙电池电量不足，紧急启动功能也可执行发动机启动。为此，仪表盘会显示信息提示驾驶员将钥匙放在紧急启动存放盒中。随之，通过发送应答器接口交换钥匙识别的相关数据，无须插入机械紧急钥匙。点火开关关闭且车辆静止时，通过变速器自动启用驻车挡位"P"。

2. 无钥匙启动（KEYLESS-GO）（装配 KEYLESS-GO/代码889）

通过无钥匙启动（KEYLESS-GO），可以简单地打开、启动和锁止车辆，驾驶员只需要将钥匙带在身边。无钥匙启动（KEYLESS-GO）由两把带无钥匙启动（KEYLESS-GO）功能的钥匙、带电容式传感器的车门把手、感应天线、启动/停止按钮和一个中央控制单元组成。通过触摸车门把手可以打开和锁止所有车门，促动把手开关可打开和锁止行李箱盖。按下启动/停止按钮可重新启动或关闭发动机（已促动制动踏板的情况下）。通过汽车天线发出的感应磁场可以唤醒并定位钥匙。对于各功能，以无线方式交换在车辆中确认的数据，并在实证结果的情况下执行各功能。

3.装配免提开启功能（HANDS-FREE ACCESS）的无钥匙启动（KEYLESS-GO）［配免提开启功能（HANDS-FREEACCESS）/代码871］

免提开启功能（HANDS-FREE ACCESS）是另外一项舒适性功能，作为特殊装配提供，与无钥匙启动（KEYLESS-GO）便捷组件配套使用。用脚踢后保险杠下方中央区域可完全自动打开和关闭行李箱盖。纵向连接的两个电容式传感器可检测踢腿运动。检测到踢腿运动时，控制单元搜索有效钥匙。如果在探测范围内发现钥匙，则控制单元开始打开行李箱盖。可随时通过踢腿运动中断和反向操作行李箱盖。通过免提开启功能（HANDS-FREE ACCESS）打开和关闭行李箱盖时会发出警告音以示注意。一旦检测到障碍物，障碍物检测就会停止行李箱盖的移动。

4.电动关闭功能（带电动关闭功能/代码883）

便捷电动关闭功能确保车门和行李箱盖关闭时顺畅且几乎无噪音。初始接合后，车门或行李箱盖通过促动器电机自动锁止入位。

5.独立行李箱锁（装配独立行李箱锁/代码887）

独立行李箱锁可通过手套箱中的开关单独锁止行李箱盖。之后，如果车辆通过钥匙集中解锁，行李箱保持锁止且无法从外面打开。

6.智能手机数字密匙（通过移动电话获取车辆的进入和驾驶认可/代码896）

通过数字钥匙，客户多了一个选择解锁/锁止车辆以及获取驾驶认可。可通过智能手机与便捷电话增强版结合提供系统进入和驾驶认可。要求：

①通过梅赛德斯智能互联注册并设置，为此，还要确认车主的手机号码。

②带嵌入式安全元件的可使用近场通信（NFC）的或O2NFC SIM的智能手机。

如果客户将其智能手机靠近驾驶员侧车门的车门把手，则通过NFC在智能手机和车辆之间进行认证。NFC在很短的距离内传输数据，因此传输过程中出现数据窃取的可能性非常小。将智能手机放在车中可使用近场通信（NFC）的储物盘中。一旦认证了驾驶认可系统，可通过启动/停止按钮启动车辆。可同时或单独使用智能手机和钥匙用于进入和/或驾驶认可。但是，目前可通过钥匙执行的功能比智能手机多。例如，除了可使用近场通信（NFC）的智能手机，还可使用贴到智能手机上的数字钥匙装饰膜。像之前说明的一样，数字钥匙的所有功能也可通过数字钥匙装饰膜使用。

十、舒适/便捷系统

1.车内空气调节组件（装配空气质量组件/代码P21）

车内空气调节组件包括对车内空气进行香氛喷雾和离子化，会自动启用/停用香氛喷雾，且相应地调节强度。车内气味不会永久性发生改变，气味分子也不会沉淀在车辆的织物表面或衣物上。香气比较稀薄，不易察觉且又立即消散。通过对车内空气进行离子化，可消灭某些病毒、细菌或孢子。车内空气调节组件的另一个部件为一个正丁烷过滤器，与标准装备相比，其污染物吸收能力得到改善。具有更高吸收能力的微粒组合滤清器系统可进一步减少某些气态污染物的峰值负荷。另一方面，对车辆驾驶员及乘客的健康起到了预防性和/或急性保护。

2.畅心醒神便捷控制（装配主动式舒适组件/代码P72）

畅心醒神便捷控制结合了不同的个性化功能（如车内照明、智能气候控制、音响）以处理分配至特定指导主题的程序。这些自定义功能的特性通常用于提高驾驶员/所有车辆乘客的自定义操作的便利性。由于多种感觉的协调响应，还可增加精神和身体舒适度。可在单调驾驶时通过播放活跃或提神的程序或通过在情绪紧张情况下的放松或热身程序为驾驶员提供辅助。带指导性放松练习的程序有助于缓解紧张。温暖舒适组件（配温暖舒适组件/代码P68）包括对座椅以及前排座椅间的扶手和车门饰板中的扶手进行加热。与传统座椅加热相比，温暖舒适组件中的座椅加热反应更快。

十一、车内乘客保护

1.预防性安全系统（PRE-SAFE®）驾驶员及乘客保护系统

CLS轿跑车的被动安全性基于智能设计的车身，以及极具刚性的乘客车厢和特殊的可变形碰撞结构。保护概念还包括预防性驾驶员及乘客保护系统预防性安全系统（PRE-SAFE®）和防护系统。对预防性驾驶员及乘客保护系统预防性安全系统（PRESAFE®）进行了扩展，包括以下功能性：

触发预防性安全系统（PRE-SAFE®）措施；

从加速踏板到制动踏板快速切换时；

通过侧风稳定控制辅助系统进行明显路径校正时；

低速进行临界转向操作时；

即将发生侧面碰撞时（侧面障碍物识别）[配预防性安全系统自适应安全带收紧功能（PRE-SAFE® Impulse）/代码292]。

①预防性安全系统自适应安全带收紧功能（PRE-SAFE® Impulse）。如果检测到即将发生侧面碰撞，预防性安全系统自适应安全带收紧功能（PRE-SAFE® Impulse）将驾驶员或前排乘客朝车辆中央移动。预先反应的防护系统用于将空气隔离在座椅靠背的侧面支撑中。如果无法避免侧面碰撞，气囊会在几分之一秒内充气并将车辆驾驶员及乘客轻轻推到一侧，从而使车辆驾驶员及乘客远离车门。同时，车辆和车辆驾驶员及乘客之间的相对速度降低，以减少随后与车门饰板的接触。

②驾驶员可预先调节预防性安全系统（PRE-SAFE®）听力保护功能。事故发生时，会产生损坏听力的压力噪音。如果预防性安全系统（PRE-SAFE®）系统检测到确定的危险状况，会通过音响系统在车里发出简短的噪音信号以进行预警。由于镫骨肌的自然反射机制，内耳可迅速自我保护免受高声音压力的损害。

③预防性安全系统增强版（PRE-SAFE® PLUS）后方碰撞警告系统是预防性驾驶员及乘客保护系统的扩展，同时还将以下车辆导致的危险状况（后方碰撞）考虑在内。以基于雷达的方式监测车辆后方的交通状况。后方碰撞警告系统分析雷达传感器系统信息，并计算以下车辆的接近速度以及与本车的距离。即将发生后方碰撞时，该系统警告以下车辆并执行不同的预防性乘客保护措施。因此对于车辆驾驶员及乘客来说，可减少可能发生的事故后果。

2.防护系统

防护系统包括：

①驾驶员和前排乘客的可逆式安全带收紧器。

②装配带烟火装置的皮带张紧器和安全带收紧力限制器的安全带（驾驶员、前排乘客、外侧后部）。

③驾驶员和前排乘客前置气囊。

④驾驶员膝部气囊。

⑤组合前排胸部–骨盆侧部气囊。

⑥后排骨盆侧部气囊（装配后排侧部气囊/代码293）。

⑦车窗气囊。

如果与较弱的道路使用者发生碰撞，例如行人，则采取以下措施以减少事故严重程度：

防撞缓冲区位于发动机罩和部件之间的下方；

保护性发动机罩。

十二、驾驶员辅助系统

1.驾驶员辅助系统

由于增强了驾驶员辅助功能，驾驶员辅助系统提供更佳的安全性和舒适性。在跨系统概念的基础上，区域整体安全性和梅赛德斯–奔驰智能驾驶的相互作用和协同合作增加。全新CLS轿跑车采用新一代的驾驶辅助组件。最重要的驾驶员辅助系统以组件进行编译。列表包括与前辈车型相比的所有技术改进和新特征。驾驶辅助组件：

（1）车道引导（装配车道追踪组件/代码22P）。

①盲点辅助系统。

②主动式车道保持辅助系统。

（2）驾驶辅助组件1（装配驾驶辅助组件/代码23P）。

①DISTRONIC主动式车距辅助系统。

a.对于静止物体的舒适制动。

b.交通堵塞时延长自动重新启动。

c.在ECO驾驶模式下启用超速运转模式（与带皮带驱动式启动机发电机的4缸火花点火型发动机M264或6缸火花点火型发动机M256配套使用）。

d.路线（弯道、环路、收费站、T形交叉口）产生之前以及转出/驶出高速公路/快车道时 DISTRONIC主动式车距辅助系统调节地面速度。

②主动式转向辅助。

a.主动式车道保持辅助系统。

b.如果双手未在方向盘上会发出警告（双手离开检测）。

c.车辆静止时，带自动解锁的主动式紧急停车辅助系统向梅赛德斯–奔驰紧急中心拨打紧急呼叫（取决于国家）。

③针对限速改变的带预先反应的主动式速度限制辅助系统。

④带交叉行车功能的主动式制动辅助系统。

⑤避让转向辅助系统。

⑥主动式车道保持辅助系统。

⑦主动式盲点辅助系统。

⑧预防性安全系统增强版（PRE-SAFE® PLUS）。

（3）驾驶辅助组件2（装配驾驶辅助组件增强版/代码P20）。

①驾驶辅助组件1（装配驾驶辅助组件/代码23P）。

②预防性安全系统自适应安全带收紧功能（PRE-SAFE® Impulse）。

2.驻车辅助系统

（1）主动式驻车辅助系统［装配带驻车定位系统（PARKTRONIC）的主动式驻车辅助系统/代码235］。

①通过与导航系统的信息对比，对驻车标识进行智能显示。

②改善了使用辅助驶出停车位功能后对车辆的接管情况。

③警告车辆侧方的碰撞。

（2）带后视摄像头的驻车组件（装配驻车组件/代码P44）。

①通过与导航系统的信息对比，对驻车标识进行智能显示。

②改善了使用辅助驶出停车位功能后对车辆的接管情况。

③警告车辆侧方的碰撞。

④挂车侧视图（装配挂车挂钩/代码550）。

（3）带360°摄像头的驻车组件（装配带360°摄像头的驻车引导装置/代码P47）。

①扩大的侧视图（整个车辆侧）。

②挂车牵引时的挂车侧视图（配挂车挂钩/代码550）。

③通过与导航系统的信息对比，对驻车标识进行智能显示。

④改善了使用辅助驶出停车位功能后对车辆的接管情况。

（4）多向遥控泊车（装配多向遥控泊车/代码PBH）。

如果附近有障碍物，可以向内折外部后视镜（例如狭窄的车库车道）。

3.方向盘

CLS轿跑车采用新一代方向盘。驾驶员辅助系统定速巡航控制/限速器和DISTRONIC车距辅助系统的控制元件位于多功能方向盘上，如图13-1-6所示。

图13-1-6

标准配备的多功能方向盘按钮组，带定速巡航控制装置/限速器，如图13-1-7所示。

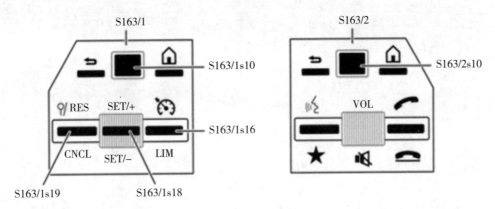

S163/1.仪表盘多功能方向盘按钮组　S163/1s10.仪表盘手指导航触键　S163/1s16.可变限速装置和距离引导开关　S163/1s18.定速巡航控制开关　S163/1s19.定速巡航控制恢复开关　S163/2.主机多功能方向盘按钮组　S163/2s10.主机手指导航触键

图13-1-7

多功能方向盘按钮组，装配驾驶辅助组件/代码（23P），如图13-1-8所示。

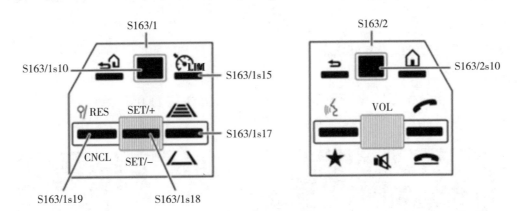

S163/1.仪表盘多功能方向盘按钮组　S163/1s10.仪表盘手指导航触键　S163/1s15.可变限速装置和距离引导按钮　S163/1s17.距离引导开关　S163/1s18.定速巡航控制开关　S163/1s19.定速巡航控制恢复开关　S163/2.主机多功能方向盘按钮组　S163/2s10.主机手指导航触键

图13-1-8

十三、外车灯

车外照明提供有两种设计，如图13-1-9所示：

静态LED大灯；

静态LED大灯（左舵驾驶）/代码631；

右舵驾驶车辆静态LED大灯/代码632；

动态LED大灯（MULTIBEAM LED）；

动态LED大灯，SAE，右舵驾驶/代码640（高性能LED）；

动态LED大灯（左舵驾驶）/代码641；

右舵驾驶车辆动态LED大灯/代码642。

图13-1-9

1.动态LED大灯（MULTIBEAM LED）

CLS轿跑车的动态LED大灯采用最新开发阶段的MULTIBEAM LED技术，如图13-1-10所示。部分近光灯和远光灯控制允许根据情况适当调节道路照明。LED矩阵包含84个LED灯，分三列分布。该大灯可以对变化的交通状况分别进行更快速地响应。全新并优化的照明功能扩展了此项技术的优势。

图13-1-10

（1）带交叉行车和/或迂回功能的转角照明灯。

通过导航系统启用带交叉行车和/或迂回功能的转角照明灯。交叉行车前道路两侧40m或迂回前道路两侧70m已大范围照亮。

（2）城市照明灯。

车速较低或在明亮的地方时启用城市照明灯。由于其特殊的宽光线分布，难以看到的人行道和其他典型市区危险区域均可照亮。

（3）恶劣天气照明。

在雨天和潮湿的道路上，通过对各LED灯进行针对性调暗可减少道路反光。从而将迎面而来车辆的眩光和间接炫目限制到最小。如果延长启用风挡玻璃雨刮器，则该系统自动启用。

（4）"远程"附加远光灯。

远程（ULTRA RANGE）远光灯也是全新的。可发出最大的法定允许亮度。远光灯的亮度仅在距离大于650m时降至参考值以下。这意味着远光灯的照明性能在中央区域增加超过150m。启用主动式远光灯辅助系统，未检测到其他道路使用者、平直路段以及车速超过40km/h时，远程（ULTRA RANGE）远光灯自动打开。如果系统检测到其他道路使用者或高反射率交通标志，则远程（ULTRA RANGE）远光灯自动停用并启用部分远光功能。雨天（持续刮水）时停用远程（ULTRA RANGE）远光灯。手动启用远光灯时，远程（ULTRA RANGE）远光灯始终启用，如图13-1-11所示。

图13-1-11

2.尾灯

LED尾灯的特殊设计特征在于采用了边缘照明技术，确保了高质量和3D立体式外观。所有车灯均采用LED作为光源。根据驾驶状况和环境亮度（日间/夜间），按照ECE类型在不同光照条件下操作制动灯和转向信号灯。例如，驾驶员在夜间红灯时促动制动踏板，则自动降低制动灯的亮度，从而不会使其他车辆的驾驶员炫目。由于更宽且更均匀的光线分布，使得在某些区域里处于这些条件时的光线不会过于黑暗。

十四、车载电气系统网络连接

CLS轿跑车基于E级车型213的组网结构，如图13-1-12所示。

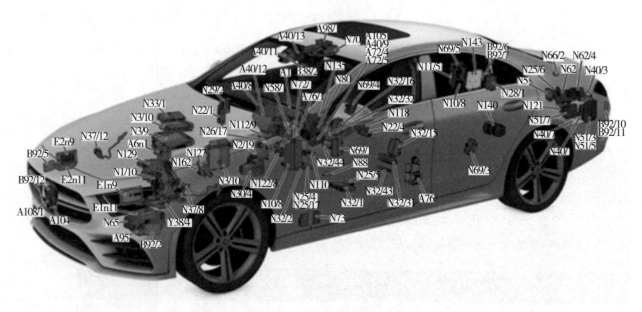

图13-1-12（图注省略）

传动系统控制器区域网络（CAN）（CAN C1），如表13-1-3所示。

表13-1-3

	控制单元	附加信息
N3/9	共轨喷射系统柴油机（CDI）控制单元	发动机654，656
N3/10	电控多端顺序燃料喷射/点火系统（ME-SFI）（ME）控制单元	发动机256，264
N40/1	发动机音响控制单元	装配运动型发动机声音系统/代码B63，音响系统/代码810除外，高级音响系统/代码811除外
N40/3	音响系统放大器控制单元	装配音响系统/代码810
N40/7	高级音响系统放大器控制单元	装配高级音响系统/代码811
N118	燃油泵控制单元	–
N127	传动系统控制单元	–
Y38n4	全集成化变速器控制系统电控单元	–

传动系统传感器控制器区域网络（CAN）［控制器区域网络总线I级（CAN I）］，如表13-1-4所示。

用户界面控制器区域网络（CAN HMI），如表13-1-5所示。

诊断控制器区域网络（CAN D），如表13-1-6所示。

动态行驶控制器区域网络（CAN H），如表13-1-7所示。

表13-1-4

	控制单元	附加信息
N3/9	共轨喷射系统柴油机（CDI）控制单元	发动机654，656
N37/8	选择性催化还原（SCR）催化转换器下游的氮氧化物（NO$_x$）传感器控制单元	发动机654，656
N37/12	柴油氧化催化转换器上游的氮氧化物（NO$_x$）传感器控制单元	发动机654，656
N118/5	AdBlue®雾状尿素水溶液控制单元	发动机654，装配第3代BlueTEC选择性催化还原（SCR）柴油尾气净化装置/代码U79，发动机656

表13-1-5

	控制单元	附加信息
A1	仪表盘	–
A26/17	主机	–
A40/12	平视显示屏	装配平视显示系统/代码463
A76	左前可逆式安全带紧急拉紧器	–
A76/1	右前可逆式安全带紧急拉紧器	–
N2/10	辅助防护系统控制单元	–
N66/2	后视摄像头控制单元	装配后视摄像头/代码218，带驻车定位系统（PARKTRONIC）的驻车引导装置/代码235除外
N73	电子点火开关控制单元	–
N88	轮胎压力监测器控制单元	装配轮胎压力监测器/代码475

表13-1-6

	控制单元	附加信息
N73	电子点火开关控制单元	–
N112/9	HERMES控制单元	装配HERMES LTE/代码362

表13-1-7

	控制单元	附加信息
N2/10	辅助防护系统控制单元	–
N30/4	电控车辆稳定行驶系统（ESP）控制单元	–

混合动力控制器区域网络（CAN）（CAN L）（采用48V技术/代码B01），如表13-1-8所示。

表13-1-8

	控制单元	附加信息
M1/10	启动机–发电机	发动机256，采用48V技术/代码B01
N127	传动系统控制单元	–
N129	启动机发电机控制单元	发动机256，采用48V技术/代码B01

车内控制器区域网络（CAN B），如表13-1-9所示。

表13-1-9

	控制单元	附加信息
A98/1	滑动天窗控制模块	装配滑动天窗/代码414
M40	多仿形座椅气动泵	装配左/右动态多仿形座椅/代码432
N10/6	前部信号采集及促动控制模组（SAM）控制单元	–
N10/8	后部信号采集及促动控制模组（SAM）控制单元	–
N22/1	智能气候控制系统控制单元	–
N28/1	挂车识别控制单元	装配挂车挂钩/代码550
N32/1	驾驶员座椅控制单元	装配记忆组件/代码275或全电动前排座椅/代码278
N32/2	前排乘客座椅控制单元	装配记忆组件/代码275或全电动前排座椅/代码278
N32/15	左前多仿形座椅控制单元	装配左/右动态多仿形座椅/代码432
N32/16	右前多仿形座椅控制单元	装配左/右动态多仿形座椅/代码432
N69/1	左前车门控制单元	
N69/2	右前车门控制单元	
N69/3	左后车门控制单元	
N69/4	右后车门控制单元	
N69/5	无钥匙启动（KEYLESS-GO）控制单元	
N70	车顶控制面板控制单元	
N73	电子点火开关控制单元	
N83/1	直流直流转换器控制单元	发动机256，264，采用48V技术/代码B01
N121	行李箱盖控制	装配行李箱盖遥控关闭/代码881
N162	环境照明灯控制单元	装配高级环境氛围照明系统/代码891

方向盘控制器区域网络（CAN）（CAN LR），如表13-1-10所示。

表13-1-10

	控制单元	附加信息
N80	转向柱模块控制单元	–
N135	方向盘电子设备	–

发动机控制器区域网络（CAN）［控制器区域网络总线C级（CAN C）］，如表13-1-11所示。

表13-1-11

	控制单元	附加信息
N3/9	共轨喷射系统柴油机（CDI）控制单元	发动机654，656
N3/10	电控多端顺序燃料喷射/点火系统（ME-SFI）（ME）控制单元	发动机256，264
N127	传动系统控制单元	

外围设备控制器区域网络（CAN PER），如表13-1-12所示。

前部雷达控制器区域网络（CAN）（CAN S1）［防性安全系统自适应安全带收紧功能（PRE-SAFE® Impulse）/代码292］，如表13-1-13所示。

表13-1-12

	控制单元	附加信息
A40/11	平面探测多功能摄像头	装配主动式车道保持辅助系统/代码243，车道追踪组件/代码22P，交通标志辅助系统/代码513，照明组件/代码P35，且驾驶辅助组件/代码23P和驾驶辅助件增强版/代码P20除外
A108	主动式制动辅助系统控制单元	装配主动式制动辅助系统/代码258
B92/6	外部右后保险杠集成式雷达传感器	装配盲点辅助系统/代码234
B92/11	外部左后保险杠集成式雷达传感器	装配盲点辅助系统/代码234
E1n9	左侧大灯控制单元	—
E1n11	左前LED矩阵灯组控制单元	装配照明组件/代码P35
E2n9	右侧大灯控制单元	—
E2n11	右前LED矩阵灯组控制单元	装配照明组件/代码 P35
N73	电子点火开关控制单元	—
N127	传动系统控制单元	—

表13-1-13

	控制单元	附加信息
B92/2	前保险杠左侧外部雷达传感器	装配预防性安全系统自适应安全带收紧功能（PRE-SAFE® Impulse）/代码292
B92/5	前保险杠右侧外部雷达传感器	装配预防性安全系统自适应安全带收紧功能（PRE-SAFE® Impulse）/代码292
N62/4	梅赛德斯-奔驰智能行驶控制单元	装配驾驶辅助组件/代码23P或驾驶辅助组件增强版/代码P20

P20后部雷达控制器区域网络（CAN）（装配驾驶辅助组件/代码23P或驾驶辅助组件增强版/代码S2），如表13-1-14所示。

表13-1-14

	控制单元	附加信息
B92/7	前保险杠右侧外部雷达传感器	装配驾驶辅助组件/代码23P或驾驶辅助组件增强版/代码P20
P92/10	后保险杠左侧外部雷达传感器	装配驾驶辅助组件/代码23P或驾驶辅助组件增强版/代码P20
N62/4	梅赛德斯-奔驰智能行驶控制单元	装配驾驶辅助组件/代码23P或驾驶辅助组件增强版/代码P20

车载智能信息系统控制器区域网络（CAN A），如表13-1-15所示。

悬架FlexRay（Flex E），如表13-1-16所示。

多媒体传输系统（MOST），如表13-1-17所示。

座椅承载识别局域互联网（LIN E2），如表13-1-18所示。

雨量/光线传感器局域互联网（LIN）（LIN B16），如表13-1-19所示。

驾驶员座椅局域互联网（LIN）（LIN B18），如表13-1-20所示。

前排乘客座椅局域互联网（LIN）（LIN B19），如表13-1-21所示。

按摩部件局域互联网（LIN）（LIN B26），如表13-1-22所示。

智能气候控制系统局域互联网（LIN2）（LIN B8-2），如表13-1-23所示。

表13-1-15

	控制单元	附加信息
A26/17	主机	—
A40/8	音频/驾驶室管理及数据系统（COMAND）显示屏	—
A40/9	音频/驾驶室管理及数据系统（COMAND）控制面板	仅触摸板/代码446除外
A105	触摸板	仅装配触摸板/代码446或触摸板/代码448
N40/1	发动机音响控制单元	装配运动型发动机声音系统/代码B63，音响系统/代码810除外，高级音响系统/代码811除外
N123/8	移动电话托座控制单元	装配通过移动电话进行的车辆访问与驾驶许可/代码896或无线移动电话充电器/代码897或多功能电话/代码899

表13-1-16

	控制单元	附加信息
A40/13	立体探测多功能摄像头	装配驾驶辅助组件/代码23P或驾驶辅助组件增强版/代码P20
A108/1	限距控制系统（DISTRONIC）智能领航控制单元	装配智能领航限距功能（DISTRONIC）/代码239
B92/12	近距离和远距离雷达传感器	装配驾驶辅助组件/代码23P或驾驶辅助组件增强版/代码P20
N30/4	电控车辆稳定行驶系统（ESP）控制单元	—
N51/3	主动车身控制系统控制单元	装配空气悬架（AIR BODY CONTROL）/代码489
N51/5	自适应减震系统（ADS）控制单元	装配带可调减震功能的钢制悬架/代码459
N51/8	主动车身控制系统（AIR BODY CONTROL）增强版控制单元	装配空气悬架（AIR BODY CONTROL）/代码489
N62	驻车系统控制单元	装配带驻车定位系统（PARKTRONIC）的驻车引导装置/代码235或驻车组件/代码P44
N62/4	梅赛德斯-奔驰智能行驶控制单元	装配驾驶辅助组件/代码23P或驾驶辅助组件增强版/代码P20
N68	电动动力转向机构控制单元	—
N73	电子点火开关控制单元	—
N80	转向柱模拟控制单元	—
N127	传动系统控制单元	—

表13-1-17

	控制单元	附加信息
A26/17	主机	—
N40/3	音响系统放大器控制单元	装配音响系统/代码810
N40/7	高级音响系统放大器控制单元	装配高级音响系统/代码811
N143	电视调谐器控制单元	装配电视调谐器/代码865

表13-1-18

	控制单元	附加信息
N2/10	辅助防护系统控制单元	—
N110	重量传感系统（WSS）控制单元	装配前排乘客前置气囊自动关闭功能/代码U10
N112/9	HERMES控制单元	装配HERMES LTE/代码362

表13-1-19

	控制单元	附加信息
B38/2	带附加功能的雨量/光线传感器	–
N10/6	前部信号采集及促动控制模组（SAM）控制单元	–

表13-1-20

	控制单元	附加信息
N25/5	驾驶员座椅加热器控制单元	装配驾驶员和前排乘客座椅加热器增强版/代码902
N32/1	驾驶员座椅控制单元	装配记忆组件/代码275或全电动前排座椅/代码278

表13-1-21

	控制单元	附加信息
N25/4	前排乘客座椅加热器控制单元	装配驾驶员和前排乘客座椅加热器增强版/代码902
N32/2	前排乘客座椅控制单元	装配记忆组件/代码275或全电动前排座椅/代码278

表13-1-22

	控制单元	附加信息
N32/15	左前多仿形座椅控制单元	装配左/右动态多仿形座椅/代码432
N32/16	右前多仿形座椅控制单元	装配左/右动态多仿形座椅/代码432
N32/31	左前靠背按摩功能控制单元	装配左/右动态多仿形座椅/代码432
N32/32	右前靠背按摩功能控制单元	装配左/右动态多仿形座椅/代码432
N32/43	左前坐垫按摩功能控制单元	装配左/右动态多仿形座椅/代码432
N32/44	右前坐垫按摩功能控制单元	装配左/右动态多仿形座椅/代码432

表13-1-23

	控制单元	附加信息
A6n1	辅助加热器控制单元	装配驻车加热器/代码228
A9/5	电动制冷剂压缩机	发动机256，采用48V技术/代码B01
N22/1	智能气候控制系统控制单元	–

空调操作单元局域互联网（LIN B8-3），如表13-1-24所示。

表13-1-24

	控制单元	附加信息
N22/1	智能气候控制系统控制单元	–
N22/4	后排空调操作单元	装配自动空调/代码581
N58/1	智能气候操控单元	–

加热器局域互联网（LIN）（LIN B28），如表13-1-25所示。

下部控制板局域互联网（LIN A3），如表13-1-26所示。

表13-1-25

	控制单元	附加信息
N5	扶手加热器控制单元	装配前排扶手加热器/代码906
N10/8	后部信号采集及促动控制模组（SAM）控制单元	–
N25/6	后排座椅加热器控制单元	装配后排座椅加热器/代码872
N25/17	前排座椅加热器/座椅通风控制单元	装配驾驶员和前排乘客空调座椅/代码401或驾驶员和前排乘客座椅加热器/代码873，未装配记忆组件/代码275和全电动前排座椅/代码 278

表13-1-26

	控制单元	附加信息
A40/9	音频/驾驶室管理及数据系统（COMAND）控制面板	仅触摸板/代码446除外
A105	触摸板	仅装配触摸板/代码446或触摸板/代码448
N72/1	车顶控制板控制单元	–
N72/4	左侧下部控制面板	–
N72/5	右侧下部控制面板	–

组网结构的主要特征如下：

通过不同的子网络进行控制器区域网络（CAN）通信；

底盘 FlexRay™ 总线系统；

多媒体定向系统传输（MOST）总线；

以太网；

多个子集系统设计为单线总线系统（LIN）。

子网络通过网关进行连接：

电子点火开关控制单元；

主机；

共轨喷射系统柴油机（CDI）控制单元或电控多端顺序燃料喷射/点火系统［E-SFI（ME）］控制单元；

传动系统控制单元；

梅赛德斯–奔驰智能行驶控制单元；

辅助防护系统（SRS）控制单元；

HERMES控制单元。

48V车载电气系统：装配带皮带驱动式启动机发电机（BSA）的4缸火花点火型发动机M264或装配6缸火花点火型发动机M265的CLS轿跑车配备48V车载电气系统。启动机–发电机扩大了内燃机的驱动扭矩。

第二节 M256 AMG发动机车型新技术剖析

一、概述

梅赛德斯AMG正在扩展其产品系列，包括五款新车型并同时正在引入新车型"Entry Performance AMG 53"：

①Mercedes-AMG E 53 4MATIC+轿车。

②Mercedes-AMG E 53 4MATIC+旅行车。

③Mercedes-AMG E 53 4MATIC+轿跑车。

④Mercedes-AMG E 53 4MATIC+敞篷车。

⑤Mercedes-AMG CLS 53 4MATIC+轿跑车。

AMG 53车型的核心是6缸火花点火直列式发动机M256，其从车型系列222开始熟知，通过涡轮增压器和电动附加压缩机进行双增压。6缸直列式发动机具有320kW的输出功率并提供最大520N·m的扭矩。集成式启动机发电机（ISA）可短时间额外提供16kW的输出功率和250N·m的扭矩，其还为48V车载电气系统供电。更多技术亮点还包括AMG SPEEDSHIFT TCT 9G变速器和完全可变AMG高性能4MATIC+全轮驱动。Mercedes-AMG E 53 4MATIC+轿跑车和Mercedes-AMG E 53 4MATIC+敞篷车，如图13-2-1所示。

图13-2-1

车型概述，如表13-2-1所示。

表13-2-1

车型	车辆	投放市场			发动机	输出功率(kW)	扭矩（N·m）	自动变速器
		ECE版	美国版	日本版				
Mercedes-AMG E 53 4MATIC+轿车	213.061	06/2018	08/2018	08/2018	256.930	320+16	520+250	725.045
Mercedes-AMG E 53 4MATIC+旅行车	213.261	06/2018	08/2018	09/2018	256.930	320+16	520+250	725.045
Mercedes-AMG E 53 4MATIC+轿跑车	238.361	08/2018	10/2018	11/2018	256.930	320+16	520+250	725.045
Mercedes-AMG E 53 EMATIC+敞篷车	238.461	08/2018	10/2018	11/2018	256.930	320+16	520+250	725.045
Mercedes-AMG CLS 53 4EMATIC+轿跑车	257.361	08/2018	10/2018	11/2018	256.930	320+16	520+250	725.045/048

M256技术数据，如表13-2-2所示。

表13-2-2

发动机	M 256 E 30 DEH LA G
结构/气缸数	直列式/6
气缸孔空间（mm）	90
缸径×行程（mm×mm）	83×92
行程/缸径	1.1
总排量（cm³）	2999
压缩比（ε）	10.5
转速下的额定输出功率（kW）	6100r/min时为320
规定的输出功率（kW/L）	106.7
转速下的最大扭矩（N·m）	1800~5800r/min时为520
排气类型	欧6标准2

Mercedes-AMG E 53 4MATIC+轿车，如图13-2-2所示。

图13-2-2

Mercedes-AMG CLS 53 4MATIC+轿跑车，如图13-2-3所示。

图13-2-3

二、外饰

就外观而言，新的AMG53车型并不十分相似。AMG E 53 4MATIC+车型213之外，银色镀铬的双叶片散热器格栅是其共同的特殊标志，其是之前V8性能车型保留的特征。以下元件彰显了其外观特征：

①双叶片散热器格栅。

②喷气机翼式设计的前保险杠。

③带特定分流器的后保险杠。

④别具一格的左侧和右侧纵梁镶板。

⑤两个高光泽镀铬，椭圆形双排气管。

Mercedes-AMG CLS 53 4MATIC+轿跑车的内饰，装配Nappa皮革/DINAMICA微纤维AMG高性能方向盘/代码L6K，如图13-2-4所示。

图13-2-4

Mercedes–AMG E 53 4MATIC+敞篷车的内饰，装配AMG碳纤维饰件/代码H73，如图13-2-5所示。

图13-2-5

Mercedes–AMG E 53 4MATIC+轿跑车的内饰,装配白色/黑色Nappa皮革/代码885，如图13-2-6所示。

图13-2-6

Mercedes-AMG CLS 53 4MATIC+轿跑车的内饰,装配黑色COPPERART/代码881，如图13-2-7所示。

图13-2-7

三、内饰

内饰的设计来自Mercedes-AMG E 63车型213的内舱概念。

Mercedes-AMG CLS 53 4MATIC+轿跑车：装配选装装备，黑色COPPER ART/代码881，只能与1周年纪念版（Edition1）配套选择，许多元件采用特殊紫铜色设计。皮革座椅罩、仪表板、扶手、中央控制台和脚垫具有紫铜色对比色缝线，方向盘上的特殊版标志突显了选装装备。

四、驱动装置

1.发动机

所有AMG53车型均装配3.0L 6缸发动机M256，功率增大型发动机的输出功率为320kW且提供的最大扭矩520N·m，发动机由涡轮增压器和电动附加压缩机增压。由于可施加助力效果，集成式启动机发电机（ISA）可短时间额外提供16kW的输出功率和250N·m的扭矩。集成式启动机发电机（ISA）还为48V车载电气系统提供电力，其还通过直流直流转换器为传统12V网络供电。48V蓄电池是48V车载电气系统的一部分，增加了车辆中的蓄电池容量，因此，可获得更多的电能，从而可以使用新的和创新功能。因此，48V车载电气系统为进一步混合动力性能铺平了道路。混合动力功能包括：

16kW的输出功率和250N·m的扭矩的助力效果；

能量回收；

负载点转移；

减速模式；

通过启动/停止功能进行平稳发动机启动。

这实现了目前只能通过高压混合动力技术才能达到的消耗水平的降低，还首次通过集成式启动机发电机（ISA）执行怠速控制。除使用48V部件之外，创新驱动的技术组合还包括其他元件：

带可变调节的油路；

智能热量管理；

汽油微粒滤清器；

减小摩擦措施。

2.排气系统

根据市场不同，带风门控制的可切换式AMG高性能排气系统作为选装装备安装，代码U78（可切换式AMG高性能排气系统），其特性图根据以下内容控制：

①AMG动态操控选择（DYNAMIC SELECT）驾驶模式。

②加速踏板位置。

③发动机转速。

带按钮操作式风门控制的AMG高性能排气系统作为附加选装装备提供。发动机左前视图，如图13-2-8所示。

图13-2-8

发动机左后视图，如图13-2-9所示。

M256 E 30 DEH LA G如图13-2-10所示。

图13-2-9

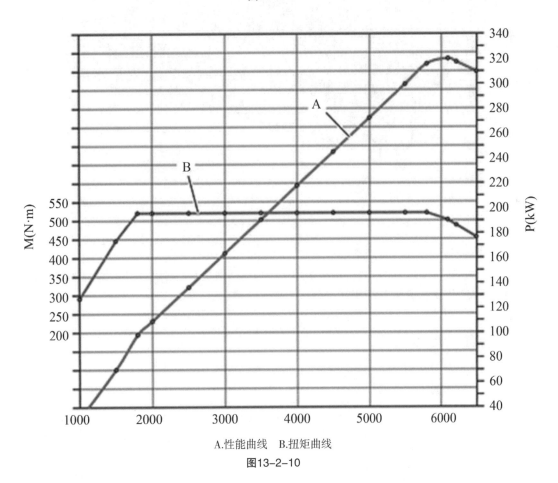

A.性能曲线　B.扭矩曲线

图13-2-10

3.AMG E53e车型的发动机冷却（如图13-2-11所示）

发动机冷却系统由熟悉的模块组成，这些模块是根据AMGE53e车型的特征定制的：

①主冷却模块。

②输出功率为1000W的风扇。

此外,前端散热器安装在发动机冷却系统的高温回路中。

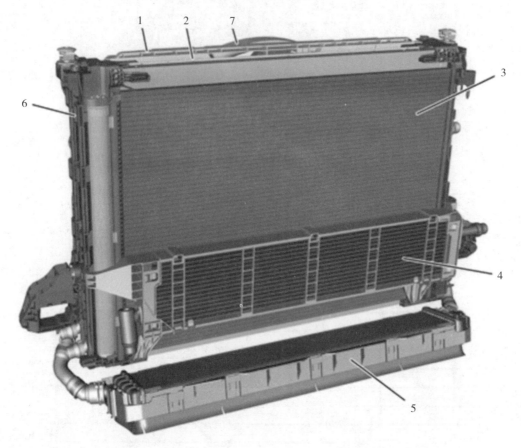

1.散热器　2.低温冷却器1　3.冷凝器　4.蓄电池冷却器　5.前置散热器　6.支承框架　7.风扇

图13-2-11

4.Mercedes-AMG CLS 53 4MATIC+轿跑车的发动机冷却系统

为降低高车速时的燃油消耗量并减少发动机舱的冷却,冷却器前部的顶部安装了带散热器饰板的车架。特定情况下,促动器电机关闭并打开散热器饰板。关闭散热器饰板时,气动阻力减小且发动机噪音也会减弱。散热器饰板在以下情况下打开:

①冷却液温度>105℃。

②增压空气温度>34℃。

③车速>180km/h。

④风扇输出功率>30%。

应急运行模式功能:如果出现故障,散热器饰板会突然打开并能听到噪音。

清洁位置:将点火开关中的钥匙转至位置2且不启动发动机,散热器饰板风门在120s后自动打开。带上部散热器饰板的主冷却模块,如图13-2-12所示。

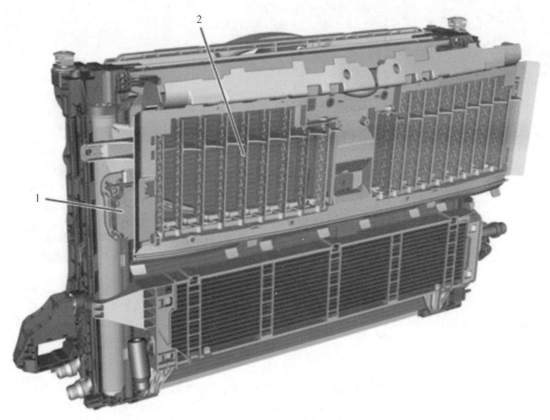

1.带上部散热器饰板的促动器电机　2.上部散热器饰板

图13-2-12

五、变速器

AMG SPEEDSHIFT TCT 9G变速器用于所有AMG 53车型，其能够实现极短的换挡和响应时间。以下AMG动态操控选择（DYNAMIC SELECT）驾驶模式会影响车辆的特性：

①经济型。

②舒适型。

③运动型。

④运动增强型。

⑤自定义。

为仅使用方向盘换挡拨片进行换挡，驾驶员可使用"M按钮"直接切换至手动模式。

六、AMG高性能4MATIC+

所有AMG 53车型均装配了AMG高性能4MATIC+可变全轮驱动，其源自Mercedes-AMG E 63车型213，前轴和后轴的可变扭矩分配确保了即使接近物理极限也能有最佳牵引力。其在干燥道路以及潮湿或积雪道路等各种情况下，都可提供较高的行驶稳定性和行驶安全性。机电控制离合器将驱动后轴连接到前轴，最佳扭矩分配取决于驾驶情况和驾驶员的请求，如图13-2-13所示。

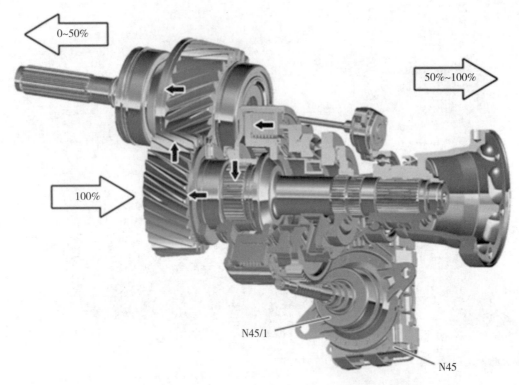

N45.全轮驱动控制单元　　N45/1.全轮驱动促动器

图13-2-13

七、底盘

1.车轴

整个车轴概念来自Mercedes-AMG运动型车型213并根据AMG 53车型的请求定制。

2.悬架

AMG RIDE CONTROL+空气悬架，装配AMG RIDE CONTROL+/代码489，确保了高水平的车辆动态和转向精确性。三室空气悬架系统具有运动型弹簧减震器设置，其与持续可调减震器配套使用，提供具有出色驾驶舒适性的典型车辆动态性能。气压弹簧的刚性可通过打开或关闭独立的气室在较大范围内进行调节，自适应可调减震器有三个等级可选择：

舒适型；

运动型；

运动增强型。

弹簧调整取决于所选的驾驶模式和当前驾驶情况，为降低任何车辆摇晃和纵摇运动，弹簧刚度系数在以下状况下自动变硬：

载荷突然变化；

快速转弯；

强劲加速；

强力减速。

3.3级电控车辆稳定行驶系统（ESP®）

3级电控车辆稳定行驶系统（ESP®），与MercedesAMG E 63 4MATIC+车型213相似，与锁止式差速器

666

完全连接并优化调整至高动态。

4.制动系统

AMG高性能制动系统，装配370mm×36mm前部复合制动盘和360mm×26mm后部制动盘，制动钳喷涂为灰色且带有AMG字母。

八、车轮和轮胎

Entry Performance AMG 53车型的轻合金车轮配有19in双辐样式轮辋作为标准装备，带20in双辐样式轮辋或20in多辐样式轮辋的轻合金车轮作为选装装备提供。标准装备：5双辐样式的AMG轻合金车轮，喷涂为高光泽黑色。

前轴：8.0J×19，轮胎245/40R19；

后轴：9.0J×19，轮胎275/35R19。

选装装备示例（美国市场MOE轮胎）：4辐样式的AMG轻合金车轮，喷涂为高光泽钛灰色。

前轴：8.0J×20，轮胎245/35R20；

后轴：9.0J×20，轮胎275/30R20。

第三节　　经典案例

一、奔驰CLS300行驶中加油门发动机噪音大

车型：W257.348。

故障现象：奔驰CLS300行驶中加油门发动机噪音大。

故障诊断：车辆行驶中加油门发动机噪音大，客户反馈无加装，新车就有故障现象。试车车速在20km/h以上加油门发动机噪音大，类似发动机支撑老化的感觉，但开空调挂挡，发动机抖动不严重。诊断仪检测无相关故障码。车辆行驶中加油门发动机噪音大。

可能故障原因：

（1）发动机支撑。

（2）排气管变形或漏气。

（3）N40/3故障。

举升车辆，松掉发动机支撑螺丝，挂挡加油门试车，在车内听到声音没有变化，在车外对比其他车辆发动机声音未见异常。用听诊器听排气管，感觉声音和客户抱怨接近，客户抱怨声音像声浪的放大版。检查排气管路未见有维修和变形痕迹，无漏气现象。拔掉声音控制单元N40/3的保险丝，试车，噪音消失。拔保险丝时发现车辆有加装，检查发现车辆加装音响功放，拆掉功放供电，试车故障消失。

故障原因：车辆加装功放放大了N40/3的声音，引起加油门时感觉发动机噪音大。

故障排除：建议客户拆除加装，发动机声音生成以下信号定义了当前驾驶状况：

（1）驾驶模式/挂入的行驶挡位。

（2）车辆速度。

（3）发动机扭矩。

（4）发动机转速。

音响系统放大器控制单元或多媒体系统控件根据驾驶条件生成模拟的发动机声音。对于某些AMG发动机，声音系统放大器控制单元会读入附加感测器。即使没有音频源处于活动状态，扬声器系统也会输出模拟的声音。如果音频输出处于活动状态，模拟的声音会扩展当前音频源。

二、奔驰CLS300启动车辆，仪表有黄色故障提示"主动制动辅助系统功能范围受限，参见用户手册"

车型：W257.348。

故障现象：奔驰CLS300启动车辆，仪表有黄色故障提示"主动制动辅助系统功能范围受限，参见用户手册"，如图13-3-1所示。

图13-3-1

故障诊断：启动车辆，仪表有黄色故障提示"主动制动辅助系统功能范围受限，参见用户手册"。进行PDI时就发现，当时升级、校准、重新安装、不断试车校准，故障依旧，就订货了B92/20。

车辆无加装和改装。没有直接相关的SI、LI和其他的技术通报。

可能故障原因：

（1）B92/20模块没有安装到位。

（2）B92/20模块故障。

（3）B92/20模块软件故障。

（4）配件安装错误。

执行快速测试，B92/20报有相关故障码：P1CA000 未进行试运行。引导检测进行升级，设码，校准。B160E54修理厂模式激活，引导依旧是进行校准学习。C112D78和C112BFC无引导检测，检测为灰色。对控制单元B92/20进行试运行，没有相关控制单元软件。进行设码，设码成功，提示进行路试校准。结果无新软件，设码成功。进行路试校准，多次尝试不成功，对于其他型号的车辆大概行驶1km就成功了，这个车行驶10km校准依旧不成功。进入到校准实际值界面，垂直实际值为9.10°（标准值-3°~3°），实际值不正常。

检查车辆的前部没有任何的碰撞，保险杠安装情况良好，中央星标安装情况良好、到位，肉眼看不出任何变形，安装没有问题。车辆前部安装正常无变形。检查B92/20安装情况，将B92/20控制单元从中央星标上拆下，安装情况良好，安装到位，无任何松旷，而且安装位置只有一个，无法装错，认为B92/20安装良好。调整B92/20位置，垂直实际值为-9.10°，不正常，安装位置又没有问题，人为安装B92/20改变位置，让中央星标下部空出2cm（B92/20装在星标上面的），进行试车1km，检查实际值变正常了-2.7°（标准-3°~3°），查看故障码已经变成历史故障码。可以删除故障码了，熄火重新启动车辆无故障提示，试车2km没有故障提示。结果车辆软件设置的实际值与实际不符。检查项目对比安装情况，对比不同的车辆CLS和E213、238等，发现CLS安装的雷达传感器底座、固定架错误，正常CLS雷达传感器的底座如图13-3-2所示，故障车辆的雷达传感器底座如图13-3-3所示，CLS与B级雷达固定盖区别如图13-3-4所示。

正常CLS雷达传达器的底座

图13-3-2

　　故障原因：B92/20雷达传感器底座、固定架错误。

　　故障排除：更换雷达底座、固定架。

　　故障总结：CLS错误地安装了其他车辆的星标，如E213的。CLS和E级的星标的安装倾斜角度是不一

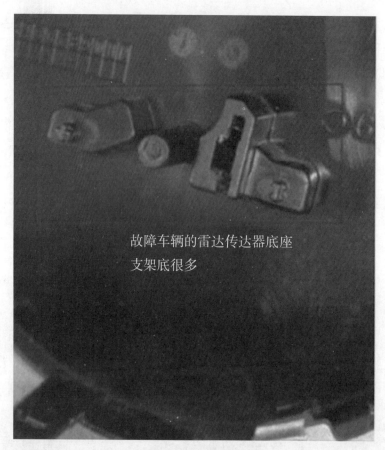

故障车辆的雷达传达器底座
支架底很多

图13-3-3

正常CLS的雷达固定盖

正常B级的雷达固定盖

图13-3-4

样的，底座高度也不一样。错误安装使雷达实际值一直不在范围内，这样就很容易解释为什么人为错误安装反而正常了，其实雷达传感器是正常的，CLS和E级雷达传感器是同一个型号A2139858613，如图13-3-5所示。更换雷达传感器底座A0008882300及传感器固定架A2138889900，故障解决。

错误配件号

错误配件

图13-3-5

三、奔驰CLS300喇叭发出刺耳的声音

车型：W257.348。

故障现象：奔驰CLS300喇叭发出刺耳的声音。

故障诊断：客户刚刚提车开出去，还没到家，发现喇叭发出刺耳的响声，回店检测，车辆启动或者熄火后，喇叭发出刺耳响声，有时候连续，有时候一声，有时候能播放音乐。当出现现象时候主机播放不了音乐，主机也无法静音。没有服务措施及维修历史。无加装改装。没有相关SL、LI和其他技术通报，查询没有相关TIPS。快速测试主机内有故障码U101788、U101888、B227B00和U104400。N40/3偶发性可以通信，不可以通信时候故障一直断断续续出现，可以通信时候可以播放音乐，但是还是会有异响，主机实际值显示N40/3没有配置。

可能故障原因：

（1）主机。

（2）N40/3或者供电搭铁，通信。

（3）其他因素或者线路问题。

（4）软件问题。

首先对A26/17和N403软件更新到最新版本后测试，故障依旧，排除软件问题。N40/3快速测试经常不通信，对主机复位或者对N40/3断电后短暂快速测试可以通信，测量N40/3的1号和2号电压12.7V（12~14V），正常。测量CAN C1的CAN L、CAN H实际值22V、2.8V，正常。实际测试发现没有CAN 1，但是eMOST正常，可以通信，如果eMOST不正常，即使CAN 1正常，N40/3也是不通信的，排除CAN1问题，在N40/3上连接主机的eMOST线路断开后，任何时候都不可以通信。我们尝试对调新的N40/3测试，故障还是一样，可以排除N40/3和供电搭铁问题。拆检主机，测量主机A26/17到N40/3的eMOST线路，测量电阻0.3Ω，正常。没有发现短路及断路现象，排除eMOST线路问题。仔细观察故障现象，断开A26/17到N40/3的eMOST的线路后就没有声音，也不会发出刺耳的声音，另外断开N112/9到N40/3的静音线，依旧偶尔发出刺耳的声音。

故障原因：分析为主机内部故障导致。

故障排除：更换主机。

四、奔驰CLS300发动机启动困难，不能一次就启动

车型：W257.348。

故障现象：奔驰CLS300发动机启动困难，不能一次就启动。

故障诊断：客户描述车辆有时候需要启动几次。启动时偶尔有"咔咔"类似启动机打滑声音。故障出现于28094km左右，无相关维修历史。车辆无加装改装。未发现有相关TIPS/TPT指导文件。

引起故障可能原因：

（1）ME控制单元。

（2）曲轴位置传感器线束。

（3）启动电机。

诊断仪检测，ME报PO34B62曲轴的位置传感器识别错误的旋转方向。检查ME控制单元有软件升级，更新后故障还是存在。检查ME插头无松动，曲轴位置传感器插头无异常。与同款车型对换曲轴位置传感器和进气凸轮轴传感器，故障依旧存在。最后拆检启动机检查，发现飞轮有磨损，如图13-3-6所示。

图13-3-6

故障排除：更换飞轮和启动机后，一切正常。

五、奔驰CLS300发动机故障灯亮

车型：W257.348。

行驶里程：7162km。

故障现象：奔驰CLS300发动机故障灯亮。

故障诊断：仪表有时候亮发动机灯，车辆行驶时加速无力。有时候发动机难启动，仪表就点亮发动机故障灯，多启动两次又正常了，仪表故障灯会灭。故障为偶发，启动以后发动机工作平稳，车辆可以正常行驶。Xentey检测N3/10内存有（P033815）曲轴位置传感器1对正极短路。存在对正极短路或断路。（P03391F）曲轴位置传感器1存在偶发性故障。断开插头测量（B70）1.3—1.1之间电压为5V。断开插头测量（B70）1.2—1.1之间电压为4.85V（标准值4.9V）。测量（B70）1.3—1.1之间电阻为237.6Ω（标准值OL），如图13-3-7所示。测量（B70）1.3-1.2之间电阻为OL（标准值OL）。测量（B70）1.1—1.2之间电阻为OL（标准值OL）。

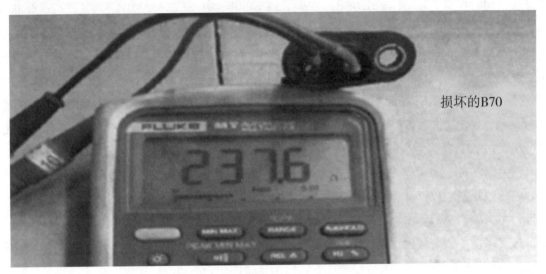

损坏的B70

图13-3-7

故障原因：B70损坏。

故障排除：更换B70后，检测和路试恢复正常。

第十四章　奔驰AMG SL（W232）车系

一、导言

新款梅赛德斯AMG SL车型232于2022年第一季度上市。与前辈车型不同，所有传奇敞篷跑车将仅提供梅赛德斯–AMG车型。新款梅赛德斯AMG SL车型232凭借独特的设计和高品质延续其作为豪华运动型轿车的成功传奇。新款梅赛德斯AMG SL车型232上市时将提供AMG 8缸火花点火型发动机M177和AMG 4缸火花点火型发动机M139。独家采用优化后的AMG 4缸和8缸发动机以及现代化的9G自动变速器，进一步减少了油耗和排放，同时提高了发动机输出功率。在新款梅赛德斯AMG SL车型232中，将之前仅采用横向安装的AMG 4缸火花点火型发动机M139改为纵向安装。附加功能为带48V车载电气系统的皮带驱动式启动机发电机。新款梅赛德斯AMG SL车型232专门采用现代化的电动多层织物顶篷，在视觉上增强敞篷跑车感。在隔音或隔热方面，具有与前辈车型折叠式硬顶敞篷相同的高水准。梅赛德斯AMG SL车型232采用让人印象深刻的新一代具有现代奢华风格的内饰，继承了新款S级车型的特点。前辈车型为双座敞篷车，新款梅赛德斯AMG SL车型232在后排乘客舱中提供了一个额外的长座椅。最重要的是，新款梅赛德斯AMG SL车型232凭借以下现代化和/或新的特征和功能在豪华运动型轿车领域内建立新标准：

①可扩展驾驶员辅助系统（FAP5.0）。

②带新功能和新用户界面的新一代驻车系统5.0。

③带新显示屏的新的控制和显示理念。

④带较高实用价值的现代信息娱乐系统（NTG7）（通过触摸操作、新显示屏和智能语音控制）。

⑤静态全LED大灯作为标准装备安装。新版照明系统DIGITAL LIGHT作为选装装备提供。

⑥采用新布局的开关板和新操作概念的新一代方向盘。

⑦新型的车内高级增强版环境照明系统作为选装装备提供。

⑧主动式后翼子板可以多级方式收缩和展开，且前底板中的主动式空气动力学套件作为标准装备提供。

⑨后轴机电转向系统简介。

⑩可通过中央显示屏操作的新空调系统。

⑪舒适性更高，安全性更强和物料种类更多的新型座椅。

二、车型一览

车型和主总成，如表14-1-1所示。

表14-1-1

车型	车辆	投放市场	发动机	输出功率（kW）	扭矩（N·m）	变速器
梅赛德斯-AMG SL 43	232.450	05/2022 ECE版	139.580	280	480	725.103
		07/2022 其他国家和地区				
		07/2022 日本（左舵驾驶车辆）				
		08/2022 日本（右舵驾驶车辆）				
		10/2022 澳大利亚/新西兰				
		11/2022 美国				
梅赛德斯- AMG SL 55 4MATIC+	232.480	04/2022 美国	177.880	350	700	725.099
		04/2022 ECE版				
		07/2022 其他国家和地区				
		08/2022 俄罗斯				
		09/2022 海湾国家				
梅赛德斯- AMG SL 63 4MATIC+	232.481	05/2022 ECE	177.880	430	800	725.099
		05/2022 美国				
		06/2022 加拿大				

三、整车

（一）设计

1.外饰

新款梅赛德斯AMG SL车型232最大限度地延续了AMG GT家族的设计风格：

①带两条隆起筋线的长发动机罩。

②AMG特有的散热器格栅。

③喷气机翼式设计的前保险杠。

④创新大灯设计，日间行车灯采用新位置。

⑤动态全LED大灯，照明系统DIGITAL LIGHT作为选装装备提供。

⑥隐藏式电动伸缩车门外把手。

⑦改装的后部设计采用较窄的两件式尾灯。

⑧后部分流器。

⑨可调高度主动式后翼子板作为标准装备提供。

⑩带圆形或梯形排气尾管饰件的双管路排气系统。

梅赛德斯-AMG SL 63 4MATIC+，左前侧视图，如图14-1-1所示。

图14-1-1

梅赛德斯-AMG SL 43，左后视图，如图14-1-2所示。

图14-1-2

2.内饰

新款梅赛德斯AMG SL车型232的内饰设计兼具性能和奢华感，并将前卫新颖的操作理念与豪华敞篷跑车彰显的品质感相结合。内饰设计的主要特征：

①新款方向盘通过突出的辐条设计更加凸显了内饰的与众不同。

②驾驶员区域采用新的独立式高分辨率驾驶员显示屏，提供12.3in的LCD屏幕。

③具有更高分辨率和集成式空调控制的11.9in中央显示屏，首次可电动调节中央显示屏的垂直位置。

④环绕式车门饰板延伸了仪表板的设计，从而使内饰看起来更具整体性。

⑤新设计的前排座椅使用了新材料并采用织物样式。

⑥全新附加后排长座椅。

⑦显著扩展了比色表范围，包括standard、metallic和designo漆面。

梅赛德斯–AMG SL，采用高级Nappa皮革内饰，如图14-1-3所示。

图14-1-3

梅赛德斯–AMG SL，带附加后排长座椅的前排座椅，采用高级Nappa皮革，如图14-1-4所示。

图14-1-4

（二）技术数据

与前辈车型相比，新款梅赛德斯AMG SL车型232几乎在所有技术数据上都有所提高。除提升了车内空间和舒适性外，新车型还具备更大的行李箱容量。尽管加长了轴距，但通过前轴优化，转弯半径减少了15cm。后轴转向系统（选装装备）将新款梅赛德斯AMG SL车型232的转弯半径减小约0.6m。与前辈车型系列相比，为进一步提升驾驶动态性，增加了前部和后部轮距。尺寸，如表14-1-2所示。

表14-1-2

特性	尺寸（与前辈车型相比的变化）
车辆长度	4700~4708mm（+69~+77mm）
车外后视镜展开时的车辆宽度	2100mm（+1mm）
车辆高度，驾驶就绪状态	1353~1359mm（+38~+44mm）
轴距	2700mm（+115mm）
转弯半径（墙到墙）	12.84m（-0.15m）
前轮距	1660~1665mm（+60~+65mm）
轮距，后部	1625~1629mm（+21~+25mm）
阻力c_w系数	0.31
整备质量DIN	1735~1895kg
允许总质量	2185~2320kg
燃油箱容积	70L塑料燃油箱，存量10L
前悬伸长度	967mm（-25mm）
后悬伸长度	1033~1041mm（-21~-13mm）

四、保养策略

1.技术革新

梅赛德斯-奔驰保养策略也适用于新款梅赛德斯AMG SL车型232（不同国家可能存在偏差）：

①ECE版：固定保养间隔，间隔为"每20000km/12个月"。

②中国版：固定保养间隔，间隔为"每10000km/12个月"。

③美国版：固定保养间隔，间隔为"每16093.44km/12个月"。

④可始终选择A类保养或B类保养。

⑤客户可自由选择"附加保养服务"。

在相应市场，如果车载智能信息服务作为Mercedesme的一部分提供，则仍可免费订购保养管理服务。通过此项服务，客户可对之后保养到期日的大概情况有所了解。经销商也会收到关于客户保养到期日的通知并联系客户提供相应服务。

2.发动机

新款梅赛德斯AMG SL车型232投放市场时将提供以下发动机类型：AMG 4缸火花点火型发动机M139，纵向安装，排量为1991cm³。AMG 8缸火花点火型发动机M177，排量为3982cm³。通过油底壳中的放油螺塞排放发动机油。通过操作多功能方向盘上的按钮组2和之后仪表盘中的显示检查发动机油液位。以后所有发动机将装配汽油微粒滤清器（GPF）。保养时必须根据梅赛德斯-奔驰工作液规格表使用其允许的发动机油。

3.附加保养作业

车辆规定的附加保养作业的间隔如下：

①更换制动液，每2年。

②更换空气滤清器滤芯，每60000km/3年。

③更换火花塞（M177），每80000km/3年。

④更换火花塞（M139），每60000km/3年。

⑤更换火花点火式发动机燃油滤清器和冷却液，每200000km /10年。

⑥更换变速器油和机油滤清器（725.099/103/164），每60000km。

⑦更换分动箱油，每80000km /3年。

⑧更换后轴齿轮油（HAG215），每60000km /3年。

五、驱动机构

（一）驱动结构

1.AMG 4缸火花点火型发动机 M139，装配皮带驱动式启动机发电机

在新款梅赛德斯AMG SL车型232中，将之前仅采用横向安装的直列4缸火花点火型发动机M139改为纵向安装，排量为2.0L，可输出功率为280kW，如表14-1-3所示。引入新的采用48V技术的皮带驱动式启动机发电机。皮带驱动式启动机发电机还为48V车载电气系统提供电力，其还通过直流直流转换器为传统12V车载电气系统供电。48V车载电气系统中的48V蓄电池可增加车辆的蓄电池容量，进而提供附加电能。

表14-1-3

发动机	名称	排量（L）	输出功率（kW）
AMG 4缸火花点火型发动机	M139 E20 LR A	2.0	280
AMG 8缸火花点火型发动机	M177 E40 LR 4A	4.0	350
	M177 E40 L4 A		430

AMG 4缸火花点火型发动机M139，纵向安装，如图14-1-5所示。

图14-1-5

在代码B01，装配纵向安装发动机M139的车型232上的位置，如图14-1-6所示。

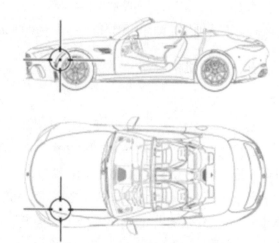

a.皮带驱动式启动机发电机

图14-1-6

与横向安装发动机M139相比的附加改装/新功能概述：

带3条改装的冷却回路的分离式冷却，分离式"冷却"索引；

去掉了排气侧的可变气门升程系统（CAMTRONIC）；

平衡轴/兰彻斯特平衡器；

通过新的48V电动单涡管涡轮增压器和增压压力控制风门促动器进行增压；

通过两个增压空气冷却器对增压空气进行冷却；

带电控盘式分离机的主动式曲轴箱通风系统。

（1）通过新的48V电动单涡管涡轮增压器和增压压力控制风门促动器进行增压。

48V车载电气系统有助于使用新的创新功能，如新的电动涡轮增压器。单涡管涡轮增压器由压缩机和涡轮外壳以及电力电子装置和电动机组成。其集成在排气侧的涡轮和新鲜空气侧的压缩机叶轮之间。涡轮增压器由冷却液进行冷却，集成在冷却回路中。通过将涡轮增压器整合到油路中，确保充分润滑。发动机废气通过排气歧管流入涡轮外壳，然后流至涡轮。涡轮因废气的能量流开始转动。因此，通过涡轮轴与涡轮相连的压缩机叶轮也被以相同的速度驱动。压缩机叶轮吸入过滤后的进气，将其压缩并作为增压空气供至发动机。增压压力控制通过增压压力控制风门促动器实现。发动机转速低时，电动机使增压器轴加速至156000r/min。与增压器轴永久连接的压缩机叶轮随之加速，直至废气接管驱动过程。因此，即便在低发动机转速和低废气流下，也能始终获得高增压压力，如图14-1-7所示。

（2）通过两个增压空气冷却器对增压空气进行冷却。

由于发动机输出功率增至280kW，发动机M139中需要两个增压空气冷却器。增压空气冷却器集成在低温回路1中，由环境空气和低温回路1中的冷却液间接冷却，如图14-1-8所示。

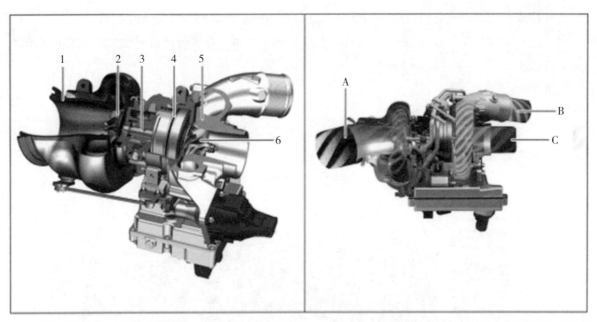

1.涡轮外壳7增压压力控制阀促动器　2.涡轮8电力电子装置　3.增压器轴　4.带电动机的轴承壳体　5.压缩机叶轮壳体
6.压缩机叶轮　A.排气流　B.增压空气　C.过滤后的进气

图14-1-7

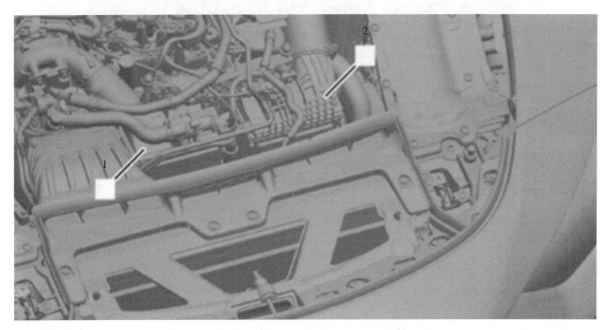

1.高温回路中的增压空气冷却器　2.低温回路中的增压空气冷却器

图14-1-8

（3）带电控盘式分离机的主动式曲轴箱通风系统。

通过析出超细机油颗粒的盘式分离机实现主动系统中曲轴箱通风系统的机油分离。盘式分离机的电促动装置有助于提高车速。这可减少供至进气系统的油量，同时减少在低速和高介质压力下的预燃作用。集成在盘式分离机中的无刷电机驱动带多盘组件的芯轴。机油颗粒和曲轴箱蒸气通过转动芯轴的盘

681

旋转，并利用离心力与盘式分离机的外壳壁分离。分离后的机油集在同样集成在盘式分离机中的单独容器中，然后流回至曲轴箱中。调压阀按需使净化气体流回进气口。盘式分离机速度取决于以下初始值：

发动机转速；

发动机负荷；

窜漏量；

微粒大小。

主动式曲轴箱通风系统工作原理，如图14-1-9所示。

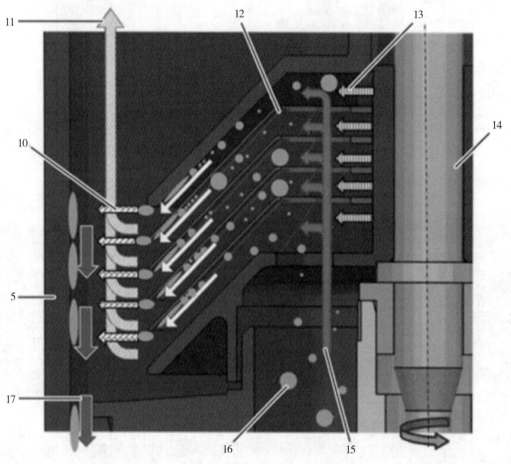

5.盘式分离机　10.机油　11.净化气体　12.盘组件　13.离心力　14.芯轴　15.曲轴箱蒸气　16.机油颗粒　17.分离后的机油

图14-1-9

发动机M139中的主动式曲轴箱通风系统部件位置，如图14-1-10所示。

发动机M139的扭矩和动力曲线，纵向安装（M139 E20 LR A），如图14-1-11所示。

发动机M139的技术数据，如表14-1-4所示。

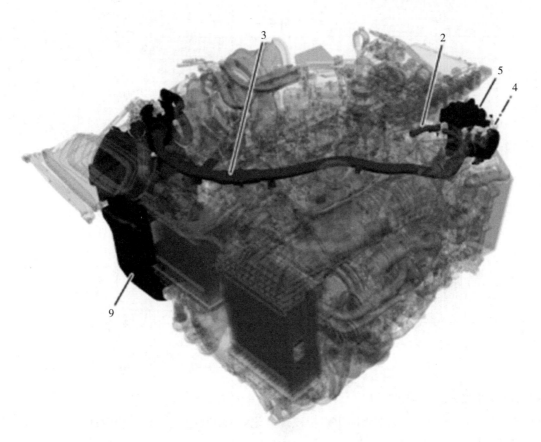

2.通风管（部分负荷）　3.通风管（满负荷）　4.盘式分离机　5.增压空气分配器　9.空气滤清器外壳

图14-1-10

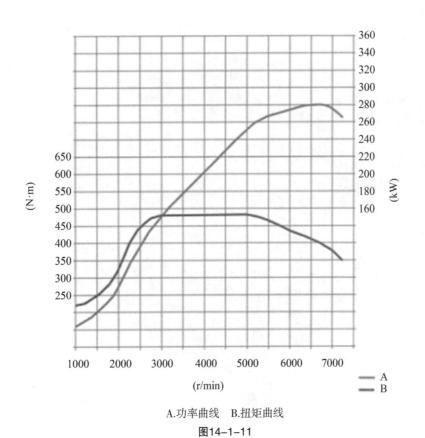

A.功率曲线　B.扭矩曲线

图14-1-11

表14-1-4

主题	单位	280kW
混合动力化	V	48
结构/气缸数		直列式/4缸
气门/气缸数量	–	4
排量	cm^3	1991
气缸间距	mm	90
单气缸容积	cm^3	498
孔	mm	83
行程	mm	92
行程/缸径	–	1.1
额定功率	kW（1r/min时）	280（6750时）
最大扭矩	N·m（1r/min时）	480（3250~5000时）
单位功率	kW/L	140.6
压缩比	ε	10
标准排放	–	欧6d标准

2.AMG 8缸火花点火式发动机M177

新款梅赛德斯AMG SL车型232上市时也将提供现代化的AMG 8缸火花点火型发动机M177，如图14-1-12所示。排量为3982cm^3，发动机M177提供两种输出功率：

350kW输出功率；

430kW输出功率。

图14-1-12

重要特性和改装/新特性的概述：

①部分负荷情况下根据特性图关闭2号、3号、5号、8号气缸。

②排气管道断开的双涡管涡轮增压器。

③仿照赛道运动采用封闭板构造的铝制曲轴箱。

④采用多火花点火的BlueDIRECT多点喷射。

⑤轻量化设计的铝铸活塞（高效轻巧），因此可适应更高的发动机转速。

⑥采用锆石合铸的气缸盖，使输出功率达到最佳，并实现了临界情况下和里程数较大时的发动机稳定性（特别对于梅赛德斯AMG）。

⑦采用NANOSLIDE®技术的气缸工作表面，可确保理想的润滑，减小摩擦并提高耐磨性。

⑧轻量化的钠冷NIMONIC®排气门即使在高负荷情况下也能实现更高的稳定性。

⑨主动式水冷控制单元。

⑩动态发动机支座不断进行调节（根据型号和设备），以适应动态操控选择（DYNAMIC SELECT）的驾驶模式或相应的驾驶条件。

⑪机械式制冷剂压缩机通过皮带驱动。

⑫排气系统配备采用最新传感器系统的第2代带涂层的汽油微粒滤清器。

⑬新一代低摩擦油的使用有助于确保发动机的摩擦得到优化。

⑭新: 带电控盘式分离机的主动式曲轴箱通风系统（针对上述M139工作原理的说明）。

发动机M177中的主动式曲轴箱通风系统部件位置，如图14-1-13所示。

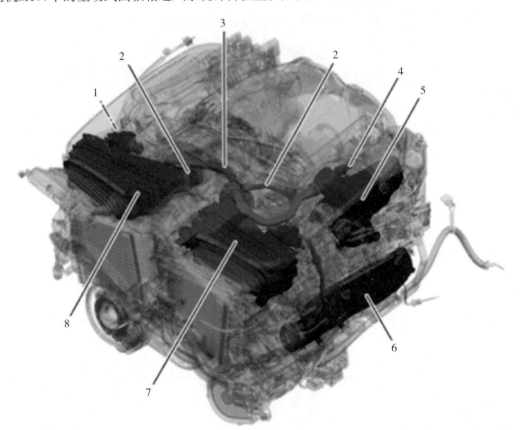

1.右侧增压空气分配器　2.通风管（部分负荷）　3.通风管（满负荷）　4.压力传感器　5.盘式分离机　6.左侧增压空气分配器　7.左侧空气滤清器外壳　8.右侧空气滤清器外壳

图14-1-13

发动机M177的扭矩和动力曲线，如图14-1-14所示。

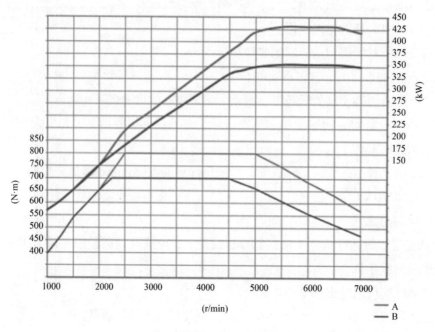

A.M177 E40 L4 A   B.M177 E40 LR 4A

图14-1-14

发动机M177的技术数据，如表14-1-5所示。

表14-1-5

主题	单位	350kW	430kW
结构/气缸数	−	V8	V8
气门/气缸数量	−	4	4
排量	cm^3	3982	3982
气缸间距	mm	90	90
单气缸容积	cm^3	498	498
孔	mm	83	83
行程	mm	92	92
行程/缸径	−	1.1	1.1
额定功率	kW（1r/min时）	350（5500~6500时）	430（5500~6500时）
最大扭矩	N·m（1r/min时）	700（2250~4500时）	800（2500~5000时）
单位功率	kW/L	88	108
压缩比	ε	8.6	8.6
标准排放	−	欧6d标准	欧6d标准

（二）冷却装置

1.发动机M139，带3条冷却回路

由于发动机输出功率增加，需要对发动机冷却系统采取扩展措施。目的在于通过执行降耗措施实现

最大输出时的最佳冷却效果。在发动机M139中，南北向安装，使用由三条相互独立工作的回路组成的冷却系统（分体式冷却）：

高温回路；

低温回路1；

低温回路2。

发动机139.5，280kW冷却液回路示意图，如图14-1-15所示。传动系统控制单元控制所有冷却回路。其会评估温度传感器（如图14-1-15中2、17、18、23）的数据并在必要时促动：

电动冷却液泵（如图14-1-15中11、26）；

发动机油水热交换器转换阀（如图14-1-15中15）；

低温回路1调节阀（如图14-1-15中3）。

电机控制模块在必要时促动：

低温回路1电动冷却液泵（如图14-1-15中1）；

车内加热回路转换阀；

切断阀（如图14-1-15中27）。

机械节温器和机械冷却液泵安装在高温回路中。高温回路对带温度传感器的气缸盖进行冷却。同时，机械冷却液泵会将冷却液循环。机械节温器保持关闭，直到冷却液温度达到约90℃。冷却液达到约90℃开始，机械节温器打开高温回路的冷却器通道，在温度达到约98℃后会完全打开。此时，热冷却液通过高温回路电动冷却液泵供应至增压空气冷却器的高温侧。从而减少了低温回路中增压空气的额外废热，优化了车辆侧的散热。此外，在高温回路中安装了一个阀门，用于控制发动机油水热交换器处的流量。从而将油温调节至110℃。在高温回路中，气缸盖处的总冷却液体积流量已增加到330L/min，从而优化了散热。根据发动机的转速和负载，高温回路还通过切断阀的规定开度冷却带温度传感器的曲轴箱。最后，高温回路冷却电动涡轮增压器的轴承架。在低温回路1中，电动冷却液泵将冷却液循环。增压空气通过低温回路1中的冷却液在增压空气冷却器中间接冷却。以下部件也得到冷却：

变速器油热交换器（如图14-1-15中4）；

电动涡轮增压器电力电子装置（如图14-1-15中5）；

皮带驱动式启动机发电机+电力电子装置（如图14-1-15中8）。

在低温回路2中，电动冷却液泵将冷却液循环。低温回路2仅对48V蓄电池热交换器进行冷却。冷却系统的其他优势（分体式冷却）:高效的气缸盖冷却。

燃油经济性更佳，得益于：

采用低摩擦油；

气缸壁温度升高；

暖机期间曲轴外壳中的固有冷却液；

曲轴外壳中冷却液流量降低；

通过高温回路中的冷却液加热发动机油；

所需机油冷却。

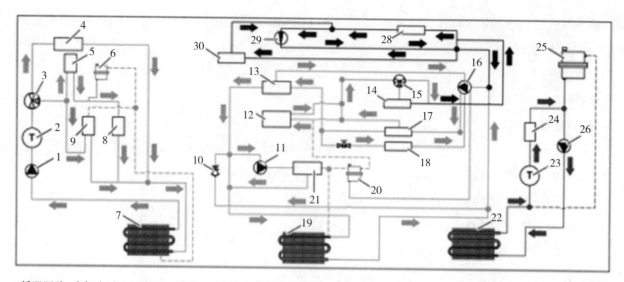

1.低温回路1冷却液泵（电动）　2.低温回路1冷却液温度传感器　3.低温回路1调节阀　4.变速器油热交换器　5.电动涡轮增压器电力电子装置　6.低温回路1膨胀容器　7.低温回路1冷却器　8.皮带驱动式启动机发电机+电力电子装置　9.增压空气冷却器　10.止回阀　11.高温回路冷却液泵（电动）　12.电动涡轮增压器　13.节温器　14.发动机油水热交换器　15.发动机油水热交换器转换阀　16.冷却液泵（机械）　17.气缸盖（包括温度传感器）　18.曲轴箱（包括温度传感器）　19.高温冷却系统冷却器　20.高温回路膨胀容器　21.增压空气冷却器（预冷却）　22.低温回路2冷却器　23.低温回路2冷却液温度传感器　24.48V蓄电池热交换器　25.低温回路2膨胀容器　26.低温回路2冷却液泵（电动）　27.切断阀　28.加热系统热交换器　29.冷却液泵（电动）　30.清洗液罐

图14-1-15

膨胀容器的位置，在装配发动机M139的车型232中，如图14-1-16所示。

1.高温回路膨胀容器　2.低温回路2膨胀容器　3.低温回路1膨胀容器

图14-1-16

688

2.发动机M177，带2条冷却回路

由于发动机M177的输出功率增加至430kW，因此在发动机冷却系统中加入扩展措施。目的在于通过执行降耗措施实现最大输出时的最佳冷却效果。梅赛德斯AMG热量管理包括发动机部件的冷却和车辆内部的气候控制。发动机部件的冷却是通过两条相互分离的封闭冷却液回路实现的：

发动机冷却回路；

低温回路。

车型232中发动机177.8 350/430kW冷却液回路示意图，如图14-1-17所示。发动机冷却回路安装了一个机械冷却液泵以及各种调节阀。低温回路安装了一个变速冷却液泵以及各种调节阀。发动机冷却回路冷却气缸盖和曲轴箱如图14-1-17中6，发动机机油热交换器如图14-1-17中5，右侧涡轮增压器如图14-1-17中3，左侧涡轮增压器如图14-1-17中4。由此，机械冷却剂泵使发动机冷却回路中的冷却液循环。发动机冷却回路中安装了一个节温器。需要较大功率输出时其会打开并将发动机冷却回路中的温度降至85℃。节温器可使冷却液在发动机中不超过80℃（断电）/40℃（通电）。转速> 3500r/min时，旁通回路通过过压打开，不受温度影响。低温回路冷却左侧和右侧增压空气冷却器如图14-1-17中26、27，变速器油热交换器如图14-1-17中29。为降低能量消耗和车速较高时前部机组室的冷却速度，冷却器前方安装了空气调节系统。一个用于上部空气调节系统的促动器电机和两个用于下部空气调节系统的促动器电机在特定条件下关闭和打开空气调节系统。冷却回路的五个冷却器集成在一个冷却模块中。后部中央位置有一个风扇电机，用于为冷却模块通风。传动系统控制单元通过局域互联网（LIN）促动风扇电机、空气调节系统和所有冷却液泵。

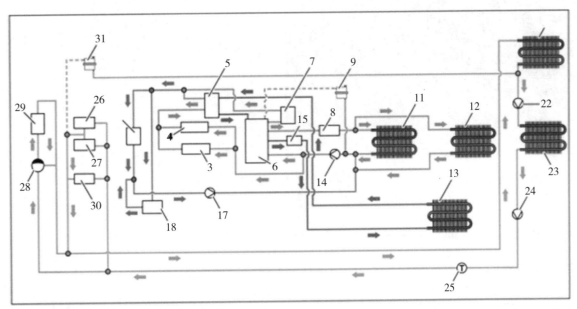

3.右侧涡轮增压器　4.左侧涡轮增压器　5.发动机油热交换器　6.曲轴箱/气缸盖　7.加热器切断阀　8.节温器　9.带液位传感器的高温回路膨胀容器　11.高温回路冷却液散热器　12.附加高温回路冷却液散热器　13.发动机油冷却器　14.冷却液泵（机械）　15.发动机油节温器　17.暖风循环泵（电动）　18.清洗液罐　19.加热系统热交换器　21.低温回路附加冷却器　22.低温回路循环泵（电动）　23.低温回路通流散热器　24.低温回路循环泵（电动）　25.温度传感器　26.左侧增压空气冷却器　27.右侧增压空气冷却器　28.控制阀　29.变速器油热交换器　30.发动机管理控制单元　31.低温回路膨胀容器

图14-1-17

3.发动机M139和M177

热量管理主要控制发动机舱中的部件温度，这对于新款梅赛德斯AMG SL车型232来说是一个大挑战。靠近发动机安装的尾气净化系统导致发动机舱中的热量较多。高温区域与较冷环境的分离允许将温度敏感部件定位在热保护区域中。为了在较高车速下降低燃油消耗并减少发动机舱的冷却，各情况下，均在冷却器前部的顶部和底部都安装了一个带有散热器饰板的框架（具体情况取决于相应市场）。促动器电机在某些条件下关闭和打开上部散热器饰板。下部散热器饰板有两个促动器电机。关闭散热器饰板时，气动阻力减小且发动机噪音也会减弱，散热器饰板在以下情况下打开：

冷却液温度高于105℃；

增压空气温度高于34℃；

车速高于180km/h。

风扇输出功率高于30%散热器饰板在以下情况下关闭：

发动机关闭（后加热阶段保持打开）；

不再满足打开的相应要求。

散热器饰板，位于顶部（TOP），图示为车型232，如图14-1-18所示。

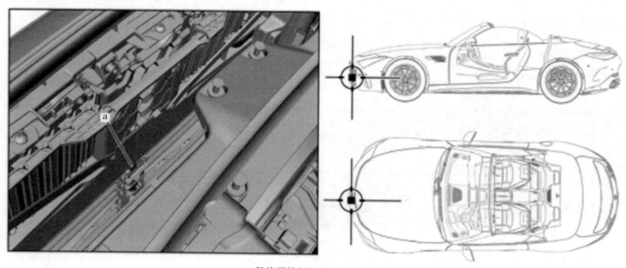

a.散热器饰板风门促动电机

图14-1-18

散热器饰板，位于底部（BTM），图示为车型232，如图14-1-19所示。

六、变速器

（一）变速器

装配湿式离合器的AMG SPEEDSHIFT MCT（多离合器技术）9G-TRONIC变速器作为标准装备安装在新款梅赛德斯AMG SL车型232的所有车型中。

1.发动机M177

为了用于装配发动机M177的新款梅赛德斯AMG SL车型232中，已对变速器进行进一步研发，并命名为K9Y900 PT4。变速器的主要特征如下：

（1）通过以下新部件接管NAG3改款变速器的电动液压控制。

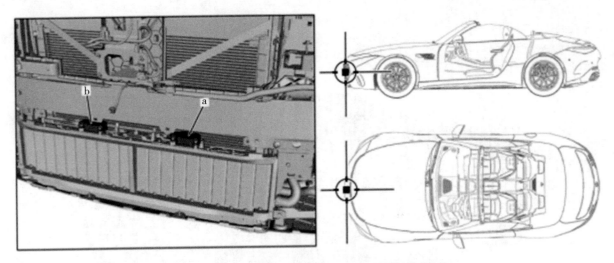

a.散热器饰板风门促动电机　b.散热器饰板风门促动电机

图14-1-19

①全集成化变速器控制单元。

②用于湿式离合器促动的中间板。

③更小的比例电磁阀。

④集成式油泵（泵送能力高达2500kPa）。

⑤带优化提升电磁阀的驻车止动爪促动器。

（2）优化以下部件。

①带优化辅助滤清器的深油底壳。

②调节离合器外壳使其适应新的传动轴位置。

③调节变速器外壳使其适应新的电动液压控制。

④带波盘的多片式制动器B08。

⑤摩擦衬垫优化的多片式离合器K81和多片式制动器B06。

⑥优化加宽的驻车止动爪，并对变速器外壳进行调整。

带湿式离合器的变速器"9G-TRONIC"K9Y 900 PT4选定的初步技术数据，如表14-1-6所示。

表14-1-6

特性	值	单位
最大可传输扭矩	900	N·m
最大转速	7000	1r/min时
前进挡/倒挡数量	9/1	
转向轴倾斜度	8.902	
自动变速器的重量（包括湿式离合器和变速器油，不带分动箱）	87	kg
加注容积（自动变速器油）	7.59	L

　　装配湿式离合器和分动箱的自动变速器AMG SPEEDSHIFT MCT 9G-TRONIC（K9Y 900 PT4），如图14-1-20所示。

图14-1-20

2.发动机M139

发动机M139装配湿式离合器的变速器MCT 9G-TRONIC 将首次与AMG 4缸火花点火型发动机配合使用。名称为K9A 750M。变速器K9A 750M的主要特征包括：

①接管所有NAG3改款相关的变更范围。

②集成式油泵，泵送能力高达2500kPa。

③使用变速器K9Y 900 PT4的湿式离合器。

④使用变速器K9Y 900 PT4的电动液压控制。

⑤带2个附加叠板的NAG3改款的集成式冷却器。

⑥新驱动轴。

⑦接管外部托架B08（包括变速器K9Y 900 PT4的定子轴）。

⑧新离合器外壳。

⑨新中间板（腐蚀防护）。

带湿式离合器的变速器"9G-TRONIC"K9A 750M选定的初步技术数据，如表14-1-7所示。

表14-1-7

特性	值	单位
最大可传输扭矩	750	N·m
最大转速	7000	1r/min时
前进挡/倒挡数量	9/1	
转向轴倾斜度	8.902	
重量（含变速器油）	无数据	kg
加注容积（自动变速器油）	7.35	L

装配湿式离合器的自动变速器AMG SPEEDSHIFT MCT 9G-TRONIC（K9A 750M），如图14-1-21所示。

图14-1-21

（二）全时四轮驱动（4MATIC）分动箱

除梅赛德斯AMG SL 43外，所有梅赛德斯-AMG SL车型配备可变全轮驱动，AMG高性能四轮驱动增强版（4MATIC+）。即使在接近物理极限时，分配至前轴和后轴的可变扭矩也可确保最佳牵引力。其在干燥道路以及潮湿或积雪道路等各种情况下，都可提供较高的行驶稳定性和行驶安全性。机电控制离合器将永久驱动后轴连接到前轴。根据驾驶状况和驾驶员的请求，持续计算并执行最合适的扭矩分配。根据驾驶状况和驾驶员的意愿，持续计算最合适的扭矩分配。因此，对车辆进行持续驱动，在牵引力导向全轮驱动与仅后轮驱动之间切换。根据复杂的矩阵不断进行调校。除了牵引力和横向动力，全轮驱动提高了纵向动力以达到更强劲的加速。根据驾驶状况和驾驶员操作，驱动扭矩分配在两个驱动轴上可变。在此过程中，后轴通过分动箱以直接摩擦连接持续驱动。传送至前轴的部分由全轮驱动控制单元进行确定。这可通过全轮驱动促动器启用板式差速锁，并设置理想的扭矩分配，按所需在0%~50%之间滑动。分动箱中的驱动扭矩分配，如图14-1-22所示。

全轮驱动自动变速器，装配电子锁止差速器/代码467，如图14-1-23所示。

前轴/后轴扭矩分配，车型232，如表14-1-8所示。

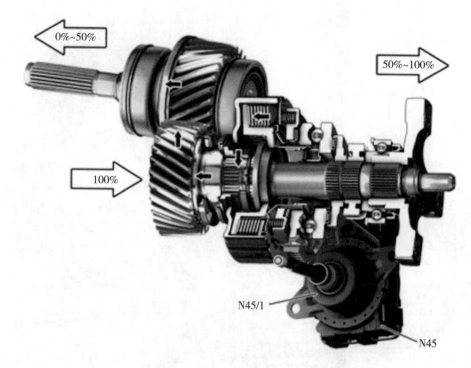

N45.全轮驱动控制单元　N45/1.全轮驱动促动器

图14-1-22

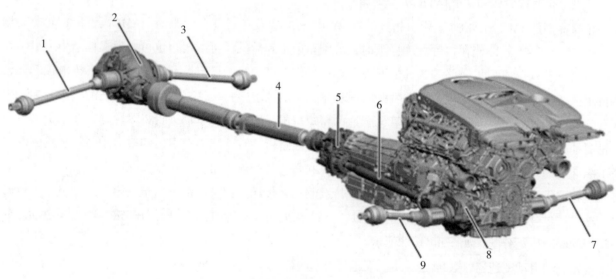

1.右后半轴　2.后轴差速器　3.左后半轴　4.后传动轴　5.分动箱（可变扭矩分配）　6.前传动轴　7.左前半轴　8.前轴变速器　9.右前半轴

图14-1-23

表14-1-8

车型	发动机	变速器	分动箱	前轴/后轴扭矩分配（%）	扭矩分配类型	备注
232	M139	725.164	CTC53 Z35 LS1.1	0/100（离合器分离） 50/50（离合器接合）	可变	装配电子锁止差速器/代码467
232	M177	725.099	CTC53 Z35 LS1.1	0/100（离合器分离） 50/50（离合器接合）	可变	装配电子锁止差速器/代码467

七、底盘

（一）车轴和悬架系统

1.前轴

在梅赛德斯AMG量产车中，前悬架首次设计为五连杆概念。连杆完全位于轮辋内。这会明显改善运动学性能。车轮控制元件和车轮悬架元件相互独立，因此有助于在转向系统上以最小扭矩转向实现较高的横向加速度。新款梅赛德斯AMG SL车型232首次采用全轮驱动。AMG高性能4MATIC+以完全可变的方式将驱动力分配至前轮和后轮。

具有以下优点：

①小摩擦半径。

②轮胎不平衡和制动力波动对振动的敏感性较低。

③高车轮外倾角刚度和高固有频率。

④向里转向时响应更快。

⑤高噪音质量。

五连杆悬架的主要特点是带两个独立连杆（支杆和弹簧连杆）且连杆高度较低。锻造铝弹簧连杆对于行驶方向来说处于横向位置，支撑悬架减震柱。全轮驱动（4×4）期间，稳定杆连接至转向节。向前倾斜的推杆是一个铝锻件。上部叉形控制臂执行车轮控制功能，例如制动操作过程中提供扭力支撑。叉形控制臂也是铝锻件。第四个连杆是转向横拉杆，作为齿轮齿条式转向机构的一部分。连接上部水平连杆和下部水平连杆以及调节车轮和制动系统的转向节也是铝锻件。梅赛德斯AMG SL 43，装配带可调减震功能的钢制悬架/代码459的底盘，如图14-1-24所示。

图14-1-24

2.后轴

后轴采用5连杆设计,后轴托架与车身分离。后轴托架由两个负载控制器构成。两个负载控制器由高强度钢制片制成。由于一系列的轻量设计,非悬架部件的重量仍然较低。五个车轮控制连杆中的其中三个是锻造铝制连杆。一个车轮支架也是由铝制成,从而确保了轻量化。车轮支架的材料基本上是几乎不含铜的高强度轻合金,因此完全不会腐蚀。传统钢制悬架的弹簧连杆现在为单壳体,并由高强度重组钢板制成。可选空气弹簧的弹簧连杆是铝锻件。

3.电子可调节锁止式差速器–概述

电子可调节锁止式差速器集成在后轴差速器中。当车辆从静止加速、变道时,特别是在动态转弯时,可提高牵引力和行驶稳定性。从而确保更加快速的响应性和更为精确的操控性。机电促动的多片式离合器用于减小速度差和/或车轮打滑情况。因此,锁定效果始终与驾驶情况相适应。电子差速锁的剖面图,如图14-1-25所示。

1.滚珠 2.调节环 3.链轮 4.斜面盘 5.滚针轴承 6.止推环 7.止推件 8.压板 9.多盘式离合器 10.差速器 M46/3.差速锁促动器

图14-1-25

4.弹簧和减震

对于新款梅赛德斯AMG SL车型232,采用以下弹簧和减震系统:

不带减震调节的标准AMG运动型悬架/代码486,仅适用于车型SL43;

装配带减震调节的钢制悬架/代码459的标准底盘,在车型SL55中标配,在车型SL43中选装;

装配半主动式侧倾稳定系统（Semi ARS）/代码470的标准主动式悬架，低置和选装可调节悬架（代码479），仅适用于车型SL63。

半主动式侧倾稳定系统（Semi ARS）的概述，如图14-1-26所示。

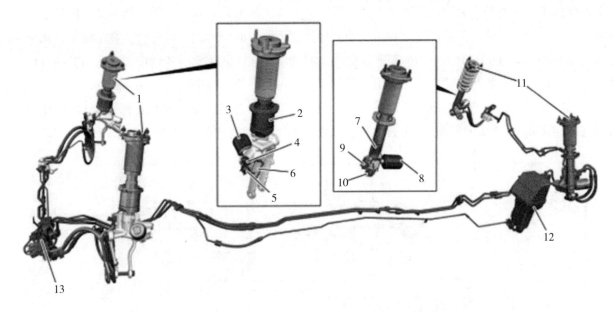

1.前轴悬架减震柱　2.促动器（升降功能）　3.右前储压罐　4.右前压缩级阀　5.右前回弹级阀　6.右前舒适阀　7.右后舒适阀　8.右后储压罐　9.右后压缩级阀　10.右后回弹级阀　11.右后悬架减震柱　12.带储液罐的液压泵　13.阀座

图14-1-26

（1）半主动式侧倾稳定系统（Semi ARS）/代码470。

半主动式侧倾稳定系统（Semi ARS）取代了稳定杆，作为标准装备安装。主要包括以下部件：

电动液压控制单元；

蓄压器；

前轴/后轴减震器；

压力传感器。

悬架的基本原理是车辆各减震器的压缩侧和回弹侧相互连接。减震器的回弹侧和压缩侧通过电动二位二通阀直接相互连接。各减震器压缩侧也分别安装了一个蓄压器。两条回路还连接到一个中央泵，该泵在两条回路中产生液压。泵和回路之间的连接通过二位二通阀实现。为了监控各管路中的系统压力，压力传感器集成在阀门后面。由于可自由选择系统压力，使系统可以自由选择产生的侧倾辅助的程度。为此，适用以下原则：系统压力越高，预期的侧倾阻力越大。

①直向前行驶。

只要不发生转向运动或横向加速度，系统在直线行驶的情况下主要以被动方式起作用。减震器的工作原理类似于传统的可调减震器。各减震器上的舒适阀打开，使减震器的回弹和压缩级直接相互连接。与稳定杆相比，车辆的侧倾减震作为对单侧不均的响应有所降低，从而实现更舒适的驾驶性能。如果通过传感器系统检测到转向运动，则减震器处的阀门关闭。此外，电动液压控制单元和回路之间的二位二通阀关闭，从而使回路彼此分离。从而启用系统。

②转弯。

系统的工作原理通过左侧曲线如下所示：如果车辆驶入左侧弯道，由于转弯会产生作用在重心上的力，车身会受到弯道外侧方向的侧倾扭矩。车辆开始发生侧倾。此时，身体在曲线的外侧下降并在曲线的内侧回弹。这种运动通过车身传递至相应的减震器。这会压缩弯道外侧车辆侧面的减震器，并同样会展开弯道内侧一侧的减震器。在这种情况下，位于右侧减震器压缩侧腔室中的供油被推入蓄压器。蓄压器中由此产生的压力升高通过推入两个左侧减震器的油量再次增加。减震器回弹侧的油量因弯道内侧车辆侧的回弹而减少。从腔室排入连接管路的油会导致蓄压器中的压力进一步升高。在系统侧，该回路相对于第二回路出现过压。由于车辆的颠簸和回弹，通过回路连接的腔室的油量增加，从而升高过压。因此，工作液从回路中的两个蓄压器中排出，并且蓄压器中和回路管路中的压力相应降低。回路之间产生的压差会在四个减震器的各活塞上产生一个力，两条回路在此直接连接。该力抵消了由转弯产生的车身侧倾扭矩，并减小了车辆的侧倾运动或侧倾角。左侧弯道行驶时的油路，如图14-1-27所示。

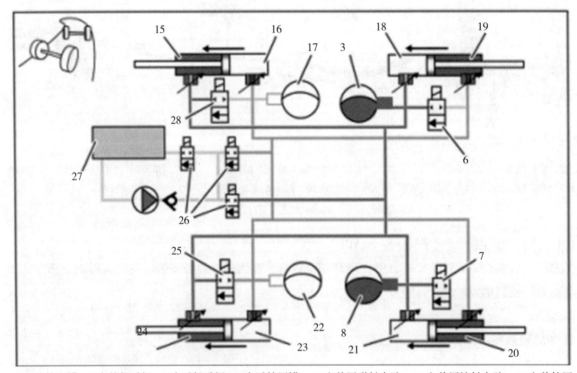

3.右前储压罐　6.右前舒适阀　7.右后舒适阀　8.右后储压罐　15.左前回弹触点腔　16.左前压缩触点腔　17.左前储压罐　18.右前压力室　19.右前压缩触点腔　20.右后回弹触点腔　21.右后压缩触点腔　22.左后储压罐　23.左后压缩触点腔　24.左后回弹触点腔　25.左后舒适阀　26.二位二通阀　27.带储液罐的液压泵　28.左前舒适阀

图14-1-27

5.动态操控选择（DYNAMIC SELECT）

新款梅赛德斯AMG SL车型232还可使驾驶员通过动态操控选择（DYNAMIC SELECT）更改以下车辆特性：

驱动（发动机和变速器管理）；

底盘；

转向机构；

AMG动态。

根据驾驶模式，以下敏捷功能会自动启用：

Basic；

Advanced；

Pros；

Master。

转向，换挡正时点，全轮驱动和稳定功能会适应所选的驾驶模式。

在"自定义"驾驶模式中，电控车辆稳定行驶系统（ESP®）启用时也会启用敏捷功能"Pro"。如果电控车辆稳定行驶系统（ESP®）停用，会自动选择敏捷功能"Master"。

驾驶员可在不同的预配置驾驶模式和"自定义"驾驶模式之间进行选择。根据驾驶方式，底盘类型及其他车辆设备，可最多选择六种驾驶模式。基本设置为"Comfort"（舒适型）驾驶模式。

驾驶模式的选择可通过右侧方向盘按钮或通过中央显示屏下方上部控制面板中的AMG按钮来实现。根据车辆装备的不同，可选择以下动态操控选择（DYNAMIC SELECT）驾驶模式：

湿滑路面：在寒冷和湿滑的路况可优化起步和驾驶特性。

个性化：个性化设置。

舒适型：舒适型驾驶模式是良好平衡的驾驶模式，配备有相应悬架调校装置和油耗优化的传动系统调校装置。重启点火开关时，舒适型驾驶模式自动设置。

运动型：运动型驾驶模式支持高舒适性的运动型驾驶风格。

运动增强型：运动增强型驾驶模式有一个非常运动的调校装置，配备有强劲的驱动系统和较硬的悬架调校。

赛道：在赛道驾驶模式中，会配置所有参数，以实现最佳性能。

如果只通过方向盘换挡拨片换挡，无论处于哪种驾驶模式，驾驶员都可通过"M"按钮直接切换至手动模式。永久设置如下：

切换至驾驶模式"个性化"（Individual）；

选择驾驶设置"M"。

（1）赛道起步。

处于赛道（RACE）驾驶模式时，会配置所有参数，以实现最佳性能。在运动型、运动增强型和赛道驾驶模式中，已扩展的赛道起步功能可用。如此可在静止时进行极端加速。因此，在物理极限加速时驱动扭矩的最佳实现取决于：

①所有相关系统［发动机、变速器、悬架和电控车辆稳定行驶系统（ESP®）］的联网。

②在AMG专用变速器软件中实施全轮驱动打滑控制，如图14-1-28所示。

操作逻辑也进行了简化。驾驶员只需要牢牢踩下制动踏板，然后再将加速踏板踩到底。赛道起步仅可在远离公共道路交通的封锁赛道上启用和使用。使用赛道起步时，各车轮可自由转动，车辆可快速起步。根据设定的电控车辆稳定行驶系统（ESP®）模式，车辆悬起和发生事故的风险可能会增加，确保车辆四周没有其他人员或物体。

（2）车顶载荷显示。

某些驾驶模式和电控车辆稳定行驶系统（ESP®）设置不适合运输车顶载荷。如果已设置或选择了这些驾驶模式之一，则会显示警告符号。所选驾驶模式不适用于车顶载荷模式。会影响以下驾驶模式：

①自定义，电控车辆稳定行驶系统（ESP®）设置运动型或运动增强型。

②运动型。

③运动增强型。

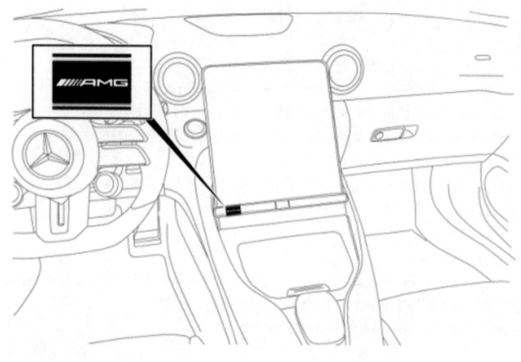

图14-1-28

（二）方向盘

新款梅赛德斯AMG SL车型232可选装后轴转向系统/代码201，该系统为机电转向系统，在各情况下，后轴的转向角均为2.5°（左/右）。其用于在不同车速情况下优化驾驶稳定性和舒适性并改善驾驶员驻车时的回转半径。在装配发动机M177的车辆中，后轴转向系统为标准装备。该功能由集成的车辆动态控制系统控制。会在电控车辆稳定行驶系统（ESP®）控制单元中执行集成的车辆动态系统控制，除后轴转向外，还启用各相应车轮制动干预。根据行驶状况，后轮会沿前轮转向方向相反的方向或相同的方向转向。图14-1-29所示为后轴转向系统的转向方向。

（1）后轮朝前轮的反方向转动。

车速不超过100km/h时，后轮朝与前轮相反的方向转动，转向角度≤2.5°。虚拟缩短轴距可使车辆在转弯时更加的敏捷且只需较小的力转动方向盘，尤其在方向多变的或类似蛇形穿桩的道路上行驶时。在日常驾驶状况下，例如在转弯直径减小的情况下转弯或停车时就会体现其优势。后轴转向控制单元评估电控车辆稳定行驶系统（ESP®）控制单元的信息，然后相应改变后轮上的前束角。同时，左后轴转向控制单元将改变前束角的请求传送至右后轴转向控制单元。左后轴转向控制单元将后轴转向系统的状态和转向位置传送至电控车辆稳定行驶系统（ESP®）控制单元。

（2）后轮与前轮平行转动。

如果车辆以大于100km/h的速度行驶，则后轮与前轮平行转向，转向运动≤0.5°。这就相当于虚拟扩大轴距，因此可显著提高行驶稳定性。改变方向时，后轴上越快产生横向力，就会越快响应转向命令。后轴转向控制单元评估电控车辆稳定行驶系统（ESP®）控制单元的信息，然后相应改变后轮上的前束角。同时，左后轴转向控制单元将改变前束角的请求传送至右后轴转向控制单元。左后轴转向控制单元将后轴转向系统的状态和转向位置传送至电控车辆稳定行驶系统（ESP®）控制单元。

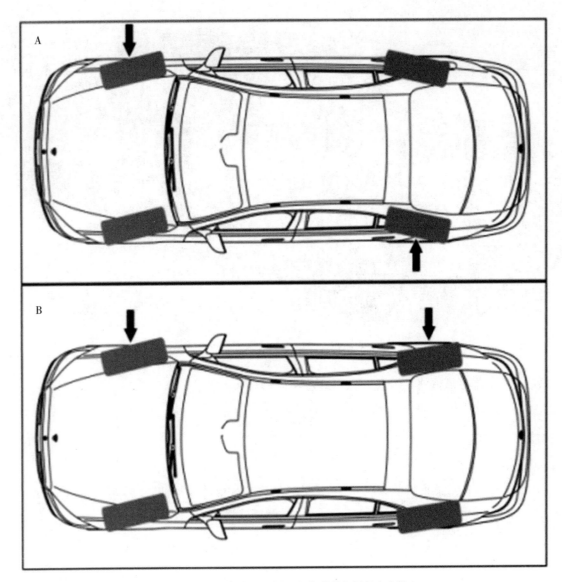

A.与前轮相反的反向转向　B.与前轮相同的方向转向

图14-1-29

（3）系统和警告信息。

左后轴转向控制单元将输出系统或警告信息的请求传送至仪表盘，相应系统或警告信息显示在驾驶员显示屏上，如表14-1-9所示。

表14-1-9

车速	转向策略	转向角度
>60km/h，车轮角度与前轴相同	车辆动态性提升	不超过2.5°转向角度
	高速稳定性	不超过2.5°转向角度

八、车载电气系统网络连接

车型R232，如图14-1-30所示。

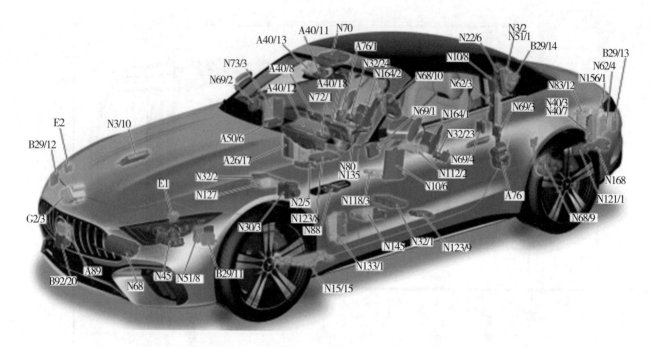

图14-1-30（图注省略）

传动系统的控制器区域网络（CAN T），如表14-1-10所示。

表14-1-10

	控制单元	附加信息
A26/17	主机	—
N40/3	音响系统放大器控制单元	装配高级音响系统/代码810
N40/7	音响系统放大器控制单元	装配高端音响系统/代码811
N118/3	燃油泵控制单元	—
N127	传动系统控制单元	—
N156/1	发声器控制单元	装配通过扬声器降低发动机噪音功能（EOC）/代码97B

车内控制器区域网络1（CAN B1），如表14-1-11所示。

表14-1-11

	控制单元	附加信息
N10/6	前部信号采集及促动控制模组控制单元	—
N10/8	后部信号采集及促动控制模组控制单元	—
N22/6	后排控制单元	—
N69/1	左前车门控制单元	—
N69/2	右前车门控制单元	—
N69/3	左后车门控制单元	—
N69/4	右后车门控制单元	—
N70	车顶控制面板控制单元	—
N73/3	电子点火开关控制单元	—

车内控制器区域网络2（CAN B2），如表14-1-12所示。

表14-1-12

	控制单元	附加信息
N10/6	前部信号采集及促动控制模组控制单元	—
N32/1	驾驶员座椅控制单元	—
N32/2	前排乘客座椅控制单元	—
N32/23	左前座椅腰部支撑电控气动控制单元	装配腰部支撑调节系统/代码U22
N32/24	右前座椅腰部支撑电控气动控制单元	装配腰部支撑调节系统/代码U22
N164/1	左前多仿形座椅控制单元	装配带按摩功能的前排多仿形座椅/代码399，装配前排左侧和右侧多仿形座椅/代码409
N164/2	右前多仿形座椅控制单元	装配带按摩功能的前排多仿形座椅/代码399，装配前排左侧和右侧多仿形座椅/代码409

车内控制器区域网络3（CAN B3），如表14-1-13所示。

表14-1-13

	控制单元	附加信息
A76	左前可逆式安全带紧急拉紧器	—
A76/1	右前可逆式安全带紧急拉紧器	—
N106	前部信号采集及促动控制模组控制单元	—
N121/1	行李箱盖/掀开式尾门控制系统控制单元	—

车辆诊断系统控制器区域网络（CAN D），如表14-1-14所示。

表14-1-14

	控制单元	附加信息
N73/3	电子点火开关控制单元	—
N127	传动系统控制单元	—
N145	变速器模式控制单元	—

电驱动控制器区域网络（CAN ED1），如表14-1-15所示。

表14-1-15

	控制单元	附加信息
G2/3	皮带驱动式启动机发电机	采用48V技术/代码B01
N127	传动系统控制单元	—

能源管理控制器区域网络（CAN ED2），如表14-1-16所示。

表14-1-16

	控制单元	附加信息
N83/12	直流直流转换器控制单元	采用48V技术/代码B01
N127	传动系统控制单元	–

方向盘控制器区域网络（CAN LR），如表14-1-17所示。

表14-1-17

	控制单元	附加信息
N80	转向柱模拟控制单元	–
N135	方向盘电子设备	–

发动机控制器区域网络（CAN C），如表14-1-18所示。

表14-1-18

	控制单元	附加信息
N3/10	发动机管理控制单元	–
N127	传动系统控制单元	–

驱动控制器区域网络2（CAN C2），如表14-1-19所示。

表14-1-19

	控制单元	附加信息
N15/15	全集成化变速器控制系统电控单元	–
N127	传动系统控制单元	–

外围设备控制区域网络（CAN PER），如表14-1-20所示。

表14-1-20

	控制单元	附加信息
E1	左前灯组	–
E2	右前灯组	–
N51/1	悬架和减震系统控制单元	装配半主动式侧倾稳定系统（Semi-ARS）代码470，装配可调节悬挂/代码479
N51/8	悬架和减震系统控制单元	装配半主动式侧倾稳定系统（Semi-ARS）代码470，装配可调节悬挂/代码479
N73/3	电子点火开关控制单元	–
N88	轮胎压力监测器控制单元	–

前部雷达控制器区域（CAN S1），如表14-1-21所示。

表14-1-21

	控制单元	附加信息
B29/11	左前短程雷达传感器	装配驾驶辅助组件增强版/代码P20或高级遥控驻车装置/代码507
B29/12	右前短程雷达传感器	装配驾驶辅助组件增强版/代码P20或高级遥控驻车装置/代码507
N73/3	电子点火开关控制单元	—
N88	轮胎压力监测器控制单元	—

后部雷达控制器区域网络（CAN S2），如表14-1-22所示。

表14-1-22

	控制单元	附加信息
B29/13	左后短程雷达传感器	装配高级遥控驻车装置/代码507
B29/14	右后短程雷达传感器	装配高级遥控驻车装置/代码507
N73/3	电子点火开关控制单元	—

车载智能信息系统控制器区域网络1（CAN A1），如表14-1-23所示。

表14-1-23

	控制单元	附加信息
A26/17	主机	—
A40/8	触摸屏	—
A40/12	平视显示器	装配经典型平视显示系统/代码438
A40/18	仪表盘显示屏	—
A50/6	收费系统控制单元	装配养路费支付系统/代码943
N72/1	上部控制面板控制单元	—
N123/8	移动电话托座控制单元	装配前部无线电话充电装置/代码897
N133/1	仪表盘控制单元	—

车载智能信息系统控制器区域网络2（CAN A2），如表14-1-24所示。

表14-1-24

	控制单元	附加信息
A26/17	主机	—
N123/9	电话控制单元	装配车载电话组件/代码380
N133/1	仪表盘控制单元	—
N168	手势识别系统控制单元	装配前面的非接触式手势控制/代码77B

AMG控制器区域网络（CAN AMG），如表14-1-25所示。

AMG控制器区域网络（CAN AMG），如表14-1-25所示。

表14-1-25

	控制单元	附加信息
N3/2	电动差速锁控制单元	—
N145	变速器模式控制单元	—

悬架FlexRay（Flex E），如表14-1-26所示。

表14-1-26

	控制单元	附加信息
A40/11	多功能摄像头	未装配自适应定速巡航控制系统增强版（限距控制系统增强版）代码233
B92/20	中程雷达传感器	装配自适应定速巡航控制系统专业版（限距控制系统专业版）代码239或带主动式制动干预的碰撞警告系统，FCW停止/代码258
N2/5	辅助防护系统控制单元	—
N30/3	电控车辆稳定行驶系统（ESP）控制单元	—
N45	全轮驱动控制单元	装配全时四轮驱动（4MATIC）/全轮驱动/代码M005
N51/8	悬架和减震系统控制单元	装配带可调减震功能的钢制悬架/代码459
N62/3	驻车系统控制单元	装配主动式驻车辅助系统/代码235
N68	动力转向系统控制单元	—
N68/9	左后车轴转向控制单元	装配后轴转向系统/代码201
N68/10	右后车轴转向控制单元	装配后轴转向系统/代码201
N73/3	电子点火开关控制单元	—
N80	转向柱模块控制单元	—
N127	传动系统控制单元	—
N145	变速器模式控制单元	—

以太网，如表14-1-27所示。

表14-1-27

	控制单元	附加信息
A26/17	主机	—
A40/13	多功能摄像头	装配自适应定速巡航控制系统增强版（限距控制系统增强版）/代码233
A89	远程雷达传感器	装配自适应定速巡航控制系统增强版（限距控制系统增强版）/代码233
N106	前部信号采集及促动控制模组控制单元	—

	控制单元	附加信息
N62/3	驻车系统控制单元	装配主动式驻车辅助系统/代码235
N62/4	驾驶员辅助系统控制单元	装配自适应定速巡航控制系统增强版（限距控制系统增强版）/代码233
N73/3	电子点火开关控制单元	—
N112/2	车载智能信息服务通信模块	装配RAMSES ENTRY通信模块/代码383或RAMSES HIGH通信模块/代码384
N127	传动系统控制单元	—
N133/1	仪表盘控制单元	—
N145	变速器模式控制单元	—

电子点火开关控制单元与诊断系统连接接口之间还存在单独的以太网连接接口。多媒体传输系统（MOST），如表14-1-28所示。

表14-1-28

	控制单元	附加信息
A26/17	主机	—
N40/3	音响系统放大器控制单元	装配高级音响系统/代码810
N40/7	音响系统放大器控制单元	装配高端音响系统/代码811
N156/1	发声器控制单元	装配通过扬声器降低发动机噪音功能（EOC）/代码97B

九、照明

（一）外车灯

新款梅赛德斯AMG SL车型232的大灯在照明系统和照明功能位置方面与前辈车型系列不同。基础装备包括带自适应远光灯辅助系统的静态LED高性能大灯。带有新照明系统DIGITAL LIGHT的动态全LED大灯和以下类型可作为特定国家的设备或选装装备：

数字LED大灯，SAE版（右舵驾驶）/代码316；

自动远光灯控制系统（IHC）/代码608；

投影功能，通过大灯-标识/代码42U；

投影功能，通过大灯-动画/代码43U；

数字LED大灯，左舵驾驶/代码317；

自动远光灯控制系统增强版（IHC+）/代码628；

投影功能，通过大灯-线路/代码30U；

投影功能，通过大灯-标识/代码42U；

投影功能，通过大灯-动画/代码43U；

数字LED大灯，右舵驾驶/代码318；

自动远光灯控制系统增强版（IHC+）/代码628；

投影功能，通过大灯-线路/代码30U；

投影功能，通过大灯-标识/代码42U；

投影功能，通过大灯-动画/代码43U。

图14-1-31所示为装配带投影功能的动态DIGITAL LIGHT全LED大灯的SL 63 4MATIC+。

图14-1-31

1.DIGITAL LIGHT

新型DIGITAL LIGHT照明系统，结合了主动式几何多光束LED大灯的常用功能和革新的高分辨率照明技术。DIGITAL LIGHT大灯有两个光源。除采用主动式几何多光束LED大灯技术的84-LED矩阵外，每个大灯中还集成了一个微镜促动器。微镜促动器由大约130万个微镜组成，这些微镜以矩阵形状排列，可通过电子控制进行倾斜。三个高性能发光二极管照亮反光面，与投影机原理相似，该灯通过移动的镜片投射到道路上。新型选装装备DIGITAL LIGHT还提升了自适应远光灯辅助系统增强版的功能。更精细的像素结构能更精确地降低对面来车或前面车辆照明的不良影响。另一项革新之处在于地形补偿。根据地图数据，会检测道路的高度差，将大灯的光程范围保持在接近固定值的水平，实现道路的理想照明。

（1）照明系统DIGITAL LIGHT的辅助功能。

除了可以为各种驾驶条件提供最佳照明外，DIGITAL LIGHT大灯还可以为驾驶员辅助系统提供视觉辅助，通过DIGITAL LIGHT功能可实现高清质量的灯光投射。驾驶时会将灯光投射到车辆前方道路，驾驶员的视野范围中。在紧急情况下，如较窄的建筑工地通道，会通过道路上投射的目标引导线引导驾驶员。其他灯光投射包括符号和指示，例如方向箭头或警告。符号是对驾驶员显示屏视觉信息的补充，但并非取代。

（2）新辅助特性。

①行驶方向错误警告功能（如果驾驶员沿规定行驶方向的反方向行驶，例如高速公路上）。

②红灯警告功能：如果驾驶员在红灯时行驶车辆且未减速。

③停车标志警告功能：驾驶员向停车标志行驶车辆且未减速。

④聚光灯（例如，在危险区域的边缘处检测到行人）。

⑤引导线（驶过建筑工地时，会在车辆自身路线上投射两个光束，用作引导线）。

⑥建筑工地警告或建筑工地警告灯（进入建筑工地时，会通过在道路上投射符号警告驾驶员进入建筑工地区域）。

2.尾灯

采用侧光照明LED技术的尾灯也是该车型的一个独特设计特征，使其外观更具品质感，造型更加高效突出。所有车灯均采用LED作为光源。根据驾驶状况和环境亮度（日间/夜间），按照ECE类型在不同光照条件下操作制动灯和转向信号灯。例如，如果驾驶员在夜间红灯时促动制动踏板，则自动降低制动灯的亮度，从而不会使跟随车辆的驾驶员炫目。由于更宽且更均匀的光线分布，使得在某些区域里处于这些条件时的光线不会过于黑暗。图14-1-32为SL 63 4MATIC+，后灯采用DIGITAL LIGHT LED技术，行车灯已打开。

图14-1-32

（二）车内照明

1.环境照明灯

新款梅赛德斯AMG SL车型232中环境氛围照明系统的所有型号均提供64种灯光颜色。灯光颜色是通过混合红色、绿色和蓝色（RGB）基本颜色产生的。RGB LED中的三个芯片单独启用。除64种灯光颜色之外，还提供了10种"色彩世界"，车内通过多种协调的灯光颜色进行照明。亮度可在亮度区域分20级进行调节。为将新款梅赛德斯AMG SL车型232的车内安全性、舒适性和良好氛围提升到一个新的水平，提供了高级环境氛围照明系统（代码891）设备。根据车型和国家/地区不同，该设备可能为标准或选装装备。

2.高级环境氛围照明系统（代码891）

"高级"环境氛围照明系统提供不同的色彩选择和场景。颜色值可永久设置，也可使与颜色值相关的颜色变化在"多色动画"模式中运行。根据相应的功能，环境氛围照明功能可通过中央显示屏或语音对话系统控制。新功能包括：

709

①扩展的环境氛围照明系统。

②中央控制台。

③车门。

④座椅。

⑤脚部位置。

⑥集成在畅心醒神（ENERGIZING）便捷控制功能中（如适用）。

⑦通过主动式驶出警告提供视觉辅助。

代码891的环境氛围照明系统，如图14-1-33所示。

图14-1-33

十、安全

（一）关闭和安全

1.锁止系统

新款梅赛德斯AMG SL车型232配备了新一代锁止系统。除优化了关闭和开启操作外，车外门把手也采用了新的设计，目前标配的车外门把手为隐藏式并可伸缩。在车内，驾驶员车门 LED 替代了车门上之前使用的销子。从车外锁止车辆时，驾驶员侧饰板上的指示灯闪烁。在以下情况下指示灯不会闪烁：

①从车内锁止车辆。

②行驶时。

如果从车内中央锁止车辆，则"锁止"按钮中的红色指示灯亮起。

2.独立的行李箱盖锁止（代码887）

在之前的车型系列中，通过可锁止手套箱中的开关执行行李箱单独锁止，也称作代客泊车。在新款梅赛德斯AMG SL车型232中，通过将PIN码输入中央显示屏的"车辆设置"菜单实现启用/停用。在此情况下，保留了单独锁止手套箱的选择。有关该功能的启用/停用，请参见当前的用户手册。

3.URBAN GUARD

梅赛德斯-奔驰所有车型均引入了全新整体式URBANGUARD选装装备。该组件集成了现有以及未来所有保护功能，以防止车辆受损和被盗。通过URBAN GUARD-智能互联硬件和数字解决方案，梅赛德斯-奔驰可满足全球用户日益增长的安全性和财产保护需求。共提供了两种选装装备组件：URBAN GUARD车辆保护组件（代码P54），URBAN GUARD车辆保护组件增强版（代码P82）。URBAN GUARD车辆保护组件包括：

①防盗警报系统。

②防拖车保护，带视觉警告及警告音。

③警笛。

④车内活动传感器。

⑤防盗和驻车碰撞检测（可免费使用3年）。

⑥前部侧车窗上的URBAN GUARD标识。

驾驶员侧隐藏式车门把手，如图14-1-34所示。

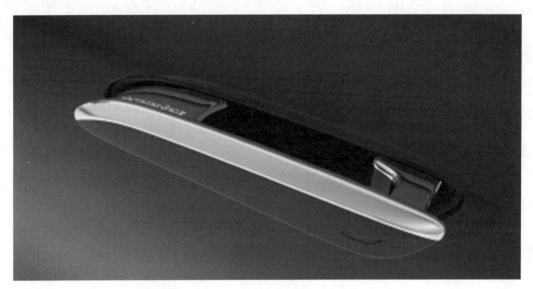

图14-1-34

（二）车内乘客保护

1.预防性安全系统（PRE-SAFE®）

新款梅赛德斯AMG SL车型232的被动安全性基于智能设计的车身，配合以具备超常刚性的乘客舱和以特定方式变形的碰撞结构。保护概念还包括防护系统和预防性驾驶员及乘客保护系统预防性安全系统（PRE-SAFE®）。预防性安全系统（PRE-SAFE®）作为标准装备安装在梅赛德斯AMG SL车型232中。利用即将发生事故之前的时间，通过各种措施为事故做好最佳准备，以降低事故严重性。例如，前排座椅上的电动可逆式安全带可以显著减少紧急制动时的向前位移。在某些情况下，侧车窗会自动关闭。此外，前排乘客座椅可以移动到更利于缓解碰撞的位置。此外，预防性安全系统（PRE-SAFE®）听力保护功能可以预先调节听力系统并减少事故噪声对听力的影响。总之，预防性安全系统（PRE-SAFE®）的元件可显著降低受伤风险。预防性安全系统增强版（PRE-SAFE® PLUS）还可与驾驶辅助组件增强版相结合，在车辆中使用。预防性安全系统增强版（PRE-SAFE® PLUS）可在即将发生后向碰撞的情况下触发措施。预防性安全系统（PRE-SAFE®）包括以下功能：

①驾驶员可预先调节预防性安全系统（PRE-SAFE®）听力保护功能。在发生事故时，会产生带声压

级的噪音，可能会对听力造成损害。如果预防性安全系统（PRE-SAFE®）检测到某种危险情况，则会通过车辆中可用的音响系统发出简短的噪音信号。从而提前警告听力系统。由于镫骨肌的自然反射机制，内耳可迅速自我保护免受高声音压力的损害。

②预防性安全系统增强版（PRE-SAFE® PLUS）是选装驾驶辅助组件的组成部分，还会考虑由以下交通情况（后向碰撞）引发的危险情况。以基于雷达的方式监测车辆后方的交通状况。预防性安全系统增强版（PRE-SAFE® PLUS）分析雷达传感器系统信息，并计算跟随车辆的接近速度以及与本车的距离。即将发生后方碰撞时，该系统警告以下车辆并执行不同的预防性乘客保护措施。因此对于车辆驾驶员及乘客来说，可减少可能发生的事故后果。

2.防护系统

防护系统包括：

①用于驾驶员和前排乘客的可逆电动安全带张紧器，用于预防性安全系统（PRE-SAFE®）和安全带调节（减少安全带松弛）。

②装配带烟火装置的皮带张紧器和安全带收紧力限制器的三点式安全带（驾驶员、前排乘客、后座区）。

③驾驶员气囊和前排乘客气囊。

④驾驶员和乘客膝部气囊。

⑤组合前排胸部-骨盆侧部气囊。

⑥前车门饰板中的头部气囊。新增：侧饰板上部的后部头部气囊。

3.车辆结构

①翻车保护系统：除结构措施外，还包含两个烟火装置支架（自动激活），位于后排座椅后方，以防翻车。

②前部模块托架的材料和功能。

③碰撞相关部件，采用塑料PA6 GF30（含约30%玻璃纤维加强材料的聚酰胺）。

④整合多种碰撞等级，以尽量均匀分布受力。

⑤专门设计的保险杠泡沫。

⑥保护性发动机罩（ECE版）。

⑦作为行人保护的组成部分（国家特定的标准装备），铰链区域的烟火装置促动器与行人发生碰撞的情况下，发动机罩会在挡风玻璃处升起。

⑧发动机罩和下方部件之间可用的变形区域因此扩大并由此可抑制可能的接触。

十一、驾驶员辅助系统

新款梅赛德斯AMG SL车型232还具有新一代的驾驶辅助组件（FAP5.0）。此最先进的驾驶员辅助系统根据速度调节，制动、转向机构、变道和碰撞风险等相关情况为驾驶员提供辅助。由于增强了驾驶员辅助功能，驾驶员辅助系统提供更佳的安全性和舒适性。在跨系统概念的基础上，区域整体安全性和梅赛德斯-奔驰智能驾驶的相互作用和协同合作增加。组件P20（驾驶辅助组件）中最重要的驾驶员辅助系统作为特殊装备提供。列表中包含与驾驶辅助组件（FAP3）相比的所有技术改进和新特征。

1.驾驶辅助组件（装配驾驶辅助组件/代码P20）作为选装装备提供

（1）带新功能的DISTRONIC主动式车距辅助系统。

①基于路线的速度调节（至最高允许速度）。

②改进了以最高100km/h的速度驶向静止车辆时的调节。

（2）带新功能的主动式转向辅助系统。

①大大增强了乡村道路上行驶的通过性和转弯性能。

②视具体情况而定的无中心驾驶风格（除紧急通道外，还适用于无车道标记的乡村道路）。

③明显的双手离开方向盘警告（通过电容式方向盘）。

（3）主动式车道保持辅助系统。

搜寻阶段时间更长（10s延长至15s），横向动态性更高（非ECE版）。

（4）带新功能的交通标志辅助系统。

①停车标志警告功能：如果驾驶员驶向停车标志且未减速，则该功能发出警告以避免驶向停止标志（最高车速70km/h）。

②红灯警告功能：如果驾驶员驶向红色交通灯且未减速，则该功能发出警告以避免意外驶向红色交通灯（最高车速70km/h）。

（5）动态辅助图。

①增强现实驾驶体验。

②展示多个车道检测到的道路使用者的具体类型。

（6）带新功能的主动式车道保持辅助系统。

①舒适性提高，制动干预替代为主动式转向干预。

②还会对道路边缘做出响应，即使无车道标记。

③危险警告通过主动式环境照明进行辅助。

（7）避让转向辅助系统。

扩展：

①还对自行车骑行者和车辆做出响应。

②长距离路线（速度最高108km/h）。

（8）主动式制动辅助系统。

扩展：

①车速最高120km/h时如果遇到横穿道路者，则进行制动干预；车速最高10km/h时，如果在自行关闭过程中遇到迎面而来的道路使用者，则进行制动干预。

②带转向操作功能（包括转弯时有行人横穿道路的情况）。

③应对对面来车时的警告和制动干预。

（9）主动式紧急停止辅助系统。

①还为手动驾驶提供辅助（之前仅在DISTRONIC模式下有效）。

②可选变道（一个车道）（80km/h且相邻车道无物体时）。

（10）主动式盲点辅助系统。

①扩展至包括驶出警告。

②危险警告通过主动式环境照明进行辅助。

2.主动式制动辅助系统

新款梅赛德斯AMG SL车型232标配主动式制动辅助系统（代码258）。由于采用了多功能摄像头（平面探测摄像头），还可检测行人、车辆和自行车骑行者。凭借最新一代的驾驶辅助组件（FAP5.0），提高了雷达传感器的探测范围：

①检测角度90°。

②检测角度9°。

提供的附加设备：

主动式车道保持辅助系统（摄像头）（代码243）根据特定国家或车型设备提供；

盲点辅助系统（代码234）作为标准装备提供。

3.主动式驻车辅助系统

除性能提升外，新一代驻车系统5.0还具备新功能和新的用户界面。作为基本的辅助系统，主动式驻车辅助系统应用于所有驻车组件。主动式驻车辅助系统是一种驻车系统，在新款梅赛德斯AMG SL车型232作为标准装备提供，是采用的驻车组件的一部分。带后视摄像头的驻车组件（装配驻车组件/代码P44）标准装备：

①主动式驻车辅助系统(装配主动式驻车辅助系统/代码235）。

②后视摄像头（装配后视摄像头/代码218）。

③360°摄像头/代码501作为选装装备提供。

3.方向盘

新款梅赛德斯AMG SL车型232采用新一代方向盘。对位于两个水平方向盘辐条上左右两侧的两个按钮组进行了新的排列，并采用了新的操作理念。用于手指导航垫的物理原理由光学改为电容。这一代方向盘的另一个革新之处在于采用了人手检测传感器，该传感器用于检测驾驶员手部在多功能方向盘上的触碰操作。人手检测传感器由一块位于方向盘表面之下的方向盘轮缘处的电容垫组成。梅赛德斯AMG SL车型232的方向盘配备车载电脑/定速巡航控制和限速器/限距控制系统（DISTRONIC）控制面板以及MBUX多媒体系统控制面板，如图14-1-35所示。

图14-1-35

十二、舒适系统

（一）恒温控制

新款梅赛德斯AMG SL车型232标配三区空调系统（装配自动智能气候控制系统/代码581）。在新款梅赛德斯AMG SL车型232中，智能气候控制的调节装置集成在前部信号采集及促动控制模组控制单元中，不再使用单独的气候控制单元。前部信号采集及促动控制模组控制单元的软件更新后，智能气候控制功能必须重新编码。在新款梅赛德斯AMG SL车型232中，空调系统通过标准高级中央显示屏（11.5in起）（代码868）进行操作。通过3区自动智能气候控制系统（THERMOTRONIK），可以有针对性地调节车内空调以满足车辆驾驶员及乘客的个性化需求。自动智能气候控制系统（THERMOTRONIC）为驾驶员、前排乘客和后排乘客提供单独的气候区，并配备了以下部件和功能：

①为驾驶员和前排乘客以及后座区提供单独的温度和空气分配控制。

②通过空气质量传感器和导航系统进行自动空气循环以及通过GPS进行隧道检测。

③活性炭微粒滤清器。

④余热利用。

⑤仪表板中的区域。

⑥B柱和脚部位置的附加出风口。

也可订购空气清洁组件（代码P53）（仅在韩国和中国市场的梅赛德斯AMG SL 63 4MATIC+车型中标配）。组件包括外部和内部微粒传感器，用于在中央显示屏上显示车内空气质量以及其他可视功能范围。进气（粗滤器）和空调外壳（车内空气滤清器）中仍使用优化的细尘过滤器。保养间隔相同。还提供加装服务（仅滤清器）。梅赛德斯AMG SL车型232中的智能气候控制，如表14-1-29所示。

表14-1-29

	多区域智能空调（THERMOTRONIC）（代码581）系列范围
温度区域	3
自动模式	三区
气流分配	三区
气流量	三区
空气内循环开关，带"关闭车窗"的舒适型功能	自动（不适用于美国、加拿大、韩国、日本）
余热利用	是
活性炭细尘过滤器	是
空调空气滤清器	是
日光传感器	2
湿度和温度传感器的数量	1
空气质量传感器的数量	1
出风口温度传感器的数量	4
车内温度传感器的数量	1
步进调节电机的数量	16

（二）座椅

新款梅赛德斯AMG SL车型232的座椅在舒适性、安全性和选材方面都满足了最高标准。对座椅的布线、组件和选装装备组合选项进行了重组。座椅通过其轮廓、接缝方式和护罩材料以及头枕类型进行区分。诸如座椅通风装置或多仿形座椅的选装装备会增加车辆驾驶员及乘客的驾乘舒适度。与前辈车型相比，新款梅赛德斯AMG SL车型232在后排乘客舱中提供了一个额外的长座椅。可提供额外乘坐两个人的空间。

1.前排座椅

新款梅赛德斯AMG SL车型232内饰的众多亮点之一是标配的电动可调AMG运动型座椅的特殊座椅设计。头枕集成在座椅靠背中，更加突出了运动特性。头颈暖风系统设备作为车辆标配提供。暖空气从头枕上的出风口流入乘客舱，像围巾一样缠绕在驾驶员和前排乘客的头部和颈部区域。AMG高性能座椅（代码555）作为选装装备提供。

（1）空调座椅（装配驾驶员和前排乘客空调座椅/代码401）。

空调座椅包括座椅加热器和座椅通风装置。对于座椅通风，各情况下都有一个离心式风扇，位于坐垫和座椅靠背的内饰中，通过座椅结构供应空气。进气通过座椅结构流动并通过风扇向下和向后传送。同样在车内非常热的情况下，较凉爽的环境空气的吸入有助于座椅表面非常快速地冷却。通风水平（风扇转速和空气速度）有三个阶段。

（2）多仿形座椅（装配带按摩功能的前排多仿形座椅/代码399）。

选装装备"多仿形前排座椅（代码399）"除座椅气候控制（代码401）外，还通过座椅集成泵为驾驶员和前排乘客提供按摩功能。

（3）多仿形座椅（配左前/右前多仿形座椅/代码409）。

由于电动驱动气动泵，驾驶员和前排乘客的座椅侧面支撑和腰部支撑可进行自定义设置。可调节侧垫使靠背宽度发生变化，从而改善侧向支撑。腰部支撑的脉动和/或波浪形充气和紧缩为腰部区域提供了按摩效果。带多仿形座椅的设备的功能通过多媒体系统显示屏（触摸屏）进行操作。梅赛德斯AMG SL 63 4MATIC+，前排座椅和后排长座椅，采用nappa皮革/黑色DINAMICA微纤维和黄色安全带的版本，如图14-1-36所示。

图14-1-36

（三）软顶篷

与前辈车型不同，新款梅赛德斯AMG SL车型232仅配备电动操作织物顶篷。重量减轻了21kg且降低了重心，从而提高了车辆动态性能。采用节约空间的Z形折叠软顶篷,取代了传统的软顶篷收存箱盖。由于前部软顶篷围边，软顶篷在其终端位置齐平关闭。车速最高为60km/h时，电动液压织物顶篷可以全自动的方式在约15s内完成开合。新开发的织物顶篷具有与折叠式硬顶敞篷类似的隔热和隔音作用。织物顶篷的三层设计包括拉紧式外层、车顶内衬和夹在其中的隔音垫。附加特性包括：

电驱动系统；

中央显示屏新增现代化触控功能，可显示软顶篷操作的图像；

由于后座区中新增长座椅，因此加大了车顶；

在车顶收起位置可看见软顶篷围边；

带隔音装置的车顶内衬；

由织物制成的新软顶篷存放格。

提供多种内饰和外饰颜色。

外饰颜色：

上市时，黑色作为标准装备（代码740）提供；

红色作为选装装备（代码747）提供；

灰色作为选装装备（代码751）提供。

车顶内衬：

黑色织物作为标准装备（代码51U）提供；

玛奇朵米色DINAMICA微纤维根据具体国家设备（代码65U）提供；

黑色DINAMICA微纤维作为选装装备（代码61U）提供；

Neva灰色DINAMICA微纤维作为选装装备（代码69U）提供。

梅赛德斯–AMG SL 63 4MATIC+，红色织物顶篷，如图14–1–37所示。

图14–1–37

十三、音频和通信

（一）操作和显示概念

1.概述

新款梅赛德斯AMG SL车型232拥有全新的控制和显示概念。前辈车型中的仪表盘、触摸板和音频/驾驶室管理及数据系统（COMAND）控制单元替换为驾驶员显示屏和中控台上独立的中央显示屏。采用的第三个用户界面为之前车型中已经使用的平视显示屏。功能显示屏的设计是为了将功能体验最优化，而非分散驾驶员的注意力。自定义选项提升了驾驶员显示屏和中央显示屏的显示体验。功能可通过触控和语音控制进行操作。人工智能为车辆乘员提供辅助，可更快速地理解且更方便地操作车辆功能。通过人工智能，车辆可适应车辆乘员的偏好和习惯。从而，可在特定时间推荐合适的音乐或回家路线。借助新的控制和显示概念，日益互联的车辆中不断增长的信息流将适应新的要求。同时，为自动驾驶创造了额外的先决条件，如图14-1-38所示。

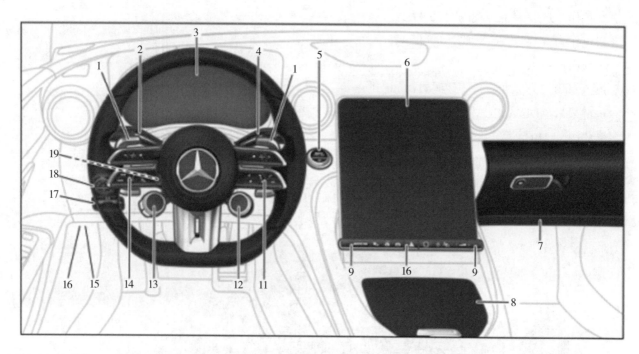

1.方向盘换挡拨片　2.组合开关　3.驾驶员显示屏　4.直接选挡（DIRECT SELECT）换挡杆　5.启动/停止按钮　6.中央显示屏
7.手套箱　8.储物箱　9.上部控制面板　10.危险警告系统按钮　11.多功能方向盘按钮组2　12.变速器模式选择按钮　13.AMG方向盘
按钮　14.多功能方向盘按钮组1　15.诊断连接器　16.发动机罩开关　17.电动驻车制动器开关　18.照明开关　19.调节方向盘

图14-1-38

2.开关面板和开关

新款梅赛德斯AMG SL车型232的控制理念是接合不同类型的控制元件。这包括触控滑条、传统开关、触感开关面板和集成了触觉反馈的控制元件。

启动/停止按钮已进行功能扩展。除点火打开/关闭，启动发动机的功能外，启动/停止功能已集成到一个通用开关面板中。

在上部控制面板中，在设备齐全的情况下可以使用以下操作选项：

①AMG动态操控选择（DYNAMIC SELECT）菜单。

②驻车系统。

③软顶篷菜单。

④快速车辆访问。

⑤危险警告系统。

⑥指纹传感器（RGB彩色照明）。

⑦中央显示屏打开/关闭。

⑧显示屏角度。

⑨音量设置。

除危险警告灯系统按钮外，上部控制面板中的所有按钮均为触控感应式。

3.驾驶员显示屏

新款梅赛德斯AMG SL车型232的一项创新是驾驶员显示屏（代码464）。该显示屏为独立的不带气口的LCD彩色显示屏。显示屏对角尺寸为12.3in（31.2cm），分辨率为2400像素×900像素。所有设备类型的显示理念相同。多功能方向盘按钮组1控制驾驶员显示屏的内容。可通过驾驶员显示屏上的菜单栏调用以下菜单：

①赛道。

②精细。

③动感。

④运动增强型。

⑤经典型。

⑥导航。

⑦辅助。

⑧保养。

在这些菜单中，可进行如下操作：

选择在显示区域显示不同内容；

显示/隐藏显示屏内容；

切换视图。

此外，每个菜单都有"选项"子菜单，由此可对菜单特定的显示内容进行附加设置。与具体的情况无关，关于车速和驾驶员辅助系统的信息始终显示在上方中央位置。转速表仅显示在"经典"菜单中，而不是经典表盘样式。此外，在"离散"菜单中，还可额外选择七种不同的颜色设置。根据安装的设备，选择的颜色设置应用于环境氛围照明系统和中央显示屏，如图14-1-39所示。

"经典"菜单中的显示内容，如图14-1-40所示。

4.中央显示屏

作为车载智能信息系统和车辆功能的中央操作单元，首次采用浮动配置的中央LCD触摸屏作为标准装备。尺寸为11.9in（30.2cm），分辨率为1624像素×1728像素，如图14-1-41所示。

为防止软顶篷打开时阳光反射，中央显示屏的垂直位置可以电动调节。通过触摸屏操作：

①点击。

②一根、两根或三根手指滑动。

③触摸、保持和拖动。

719

图14-1-39

1.车速表　2.转速表或时间　3.变速器挡位　4.冷却液温度表　5.车外温度　6.“经典”菜单中的显示内容示例　7.时间　8.燃油液位和油箱盖位置显示

图14-1-40

图14-1-41

④触摸并保持。

⑤调节触摸屏的触觉操作。如果启用该功能，会通过操作期间的震动提供可感知的触觉反馈。

⑥调节压力触觉。选择期间，通过该功能可感觉到类似按下按钮的反应。

中央显示屏主页概况，如图14-1-42所示。

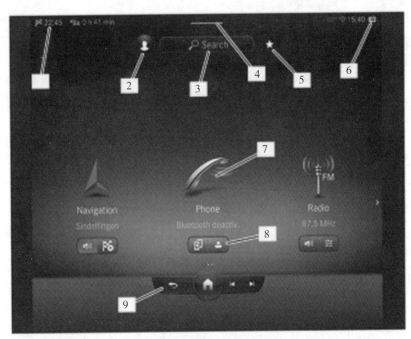

1.状态栏　2.访问用户文件设置和用户切换　3.使用全文搜索　4.调用控制中心　5.调用收藏夹　6.状态栏中的显示　7.访问应用程序　8.应用程序快速访问　9.全局菜单

图14-1-42

5.平视显示屏

平视显示系统可通过代码438（经典平视显示系统）作为选装装备订购。会在发动机罩上方约2.3m的位置向驾驶员显示虚拟彩色图像，如图14-1-43所示。平视显示屏向驾驶员视野区域凸出：

①导航系统信息。

②驾驶员辅助系统信息。

③警告信息。

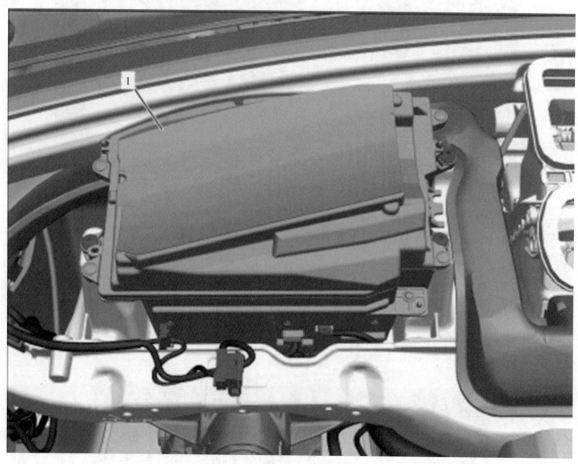

1.平视显示屏

图14-1-43

（二）信息、多媒体和通信系统

1.概述

新款梅赛德斯AMG SL车型232将标配带Connect 20Premium（NTG7）/代码534的新款第7代车载智能信息系统，如图14-1-44所示。由于引入了人工智能，该系统可自主学习并可由用户进行个性化设置。根据安装的设备，其他亮点包括带触摸屏操作的高分辨率中央显示屏。带自然语音识别的智能语音控制也是全新的功能，如表14-1-30所示。

图14-1-44

表14-1-30

特性	说明
个性化，主题	七个用户配置文件可用于保存不同的设置
增强现实录像机（装配增强现实录像机/代码U19）	导航期间，在中央显示屏的路线即视影中会显示如导航指示、街道名称和门牌号等信息
语音控制系统	自然语音识别可用便携式语音控制，用户无须学习任何语音命令，也可通过语音控制操作多个车辆功能
服务激活/启用	在线服务的激活和启用已通过软件开关标准化

2.个性化设置

通过新型第7代车载智能信息系统，最多可存储七个个人配置文件。用户配置文件的权限有 Mercedes me PIN保护，在装配相应设备的车辆中，可通过生物识别传感器启用。包括：

上部控制面板中的指纹传感器；

语音识别。

例如，根据车辆设备，可保存以下设置：

驾驶员座椅、方向盘和后视镜设置；

智能气候控制；

环境照明灯；

收音机（包括电台列表）；

主题显示、建议和收藏夹。

将车辆钥匙分配至配置文件时，某些个性化设置可能会预先激活，例如车内照明的颜色或座椅位置。对于经常出现的驾驶状况，例如高速公路上的长途旅程，可合并常用设置并保存。在这种情况下，可设置如导航地图、转速表、旅程计算机和常用收音机电台以及优先驾驶模式的显示。在创建所需名称（例如"长途旅程"）下的主题显示时，可保存这些设置。在下一高度公路旅程中，无须重新了解各个性化设置，可直接选择该主题显示。与之前的方法相比，新增了个性化信息的访问协议，从而防止未授权访问地址、支付功能或In-CAR Office。如果创建了带不同动态操控选择（DYNAMIC SELECT）（自定义）数据的多个主题显示，会将最新保存的动态操控选择（DYNAMIC SELECT）（自定义）数据保存在这些主题显示中。也就是说最新创建的主题显示会更新动态操控选择（DYNAMIC SELECT）（自定义）数据。

根据车辆设备，以下设置可保存在一个主题显示中：

①驾驶员显示屏设置。

②平视显示屏设置。

③环境氛围照明设置。

④内置音频源（如收音机或USB）。

⑤中央显示屏主菜单。

⑥风格: 风格取决于驾驶员显示屏的设置情况，例如性能。

⑦动态操控选择驾驶模式。

⑧ECO启动/停止设置。

⑨导航设定。

增强现实（装配增强现实录像机/代码U19）由摄像头记录车辆前方的风景并显示在多媒体系统显示屏中。随之图像中显示虚拟物体和标记。例如，会显示街道名称、转弯箭头和导航指示。

3.控制可能性

（1）方向盘上的手指导航垫。

在新款梅赛德斯AMG SL车型232中，方向盘上装配了手指导航垫。可通过手指导航垫操作驾驶员显示屏和MBUX多媒体系统中的所有功能。

（2）带触摸功能的中央显示屏。

中央显示屏（之前的多媒体系统显示屏）现在设计为触摸屏。除了通过方向盘和触摸板的交互式操作，还可通过中央显示屏操作多媒体和通信系统。

（3）带指纹传感器的上部控制面板。

带指纹传感器的开关面板，打开/关闭MBUX多媒体系统，打开/关闭音响，设定显示屏角度和调节音量。

（4）MBUX语音助手。

通过MBUX语音助手可进行语音拨号。说出"HeyMercedes"后开始语音操作。MBUX多媒体系统操作，如图14-1-45所示。

4.Mercedes me互联

对于欧洲市场（马斯特里赫特的客户帮助中心支持15个国家），梅赛德斯智能互联将作为设备组件提供。此外，Mercedes me互联提供以下服务/按需功能：

①基本服务。

②事故和故障管理（Mercedes me按钮和/或自动事故或故障检测）。

③保养管理。

④远程诊断。

⑤信息娱乐。

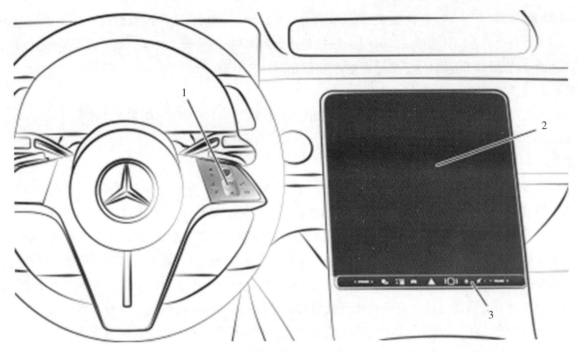

1.MBUX 多媒体系统触控和操作组　2.带触摸功能的中央显示屏　3.带指纹传感器的上部控制面板

图14-1-45

⑥数字式收音机（代码537），按需功能（加装/启用）。

⑦智能手机集成（代码4U），按需功能（加装/启用）。

⑧AMG赛道（代码256），按需功能（加装/启用）。

⑨电视调谐器。

⑩MBUX 语音助手。

⑪在线音乐。

⑫舒适性。

⑬燃油&支付。

⑭车辆设定。

⑮导航。

⑯在线语音控制系统。

⑰实时交通信息。

⑱梅赛德斯-奔驰导航（代码365），按需功能（加装/启用）。

⑲导航服务（驻车，天气）。

⑳安全和服务。

㉑车辆监控。

㉒URBAN GUARD车辆保护组件。

㉓Car-to-X通信系统。

　　Mercedes me的使用要求就是激活用户账户。梅赛德斯智能互联通过数字世界将车辆与车主和车辆使用者相连。梅赛德斯智能互联包括标准服务、梅赛德斯-奔驰紧急呼叫系统以及可选的远程在线服务。远程在线服务可使用户了解特定的车辆指定信息和功能。技术根据为带集成式SIM卡的车载智能信息服务控制单元。信息通过移动电话连接在车辆与戴姆勒汽车后台之间交换。无须激活用户账户即可激活梅赛德斯–奔驰紧急呼叫系统。在新款梅赛德斯AMG SL车型232中，集成在上方控制面板中的按钮（服务和信息）全部布置在上方控制面板中的Mercedes me按钮中。RAMSES通信模块替换了当前使用的HERMES通信模块，从而支持最新的通信技术，如可多输入/多输出的LTE升级版。

5.电话

集成式智能电话（装配智能手机集成式组件/代码14U）支持以下智能手机集成技术：

①CarPlay（苹果）。

②Auto（安卓）。

集成式智能电话可使驾驶员进入智能手机中的应用程序，智能手机提供人机界面（HMI），在驾驶过程中也可使用。对于所有的技术，需要相应设备已开发并发布的指定应用程序。智能手机上可预先安装基本的应用程序。使用前部移动设备的感应充电装置/代码897进行感应充电（不带/带至车辆外部天线的连接，标准装备）。感应充电垫允许适合的智能手机在车内进行无线充电。充电垫置于中央控制台前方区域的一个储物箱内。如果与车辆外部天线连接时进行感应充电，智能手机一放到充电垫上时就会与车辆配对。此外，可通过将智能手机放到充电垫上来设置车辆Wi-Fi热点，两种类型均包括近场通信（NFC）功能。近场通信（NFC）是短距离内无线数据交换的国际传输标准。优点在于大大减少了操作步骤和配对过程的规范化。无须再输入或对比代码。NFC芯片和相关天线位于感应充电垫的外壳中。

6.音响系统

已知的Frontbass系统在驾驶员脚部位置装配一个Frontbass扬声器，并且根据车型不同，总共有8到9个扬声器，这也是新款梅赛德斯AMG SL车型232的标准装备的一部分。Burmester® 3D环绕立体声音响系统和Burmester®高端3D环绕立体声音响系统作为选装装备提供。音响系统在收音机和多媒体模式中所有功能均可用。音响系统的所有扬声器都经过了输出优化。为传送来自驾驶员显示屏的声讯和警告信息，在驾驶员侧仪表板下方安装了信号扬声器。对于车载紧急呼叫服务和礼宾服务，仪表板的上部中央位置安装了中置扬声器。

①Burmester® 3D环绕立体声音响系统（装配高级音响系统/代码810）。

11个高级音响扬声器；

1个外置D级放大器（输出功率710W）；

Burmester®印字；

优化的声音模式。

②Burmester®高端3D环绕立体声音响系统（装配高端音响系统/代码811）。

15个高级音响扬声器；

座椅中有2个触觉传感器；

1个带集成式放大器的重低音扬声器；

1个外置D级放大器（输出功率710 W）；

Burmester®印字；

优化的声音模式。

7.数字用户手册

已将车辆的用户手册的数字化。包含的信息可通过MBU语音助手，方向盘上的手指导航垫或通过中央显示屏的触摸屏直接访问。还提供包含关于使用车辆基本操作步骤的打印版手册作为数字用户手册的补充。

十四、专用工具

1.抽真空装置

MB编号：000588037100，如图14-1-46所示。

用于对液压悬架进行排放、抽空和加注的抽真空装置。

注意事项：与加注装置W 000 588 03 82 00配套使用。

2.套筒组件

MB编号：232 586 00 09 00，如图14-1-47所示。

用于松开、拧紧和反向固定转向节上推力臂螺纹连接的套筒组件。

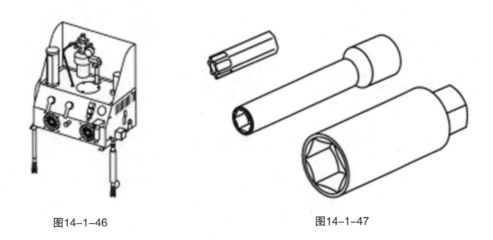

图14-1-46　　　　　　　　　　　　图14-1-47

3.套筒组件

MB编号：232 588 00 16 00，如图14-1-48所示。

用于松开、拧紧和反向固定转向节上支杆的球头销螺纹连接的套筒组件。

4.软顶篷固定座

MB编号：232 588 00 31 00，如图14-1-49所示。

用于在维修作业（例如，更换软顶篷帆布）期间固定已拆卸软顶篷的固定座。

注意事项：与升降台W 000 588 03 62 00配套使用。

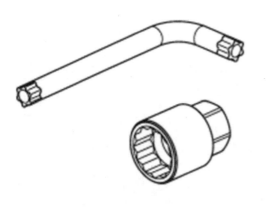 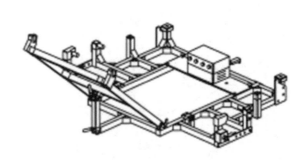

图14-1-48　　　　　　　　　　　　图14-1-49

5.数据表

MB编号：232 588 12 23 00，如图14-1-50所示。

用于在车身修理作业期间根据梅赛德斯-奔驰标准检查和固定结构件的车辆专用装配计划。

注意事项：与车身矫直系统W 000 588 02 23 00配套使用。

6.冲子套件

MB编号：232 589 00 15 00，如图14-1-51所示。

用于将后轴固定到车身外壳上的冲子套件。

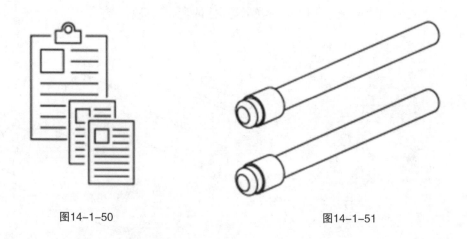

图14-1-50　　　　　　　　　　　　图14-1-51

7.适配器

MB编号：232 589 00 19 00，如图14-1-52所示。

用于调节定位点并确定车辆水平高度的适配器。

注意事项：与倾斜度测量仪W 000 588 05 19 00配套使用

8.拉拔器

MB编号：232 589 00 27 00，如图14-1-53所示。

用于对左后和右后纵梁上的事故损坏进行整修加工的拉拔器。

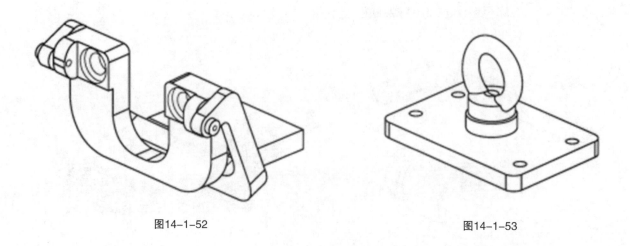

图14-1-52　　　　　　　　　　　　图14-1-53

第十五章　奔驰AMG GT（W190）车系

第一节　奔驰AMG GT和AMG GT S（W190.377/W190.378）新技术剖析

一、概览

（一）车型和机组

如表15-1-1所示。

表15-1-1

名称	型号	发动机	变速器	ECE版投放市场	美国版投放市场
AMG GT	190.377	178.980	D 700.402	01.07.2015	01.08.2016
AMG GT S	190.378	178.980	D 700.402	07.03.2015	18.04.2015

新AMG GT，如图15-1-1所示。

图15-1-1

（二）简述

继梅赛德斯-奔驰SLS之后，AMG GT是一款梅赛德斯AMG在阿法特巴赫完全独立研发的车型。AMG GT并不是梅赛德斯-奔驰SLS的后续车型，而是梅赛德斯AMG全新的、独立的运动车型号系列。这款运动车型的出色之处，在于它采用了铝合金立体框架车身和全新开发的梅赛德斯AMG 4.0L V8前置中部发动机。通过新的发动机设计方案，实现了排量减小，从而使废气排放降至最少。同时，功率和效率有所提高。新AMG发动机M178在设计上独一无二的创新包括：

①干油底壳润滑。

729

②两个呈"V"形布置的废气涡轮增压器。

③独立的低温回路，用于增压空气冷却系统。

④带压电式喷油器的喷束引导式汽油直接喷射系统。

AMG GT内的4.0L V8双涡轮发动机的功率为340kW，扭矩为600N·m。在AMG GT S中，功率为375kW，扭矩为650N·m。这使得AMG GT成为其细分市场中动力最强的运动车之一。4.0L V8双涡轮发动机M178，如图15-1-2所示。

图15-1-2

（三）亮点

1.变速驱动桥原理

发动机的安装位置在前轴后方，重心低，变速器安装在后轴上，这种布局实现了最佳的重量分配。前轴和后轴之间的重量分配比例为47∶53。

2.扭矩管

AMG 4.0SL V8双涡轮发动机的动力通过双离合器变速器上超轻的碳纤维驱动轴传递到后轴上。变速器和发动机通过扭矩管相互固定连接。这样做的优势在于为所产生的动力和扭矩提供最佳支持。

3.AMG双离合器变速器

在动力传输方面，采用了在细节上继续开发的AMG双离合器变速器，带有七个前进挡和一个倒挡。变速器的出色之处，在于其快速的换挡过程，不会出现牵引力中断。AMG GT的传动系统，如图15-1-3所示。

4.AMG空气动力学组件

此外，空气动力学组件由一个经改进的内置定风翼的前挡板和一个固定在尾门上的后尾翼组成。另外，在车轮前方还安装有护条。空气动力学组件可以提高路面附着力，从而为运动的、安全的驾驶提供支持。

5.坚固的轻型结构

AMG GT是继SLS之后梅赛德斯-奔驰和梅赛德斯AMG推出的第二款车型，其车身采用了铝合金材料的立体框架，从而使重量明显降低。后尾翼，如图15-1-4所示。

图15-1-3

图15-1-4

（四）装置

如表15-1-2所示。

表15-1-2

市场	ECE		美国/加拿大		日本	
传动系						
	AMG GT	AMG GT S	AMG GT	AMG GT S	AMG GT	AMG GT S
AMG SPEEDSHIFT DCT 7挡运动型变速器	标准装备	标准装备	标准装备	标准装备	标准装备	标准装备
AMG ESELECT换挡杆，带纯金属方向盘换挡拨片	标准装备	标准装备	标准装备	标准装备	标准装备	标准装备

市场	ECE		美国/加拿大		日本	
	AMG GT	AMG GT S	AMG GT	AMG GT S	AMG GT	AMG GT S
ECO启动/停止功能	标准装备	标准装备	标准装备	标准装备	标准装备	标准装备
AMG可切换式运动型排气系统	代码U78	标准装备	代码U78	标准装备	代码U78	标准装备
底盘、制动器						
AMG运动型悬架	标准装备	–	标准装备	–	标准装备	–
AMG RIDE CONTROL运动型悬架，带3向可调式自适应减震器	代码479	标准装备	代码479	标准装备	代码479	标准装备
AMG DYNAMIC增值套件	–	代码P71	–	代码P71	–	代码P71
AMG后轴差速锁	标准装备	–	标准装备	–	标准装备	–
AMG电子后轴差速锁	–	标准装备	–	标准装备	–	标准装备
AMG高性能复合材料制动系统	标准装备	标准装备	标准装备	标准装备	标准装备	标准装备
AMG陶瓷高性能复合材料制动系统	代码B07	代码B07	代码B07	代码B07	代码B07	代码B07
制动钳，红色喷漆	–	标准装备	–	标准装备	–	标准装备
制动钳，银色喷漆	标准装备	–	标准装备	–	标准装备	–
智能气候控制						
多区域智能空调（Ther motronic）	标准装备	标准装备	标准装备	标准装备	标准装备	标准装备
座椅加热器	代码873	代码873	代码873	标准装备	LS	LS
车灯系统						
行驶灯辅助系统	标准装备	标准装备	标准装备	标准装备	标准装备	标准装备
全LED大灯	标准装备	标准装备	标准装备	标准装备	标准装备	标准装备
采用LED技术的尾灯	标准装备	标准装备	标准装备	标准装备	标准装备	标准装备
远光灯辅助系统	代码608	代码608	标准装备	标准装备	LS	LS
信息娱乐、导航和通信系统						
多媒体系统Audio 20	标准装备	标准装备	–	–	–	–
数字广播（DAB）	代码537	代码537	–	–	–	–
Touchpad，选装，与Audo 20组合使用	代码488	代码488	–	–	–	–
驾驶室管理和数据系统以及联网功能（COMAND orline），包括Touchpad	代码531	代码531	标准装备	标准装备	–	–
DVD播放器	代码815	代码815	标准装备	标准装备	–	–
DVD换碟机	代码814	代码814	–	–	LS	LS
AMG GT	AMG GTS	AMG GT	AMG GTS	AMG GT	AMG GTS	

市场	ECE		美国/加拿大		日本	
	AMG GT	AMG GT S	AMG GT	AMG GT S	AMG GT	AMG GT S
Burmester®环绕立体声音响系统	代码810	代码810	代码810	标准装备	代码810	代码810
Burmester®高档环绕立体声音响系统	代码811	代码811	代码811	代码811	代码811	代码811
便捷电话	代码386	代码386	–	–	–	–
驾驶员辅助系统						
预防性安全系统（PRE-SAFE®）	代码299	代码299	LS	LS	LS	LS
3挡电控车辆稳定行驶系统（ESP®），带制动辅助系统BAS	标准装备	标准装备	标准装备	标准装备	标准装备	标准装备
注意力辅助系统	标准装备	标准装备	标准装备	标准装备	标准装备	标准装备
盲点辅助系统	代码234	代码234	代码234	代码234	代码234	代码234
车道保持辅助系统	代码476	代码476	代码476	代码476	LS	LS
车道辅助组件	代码22P	代码22P	代码22P	代码22P	代码22P	LS
后视摄像头	代码218	代码218	标准装备	标准装备	LS	LS
驻车定位系统（PARKTRONIC）	代码220	代码220	标准装备	标准装备	LS	LS
碰撞预防辅助系统增强版（COL-LISION PREVENTION ASSIST PLUE）	代码258	代码258	LS	LS	LS	LS
舒适/便捷系统						
KEYLESS GO套件	代码P17	代码P17	代码P17	标准装备	代码P17	代码P17
KEYLESS GO启动功能	标准装备	标准装备	标准装备	标准装备	标准装备	标准装备
后视镜套件	代码P49	代码P49	标准装备	标准装备	LS	LS
AMG车门槛，采用LED技术的白色照明	代码U25	代码U25	代码U25	代码U25	代码U25	代码U25
车内						
AMG银色镀铬组件	标准装备	标准装备	标准装备	标准装备	标准装备	标准装备
AMG黑色钻石组件	代码H80	代码H80	代码H80	代码H80	代码H80	代码H80
AMG碳纤维亚光饰件	代码H77	代码H77	代码H77	代码H77	代码H77	代码H77
AMG碳纤维饰件	代码H73	代码H73	代码H73	代码H73	代码H73	代码H73
AMG玻璃纤维银色亚光饰件	代码H84	代码H84	代码H84	代码H84	代码H84	代码H84
外饰						
特殊型号Edition 1	–	代码P97	–	代码P97	–	代码P97
全景天窗	代码416	代码416	代码416	代码416	代码416	代码416
AMG空气动力学组件	代码B26	代码B26	代码B26	代码B26	代码B26	代码B26

装备特殊型号Edition 1（代码P97）：AMG GT S上市时将限时提供 Edition 1。它的亮点是汽车拥有更多赛车血统。

1.外饰组件

①AMG空气动力学组件（代码B26）。

②AMG轻合金车轮，双色黑（代码657）。

③AMG碳纤维车顶（代码397）。

④AMG夜色组件（代码P60）。

2.内饰组件

①AMG纳帕/DYNAMICA性能座椅，黑色，带红色对比线（代码555）。

②红色安全带（代码Y05）。

③AMG高性能方向盘，黑色纳帕皮革，3辐设计，带"Edition 1标识"（代码L6J）。

④内饰组件"黑钻石"（代码H80）。

AMG高性能方向盘，如图15-1-5所示。

图15-1-5

AMG Edition1车内设备，如图15-1-6所示。

图15-1-6

二、整车

（一）外饰

1.前部

下倾的后掠形前裙板赋予AMG GT动态外观。正面集成了用于发动机和机组的大进气口。散热器格栅中集成了一个大的星徽和一个翼形横翼。在带限距控制系统增强版（DISTRONIC PLUS）的特殊装备上，传感器安装在星徽后面。散热器格栅中的格栅作为特殊装备可提供钻石铬外观。新款全LED大灯凸显车辆的现代和运动型特点。

2.侧视图

在翼子板和车门槛饰板之间有类似的双翼片排气格栅，就像加在发动机罩里那样。侧面纵梁完全被塑料车门槛饰板盖住。车门槛饰板保护侧面纵梁以及翼子板、车门和侧壁防止被石击，如图15-1-7所示。这对车辆侧面部分的形状设计起到了决定性的作用。

3.尾视图

乘客舱拱起的后车窗和乘客舱巨大的B柱过渡到平坦向下倾斜的行李箱盖。扁平的全LED尾灯以其水平轮廓凸显了车辆的宽度效果。后部保险杠中除了中间的LED后雾灯和倒车灯，还集成了扩散器和两侧尾管饰件，如图15-1-8所示。

4.全景天窗

全景天窗可作为特殊装备提供，可覆盖整个车顶面。它由一个巨大的一体式玻璃模块构成，可在车内营造明亮、友好的气氛。日照强的时候，可通过机械式遮阳帘来遮挡。另外，全景天窗凭借其贯穿式玻璃镜让车辆显得更加轻巧，如图15-1-9所示。

图15-1-7

图15-1-8

图15-1-9

5.后扰流板

即便是在车速较高的情况下，可伸出的后扰流板也能提供车辆在路面所需的接触压力。在DYNAMIC SELECT的C、S和S+位置时，后扰流板在车速超过120km/h时自动伸出。如果速度低于80km/h，后扰流板重新收回。如果低于30km/h，后扰流板立即收回。在DYNAMIC SELECT位置"RACE"中，伸出阈值为70km/h，缩回阈值为30km/h。可手动伸出后扰流板以便清洁，如图15-1-10所示。

图15-1-10

（二）尺寸

未加载时的尺寸，如图15-1-11所示。

车库尺寸，如图15-1-12所示。

（三）技术数据

代码P71，如表15-1-3所示。

（四）车内

1.车内设计

内饰具有运动整体感觉的特点。周围的面均相互匹配，透出高级格调。车内设计采用带AMG黑钻组件的红辣椒色/黑色真皮，如图15-1-13所示。

2.内饰材料

所有部件均采用金属表面，例如换挡杆和内部车门开启器在颜色、光泽度和表面品质方面显示统一的外观。该高品质表面涂层称为铬银，凸显冷峻和深透明的外观。车内的驾驶室、方向盘以及中央控制台和车门镶板的基本装备采用人造革ARTICO。立柱饰板以及顶篷采用黑色材料或作为特殊装备的高品质DINAMICA微纤维。整个车内空间的底板以及后镶板采用绚丽的短天鹅绒。作为特殊装备也可选择订购Nappa皮革和尊贵版Nappa皮革。装饰缝和对比缝记录了高贵的手工制造特色，同时突出了车内的结构轮廓。

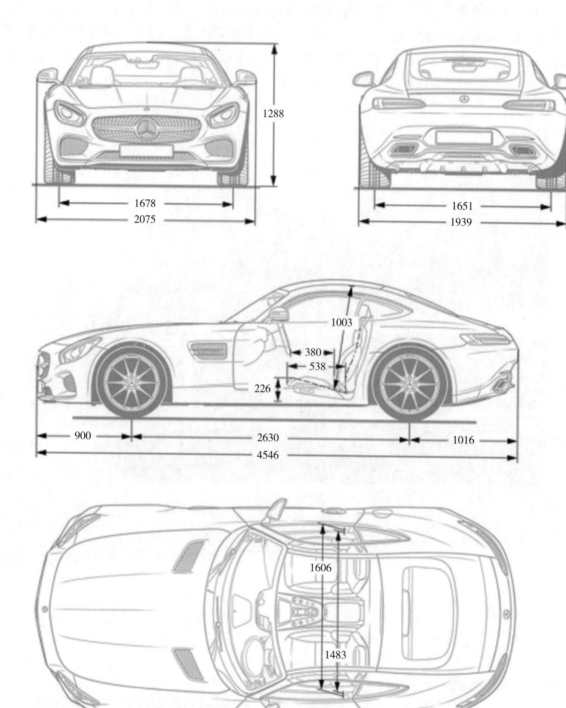

图15-1-11

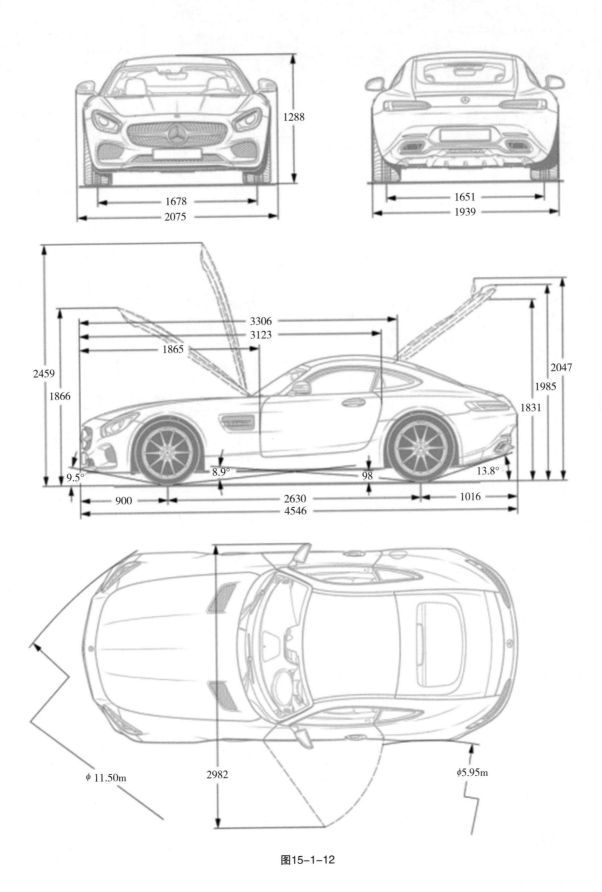

图15-1-12

表15-1-3

尺寸和重量	单位	AMG GT	AMG GT S
车辆长度	mm	4546	4546
外部后视镜展开时的车辆宽度	mm	2075	2075
外部后视镜内折时的车辆宽度	mm	1939	1939
车辆高度	mm	1288	1288
轴距	mm	2630	2630
前悬	mm	900	900
后悬	mm	1016	1016
前轮距	mm	1684	1678/1684
后轮距	mm	1651	1651
按照欧盟指令的汽车整备质量	kg	1615	1645
允许总重量	kg	1890	1890
按照欧盟指令的最大有效载荷	kg	275	245
最大座位数		2	2
行李箱容积	L	350	350
转向半径	m	11.5	11.5
油箱容积	L	65	65
风阻系数	c_w	0.36	0.36
最高车速	km/h	304	310
综合油耗（NEDC）	L/100km	9.3	9.4
二氧化碳综合排放	g/km	216	219

3.内部颜色

有六种基本色可供选择：

①黑色。

②红辣椒色。

③栗色。

④银珍珠色。

⑤信号白色。

⑥鞍棕色。

4.碳纤维和玻璃纤维饰件

作为特殊装备，车内饰件可提供更多"赛车气质"。可提供采用亮光碳纤维或亚光碳纤维的碳纤维饰件以及载物舱中的支柱。车门槛可选配高亮碳纤维。第一次可订购采用亚光银玻璃纤维的饰件，如图15-1-14所示。

图15-1-13

图15-1-14

741

5.中央控制台

中央控制台采用精细材料组合，比如真正的玻璃纤维和真正的碳纤维。该饰件采用银色铬或黑钻石铬安装。作为先进技术的亮点，中央操作单元内集成了一块Touchpad，可代替数字键盘并作为COMAND控制器的补充。Touchpad的盖板、按钮和插座盖板均采用黑色钢琴漆。

6.仪表板

仪表板连同其贯穿式上部件配备成型导风罩，可将仪表盘包括在内。导风罩凸显了AMG GT的运动型特点。仪表板作为特殊装备，采用真皮蒙面，如图15-1-15所示。

图15-1-15

7.仪表盘

AMG GT和AMG GT S的仪表盘在车速刻度上有所区别。AMG GT的仪表盘最大320km/h，AMG GT S的仪表盘最大360km/h，如图15-1-16所示。

8.AMG菜单

多功能显示屏中也包括AMG菜单，如图15-1-17所示。

9.中央显示屏

标准装备的大尺寸中央显示屏为一块7in显示屏，带黑色高亮底板和边框。特殊装备 COMAND Online具备一个8.4in的显示屏。框架被电镀成银影色。驾驶室管理和数据系统以及联网功能（COMAND Online），如图15-1-18所示。

1.后雾灯指示灯　2.轮胎压力监测系统警告灯（在代码475轮胎压力监测系统上）　3.ESP®/ASR关闭警告灯　4.ESP®警告灯　5.限距控制系统（DISTRONIC）警告灯〔在代码258碰撞预防辅助系统增强版（COLLISION PREVENTION ASSIST PLUS）〕上　6.转向辅助警告灯　7.辅助防护装置指示灯　8.安全带警告灯　9.转向信号灯指示灯　10.制动力分配警告灯　11.驻车制动器警告灯　12.防抱死系统指示灯　13.发动机诊断指示灯　14.驻车制动器指示灯　15.制动系统警告灯　16.冷却液温度表　17.冷却液温度警告灯　18.ESP® SPORT 指示灯　19.多功能显示屏　20.远光灯指示灯　21.燃油液位指示器　22.近光灯指示灯　23.燃油存量警告灯　24.驻车灯指示灯　25.前雾灯指示灯

图15-1-16

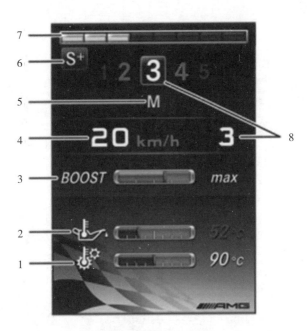

1.变速器油温度　2.发动机油温度　3.增压压力　4.数字式车速表
5.变速器模式　6.驾驶模式　7.换挡建议　8.变速器位置

图15-1-17

图15-1-18

10.AMG高性能方向盘

AMG高性能方向盘以其运动型设计让人为之着迷。在下侧是平整的方向盘。握把区域已穿孔或采用超细纤维DINAMICA蒙面。它具备银色铝质换挡拨片和12小时标记，如图15-1-19所示。

图15-1-19

11.采用亚光银色玻璃纤维的行李舱支柱

采用亚光银色玻璃纤维的支柱与采用亚光银色玻璃纤维的AMG饰件完美匹配。它安装在座椅后面，凸显了内饰中的运动特性。另外，它还可防止轻巧物件滑入乘客舱，如图15-1-20所示。

图15-1-20

储物盒和装载空间概览，如图15-1-21所示。

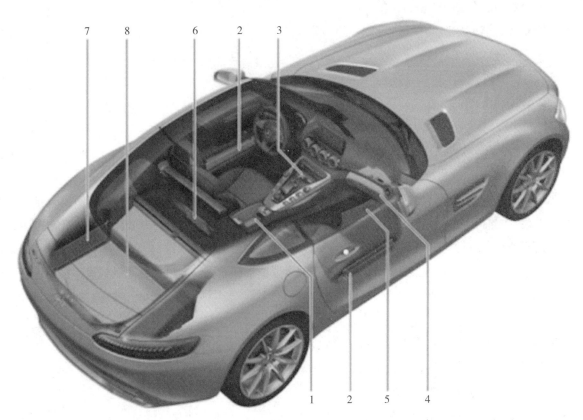

1.中央控制台储物盒　2.带暗箱的驾驶员和前排乘客扶手　3.中央控制台中双杯架　4.带照明和可上锁的手套箱　5.前排乘客脚坑中的网　6.后座后镶板上左侧的网　7.行李舱中左侧的网　8.行李舱

图15-1-21

三、保养策略/主动保养系统（ASSYST）

1.新技术特性

型号系列190和型号系列205一样，遵循新的保养逻辑。保养范围，尤其是保养A和保养B已按照程序性和汽车技术性标准重新进行了汇总。因此可以明显减小每年保养价格的波动。AMG的固定保养周期，例如对于ECE的"每20000km/12个月"以及可能因国家而异的保养里程保持不变。另外，保养A和保养B仍然始终交替进行，并仍可由客户自由选择"增值套件"。

2.发动机

在型号系列190中将首次安装发动机M178，批量为4.0L到V8发动机。这是AMG的新一代发动机，对于该级别车辆来说油耗低。

3.使用7挡自动双离合器变速器

已在型号系列BR 197中使用的双离合器变速器也将应用在型号系列BR 190中。

4.保养辅助工作

车辆具体的保养操作根据以下说明的时间间隔进行：

①更换制动液，每2年。

②更换空气滤清器滤芯，每60000km/3年。

③更换火花塞，每80000km/3年。

④更换燃油滤清器，每200000km/10年。

⑤更换冷却液，每200000km/10年。

⑥更换双离合器变速器油，每60000km/4年。

四、驱动机构

（一）发动机M178

1.简述

发动机M178是新款V8发动机系列的一分子。涡轮增压器采用"内V形"布局，可实现紧凑的车辆安装，新鲜空气输入得到优化，为涡轮增压器提供完美进气条件。这可以优化发动机的响应时间。在M178上采用带干式油底壳润滑系统的发动机。与传统湿式油底壳润滑系统的根本区别在于一个外部储油罐取代了油底壳。采用干式油底壳润滑系统可实现发动机安装位置更低，由此车辆重心更低。在发动机M178上，皮带驱动、链条传动和供油与发动机M177一样。甚至曲轴箱也采用密封式甲板结构。开发者成功地提高新型发动机设计，缩小了排量，降低了废气排放，同时提升了单位功率和效率。通过使用主动式发动机支承和变速器支承可调节与车身的连接是刚性还是柔性。驾驶员可通过驾驶模式对其产生影响，如图15-1-22所示。

2.M178的特点

①采用压电式喷油器的喷雾引导式汽油直喷系统，燃油压力20000kPa。

②4气门技术，采用2根顶置凸轮轴（DOHC）。

③两个V形布置的涡轮增压器。

④通过气缸筒的NANOSLIDE®涂层实现摩擦力优化。

⑤通过砂铸技术制造曲轴箱和采用密封式甲板结构，强度更高。

⑥发动机电子设备控制单元在车辆侧的布置。

图15-1-22

⑦用于降低气缸延迟和油耗的边缘研磨。

⑧活塞环组件经过优化,以减少摩擦。

⑨使用与浇铸活塞相比重量更轻、强度更高的锻造活塞。

⑩经过流动优化、采用锆合金的气缸盖用于改善导热性。

⑪已断开的低温回路。

⑫通过链条传动驱动的冷却液泵。

⑬干式油底壳润滑系统带外部储油罐。

⑭主动式发动机支承带独立控制单元(在代码 P71上)。

发动机舱视图,如图15-1-23所示。

(二)发动机数据

如表15-1-4所示。

AMG GT中的功率图M178,如图15-1-24所示。

AMG GT S中的功率图M178,如图15-1-25所示。

(三)喷射系统

燃油高压泵产生的燃油压力可高达20000kPa。通过操纵油量控制阀调节燃油量。燃油压力和温度传感器探测当前燃油高压以及油轨中的燃油温度。车辆静止和换挡杆位置处于N挡或P挡时,燃油压力将降至13000kPa,以降低燃油高压泵的噪音排放。如果在发动机仍然高温的情况下停车,燃油压力可能会上升到25000kPa。到达该限值时,机械式限压阀自动打开,将多余压力卸除。通过高压管路和油轨,燃油经由喷油器直接进入燃烧室。这发生在最多五次部分喷射期间,如图15-1-26所示。

B4/4.再生压力传感器　N3/10.发动机电子设备（ME）控制单元　Y58/11.左侧再生转换阀　Y58/12.右侧再生转换阀　Y101/1.左侧旁通空气转换阀　Y101/2.右侧旁通空气转换阀

图15-1-23

表15-1-4

	单位	AMG GT	AMG GT S
发动机数据			
发动机型号		178.980	178.980
发动机代码		M178	M178
气缸排列和气缸数		V8	V8
排量	cm^3	3982	3982
缸径	mm	83	83
冲程	mm	92	92
压缩比 ε		10.5：1	10.5：1
增压压力（固定式）	kPa	190	200
燃油		ROZ 98超级无铅汽油	ROZ 98超级无铅汽油
额定功率	kW/r/min	340	375
		6000	6250
扭矩	N·m/r/min	600	650
		1750~4750	1750~4750
最高车速	km/h	304	310
尾气排放标准		欧6	欧6

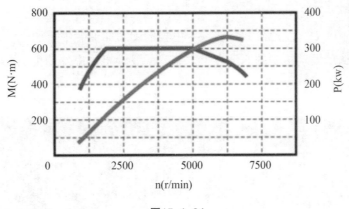

图15-1-24

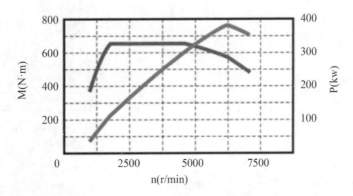

图15-1-25

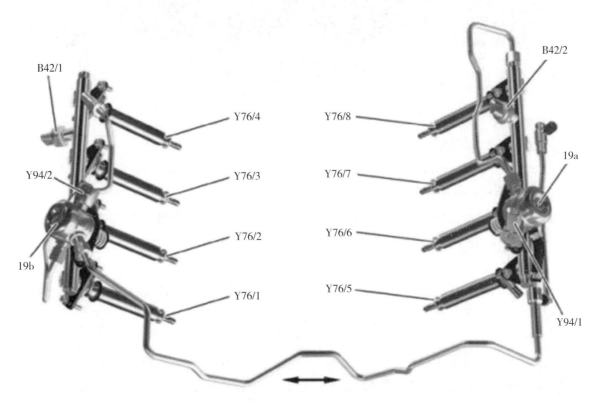

19a.左侧燃油高压泵   19b.右侧燃油高压泵   B42/1.右侧燃油压力和温度传感器   B42/2.左侧燃油压力和温度传感器
Y76/1.气缸1喷油器   Y76/2.气缸2喷油器   Y76/3.气缸3喷油器   Y76/4.气缸4喷油器   Y76/5.气缸5喷油器   Y76/6.气缸6喷油器   Y76/7.气缸7喷油器   Y76/8.气缸8喷油器   Y94/1.左侧油量调节阀   Y94/2.右侧油量调节阀

图15-1-26

（四）干式油底壳润滑系统

在干式油底壳润滑系统中，发动机油装在一个单独的塑料储油罐中。加注量为9L。发动机油将根据需要通过发动机油泵被送到发动机中的润滑点上。滴落的发动机油由发动机油泵吸走，然后重新泵入储油罐，如图15-1-27所示。

B40.机油传感器（机油液位、温度和质量）

图15-1-27

1.干式油底壳润滑系统的优点

油底壳被外部储油罐替代。因此，机组的安装位置可以更低。而更低的重心则有利于行驶动态性能。也可在极端驾驶状况下确保供油。总效率得到改进，因为取消了油底壳，不会产生搅动损失。

2.按需调节的发动机油泵

一个阀门调节发动机油泵在压力等级200kPa和400kPa之间的切换。这样，发动机机油回路的机油供应将根据具体需要得到优化。

3.活塞加热功能

冷启动阶段将以低油压行驶。通过更低的油压，取消了活塞顶喷油冷却装置。这样，活塞能更快达到工作温度。

4.机油加热功能

活塞加热后，将以高油压行驶一段时间。由此激活的活塞顶喷油冷却装置可快速加热发动机机油。这样，机油将很快降低黏度，发动机中的摩擦力也随之降低。由此节约燃油。

（五）发动机冷却系统

1.高温冷却回路

发动机冷却主要在一个大的、由850W散热器风扇功率支持的主冷却器中进行。主冷却器位于车辆

750

前部大进气口的后部正中位置。它将由左侧车轮拱罩中一个为此目的专门开发的附加冷却器提供支持。在发动机M178上，冷却液泵通过正时链驱动，如图15-1-28所示。提示：由于高温/低温冷却回路是隔开的，因此在维修时需要两倍的加注和排气。

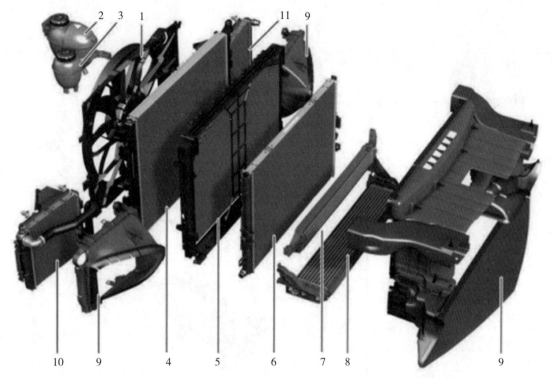

1.风扇外壳　2.膨胀容器（高温回路）　3.膨胀容器（低温回路）　4.发动机冷却器　5.空调冷凝器　6.低温冷却器　7.转向系统油冷却器　8.发动机油冷却器　9.空气导管　10.车轮拱罩附加冷却器（低温回路）　11.车轮拱罩附加冷却器（高温回路）

图15-1-28

2.低温回路

在右侧车轮拱罩内放置了一个附加冷却器。它将在增压空气和变速器油冷却时支持低温冷却器。安装了三个各110W的电子循环泵：

①2个用于增压空气冷却系统。

②1个用于变速器机油冷却。

3.发动机油冷却

发动机油冷却经由一个集成在冷却液循环中的油水热交换器进行。另外，M178还有一个带发动机油节温器和空气冷却的外部机油回路。低温回路图，如图15-1-29所示。

4.空气供应和增压空气冷却系统

在发动机M178上，抽吸空气将直接经由相应的空气导管从车辆前部导入空气滤清器壳，如图15-1-30所示。洁净空气现在直接进入涡轮增压器。增压压力软管将压缩的增压压力导入两个增压空气冷却器。为了实现尽可能短的增压空气通路，两个节气门成为增压空气冷却器和增压空气分配器之间的连接点。增压空气分配器直接安装在相应气缸盖的进气道上。

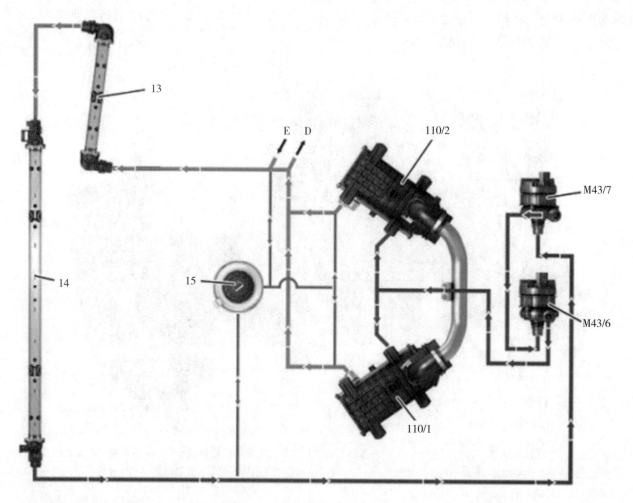

13.车轮拱罩附加冷却器（低温回路）　14.低温冷却器　15.膨胀容器（低温回路）　110/1.左侧增压空气冷却器　110/2.右侧增压空气冷却器　M43/6.低温回路循环泵1　M43/7.低温回路循环泵2　D.变速器机油冷却进流管　E.变速器机油冷却回流管

图15-1-29

（六）排气系统

1.AMG运动型排气系统

AMG运动型排气系统是AMG GT S的标配，对于AMG GT则是特殊装备。贯穿式双管AMG运动型排气系统配备了两个直接安装在发动机上和两个安装在底板上的催化转换器。后面安装了两个独立的前消音器和一个共用的后消音器。后保险杠的左右侧排气挡板遮挡排气尾管。AMG运动型排气系统的分离点直接位于底板上催化转换器的后面。左右侧废气风门促动电机安置在后消音器前相应的旁路排气管中。废气风门用于减轻噪音，如图15-1-31所示。

2.废气风门的控制

废气风门通过两个促动电机直接经由发动机控制单元控制。较之传统的真空控制调节器，它们有以下优点：

①具有诊断功能。

②以特性曲线控制的打开，例如取决于所选的驾驶模式。

图15-1-30

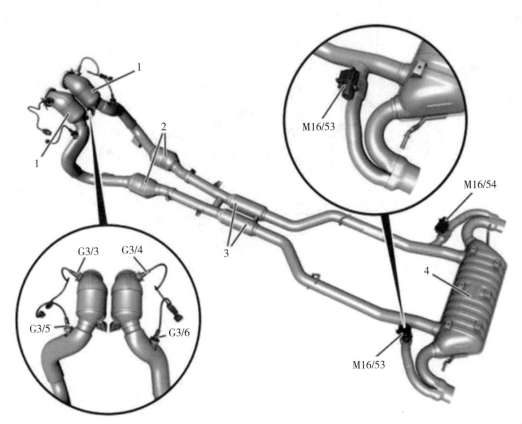

1.三元催化转换器（安装在发动机附近）　2.三元催化转换器（底板）　3.前消音器　4.后消音器　G3/3.催化转换器上游左侧氧传感器　G3/4.催化转换器上游右侧氧传感器　G3/5.催化转换器下游左侧氧传感器　G3/6.催化转换器下游右侧氧传感器　M16/53.左侧废气风门促动电机　M16/54.右侧废气风门促动电机

图15-1-31

3.设置AMG运动型排气系统

AMG运动型排气系统的音量可经由AMG驱动单元调节。按钮中的指示灯显示最大音量，如图15-1-32所示。

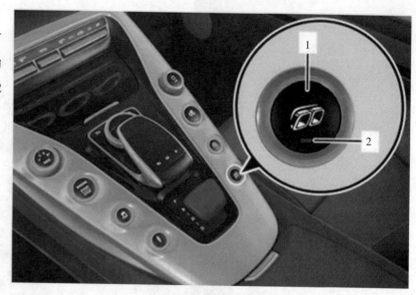

1.运动型排气系统按钮 2.运动型排气系统指示灯

图15-1-32

（七）燃油系统

1.燃油箱

AMG GT采用不锈钢燃油箱，容量为75L。所有市场的油箱采用同样的结构，但欧盟市场标准加油关闭点为65L。作为特殊装备，油箱容量为75L。燃油箱安置在后轴上方。燃油泵安装在油箱内，由燃油泵控制单元根据需要进行控制。燃油泵控制单元安装在燃油箱上。AMG GT燃油系统（ECE版）如图15-1-33所示。

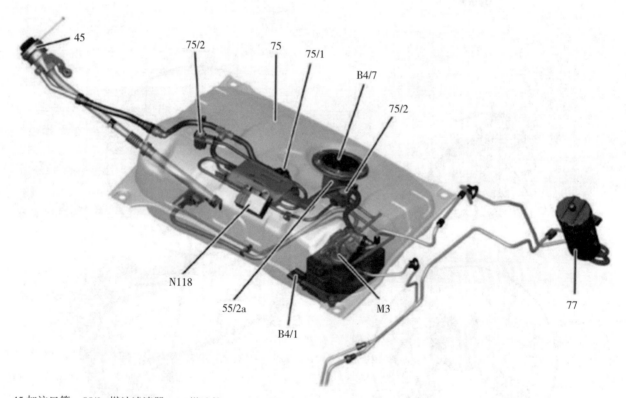

45.加注口管 55/2a.燃油滤清器 75.燃油箱 75/1.加油阀、限压阀和排气阀 75/2.通风和排气阀 77.活性炭罐 B4/1.燃油箱液位传感器、燃油液位指示器，左侧 B4/7.燃油压力传感器 M3.燃油泵 N118.燃油泵控制单元

图15-1-33

五、底盘

（一）转向系

1.齿轮齿条式转向机带伺服助力

采用铝质壳体的齿轮齿条式转向机提供了一个可变的机械传动比和一个车速感应的伺服助力。齿轮齿条式转向机安装在前轴副车架上。可变传动比的设计是为了实现车辆在车速较高和转向角度变化小的情况下保持稳定。这将通过围绕转向中间位置的非直接传动比来实现。在运动型使用中，转向角度变化出现频繁时，可通过超出转向中间位置的直接传动比良好地控制车辆。

2.车速感应调节

随着速度增加、电流减小，车速感应式转向系统电磁阀将根据直接选挡接口（DIRECT SELECT INTERFACE）中定义的特征曲线持续打开。这样可调节油流和由此调节要用到的方向盘扭矩。

3.转向机油冷却

动态行驶时有着高要求的转向机油在一个有利于油流的辅助机油冷却器中以制冷模块调节温度，如图15-1-34所示。

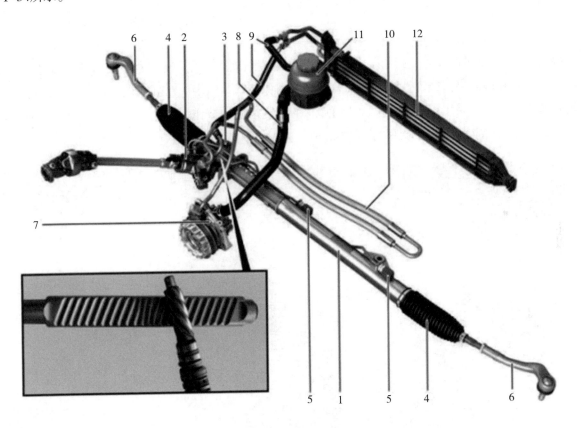

1.转向机　2.控制套筒外壳　3.驱动小齿轮　4.带套筒的转向横拉杆　5.液压接口　6.转向横拉杆头　7.转向辅助泵　8.进气管路（低压）　9.低压管路　10.高压管路　11.储油罐　12.转向系统油冷却器（低温冷却器前）

图15-1-34

（二）悬架系统

1.车轮悬架

出于重量原因，在前轴上安装了抗扭钢管稳定杆。后轴上的稳定杆作为两部分全材料稳定杆，采用

755

插入式锻造钢操纵杆。底盘的支承点和运动学性能精确匹配。这样，会出现在某些行驶情况下有针对性的轨迹改变和弯道驾驶时的高度外倾刚性，这样可实现和谐的操纵性，如图15-1-35所示。

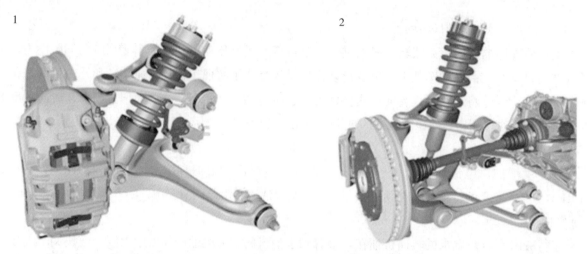

1.前轴车轮悬架（在此显示左前）　2.后轴车轮悬架（在此显示左后）

图15-1-35

2.AMG GT标配底盘

AMG GT中标配的减震器支脚的基本元件是轻巧的铝质减震器管。减震器中使用特殊阀门，在频繁震动中也能起到减震效果。减震性能在整个温度范围内保持基本恒定。在舒适性和运动性之间可实现减震器较高的主销内倾。采用符合安装位置几何形状的钢制螺旋弹簧作为底盘弹簧。悬架减震柱顶盖轴承在提供减震器即刻响应性能的同时提供良好的舒适特性，如图15-1-36所示。

图15-1-36

3.AMG RIDE CONTROL运动型悬架带自适应减震系统（ADS）

AMG GT的底盘设计连同其前后轴的双叉形臂车轴车型基于长期赛车运动的经验。开发者关注动态行驶。同时实现了出色的操纵、精确的转向性能和一流的驾驶稳定性。由此诞生了有着极佳纵向动力属性

756

和在高速驾驶时出色稳定性的超级跑车。ADS对于AMG GT是特殊装备，在AMG GT S上是标配。自适应减震系统（ADS）根据选择的减震模式、驾驶方式和路面特征与减震器的减震性能相匹配。ADS具有下列优势：

①经过优化的操纵性。

②驾驶时的车道稳定性。

③运动型使用时可在边缘区域行驶操作中实现良好的操控。

4.探测行车状态

行驶状态经由以下影响因素定义：

①车轮加速度和减震器速度。

②车辆车身加速度（车身移动）。

③车辆纵向和横向加速度。

④转向角。

同时，车辆车身加速度将由车身上的三个车身加速度传感器记录。其中，在左右前轴区域安装了两个前部传感器。另外，在后轴区域的车辆中部安装了一个后部传感器。车辆的移动通过四个车轮转速传感器探测。减震力通过减震阀单元中的比例阀进行调节。减震阀单元直接安装在活塞杆上的每个减震器中。以特性曲线控制方式进行实时调节。

（三）底盘调节系统

1.AMG操控单元（DRIVE UNIT）

AMG 操控单元是所有动态行驶功能的中央环节。底盘特点可经由驾驶模式旋转开关以及单独的底盘设置按钮进行选择。另外，通过驾驶模式旋转开关还可影响其他系统如发动机、变速器和电控车辆稳定行驶系统（ESP®），如图15-1-37所示。

可选择以下设置：

个性化"I"；

效能控制模式"C"；

运动模式"S"；

运动增强模式（Sport PLUS）"S+"；

RACE（赛车）（AMG GT S）。

（1）个性化"I"。

在此，可根据需要编排驱动单元的所有设置。将保存设置并通过该模式随时可用。

（2）效能控制模式"C"。

该模式适用于全天候驾驶。首要的是效率和舒适。

（3）运动模式"S"。

该模式适用于运动型驾驶方式，即便是在不平整的道路上，也可实现良好的操纵性。

（4）运动增强模式（Sport PLUS）"S+"。

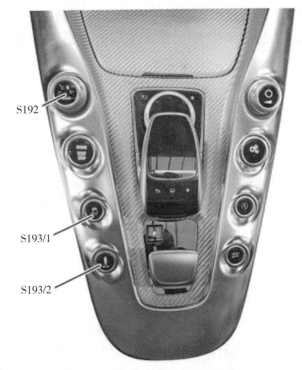

S192.驾驶模式旋转开关　S193/1.AMG ESP®Sport关闭选择按钮
S193/2.AMG底盘按钮

图15-1-37

在非常平整的路面上，凭借该设置通过稳定的减震系统可实现最大地面附着力。

（5）RACE（赛车）。

凭借该设置，底盘、变速器和发动机实现了不妥协的运动性。

2.3挡电控车辆稳定行驶系统（ESP®）

经由电控车辆稳定行驶系统（ESP®）模块选择按钮，电控车辆稳定行驶系统（ESP®）的性能可受驾驶员影响。

3.电控车辆稳定行驶系统（ESP®）接通

如果电控车辆稳定行驶系统（ESP®）控制单元识别到车辆状态不稳定，则将对一个或多个车轮进行制动干预以及降低发动机扭矩。

4.ESP® SPORT 操控模式

经过弱化的转向过度/转向不足干预和发动机扭矩干预允许动态行驶状态如轻微漂移。强制动时，还可使用电控车辆稳定行驶系统（ESP®）。松开制动踏板时，电控车辆稳定行驶系统（ESP®）重新自动恢复到ESP®–Sport 操控模式。

5.电控车辆稳定行驶系统（ESP®）关闭

除了在防抱死制动系统（ABS®）调节范围里的紧急制动时，没有其他对于动态行驶方面的干预。发动机功率不降低且驱动轮可空转。电控车辆稳定行驶系统"ESP®关闭"应仅由有经验的驾驶员在封闭的赛道上使用。

6.AMG DYNAMIC增值套件

AMG DYNAMIC增值套件可作为特殊装备提供给AMG GT S。主动式发动机支承和变速器支承系统解决了为了实现良好舒适性的传动系柔性连接和为了实现最佳动态行驶的硬性连接之间的目标冲突。该系统可识别当前驾驶状况，以按需调节强度和减震系统。同时，可有选择地激活发动机支承和变速器支承。这样可影响转向性能和车尾稳定性。该适配性可经由发动机支承和变速器支承中在施加磁场后黏性会发生变化的流体来实现。将支承调到柔性，以实现舒适驾驶。仅在地面起伏时将支承临时调硬，以便快速消除振动。通过支承的柔性可显著降低发动机振动。对于在赛道上驾驶，轴承将被调硬。这将实现更精确的转向性能并能提高稳定性和提供驾驶员更准确的反馈信息。凭借驾驶模式运动模式"S"、运动增强模式（Sport PLUS）"S+"和"RACE"，可对调校的基本特征产生影响，如图15-1-38所示。

（四）制动系统

1.AMG高效制动系统

AMG高效制动系统提供较高的减速功率以及在制动时可实现精确掌控。制动系统拥有内部四周通风、穿孔并开槽的制动盘。制动盘采用特殊的复合技术制造。前轴采用了6活塞固定式制动钳制动系统，后轴采用单活塞浮式制动钳制动系统。在AMG G上，标配前部制动盘直径为360mm，在AMG GT S上，标配前部制动盘直径为390mm，如图15-1-39所示。

2.陶瓷制动系统

除了AMG高性能制动系统，还有一个经过优化、带碳纤维/碳化硅复合材料制成的陶瓷制动盘的制动系统可作为特殊装备提供，如图15-1-40所示。

与AMG高性能制动系统相比，陶瓷制动系统的优点在于：

①制动盘轻40%，这样非簧载质量更低，操纵性更好。

②制动距离更短。

Y124.左侧主动式变速器支承　Y124/1.右侧主动式变速器支承

图15-1-38

图15-1-39

图15-1-40

③压力点更准确。

④稳固性更高。

⑤更耐高温。

数值适用于AMG GT S，如表15-1-5所示。

表15-1-5

制动系统	单位	标准制动系统	陶瓷制动系统
前部制动系统			
制动器类型		六活塞固定式制动钳	六活塞固定式制动钳
制动盘		已打孔, 已开槽, 已径向浮动式放置	已打孔, 已径向浮动式放置
活塞直径	mm	35/36.5/38 32/34/38	43
制动盘直径	mm	360/390	402
制动盘厚度	mm	36	39
后部制动系统			
制动器类型		单活塞浮式制动钳	单活塞浮式制动钳
制动盘		已打孔, 已开槽, 已径向浮动式放置	已打孔, 已开槽, 已径向浮动式放置
活塞直径	mm	45	45
制动盘直径	mm	360	360
制动盘厚度	mm	26	32

3.电动驻车制动器（EPB）

电动驻车制动器（EPB）可实现车辆在坡道上保持静止。为此，电动驻车制动器（EPB）控制单元激活左右侧电动驻车制动器（EPB）促动电机。根据车辆状态，通过手动电动驻车制动器（EPB）开关或自动松开或驻车。开关位于照明开关下方。

4.自动松开

如果满足以下所有条件，电动驻车制动器（EPB）自动松开：

①发动机运行。

②变速器挡位为D或R。

③安全带插在安全带锁扣中。

④踩下加速踏板。

如果变速器处于R挡时，尾门必须关闭。

5.测功机测试模式

电动驻车制动器（EPB）有一个单独的测功机测试模式用于保养。车辆必须行驶到滚筒式测功机上，以便激活。一旦角色激活，电动驻车制动器（EPB）控制单元自动识别后轮与前轮的转速差并切换到滚动测试模式。要检测电动驻车制动器（EPB）可通过多次操纵电动驻车制动器（EPB）开关，逐步提高制动效果，直至车轮停止。

6.紧急制动

如果在行驶期间按下且按住电动驻车制动器（EPB）开关，则经由行车制动器进行紧急制动，如图15-1-41所示。

提示：AMG GT不具备松开电子驻车制动器的应急解锁。

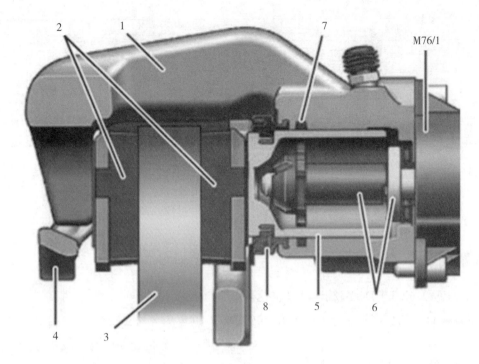

1.制动钳　2.制动片　3.制动盘　4.边框　5.制动器活塞　6.螺杆传动连同压紧螺母　7.制动器活塞密封件　8.防尘圈　M76/1.左侧电子驻车制动器促动电机

图15-1-41

（五）车轮和轮胎

ECE版的车轮及轮胎一览，如表15-1-6所示。

表15-1-6

代码	车轮	轮胎
代码658	VA：9.0J×19 ET 61 HA：11.0J / 20 ET 6B	VA：265/35 R 19 HA：295/30 R 20
代码659	VA：9.0J×19 ET 61 HA：11.0J×20 ET 68	VA：265/35 R 19 HA：295/30 R 20
代码793[4]	VA：9.0J×19 ET 58 HA：11.0J×19 ET 68	VA：255/35 R 19 HA：295/35 R 19
代码663	VA：9.0J×10 ET 62 HA：11.0J×20 ET 68	VA：265/35 R 19 HA：295/30 R 20
代码697[3]	VA：9.0J×19ET 61 HA：11.0J×20 ET 68	VA：265/35 R 19 HA：295/30 R 20
代码657	VA：9.0J×19 ET 61 HA：11.0J×20 ET 68	VA：265/35 R 19 HA：295/30 R 20
代码765	VA：9.01×19 ET 62 HA：11.0J×20 ET 68	VA：265/35 R 19 HA：295/30 R 20
代码662[1,4]	VA：9.0J×19 ET 58 HA：11.0J×19 ET 68	VA：255/35 R 19 HA：295/35 R 19
代码699[2]	VA：9.01×19 ET 61 HA：11.0J×20 ET 68	VA：265/35 R 19 HA：295/30 R 20
冬季车轮和轮胎		
—	BA：9.0J×19 ET 62	BA：255/35 R 19 M+S 允许使用防滑链

代码	车轮	轮胎
代码8R6	VA：9.0J×19 ET 62 HA：11.0J×20 ET 68	BA：265/35 R 19 M+S BA：295/30 R 20 M+S 不允许使用防滑链
备用轮胎★折叠式备用轮胎★		
—	6.5B×19 ET 14	175/50 R 19 97 P

注：1. AMG GT标准装备。

2. AMG GT S标准装备。

3. 仅适用于AMG GT S。

4. 仅适用于AMG GT。

六、变速器

（一）AMG SPEEDSHIFT DCT 7挡运动型变速器

为实现车辆动态行驶的良好重量分配，AMG SPEEDSHIFT双离合器自动变速器（DCT）7挡运动型变速器安装在后轴上，如图15-1-42所示。它通过带内侧碳纤维驱动轴的扭矩管与发动机连接，称为变速驱动桥结构。另外将安装一个双质量飞轮，以降低恼人的振动。双质量飞轮位于扭矩管内。变速器具有换挡过程迅速、全自动且不会引起牵引力中断的特点。

图15-1-42

其他特征：

①油槽内液压操纵的双离合器。

②7个前进挡，1个倒挡。

③三圆锥体同步器用于在换挡时传输换挡齿轮加速或制动时较大的摩擦力。

④液压控制系统和带独立泵、过滤器和机油冷却器的齿轮组的空间分隔。

⑤集成在变速器外壳中的、根据装备采用机械式或电子式调节的后轴差速锁。

⑥使用直接选挡接口（DIRECT SELECT INTERFACE）来切换单个换挡杆位置。

注意：AMG GT仅允许在发动机运行的情况下，双轴着地被牵引。注意用户手册中的其他信息。

（二）差速锁

1.机械式后轴差速锁

机械式后轴差速锁负责在地面附着力低导致驱动轮空转的情况下向驱动轮传输更大扭矩，提高地面附着力，如图15-1-43所示。另外，在动态行驶操作时对车辆的自行转向特征产生积极影响。转弯行驶出现负载变化时，通过机械式后轴差速锁保持车辆稳定。锁止程度在发动机负荷下为30%，在减速运转模式下为55%。基本锁止扭矩为50N·m。

1.带锁止件的差速器　2.锥齿轮　3.齿圈

图15-1-43

2.电子调节的后轴差速锁

电子调节的后轴差速锁仅作为AMG GT S的标准装备。它可以在几分之一秒内调节设定的锁止程度，如图15-1-44所示。电子调节的后轴差速锁根据驾驶状态和驾驶员的需要调节车辆的自行转向特征。同时，牵引力、灵活性和稳定性会不断变化。这种根据需要调节的干预在机械式后轴差速锁上无法实现。

3.调节锁止程度

如ESP®控制单元识别到后轮打滑，将经由双离合器变速器激活差速器调节阀。这样可对促动器活塞

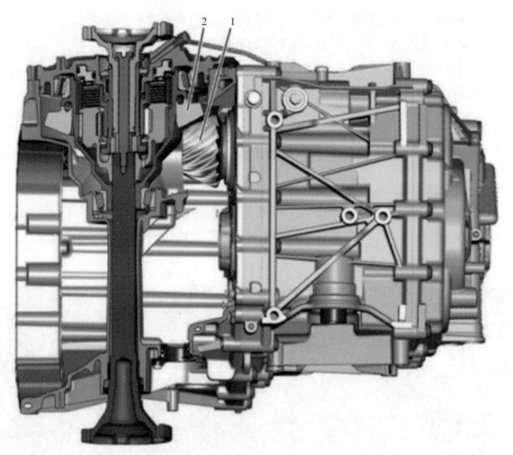

1.锥齿轮　2.齿圈

图15-1-44

施加压力。促动器活塞将压力传输到多片式离合器上并锁止差速锁。通过锁止差速锁可在左右侧驱动轮之间分配可变扭矩。锁止程度可调节，最大为100%。电子和液压诊断经由双离合器变速器控制单元进行，差速锁的功能诊断经由电控车辆稳定行驶系统（ESP®）控制单元进行，如图15-1-45所示。

（三）变速器机油冷却

液压油和齿轮组油的冷却通过两个独立的机油回路进行。车尾的两个油/水热交换器通过增压空气冷却的低温冷却回路供应，如图15-1-46所示。双离合器变速器控制单元始终监控变速器油温度。如果识别到变速器油温过高，则它将向传动系统控制单元发出变速器机油冷却的要求。循环泵由传动系统控制单元根据需要激活。

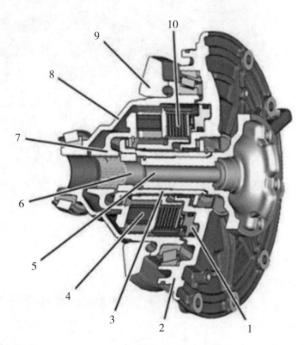

1.促动器活塞　2.变速器侧盖板　3.中间轴　4.行星齿轮　5.右侧万向节凸缘　6.间距套管　7.行星齿轮托架连同左侧万向节凸缘插齿连接　8.齿圈　9.齿圈　10.多片式离合器

图15-1-45

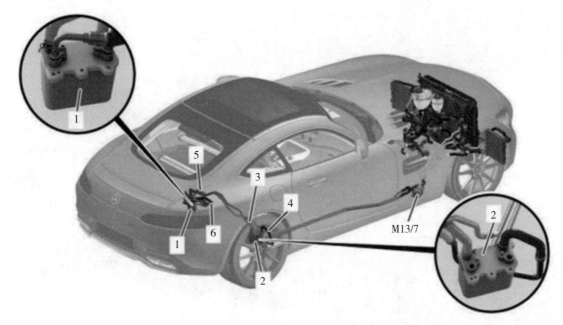

M13/7.变速器机油冷却液循环泵　1.液压油回路变速器润滑油冷却器　2.齿轮组回路变速器润滑油冷却器　3.齿轮组回路进流管　4.齿轮组回路回流管　5.液压油回路进流管　6.液压油回路回流管

图15-1-46

七、网络连接

（一）总体网络

控制单元的网络连接，如图15-1-47所示。

（二）蓄电池/发电机

如果车载电气系统蓄电池的电量状态超过80%，将降低发电机的运行功率，以减轻发动机的负荷。这一运行状态下所需的电能，将由车载电气系统蓄电池提供。如果车辆处于减速运行模式或进行制动，一部分动能将进行回收并转化为电能。如果车载电气系统蓄电池的电量状态重新达到80%，将重新降低发电机的运行功率。发电机电流强度为180~200A。动态负载管理系统会试着在车载电气系统长时间过载的情况下通过提高发电机的功率输出来实现充电平衡。这通过例如怠速转速提高或舒适性用电器换低挡进行。

发电机调节有利于降低耗油量，因为启动发电机所需的发动机功率平均更低。发电机管理系统将识别到发电机失灵并通过仪表盘显示给驾驶员。发电机功率中断时也将进行同样的显示。

（三）能源管理

1.概述

行驶模式能源管理系统确保车载电气系统的稳定性以及车载电气系统蓄电池的充电平衡。如果同时运行多个电气设备，可能出现过载情况，必须由车载电气系统蓄电池进行缓冲。

2.能源管理系统承担以下任务

①有针对性地设置用电器的关闭等级。

②优化车载电网蓄电池的充电过程。

③激活车载电气系统蓄电池快速充电。

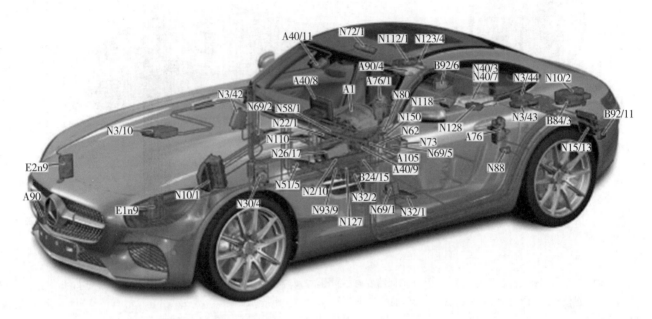

A26/17.主机　A40/8.音频/驾驶室管理及数据（COMAND）显示屏系统　A40/9.音频/驾驶室管理及数据（COMAND）操作单元系统　A105.触摸屏　N3/42.主动式发动机支承控制单元　N3/44.主动式变速器支承控制单元　B24/15.转速、横向/纵向加速度传感器　N30/4.电控车辆稳定行驶系统（ESP®）控制单元　A76.左侧双向安全带紧急拉紧器　A76/1.右侧双向安全带紧急拉紧器　A90.碰撞预防辅助系统增强版（COLLISION PREVENTION ASSIST PLUS）控制单元　B92/6.后保险杠右外侧内置雷达测距传感器　B92/11.后保险杠左外侧内置雷达测距传感器　N2/10.辅助防护装置控制单元　N10/1.前部信号采集及促动控制模组（SAM）控制单元　N51/5.自动减震适应系统控制单元　N80.转向柱管模块控制单元　N93/9 AMG.网关控制单元　N127.传动系统控制单元　N128.电子驻车制动器控制单元　N3/43 AMG.底盘控制单元　A40/11.多功能摄像头　E1n9.左侧大灯控制单元　E2n9.右侧大灯控制单元　N62.驻车系统控制单元　N10/2.后部信号采集及促动控制模组（SAM）控制单元　N32/1.驾驶员座椅控制单元　N32/2.前排乘客座椅控制单元　N69/1.左侧车门控制单元　N69/2.右侧车门控制单元　N69/5.无钥匙启动（KEYLESS GO）控制单元　N73.电子点火开关控制单元　N93/9.AMG网关控制单元　N112/1.车载智能信息服务通信模块　N123/4.紧急呼叫系统控制单元　N3/10.发动机电子设备（ME）控制单元　A1.仪盘　B84/3.后视摄像头　N88.轮胎压力监测系统控制单元　N15/13.双离合器变速器控制单元　N118.燃油泵控制单元　N150.直接选挡接口　A90/4.调谐器装置　N40/3.音响系统放大器控制单元　N40/7.高级音响系统前置放大器控制单元　N3/10.发动机电子设备（ME）控制单元　N10/2.后部信号采集及促动控制模组（SAM）控制单元　N22/1.自动空调　N58/1.前部智能气候控制操作单元　N72/1.上部操作面板控制单元　N110.重量传感系统（美国/加拿大市场）

图15-1-47

④关闭发电机管理系统。

⑤关闭发动机启动/停止功能。

⑥休眠电流关闭继电器提前断开。

⑦限制休眠电流关闭继电器的接合理由。

能源管理系统部件概览，如图15-1-48所示。

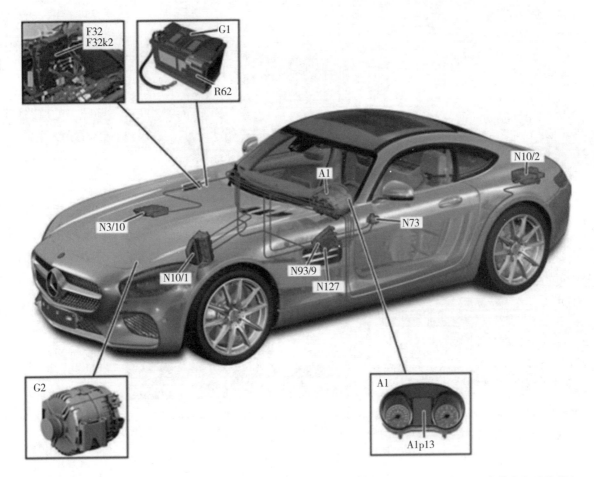

A1.仪表盘　A1p13.多功能显示屏　F32.前部预熔保险丝盒　F32k2.休眠电流关闭继电器　G1.车载电气系统蓄电池　G2.发电机　N3/10.发动机电子设备（ME）控制单元　N10/1.前部带保险丝和继电器模块的信号采集及促动控制模组（SAM）控制单元　N10/2.后部带保险丝和继电器模块的信号采集及促动控制模组（SAM）控制单元　N73.电子点火开关控制单元　N93/9.AMG网关控制单元　N127.传动系统控制单元　R62.蓄电池传感器

图15-1-48

八、照明灯

（一）外部照明灯

1.前部照明灯

新款全LED大灯包括安装的中间的用于近光灯和日间行车灯的静态LED投射模块和各3个用于远光灯的反射模块。

2.日间行车灯和停车灯

日间行车灯和驻车灯的功能将通过两列共10个LED灯来实现。法律规定的日间行车灯功能永久激活。近光灯接通时或经由光线传感器自动激活，LED灯变暗并用作停车灯。转向信号指示灯同样采用LED灯。

3.自适应远光灯辅助系统

自适应远光灯辅助可自动切换近光灯和远光灯。根据大灯或尾灯，系统可识别迎面而来的或前方行驶的车辆，并从远光灯切换到近光灯。系统自动将近光灯的光程与车辆的距离进行匹配。一旦系统未识别到其他车辆，将重新激活远光灯。系统的光学传感器安装在上方控制面板区域的挡风玻璃后。全LED大灯中的灯布置，如图15-1-49所示。

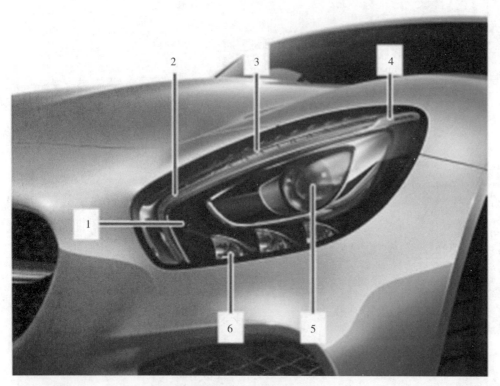

注意：自适应远光灯辅助对于不使用或使用弱照明或隐藏型照明（如通过导板隐藏）的道路使用者没有反应。

4.全LED尾灯

尾灯功能以及行驶方向指示功能已集成在扁平的全LED尾灯中。LED后雾灯连同LED倒车灯安装在后保险杠中间。第3个LED制动灯位于后车窗上缘中部，如图15-1-50所示。

5.备用灯功能

1.左前照明单元　2.日间行车灯、驻车灯和左侧转向信号灯　3.车轮装饰罩　4.在代码460和代码494上，左前示廓灯　5.左侧近光灯　6.左侧远光灯

图15-1-49

图15-1-50

如果安全相关的照明元件失灵，将由其他元件替代进行控制。替代照明电路的范围视国家而定。

（二）车内照明灯

车内照明灯负责车内空间的照明并照亮所有控制元件。这样将方便驾驶员找寻重要的操作元件和车内的物件，而无须接通点火开关或车外照明灯。车内照明通过车辆无线电解锁或打开车门接通。照明式AMG车门槛可作为特殊装备提供。车门打开时，照明灯自动接通。同时，AMG字条由白色LED照亮，如图15-1-51所示。

车内照明部件位置，如图15-1-52所示。

图15-1-51

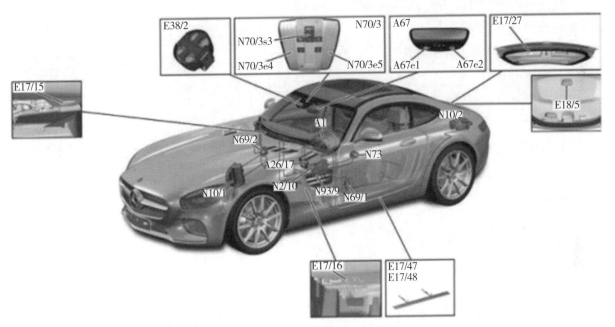

A1.仪表盘　A26/17.主机　A67.车内后视镜　A67e1.左侧阅读灯　A67e2.右侧阅读灯　B38/2.雨量/光线传感器　E17/15.右侧脚步空间照明　E17/16.左侧脚步空间照明　E17/27.尾门警告/环境照明灯　E17/47.左侧发光车门槛　E17/48.右侧发光车门槛　E18/5.载物舱照明灯　N2/10.辅助防护装置控制单元　N10/1.信号采集及促动控制模组（SAM）控制单元　N10/2.后部信号采集及促动控制模组（SAM）控制单元　N69/1.左侧车门控制单元　N69/2.右侧车门控制单元　N70/3.车顶控制板电子系统　N70/3e4.左侧车内照明灯　N70/3e5.右侧车内照明灯　N70/3s3.车内照明灯自动功能开关　N73.电子点火开关控制单元　N93/9.AMG网关控制单元

图15-1-52

九、安全性

（一）全面的安全设计

1.安全设计

梅赛德斯-奔驰安全原则包含四个阶段：

①安全行车-避免危险，及时警告，为车辆驾驶员提供支持。

②出现危险时-预防，激活预防性保护措施。

③出现事故时-根据需求提供保护。

④发生事故后-避免状况恶化，实现快速救助。

2.安全行车

主要用于实现行车安全和条件安全的车辆系统：

①自适应制动灯（标准装备）。

②ATTENTION ASSIST［疲劳提醒和注意力辅助系统（标准装备）］。

③制动辅助系统（BAS）（标准装备）。

④轮胎压力监测系统（RDK）（标准装备）。

⑤碰撞预防辅助系统增强版（各国具体的标准装备）。

⑥带电子限速功能（SPEEDTRONIC）的定速巡航控制系统（标准装备）。

⑦远光灯辅助系统（特殊装备）。

⑧驻车定位系统（PARKTRONIC）（特殊装备）。

⑨后视摄像头（特殊装备）。

⑩车道保持辅助系统（特殊装备）。

⑪盲点辅助系统（特殊装备）。

⑫交通标志辅助系统（特殊装备）。

3.发生危险时

预防性安全系统（PRE-SAFE®）作为特殊装备提供，危险情况下可起到预防作用。

4.发生事故时

新款AMG GT标配以下乘员防护系统：

①驾驶员和前排乘客安全气囊。

②驾驶员和前排乘客的膝部气囊。

③驾驶员和前排乘客侧部安全气囊。

④右侧和左侧车窗安全气囊。

⑤驾驶员和前排乘客的三点式安全带。

⑥电动双向安全带紧急拉紧器。

气囊系统，如图15-1-53所示。

5.发生事故后

发生事故后，被动安全系统可避免或减轻其他后果并实现快速救助：

①报警闪烁装置：自动激活报警闪烁装置保护事故现场并警告后续车辆，避免驾驶员及乘客遭受后续事故（标准装备）。

②应急照明：自动激活车内照明灯，为事故伤员和救援人员提供照明便利（标准装备）。

③车门应急解锁：自动打开中央门锁，便于救助车内人员（标准装备）。

④强制通风：自动降下关闭的侧窗玻璃约5cm，以便排出燃爆装置（安全气囊）触发产生的烟雾，为事故伤员创造良好的视线（定位/避免陷入慌张）（标准装备）。

⑤发动机应急关闭：发生次严重事故时自动关闭发动机，避免着火危险和车辆意外移动（标准装备）。

图15-1-53

⑥驾驶员下车辅助：自动升起电动可调式转向柱，便于车内人员自救或外部人员救助（特殊装备）。

⑦紧急呼叫：自动与紧急呼叫中心建立连接，以便传输位置和紧急事件地点，以及安排救援。

6.预防性安全系统（PRE-SAFE®）

即将发生事故时，系统将关闭打开的侧窗玻璃，以保护驾驶员及乘客。另外，反向预防性安全系统（PRE-SAFE®）包含安全带拉紧。危险情况下安全带收紧，以降低伤害危险。这样驾驶员及乘客被固定在座椅上，以便在可能发生的事故中优化安全带系统的保护作用。翻车时反向安全带拉紧同样会被触发。如果事故得以避免，那么当车辆重回平稳、受控的状态后，反向保护措施会被取消。前部安全带重新被松开。

7.行人保护

采用前保险杠和发动机罩（柔性前端设计）的AMG GT满足法律上有关行人保护的要求，没有会造成额外形变的元素。因此，AMG GT没有保护性发动机罩。双向安全带紧急拉紧器，如图15-1-54所示。

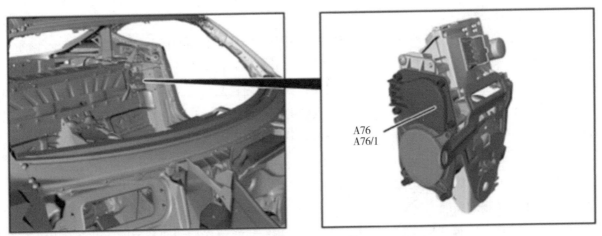

A76.左侧双向安全带紧急拉紧器　A76/1.右侧双向安全带紧急拉紧器

图15-1-54

十、驾驶辅助系统

（一）碰撞预防辅助系统增强版（COLLISION PREVENTION ASSIST PLUS）

碰撞预防辅助系统增强版（COLLISION PREVENTION ASSIST PLUS）配备带自动制动功能和自适应制动辅助的车距警告功能。碰撞预防辅助系统增强版（COLLISION PREVENTION ASSIST PLUS）持续检查与前方行驶车辆之间的安全距离。与其他车辆可能发生碰撞时，向驾驶员发出视觉和声音警告。碰撞预防辅助系统增强版（COLLISION PREVENTION ASSIST PLUS）有助于明显降低事故风险。在碰撞危险逼近的情况下，碰撞预防辅助系统增强版（COLLISION PREVENTION ASSIST PLUS）会在必要时自行采取部分制动措施。如果车速在30~250km/h的范围内，低于与前方行驶车辆的安全距离数秒后，仪表盘中会出现警告灯。如果距离继续快速缩短，则还会发出间歇鸣响。出现前行的障碍物时，会在7~72km/h的车速范围内自主部分制动。出现静止的障碍物时，会在7~30km/h的车速范围内自主部分制动。如果驾驶员对声音警告做出反应并制动，则会在7km/h至最高时速范围内得到自适应制动辅助系统的支持。集成雷达测距传感器的探测范围，如图15-1-55所示。

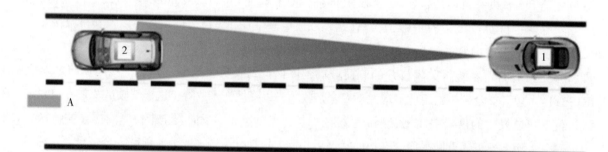

1.车辆，配备了碰撞预防辅助系统增强版（COLLISION PREVENTION ASSIST PLUS）　2.前方目标车辆（目标物体），通过雷达传感器探测　A.探测范围

图15-1-55

（二）盲点辅助系统

主动式盲点辅助系统利用近距离雷达监控驾驶员视野之外的左右两侧区域（盲角）。当有车辆处于这个区域，外部后视镜中的警告指示会告知驾驶员。除了车外后视镜上的警告显示之外，系统还会在仪表盘上显示一条警告信息（系统车辆以及在左侧或右侧盲角内探测到的车辆）。如果驾驶员在盲点辅助系统警告灯亮起的情况下仍试图变换车道，则盲点辅助系统警告灯通过闪烁发出信号，并额外发出两个依次响起的警告声。当识别到与处于盲角的车辆间存在碰撞危险时，系统便可以通过这种方式避免事故，或减轻事故所造成的后果。盲点辅助系统警告灯，如图15-1-56所示。

盲点辅助系统的监控区域，如图15-1-57所示。

（三）车道保持辅助系统

当相邻车道有车且有碰撞危险时，即使无意中压到虚线，车道保持辅助系统现在也会发出警告。该系统可根据多功能摄像头和雷达系统的信息对此进行识别。雷达系统增加了一个车尾传感器，可配合前后保险杠上的其他传感器共同作用。车道保持辅助系统可以识别的危险情况包括例如正在超车的车辆、

M21/1e2

M21/1e2.左侧外部后视镜中的盲点辅助系统警告灯

图15-1-56

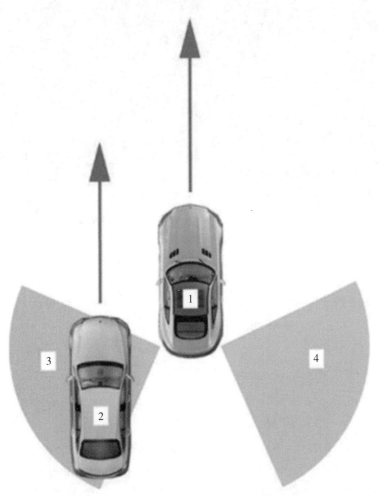

1.配备盲点辅助系统的车辆　2.处于盲角的车辆　3.左后探测范围　4.右后探测范围

图15-1-57

需要超越的车辆或并行车辆。该系统针对迎面来车同样会起作用。如果识别出相邻车道有车，则压到车道标志线时，系统通过脉动式方向盘振动发出触觉警告。这样，车道保持辅助系统对盲点辅助系统作了最佳的补充，从而能够在有迎面来车的情况下，避免发生可能造成严重后果的碰撞事故。车道保持辅助系统在60~200km/h的车速范围内处于激活状态。当识别出驾驶员的操作后，例如主动转向、制动或加速，以及操作转向信号灯，警告会被抑制。

（四）交通标志辅助系统

新款AMG GT以选装装备的形式，配备了超越以往限速辅助系统所提供功能的交通标志辅助系统。位于挡风玻璃内侧的多功能摄像头可采集诸如路边、桥形路标牌或道路施工地点标示的车速限制。摄像头的数据会与导航系统中的信息进行对照，然后同时显示在仪表盘和导航地图视图中。禁止超车和相应的取消标志也会被记录并显示。在带有相应标志的禁止驶入地点，系统额外还会在仪表盘中发出视觉和声音警告。根据装备情况，交通标志辅助系统安装在多功能摄像头中。仪表盘中的交通标志辅助系统显示，如图15-1-58所示。

1.车速限制　2.辅助标志

图15-1-58

（五）注意力辅助系统

注意力辅助系统（ATTENTION ASSIST）的扩展功能范围，除了人们已在最新车型系列222中见识过的部分之外，还包括以下特征：

①车速范围扩大：60~200km/h。

②可选"标准""灵敏"和"关闭"模式。

③以5段块状指示条显示所确定的注意力状态（注意力水平）。

④显示自上次休息或开始行驶起的总行车时长（点火开关调用）。

⑤注意力辅助系统"被动"状态，例如当车速$v<60$km/h或$v>200$km/h时。

在"灵敏"工作模式下，注意力辅助系统会比在"标准"工作模式下反应更灵敏，并更早地发出警告信息。在"关闭"工作模式下，警告输出被抑制且不显示"注意力水平"。当在行驶过程中开启系统时，分析会考虑从行车开始起的整个行车过程，因为即使在系统关闭的情况下，行车情况仍会得到分析。如果注意力辅助系统已被关闭，它会在发动机关闭后自动重新开启。这时所选的灵敏度与上次所激活的选项相同（"标准"或"灵敏"）。注意力水平显示，如图15-1-59所示。

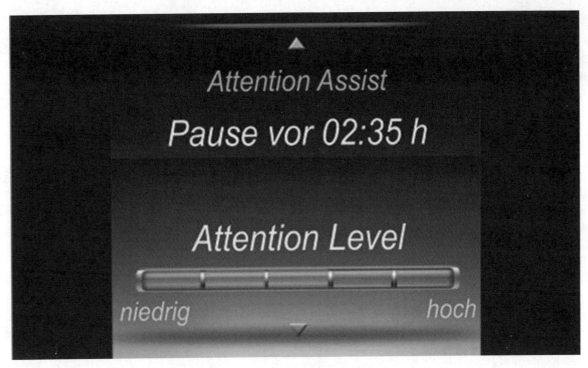

图15-1-59

提示：休息区查找可通过主机菜单"信息"进行关闭。关闭操作在重新接通点火开关后继续有效。如果在仪表盘上输出了一条警告，驾驶室管理和数据系统以及联网功能（COMAND Online）会提供一次休息区查找。如果驾驶员利用该功能选择了一个休息区，车辆便会开始向该休息区进行导航。仅显示带有加油站和评价的高级休息区。

（六）驻车定位系统（PARKTRONIC）

1.驻车定位系统（PARKTRONIC）

驻车定位系统（PARKTRONIC）可作为特殊装备购得。该系统在狭窄空间和最高速度为18km/h的行驶操作时向驾驶员提供支持。另外，驻车定位系统（PARKTRONIC）利用超声波测量系统探测车辆与障碍物之间的距离。系统会通过仪表盘中的"驻车系统警告显示"和后部顶篷上的驻车系统警告显示，向驾驶员通报车辆和障碍物之间的距离信息。此外，距离小于30cm时会发出声音警告。

2.监控区域

距离传感器会根据行驶方向被激活。前后区域和前后转角保护区域通过相应的传感器进行监控。所监控的前部区域约为100cm，所监控的后部区域约为120cm。

（七）后视摄像头

后视摄像头是一个视觉驻车及调车辅助工具，其任务包括记录倒车区域的周围环境，生成动态和静态辅助线，以及向驾驶室管理和数据系统以及联网功能（COMAND Online）控制单元发送图像数据。由后视摄像头以扩展视角（大于180°）记录到的图像，将由集成式控制单元进行相应处理。基于车辆尺寸、车速和转向角，当前的行车轨迹会显示在音频/驾驶室管理及数据系统（COMAND）显示屏中。在车速超过30km/h或点火开关关闭后，后视摄像头自动停用。倒车摄像头会在调车过程结束后不久自动关闭。通过后视摄像头的功能，令驾驶员可以在以下驻车模式之间进行选择：

①调车模式。

②广角模式。

相应的选择可通过驾驶室管理和数据系统以及联网功能（COMAND Online）控制单元系统菜单中的相应操作界面进行。

十一、舒适性

（一）无钥匙启动（KEYLESS-GO)

1.KEYLESS START

KEYLESS START功能包含在标准装备范围内。同时，车辆配备了一把带KEYLESS START功能的钥匙，用于启动和停用发动机。发动机可像使用无钥匙启动（KEYLESS-GO）时一样启动或关闭。

2.无钥匙启动（KEYLESS-GO）组件

无钥匙启动（KEYLESS-GO）组件作为特殊装备提供给新款的AMG GT。KEYLESS START系统增加了车辆无钥匙锁止和解锁装置。另外，尾门可通过在保险杠下方做脚踢动作解锁。只需携带遥控钥匙即可。

3.供电

要接通电源供应，必须按压启动/停止按钮一次。例如，现在可以接通车窗玻璃雨刮器。如果按压启动/停止按钮两次或驾驶员侧车门打开，电源供应会自动关闭。

4.点火开关

要接通点火开关，必须按压启动/停止按钮两次，如图15-1-60所示。如果按压启动/停止按钮一次或驾驶员侧车门打开，点火开关会自动断开。

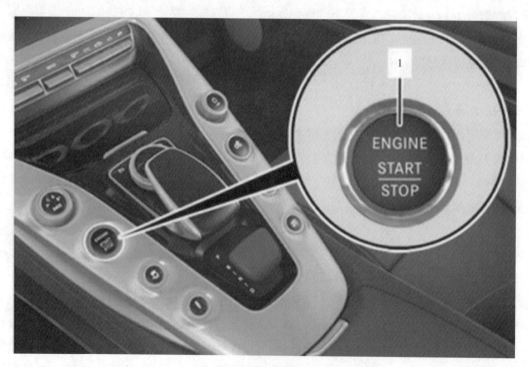

1.启动/停止按钮

图15-1-60

要启动发动机，必须踩踏制动踏板并同时按压启动/停止按钮一次。无须按住启动/停止按钮。

5.电子点火开关

启动/停止按钮发生功能故障时，可如图15-1-61所示使用电子点火开关。

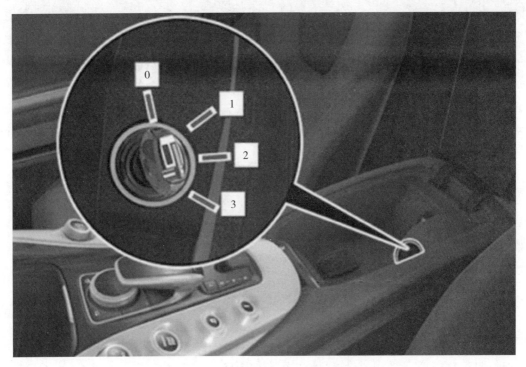

0.点火开关关闭　1.电源供应接通　2.点火开关接通　3.启动

图15-1-61

提示：尾门可经由遥控钥匙、尾门解锁按钮和活动传感器解锁。可通过拉索从车内对尾门进行手动解锁。

（二）空调

1.装备

在AMG GT上采用了双区智能空调作为标配。系统有一个温度调节装置，空气内循环装置并标配一个细尘过滤器。一个外部调节的、无连接的空调压缩机可根据需要实现最佳的制冷功率调节。

2.通过空调操作单元操作

驾驶员和前排乘客空间的空调可以通过空调操作单元上的按钮进行调节。设置由空调操作单元发送至空调控制单元并进行处理。依据这些数据调节风量、空气风流和温度，所选的设置显示在音频/驾驶室管理及数据系统（COMAND）显示屏中。

3.通过主机操作

空调功能可经由主机中的菜单选择。通过音频/驾驶室管理及数据系统（COMAND）操作单元进行操作。同时，控制信号由主机读取并发送到空调控制单元，如图15-1-62所示。另外，主机生成相应的图片数据，以便实现所选设置的可视化。主机发送接通要求至音频/驾驶室管理及数据系统（COMAND）显示屏。然后，图片数据将传输并显示在音频/驾驶室管理及数据系统（COMAND）显示屏上。

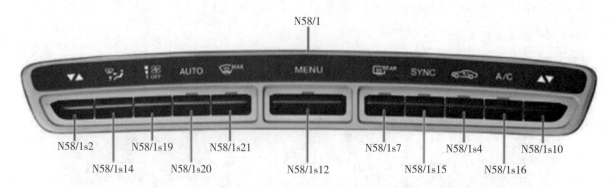

N58/1

N58/1s2   N58/1s19   N58/1s21   N58/1s7   N58/1s4   N58/1s10
N58/1s14   N58/1s20   N58/1s12   N58/1s15   N58/1s16

N58/1.空调操作单元　N58/1s2.左侧温度选择按钮　N58/1s4.空气内循环按钮　N58/1s7.可加热后车窗按钮　N58/1s10.右侧温度选择按钮　N58/1s12.空调菜单按钮　N58/1s14.左侧空气分配按钮　N58/1s15."SYNC"按钮　N58/1s16."A/C"按钮　N58/1s19.鼓风机按钮　N58/1s20.AUTO按钮　N58/1s21.除霜按钮

图15-1-62

4.通风

自动空调配备了以下通风开口：

①除霜出风口，对准挡风玻璃。

②除霜出风口，对准侧窗玻璃。

③6个不同的通风口，安装在乘客舱内。

④驾驶员和前排乘客脚部位置的出风口。

在车内通风口上可无级调节出风量，出风口分布如图15-1-63所示。

图15-1-63

5.预防难闻的气味和有害物

（1）蒸发器。

通过蒸发器的灭菌涂层和额外的聚氨酯喷漆，可最大限度地防止腐蚀和产生异味。

（2）蒸发器干燥。

为进一步防止蒸发器在车内发出异味和空调启动时车窗蒙上雾气，将进行蒸发器干燥。首次蒸发器干燥将在行驶250km后进行。蒸发器干燥仅在车外温度超过20℃且当空调在最近一次点火周期被激活过一次的情况下进行。另外，车门必须关闭。要对蒸发器进行干燥，在发动机停机后1h将鼓风机电机以最低挡激活30min。通过空气供给可烘干蒸发器上的残余湿气。

（3）手动空气内循环模式。

通过操纵空调操作单元上的空气内循环模式按钮关闭新鲜空气/空气再循环风门并由此阻止车外空气进入，阻挡车外的难闻气味和有害物。在空气内循环模式期间，空气内循环按钮LED灯亮起。只进行车内空气循环。

（4）有害物质控制空气内循环运行。

空气质量传感器将车外空气的有害物数值发送至空调控制单元。当车外空气的有害物浓度高时，新鲜空气/空气内循环风门自动切换到空气内循环模式，这样可阻止车外空气进入。同时，有害物控制的空气内循环模式将不会通过空气内循环模式按钮的LED显示，并保持激活最长30min。

十二、车辆保护

防盗警报系统在车辆通过中央锁止系统连锁后监控所有与其相关的输入端。如果在被监控的输入端之一上识别到状态变化，则将触发一次听觉和视觉警报。在配备车内保护系统和防拖车保护的车辆上，听觉警报信号经由警报喇叭发出，在不配备车内保护系统和防拖车保护的车辆上，听觉警报信号经由左右侧喇叭发出。视觉警报信号则通过转向信号指示灯输出。此外接通车内照明，如图15-1-64所示。

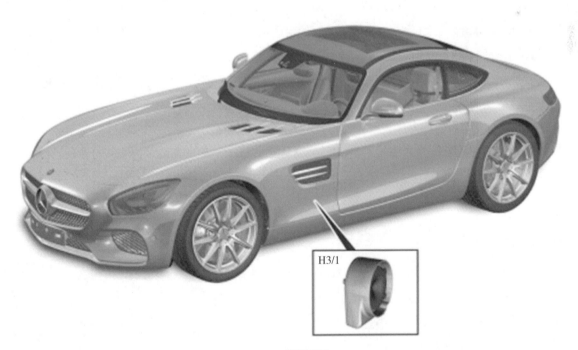

H3/1.警报喇叭

图15-1-64

防盗警报系统在激活状态下监控：

①车门、尾门和发动机罩。

②配备车内保护装置和防拖车保护的情况下警报喇叭触发。

③配备防拖车保护和车内保护装置的情况下车辆位置发生变化。

④配备车内保护系统和防拖车保护的情况下车厢内部有移动。

十三、音频和通信

（一）车载智能信息系统

1.第5代车载智能信息系统

（1）Audio 20开始即可提供大量的装备。

①通过AM调谐器或带择优多相式天线（多天线设计）的FM双调谐器以模拟方式接收无线电。

②USB接口。

③互联网功能（前提是客户的移动电话支持蓝牙®PAN或DUN配置文件）。

④梅赛德斯–奔驰专有互联网服务，例如IP收音机或梅赛德斯–奔驰车载应用。

⑤中央控制台中的接口：2个带综合媒体接口的USB，用于连接iPod或iPhone等苹果设备。

⑥蓝牙®音频。

⑦基本型电话。

⑧用于快速关键词查找的搜索引擎Ⅱ（例如不限媒体类型地查找音乐）。

⑨数字用户手册。

⑩紧急呼叫系统梅赛德斯–奔驰eCall欧洲（各国具体的标准装备）。

（2）对于Audio 20另外提供以下特殊装备。

①便捷电话（仅ECE）。

②Touchpad。

③带蓝牙SAP的电话模块作为特殊装备，仅与便捷电话配套提供。

（3）驾驶室管理和数据系统以及联网功能（COMAND Online）提供以下装备。

①通过AM调谐器或带择优多相式天线（多天线设计）的FM双调谐器以模拟方式接收无线电。

②DVD驱动器，视国家而定提供6碟DVD换碟机作为标准装备。

③SD卡读卡器。

④带扩展导航功能（导航娱乐系统）、实时交通数据（Live Traffic Information）的硬盘导航作为各国具体的标准装备。

⑤图片浏览器。

⑥蓝牙®音频。

⑦基本型电话。

⑧无线局域网（WLAN）功能（COMAND可以作为车内热点使用）。

⑨视频播放器。

⑩Touchpad。

⑪语音控制。

⑫数字用户手册。

⑬紧急呼叫系统梅赛德斯–奔驰eCall欧洲（各国具体的标准装备）。

⑭通过USB实现的附加互联网访问功能（前提是客户的移动电话支持USB级RNDIS、CDC/NCM 或 CDC/ACM）。

（4）可为COMAND Online提供以下特殊装备。

①6碟DVD换碟机。

②数字广播（DAB）。

③便捷电话。

④Burmester®环绕立体声音响系统。

⑤Burmester®高端环绕立体声音响系统。

2.Touchpad

中央控制台上除了已知的音频/驾驶室管理及数据系统（COMAND）操作单元外，还安装有Touchpad。触摸屏操作经由触摸感应操作界面进行。操作面板能识别操作手势、手写字体，并提供手腕支撑。Touchpad为常用的功能另外准备了3个固定按钮，如图15-1-65所示。

①收藏夹。

②背景音乐。

③返回。

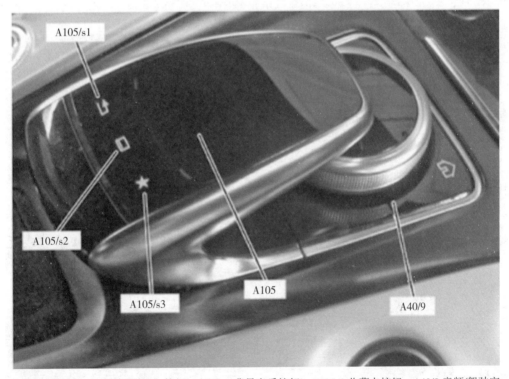

A105.触摸屏　A105s1."返回"按钮　A105s2.背景音乐按钮　A105s3.收藏夹按钮　A40/9.音频/驾驶室管理及数据系统（COMAND）操作

图15-1-65

（二）音响系统

1.音响系统概览

（1）总共有6个扬声器成对安装在标配的音响系统上。

①仪表板中的高音扬声器。

②A柱区域脚部位置的低音扬声器。

③座椅后面侧板中的环绕扬声器。

（2）以下音响系统可作为特殊装备提供。

①Burmester®环绕立体声音响系统。

②Burmester®高端环绕立体声音响系统。

③Burmester®环绕立体声音响系统。

④Burmester®环绕立体声音响系统配备10声道放大器，总功率为640W。

该重量经过优化、采用节能D级放大器方案的10声道放大器经由集成式数字式声音处理器（DSP）驱动十个全激活的扬声器通道。该十声道配备高品质扬声器。在环绕模式可接通时，该组件可提供顶级立体声体验。

2.Burmester®高端环绕立体声音响系统

该音响系统配备了11个扬声器，总功率为1000W，为车辆精心调校，如图15-1-66所示。该高端系统以其丰富的声音层次，使人仿佛身临其境。通过车辆噪音补偿（Vehicle Noise Compensation），甚至连扰人的外部噪音也能被收集起来并通过处理器支持的重新调整系统进行处理。该系统的高品质音色是通过数字音响处理器中的3000个参数得到的。设计通过银色镀铬不锈钢格栅覆盖扬声器，凸显了车辆和音响系统的高品质。其中也包括了"Burmester®High End"商标和字条。

图15-1-66

Burmester®环绕立体声音响系统，如图15-1-67所示。

Burmester®高端环绕立体声音响系统，如图15-1-68所示。

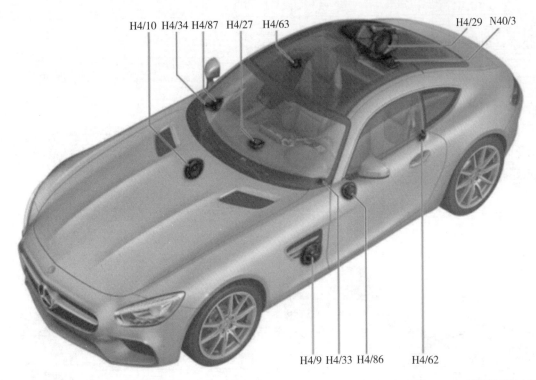

H4/10　H4/34　H4/87　H4/27　H4/63　　　　　　　　　　H4/29　N40/3

H4/9　H4/33　H4/86　　　H4/62

H4/9.左前脚部位置的低音扬声器　　H4/10.右前脚部位置的低音扬声器　　H4/27.仪表板中部中音扬声器　　H4/29.后部低音扬声器　　H4/33.仪表板左侧高音扬声器　　H4/34.仪表板右侧高音扬声器　　H4/62.环绕立体声音响系统左后中音扬声器　　H4/63.环绕立体声音响系统右后中音扬声器　　H4/76.仪表板中部高音扬声器（代码811）　　H4/86.左侧车门中音扬声器　　H4/87.右侧车门中音扬声器　　N40/3.音响系统放大器控制单元（代码810）　　N40/7.高级音响系统放大器控制单元（代码811）　　N40/12.低音扬声器放大器（代码811）

图15-1-67

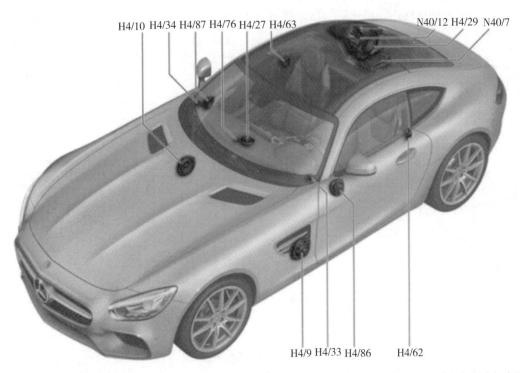

H4/10　H4/34　H4/87　H4/76　H4/27　H4/63　　　　　　N40/12　H4/29　N40/7

H4/9　H4/33　H4/86　　　H4/62

H4/9.左前脚部位置的低音扬声器　　H4/10.右前脚部位置的低音扬声器　　H4/27.仪表板中部中音扬声器　　H4/29.后部低音扬声器　　H4/33.仪表板左侧高音扬声器　　H4/34.仪表板右侧高音扬声器　　H4/62.环绕立体声音响系统左后中音扬声器　　H4/63.环绕立体声音响系统右后中音扬声器　　H4/76.仪表板中部高音扬声器（代码811）　　H4/86.左侧车门中音扬声器　　H4/87.右侧车门中音扬声器　　N40/3.音响系统放大器控制单元（代码810）　　N40/7.高级音响系统放大器控制单元（代码811）　　N40/12.低音扬声器放大器（代码811）

图15-1-68

十四、专用工具

1.芯适配器电缆

梅赛德斯-奔驰货号：W177 589 00 63 00，如图15-1-69所示。

主要用于检测点火线圈模块。

2.拉入工具

梅赛德斯-奔驰货号：W177 589 00 43 00，如图15-1-70所示。

主要用于安装前部曲轴径向轴密封圈。

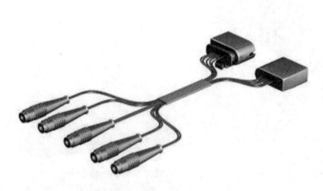

图15-1-69

图15-1-70

3.适配器梅赛德斯-奔驰货号：W177 589 00 21 00，如图15-1-71所示。

主要用于测量发动机油压。提示：与检测仪 W103 589 00 21 00/ 配套使用。

4.固定架

梅赛德斯-奔驰货号：W177 589 00 40 00，如图15-1-72所示。

主要用于在安装和拆卸时固定皮带轮。

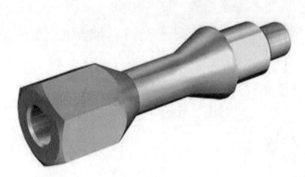

图15-1-71

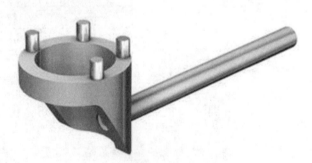

图15-1-72

5.吊耳

梅赛德斯-奔驰货号：W177 589 00 62 00，如图15-1-73所示。

主要用于拆卸和安装完整的发动机及变速器。

6.芯棒

梅赛德斯-奔驰货号：W177 589 00 15 00，如图15-1-74所示。

主要用于将曲轴固定到 40° 位置。

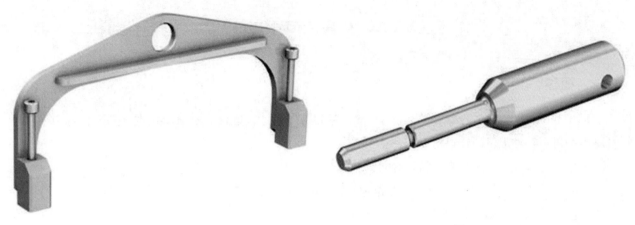

图15-1-73   图15-1-74

7.固定工装

梅赛德斯–奔驰货号：W177 589 01 40 00，如图15-1-75所示。

主要用于固定凸轮轴。

8.装配冲子

梅赛德斯–奔驰货号：W190 589 00 15 00，如图15-1-76所示。

主要用于将张紧元件安装到扭矩管上。

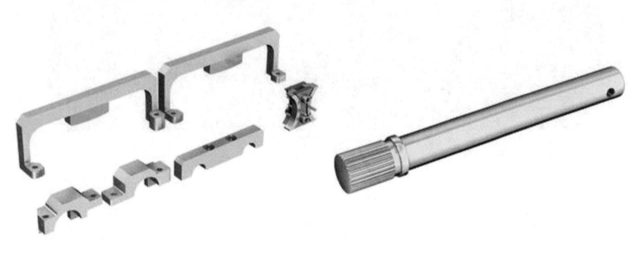

图15-1-75   图15-1-76

9.前部盖板

梅赛德斯–奔驰货号：W000 588 13 98 00，如图15-1-77所示。

主要用于在维修操作时保护镁质散热器横梁。

图15-1-77

第二节　奔驰AMG GT R（W190.379）新技术剖析

一、概述

AMG GT R作为AMG GT家族的第三位成员，专为赛道设计，融合了最前沿技术，如图15-2-1所示。同时还借助以下特性提供所需性能水平：

①采用铝合金和碳纤维材料的智能轻量化设计。

②带双涡轮废气增压的升级V8发动机和专门改进的7速双离合变速器。

③创新的主动空气动力学。

④带主动式后轴转向的新悬架系统。

图15-2-1

技术数据，如表15-2-1所示。

表15-2-1

发动机	4.0L VB直喷式和涡轮增压
排量	3982cm³
输出	6250r/min时为430kW
最大扭矩	1900~5500r/min时为700N·m
增压压力	135kPa
加速0~100km/h	3.6s
允许的最高车速	318km/h
按照DIN的行驶整备质量（不包括驾驶员和行李）	1555kg
按照EC的行驶整备质量（包括驾驶员）（75 kg）	1630kg

二、外饰

除了强劲有力的车身轮廓和赛车运动元素，Panamericana格栅是新款AMG最显著的特征。其来源于世界级赛车运动，AMG GT R首次在公路用车辆中采用了15根竖直的镀铬板，让人联想到AMG GT3赛车的外观。新散热器饰板的基本形状源于梅赛德斯-奔驰300SL赛车，其在1952年参加了墨西哥具有传奇色彩的泛美公路赛并大获全胜。从侧面看，低矮的车身前部和前倾的散热器饰板几乎触碰到地面。与此同时，这种风格也有助于降低施加到车辆上的动压，从而改善冷却空气的流动以及空气动力特性。对于前群板采用的典型AMG A-Wing设计进行了进一步开发，现称之为"喷气机翼"设计，重点体现在前脸上。较大的外部通风气道可完美应对驱动机构增加的冷却空气需求。为使尽可能多的气流穿过散热器，采用两个空气动力型十字散热片取代光栅，如图15-2-2所示。

图15-2-2

宽大的前部空气隔板降低了前轴举升力。为改善风阻系数，通过所谓的空气帘稳固前裙板外的气流。其狭小且竖直的开口可使气流围绕轮罩，以此优化该区域的气流特性。搭配带专用冷却空气槽的新车轮拱罩内衬，气流可顺利通过双轮罩冷却器。前翼子板由超轻碳纤维板制成。与AMG GT S相比，前部宽了46mm，从而可与19in车轮配套使用以获得更大的轮距。前翼子板的另一个标志性特征是其大尺寸带多孔翅片的出风口，可使废热从发动机舱消散掉。新侧壁由铝制成。与AMG GT S相比，后端宽了57mm。因此有了更多的空间，可安装20in车轮并获得更宽的轮距。大尺寸外部通风开口，竖直挡边和双层扩散器用于改善后端的气流。尾灯之间狭小的出风口也可消散来自后消音器的热量。带中央杆的大尺寸排气尾喉位于后裙板的中间。扩散器左侧和右侧各安装了一个附加的带黑色护盖的排气尾管。

三、内饰

内饰的设计延续了世界级赛车运动的风格。标准配备包括：
①采用Nappa皮革/DINAMICA微纤维制成的AMG运动型桶形座椅，轻便且可手动调节。
②AMG动力性能座椅（可选，无附加费用）。
③仪表盘的刻度盘以黄色高亮显示。

④AMG钢琴漆组件内饰。

⑤AMG夜色组件内饰。

有黄色三点式安全带和亚黑碳纤维装饰件可供选择，如图15-2-3所示。

图15-2-3

AMG操控单元（DRIVE UNIT）控制，如图15-2-4所示。

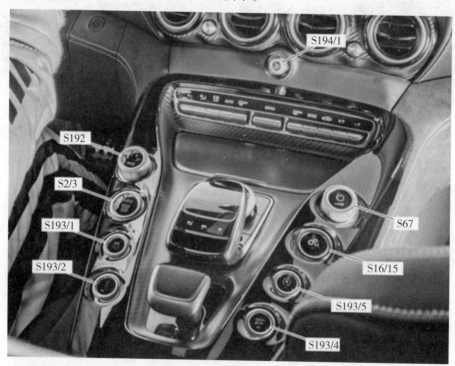

S2/3.无钥匙（KEYLESS-GO）启动/停止按钮　S16/15."M"变速器模式按钮　S67.带音量控制的ON/OFF按钮　S192.变速器模式旋转开关　S193/1.AMG电控车辆稳定行驶系统（ESP）运动模式关闭按钮　S193/2.AMG悬架按钮　S193/5.ECO启动/停止功能按钮　S194/1.自动牵引控制开关

图15-2-4

四、空气动力学

主动式可变空气动力学套件

全新主动式可变空气动力学套件位于发动机前方底板内，不易看见。因其由碳纤维制成，所以仅重约2kg，在"赛道"（Race）变速器模式下，车速达80km/h时，以及在"C""S"和"S+"变速器模式下，车速达到120km/h时，其自动下移约40mm。气流改变产生所谓的文氏管效应，在车速达到250km/h时，可将车辆拉到路面上并减少前轴约40kg的负荷，如图15-2-5所示。

图15-2-5

电控空气动力学套件为弹簧悬架，在展开状态下可避开障碍物，如在起伏不平的路面上行驶时会向上移动。如果降低空气动力学套件，气流通过主动可变式空气动力学套件中的抽气机通风口优先流向双层尾部扩散器，以提高后轴的行驶稳定性并降低后端区域的温度水平，防止热量集中。按下上方控制面板上方的按钮，可手动收缩主动式可变空气动力学套件以达到清洁的目的。主动式空气调节系统，如图15-2-6所示。

主动式空气调节系统是空气动力学概念的另一个元素。空气调节系统位于前裙板后方并由带垂直排列板条的框架组成,打开或关闭朝向发动机散热器方向的车辆前部的下部开口，用左侧空气调节系统促动电机（M108/3）和右侧空气调节系统促动电机（M108/4）完全打开或关闭需要约1s。开口关闭时，动态驾驶和空气动力学特性显著改善。打开开口可使待流动的气团直接流向发动机散热器，而没有任何泄漏。板条操作取决于温度。即使在最大设计速度，制动以及快速转弯时，其标准设定均为关闭。如果冷却需求特别高，则电控多端顺序燃料喷射/点火系统（ME-SFI）[ME] 控制单元请求促动左侧空气调节系统促动电机（M108/3）和右侧空气调节系统促动电机（M108/4），并打开开口。

M108/3.左侧空气调节系统促动电机　M108/4.右侧空气调节系统促动电机　A.板条关闭　B.板条打开

图15-2-6

五、后翼子板

用于增加后轴上接触压力的大尺寸后翼子板永久固定在行李箱盖上。翼子板支架喷涂为车身颜色，翼子板则喷涂为高光泽黑色。可机械调节翼子板的倾斜度，如在赛车运动中，可配置成适合赛车的状态。

六、驱动装置

与之前的AMG GT S车型中的顶级发动机相比，装配两个涡轮增压器的AMG 4.0L V8发动机的输出功率提高了55kW至430kW。通过已更改压缩机加工的新涡轮增压器，变小的减压控制罐以及改进的发动机舱达到此目的。在1900~5500r/min之间可实现最大扭矩700N·m。与AMG GT相比，涡轮增压器的增压压力从120kPa提高至135kPa，且两个涡轮增压器达到了186000r/min的最高转速。

1.发动机冷却系统

通过9个冷却器实现发动机冷却系统，如图15-2-7所示。

机油冷却系统和增压空气冷却系统的冷却：

①前部冷却模块中的两个发动机散热器。

②前部冷却模块中的低温冷却器。

③右侧和左侧轮罩各有两个车轮拱罩冷却器。

④两个增压空气冷却器。

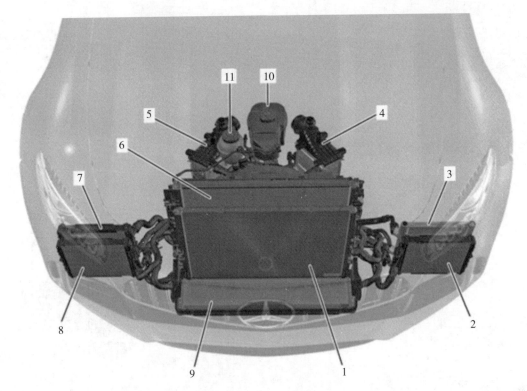

1.低温冷却器（低温回路）　2.左侧车轮拱罩冷却器（高温回路）　3.车轮拱罩机油冷却器（高温回路）　4.左侧增压空气冷却器（低温回路）　5.右侧增压空气冷却器（低温回路）　6.发动机散热器（高温回路）　7.右侧车轮拱罩冷却器（高温回路）　8.右侧车轮拱罩冷却器（低温回路）　9.发动机散热器（高温回路）　10.膨胀容器（高温回路）　11.膨胀容器（低温回路）

图15-2-7

发动机冷却系统分成两个回路：

用于发动机冷却系统和机油冷却系统的高温回路；

用于增压空气冷却系统的低温回路。

由电控多端顺序燃料喷射/点火系统（ME-SFI）［ME］控制单元控制的热量管理调节发动机冷却液温度。电控多端顺序燃料喷射/点火系统（ME-SFI）［ME］控制单元通过增压空气温度传感器记录增压空气冷却器中的增压空气温度。如果增压空气温度超过35℃，则低温回路的1号循环泵和2号循环泵开启。如果增压空气温度低于25℃，则低温回路的1号循环泵和2号循环泵关闭。

2.排气系统

专门开发的排气系统采用钛制后消音器且车身前部采用不锈钢薄壁，与AMG GT S相比，重量减轻了大概6kg。大尺寸六角排气尾喉位于后裙板的中间。扩散器左右两侧各有一个附加的排气尾管。这些排气尾管的碳纤维护盖可使扩散器免受高温排气的影响，如图15-2-8所示。

为调节音效，作为标准装备，排气系统装配了两个可持续调节排气阀门。排气阀门可自动打开和关闭或使用排气阀门控制开关（S99/4）将其打开和关闭。可进行自动操作以匹配所选变速器模式。在"舒适型"（Comfort）和"运动型"（Sport）设置中，设计了典型的V8低频音效以实现舒适驾驶。"运动增强型"（Sport+）和"赛道"（Race）设置中提供更加高亢激昂的音效组合。

3.变速器

AMG SPEEDSHIFT DCT 7速双离合变速器配置在后轴变速驱动桥中，通过改进其硬件和软件以适用于

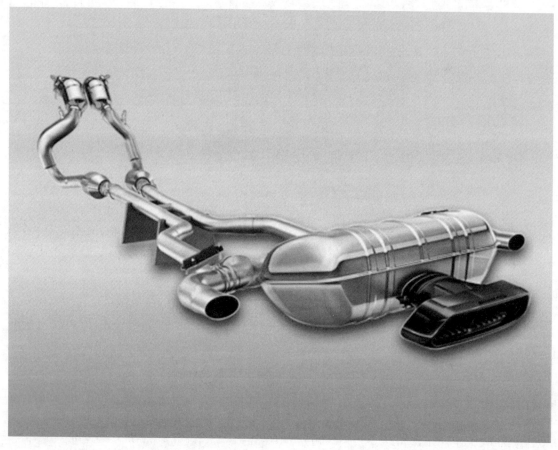

图15-2-8

赛道。1挡为高速挡，7挡和主减速器为低速挡。可实现更敏捷的加速以及对快速加速踏板命令的自发响应。可以使用变速器模式旋转开关（S192）选择以下变速器模式：

① "C" -舒适型。

② "S" -运动型。

③ "S+" -运动增强型。

④ "I" -自定义。

⑤ "赛道"（Race）。

在"赛道"（Race）变速器模式下，双离合变速器低换挡速度的换挡策略完美匹配赛车的要求。按下"M"变速器模式按钮（S16/15）可在任一变速器模式下启用手动换挡模式。

七、AMG避震悬架

全新AMG避震悬架专为AMG GT R研发。在世界级专业赛车运动中，驾驶员可选择自己所需的设置并手动持续调节弹簧避震器。AMG避震悬架与AMG行驶控制相结合，进行持续的自适应可调减震。系统进行电子调节并根据既定驾驶状况、车速和道路状况自动调节各车轮的减震。通过减震器中用于拉动和推动方向的各阀门调节减震特性。将减震器调硬有助于降低转弯和制动时的打滑现象。前轴和后轴上的车轮支架、转向节和叉形控制臂完全由锻造铝制成，以降低簧下质量。采用了世界级赛车的后轴下部控制臂上的Uniball万向节轴承。与横向控制臂相比，其耐磨性更为显著，由于设计原因，不会出现任何游隙，即使在高负荷下外倾角和游隙也不会改变。扩大了后轴上管状防侧倾稳定杆的直径，以匹配提高的动态驾驶要求，并有助于减轻重量。传统悬架测量包括前部和后部加宽的轮距。作为标准装备，AMG GT R装配有Michelin Sport Cup 2运动型轮胎，前部尺寸为275/35 ZR 19，后部尺寸为325/30 ZR 20。

八、主动式后轴转向

梅赛德斯–AMG车型中首次采用标准主动式后轴转向。两个转向促动器替代了后轴上的传统控制臂。这些带主轴传动机构的电动机不是以机械方式连接到方向盘，而是以确定的特性图通过电控调节后轮。后轮处的前束角变化最多为1.5°，如图15-2-9所示。

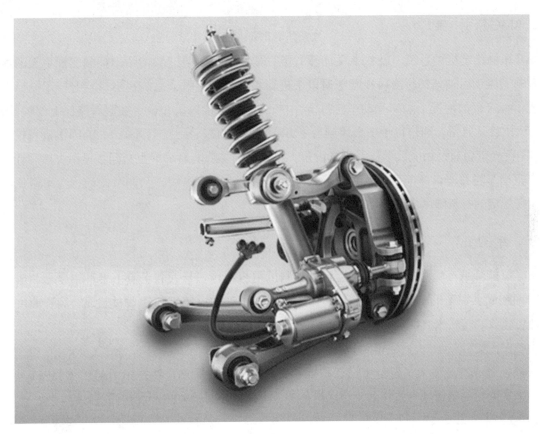

图15-2-9

转向角类型取决于车速：

①车速<100km/h：转向角与前轮方向相反。

②车速>100km/h：转向角与前轮平行。

车速不超过100km/h时，后轮朝与前轮相反的方向转动。虚拟缩短轴距可使车辆在转弯时更加敏捷且只需较小的力转动方向盘，尤其在方向多变的或类似蛇形穿桩的道路上行驶时。在日常驾驶状况下，例如在转弯直径减小的情况下转弯或停车时就会体现其优势。如果车辆以高于100km/h的速度行驶，后轮与前轮平行转动。这就相当于虚拟扩大轴距，因此可显著提高行驶稳定性。改变方向时，后轴上越快产生横向力，就会越快响应转向命令。主动式后轴转向在意外驾驶状况下辅助驾驶员，例如进行机动规避来为主动安全性做出贡献。

九、电控车辆稳定行驶系统（ESP®）

电控车辆稳定行驶系统（ESP®），作为标准配备的一部分，可分三个阶段进行调节：

①电控车辆稳定行驶系统（ESP®）开启。

②电控车辆稳定行驶系统（ESP®）运动操控模式。

③电控车辆稳定行驶系统（ESP®）关闭。

电控车辆稳定行驶系统（ESP®）关闭模式沿用AMG GT3的编程步骤。

十、AMG牵引控制

在电控车辆稳定行驶系统（ESP®）关闭模式下，驾驶员可以通过AMG牵引控制实现更大的对操纵性的独立影响。驱动后轴处的打滑可在九个阶段中进行预选择。此时，系统在不影响电控车辆稳定行驶系统（ESP®）稳定性的前提下隔离驱动车轮打滑。1级为高安全性等级，设定在湿滑路面上驾驶，9级允许后轴处最大限度地打滑。通过位于中央控制台下方通风口的自发牵引控制开关（S194/1）进行控制。围绕旋钮的LED荧光带会通过相应数字显示所选设定，仪表盘的多功能显示屏也会同步显示。然后计算后轮的最大允许驱动车轮打滑以匹配所选等级。如果加速时后轮达到该等级，会调节发动机功率避免超过该等级且车辆在规定的打滑限度内继续加速。

十一、结构

为了尽可能降低车辆总重，车辆采用各种材料的混合结构。悬架和车身由多种铝合金制成，行李箱盖由不锈钢制成且发动机罩由碳纤维制成。重量优化的框架由压铸铝和铝型材制成。高弯曲度和抗扭强度的设计可吸收和传输来自传动系统和悬架的极线性和横向力。

1.通道十字架

由碳纤维制成的通道十字架位于排气系统和变速器通道的下方。其替代了AMG GT中的三个铝制部件。通道十字架在通道区域有效相互支撑车辆的两侧，因此车身的抗扭刚度提高了7.5%。

2.对角支撑杆

两个由碳纤维制成的对角支撑杆安装在发动机舱中以增强车身前部，其与不锈钢制部件相比重量减轻了50%。

第十六章 奔驰凌特（907/910）车系

一、导言

凌特车型906的后续车型有两个版本，装配后轮驱动的凌特车型907替换了车型906。通过车型910，首次提供了装配前轮驱动的凌特车型。与之前的车型系统相比，凌特车型907和车型910产品设计重点为：

①车外，侧壁和车门的新设计元件。

②新散热器格栅选项。

③任意喷涂四种颜色之一的保险杠。

④车外照明灯的新设计。

⑤采用模块化存储概念重新设计的仪表盘和仪表板。

⑥带7in或10.25in触摸屏的新一代车载智能信息系统。

⑦旅行车和厢式货车的高性能车顶空调系统。

⑧新网络结构。

⑨前轮驱动和横向安装的发动机（车型910）。

⑩通过方向盘上的控制杆或换挡拨片操作的自动变速器。

⑪从B柱后边缘降低装载底板 80mm（车型910）。

⑫通过降低重量增加的承载力（车型910）。

二、整车

型号907带发动机642、651和型号910带发动机651。

车型名称代码：

示例：907 153 13，如表16-1-1所示。

表16-1-1

车辆型号名称	结构	允许总质量	轴距	转向机构	版本
907	1=底盘	2=3000kg	1=3250mm	1=左舵驾驶车辆	3=总成/底盘/平板
	2=带双排座驾驶室的底盘	3=3500kg	3=3665mm	2=右舵驾驶车辆	–
	6=厢式货车	4=4000kg	5= 4325mm	–	–
	7=客货两用车	5=5000kg	7=4325mm长悬伸2015mm	–	–
	8=客车	–	–	–	–

示例：910 133 13，如表16-1-2所示。

表16-1-2

车辆型号名称	结构	允许总质量	轴距	转向机构	版本
910	0=牵引头	2=3000kg	0=0mm	1=左舵驾驶车辆	3=总成/底盘
	1=底盘	3=3500kg	1=3259mm	2=右舵驾驶车辆	–
	6=厢式货车	4=4000kg	3=3924mm	–	–

采用标准车顶和后轮驱动的凌特厢式货车，车型907，如图16-1-1所示。

图16-1-1

采用高车顶和后轮驱动的凌特厢式货车，车型907，如图16-1-2所示。

图16-1-2

采用超高车顶和后轮驱动的凌特厢式货车，车型907，如图16-1-3所示。

图16-1-3

采用高车顶和后轮驱动的凌特旅行车，车型907，如图16-1-4所示。

图16-1-4

采用后轮驱动的凌特底盘，车型907，如图16-1-5所示。
采用高车顶和前轮驱动的凌特厢式货车，车型910，如图16-1-6所示。
采用高车顶和前轮驱动的凌特厢式货车，车型910，如图16-1-7所示。
采用前轮驱动的凌特底盘，车型910，如图16-1-8所示。
凌特牵引头，车型910，如图16-1-9所示。

图16-1-5

图16-1-6

图16-1-7

图16-1-8

图16-1-9

1.外饰

新款凌特的外观经过重新设计，改良了以下部位或增加了新的设计元素：

①发动机散热器饰板。

②保险杠。

③侧壁。

④车门。

799

⑤前端设计。

⑥可选装的LED高性能大灯和部分/全LED尾灯。

2.内饰

如图16-1-10所示。

图16-1-10

内饰设计理念：

①经重新设计的仪表板和仪表盘。

②带USB接口和智能手机无线充电垫的模块化储物箱。

③新一代车载智能信息系统NTG6。

④带触控按钮的多功能方向盘。

⑤自动变速器可通过换挡杆或方向盘上的换挡拨片操作。

⑥在采用前轮驱动的车辆中，登车口降低80mm，后门处无踏板。

3.仪表板

装配带储物箱的中央区域/代码FJ7和前排乘客侧优化的中央控制台/代码F3F，如图16-1-11所示。

图16-1-11

装配带2个DIN储物箱和出风口的中央区域/代码FJ6，如图16-1-12所示。

图16-1-12

装配Audio20，带1个DIN储物箱和出风口的中央区域/代码EJ2，如图16-1-13所示。

图16-1-13

带7in触摸屏的MBUX多媒体系统，如图16-1-14所示。

带10.25in触摸屏的MBUX多媒体系统，如图16-1-15所示。

重新设计的仪表板展现出独立配置的模块化设计的储物箱理念。这包括便于操作的储物装置、选装护盖和用于移动端设备的多种连接和充电装置。作为标配，凌特在左侧和右侧有两个储物箱，总共四个杯座，两个位于驾驶员储物箱，两个位于前排乘客侧储物箱，中央储物箱还可选装铰链盖。中央区域装配了带凌特标志的大尺寸储物箱，凌特车型907在此区域标配了两个DIN储物箱和两个额外的出风口，凌特在左侧和右侧标配了两个钢琴漆外观的出风口，分别用于驾驶员和前排乘客。在装配手动变速器的

图16-1-14

图16-1-15

车辆中，中央控制台的换挡杆右侧装配了一个大尺寸储物箱。装配自动变速器的车辆有两个大尺寸储物箱，可选择订购杯座代替储物箱，如果选装了前排乘客侧优化的切换控制台/代码F3F，则前排乘客侧不再提供储物箱和/或杯座。凌特车型907的前排乘客侧驾驶舱下方装配了储物箱，凌特车型910可作为选装装备额外订购储物箱。

4.仪表盘

标准仪表盘，如图16-1-16所示。

带彩色显示屏的仪表板/代码JK5，如图16-1-17所示。

标准仪表盘装配了两个大尺寸模拟显示屏，用于显示车速和发动机转速。3.5in黑白像素矩阵显示屏显示以下信息：

图16-1-16

图16-1-17

803

时间；

车外温度；

燃油和AdBlue®液位；

总行驶里程和单里程；

挡位指示；

里程计算机；

可用驾驶员辅助系统的状态（必要时）。

像素矩阵显示屏上方的显示区包括指示灯和警告灯，多功能显示屏通过仪表盘上的按钮或通过方向盘按钮（选装）进行操作。

带彩色显示屏的仪表板/代码JK5，带彩色显示屏的仪表盘有两个带镀铬环的大尺寸模拟显示屏,用于显示：

①车速；

②发动机转速；

③燃油液位指示器；

④冷却液温度。

中央位置装配了高分辨率5.5in彩色显示屏，用于在驾驶员视野区域进行清晰的菜单导航。根据选装的车辆设备，可通过菜单选择并显示所有信息：

导航；

收音机；

媒体；

电话；

保养过程中提供辅助车辆设置；

驾驶员辅助系统；

带ECO Score和综合里程的旅程计算机。

通过左上方的触控区域在多功能方向盘上进行菜单选择。

5.座椅

标准驾驶员座椅，如图16-1-18所示。

驾驶员座椅代码SB1（舒适型驾驶员座椅），如图16-1-19所示。

驾驶员座椅代码SB3（舒适型悬挂式驾驶员座椅），如图16-1-20所示。

凌特旅行车乘客座椅，如图16-1-21所示。

装配乘客车厢座椅，3乘客长座椅，第1排，窄型/代码U62和乘客车厢座椅，3乘客长座椅，第2排/代码U63，如图16-1-22所示。

装配乘客车厢座椅，2乘客长座椅，第1排/代码U60和乘客车厢座椅，3乘客长座椅，第2排/代码U63，如图16-1-23所示。

装配3乘客长座椅，窄型，舒适型，第1排/代码UY1和3乘客长座椅，舒适型，第2排/代码UY5，如图16-1-24所示。

装配2乘客长座椅，舒适型，第1排/代码US1和3乘客长座椅，舒适型，第2排/代码UY5，如图16-1-25所示。

图16-1-18

图16-1-19

图16-1-20

图16-1-21

图16-1-22

图16-1-23

807

图16-1-24

图16-1-25

（1）前排座椅。

6向标准驾驶员座椅的座椅靠背可调节69°，该座椅也可进行前后调节和上下调节。对于2向标准前排乘客座椅，座椅靠背的倾斜度也可调节69°。两个座椅出厂时均配备2向头枕。对于驾驶员座椅，还可订购驾驶员座椅扶手/代码S22和驾驶员座椅豪华型头枕/代码SK0。

①舒适型驾驶员座椅/代码SB1和舒适型前排乘客座椅/代码SB2。

座椅的优势体现在可进行多种调节：

a.前后调节260mm。

b.座椅靠背调节增至69°。

c.高度调节增加60mm。

d.坐垫倾斜度调节5.5°。

e.坐垫前后调节60mm。

f.2向头枕。

与前排乘客座椅腰部支撑/代码SE4和驾驶员座椅腰部支撑/代码SE5配合，座椅采用AGR质量密封（背部健康协会）。

②电动调节式驾驶员座椅/代码SF1和电动调节式前排乘客座椅/代码SF2。

对于电动调节式前排座椅，通过驾驶员和/或前排乘客车门上操作单元的镀铬开关可方便调节座椅位置（头枕和坐垫长度调节除外），驾驶员和前排乘客侧的集成式记忆功能可最多保存3个座椅调节位置。电动调节式座椅通常装配有腰部支撑和座椅加热功能，三级电气座椅加热可对前排座椅进行独立加热，且可通过车门饰板中的按钮进行操作。

③舒适型悬挂式驾驶员座椅/代码SB3和舒适型悬挂式前排乘客座椅/代码SB4。

悬挂式座椅以舒适型驾驶员座椅和/或舒适型前排乘客座椅为基础，安装在机械式/液压式弹簧座架上。

④座椅套。

凌特标配了独立的黑色织物座椅套（Maturin黑），以下部件采用相同的纯色面料：

坐垫；

座椅靠背；

坐垫侧支撑；

靠背侧支撑；

座椅靠背；

头枕。

人造皮革座椅套（ARTICO黑色人造革）可供选择，侧面支撑，座面和座椅靠背表面以及头枕部分采用人造皮革护罩，驾驶员侧座椅靠背支撑的侧面支撑部分设计为真皮装饰。耐磨的人造皮革座套容易清洁，可用水和合适的皂基清洁剂擦拭。

人造皮革座椅套（ARTICO黑色人造革）不与以下装备搭配使用：

驾驶员座椅增强版/代码SB9；

静态可折叠前排乘客座椅/代码S20。

（2）后排座椅。

后排座椅通过凹入地板的黑色长座椅座盘进行固定和连接，对于凌特旅行车和装配座椅的小型厢式货车，务必配备至少两片式设计，第一排和第二排座椅的固定位置均提供安装装置。座椅排无法进行可调纵向定位，订购第三排座椅时，长座椅座盘加长了一段用于连接。临近长座椅座盘排的数量由订购的座椅类型和座椅框架处台架锚定装置的数量决定。

座椅套：舒适型座椅仅提供Caluma黑色织物版或ARTICO黑色人造革版。

便捷固定解锁功能：所有提供的长座椅中都新增了通过中央操纵杆进行的便捷固定解锁功能。此外，通过在后部座椅框架处安装运输防滚杆使运输更加方便安全，释放拉手的高度提高，从而能更加舒适地将长座椅从锁止装置中解锁和抬出，运输防滚杆方便了长座椅的运输和挪动，与标准座椅相比，舒适型座椅每排的重量增加了约10kg。

6.驱动装置

①经实践验证且油耗优化的4缸和6缸柴油发动机OM651和OM642。

②22L AdBlue®罐。

③凌特车型910中的前轮驱动。

④车型910，车辆范围内全新牵引头。

⑤后轮驱动（在车型907中）。

⑥凌特车型907中基于后轮驱动的分时四驱。

结构。带后轮驱动的凌特车型907上市将提供以下版本：

厢式货车；

游览车；

单驾驶室底盘；

双排座驾驶室底盘。

装配前轮驱动的凌特车型910提供以下版本（如图16-1-26所示）：

牵引头；

厢式货车；

单驾驶室。

图16-1-26

三、技术数据

型号907带发动机642、651和型号910带发动机651参数如表16-1-3所示。

表16-1-3

配置	车型907	车型910
牵引头	–	×
底盘	轴距3665mm	–
	轴距4325mm	–
厢式货车	轴距 3665mmssss	轴距3924mm
游览车	轴距3665mm	–

车型907上的尺寸，如表16-1-4所示。

表16-1-4

配置	紧凑型 轴距3250mm	默认值 轴距3665mm	长 轴距4325mm	超长 轴距4325mm
底盘 单驾驶室	–	长度：5886~6104mm[1] 宽度：2345mm 高度：2280~2446mm[2] 悬伸：–	长度：6696~6864mm[1] 宽度：2345mm 高度：2280~2446mm[2] 悬伸：1350~1518mm	–
底盘 双排座驾驶室	长度：5576mm 宽度：2345mm 高度：2272~2459mm[2] 悬伸：–	长度：5886~6104mm[1] 宽度：2345mm 高度：2272~2459mm[2] 悬伸：–	长度：6696~6864mm[1] 宽度：2345mm 高度：2272~2459mm[2] 悬伸：1350~1518mm	–
厢式货车	–	长度：5932mm 宽度：2345mm 高度：2330~3002mm[2] 悬伸：–	长度：6697mm 宽度：2345mm 高度：2272~2459mm[2] 悬伸：1350~1518mm	长度：6961mm 宽度：2345mm 高度：2330~3002mm[2] 悬伸：2015mm
游览车	长度：5267mm 宽度：2345mm 高度：2330~2982mm[2] 悬伸：–	长度：5932mm 宽度：2345mm 高度：2330~2982mm[2] 悬伸：–	长度：7367mm 宽度：2345mm 高度：2330~2982mm[2] 悬伸：2021mm	–

注：1）取决于载重量。

2）取决于驱动方式、载重量和车顶高度。

车型910上的尺寸，如表16-1-5所示。

表16-1-5

配置	紧凑型轴距3259mm	默认值轴距3924mm
底盘 单驾驶室	长度：5429mm 宽度：2345mm 高度：2283~2356mm[2]	长度：5986mm 宽度：2345mm 高度：2283~2356mm[2]
厢式货车	长度：5267mm 宽度：2345mm 高度：2330~2942mm[2]	长度：5932mm 宽度：2345mm 高度：2330~2356mm[2]

注：2）取决于驱动方式、载重量和车顶高度。

四、保养策略

型号907带发动机642、651和型号910带发动机651。

保养类别：根据新保养逻辑，新款凌特要进行保养。保养范围，特别是A类保养和B类保养，根据相关过程和车辆相关标准进行重新编译，可选A类保养和B类保养。在车型907中，换油间隔为60000km或2年，在车型910中，为40000km或2年。车型910中柴油发动机OM651的发动机油加注容积降至8L。在车型907中柴油发动机OM651的发动机油加注容积已改为11.5L（与先前车型906相同），柴油发动机OM642的发动机油加注容积已改为12.5L。

车辆规定的附加保养作业的间隔如下：

①更换制动液，每2年。

②更换空气滤清器滤芯，每120000km或每4年。

③更换柴油燃料滤清器，每80000km或每4年。

④更换冷却液，每360000km或每15年。

⑤更换变速器油（手动变速器），每320000km或每10年。

⑥更换变速器油（自动变速器），在第1次保养时进行首次更换，之后每120000km。

五、驱动机构

凌特车型907，装配后轮驱动，如图16-1-27所示。

凌特车型907，装配全轮驱动，如图16-1-28所示。

图16-1-27

812

凌特车型910，装配前轮驱动，如图16-1-29所示。

图16-1-28

1.4缸柴油发动机OM651

图16-1-29

对于横向安装的发动机 OM 651，省略机油尺和机油尺管。对于纵向安装的发动机OM651，仅省略机油尺，机油尺管仍存在。液位传感器记录油位，通过仪表盘进行油位检查。优化的共轨喷射系统适用于最高200000kPa的系统压力，通过相关高压泵获取油轨内的喷油压力，已安装了电磁阀喷射器。

2.6缸柴油发动机OM642

对于车型907中的发动机OM642，省略机油尺，机油尺管仍存在，液位传感器记录油位，通过仪表盘进行油位检查。

3.车型907

（1）4缸柴油发动机OM651。

发动机OM651用于新凌特的市场投入，具有以下高性能型号：

①发动机OM651 DE 22 LA 84kW 3800r/min。

②发动机OM651 DE 22 LA 105kW 3800 r/min。

③发动机OM651 DE 22 LA 120kW 3800 r/min。

两级相继涡轮增压用于优化污染物和消耗排放，这涉及两个不同尺寸的串联连接的涡轮增压器，其装配增压压力控制系统。

（2）6缸柴油发动机OM642。

发动机OM 642专门用于车型907，采用高性能型号140kW。

4.车型910

横向安装的4缸柴油发动机OM651用于装配前轮驱动的车辆，具有以下高性能型号：

①发动机OM651 DE 22 LA 84kW 3800 r/min。

②发动机OM651 DE 22 LA 105kW 3800 r/min。

③发动机OM651 DE 22 LA 130kW 3800 r/min，适用于露营车改装。

将发动机横向安装并向前倾斜2.5º。将带可变涡轮曲线的空气冷却式涡轮增压器用于单级充电，如果是未装配制冷剂压缩机的装备，则皮带驱动装置具有附加皮带轮。

5.变速器

（1）车型910。

对于装配前轮驱动的凌特（车型910），使用6速手动变速器。其由1个全同步的三轴手动变速器、6个前进挡和1个倒挡组成。为提高舒适性，安装有双质量飞轮，拉索换挡机构将换挡杆球头从变速器上解耦，变速器的最大输入扭矩设计为400N·m。装配全集成化电动液压变速器控制系统的9速自动变速器（9G-TRONIC）可选择为自动变速器。其设计为行星齿轮系统,并在减少消耗和排放以及提高换挡舒适性方面适用于运输车的特殊要求，提供9个前进挡和1个倒挡。

（2）车型907。

在装配后轮或全轮驱动的凌特中，使用两个经过检验的手动变速器：

①6挡手动变速器 ECO Gear360。

②6挡手动变速器 ECO Gear480。

其由一个全同步的6速手动变速器组成，最大输入扭矩为360N·m或480N·m。为提高舒适性，安装有双质量飞轮，标准换挡指示灯为节能驾驶风格提供指示。此外，仪表盘的多功能显示屏中显示推荐的挡位。装配全集成化电动液压变速器控制系统的常见的7速自动变速器增强版（7G-TRONIC PLUS）可用作自动变速器，提供7个前进挡和1个倒挡。

6.排气系统

随着新凌特投入市场，提供低污染车辆欧6c组Ⅲ/代码MR6，与4缸柴油发动机配套使用，对于所有批准为≤3.5t载重车或批准为>3.5t的载重车，高于参考质量1760kg，最高参考质量为2840kg。对于具有以下特性，经过欧Ⅵ版发动机/代码MP6专门认证的车辆：

作为乘用车登记；

总质量5t；

6缸柴油发动机OM642 DE 30 LA 140kW 3800r/min；

全轮驱动系统。

对于柴油发动机，与欧Ⅵ版发动机/代码MP6或低污染车辆欧6c组Ⅲ/代码MR6配套使用，在选择性催化还原（SCR）废气再处理系统和AdBlue®辅助下满足排放水平。AdBlue®箱，包括带蓝色加油口盖的加注管，位于安装支架上且出厂时已注满。最大AdBlue®加注容量为22L，加注水平可通过仪表盘检索。以下排气系统可任意用于车型907：

①正后向排气系统/代码K60，旅行车标准。

②连接至后侧后轴的排气系统/代码K63，仅厢式货车和旅行车。

③连接至左前侧后轴的排气系统/代码KA3，仅底盘、驾驶室和双排座驾驶室。

④取力器排气系统/代码KA6，仅厢式货车。

7.燃油系统

在车型907和910中，安装不同容积的燃油箱。

（1）车型907。

①燃油箱71L作为标准。

②主燃油箱93L/代码KB7可选。

（2）车型910。

①燃油箱65L作为标准。

②主燃油箱50L/代码K11可选。

③主燃油箱92L/代码KB8可选。

误加油防护系统：误加油防护系统可提供为选装装备，其具有带两个拉杆的切断机构。切断机构设计为只能由标准化的柴油注油枪解锁，这可以防止车辆燃烧汽油，如图16-1-30所示。

某些加气站的燃油泵为载重车装配有加大型直径的柴油加注枪，以快速加油，通过该类型的载重车加注枪为车辆加油时不能与误加油防护系统配套使用。

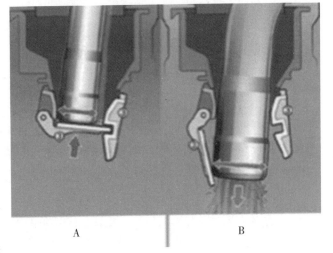

A.直径21mm，汽油注油枪　B.直径24mm，柴油注油枪
图16-1-30

六、底盘

1.悬架和减震

除标准悬架外，为实现最佳的悬架设计，以适用于更多不同的车身类型，可选装带货物保护装置的舒适型悬架。还提供了以下悬架部件：

①用于更高有效载荷的后轴弹簧/代码C83。

②升高的车身/代码CE8。

③舒适型悬架/代码CB2。

④承载力更高的前轴。

⑤加强型减震器。

⑥减震器。

⑦车身高度降低功能取消装置。

⑧差路况版本。

⑨加强型差路况版本。

装配选装装备用于更高有效载荷的后轴弹簧/代码C83时,后轴标配的钢制弹簧替换为更轻的玻璃纤维强化塑料弹簧。玻璃纤维塑料后轴弹簧的主要功能是降低了车重并使有效载荷提高了约12kg。对于车型907,空气弹簧舒适型悬架/代码CB2作为选装装备提供,该部件通过控制面板中的按钮或通过遥控装置进行操作。如果装配空气悬架的车辆关闭,即使点火开关关闭,空气悬架仍可保持启用状态最多一个小时。例如,如果使用千斤顶将车辆升起,空气悬架会进行调节以平衡车辆水平高度,千斤顶可能会倾倒。升起车辆前,按下空气弹簧遥控装置上的"服务"按钮,这可防止车辆水平高度自动调节以及手动升高或降低。

2.制动系统

在凌特中,对于所有允许总重为3.0t、3.5t和4.0t的车辆,都可订购电动驻车制动器/代码B25,电动驻车制动器通过旋转式照明开关附近的推/拉开关促动。因此,会促动后轴的组合制动钳,随后,制动钳中集成的电子促动器会促动行车制动器,通过电动驻车制动器可实现不同的舒适和安全功能,包括:

①制动器自动锁止。

②制动器自动解锁。

③辅助制动器。

④紧急制动。

⑤自动制动器调整机构。

3.转向机构

在凌特中,在采用前轮驱动和后轮驱动的所有车辆中,速度感应式机电齿轮齿条式转向机构作为标准装备提供。该机构具备参数功能,即动力转向系统根据车速进行调节,不断变化以适应驾驶状况。对于采用全轮驱动的车辆,仍安装了经实践验证的液压动力转向机构。

4.车辆

从动前轴,在装配转向机构和变速器的车型910中,如图16-1-31所示。

(1)前轴。

与采用后轮驱动的车辆相比,前轴向前移动了9mm,轮距增加了50mm。

(2)后轴。

后轴向后移动了250mm. 轮距增加了53mm。

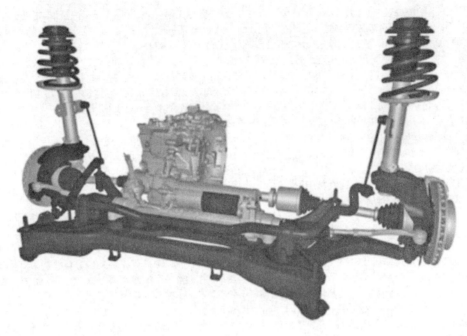

图16-1-31

七、车载电气系统网络连接

型号907带发动机642、651和型号910带发动机651。

1.车型907左舵驾驶车辆总体网络

如图16-1-32所示。

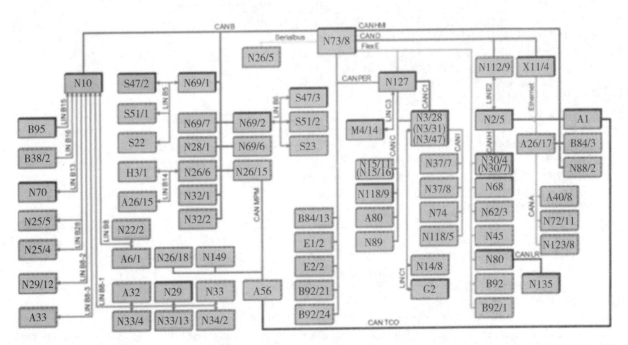

A1.仪表盘　A6/1.固定加热器无线遥控器接收器（装配热水辅助加热器无线遥控器/代码HY1）　A26/15.车内保护传感器（副）（装配防盗保护组件/代码FY1或装配防盗警报系统/代码FZ5）　A26/17.主机［装配MBCONNECT5/代码E1A或装配Audio 25/代码E1C或装配Audio 20/代码EJ2或装配驾驶室管理和数据系统以及联网功能（COMAND Online）/代码EJ9］　A32.空调（AC）空气内循环单元　A33.车顶空调系统（装配基础型车顶空调系统/代码HH7或装配增强型车顶空调系统/代码H08或增强型后排空调系统/代码HK4）　A40/8.音频/驾驶室管理及数据系统（COMAND）显示控制单元［装配MBCONNECT5/代码E1A或装配Audio 25/代码E1C或装配Audio 20/代码EJ2或装配驾驶室管理和数据系统以及联网功能（COMAND Online）/代码EJ9］　A56.数字式车速表［装

817

配拉美版行驶记录仪/代码J05或装配自动1天/2驱动行驶记录仪（欧盟版）/代码J19或装配带转速记录仪+辅助记录仪的欧盟版数字式车速表/代码JD2或装配可下载欧盟版数字式车速表/代码JD4］　A80.智能伺服模块［装配7速自动变速器增强版（7G-TRONIC PLUS）/代码G42］　B38/2.雨量和光线传感器（装配雨量传感器/代码JF1）　B84/3.后视摄像头控制单元（装配后视摄像头/代码FR8）　B84/13.多功能摄像头（装配交通标志辅助系统/代码JA9或装配主动式车道保持辅助系统/代码JB4或装配车道保持辅助系统/代码JW5或装配远光灯辅助系统/代码LA1）　B92.主动式制动辅助系统控制单元（装配主动式制动辅助系统/代码BA3）　N69/6.右侧滑动车门控制单元（装配右侧滑动车门电动关闭辅助功能/代码T50或装配右侧滑动车门电动促动功能/代码T55）　N69/7.左侧滑动车门控制单元（装配左侧滑动车门电动关闭辅助功能/代码T51或装配左侧滑动车门电动促动功能/代码T56）　N70.上方控制面板（DBE）控制单元　N72/11.主机控制板控制单元［装配MBCONNECT5/代码E1A或装配Audio 25/代码E1C或装配Audio 20/代码EJ2或装配驾驶室管理和数据系统以及联网功能（COMAND Online）/代码EJ9］　N73/8.电子点火开关（EZS）控制单元　N74.炭烟颗粒传感器控制单元　N80.转向柱管模块（MRM）控制单元　N88/2.轮胎压力监测系统控制单元（装配轮胎压力监测系统/代码RY2）　N89.变速器辅助油泵控制单元［装配7速自动变速器增强版（7G-TRONIC）/代码G42］　N112/9.HERMES控制单元［装配适用于数字化服务的通信模块（UMTS）/代码JH2或适用于数字化服务的通信模块（LTE）/代码JH3 或装配适用于ERAGLONASS的通信模块（UMTS）/代码JH4］N118/5.AdBlue®雾状尿素水溶液控制单元［采用第3代选择性催化还原（SCR）尾气净化技术/代码KP6］　N118/9.燃油泵控制单元　N123/8.移动电话托座控制单元（装配带无线充电功能的智能手机存放盒/代码E1B）　B92/1.智能领航限距控制系统（DISTRONIC）控制单元［装配限距控制系统增强版（DISTRONIC PLUS）/代码ET4］　B92/21.右后保险杠雷达传感器（装配盲点辅助系统/代码JA7）　B92/24.左后保险杠雷达传感器（装配盲点辅助系统/代码JA7）　B95.蓄电池传感器　E1/2.左侧LED大灯（装配LED高性能大灯/代码LG7）　E2/2.右侧LED大灯（装配LED高性能大灯/代码LG7）　G2.发电机　H3/1.带辅助蓄电池的警报器（装配防盗保护组件/代码FY1）　M4/14.冷却器风扇　N2/5.辅助防护装置（SRS）控制单元　N3/28.共轨喷注系统柴油机（CDI）控制单元（带发动机642）　N3/31.柴油共轨直接喷射系统（CDI）控制单元（装配发动机651，未装配SULEV低污染发动机/代码MH8）　N3/47.柴油共轨直接喷射系统（CDI）控制单元（装配发动机651，装配SULEV低污染发动机/代码MH8）　N10.信号采集及促动控制模组（SAM）控制单元　N14/8.预热输出级（装配发动机642，651）　N15/11.全集成化变速器控制系统（VGS）电控单元［装配7速自动变速器（7G-TRONIC）/代码G42］　N15/15.全集成化变速器控制系统（VGS）电控单元［装配9速自动变速器（9G-TRONIC）/代码G43］　N22/2.自动智能气候控制系统操作单元［装配多区域智能空调（THERMOTRONIC）/代码HH4］　N25/4.前排乘客座椅加热器控制单元（装配前排乘客座椅加热器/代码H15和双座前排乘客座椅/代码S23）　N25/5.驾驶员座椅加热器控制单元（装配驾驶员座椅加热器/代码H16）　N26/5.电子转向锁控制单元［未装配7速自动变速器增强版（7G-TRONIC）/代码G42，未装配9速自动变速器（9G-TRONIC）/代码G43］　N26/6.防盗警报系统（ATA）控制单元（装配防盗保护组件/代码FY1或装配防盗警报系统/代码FZ5）　N127.传动系统控制单元　N135.方向盘电子设备　N149.FleetBoard车队管理系统控制单元　S22.驾驶员侧车门座椅调节开关（装配电动调节式驾驶员座椅/代码SF1）　S23.前排乘客侧车门座椅调节开关（装配电动调节式前排乘客座椅/代码SF2）　S47/2.驾驶员车门开关模块　S47/3.前排乘客侧车门开关模块　S51/1.驾驶员侧车门座椅加热器开关（装配驾驶员座椅加热器/代码H16）　S51/2.前排乘客侧车门座椅加热器开关（装配前排乘客座椅加热器/代码H15）　X11/4.诊断连接器　CAN A.车载智能信息系统控制器区域网络(CAN)　CAN B.车内控制器区域网络（CAN）　CAN C.传动系统控制器区域网络（CAN）　CAN C1.发动机控制器区域网络（CAN）　CAN D.诊断控制器区域网络（CAN）　CAN H.车辆动态控制器区域网络（CAN）　CAN HMI.用户界面控制器区域网络（CAN）　CAN I.传动系统传感器控制器区域网络（CAN）　CAN LR.方向盘控制器区域网络（CAN）　CAN MPM.车身制造商控制器区域网络（CAN）（装配可参数化专用模块/代码ED5）　CAN PER.外围设备控制器区域网络（CAN）　CAN TCO.行驶记录仪控制器区域网络（CAN）［装配拉美版行驶记录仪/代码J05或装配自动1天/2驱动行驶记录仪（欧盟版）/代码J19或装配带转速记录仪+辅助记录仪的欧盟版数字式车速表/代码JD2或装配可下载欧盟版数字式车速表/代码JD4］　N26/15.可参数化专用模块（PSM）控制单元（装配可参数化专用模块/代码ED5）　N26/18.缓速器控制单元（装配Telma缓速器预留装置/代码BR9）　N28/1.挂车识别控制单元（装配7针挂车插座/代码E40或装配13针挂车插座/代码E43）　N29.电动鼓风机控制器LIN B8智能气候控制局域互联网（LIN）　N29/12.后排智能气候控制电子鼓风机调节器（装配后排辅助热交换器/代码H13）　N30/4.电控车辆稳定行驶系统（ESP®）控制单元（未装配电动驻车制动器/代码B25）　N30/7.高级电控车辆稳定行驶系统（ESP®）控制单元（装配电动驻车制动器/代码B25）　N32/1.驾驶员座椅控制单元（装配电动调节式驾驶员座椅/代码SF1）　N32/2.前排乘客座椅控制单元（装配电动调节式前排乘客座椅/代码SF2）　N33.固定加热器控制单元（装配热水辅助加热器/代码H12或暖气增强系统/代码HZ9）　N33/4.正温度系数（PTC）暖气增强系统控制单元（装配电动热空气辅助加热器/代码HH2）　N33/13.热空气固定加热器控制单元（装配热空气辅助加热器/代码H11）　N34/2.热空气固定加热器定时开关（装配热空气辅助加热器/代码H11）　N37/7.选择性催化还原（SCR）催化转换器上游的氮氧化物（NOx）传感器控制单元　N37/8.选择性催化还原（SCR）催化转换器下游的氮氧化物（NOx）传感器控制单元　N45.全轮驱动控制单元（装配接合式全轮驱动/代码ZG1或装配带齿轮减速的全时四轮驱动/代码ZG3）　N62/3.驻车系统控制器（装配带360°摄像头的驻车组件/代码JB6或装配带后视摄像头的驻车组件/代码JB7）　N68.电动动力转向机构（ES）控制单元　N69/1.驾驶员车门控制单元　N69/2.前排乘客侧车门控制单元　Flex E.底盘FlexRay　LIN B5.左侧车门局域互联网（LIN）　LIN B6.右侧车门局域互联网（LIN）　LIN B8-1.前排空调控制局域互联网（LIN）　LIN B8-2.后排空调控制局域互联网（LIN）（装配后排辅助热交换器/代码H13）　LIN B8-3.车顶空调系统控制局域互联网（LIN）（装配基础型车顶空调系统/代码HH7或装配增强型车顶空调系统/代码H08或装配增强型后排空调系统/代码HK4）　LIN B13.车顶局域互联网（LIN）　LIN B14.警报系统局域互联网（LIN）（装配防盗保护组件/代码FY1或装配防盗警报系统/代码FZ5）　LIN B15.蓄电池传感器局域互联网（LIN）　LIN B16.雨量和光线传感器局域互联网（LIN）（装配雨量传感器/代码JF1）　LIN B28.加热器局域互联网（LIN）（装配驾驶员座椅加热器/代码H16）　LIN C1.传动系统局域互联网（LIN）　LIN C3.传动系统局域互联网（LIN）　LIN E2.座椅承载识别局域互联网（LIN）　Ethernet.以太网　Serialbus.串行总线［未装配7速自动变速器增强版（7G-TRONIC PLUS）/代码G42，未装配9速自动变速器（9G-TRONIC）/代码G43］

图16-1-32

2.车型910总体网络

如图16-1-33所示。

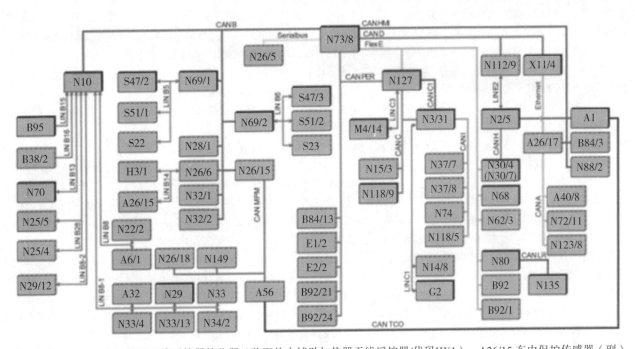

A1.仪表盘　A6/1.固定加热器无线遥控器接收器（装配热水辅助加热器无线遥控器/代码HY1）　A26/15.车内保护传感器（副）（装配防盗保护组件/代码FY1或装配防盗警报系统/代码FZ5）　A26/17.主机［装配MBCONNECT 5/代码E1A或装配Audio 25/代码E1C或装配Audio 20/代码EJ2或装配驾驶室管理和数据系统以及联网功能（COMAND Online）/代码EJ9］　A32.空调（AC）空气内循环单元　A40/8.音频/驾驶室管理及数据系统（COMAND）显示控制单元［装配MBCONNECT 5/代码E1A或装配Audio 25/代码E1C或装配Audio 20/代码EJ2或装配驾驶室管理和数据系统以及联网功能（COMAND Online）/代码EJ9］　A56.数字式车速表［装配拉美版行驶记录仪/代码J05或装配自动1天/2驱动行驶记录仪（欧盟版）/代码J19或装配带转速记录仪+辅助记录仪的欧盟版数字式车速表/代码JD2或装配可下载欧盟版数字式车速表/代码JD4］　B38/2.雨量和光线传感器（装配雨量传感器/代码JF1）　B84/3.后视摄像头控制单元（装配后视摄像头/代码FR8）　B84/13.多功能摄像头（装配交通标志辅助系统/代码JA9或装配主动式车道保持辅助系统/代码JB4或装配车道保持辅助系统/代码JW5或装配远光灯辅助系统/代码LA1）　B92.主动式制动辅助系统控制单元（装配主动式制动辅助系统/代码BA3）　B92/1.智能领航限距控制系统（DISTRONIC）控制单元［装配限距控制系统增强版(DISTRONIC PLUS）/代码ET4］　B92/21.右后保险杠雷达传感器（装配盲点辅助系统/代码JA7）　B92/24.左后保险杠雷达传感器（装配盲点辅助系统/代码JA7）　B95.蓄电池传感器S47/2驾驶员车门开关模块　E1/2.左侧LED大灯（装配LED 高性能大灯/代码LG7）　E2/2.右侧 LED大灯（装配LED高性能大灯/代码LG7）　N72/11.主机控制板控制单元［装配MBCONNECT 5/代码E1A或装配Audio 25/代码E1C或装配Audio 20/代码EJ2或装配驾驶室管理和数据系统以及联网功能（COMAND Online）/代码EJ9］　N73/8.电子点火开关（EZS）控制单元　N74.炭烟颗粒传感器控制单元　N80.转向柱管模块（MRM）控制单元　N88/2.轮胎压力监测系统控制单元（装配轮胎压力监测系统/代码RY2）　N112/9.HERMES 控制单元［装配适用于数字化服务的通信模块（UMTS）/代码JH2或适用于数字化服务的通信模块（LTE）/代码JH3 或装配适用于ERAGLONASS的通信模块（UMTS）/代码JH4］　N118/5.AdBlue®雾状尿素水溶液控制单元［采用第3代选择性催化还原（SCR）尾气净化技术/代码KP6］　N118/9.燃油泵控制单元　N123/8.移动电话托座控制单元（装配带无线充电功能的智能手机存放盒/代码E1B）　N127.传动系统控制单元　N135.方向盘电子设备　N149.FleetBoard车队管理系统控制单元　S22.驾驶员侧车门座椅调节开关（装配电动调节式驾驶员座椅/代码SF1）　S23.前排乘客侧车门座椅调节开关（装配电动调节式前排乘客座椅/代码SF2）　S47/3.前排乘客侧车门开关模块　S51/1.驾驶员侧车门座椅加热器开关（装配驾驶员座椅加热器/代码H16）　G2.发电机　H3/1.带辅助蓄电池的警报器（装配防盗保护组件/代码FY1）　M4/14.冷却器风扇　N2/5.辅助防护装置（SRS）控制单元　N3/31.柴油共轨直接喷射系统（CDI）控制单元（装配发动机651，未装配SULEV低污染发动机/代码MH8）　N10.信号采集及促动控制模组（SAM）控制单元　N14/8.预热输出级CAN D诊断控制器区域网络（CAN）　N15/3.电子变速器控制系统控制单元（EGS）（装配变速器 700.750）　N22/2.自动智能气候控制系统操作单元［装配多区域智能空调（THERMOTRONIC）/代码HH4］　N25/4.前排乘客座椅加热器控制单元（装配前排乘客座椅加热器/代码H15和双座前排乘客座椅/代码S23）　N25/5.驾驶员座椅加热器控制单元（装配驾驶员座椅加热器/代码H16）　N26/5.电动转向锁控制单元CAN MPM车身制造商控制器区域网络（CAN）（装配可参数化专用模块/代码ED5）　N26/6.防盗警报系统（ATA）控制单元

（装配防盗保护组件/代码FY1或装配防盗警报系统/代码FZ5）　N26/15.可参数化专用模块（PSM）控制单元（装配可参数化专用模块/代码ED5）　N28/1.挂车识别控制单元（装配7针挂车插座/代码E40或装配13针挂车插座/代码E43）　N29.电动鼓风机控制器　N29/12.后排智能气候控制电子鼓风机调节器（装配后排辅助热交换器/代码H13）　N30/4.电控车辆稳定行驶系统（ESP®）控制单元（未装配电动驻车制动器/代码B25）　N30/7.高级电控车辆稳定行驶系统（ESP®）控制单元（装配电动驻车制动器/代码B25）　N32/1.驾驶员座椅控制单元（装配电动调节式驾驶员座椅/代码SF1）　N32/2.前排乘客座椅控制单元（装配电动调节式前排乘客座椅/代码SF2）　N33.固定加热器控制单元（装配热水辅助加热器/代码H12或暖气增强系统/代码HZ9）　S51/2.前排乘客侧车门座椅加热器开关（装配前排乘客座椅加热器/代码H15）　X11/4.诊断连接器　CAN A.车载智能信息系统控制器区域网络（CAN）　CAN B.车内控制器区域网络（CAN）　CAN C.传动系统控制器区域网络（CAN）　CAN C1.发动机控制器区域网络（CAN）　CAN H.车辆动态控制器区域网络（CAN）　CAN HMI.用户界面控制器区域网络（CAN）　CAN I.传动系统传感器控制器区域网络（CAN）　CAN LR.方向盘控制器区域网络（CAN）　CAN PER.外围设备控制器区域网络（CAN）　CAN TCO.行驶记录仪控制器区域网络（CAN）［装配拉美版行驶记录仪/代码J05或装配自动1天/2驱动行驶记录仪（欧盟版）/代码J19或装配带转速记录仪+辅助记录仪的欧盟版数字式车速表/代码JD2或装配可下载欧盟版数字式车速表/代码JD4］　Flex E.底盘FlexRay　LIN B5.左侧车门局域互联网（LIN）　LIN B6.右侧车门局域互联网（LIN）　LIN B8.智能气候控制局域互联网（LIN）　LIN B8-1.前排空调控制局域互联网（LIN）　LIN B8-2.后排空调控制局域互联网（LIN）（装配后排辅助热交换器/代码H13）　LIN B13.车顶局域互联网（LIN）　LIN B14.警报系统局域互联网（LIN）（装配防盗保护组件/代码FY1或装配防盗警报系统/代码FZ5）　N33/4.正温度系数（PTC）暖气增强系统控制单元（装配电动热空气辅助加热器/代码HH2）　N33/13.热空气固定加热器控制单元（装配热空气辅助加热器/代码H11）N34/2.热空气固定加热器定时开关（装配热空气辅助加热器/代码H11）　N37/7.选择性催化还原（SCR）催化转换器上游的氮氧化物（NOx）传感器控制单元　N37/8.选择性催化还原（SCR）催化转换器下游的氮氧化物（NOx）传感器控制单元　N62/3.驻车系统控制器（装配带360°摄像头的驻车组件/代码JB6或装配带后视摄像头的驻车组件/代码JB7）　N68.电动动力转向机构（ES）控制单元　N69/1.驾驶员车门控制单元　N69/2.前排乘客侧车门控制单元　N70.上方控制面板（DBE）控制单元LIN B15.蓄电池传感器局域互联网（LIN）　LIN B16.雨量和光线传感器局域互联网（LIN）（装配雨量传感器/代码JF1）　LIN B28.加热器局域互联网（LIN）（装配驾驶员座椅加热器/代码H16）　LIN C1.传动系统局域互联网（LIN）　LIN C3.传动系统局域互联网（LIN）　LIN E2.座椅承载识别局域互联网（LIN）　Ethernet.以太网　Serialbus.串行总线［未装配7速自动变速器增强版（7G-TRONIC PLUS）/代码G42,未装配9速自动变速器（9G-TRONIC）/代码G43］

图16-1-33

3.可参数化专用模块（PSM）控制单元

可参数化专用模块（PSM）控制单元作为标配通过车内控制器区域网络（CAN）和车身制造商控制器区域网络（CAN）联网。车身制造商控制器区域网络（CAN）可进行内部切换，因此能以两种运行模式工作：

①车身制造商控制器区域网络（CAN），标准：CANopen，CiA447-3。

②外围设备控制器区域网络（CAN），标准：FMS 1.0和ISO11992-2/3。

如下控制单元可连接至车身制造商控制器区域网络（CAN）：

数字行驶记录仪（DTCO）控制单元；

FleetBoard车队管理系统控制单元；

辅助制动器控制单元。

符合CiA 447-3标准的选装外围设备可连接至外围设备控制器区域网络（CAN），例如紧急任务用车的信号系统或对讲机。

4.蓄电池

启动机蓄电池位于驾驶员脚部位置护板下方，除标准蓄电池外，前排乘客座椅箱中还安装了12V/92Ah抗深度循环的玻璃纤维隔板蓄电池。辅助蓄电池只能与附加蓄电池切断继电器/代码E36配合使用，该继电器可防止启动机蓄电池由于与辅助蓄电池连接而电量耗尽。如果由于条件限制无法安装在前排乘客座椅箱中，则凌特车型907中会装配发动机舱加装用电设备的辅助蓄电池/代码E2M，12V/70Ah辅助蓄电池安装在左侧（从行驶方向看）。此外，可自由选择代码E2M（发动机舱加装用电设池）。出厂时仅以下设备连接至辅助蓄电池：

①货箱升降门电子范围预留装置/代码EV3。

②热风辅助加热器/代码H11。

③230V插座/代码EE1。

④仪表板12V插座/代码ES5。

⑤三向自卸车预留装置/代码P57。

⑥加装货物升降门的预留装置/代码PV1。

⑦烟具组件/代码V85。

⑧智能手机托架/代码E1I。

⑨5V USB 插座/代码E1U。

⑩行李箱/载物舱12V插座/代码ES2。

⑪驾驶室插座/代码E46。

保险丝。保险丝分配至不同的保险丝盒：

前排乘客脚部位置保险丝盒；

驾驶员座椅座架保险丝盒。

5.发电机

凌特车型907标配了14V/180A发电机，凌特车型910标配了14V/175A发电机。此外，提供有以下选装装备或版本：

①14V/200A发电机/代码M40，在车型907中，装配ECO启动/停止功能/代码MJ8，标配。

②14V/220A发电机/代码M46，在车型907中，装配发动机OM 642，未装配ECO启动/停止功能/代码MJ8，选装。

③14V/230A发电机/代码M48，在车型910中，选装。

④14V/250A发电机/代码M60，在车型907中，选装。

八、驾驶员辅助系统

型号907带发动机642、651和型号910带发动机651。

在新款凌特中，由于增强了驾驶员辅助功能，以下驾驶员辅助系统可确保更佳的安全性和舒适性：

①主动式制动辅助系统指示灯。

②注意力辅助系统。

③驻车定位系统（PARKTRONIC）驻车辅助系统。

④限距控制系统增强版（DISTRONIC PLUS）/代码ET4。

⑤盲点辅助系统/代码JA7。

⑥侧风稳定控制辅助系统/代码JA8。

⑦交通标志辅助系统/代码JA9。

⑧主动式车道保持辅助系统/代码JB4。

⑨车道保持辅助系统/代码JW5。

⑩定速巡航控制/代码MS1。

⑪后视摄像头/代码FR8。

⑫带内部后视镜显示的后视摄像头/代码FR3。

⑬带360°摄像头的驻车组件/代码JB6。

⑭带后视摄像头的驻车组件/代码JB7。

⑮智能风挡玻璃清洗系统/代码FM3。

⑯雨量传感器/代码JF1。

⑰远光灯辅助系统/代码LA1。

⑱大灯辅助系统/代码LA2。

多功能显示屏中的显示屏，侧风稳定控制辅助系统/代码JA8和主动式车道保持辅助系统JB4，如图16-1-34所示。

图16-1-34

九、信息、多媒体和通信系统

型号907带发动机642、651和型号910带发动机651。

装配Audio 20/代码EJ2，如图16-1-35所示。

带 7in触摸屏的MBUX多媒体系统，如图16-1-36所示。

带10.25in触摸屏的MBUX多媒体系统，如图16-1-37所示。

标准方向盘，如图16-1-38所示。

多功能方向盘/代码C6L，装配带左侧按钮组的皮饰方向盘/代码CL2，如图16-1-39所示。

多功能方向盘/代码C6L，装配带左侧和右侧按钮组的皮饰方向盘/代码CL2，如图16-1-40所示。

在新款凌特中，使用了A级车型177中引入的第6代车载智能信息系统.有两个多媒体系统可用：

带7in触摸屏的MBUX多媒体系统；

带10.25in触摸屏的MBUX多媒体系统。

带7in触摸屏的MBUX多媒体系统包含以下基本元件和功能：

高分辨率7in触摸屏（960像素×540像素）；

图16-1-35

图16-1-36

图16-1-37

图16-1-38

图16-1-39

824

图16-1-40

带音频流和免提功能的蓝牙®连接；

智能手机通过Android Auto或Apple CarPlay接入；

多媒体连接装置，用于通过USB-C接口连接便携设备；

4×25W输出功率，音调设定，音频和电话的独立音量调节；

前部2通道扬声器。

带10.25in触摸屏的MBUX多媒体系统还包括：

高分辨率10.25in触摸屏（1920像素×720像素）；

硬盘导航（包括3年免费地图更新）；

Mercedes PRO范围；

LINGUATRONIC语音控制；

WLAN热点；

多媒体连接装置，用于通过两个USB-C接口连接便携设备；

钢琴漆多媒体单元；

哑光银色出风口外圈；

中心填充扬声器（音响模式和语音输出更佳）；

经改善的免提功能；

实时交通能力；

数字用户手册。

可如下操作系统：

多功能方向盘上的触动式控制功能；

多媒体系统触摸屏；

显示屏下方控制面板上的按钮；

LINGUATRONIC语音控制。

1.车内互联网

在有移动端设备的车辆中，可通过Wi-Fi热点使用无线互联网。主机作为无线接入点（WAP），通过Wi-Fi天线与移动端设备交换数据并将信号发送至互联网。

2.电话

可在多媒体系统中授权多达15部不同的移动电话，任何时候都可使用双电话模式，但第二个电话只能接听来电和/或接收信息。

3.带无线充电功能的智能手机存放盒/代码E1B

储物盘位于驾驶舱的上部中央区域，可为尺寸不超过6.7in的智能手机进行无线充电。充电功能适用于所有符合Qi 1.2标准的移动设备，连接便携设备的多媒体连接装置的功能通过USB-C接口得到扩展。

4.智能手机托架/代码E1I

固定架位于多功能方向盘和驾驶室中央区域之间，采用了垂直安装方式。通过两个可无限调节的固定件，宽度为44mm至最大82mm的所有现有设备都可通过该装置固定。该设备可通过安装在驾驶室中央的5V USB-C插座充电。

5.数字广播/代码E1D

数字广播可通过附加的天线和数字调谐器接收数字、地面站无限电台。在无数字信号的地区，数字音频广播（DAB）调谐器会自动从数字切换至模拟信号接收，也可手动从数字切换至模拟信号接收。

6.导航系统/代码 E1E

与导航系统/代码E1E配合，带7in触摸屏的 MBUX 多媒体系统成为一个功能全面的导航系统，完全体现出控制和显示理念。导航通过多媒体系统的触摸屏和仪表盘显示，可通过以下方式进行操作：

①显示屏下方控制面板上的按钮。

②多功能方向盘上的右侧触控按钮。

③多媒体系统触摸屏。

7.梅赛德斯-奔驰紧急呼叫系统

发生事故时，标准版梅赛德斯-奔驰紧急呼叫系统可帮助缩短救援服务到达事故区域的所需时间。如果存在网络和数据连接则可通过数字服务的通信模块（LTE）实现数据传输，紧急呼叫可通过碰撞传感器自动触发或通过驾驶员操作车顶控制板上的SOS按钮手动触发。与平台/代码F50配合，开关位于下部中央控制台中。

8.事故和故障管理

驾驶员可通过标准事故和故障管理在出现故障时通过促动上方控制面板中的故障按钮和/或通过地址簿中的电话簿条目请求技术支援，与平台/代码F50配合，开关位于下部中央控制台中。

9.数字服务的通信模块（LTE）

长期安装的标准通信模块（LTE）的SIM卡可稳定快速地将车辆连接互联网，这可用于梅赛德斯-奔驰紧急呼叫系统、实时交通信息和Mercedes PRO connect的所有其他服务。

十、外车灯

卤素大灯，标准，如图16-1-41所示。

图16-1-41

LED高性能大灯/代码LG7，如图16-1-42所示。

图16-1-42

标准尾灯（左图）和部分采用LED技术的尾灯/代码L22（右图），如图16-1-43所示。

标准下尾灯（左图）和部分采用LED技术的下尾灯/代码L22（右图），如图16-1-44所示。

图16-1-43

图16-1-44

1.前部大灯

新款凌特标配了卤素大灯，LED高性能大灯/代码LG7作为选装装备提供。大灯采用全LED技术，近光灯采用LED投射技术，远光灯采用LED反射技术。在订购LED大灯时，会自动添加代码L22（部分采用LED技术的尾灯）。

2.尾灯

与卤素大灯配合，尾灯安装了传统灯泡。与LED高性能大灯/代码LG7配合，尾灯自动新增了部分采用LED技术的尾灯/代码L22，对于未公布的车型名称，部分采用LED技术，对于公布的车型名称，采用全LED技术。部分采用LED技术的尾灯包括采用LED技术的以下功能(未公布的车型名称）：

尾灯；

制动灯。

其他功能（后雾灯、倒车灯和转向信号灯）使用传统灯泡工作。

旋转式标志灯：对于新款凌特，还可订购采用LED技术的黄色旋转式标志灯。在未公布的车型名称中，为代码LB7（左前和右后黄色旋转式标志灯），在公布的车型名称中，为代码LB8（左前黄色旋转式标志灯），标志灯通过仪表板中的开关启用和停用。对于紧凑型，装配了约100mm高，直径约为140mm大尺寸旋转式标志灯，使用寿命长且免保养。

十一、舒适/便捷系统

1.无钥匙启动

新款凌特标配了无钥匙启动功能，通过仪表板中的启动/停止按钮启用/停用电源和点火开关。钥匙具备以下特征和功能：

①解锁车辆。

②锁止车辆。

③指示灯。

④载物舱解锁以及打开/关闭电动滑动车门。

⑤紧急钥匙。

2.智能气候控制

凌特中标配了带以下功能的加热系统：

调节温度；

启用或停用后舱加热；

启用或停用后车窗加热；

启用或停用脚部位置气流分配；

启用或停用风挡玻璃除霜；

启用或停用固定加热器或暖气增强系统（选装）；

启用或停用风挡玻璃加热器（选装）。

两种选装装备可供选择：

半自动控制空调，手动恒温/代码HH9；

带后排智能气候控制的多区域智能空调（THERMOTRONIC）/代码HH4。

此外，还提供了用于气候控制的其他选装装备：

后部辅助热交换器/代码H13；

辅助水加热器/代码H12；

热风辅助加热器/代码H11；

基础型车顶空调系统/代码HH7；

增强型车顶空调系统/代码H08；

增强型后排空调系统/代码HK4。

3.后部辅助热交换器/代码H13

辅助热交换器可从驾驶舱通过空调控制单元分3级进行启用/停用。辅助热交换器只能在发动机运转时启用，集成在前部加热器的现有水回路中。在采用后轮驱动的车辆中，热交换器安装在车辆底板下方，B柱正后方的左侧车底上，后部通风气道安装在车内左侧木饰和/或塑料地板上。在采用前轮驱动的车辆中，热交换器直接安装在B柱后方的木饰和/或塑料地板上，后部通风气道不再使用。

4.热风辅助加热器/代码H11

对于未公布的采用后轮驱动的车型名称，燃料点火式热风辅助加热器的加热功率为3.5kW，无论发动机是否运转都可使用，通过一个带集成式可编程定时开关的操作单元，可设定和/或预选所需的车内温度。通过带背景光和大按钮的像素矩阵显示屏可操作所有菜单功能，例如定时器编程。根据车辆配置情况，操作单元可能安装在风挡玻璃上方的前部车顶内衬中或驾驶室中前排乘客侧仪表板下方。

5.增强型后排空调系统/代码HK4

采用后轮驱动的车辆中的高性能车顶空调系统安装在车顶后部，部分位于车内，用于将后座区温度降至舒适温度。系统通过自身压缩机供电，通过蒸发器和鼓风机操作，最大冷却功率约为11kW。系统的工作模式包括新鲜空气模式和空气内循环模式，通过滤清器过滤花粉和空气微粒提高车内空气质量。通过中央空调操作单元可对后部区域区分操作，包括启用和设置温度和气流。在注册为卡车的凌特车型中，空调系统注满R134a制冷剂；在注册为乘用车的凌特车型中，则注满冷却液R1234yf。

十二、车内乘客保护

新款凌特装配了以下气囊：

①驾驶员气囊（如图16-1-45中1）。

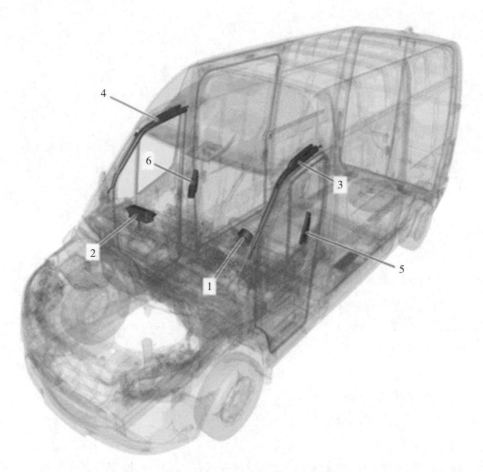

1.驾驶员气囊 2.前排乘客气囊 3.驾驶员车窗气囊 4.前排乘客车窗气囊 5.座椅靠背中的驾驶员侧气囊 6.座椅靠背中的前排乘客侧气囊

图16-1-45

②前排乘客气囊（如图16-1-45中2）。

③驾驶员车窗气囊（如图16-1-45中3）。

④前排乘客车窗气囊（如图16-1-45中4）。

⑤座椅靠背中的驾驶员侧气囊（如图16-1-45中5）。

⑥座椅靠背中的前排乘客侧气囊（如图16-1-45中6）。

安全带警告系统：先前的标准驾驶员座椅安全带警告系统由前排乘客座椅安全带警告系统补充，在装配前排乘客气囊的车辆中，该系统自动新增为标准装备。